# 이화 영어영문학과 100년

1925~2025

## 이화 영어영문학과 100년 간행위원회

간행위원장(졸업연도)

**이승아**(91)

이화여자대학교 영어영문학부 교수

집필진(졸업연도)

**이방원(사회생활 88)**

이화사학연구소 연구교수

이화여자대학교 사학 박사(2005)

**김인성**(80)

SOAS Univ. of London, History of Art 연구교수

이화여자대학교 영문학 박사(1991)

SOAS 미술사 박사(2017)

감수위원(졸업연도)

**서지문**(69) 고려대학교 영어영문학부 명예교수
**정덕애**(74) 이화여자대학교 영어영문학부 명예교수
**오정화**(76) 이화여자대학교 영어영문학부 명예교수
**전수용**(76) 이화여자대학교 영어영문학부 명예교수
**정경숙**(79) 제33대 영학회 회장
**박선이**(84) 명지대학교 디지털미디어학과 겸임교수
**최혜원**(89) 이화여자대학교 영어영문학부 교수
**오은진**(90) 이화여자대학교 영어영문학부 교수
**이승아**(91) 이화여자대학교 영어영문학부 교수
**이형숙**(94) 이화여자대학교 영어영문학부 교수

이화 영어영문학과 100년 1925~2025
Our First 100 Years Ewha English Language and Literature 1925~2025

**펴낸날** 1판 1쇄 2025년 5월 23일
**지은이** 이화 영어영문학과 100년 간행위원회 **펴낸이** 주소현 **펴낸곳** 이화여자대학교출판문화원
**주소** 서울특별시 서대문구 이화여대길 52(우 03760) **등록** 1954년 7월 6일 제9-61호
**전화** 02) 3277-2965 (편집), 02) 362-6076 (마케팅) **팩스** 02) 312-4312
**전자우편** press@ewha.ac.kr **홈페이지** www.ewhapress.com
**책임편집** 이혜지 · 이지예 **디자인** 정혜진


**ISBN** 979-11-5890-547-7 03990
**값** 50,000원
* 잘못된 책은 구입처에서 바꾸어 드립니다.

# 이화 영어영문학과 100년

## 1925~2025

이화 영어영문학과 100년 간행위원회 지음

이화여자대학교출판문화원

## 간행사

# 이승아

**이화여자대학교 영어영문학부 교수**


이 책은 2023년 봄 집필진을 선정하고 100주년 준비위원회를 발족하면서 그 출발의 장을 열었습니다. "개척해 온 100년, 개척해 갈 100년"이라는 슬로건 아래 지난 100년간의 이대 영문과의 자취를 돌아보고 향후의 100년을 설계하기 위한 밑거름을 제시해보고자 했습니다. 제6대 이화학당 당장 앨리스 아펜젤러(Alice R. Appenzeller) 선생님은 1923년에 쓰신 '이화학당'이라는 제목의 글에서 이화여자전문학교의 "첫 번째 학과는 아마도 영문과와 음악과가 될 것(the first departments will probably be English and music)"이라고 말씀하셨습니다. 이 글을 다함께 읽으며, 설레고 기쁘고 감사한 마음으로 1925년부터 2025년까지의 영문과 역사를 기록하는 일을 시작했습니다.

『이화 영어영문학과 100년: 1925~2025』의 1부는 정사(正史)를 다루며, (1) 영어영문학과의 변천과 교육과정, (2) 교수진과 연구 활동, (3) 학생 활동, (4) 동창 활동과 장학금의 총 4장으로 구성되었습니다. 초고와 1차 수정본은 이방원 선생님이 집필하셨습니다. 학과 역사서 발간이 처음이다 보니 초창기 역사를 기술할 때는 『이화70년사』, 『이화80년사』, 『이화100년사』, 『이화100년사 자료집』, 『이화여자대학교동창회 100년사: 1908~2008』, 『영어연극 공연사: 이대영문과 연극 70년을 돌아보며』 등 기존에 출판된 책들을 참고했습니다. 학과 및 연구소의 연차보고서나 신문기사 등도 큰 도움이 되었습니다. 사료 발굴과 정리는 1부 집필자인 이방원 선생님의 역할이 컸고, 이화역사관 손현지 선생님도 많은 도움을 주었습니다.

2부는 출발 당시 동창 개개인에 초점을 두어 1부와 차별화시키고자 했었고, 김윤정 선생님이 초고 작성에 수고했습니다. 그러나 짧은 기간에 만여 명의 졸업생 중 일부 동문만을 선별해 모두의 눈높이에 맞게 서술한다는 것은 쉬운 일이 아니었습니다. 설상가상 건강 악화로 작업을 이어갈 수 없게 된 김윤정 선생님의 후임을 찾지 못했습니다. 부득이 2부 초고를 폐기하기로 결단을 내렸고, 대신 2부는 2024년 여름 영학회(영문과 동창회)에서 주최한 6개 분야(방송, 언론, 문화·예술, 금융·기업, 선교, 사법·행정) 간담회만 싣는 것으로 결정되었습니다. 간담회는 김인성 선생님이 정리를 맡아 집필해주셨습니다. 2부 초고를 위한 인터뷰에 참여했으나 최종본에서 누락되신 십여 분의 동문님들께 이 자리를 빌려 양해를 구합니다.

작업 과정 내내 영문과 100주년이 '화합의 장'이 되기를 소망했습니다. '한 알의 밀알이 썩으면 많은 열매를 맺고 생명을 얻으리라'는 멘토-멘티 인터뷰와 이대 영문과에서 공부한 것이 판사로서의 업무 수행에 큰 도움이 되었다는 인터뷰를 2부 말미에 수록하는 것으로 당초 2부 계획이 무산된 데 대한 아쉬움을 조금이나마 달래보려고 합니다. 2부 '이화 영문 100주년 기념 동문과의 대화'가 현재 그리고 미래의 영문과 학생들에게 울림과 등불이 되어 동문들 간에 멘토-멘티 관계가 계속 이어질 수 있기를 기대합니다.

3부 '이화 영문 가족의 회고와 전망'은 집필자 김인성 선생님이 맡아서 수고해주셨습니다. 혹자는 3부의 경우 글마다 필자가 따로 있으니 엄밀한 의미에서 '집필'은 아니지 않느냐고 반문할 수 있지만, 60여 분의 필자와 수개월에 걸쳐 소통하며 문장 및 사진 확인 작업부터 교정까지 도맡으신 김인성 선생님의 기여는 가히 집필자에 가까웠다고 단언합니다. 책 작업 과정에서 제가 나무와 숲을 함께 볼 수 있도록 든든한 나침반 역할을 해주신 분이기도 합니다.

『이화 영어영문학과 100년: 1925~2025』의 간행위원장으로서 한결같은 원칙으로 내세웠던 것은 좀 부족하더라도 동문님들과 제자들, 그리고 미래의 이화 영문인들에게 이대 영문과 교수로서 부끄럽지 않은 책을 만들자는 것이었습니다. 100주년 기금을 선뜻 내어주신 분들께 기념식에 맞추어 책을 선사해드리고 싶은 욕심도 컸습니다. 저의 이러한 원칙이 너무 강해 상처 입으시거나 불편함을 겪으신 분들께 머리 숙여 사죄드립니다. 의도치 않게 책에서 누락되신 분들이 계실 것이고, 최대한 정확성을 기하려 노력했음에도 불구하고 실수나 잘못이 있을 것입니다. 책에 등장하지 않지만 누구보다 당당하고 치열한 삶을 살아오신 분들, 언급되지 않았지만 먼 훗날 재평가되는 면면들이 속속 등장하겠지요. 이 또한 역사의 한 단면이 아닐까 하는 생각에 숭고해집니다. 100주년 준비를 좀 더 일찍 시작했더라면 책 구성 등에 대해 주신 다양한 아이디어들을 모두 포용하여 좀 더 풍부하고, 짜임새 있고, 완성도 있는 책을 만들 수 있었을 것이라는 아쉬움도 듭니다. 무엇보다 시기별·주제별로 보다 균형감 있게 기술할 수 있었을 것입니다. 결과물에 대한 질책과 비난은 오롯이 저 혼자 받겠습니다.

책 발간 과정은 기록의 중요성을 다시금 일깨워준 값진 경험이었습니다. 그동안 몰랐던 역사를 알아가며 숙연해지는 순간도 많았습니다. 100년의 역사를 함께 이룬 모든 분들께 절로 고마운 마음이 샘솟기도 했습니다. 한정된 지면이라 일일이 언급하기 어렵지만 책이 나오기까지 각자의 위치에서 도움 주신 많은 분들께 감사합니다. 촉박한 일정 속에서도 서지문 고려대학교 명예교수님을 비롯한 모든 감수위원님들께서 예리하게 감수해주셨습니다. 특히 지난 몇 개월간의 강행군에 정덕애, 오정화 명예교수님과 최혜원, 오은진, 이형숙 교수님께서 애를 많이 쓰셨습니다. 이 다섯 분은 책 전체를 여러 차례 감수해주셨을 뿐만 아니라 1부 최종본 집필에도 직접 참여하셨습니다. 부분적으로 원고를 작성하고 자료를 정리해주신 영문과 동료 교수님들의 따뜻한 동료애 또한 잊을 수 없습니다.

축사를 써주신 이향숙 총장님과 정경숙 영학회장님께 감사드립니다. 대학 시절 스승이셨던 유종호 선생님 등 3부 원고를 써주신 분들, 2, 3부 간담회와 인터뷰를 빛내주신 분들, 물심양면으로 지원해주신 영문과 동창회 한 분 한 분께도 감사합니다. 특별히 홍성미 전 영학회 회장님, 정경숙 회장님, 강명옥 부회장님, 이유미 총무님의 격려와 이금숙 선배님, 안혜선 동문, 고건희 동문의 도움 덕분에 책을 무사히 마무리할 수 있었습니다. 이화여자대학교출판문화원 이혜지 주간님과 이지예 선생님의 공도 매우 큽니다. "과거는 그대로 반복되지는 않을지라도, 분명 그 운율은 반복된다(History does not repeat itself, but it rhymes.)." 출처가 분분하기는 한데 혹자는 마크 트웨인(Mark Twain)이 한 말이라고 합니다. 몇 해 전 출판문화원장을 맡았던 인연이 이번 일을 할 때 좋은 팀워크로 작용했습니다.

이번 책 작업은 미래의 어떤 일과 인연으로 이어질까 궁금해집니다. 나아가 앞으로 개척해 갈 이화여자대학교 영어영문학과의 100년은 또 어떤 모습일지 기대가 많이 됩니다. 다음 번 영문과 역사서는 준비와 내용과 형식면에서 훨씬 더 발전될 것이라는 믿음과 염원을 이 책에 담아봅니다. 아쉽지만 마침표를 찍고 새로운 100년을 위해 힘차게 다시 시작하겠습니다.

축사

## 이향숙

이화여자대학교 제18대 총장

이화여자대학교 영어영문학부의 100주년을 맞아, 그 100년의 유구한 역사와 자랑스러운 결실을 담아낸 『이화 영어영문학과 100년: 1925~2025』의 출간을 진심으로 축하드립니다.

1925년, 이화여자전문학교의 발족과 함께 영어영문학과의 전신인 문과가 설립되었습니다. 이화여대의 첫 전공 중 하나이자 국내 대학 가운데 최초로 개설된 영어영문학과였습니다. 이후 이화 영문의 100년은 수준 높은 여성 교육을 실현하며, 글로벌 경쟁력을 갖춘 우수한 인재를 길러내는 찬란한 역사를 이어왔습니다. 영어 능력과 문학적 소양을 겸비한 전문 인력을 양성하는 한편, 문학과 언어학이라는 기초 학문으로서의 내실을 다지며 이화여자대학교의 중심학과로 자리매김해 왔습니다.

이화 영문의 지난 100년은 시대의 격동 속에서도 학문과 교육의 가치를 지키고 이끌어온 이화의 역사와 깊이 맞닿아 있습니다. 해방과 한국전쟁을 거치는 동안에도 교육과정을 꾸준히 발전시켜 온 영어영문학과는 국제적 소통 역량을 갖춘 여성 인재 양성에 힘써 왔습니다. 1970년대 이후 영어교육의 방향성과 교수법을 둘러싼 활발한 논의와 다양한 시도를 통해, 여성의 사회 진출 확대와 글로벌 시대의 변화에 부응하며 이화의 국제 역량을 높이는 데 중추적인 역할을 했습니다. 2000년대 이후에는 영어 강의 비율을 지속적으로 확대하고, 해외 유수 대학들과 학문·교육 교류를 적극 추진하며 이화의 글로벌 경쟁력 강화를 선도하고 있습니다.

학문적 전문성 또한 이화 영문의 자랑입니다. 영어영문학과는 1968년, 이화여자대학교 전체에서의 첫 문학박사이자 국내 최초의 여성 문학박사를 배출했습니다. 그 뒤를 이어 수많은 우수한 연구자들을 길러내었음은 물론, 2000년대 들어서는 '두뇌한국21' 사업을 비롯한 다양한 학술사업에 연속 선정되며, 시대와 사회의 변화에 부응하는 활발한 연구 활동을 이어가고 있습니다. 오늘날 영어영문학과는 전통적 학제의 틀을 넘어, 디지털 대전환 시대에 영문학과 언어학의 새로운 역할을 모색하고, 인문학의 가치와 의의를 지속적으로 탐구하며 이화여자대학교가 지향하는 창의적이고 포용적인 이화의 혁신에 기여하고 있습니다.

『이화 영어영문학과 100년: 1925~2025』은 이러한 자랑스러운 순간들을 충실히 기록한 귀중한 자료로서, 혁신과 발전을 거듭해온 이화여자대학교의 역사에서 한 축을 굳건히 담당하고 있는 영어영문학과의 발자취를 생생하게 담고 있습니다. 책의 곳곳에서는 사회 각 분야에서 활약해온 동문들의 용기 있는 도전과 눈부신 성취, 그리고 이화 영문을 향한 졸업생들의 깊은 애정을 확인할 수 있었습니다. 이 뜻깊은 책의 간행을 위해 헌신해 주신 이화 영어영문학과 100년 간행위원회와 관계자 여러분의 노고에 아낌없는 박수를 보냅니다.

이제 영어영문학부는 지난 100년의 발자취를 바탕으로, 새로운 100년을 향한 도약을 준비하고 있습니다. 1만여 이화 영어영문학도들의 진취적 도전과 부단한 노력은 전통의 무게를 감당함과 동시에 미래를 여는 든든한 디딤돌이 될 것입니다.

이화 영어영문학과의 다음 100년도 우리의 전통과 가치를 계승해 나가며 지속적인 번영을 통해 이화의 발전을 견인해 주기를 기대합니다.

영어영문학부 동창님, 교수님, 학생 모두 주님의 은혜와 축복이 늘 함께하시기를 바랍니다.

감사합니다.

## 축사

# 정경숙

**제33대 영학회 회장**

사랑하는 영문 가족, 이화 동창, 그리고 이 땅의 여성 여러분,

1886년 먼 이국에서 바다를 건너온 스크랜튼 여사가 척박한 조선 땅의 한 여자아이의 손을 잡고 지핀 작은 교육의 불씨는, 오늘날 수만 명 학생들이 생기 넘치는 발걸음으로 가득 채운 화창한 이화의 교정으로 이어졌습니다. 1925년에 개교한 이화여자전문학교의 문과, 곧 영어영문학과는 2025년 창립 100주년을 맞이했습니다. 한 세기에 걸친 도전과 변화의 여정을 거치며, 이화 영어영문학과는 여성 전문 교육발전에 의미 있는 족적을 남겨왔고, 이를 기념하고자 다채로운 100주년 행사를 준비했습니다. 이 뜻깊은 시점에 영어영문학부 총동창회(영학회) 회장직을 맡게 된 것은 제게 큰 영광입니다. 우연히 제게 닿은 자리였지만, 영희곡 박사로서의 이력, 미술학부 교수로서의 교육 활동, 잡지 발행을 비롯한 저의 지난한 이력이 이 행사에서 역할을 하기 위한 예비된 필연으로 느껴졌습니다.

이번 100주년을 맞아, 영어영문학부와 영학회는 다양한 기념 행사를 기획하고 성실히 수행해오고 있습니다. 지난 여름에는 100주년 기념 선후배 간담회가 8개 분야에서 개최되었고, 10월에는 ECC에서 국제학술대회가 성황리에 열렸습니다. 올해 3월 초에는 영어연극부 '빙즈(Beings)'의 공연 <한여름 밤의 꿈>이 재학생과 동문이 함께 꾸미는 무대로 개최되어 더욱 특별한 의미를 더했습니다. 선후배가 함께한 이 합동공연은 한국 근현대 연극 역사를 선도해온 이화 영문의 축적된 경험이 있었기에 가능했습니다. 또한 이화여자전문학교의 생일인 4월 24일을 기점으로 "개척한 백년, 개척할 백년" 이라는 주제의 100주년 기념 전시회를 시작하여 5월 말까지 진행됩니다. 그리고 미래비전 포럼, '영학회의 날', 『이화 영어영문학과 100년: 1925~2025』 발간까지, 이 모든 행사는 이화 영문의 역사와 정신을 되새기는 한국여성사의 귀중한 아카이브로 남게 될 것입니다.

『이화 영어영문학과 100년: 1925~2025』는 단순한 연대기가 아닌, 이화 영문 100년의 여정을 충실히 되짚고 미래를 함께 설계하는 소중한 이정표입니다. 동문들의 삶을 담기 위해 진행한 분야별 간담회를 통해, 우리는 이화 영문 공동체의 깊은 연대와 유대를 확인할 수 있었습니다. 또한 사회 진출 동문 현황을 통해 확인한 바와 같이 교육, 방송, 언론, 문화, 예술, 금융, 기업, 사법, 행정, 선교 등 다양한 분야로 뻗어 나간 2000여 명에 달하는 동문들의 현황은 우리 모두에게 큰 자부심으로 다가왔고, 이 중 600여 명의 동문이 영문학과 영어학을 비롯하여 다양한 분야에서 교수로 재직하며 후학을 교육해 오고 있다는 사실은 특히나 감동적이었습니다.

2년이 채 되지 않는 기간 동안 이화 영문의 교육과정, 동문 현황, 학생 활동과 동창회 활동 등 방대한 양의 자료를 수집하고 책으로 엮어낼 수 있었던 것은 이화 영문이 지닌 저력 덕분입니다. 사실 확인과 자료 정리에 긴 시간을 기울여 주신 집필진과 감수위원, 그리고 모든 관계자 여러분께 깊이 감사드립니다. 특히 돌발적인 상황들 속에서 끝까지 헌신해 주신 이승아 교수님께 각별한 감사를 전합니다. 또한 100주년 준비위원회를 처음 기획하신 준비위원장 최성희 교수님과 홍성미 32대 영학회 회장님의 공로 역시 잊을 수 없으며, 그 뒤를 이어 저와 함께 준비위원장으로 불철주야 수고해 주신 최혜원 교수님, 영상제작에 헌신해 주신 이형숙 학부장님과 영문과 교수님들께도 깊은 감사를 드립니다.

이번 100주년의 또 하나의 큰 결실은 '100주년 발전기금'입니다. 기금 신설 10개월 만에 목표액의 130%를 초과하는 성과를 이루었고, 무엇보다 의미 있는 점은 동문들께서 자발적으로 기쁜 마음으로 이 모금에 참여해 주셨다는 사실입니다. 처음 시도되는 형식의 기금인데도 불구하고 700명 이상의 동문이 함께해 주셨습니다. 이 모든 일이 가능했던 데에는 지금까지 영학회를 잘 이끌어주신 전임 회장님들의 헌신이 큰 바탕이 되었습니다. 1954년 창립된 영학회는 지난해 70주년을 맞이했으며, 현 33대는 기획, 총무, 회계, 서기, 문화, 연구, 홍보 등 10개 부서가 유기적으로 협력하여 행사를 성공적으로 이끌고 있습니다. 이화 영문의 저력은 사회와 가정에서 각자의 역량을 발휘하며 누구보다 성실히 살아가는 이화 영문 동문 여러분 한 분 한 분 삶 속에서 비롯된 것이라고 생각합니다. 이화 영문을 사랑하고 발전을 바라는 오직 한마음으로 귀한 기부와 후원의 마음을 모아 주신 모든 동문들께 이 자리를 빌어 존경과 감사를 전합니다.

이제 이화 영문은 새로운 100년을 앞두고 있습니다. 지난 100년 동안 여성교육의 선구적인 역할을 수행해 왔듯이 앞으로 다가온 100년을 위하여 역동적으로 변화하며 비전을 가지고 나아가야 할 것입니다. 지금까지 축적된 동문의 저력을 모아야 할 때입니다. 이에 동문들의 성원으로 현재 '100주년 미래위원회(가칭)'를 구성하고, 이화 영문의 새로운 도약을 위한 전환점을 준비하고 있습니다. 여러분 모두 이화 영문의 새로운 100년을 여는 길에, 뜻을 함께해 주시고 참여해 주시기를 바랍니다.

다시 한번 『이화 영어영문학과 100년: 1925~2025』 발간을 진심으로 축하드리며 여러분 모두의 건강과 평안을 기원합니다. 처음 뱃길을 가르던 순간부터 오늘의 이 여정까지 모든 것을 인도하시고 주관하신 하나님께 존귀와 영광을 올려드립니다.

감사합니다.

# 차례

## 2부 이화 영문 100주년 기념 동문과의 대화



## 3부 이화 영문 가족의 회고와 전망



## 부록

## 일러두기

- 학과명 표기: 2025년 5월 현재 공식 학과명은 '영어영문학부(Division of English Language & Literature)'이지만, 이 책에서는 가장 익숙하고 친근한 '영문과'라는 표현을 기본으로 사용했습니다. 다만 졸업생들이 학교에 다니던 시기의 공식 명칭은 시기마다 달라서 '영어영문학과', '영어영문학부' 등의 명칭이 혼용되었습니다. 이화여자대학교의 편제 개편에 따른 학과명 변화(영어영문학과, 영어영문학전공, 영어영문학부)에 대한 자세한 설명은 이 책 1부 1장의 5절을 참고해주십시오.

- 졸업연도 표기: 이화여자전문학교 문과와 이화여자대학교 영문과를 졸업한 동문들은 이름 옆 괄호 안에 졸업연도를 표기했습니다(1962년과 1964년 졸업생의 경우 실제 졸업식은 각각 1961년 12월, 1963년 12월에 실시되었음). 최근에는 대학 시절 자기 개발 등을 이유로 휴학하는 경우가 많아 학생들이 졸업연도보다는 입학연도(학번)로 자신의 소속을 기억하고 표기하는 경향이 있지만, 이 책에서는 100년에 걸친 기록의 일관성을 위해 졸업연도 표기를 원칙으로 삼았습니다. 이는 『이화100년사』(이화여자대학교출판문화원, 1994) 등의 표기 기준과도 일치합니다.

# 1부

# 이화여자대학교 영어영문학과의 100년



Our First 100 Years

# 1장 영어영문학과의 변천과 교육과정

Our First 100 Years

이화여자대학교 영어영문학과의 100년간의 교육과정, 연구, 학생 및 동창 활동의 경향 등을 시기별로 살펴보면 크게 다음과 같은 5단계로 나눌 수 있다. 제1단계는 1910년 이화학당 대학과 설립부터 1925년 이화여자전문학교 창설 이전의 시기로, 영어영문학과의 역사에는 포함되지 않으나 영어영문학과의 설립을 이해하기 위한 장으로서 서술했다. 제2단계는 1925년 이화여자전문학교 문과의 창설부터 1945년 해방될 때까지이다. 1925년 문과 교육과정은 영어와 영문학의 비율이 25%를 차지할 정도로 타 학문 분야보다 영어 관련 수업이 상대적으로 월등히 많았고, 영어를 '작문·회화', '문법·해석', '영문학'의 세 가지 영역으로 구분하여 예과부터 4학년까지 지속적이고 체계적으로 교육했다. 1928년부터 졸업생 전원에게 사립여자고등보통학교 영어 교원자격증이 주어지고 1930년도부터 영어 관련 수업 비율이 36%로 상향된 점으로 미루어 볼 때 문과의 교과과정이 오늘날의 영어영문학과와 거의 일치한다고 볼 수 있다. 또한 당시 문과 졸업생들이 자신을 영문과 졸업생으로 지칭한 것과 이화여자전문학교를 설립한 아펜젤러 교장과 이화의 영문역사서인 *Our Ewha: A Historical Sketch of Ewha Womans University*를 집필한 문과 선교사 교수 칸로가 문과를 영어로 'English Department' 또는 'English Literary Department'로 부른 기록에서도 이 시기의 문과를 영어영문학과의 시작으로 볼 수 있다.[1]

제3단계는 광복 이후부터 1972년에 이르는 시기로 이화여자대학교 영어영문학과는 명실상부한 종합대학의 전공학과로서 학문적 기반을 공고히 했다. 특히 1950, 1960년대 들어서 영어영문학과는 엄격한 기초학문 훈련으로 수많은 졸업생들을 학문후속세대로

1 이 장 각주 21, 22 참고.

키워내었는데 영어영문학뿐 아니라 졸업 후 다양한 분야에서 수많은 교수 요원을 배출했다. 제4단계는 1973년 실험대학 실시부터 1995년에 이르는 시기로 정부의 교육정책 개편으로 인해 여러 차례 교과과정과 모집 단위에 변화가 컸던 시기였다. 사회적 혼란 속에서도 영어영문학과는 교육과 연구에 전념했고 학생들은 수업 외에 학회, 학술 활동을 통해 민주 사회의 리더로 성장했다. 제5단계는 1996년 학부제 도입부터 현재에 이르는 시기로 이화여자대학교 편제 개편에 따라 교육과정의 변화가 있어 왔다. 이 시기는 세계화 시대에 발맞추어 영문과 학생들의 창의융합역량과 영어 소통 능력 배양에 힘썼으며, 교수들이 다양한 교육·연구사업을 수주하고 대학원생들이 국내외 유수 대학과 학문적 교류를 할 수 있는 기반을 조성하고 확대했다. 학부 학생들도 국제화를 위한 다양한 프로그램에 참여하여 글로벌 역량을 강화하고 있다. 이상 다섯 단계로 구분한 시기별 영어영문학과의 역사적 변천을 당시 시대 상황을 비롯하여 학교 당국 및 학과의 비전에 따라 변화된 학칙·학제·교육과정의 변모를 중심으로 서술하고자 한다. 또한 교육과 관련된 최근 주요 활동에 대해서도 다룬다.



## 1. 이화학당 대학과 설립과 여성 고등교육의 시작(1910~1925)

스크랜튼 대부인(Mrs. Mary F. Scranton, 1832~1909)은 한국으로 파견된 여성해외선교회(Woman's Foreign Missionary Society)의 첫 번째 선교사로서, 1886년 5월 단 한 명의 학생을 데리고 이화학당을 시작했다. 이화학당 초반에는 몇 명의 아동만이 다니던 규모가 작은 초등교육기관이었지만, 1904년 4년제 중등과가 설치되었고, 1908년 첫 졸업생을 배출했다.[2] 1907년에 제4대 당장(堂長)으로 취임한 프라이 당장(Lulu E. Frey, 1868~1921, 재임 1907~1921)은 기독교를 기반으로 한 고등교육을 통하여 이화학당 학생을 건실한 일꾼이자 비전을 가진 유능한 지도자로 양성하기 위해 1910년 4년제 과정의 이화학당 대학과를 설립했다. 1910년 봄에 신설된 대학과에는 1908년과 1909년에 졸업한 중등과 졸업생이 입학했다.[3] 이화학당 대학과는 한국 최초의 여성 최고 고등교육기관이었으며, 1914년 세 명의 여학생이 학위를 받았다. 당시 대학과의 교수로는 미국 컬럼비아대학교(Columbia University), 노스웨스턴대학교(Northwestern University), 오하이오웨슬리안대학교(Ohio Wesleyan University), 웰즐리대학(Wellesley College), 스미스대학(Smith College), 베이커대학(Baker College) 등 미국의 유명 대학에서 학위를 받은 미국인 여성,

2 이화학당 제1회 졸업생은 1908년 졸업한 최활란이다. 이화여자고등학교 홈페이지 https://www.ewha.hs.kr/bbs/board.php?bo_table=0107 (2024.10.2. 검색).

3 『이화100년사』, 이화여자대학교출판문화원, 1994, 108쪽.

높은 수준의 학위와 훈련을 받은 한국인 그리고 일본인들이 있었다. 대학과의 인문학 교육은 영어 강의로 진행되었으며, 졸업한 학생들 대다수가 교육자의 길을 걸었다. 대학과 학생들은 학교 전체를 관리하는 데에도 참여했고, 교과과정 이외의 활동으로 이문회(Literary Society), 선교회(Missionary Society), 공주회(King's Daughters) 활동에 참여하고 교회 주일학교 등에서 봉사와 자선 사업도 행했다.[4]

당시 일제는 1911년 발표한 「조선교육령」에 대학령을 제정하지 않음으로써 조선인의 대학 설립을 막았다. 또한 교육의 기회를 제한하기 위해 1915년 3월 「전문학교규칙」, 「개정사립학교규칙」을 공포하여 사립학교 감독을 강화했다. 이들 규칙은 사립학교 설립과 운영에 대한 설치 인가, 교과과정, 교과용 도서, 교원의 자격 등에 대해 일일이 조선총독부의 인가를 받도록 규제한 것으로, 식민지 조선의 사학(私學) 및 사립학교의 교육 전반을 일제의 의도대로 통제·유도하려는 것이었다.[5] 이화학당은 대학과가 설립된 지 2년 만인 1912년 5월 7일 조선총독부의 인가를 받게 되자 「사립이화학당규칙」을 마련했고, 보통과 4년, 고등과 4년, 중학과 3년, 그리고 대학과 5년(대학예과 1년, 대학과 4년)으로 학제를 조직했다.[6]

대학과 설립 이후 10년간의 조정기간을 거치면서 1917년 중학과를 대학예과(2년제)로 개칭했고, 1920년경에는 거의 정상적인 고등교육 교과과정이 확립되었다. 1918년 당시 이화학당 대학과에는 32명의 예과생과 7명의 대학생이 있었다. 총 39명이라는 숫자가 큰 숫자처럼 보이지는 않지만 당시 상황과 이후 이들 졸업생의 활동을 생각하면 39명이 의미하는 바가 얼마나 소중한 것인지 알 수 있다. 대학과에서는 강의 언어로 영어가 통용되어 거의 모든 교재를 영어원서로 사용했으므로 학생들의 영어 실력은 상당한 수준에 이르렀다. 또한 당시 영어를 담당했던 처치(Marie E. Church, 1884~1972)는 언어교육 증진 및 문제점 해결에 주력했고, 1922년 대학과에 부임한 칸로(Marion L. Conrow, 1894~1986)는 영어교재를 직접 편찬하고 체계적인 교수방법을 개발하여, 이들의 영어교수법은 당시 서울 시내 각 사립학교 교사의 본이 되었다.[7] 이화학당 대학과는 학생을 교육하는 동안 여러 장애물에 직면했는데 그것은 한국 여학생들의 건강 문제, 경제적 문제, 그리고 공부를 그만하고 결혼을 하라는 가족들의 지속적인 압박이었다. 하지만 여학생들은 이러한 장애물들을 극복하는 데 놀라운 힘을 발휘했고, 그 결과 1918년까지 97명의 학생이 예과를 졸업하고, 10명의 학생이 대학 학위를 받았다. 이러한 학교 당국과 학생들의 노력은 이화학당 대학과 운영자들로 하여금 기독교 여자대학 설립계획을 세울 수

---

4 Alice R. Appenzeller, Ewha Haktang: Woman's College of Korea, *The Korea Mission Field* 18.5, 1922.5, pp. 102-104. 이문회, 선교회, 공주회에 대해서는 3장 1절에 기술함.

5 이화100년사, 1994, 169쪽.

6 이화100년사, 1994, 111쪽.

7 이화100년사, 1994, 133-134쪽.

있도록 했다.[8]

1920년 당시 한국에는 중등학교 단계의 여성교육을 담당할 수 있는 기독교계 학교가 13개뿐이었다. 이는 교육받기를 원하는 수천 명의 소녀에 비해 턱없이 부족한 숫자이며 많은 소녀가 교육의 기회를 얻지 못하고 있음을 의미했다. 게다가 13개 여학교는 적합한 교사(教師)들을 찾지 못해 어려움을 겪고 있었으므로, 교사를 양성할 수 있는 여자대학 설립은 가장 시급하고 필수적인 문제였다. 이미 1910년, 이화학당 대학과 설립과 운영을 통해 한국 여대생의 재능, 자질, 성격, 헌신 등이 다른 어느 나라의 여대생보다 뒤지지 않는다는 것이 증명되었다. 한국의 모든 기독교 여성이 다닐 수 있는 대학을 설립하자는 이화학당 운영진의 꿈은 1920년 현실에 가까워졌다. 미 북감리교, 미 남감리교, 미 북장로교의 선교단체를 대표하는 위원회는 서울에 두 개의 대학(그중 하나는 여자대학), 평양에 한 개의 대학 총 세 개의 기독교 연합대학을 설치하는 것에 합의했다. 그중 서울에 세우기로 한 연합여자대학은 당시 대학예과와 대학과를 운영하는 유일한 여성고등교육기관인 이화학당으로 결정되었고, 이화학당의 여자대학 설치에 전적으로 지원한다는 방침을 채택했다. 이어서 서울에 설립할 여자대학과 남자대학의 부지를 선정했다. 여자대학 부지와 남자대학 부지는 꽤 가까이 있었는데, 이는 공간적으로 분리되어 사생활을 지키면서도 교수와 강의의 교환이 잘 이루어질 수 있도록 고려한 것이었다. 해당 위원회는 초교파적 세계교회운동본부(Interchurch World Movement)에 부지 구매와 학교 건물 설립을 위한 자금을 요청했다. 기독교계 여자대학교를 설립하기 위한 계획이 세워지고 자금이 모이는 동안, 이화학당 대학과는 장차 대학에 입학할 학생이 수업할 수 있는 만반의 준비를 해야 했다.[9]

이화학당이 4, 5년간의 기간을 두고 대학으로 발전할 계획을 꾸준히 진행하는 동안 한국 사회 유지들도 민립대학 설립 계획을 진행하고 있었다. 그러나 일제는 민립대학 설립이라는 거족적인 사업을 분쇄하기 위해 갖은 탄압과 수단을 썼으며 조선인에게는 전문학교 이상의 교육제도를 허락하지 않는다는 「조선교육령」을 내세워 민립대학 인가를 내주지 않은 채 1924년 5월 경성제국대학을 설립하여 대학예과를 두었고, 1926년에는 문과와 이공과를 두었다.[10]

이화학당이 대학과를 바탕으로 이화여자대학으로의 발전을 기도했으나 일제의 식민지 교육정책으로 좌절하고 결국 수업연한의 단축을 가져오고 교육 정도를 낮춘 형태의 일본식 교육제도를 모방한 전문학교제를 채택하게 되었다.[11] 1910년에 설립된 이화학당

---

8 Alice R. Appenzeller, Higher Education for Women, *The Korea Mission Field* 14.10, 1918.10, pp. 210-213.

9 Alice R. Appenzeller, The Proposed Women's College, *The Korea Mission Field* 16.10, 1920.10, p. 202; 『이화80년사』, 이화여자대학교출판문화원, 1967, 143-144쪽.

10 이화80년사, 1967, 145쪽.

11 이화80년사, 1967, 146쪽; 『이화여자대학교동창회 100년사: 1908~2008』, 이화여자대학교출판문화원,

대학과는 1925년 이화여자전문학교로 바뀔 때까지 15년간 문과 교육을 실시했고, 이때 대학과 졸업자 수는 모두 29명이었다.[12] 이화학당 대학과에는 특정 학과가 존재하지는 않았으나, 여성 지식인 양성을 위한 교육은 일반적인 지식 기반 위에 지어져야 한다는 신념 아래 다양한 분야의 학문을 강의했다. 특히 영어와 음악은 대학과 교육의 중심이 되었고 이는 후에 대학과가 전문학교로 바뀔 때 문과와 음악과를 먼저 설립하게 되는 기반이 되었다.

## 2. 이화여자전문학교 문과, 영어영문학 교육의 시작(1925~1945)

### 1) 전문학교 설립과 영어영문학 전공 교육의 시작(1925~1937)

1925년에서 1937년까지의 12년간은 이화여자전문학교의 설립 그리고 확장의 시기였다. 교수진을 강화하고 교육 내용을 충실히 했으며, 신촌에 최신 설비를 갖춘 장려한 교사(校舍)를 짓고 이사하는 등 한국 여성의 유일한 최고 학부답게 이화여자전문학교는 그 내용과 형식을 모두 착실하게 갖추어나갔다.[13]

1921년 이화학당 프라이 당장이 세상을 떠나자, 한국인과 미국인 교사들로 이루어진 이사진이 조직되었다. 이는 한국인들이 학교 행정, 즉 한국인을 교육하는 데 필요한 주요 결정 및 운영에 실제 참여하게 되었던 것으로 큰 의미가 있다. 1922년 비어 있던 당장 자리에 앨리스 아펜젤러(Alice R. Appenzeller)가 취임했다.[14] 앨리스 아펜젤러, 그는 이화와 각별한 인연을 가진 인물이다. 어머니의 태중에서 이화의 창설자인 스크랜튼 대부인과 같은 배를 타고 한국에 도착하여 이 땅에서 태어난 최초의 백인 아기였다. 앨리스 아펜젤러는 1886년 4월 그의 아버지 헨리 아펜젤러(Henry G. Appenzeller, 1858~1902) 목사가 세운 정동교회 최초의 세례식에서 세례를 받았고, 어린 시절을 한국에서 보냈다. 미국에서 고등교육을 받고 1915년 선교사로 이화에 부임하여 영어와 역사를 가르쳤다. 프라이와 월터(A. Jeannette Walter, 1885~1977) 당장의 뒤를 이어 6대 당장이 된 그는 이화를 그의 모교인 웰즐리대학과 같은 여자대학으로 키우고 싶은 바람이 있었다.[15] 아펜젤러 당장은 이화학당 대학과를 여자대학으로 발전시키고자 했으나, 당시 일제는 조선인을 위한 민립대학 설립을 저지하며 전문학교 이상을 인가하지 않았기 때문에 결국 여자전문학

2010, 67쪽.

12 이화100년사, 1994, 475쪽.

13 이화80년사, 1967, 151-152쪽.

14 『이화70년사』, 이화여자대학교출판문화원, 1956, 85-86쪽.

15 이화여자대학교동창회 100년사: 1908~2008, 2010, 81-82쪽.

교 설립으로 현실과 타협할 수밖에 없었다. 아펜젤러 당장이 전문학교로 격하됨을 알면서도 전문학교로 인가를 받은 것은 졸업생들에게 총독부의 교원 자격 인정을 받게 하고자 함이었다. 총독부는 대학과에 교원 자격 인가를 주지 않았고 우수한 이화학당 대학과 졸업생들은 정식교사 채용에서 불이익을 받고 있었다. 이제 전문학교가 됨으로써 그 모순을 해결할 수 있게 되었다.[16]

1925년 3월 1일 이화여자전문학교 인가신청을 내고 동년 4월 23일 총독부의 정식인가를 받았다. 같은 기독교 계통의 세브란스의학전문학교, 연희전문학교는 1917년에 전문학교 인가를 받았고, 평양숭실전문학교와 보성전문학교가 1922년 전문학교 인가를 받았다. 전문학교가 되면서 학당 당장이던 아펜젤러가 1925년 9월 29일부터 교장 승인을 받았다. 대학이 전문학교로 격하되었더라도 학생들의 기독교 정신 함양과 한국 사회가 필요로 하는 유능한 인재 양성이라는 설립 목적은 변함이 없었다.[17]

이화여자전문학교는 예과 1년 본과 4년의 5년 과정인 '문과'와 예과 1년 본과 3년의 4년 과정인 '음악과' 두 과로 시작되었고, 4년 후인 1929년에 '가사과'가 신설되어 3과가 되었다. 대학과 시절 강의 언어가 영어였으며 음악교육에 중점을 두었던 사실을 상기할 때 전문학교가 문과와 음악과로 시작한 것은 자연스러운 일이었다.[18] 교양 중심이지만 교육수준이 높았던 대학과와 비교해 전문학교가 되면서 달라진 점은 전공학과를 두고 학생들이 각 전공학과에 합당한 수준 높은 실력을 갖추게 하는 것이었다. 문과는 실제에 있어 영문과의 성격을 띤 것으로 "전 과목을 영어로 가르쳐 이 나라 여성들에게 영어실력과 아울러 문학적 소양을 쌓아주는 것"이 교육 목표였다.[19] 선교사의 기록 속에 문과는 대개 'Literary Dept.'로, 드물게는 'English Dept.' 또는 'English Literary Dept.'로 표기되었는데 총독부 서류에는 모두 문과로 기록되어 있다. 당시 한국 학생에 대한 사상사찰을 심하게 하고 일본화에 주력했던 일제가 영문학을 서구문화를 받아들이는 통로로 생각하여 달갑게 여길 리가 없었기 때문에 학과 이름을 문과로 했던 것이다.[20] 1923년 아펜젤러 교장의 전공학과에 대한 언급을 다음의 사료에서 살펴볼 수 있다.

> 이화는 숨길 수 없는 언덕 위의 빛입니다. […] 이제 등불이 가득 차서 타오르고 있고 그 빛은 맑고 강렬하게 빛나고 있습니다. 빛이 밝을수록 의무도 커집니다. […] 올해 우리는 선교사 친구들과 한국인 지지자들에게 우리 대학에 대해 어떻게 생각하는지 물었습니다. 그들의 의견은 우리가 지금까지 해온 일을 계속하며 확장해나가는 것이 좋겠다는

---

16 이화100년사, 1994, 171-172쪽.
17 이화80년사, 1967, 147-148쪽.
18 이화100년사, 1994, 170쪽.
19 이화70년사, 1956, 94쪽.
20 이화80년사, 1967, 147-149쪽; 이화70년사, 1956, 94쪽; 이화100년사, 1994, 170쪽.

것이었습니다. 그러므로 첫 번째 학과는 아마도 영문과와 음악과가 될 것입니다.[21]

이화여자전문학교 문과 교수였던 칸로 역시 1956년에 저술한 *Our Ewha: A Historical Sketch of Ewha Womans University*에서 1925년 이화여전 설립을 설명하며 이화여전의 'English Literary Department'와 'Music Department'의 졸업생들이 해당 과목의 고등학교 교사로서 인정받았다고 서술했다.[22] 이러한 사료들은 전문학교 시대에 문과를 영문과로 인식하고 있었음을 확연히 보여준다. 또한 초창기 문과 학생이었던 김정옥(1936)은 "그때에 이화 문과라 하면 '문(文)' 그 자체의 연구보다 영어의 분위기 속에서 영문법과 초보적 영어학 둘레에서 맴돌 정도였다. 그리고 입학한 우리들도 '영어전공'이란 상식적 기대에서 공부했다"고 회고했다.[23] 한국대학교육협의회에서 발간한 연구보고서 『영어영문학과 교육프로그램 개발 연구』는 "우리나라에서 처음으로 영어영문학과가 생긴 것은 일제강점기인 1920년대 경성제국대학 및 몇 개의 전문학교에 문학부가 설치되면서 시작되었다. 한 예로, 이화여자대학교는 1925년 4월 이화여자전문학교가 발족되면서 문과 및 음악과가 신설되었는데, 이때 문과가 영어영문학과의 성격을 지니고 있었다."라고 보고하고 있다.[24] 이상의 내용들은 문과가 영어영문학과의 다른 이름이었으며, 영어영문학과의 처음 시작이었음을 보여주고 있다.

이화여자전문학교가 되면서 그 성장 규모가 미국 감리교 여성해외선교회가 단독으로 감당하기에는 힘겨울 정도로 커졌으므로, 미국 남감리회, 캐나다 연합교회, 호주 장로교회 선교부의 원조도 받게 되었다. 이러한 원조는 문과와 음악과를 강화하는 데 커다란 도움이 되었다. 또한 국내 유지들과 동창들의 협조도 큰 힘이 되었다.[25]

### 이화여자전문학교 학생모집

1925년 총독부 지정 이화여자전문학교 문과 정원은 "예과 50명, 1학년 약간 명"이었

21 "Ewha is a light set on a hill which cannot be hid. […] now the lamp is filled and burning and the light shines clear and strong. The brighter the light, the greater is the obligation. […] This year we have been asking our missionary friends and our Korean constituency what they thought of the College. The advice was that we continue and expand our work along the same lines as at present; so the first departments will probably be English and music." (Alice R. Appenzeller, 'Ewha Haktang', *Annual Report of the Korea Woman's Conference of Methodist Episcopal Church*, Vol. 25, 1923, pp. 63-66).

22 "[Ewha College's] graduates of the English Literary Department and of the Music Department would be recognized as qualified high school teachers of those subjects." (Marion L. Conrow, *Our Ewha: A Historical Sketch of Ewha Womans University*, Ewha Womans University Press, 1956, p. 25).

23 민숙현·박해경, 『한가람 봄바람에: 이화100년 야사』, 지인사, 1981, 487-488쪽.

24 조준학, 『영어영문학과 교육프로그램 개발 연구』 연구보고 제88-8-39호. 한국대학교육협의회, 1989.

25 김활란, 『그 빛 속의 작은 생명』, 이화여자대학교출판문화원, 1983, 155쪽; 이화여자대학교동창회 100년사: 1908~2008, 2010, 84쪽.

다.[26] 총독부 학무과는 이화학당 대학과를 여자전문학교로 승격했기 때문에 자격시험을 보도록 했다. 이때 학생들이 분개했으나 아펜젤러 교장은 학생들을 달래어 자격시험에 응하도록 하면서,[27] 이화여자전문학교 첫 해에는 기존 이화학당 대학예과와 대학과에서 편입한 학생들 및 소정의 입학 규정에 따라 선발된 신입생들로 시작했다.[28] 1925년 대학과 마지막 졸업식에서 3, 4학년을 동시에 졸업시키고, 대학과 1, 2학년은 자격시험을 쳐서 70점 이상이면 전문학교 본과 2, 3학년에 편입시켰다. 학과 선택은 적성과 희망에 따르도록 했으나, 음악은 실기 실력이 필요했기 때문에 대학과 2학년은 전원 다 문과의 본과 3학년으로 편입시켰다. 따라서 1925년 4월 당시 이화여자전문학교 학생은 문과의 예과, 본과 1, 2, 3학년과 음악과의 예과, 본과, 1, 2학년에 총 70명이 재학하고 있었고 최고 학년인 문과의 본과 4학년과 음악과의 본과 3학년에는 학생이 없었다.[29] 1926년 4월 신입생을 받으면서 전 학년이 구성되었고, 1927년 3월 첫 졸업생을 배출했는데 문과 8명, 음악과 3명이었다.[30] 1925년에 이화여전이 설립되었음에도 불구하고 제1회 졸업자가 1927년에 배출될 수 있었던 것은 문과 1회 졸업생들이 전문학교 본과 3학년부터 학업을 시작한 별과 과정 졸업생들이었기 때문이다.[31]

이화전문학교 초창기 입학 자격은 당시 동아일보에서 확인할 수 있다. 1928년 2월 이화여자전문학교 입학 안내를 보면, 문과 모집인원은 예과 약 50명, 제1학년 약간 명, 별과 약간 명이며 다음과 같이 입학 자격을 공지했다.[32]

<1928년 이화여자전문학교 입학 자격>

| 구분 | 자격 |
|---|---|
| 예과 | 1) 수업연한 4년의 고등여학교(신교육령에 의한) 또는 여자고등보통학교 졸업자 또는 그와 동등 학력이 있다고 지정한 학교 졸업자<br>2) 수업연한 4년 고등여학교 여자고등보통학교를 금년 3월에 졸업할 희망이 있는 자 |
| 제1학년 | 1) 본교 각과의 예과를 졸업한 자<br>2) 수업연한 5년의 고등여학교 또는 여자고등보통학교를 졸업한 자<br>3) 전문학교 입학 검정시험에 합격한 자 |
| 별과 | 1) 연령 만 17세 이상의 여자로서 구조선 교육령에 의한 여자고등보통학교 졸업자 또는 그와 동등 이상의 학력이 있다고 인정되는 자 |

26 이화80년사, 1967, 168쪽.

27 이화70년사, 1956, 93쪽.

28 이화100년사, 1994, 171쪽. 1925년 예과 일부는 신입생이었으며, 이화학당 대학예과 1학년을 이화여전 예과 1학년으로, 이화학당 대학예과 2학년을 이화여전 본과 1학년으로 각각 편입시켰다(이화80년사, 1967, 151쪽).

29 이화100년사, 1994, 171쪽; 이화80년사, 1967, 150-151쪽.

30 이화70년사, 1956, 97-98쪽; 이화80년사, 1967, 150-151쪽.

31 이화역사관 제공.

32 이화80년사, 1967, 169쪽; 동아일보, 각 여자학교 입학지남(1), 1928년 2월 2일. '입학지남(入學指南)'은 입학에 관한 안내를 뜻함.

| 구분 | 자격 |
|---|---|
| 무시험 검정 | 1) 유자격자로서 학업성적이 동수업자 총수 10분지 1 이내에 있는 자로서 그 학교 교장이 추천하는 동시에 본교에서 상당하다고 인정하는 자 |

1928년 모집 입원은 변동이 없었으나, 시험과목이 문과는 일어, 영어로 줄었다. 1933년 문과, 음악과, 가사과의 공통시험과목은 작문, 일어이고, 그 외 시험과목으로 문과는 영어, 음악과는 음악, 가사과는 물리, 화학, 영양학을 두었다. 이외에 신체검사, 구두시험을 전과(全科) 공통으로 보았다.[33]

3·1운동 이후 민족의식이 고양되면서 폐쇄적이던 일반 대중도 신교육을 통한 실력 양성의 필요성에 공감했고, 여성의 교육 기회 역시 점점 확대되었다. 딸들은 초등교육기관도 보내지 않으려던 과거와는 달리 1920년대 말에는 18개의 공사립 여자고등보통학교가 있었고, 1930년대 초반에는 벌써 전국적으로 7천여 명의 여자고등보통학교 졸업생이 배출되었으며, 재학생도 5천여 명을 훨씬 넘었다. 당시 여자고등보통학교만 나와도 '신여성' 취급을 받고 사회활동을 하던 시대였지만 좀 더 전문지식을 쌓고자 하는 여학생들의 향학열을 수용해줄 곳은 국내에서는 이화여자전문학교가 유일했다. 시대적 요구에도 불구하고 여자전문학교에 대한 일반적인 이해가 부족했기에 입학 지원자는 정원을 채우지 못하는 일이 다반사였다. 학교 당국은 정원 미달을 개의치 않고 입학 사정을 통하여 일정 수준의 수학 능력을 갖춘 학생만을 엄격하게 선발했다.[34]

### 이화여자전문학교 문과의 학사일정과 교육과정

이화여자전문학교 문과의 교육 목적은 "궁극적으로 동서양의 문화를 흡수 통합하여 한국인에게 적합한 새롭고 풍요로운 문화를 창조할 수 있도록" 하는 것이었으며, 이와 같은 교육 목적의 달성을 위한 구체적인 교육 목표는 "창작과 번역을 통하여 근대 한국 문단의 새로운 장을 열" 수 있는 능력을 기르는 것이었다.[35] 학사 운영과 관련하여 이화여전은 3학기제를 채택했다. 1학기는 4월 초순에 개강하여 6월 말까지, 여름방학은 7~8월, 2학기는 9월 초순부터 12월 20일까지, 크리스마스 방학은 12월 21일부터 1월 6일까지, 3학기는 1월 7일부터 3월 20일까지, 봄방학은 3월 20일부터 4월 초순까지였다. 대개 졸업식은 3월 20일 전후하여 실시되었으며, 곧이어 신입생을 맞는 입학 행사가 있었다. 2월과 3월에 걸쳐 신입생 모집을 공고하고 4월 초에 입학시험을 치르며 합격자가 발표되는 즉시

33 이화80년사, 1967, 168-170쪽.

34 이화100년사, 1994, 180쪽; 이화여자대학교동창회 100년사: 1908~2008, 2010, 83쪽.

35 이화100년사, 1994, 196쪽.

학교 전체가 개학했다. 1932년부터는 3월 말경으로 입학시험 기일이 앞당겨졌다.[36] 1930학년도 문과 학사일정은 다음과 같다.[37]

<1930학년도 문과 학사일정>

| | | | | | |
|---|---|---|---|---|---|
| 1930년 | 4.9. | 1학기 개학 | 1931년 | 1.7. | 3학기 개학 |
| | 5.30. | 창립기념일 | | 3.6. | 문과 졸업발표회 |
| | 6.24.~ 6.28. | 기말시험 | | 3.15. | 졸업 예배 |
| | 6.30. | 졸업여행 | | 3.16.~ 3.19. | 기말시험 |
| | 7.1.~ 9.4. | 여름방학 | | 3.21. | 졸업식, 동창회 |
| | 9.5. | 2학기 개학 | | 3.21.~ 3.31 | 봄방학 |
| | 11.5.~ 11.8. | 김치방학 | | 4.1. | 신입생 신체검사 |
| | 12.16.~ 12.19. | 기말시험 | | 4.2. | 신입생 입학시험 |
| | 12.10.~ 1.6. | 크리스마스 방학 | | 4.8. | 1학기 개학 |

전문학교가 되었어도 교과과정은 별 변동이 없었으며 한국인 생활에 알맞은 과정으로 편성했다고 아펜젤러 교장이 기록하고 있는 것을 보면, 이화여자전문학교 문과의 처음 시기는 이화학당 대학과 시기의 교과과정이나 시간 수와 큰 차이가 없었던 것으로 보인다. 그러나 내용에 있어서는 대학과보다 훨씬 짜임새 있고 또 자격 있는 교수들을 채용하고자 주력했음은 분명하다. 교과과정이 정비되고 전공이 세분된 점은 역시 전문학교가 되면서이다. 예과를 포함해서 5년 과정인 문과는 예과 주 31시간, 본과 1학년 30시간, 2학년 32시간, 3학년 30시간, 4학년 27시간, 합계 150시간에 달했고, 영어 관련 수업은 38시간, 여기에 일어와 한문을 포함한 어문학 관련 수업이 총 61시간이었다. 1925년 문과 교육과정은 영어와 영문학의 비율이 25%로 높기는 했으나 문학에 관한 전문교육보다는 인문, 사회, 종교, 예술, 자연, 과학 전반에 걸쳐 다양한 과목을 개설하고 수업연한도 음악과보다 1년 많은 5년제로 했던 점 등에서 초기 이화여전의 문과 교육 방향이 여전히 전인교육을 지향하는 통합적 성격의 교양교육에 많이 치우쳐 있었음을 알 수 있다.[38] 그럼에도 불구하고 타 학문 분야보다 영어 관련 수업이 상대적으로 월등히 많았고, 영어를 '작문·회화', '문법·해석', '영문학'의 세 가지 영역으로 구분하여 예과부터 4학년까지 지속적이고 체계적으로 교육했다는 점이 전문학교 문과를 영어영문학과의 시작으로 볼 수 있는 또 다른 근거가 된다. 문과에서 타 학문 분야를 함께 공부할 수 있었던 경험은 이후 이화여자전문

36 이화100년사, 1994, 178쪽; 이화80년사, 1967, 170쪽.

37 *Ewha College Catalogue*, YMCA Press, 1930.4, p. 7; 이화100년사, 1994, 181쪽 재인용.

38 이화80년사, 1967, 158쪽, 165쪽; 이화100년사, 1994, 192쪽, 196쪽.

학교 졸업생들이 영어라는 언어적 수단을 가지고 다양한 학문으로, 그리고 다양한 진로로 진출할 수 있는 바탕이 되었다. 다음은 1925년 이화여자전문학교 문과의 교과과정이다.[39]

<1925년 문과 교과과정>

<table>
<tr><th colspan="2">학과목</th><th>예과</th><th>I</th><th>II</th><th>III</th><th>IV</th><th>학과목</th><th>예과</th><th>I</th><th>II</th><th>III</th><th>IV</th></tr>
<tr><td colspan="2">수신</td><td>1</td><td>1</td><td>1</td><td>1</td><td>1</td><td>미술학</td><td>-</td><td>-</td><td>3</td><td>-</td><td>-</td></tr>
<tr><td colspan="2">성경</td><td>2</td><td>2</td><td>2</td><td>2</td><td>2</td><td>철학</td><td>-</td><td>-</td><td>-</td><td>-</td><td>3</td></tr>
<tr><td colspan="2">일어</td><td>5</td><td>2</td><td>2</td><td>2</td><td>2</td><td>생물학</td><td>-</td><td>-</td><td>-</td><td>3</td><td>-</td></tr>
<tr><td colspan="2">한문(선택)</td><td>2</td><td>2</td><td>2</td><td>2</td><td>2</td><td>심리학</td><td>-</td><td>-</td><td>-</td><td>3</td><td>-</td></tr>
<tr><td rowspan="3">영어</td><td>작문·회화</td><td>2</td><td>3</td><td>3</td><td>2</td><td>2</td><td>윤리학</td><td>-</td><td>-</td><td>-</td><td>3</td><td>-</td></tr>
<tr><td>문법·해석</td><td>3</td><td>2</td><td>2</td><td>-</td><td>-</td><td>사회학</td><td>-</td><td>-</td><td>-</td><td>-</td><td>3</td></tr>
<tr><td>영문학</td><td>3</td><td>5</td><td>5</td><td>3</td><td>3</td><td>교육학</td><td>-</td><td>-</td><td>-</td><td>-</td><td>3</td></tr>
<tr><td colspan="2">수학(입체기하)</td><td>3</td><td>-</td><td>-</td><td></td><td>-</td><td>교육사</td><td>-</td><td>-</td><td>-</td><td>3</td><td>-</td></tr>
<tr><td colspan="2">지문(地文)</td><td>3</td><td>-</td><td>-</td><td>-</td><td>-</td><td>교수법</td><td>-</td><td>-</td><td>-</td><td>-</td><td>2</td></tr>
<tr><td rowspan="3">역사</td><td>동양사</td><td>-</td><td>2</td><td>2</td><td>-</td><td>-</td><td>가정학</td><td>-</td><td>-</td><td>-</td><td>2</td><td>-</td></tr>
<tr><td>일본사</td><td>3</td><td>-</td><td>-</td><td>-</td><td>-</td><td>위생학</td><td>-</td><td>1</td><td>-</td><td>-</td><td>-</td></tr>
<tr><td>서양사</td><td>-</td><td>3</td><td>3</td><td>-</td><td>-</td><td>창가</td><td>2</td><td>2</td><td>2</td><td>2</td><td>2</td></tr>
<tr><td colspan="2">법제경제</td><td>-</td><td>3</td><td>-</td><td>-</td><td>-</td><td>체조</td><td>2</td><td>2</td><td>2</td><td>2</td><td>2</td></tr>
<tr><td colspan="2">지질 및 천문학</td><td>-</td><td>-</td><td>3</td><td>-</td><td>-</td><td>계</td><td>31</td><td>30</td><td>32</td><td>30</td><td>27</td></tr>
</table>

이화여자전문학교 문과 학생들은 서양 선교사들이 영어로 가르치는 강의를 들었기 때문에 영어 실력이 뛰어났고 사회에서도 인정받아, 1928년 2월 22일 제2회 졸업생부터 사립여자고등보통학교 영어 교원자격증을 부여받았다.[40] 일제 식민지 치하에서 조선총독부로부터 이화여자전문학교 문과 졸업생들이 비록 사립여자고등보통학교로 제한되기는 했으나 공식적으로 고등보통학교 영어를 가르칠 수 있음을 인정받은 것이다. 다른 교과목이 아닌 영어 과목의 교원자격증을 졸업과 동시에 어떠한 다른 자격시험을 치르지 않고 인정받았음은 이화여자전문학교 문과를 영어영문학과의 시작으로 볼 수 있는 근거가 된다. 이화여자전문학교 문과 졸업생들의 영어 교원자격증은 당시 기독교 계통 여학교들의 영어교사 인력난을 해소하는 데 도움이 되었다. 1927년부터 1937년까지 문과, 음악과에

39 梨專梨保設立 一般認可關係 書類綴(1945年 以前分) 朝鮮教育要覽, 朝鮮總督府 學務局, 京城, 1925, 117쪽; 이화80년사, 1967, 159쪽 재인용.

40 이화100년사, 1994, 246쪽, 475쪽; 이화80년사, 1967, 151쪽. 음악과 졸업생은 사립여자고등보통학교 음악 교사로서의 자격을 인정받게 되었다.

서 11회, 가사과에서 5회에 걸쳐 배출한 졸업생이 260명에 달했다. 이 중 1937년까지 계속해서 교원으로 재직하고 있었던 동창이 88명, 상급학교 진학이 16명, 기타 사무직 20명으로 50%에 달하는 졸업생이 사회에서 활동하고 있었다.[41]

1930년도부터 전문학교가 4년제로 변경이 되어, 문과는 음악과, 가사과와 같이 수업연한을 5년에서 4년(예과 1년, 본과 3년)으로 개편하여 주당 총 수업 시간이 예과(1학년) 32시간, 2학년 31시간, 3학년 31시간, 4학년 28시간, 합계 122시간이 되었다. 그리고 교과과정을 정비하여 주당 총 수업 시간 122시간 중 영어 관련 수업을 44시간으로 늘리면서, 영어 관련 수업 비율이 기존 25%에서 36%로 크게 증가했다. 또한 전공과목을 세분화하여 문과 특히 영어영문학과의 특성을 살리게 되었다. 예과에서 '독본(Reading)', '회화', '영작영문법' 등의 기본적인 영어 능력을 다지고, 본과에서는 본격적인 영문학 수업으로 들어갔다.[42] 당시의 교육과정은 영어영문학을 주축으로 한국문학, 심리학, 철학, 역사, 교육학 및 '연극(Drama)' 등을 포괄하는 다양하고 통합적 인문학으로 구성되어 있었다.[43] 1930년 개편된 문과 교과과정은 다음과 같다.[44]

<1930년 문과 교과과정>

| 계통 | 과목 | I | II | III | IV | 계통 | 과목 | I | II | III | IV |
|---|---|---|---|---|---|---|---|---|---|---|---|
| 생물 | 생물학 | - | - | 2 | - | 일어 | 일어 | 3 | - | - | - |
| 교육 | 교육사 | - | - | 2 | - | | 문학 | 2 | 2 | 2 | 2 |
| | 과학교육개론[45] | - | - | - | 2 | 한문 | 국문법 | 1 | - | - | - |
| | 교육심리학 | - | - | - | 2 | | 국어작문 | - | 1 | 1 | 1 |

41 이화여자대학교동창회 100년사: 1908~2008, 2010, 83쪽. 전문학교 제1회 졸업생(1927년) 11명 중 9명이 교사가 되었고 1명이 간호원, 1명이 유학을 떠나는 등 전원이 사회활동을 시작한데 이어서 1928년 문과, 음악과의 졸업생이 총독부로부터 사립여자고등보통학교 교원 자격을 정식으로 인정받게 되자 졸업생의 사회활동은 더욱 활발해져 취업난이 극심했던 사회에서 이화의 또 하나의 자랑거리가 되었다. 이화의 교문을 나선 졸업생들은 최소한 1, 2년에서 수년씩 교단에서 후배를 가르치는 것을 당연한 일로 생각했다. 이화인들이 주로 몸을 담았던 학교들은 서울의 이화, 정신, 개성의 호수돈, 원산의 루시, 평양의 정의, 함흥의 영생, 광주의 수피아, 대구의 신명, 선천의 보성, 공주의 영명, 동래의 일신, 전주의 기전, 북간도 용정의 명신여고 등 전국의 기독교 계통 학교였다(이화100년사, 1994, 246쪽).

42 이화80년사, 1967, 165쪽; 이화100년사, 1994, 196쪽.

43 이화100년사, 1994, 475쪽.

44 *Ewha College Catalogue*, 1930. 4, p. 34; 이화80년사, 1967, 160쪽 재인용. 제대로 된 이화 소개 책자는 「梨花專門一覽(*Ewha College Catalogue*)」(1930.4)이 처음이다. 영문으로 된 70페이지 「이화전문일람」 내용은 학교연혁, 연중행사예정표, 이사명단, 교직원명단, 학교의 일반적인 소개, 장학금, 경비, 각 과 교과과정, 졸업생 명단, 재학생명단 등 일종의 학교안내로 학교의 전반적인 사항이 소개된 것이다. 이 책자는 1937년(일어), 1941년(일어), 1948년(영어) 발행되었다(이화80년사, 1967, 183-184쪽). 그리고 1953년부터 2013년까지 『이화여자대학교 대학안내』라는 이름으로 매년 국문판으로 발행되었다.

45 영문 교과목명은 'Introduction to Scientific Study of Education'이다(*Ewha College Catalogue*, 1930. 4, p. 34).

| 계통 | 과목 | | I | II | III | IV | 계통 | 과목 | | I | II | III | IV |
|---|---|---|---|---|---|---|---|---|---|---|---|---|---|
| 교육 | 영어교수법과 교생실습 | | - | - | - | 1 | 한문 | 한국문학사 | | - | 1 | - | - |
| 영어문학 | 문학 | 독본 | 5 | - | - | - | | 한문(고전) | | 1 | - | 1 | 1 |
| | | 영문학입문 | - | 2 | - | - | 수학 | 입체기하와 삼각법 | | 3 | - | - | - |
| | | 영문학 | - | 3 | 5 | 3 | 음악 | 음악감상 | | 2 | - | - | - |
| | | 연극 | - | - | - | 3 | | 가정사회음악 | | - | 1 | - | - |
| | | 한국문학연구 | - | - | 1 | - | | 교회음악 | | - | - | 1 | - |
| | 작문·문법 | 영작영문법 | 3 | - | - | - | | 학교음악 | | - | - | - | 1 |
| | | 문법 | - | 2 | - | - | 철학심리학 | 논리학 | | - | - | - | 1 |
| | | 작문 | - | 3 | 3 | - | | 철학 | | - | - | - | 2 |
| | | 신문학 | - | - | - | 2 | | 심리학 | | - | - | 2 | - |
| | 회화 | | 2 | 2 | - | - | 종교 | 구약 히브리민족사 | | 2 | - | - | - |
| | 번역 | 일어로 번역 | - | - | 1 | 1 | | 구약 시와 예언 | | - | 2 | - | - |
| | | 한국어로 번역 | - | - | - | 1 | | 신약 초대교리사 | | - | - | 2 | - |
| | 언어학습의 심리학 | | 2 | - | - | - | | 종교음악 | | - | - | - | 2 |
| 윤리 | 윤리학입문 | | 1 | - | - | - | 사회과학 | 정치학 | | - | 1 | - | - |
| | 윤리학사 | | - | 1 | 1 | - | | 경제학 | | - | 2 | - | - |
| | 윤리와현대생활 | | - | - | - | 1 | | 역사 | 문화사 | - | - | 1 | - |
| 가정학 | 위생과 가정 간호 실습 | | 1 | - | - | - | | | 일본사 | 1 | - | - | - |
| | 가구와 실내장식 | | - | 1 | - | - | | | 동양사 | 1 | 2 | - | - |
| 체육 | 체육 | | 2 | 2 | 2 | 2 | | | 서양사 | - | 3 | 2 | - |
| | 가정관리와 육아 | | - | - | 2 | - | 계 | | | 32 | 31 | 31 | 28 |

개편된 1930년의 교과과정은 특히 선교사 교수들과 미국, 일본 등지에서 유학하고 돌아온 이화 출신 여교수들이 외국대학들의 우수한 교과과정과 교수방법을 모델로 하여 만들었던 만큼 그 수준은 국내외 어느 대학과 비교해도 손색이 없었으며 몇몇 경우에는 국내 최초로 시대를 앞서가는 선구적인 학문 분야가 도입되기도 했다.[46] 1930년에는 16명의 한국인 교수, 14명의 서양인 교수, 3명의 일본인 교수들이 새로 개편된 교과과정을 가르쳤다.[47] 이화여자전문학교 설립 초기보다는 한국어로 강의하는 경우가 많아졌지만

46 이화100년사, 1994, 192쪽.
47 이화70년사, 1956, 105쪽.

미국 선교사들이 다수 교수진으로 포진되어 있어 영어 과목만이 아닌 다른 과목들도 영어로 강의하는 경우가 적지 않았다. 자연히 학생들의 영어 실력은 다른 어느 학교보다 뛰어났다. 학사학위를 취득한 선교사 교수들 가운데 후에 다시 미국에 건너가 석사, 박사학위를 받고 되돌아온 사람도 여럿이다.[48]

1930년대에는 '신문학(新聞學, Journalism)'을 비롯한 '번역', '연극', '언어학습의 심리학', '한국문학연구' 등 새로운 교과목이 영어문학 계통에 배정되었고,[49] 영어 관련 수업시간이 1925년 교과과정과 비교했을 때 학년당 일주일에 평균 3.5시간 정도로 늘게 되어 전공 교육이 본격화되었다. 1929년경부터 졸업반에 매주 2시간씩 배정된 '신문학'은 당시 한국에서 이름조차 낯선 선구적인 과목이었다. 이 시간에는 실제 기사를 작성하고 편집하는 법을 배우고 학교에서 간행하는 영자신문과 잡지 제작 등에 참여하도록 했다. 이화여자전문학교에서 발행된 영자신문들은 학교신문으로서의 가치와 함께 문학인 양성을 위한 다양하고도 실제적인 교육이 되었으며 동시에 신문기자라는 새로운 전문분야에 대해 눈뜨게 되는 계기가 되었다. 초기 영자신문은 학생들이 직접 수기로 제작했으나, 문과생들에게 선택과목으로 '영문타자' 수업이 개설된 이후에는 타이프를 쳐서 등사되었다. 1932년부터 수의과목(隨意科目)으로 '영문타자'를 개설했는데, 문과 학생들은 시간만 파하면 타자연습을 열심히 했다. 또 3, 4학년을 위해 '번역' 수업을 개설하여 한국 문단에서 번역 분야의 중요한 역할을 담당하게 했다.[50] 문과에 '연극' 교과목이 생기면서 1930년부터 졸업반 학생들은 1년에 한 번 영어연극을 공연하게 되었다.[51] 이러한 선진 과목들이 문과에 배정되었던 것은 교수진 강화로 본격적인 영어 수업이 가능해졌기 때문이며, 또한 문과 졸업생이 1928년부터 사립여자고등보통학교 영어 교원자격증을 취득하게 됨에 따라 더욱 영어에 치중한 것으로도 생각해볼 수 있다. 1930년 문과 교과과정에 기본적인 교육 관련 교과목들과 함께 '영어교수법과 교생실습'이라는 교과목이 포함된 것도 눈에 띈다. 이상의 교과과정 외에도 1932년 영학관(英學館)을 설립하여 학생들이 영어 회화를 실습하면서 서구문화를 배우고 익힐 수 있도록 했다.[52]

영문학 다음으로 문과에서 중요시한 분야는 한국어와 한국문학이었다. '한문'으로 분류된 이 수업은 '국문법'과 '국어작문', '한국문학사'를 합해 5시간, 중국 고전을 배우는 '한문' 3시간이 전부였다.[53] 이밖에 윤리, 가정학, 체육, 수학, 음악, 철학 및 심리학, 종교,

---

48 김갑순 엮음, 『영어연극공연사: 이대 영문과 연극 70년을 돌아보며』, 이화여자대학교출판문화원, 2000, 30쪽.

49 1930년 문과 교과과정표의 계통 분류에서 '영어문학'이라는 표현은 『이화80년사』를 따른 것이고, *Ewha College Catalogue*에서는 'English'로 표현되었다(각주 44 참고).

50 이화70년사, 1956, 106쪽; 이화100년사, 1994, 197-198쪽.

51 이화80년사, 1967, 164쪽; 이화100년사, 1994, 196-197쪽.

52 이화80년사, 1967, 150-151쪽.

53 이화100년사, 1994, 198쪽. 1930년 문과 교과과정표의 계통 분류에서 '한문'이라는 표현은 『이화80년사』를 따른 것이고, *Ewha College Catalogue*에서는 '조선어와 한문(Korean and Chinese)'으로 표현되

사회과학 분야의 교과목이 1930년 문과 교과과정에 개설되었다.

### 이화여자전문학교 신촌 캠퍼스 이전(移轉)과 문과의 성장

이화여자전문학교는 1935년 3월 9일 금요일, 정동의 울타리를 떠나 신촌의 새 교사로 옮겨갔다.[54] 1935년은 스크랜튼 대부인이 1886년 5월 정동에 한국 최초의 여자 근대 교육기관을 창설한 지 50년, 1925년 이화여자전문학교가 설립된 지 10년이 되는 시기로 그 사이 이화는 눈부신 성장을 거듭했다. 3월 9일은 이화학당 대학과의 창설자인 프라이 당장의 생일로 프라이 당장을 기념하는 의미에서 이사하는 날로 택했다. 이화여자전문학교와 이화보육학교의 전 교직원과 삼백여 명의 학생들은 정동과 신촌까지 약 3Km 되는 거리를 손에 손에 짐을 들고 줄을 지어 서서 걸어서 갔다. 선두는 오랜 역사를 말하는 이화여자전문학교와 이화보육학교의 두 문패를 든 학생들이 김종우 감리사에게 인도되었고, 그다음으로 이화의 창립자 스크랜튼 대부인의 사진을 들고 아펜젤러 교장이 따랐고, 김활란 선생은 프라이 당장의 초상화를 들고 행렬에 섰다. 그 뒤를 또 문과, 음악과, 가사과의 각 과장이 서고 학생들은 한 사람도 빠지지 않고 이사짐을 한 가지씩 들고 그 뒤를 따랐다.[55] 입교식이 끝난 후 다음 월요일부터 수업을 시작했다.[56] 당시 이화여자전문학교 아펜젤러 교장은 "이화는 더 많은 한국 여학생들이 더 크고 더 좋은 대학에서 품위, 매력, 개성을 갖춘 기독교 여성이 될 수 있기를 희망한다. 천만명의 한국 여성들 가운데 여대생은 300명뿐이다! 값을 매길 수 없을 정도로 소중한 대학교육을 받은 각 학생이 짊어질 책임은 얼마나 큰가!"라고 하면서 이화가 더 크고 더 좋은 대학을 만들어 풍부한 잠재력을 지닌 더 많은 한국 여성들에게 대학교육을 할 수 있기를 바라는 소망을 표현했다.[57]

1935년 이화여자전문학교에는 교장 아펜젤러, 부교장 김활란, 문과 과장 김상용, 음악과 과장 메리 영, 가사과 과장 방신영 등 100명에 가까운 교수가 있었다.[58] 1936년 문과 교과과정은 옆 장의 표와 같이 개편되었다.[59]

1930년 교과과정표에서 계통과 과목으로 구분하던 것을 1936년 교과과정표에서는 학과목과 정도(程度)로 구분한 것이 눈에 띈다. '수신', '미술학', '사회학' 과목이 1930년 교과과정에서 없어졌다가 1936년에 다시 생겼고, 1930년 역사 분야의 '문화사'와 영어문학 계통의 '한국문학연구'가 1936년 교과과정에서는 없어졌다. 학년별 주당 총 수업

---

었다(각주 44 참고).

54 이화80년사, 1967, 209쪽.

55 김활란, 1983, 188쪽; 이화70년사, 1956, 114-115쪽.

56 이화70년사, 1956, 115쪽.

57 Alice R. Appenzeller, A Miracle and a Fairy Tale, *The Korea Mission Field* 31.7, 1935.7, p. 136.

58 이화70년사, 1956, 116쪽.

59 이화80년사, 1967, 229쪽: ① 수신, 성경, 일어, 조선어 及 한문, 영어, 음악, 체조는 각과 공통교양필수. ② 조선어 및 한문은 수의과목 <1945以前 梨專梨保 認可關係書類綴>.

<1936년 문과 교과과정>

| 학과목 | 정도(程度) | 예과 | 1학년 | 2학년 | 3학년 |
|---|---|---|---|---|---|
| 수신 | 윤리, 실천도의 | 1 | 1 | 1 | 1 |
| 성경 | | 2 | 2 | 2 | 2 |
| 일어 | 일어, 일문학 및 일문학사 | 5 | 3 | 3 | 2 |
| 조선어 및 한문 | | 2 | 2 | 2 | 2 |
| 영어 | 강독, 해설, 문법, 작문, 회화, 영문학 및 영문학사 | 12 | 10 | 10 | 11 |
| 문학개론 | 문학평역 및 개론 | - | 2 | - | - |
| 교육 | 교육학 | - | - | - | 3 |
| | 교육사 | - | - | 1 | - |
| | 교수법 | - | - | - | 2 |
| 심리학 | | - | - | 2 | - |
| 논리학 | | - | - | - | 1 |
| 철학개론 | | - | - | - | 2 |
| 역사 | 국사 및 동양사 | 3 | 2 | 1 | - |
| | 서양사 | - | 2 | 1 | - |
| 미학 급 미술사 | | - | - | - | 1 |
| 법제 | | - | 1 | - | - |
| 경제 | | - | 1 | - | - |
| 사회학 | | - | - | 2 | - |
| 자연과학 | 자연연구, 생물학 | - | - | 1 | - |
| 가정학 | | 1 | 1 | 1 | - |
| 음악 | | 1 | 1 | 1 | 1 |
| 체조 | | 2 | 2 | 2 | 2 |
| 계 | | 30 | 30 | 30 | 30 |

시간은 공히 30시간이었으며, 주당 총 수업 시간 합계 120시간 중 영어 관련 수업은 43시간으로 35.8%에 달해 1930년의 36%와 차이가 없다. 일어 시간 수가 11시간에서 13시간으로 증가했으며, 역사에서도 '일본사' 1시간, '동양사' 3시간이던 것을 '국사(일본사)'와 '동양사'를 하나의 범주로 묶어 총 6시간으로 조정하여 2시간 늘렸다. 한국어 및 한국 문학에 대한 수업은 축소하고 일어와 일본 역사 수업 시간을 늘린 것이다. 1935년 신촌의 새 교사로 이전한 이후 이화여자전문학교 교육이 희망과 기대를 가지고 새롭게 시작할 즈음, 일제의 제국주의 침략 정책이 식민지 조선의 교육에도 영향을 끼쳐 이화여

자전문학교의 1936년 교과과정이 일제의 압박으로 개편되고 위기를 맞게 된 것으로 보인다.

일제의 정치 상황의 변화 속에서도 이화여자전문학교는 전국 각지에서 온 지원자들의 능력을 시험하여 입학생을 선발했으며, 문과에는 1933년 28명, 1934년 25명, 1935년 19명, 1936년 18명, 1937년 21명의 학생들이 입학했다.[60] 문과를 포함하여 각 과에서 선발한 학생들은 모두 강인하고 학습에 대한 열정 또한 매우 강했다. 문과 신입생들의 시험지를 보면 이들이 문학에 대한 뜨거운 열망을 지니고 있음을 알 수 있었다.[61] 이 시기 문과 학생들의 연중행사와 기타 활동 상황을 1937학년도 학사력을 통해 살펴볼 수 있다.[62]

<1937학년도 학사력>

<table>
<tr><td rowspan="19">1937년</td><td>4.1.</td><td>신입생 수업료 납입</td><td rowspan="19">1938년</td><td>1.8.</td><td>3학기 시업식</td></tr>
<tr><td>4.5.</td><td>신입생 행사일</td><td>1.10 ~ 1.14.</td><td>수양회</td></tr>
<tr><td>4.6.</td><td>1학기 시업식</td><td>1.14.</td><td>학생 청년회</td></tr>
<tr><td>4.16.</td><td>학생 청년회</td><td>1.18.</td><td>문과 학예회</td></tr>
<tr><td>5.11.</td><td>문과 학예회</td><td>2.15.</td><td>문과 학예회</td></tr>
<tr><td>5.14.</td><td>학생 청년회</td><td>2.18.</td><td>학생 청년회</td></tr>
<tr><td>5.23.</td><td>이화주일(主日)</td><td>3.1 ~ 3.5</td><td>졸업조 시험</td></tr>
<tr><td>5.29.</td><td>창립 51주년 기념식</td><td>3.10.</td><td>졸업조 초대 만찬회</td></tr>
<tr><td>6.11.</td><td>학생 청년회</td><td>3.11.</td><td>졸업식</td></tr>
<tr><td>6.15.</td><td>문과 학예회</td><td>3.18.</td><td>종업식</td></tr>
<tr><td>6.18 ~ 6.19.</td><td>공연 학예회</td><td>3.16 ~ 3.19.</td><td>3학기 시험</td></tr>
<tr><td>6.25 ~ 6.30.</td><td>1학기 시험</td><td>3.21 ~ 4.5.</td><td>춘계휴업</td></tr>
<tr><td>9.1</td><td>2학기 시업식</td><td>3.30.</td><td>입학 시험</td></tr>
<tr><td>9.10.</td><td>학생 청년회</td><td>3.31.</td><td>합격자 발표</td></tr>
<tr><td>9.21.</td><td>문과 학예회</td><td></td><td></td></tr>
<tr><td>10.15.</td><td>원족회</td><td></td><td></td></tr>
<tr><td>10.22.</td><td>학생 청년회</td><td></td><td></td></tr>
<tr><td>10.23.</td><td>교내 운동회</td><td></td><td></td></tr>
<tr><td>10.26.</td><td>문과 학예회</td><td></td><td></td></tr>
</table>

60 이화80년사, 1967, 235쪽.

61 *The Ewha College News Sheet* 9.1, 'New students', 1937.4.24.

62 이화80년사, 1967, 236-237쪽.

| 1937년 | 11.12. | 학생 청년회 | 1938년 | | |
|---|---|---|---|---|---|
| | 11.16. | 문과 학예회 | | | |
| | 11.18 ~ 11.19. | 김치 | | | |
| | 11.27. | 문과 졸업조 학예회 | | | |
| | 12.18 ~ 12.22. | 2학기 시험 | | | |
| | 12.22. | 성탄 축하회 | | | |

1937학년도 학사력을 살펴보면 1930학년도 학사력과 비교하여 학생들의 활동이 두드러진다. 방학 이외에는 매달 학생 청년회(YWCA)의 정기모임이 있었으며, 또한 문과 학예회 역시 1학기를 시작하는 4월과 방학을 제외하고 매달 열렸음을 알 수 있다. 문과 졸업반 학예회는 11월 따로 날을 정해 개최했다. 시험은 각 학기마다 치러졌다. 학생들은 1년 동안 공부, 활동, 발표 등을 통해 자신들의 능력을 개발하고 지도자로서의 역량을 향상시켜 나가고 있었음을 알 수 있다. 학생 청년회와 문과 학예회에 대한 구체적인 내용은 3장 학생 활동 부분에서 다루도록 하겠다.

### 2) 일제의 제국주의 전쟁과 이화여자전문학교의 위기(1937~1945)

1937년 중일전쟁이 일어났고 일제는 1938년 우리의 국어를 말살시키고, 지원·징용의 이름으로 한국의 젊은이들을 강탈해갔다. 미국이 중일전쟁에서 중국 국민정부를 도와주면서 일제는 미국을 적국으로 인식했고, 미국 선교사들이 운영하는 기관에 대해 심하게 통제하기 시작했다.[63] 1939년이 되자 이미 적국어로 간주된 영어에 대한 적대감을 노골적으로 드러내며 중학교에서의 영어 시간을 대폭 축소시키기로 결정했고, 이에 따라 전문학교 입학시험에 영어 과목을 전면 폐지했다. 1940년 3월 입학시험부터 적용되었는데 이로써 가장 타격을 받은 곳은 영어교육에 많은 비중을 두고 있던 이화여자전문학교와 연희전문학교와 같은 기독교계 학교였다. 이때부터 미국 유학을 다녀온 교수들의 고초가 심해졌고, 미국 선교사들의 위치는 위태롭게 되었다.[64]

1939년 3월 아펜젤러 교장이 사임했고 1939년 4월 김활란 박사가 교장에 취임하면서 아펜젤러는 명예교장으로 추대되었다.[65] 1940년 2월에 학칙 변경 및 생도 정원 변경에 관한 인가를 받아 그해 4월부터 실시하게 되었다.[66] 1940년 4월부터 변경된 교과과정

63 이화70년사, 1956, 123-124쪽.
64 이화100년사, 1994, 278쪽.
65 이화80년사, 1967, 223-224쪽.
66 이화100년사, 1994, 266쪽.

이 1941년에 발행된 『이화여자전문학교개람』에 나오는데, 가장 현저한 변화는 1936년에 일어 관련 수업이 13시간이었던 것이 15시간으로 증가되었고, 기존에 없었던 '일본학'이 2시간 추가되어 일본에 관한 시간이 총 4시간 증가되었다는 것이다. 또한 1936년에는 없었던 '중국문학'이 예과부터 본과 3학년까지 매년 2시간씩 배정되어 합해서 8시간이 되었다. 반면 '조선어 및 한문'은 총 8시간이었던 것이 4시간으로 줄어들었다.[67] 제2차 세계대전으로 전 세계가 전시상황이 되는 위급한 형세가 된 1940년 2학기부터는 학생들은 우리말 대신 일본어로 예배를 봐야 했으며, 군복 깁기, 군대식 체조, 국민총력연맹에서 내려오는 지시와 행사 참여로 공부는 완전히 뒷전이 되었다. 한국인들을 창씨개명을 해야 했고, 학교 캠퍼스에서 자라던 무궁화 나무들이 무자비하게 패어 버려졌다.[68] 1940년 미일 관계가 험악해지자 미국 대통령은 한국에 있던 미국인 선교사들의 귀국을 명했다. 1940년 11월 16일 이화에 남아 있던 아펜젤러 교장을 비롯한 선교사 7명이 미국으로 떠나는 마지막 배에 탑승하여 한국을 떠났다.[69] 교수들 역시 하나 둘씩 감원을 당했고, 교장과 학생감 그리고 문과 과장으로 일본인이 임명되었다.[70]

뿐만 아니라 학생들의 창의성과 문화적 소양을 기르기 위해 실시하던 학교의 모든 행사가 1936년에서 1941년 사이 전부 중지되었다. 문과 4학년에 한해서 모집하던 영어 단편 소설 현상도 1938년을 마지막으로 중지되었다. 1940년 영어와 '신문학' 교과목 실습을 위해서 문과에서 발행되던 영자신문도 폐간되었다. 1941년에는 적국어로 영어사용 금지령이 내려졌고, 영어로 된 교과서들까지 모두 소각시켜 버렸다.[71] 문과 학생들의 영어 회화 실력 향상을 위해 설치되었던 영학관도 1941년 폐관되었다.

이러한 시대적 상황에서 영어영문학과로서의 문과는 더 이상 존재할 수 없었다. 그럼에도 교수들은 강단에서 학생들을 격려하고 민족을 깨우치기에 애를 썼다. 한국철학을 가르치던 제5대 문과 과장(1940~1941) 박종홍 선생은 "단일 말을 가진 단일민족은 쉽게 멸망하지 않는다"고 격려했으며, '성경'을 가르치던 박은혜 선생은 일본인 사학관이 버티고 있는 자리에서 이스라엘이 바벨론의 압제를 받는 대목을 인용하여 압제자는 언젠가 반드시 망한다는 결론으로 강의했다. 학생 김옥길(1943)은 일제가 무자비하게 뽑아버린 무궁화 가지 하나를 몰래 숨겨 꽃을 피워냈다. 일본학을 강요하는 데 의분을 느낀 학생 이남덕(1943 수료)은 밤낮을 가리지 않고 도서관에서 책과 씨름하면서 빈틈없는 반박 이

67 이화80년사, 1967, 227-228쪽; 이화100년사, 1994, 268쪽.
68 이화70년사, 1956, 137-139쪽.
69 이화80년사, 1967, 256-258쪽: 7명은 아펜젤러, 우드(Miss G. Wood), 칸로(Miss M. L. Conrow), 모리스(Miss H. Morris), 헐버트(Miss J. Hulbert), 영(Miss M. E. Yong), 베이커(Miss C. Baker)였다. 이때 메이너(Mrs. V. Maynor), 홀(Miss A. Hall) 기타 몇 명은 미국에서 휴가 기간을 보내고 있었다(이화80년사, 1967, 258쪽).
70 이화70년사, 1956, 140-141쪽.
71 이화80년사, 1967, 272-274쪽.

론을 준비하여 일본인 선생을 쩔쩔매게 했다. 이화여자전문학교에서는 교수와 학생이 온전히 하나가 되어 우리말을 보존하고 학교를 지키고 민족을 살리려는 힘겨운 가르침과 배움이 계속되었고,[72] 그 중심에 문과가 있었다.

1943년 4월에는 제4차 「조선교육령」이 개정 공포되었다. 교육에 대한 전시비상령이 중심이 된 개정교육령에 의해 그동안 영어영문학과의 성격을 띠고 있던 문과가 일제의 강압으로 더 이상 버틸 수 없게 되었고, 문과는 일어교육 중심의 소위 국문과(즉 일문과)가 되었다.[73] 이후 이화여자전문학교의 교육은 일제의 강압에 의해 더욱 변칙적으로 운영되었다. 1943년 12월 일제 당국의 「전시교육임시조치령」에 의해 이화여자전문학교의 모든 정규 대학업무는 중단되었다. 그리고 1944년 1월부터 이화여자전문학교를 1년제 '이화여자전문학교 여자청년연성소 지도자 양성과'라는 단일과정으로 통폐합하여 전쟁 수행에 봉사하도록 했다.[74] 이상 일련의 과정을 겪으면서 교수진은 1937년 55명이었던 것이, 1939년 48명, 1941년 41명으로 축소되었고, 1944년에 이르면 12명만 남고 모두 해직되었다. 이러한 인사이동은 교과과정의 변천, 학제 변천 그리고 기타 당국의 간섭에 따른 것이었다.[75] 1945년 3월 조선총독부는 '이화'라는 이름에서 한국 민족의 느낌이 강하게 나타난다고 하면서 학교 이름을 '경성여자전문학교'로 변경하게 했다. 4월에 본과 3년제의 후생과(정원 50명)와 육아과(정원 50명), 1년제의 보육전수과(정원 100명)와 교육전수과(정원 200명)를 두고 학생을 모집했다. 경성여자전문학교의 학생 수는 전체 정원의 절반밖에 안 되는 200명 정도에 그쳤지만 1년 만에 가까스로 되찾은 교육의 기회를 부여잡고 마지막 수난의 세월을 견디어냈다.[76] 그리고 4개월 후 해방이 되었다.

## 3. 이화여자대학교 영어영문학 교육과정의 강화(1945~1972)

해방 후 한국은 미군정기(1945~1948), 대한민국 정부 수립(1948.8.15), 한국전쟁(1950), 4·19(1960), 5·16(1961)으로 이어지는 정치적 격동기에 놓여 있었다. 이화의 역사 역시 이러한 외적 상황의 영향을 직접적으로 받으며 전개되었다. 해방 직후 김활란 교장을 위시한 김애마, 김영의, 김옥길, 이정애, 김준섭, 이정규, 류관열, 윤일선, 정인섭, 원희득

72 이화100년사, 1994, 283쪽.

73 이화100년사, 1994, 282쪽.

74 이화100년사, 1994, 283쪽.

75 이화100년사, 1994, 284쪽; 이화80년사, 1967, 232-233쪽. 1944년 1월 당시 학교에는 김활란 교장, 고모도 학감, 사사끼 일어 선생, 양성과장 이정구, 방신영, 유복덕(요리), 류관열(농업), 백용기(체조), 김영의(음악), 김옥길, 이정애(사감) 선생 등 최소한의 교수만 남았다(이화100년사, 1994, 284-285쪽).

76 이화80년사, 1967, 14쪽; 이화100년사, 1994, 286쪽.

선생 등 10여 명의 한국인 교수들은 즉각 이화여자전문학교의 이름을 되찾고 이화의 재건과 발전에 착수했다. 1945년 9월 이화는 학칙을 변경하여 이화여자대학교로 발족하면서 동시에 종합대학교로의 승격을 추진했다.[77] 일제 치하에서 온갖 핍박을 무릅쓰고 한국문학, 역사, 영문학 등을 교육하고 연구해온 문과 교수진은 오늘날 인문학이 이화여자대학교의 중심 학문으로 자리매김하는 데 큰 역할을 했고, 광복 직후 미군정 시기 문과 졸업생들의 뛰어난 영어 실력은 국가 재건에 크게 기여했다.

### 1) 새 기틀의 마련(1945~1953)

#### 해방 후 영어영문학과의 이름으로 재건

해방 직후 이화는 1945년 9월 종합대학교 안을 본격적으로 추진하는 한편 언론에 학교 재개와 앞으로의 계획을 공고했다. 다음은 『매일신보』 9월 19일자 기사이다.[78]

> 이화여자전문학교(경성여자전문학교)가 여자대학으로 발족한다. 동교는 과거 반세기 동안 조선 여성의 계발과 지육 향상을 위하여 꾸준히 많은 인재를 육성하여 왔는데 이번에 내용도 문과, 가사, 음악, 보육, 체육, 교육, 미술, 의학, 약학과 등 9과로 확충하고 전문부(3년), 학부(3년)를 두어 "이화여자대학"으로 승격을 당국에 신청했다. 여기에 반도 여성 교육을 위하여 많은 기대를 가지고 있는데 현재의 학생은 신제도 전문부로 편입하기로 하고 10월 1일 오전 9시에 개학식을 거행하게 되었다.[79]

1945년 9월 학생을 모집했고 2, 3학년도 동시에 편입생을 받았다. 신입생인 1학년은 1945년 3월 일제강점기 경성여자전문학교에 입학했던 학생과 새로 9월에 입학한 두 부류의 학생이었다. 2학년, 3학년은 일제강점기에 양성과가 되면서 학업을 중단했던 학생들 및 중국과 일본 등지에서 돌아온 학생들이 각기 자기 실력에 따라 편입한 학생들이었다. 전문부는 수업연한 3년(의학부는 예과 2년, 본과 4년)이며, 입학 자격은 구 전문학교와 같았다. 이화여자대학교는 신입생을 포함하여 913명으로 10월 22일 개강했다.[80] 미군정의 문교 당국은 1946년 8월 15일이 되어서야 해방 1주년 기념의 특혜로서 총 3개의 사립종합대학교에 종합대학교 인가를 내주었는데, 본교가 문교부 제1호 인가를 받았고, 연희대학교(현 연세대학교)가 제2호, 고려대학교가 제3호 인가를 받았다.[81]

---

77 이화100년사, 1994, 294, 297쪽. 『이화100년사 자료집』, 이화여자대학교출판문화원, 1994, 931쪽.
78 이화100년사, 1994, 295쪽.
79 매일신보, 이화여자대학, 10월 1일 개학예정으로 신청 중, 1945.9.19.
80 이화80년사, 1967, 282쪽.
81 이화100년사, 1994, 303쪽. 이화100년사 자료집, 1994, 932쪽.

이화여자대학교가 종합대학교 인가를 받은 것은 1946년이지만, 이화여자대학교로 교명을 바꾸고 수업을 시작한 것은 1945년으로, 1945년 10월 학칙 변경에 따라 한림원, 예림원, 행림원의 3원을 두고 한림원에 문과, 가사과, 교육과, 체육과를, 예림원에 음악과, 미술과를, 행림원에 의학과, 약학과를 설치하고 개강했다.[82] 1947년 9월에는 각 과를 부로 변경한 후 각 부에 전공학과를 두게 되면서, 한림원의 문과를 인문학부로 개칭하고 인문학부에 국어국문학과, 영어영문학과, 기독교사회사업과를 두었다.[83] 요컨대 1947년 9월 이화여자대학교 한림원 인문학부 영어영문학과로 재창립되면서 '영어영문학과'라는 정식 명칭을 갖게 된 것이다. 또한 1947년 9월, 영어영문학과에 비사범대학 교직과정이 신설되었다.[84]

1945년과 1946년에는 자격을 갖춘 학부 입학생을 모집하기 어려웠으므로 전문부와 학부의 이중 구조로 학생모집을 했고, 전문부 학생들을 사정(査定)해서 학부에 편입시키기로 했다. 편입시험은 1947년 6월 20일과 21일 양일에 걸쳐 시행되었고, 사정 결과 응시자 전원인 799명이 학부에 편입되었다. 편입시험에 응하지 않은 학생은 전문부 3년 과정으로 1948년 7월에 졸업했다. 이로써 이화에는 전문부는 없어지고 학부 학생만이 남게 되었다.[85]

1945년 10월 한림원, 예림원, 행림원의 3개 단과대학으로 이루어진 종합대학교로 개강한 이화여자대학교는 학생들이 광범위한 학문영역에 접할 수 있도록 질 높은 교과과정을 제공하고자 노력했다. 당시 문교부 규정에 따르면 졸업에 필요한 총 학점 수는 180학점이고, 학기당 이수 학점 수는 23학점(최고 28학점)이었다. 그러나 1945~1950학년도에 이화여자대학교 대부분의 학생들은 총 190에서 200학점까지 취득했으며 학기당 30학점 내외를 이수하고 있었다. 이는 전문부와 대학부 과정을 동시에 진행하면서 단시간 내에 학생들의 실력을 대학 수준으로 올리려는 학교의 의지와 학생들의 지적 탐구 의욕의 결과였다. 1945학년도 첫 학기 문과 1학년 학생이 이수한 공통교양과목과 문과 전공과목은 다음과 같다.[86]

---

82 이화100년사, 1994, 305쪽. 이화100년사 자료집, 1994, 931쪽.

83 이화100년사, 1994, 306쪽.

84 2008년도 이화여자대학교 일반대학 교직과정 자체평가 보고서, 2008, 4쪽.

85 이화80년사, 1967, 286-288쪽; 이화100년사, 1994, 303-304쪽. 이중 구조로 모집할 수밖에 없었던 이유는 문교부가 학부 입학 자격을 신교육제도인 중·고등학교 6년 과정을 마친 졸업생으로 했으나, 당시 이 조건에 맞는 학생은 해외 귀환학생 외에는 없었기 때문이다. 따라서 자연히 학부에 입학한 학생 수는 적었고, 이러한 현상은 해방 후 교육제도하에서 교육을 받은 여학교 졸업생이 배출되기까지의 2, 3년간 지속될 전망이었기에 전문부 학생의 학부 편입을 실시했던 것이다(이화100년사, 1994, 303쪽).

86 이화100년사, 1994, 311쪽.

<1945학년도 첫 학기 문과 수강 과목>

| 공통교양과목 | 국어, 국사, 영어, 윤리학, 음악, 체육, 영문법 |
|---|---|
| 문과 전공과목 | 영어회화, 한문, 서양사, 논리학, 심리학, 철학개론, 철학사 |

학과가 차츰 세분화됨에 따라 교양과목, 전공과목 및 선택과목의 수와 내용에는 변화가 많았지만 졸업에 필요한 총 180학점과 매 학기 23학점을 취득해야 한다는 원칙은 1954년 12월 교육법 개정으로 160학점으로 감소되기 전까지 변동이 없었다. 1948년에 개편된 영어영문학과 교과과정은 다음과 같다.[87]

<1948년도 영어영문학과 교과과정>

| 학과목 | 1학년 | | 2학년 | | 3학년 | | 4학년 | |
|---|---|---|---|---|---|---|---|---|
| | 1학기 | 2학기 | 1학기 | 2학기 | 1학기 | 2학기 | 1학기 | 2학기 |
| 한국어 | 2 | 2 | 2 | 2 | - | - | - | - |
| 문화사 | 2 | 2 | - | - | - | - | - | - |
| 자연과학개론 | - | - | 2 | 2 | - | - | - | - |
| 체육 | 1 | 1 | 1 | 1 | 1 | 1 | 1 | 1 |
| 성경 | 1 | 1 | 1 | 1 | 1 | 1 | 1 | 1 |
| 영작과 영문학 | 5 | 5 | 4 | 4 | - | - | 3 | 3 |
| 기초영문학 | 3 | 3 | - | - | - | - | - | - |
| 영문학개론 | - | - | 3 | 3 | - | - | - | - |
| 미문학개론 | - | - | - | - | 4 | 4 | - | - |
| 국사 | 2 | 2 | - | - | - | - | - | - |
| 국문학 | - | - | - | - | 2 | 2 | 3 | 3 |
| 동양사 | - | - | 2 | 2 | - | - | - | - |
| 세계사 | - | - | - | - | 2 | 2 | - | - |
| 희곡 or 신문학 | - | - | - | - | 3 | 3 | 3 | 3 |
| 음악 | 1 | 1 | 1 | 1 | - | - | - | - |
| 정치경제 | 2 | 2 | - | - | - | - | - | - |
| 철학개론 | - | - | 2 | 2 | - | - | - | - |
| 교수법 | - | - | - | - | 2 | 2 | 2 | 2 |
| 철학 | - | - | - | - | 2 | 2 | - | - |

87 이화80년사, 1967, 307-309쪽.

| 학과목 | 1학년 | | 2학년 | | 3학년 | | 4학년 | |
|---|---|---|---|---|---|---|---|---|
| | 1학기 | 2학기 | 1학기 | 2학기 | 1학기 | 2학기 | 1학기 | 2학기 |
| 언어학 | - | - | - | - | 2 | 2 | - | - |
| 가정학 | - | - | 2 | 2 | - | - | - | - |
| 한문 | 2 | 2 | - | - | - | - | - | - |
| 정치학 | - | - | - | - | - | - | 2 | 2 |
| 창작 | - | - | - | - | - | - | 3 | 3 |
| 선택과목 | 2 | 2 | 3 | 3 | 4 | 4 | 5 | 5 |
| 계 | 23 | 23 | 23 | 23 | 23 | 23 | 23 | 23 |

'영어영문학과'라는 공식 학과명을 갖게 된 이후인 1948년도의 교과과정을 1930년과 1936년의 문과 교과과정과 비교하면, 일본 관련 학과목이 없어졌다는 것을 제외하면 명칭에서는 큰 차이를 보이지는 않는다. 그러나 전문대학에서 대학교로 승격되면서 필수 교양과목 '영어'가 1948~1951학년도에 24학점으로 교양과목의 비중이 높았으며,[88] 영어영문학과 전공과목 중 영문학 관련 56학점을 포함하면 총 80학점으로 1936년 이화여자전문학교 문과 시기 영어 관련 과목의 43학점보다 상당히 증가된 것을 볼 수 있다. 이는 종합대학교 영어영문학과로서의 전문성을 더욱 확보하는 출발점이 되었다. 또한 이화여자전문학교 문과의 특징이기도 했던 '희곡'과 '신문학' 과목이 3학년과 4학년에 위치하고 있어 영어영문학과가 문과의 전통을 이어가고 있음을 알 수 있고 '교수법' 역시 교과과정에 있는 것을 보면 여전히 졸업 이후 교육계 진출이 이루어지고 있다는 것도 확인할 수 있다.

### 한국전쟁과 부산 피난학교

1950년 6월 25일 한국전쟁이 일어나고, 전세의 심각함을 인식한 이화여자대학교는 독자적으로 6월 27일 아침 전교에 휴교조치를 취하고 전 기숙사생을 귀향시켰다. 이화여자대학교는 9·28수복 후 인사문제의 정비, 피해 교사(校舍)의 재건계획 등을 활발히 전개하는 한편 학적부를 정리하고 학생등록을 받던 중 다시 1·4후퇴로 피난의 길을 떠나게 되었다. 부산으로 옮겨진 정부도 전쟁의 장기화에 대비할 교육시책을 강구했다. 문교부는 1951년 2월 피난지 수도 부산에서 「전시하 교육특별조치요강」을 발표하여 서울 시내 30여 대학은 국립, 사립을 막론하고 학부 또는 학과별로 그동안 중단되었던 각급 학교 수업을 공동수업으로 재개할 것을 시달했다. 1951년 2월 부산에서 발족한 전시연합대학은 점차로 광주, 전주, 대전 및 대구, 청주로 확대되었는데, 그 운영은 문교부 장관을 위원

88 이화80년사, 1967, 307쪽; 이화100년사, 1994, 312-313쪽.

장으로 하는 중앙위원회가 담당했다. 학생이 연합대학에서 취득한 학점은 학생이 소속된 대학에서 인정하기로 했다. 이 전시연합대학은 약 1년간 계속되다가 각 대학이 단독으로 학교를 운영하게 됨에 따라 1952년 5월 31일자로 해체되었다.[89]

이화여자대학교는 1951년 1월 각 신문에 "학교를 시작할 터이니 이화의 교수들은 모이라"는 광고를 게재했고, 이화여자대학교 교수들 대부분은 임시수도가 된 부산으로 모여들었다. 1951년 2월부터 전시연합대학이 열리고 이화여자대학교 학생들도 일부 이에 참여했다. 그러나 이화여자대학교는 본교생의 교육을 직접 담당하려는 생각으로 피난지에서 단독 개교를 계획하고 그 준비에 착수했다. 이때는 문교부에서 설치한 전시연합대학 외에는 아무도 부산에서 학교를 열 엄두도 내지 못하고 있을 때였다. 전쟁은 계속되었고, 토지도 물자도 경제력도 없는 절박한 상황에서 이화여자대학교는 어느 학교보다도 먼저 단독으로 개교했다.[90]

1951년 9월 1일 부산시 한복판 부민동 3가 8번지 산비탈 약 2,000여 평에 널판자로 지은 가(假)교사 및 부속건물 등 27동을 건축하고, 여기에 피난 온 이화여자대학교 학생 859명을 모아 개학식을 했다.[91] 이후에도 각 지방으로부터 흩어졌던 이화의 학생들이 개교 소식을 전해 듣고 복교했으며, 신입생도 모집하여 학생 수는 증가해갔다. 그리하여 1952년 5월에는 1,500명의 학생이 좁은 판자 교실을 가득 메우고 있었다.[92]

1951년 12월 문교부는 이화여자대학교 당국에 다른 학교와 마찬가지로 단과대학 이름에 '대학'을 붙여달라는 요청을 했고, 이에 따라 이화여자대학교 당국은 학제를 개편하여 한림원을 문리대학으로, 예림원을 예술대학으로, 행림원을 의약대학으로 개칭했고, 법정대학과 사범대학을 더한 5개의 단과대학으로 확장했다.[93] 이로써 이화여자대학교는 1951년 말 5개 단과대학, 13개 학부, 29개 전공학과에 학생 정원은 4,180명이 되었고, 영어영문학과는 이화여자대학교 문리대학 문학부 영어영문학과가 되었다.[94] 1951년 12월 31일에는 「교육령」 시행에 따른 대학원 개편 인가를 받음으로써 대학원에 영어영문학과를 포함한 18개 학과의 석사학위 과정이 설치되었다.[95]

이화여자대학교 영어영문학과는 1952년 피난학교에서 우리나라 최초로 '사무영어', '영문타자', '영문속기'를 정규과목으로 개설하여 사회에 기여할 수 있는 직장인 양성에도 힘썼다. 순수학문 연구와 더불어 실용영어교육을 중심으로 한 교과과정은 1960년대 말

---

89 이화80년사, 1967, 301쪽; 이화100년사, 1994, 321-324쪽.
90 이화100년사, 1994, 325쪽.
91 이화70년사, 1956, 170쪽; 이화80년사, 1967, 302쪽.
92 이화100년사, 1994, 327쪽.
93 이화70년사, 1956, 172쪽; 이화100년사 자료집, 1994, 935쪽.
94 이화80년사, 1967, 331-332쪽.
95 이화100년사, 1994, 335쪽; 이화여자대학교 대학원 요람 1970, 5쪽.

까지 계속되었으며, 이러한 실제 언어교육을 통한 영어 훈련은 영어영문학과의 교과 내용을 확장시키는 토대가 되었다.[96]

### 2) 서울 환도와 영어영문학과의 활동 재개(1953~1960)

이화여자대학교는 1953년 4월 신학기부터는 서울 신촌 교사에 분교를 두고 신입생을 모집하여 262명의 신입생이 서울에서 개강했고, 1953년 8월 31일 부산의 피난살이를 챙겨서 3년 만에 신촌 교사로 찾아 들었다. 1951년 9월 부산에서 신입생으로 첫 입학했던 학생들은 실로 3년 만에 이화 캠퍼스를 처음 보게 되었다. 환도와 더불어 이화여자대학교는 건물, 시설 면에서 급속하게 재정비되었고 전쟁으로 학문의 기회가 차단되었던 여학생들이 이화여자대학교에 입학하여 1953년 환도 당시 2,328명이었던 학생 수가 1954년에는 3,136명, 1955년에는 4,038명으로 해마다 증가했다.[97]

서울로의 환도 이후 재건에 박차를 가하면서 1950년대 후반으로 가면서 이화여자대학교가 차차 자리를 잡아갈 즈음, 영어영문학과는 1959년 9월 교과과정을 다음 표와 같이 개편했다.[98]

<1959년 9월 개편 영어영문학과 교과과정>

<table>
<tr><th>학수번호</th><th colspan="2">교과목 명</th><th>학점</th><th>학수번호</th><th>교과목 명</th><th>학점</th></tr>
<tr><td>영 101-102</td><td colspan="2">영독</td><td>6</td><td>영 403-404</td><td>신문기사론</td><td>4</td></tr>
<tr><td>영 103-104</td><td colspan="2">영어회화 작문</td><td>8</td><td>영 413-414</td><td>현대영미문학</td><td>4</td></tr>
<tr><td>201-202</td><td colspan="2">영독</td><td>4</td><td>405-</td><td>16, 17세기 영시</td><td>2</td></tr>
<tr><td>203-204</td><td colspan="2">영어회화 작문</td><td>6</td><td>406-</td><td>18세기 영문학</td><td>2</td></tr>
<tr><td>207-208</td><td colspan="2">영문법</td><td>4</td><td>411-412</td><td>영미소설</td><td>4</td></tr>
<tr><td>213-214</td><td colspan="2">영문학개론</td><td>6</td><td>409-410</td><td>평론</td><td>4</td></tr>
<tr><td>303-304</td><td>창작</td><td rowspan="2">둘 중 하나 선택</td><td>4</td><td>408-</td><td>영어학개론</td><td>3</td></tr>
<tr><td>321-322</td><td>Speech</td><td>4</td><td>영선 422-</td><td>영어연극</td><td>3</td></tr>
<tr><td>311-312</td><td colspan="2">영미소설</td><td>4</td><td>415-</td><td>영어교수법</td><td>3</td></tr>
<tr><td>323-324</td><td colspan="2">희곡</td><td>4</td><td>417-418</td><td>성서문학</td><td>2</td></tr>
<tr><td>309-310</td><td colspan="2">Shakespeare</td><td>2</td><td>423-</td><td>희곡</td><td>3</td></tr>
<tr><td>313-</td><td colspan="2">낭만시대의 영문학</td><td>2</td><td>441-442</td><td>희랍어</td><td>4</td></tr>
</table>

96 이화100년사, 1994, 486쪽.

97 이화70년사, 1956, 175쪽, 179쪽; 이화100년사, 1994, 331쪽, 333쪽.

98 1959년 영문과 연차보고서.

| 학수번호 | 교과목 명 | 학점 | 학수번호 | 교과목 명 | 학점 |
|---|---|---|---|---|---|
| 305- | 빅토리아 시대의 영시 | 2 | 435-436 | 사무영어 | 2 |
| 307- | 영어사 | 3 | 431-432 | 영문속기 | 8 |
| 영선 301-302 | 미국문학강독 | 4 | 433-434 | 영문타자 | 4 |
| 341-342 | 나전어 | 4 | 인문공통선 217- | 언어학개론 | 3 |
| 335-336 | 사무영어 | 2 | 선 215- | 국문학개론 | 4 |
| 331-332 | 영문속기 | 10 | 선 335 | 불문학개론 | 4 |
| 333-334 | 영문타자 | 4 | 영 401-402 | 미국문학 | 6 |

개편된 교과과정은 1948년도의 영어영문학과 교과과정과 달리 상당히 전문화되었음을 알 수 있다. 1948년의 교과과정이 일제강점기 문과의 교과과정과 비교하여 영어영문학과의 특성을 드러내는 것에 부족한 점이 있었다면, 1959년의 교과과정은 명실상부한 영어영문학과의 교과과정으로 손색이 없었다. 1학년부터 4학년까지 독해, 문법, 회화, 작문 등 영어에 대한 이해를 기본으로 셰익스피어에 대한 단독 강좌가 열리고, 낭만시대, 빅토리아시대, 16~17세기, 18세기, 현대 등 특정 시기의 영문학을 다루며, 시, 소설, 희곡, 평론 등 다양한 문학 장르를 배울 수 있도록 했다. 또한 '나전어(라틴어)', '희랍어(그리스어)'를 배움으로써 영어의 뿌리를 살펴볼 수 있도록 했으며, 영어학에 대한 강의도 개설했다. 나아가 학생들이 취업을 준비할 수 있도록 '사무영어', '영문속기', '영문타자'를 3, 4학년 때 익히도록 했고, 교육계로 진출하려는 학생들을 위해 '영어교수법'을 교과과정에 두었다. 이화여자전문학교 시기부터 영문과의 전통으로 여겨지던 '신문기사론'과 '영어연극' 교과목도 이 시기 교과과정에 있었다.

### 3) 정치적 혼란 속의 영어영문학 정착(1960~1972)

1960년 4·19학생의거 이후 1961년 5월 16일 군사 쿠데타가 일어남으로써 대학은 다시 한번 크나큰 변혁기를 맞이하게 되었다. 군사정부가 1961년 9월 반포한 「교육에 관한 임시특례법」(이후 「특례법」) 제3조 학교, 학과 정원 등의 정비규정에 따라 학생 정원이 학 학년에 1,210명, 전체가 4,920명으로 대폭 감축되었다. 이는 본교의 1961년 1학기 학생 수가 8,421명이라는 사실에 비추어 볼 때 거의 절반 가까이 감축된 수치였다. 「특례법」 제15조의 정년 규정에 따라 65세 정년이 60세로 낮아짐에 따라 총장 김활란을 비롯한 여섯 명의 교수가 갑작스럽게 정년퇴직을 하게 되었다.[99] 그리고 「특례법」 제21조의

99 정년 규정으로 퇴직한 교수는 김활란, 오천석, 서은숙, 김사익, 김동준(女), 김신실 선생 등 여섯 명이다(이

학사학위에 관한 규정으로 대학으로부터 학위 수여권을 박탈하여 '학사자격국가고시제'가 신설되었다. 이에 따라 1961년 12월과 1962년 12월 2회에 걸쳐 전국적으로 학사자격고시가 실시되었으며, 본교의 합격률은 1961년 93.6%, 1962년 93.4%에 달하여 최상위권을 점했다. 군사정부는 초기의 시행착오를 거쳐 대학 정비령을 재검토하기 시작했고, 1963년 이후 「특례법」 중 많은 조항을 수정하거나 폐기했다. 1963년이 되자 학생 정원이 8,100명으로 재책정되어 거의 원상으로 돌아갔다. 정년 규정도 65세로 환원되었으며, 학사학위자격고시도 폐지되어 학위 수여권이 다시 대학으로 되돌려졌다. 이 위기의 시기에 이화여자대학교는 전환기를 맞이하게 되었는데, 1961년 9월 김활란 총장이 60세 정년 규정에 따라 퇴임하게 되자 김옥길 총장이 새로 취임했다.[100]

이화여자대학교는 언어 능력 향상을 위한 훈련을 목적으로 1962년 언어실험실을 학관 3층에 개원했다. 언어실험실은 청취력과 구두 표현력을 길러 학생들이 일상생활에서 직접 활용할 수 있는 구어체 언어를 연마하는 데 도움을 주었다. 언어실험실은 1987년 언어교육원으로 개칭되었다.[101] 언어실험실과 함께 사회 진출을 위하여 도움을 주었던 곳으로 영어실기실이 있다. 학교 당국은 '영문타자'와 '영문속기' 교과목 운영을 위해 1965년 학관 2층에 영어실기실을 설립했다.[102] 영어실기실의 설립으로 종전에 영어영문학과 학생에게만 실시했던 타자와 속기 실기교육이 일반 학생들에게도 개방되었다.[103] 영어실기실은 1990년 사무실기교육실로 개칭되었다.[104]

영어영문학과 교수진은 1960년대에 한국에서 처음으로 *The Norton Anthology of English Literature*를 교재로 사용했는데, 그 결과 학생들이 보다 폭넓은 영문학 세계를 접할 수 있게 되었다.[105] 『대학안내 1969』 책자에 나온 영어영문학과 전공 교과과정은 다음 표와 같다.[106]

<1969년도 영어영문학과 교과과정>

| 학수번호 | 교과목 명 | 학점 | 학수번호 | 교과목 명 | 학점 |
|---|---|---|---|---|---|
| 영 101-102 | 영어강독 | 5 | 영 307-308 | 영문학사 | 2 |
| 영 103-104 | 영어작문 | 4 | 영 309-310a | 미국희곡 | 3 |

화100년사, 1994, 356쪽).

100 이화100년사, 1994, 354-357쪽.

101 『이화110년사: 이화 2세기의 출발 1987~1996』, 이화여자대학교출판문화원, 2007, 88쪽.

102 이화80년사, 1967, 575-576쪽; 이대학보, 교내 부속기관을 찾아서, 언어실험실·영어실기실, 1981.4.13.

103 이대학보, 학관에 「영어실기실」 등장 금년부터 타이핑, 속기 등 강의, 1965.4.5.

104 https://ewha.ac.kr/ewha/search.do?qt=%EC%98%81%EC%96%B4%EC%8B%A4%EA%B8%B0%EC%8B%A4 (2024.10.5. 검색).

105 이화100년사, 1994, 486-487쪽.

106 대학안내 1969, 68-70쪽.

| 학수번호 | 교과목 명 | 학점 | 학수번호 | 교과목 명 | 학점 |
|---|---|---|---|---|---|
| 영교 105-106 | 영어회화 | 4 | 영 309-310B | 영국희곡 | 3 |
| 영 107-108 | 영문법 | 4 | 영 311-312 | 영소설 | 6 |
| 영 201-202 | 영문학강독 | 6 | 영 313-314 | 수필 | 3 |
| 영 203-204 | 영어작문 | 4 | 영 401-402 | 영어학개론 | 3 |
| 영 205-206 | 영어회화 | 4 | 영 403-404 | 영시 | 3 |
| 영 207-208 | 영어사 | 4 | 영 405-406 | Shakespeare | 3 |
| 영 209-210 | 영문학사 | 6 | 영 407-408 | 평론 | 3 |
| 영 301-302 | 창작 | 4 | 영 409-410 | 소설 | 6 |
| 영 303-304 | 음운론 | 3 | 영 411-412 | 미국문화사 | 4 |
| 영 305-306 | 영시 | 6 | 영 413-414 | 신문학 | 4 |

1959년 교과과정과 비교하면 몇 가지 달라진 점이 눈에 띈다. 첫째, 1959년 38개였던 교과목이 1969년 24개로 대폭 축소되었고, 1969학년도 교과과정에서 사라진 교과목 중 'Speech'와 '영어연극'이 단연 눈에 띈다. 그 외 '사무영어', '영문속기', '영문타자' 등의 과목도 영문과 전공 교과과정에서 폐지되었다. 둘째, 1959년의 '신문기사론'은 1969년에 '신문학'으로 교과목명이 변경되었다. 이 과목은 크레인(Crane) 교수가 담당했으며, "신문기사에 관한 기초이론과 개념을 영자신문을 발간함으로써 영어와 실제 기술을 습득"하게 하는 것이다. 1969년에 신설된 '창작' 과목도 크레인 교수가 담당했으며, "영어 창작의 기본 연습과 문장 작성법 및 영어논문 작법"을 익히는 것이다.[107] 그 외 '영문학사', '음운론', '수필' 과목이 신설되었다.

## 4. 정부의 대학정책 변화와 영어영문학과의 대응(1973~1995)

### 1) 실험대학제도 실시와 계열별 모집(1973~1980)

1972년 10월 문교부는 '대학교육 개편 방안'의 일환으로 1973학년도부터 신입생의 계열별 학생모집, 부전공제, 이수학점 감축(160학점에서 140학점으로 감축) 등의 추진을 결정했다. 문교부는 이 개혁을 선도적으로 실시하기 위해서 제1차 실천연도인 1973년에 실험대학으로 서울에서는 이화여대를 비롯하여 연세대, 고려대, 중앙대, 서강대, 숭전대 등

107 대학안내 1969, 69-70쪽.

6개 대학, 지방에서는 인하대, 성심대, 전남대, 울산공대 등 4개 대학, 전국 총 10개 대학을 선정했다. 선정된 각 대학은 1972년 12월 말까지 이 새로운 제도를 실시할 수 있도록 학칙을 개정해야 했다. 계열별로 모집된 학생들에 대한 학과별 배정 시기와 부전공을 채택할 수 있는 학기 등은 각 대학의 자율에 맡겼다.[108]

실험대학 실시를 위해서는 대학의 학제는 물론 교과과정, 학생, 이수학점, 지도교수, 교과 내용 등에 이르는 전반적인 문제들을 전면적으로 개편해야 했다. 이화여자대학교는 자체적으로 모색하고 있던 대학 발전을 위한 '이화 10년 발전계획'이 문교부의 실험대학 구상과 일치했기 때문에 실험대학 선정을 받아들였다. 이화여자대학교 학교 당국은 실험대학을 우선 문리대학에서 실시해보고 그 성과에 따라서 전교로 확대 적용하기로 결정했다.[109]

실험대학 실시를 위해 문리대학에서는 '문리대학학제개편위원회'를 조직했다. 학제개편위원회는 문리대학의 기능을 첫째, 기초 순수학문 분야의 연구와 교수를 담당, 둘째, 사회의 각 분야의 중견 지도자 양성, 셋째, 기초 순수학문의 지식과 교육을 제공하는 것으로 결정했다. 또한 문리대학의 교육 목표를 학문적 능력을 배양하고 예술적 능력을 개발하며, 인격을 함양하고, 종교적 인격체로의 지향을 실현하는 것으로 규정했다. 실험대학 개혁안의 주요 내용은 다음과 같다.[110]

1) 문리대학의 각 학과는 전공별 교수를 중심으로 해서 존속시키고 학생은 특정 학과의 소속에서는 벗어난다.
2) 각 학생들의 전공과 부전공의 결정은 최소한 4학기를 문리대학의 학생으로 등록하고 61학점 이상을 이수한 후 선택할 수 있게 한다. 그리고 전공과 부전공은 학생들이 자의적으로 변경할 수 있게 한다.
3) 일반 교양선택과목에 교양적인 성격을 띤 각 학과의 전공별 탐색과목을 설정하여 학생들에게 전공과 부전공의 성격을 사전에 인식할 수 있게 한다.
4) 탐색과목과 일반 선택과목을 포함한 교양과목은 70학점으로 하고 전공과목은 45~50학점, 부전공과목은 25~30학점으로 한다.
5) 계열별로 등록된 1, 2학년들을 지도하기 위하여 전공 선택 이전에 학생 40명 단위의 반을 편성하여 여기에 지도교수를 배치한다. 4학기 이후 전공이 결정된 후 전공과 부전공 이수자를 위한 분야별 지도교수를 배치하기도 한다.

---

108 조선일보, 대학신입생 계열별 모집, 1972.10.21.
109 이화100년사, 1994, 377쪽; 1973년 문리대학 연차보고서.
110 이화100년사, 1994, 380쪽; 『이화여자대학교 사회복지학과 50년사: 1947~1997』, 동인, 1997, 102쪽.

문리대학은 실험대학을 위한 모델 교과과정을 개발했다. 당시 실제로 가장 논란이 심했던 문제는 계열별로 입학한 학생들이 일정 기간이 지난 뒤 자율적으로 전공학과를 선택하게 된다면 특정 학과에 몰릴 뿐만 아니라 반대로 다른 특정 학과에는 지원 학생의 격감이 예상된다는 점이었다. 이 문제를 해결하기 위해 전공학과 선택은 먼저 (1) 학생 본인의 희망을 우선적으로 고려하고, (2) 그 학생에 대한 지도교수 소견서를 참조하며, (3) 학생의 성적을 고려하고, (4) 해당 학과의 시설과 인적 자원에 입각한 수용 가능한 학생을 받아들이게 하고, (5) 현실사회에서의 그 학과의 수요와 실제적인 필요성 등을 고려하여 결정하기로 했다.[111]

이상의 준비를 거쳐 문리대학의 실험대학 제도는 1973년도 문리대학 입학생을 인문사회계열(11개 학과)과 자연계열(4개 학과)로 구분하여 선발하는 것으로 시작되었다. 이 제도는 처음부터 전공 선택 시 영어영문학과에 편중될 것에 대한 우려를 안고 시작되었다.[112] 1973년도 신입생은 1975년이 되자 전공학과를 선택해야 했다. 당시 대학 당국은 1975년 2월 28일에 「이화여자대학교 학제개편실험을 위한 특례학칙」을 개정했다. 이것은 학생들이 소정의 학과목과 최초 소요 학점을 이수했을 경우 총장의 허가를 얻어 전공과 부전공을 자유롭게 결정할 수 있게 한다는 것이 주요 내용이었다.[113]

실험대학 운영 시기의 영어영문학과 교과과정을 『1976년도 대학안내』 책자를 통해 살펴보면 다음과 같다.[114]

<1976년도 영어영문학과 교과과정>

| 학수번호 | 교과목 명 | 학점 | 학수번호 | 교과목 명 | 학점 |
|---|---|---|---|---|---|
| 영 201 | 영문학강독 I | 3 | 영 309 | 영작 I | 3 |
| 영 202 | 영문학강독 II | 3 | 영 310 | 영작 II | 3 |
| 영 203, 204 | 영어사 | 3 | 영 312 | 음운론 | 3 |
| 영 205, 206 | 영어학개론 | 3 | 영 401 | 영시 II | 3 |
| 영 208 | 영문학사 I | 3 | 영 402 | 영시특강 | 3 |
| 영 301 | 영문학사 II | 3 | 영 403 | 셰익스피어 | 3 |
| 영 302 | 영시 I | 3 | 영 404 | 희곡특강 | 3 |
| 영 303 | 미문학 I | 3 | 영 405 | 소설 III – 20세기 영미소설 | 3 |
| 영 304 | 미문학 II | 3 | 영 406 | 소설특강 | 3 |

111 이화100년사, 1994, 380-381쪽.
112 이화100년사, 1994, 381쪽.
113 이화100년사, 1994, 383쪽.
114 대학안내 1976, 87-90쪽.

| 학수번호 | 교과목 명 | 학점 | 학수번호 | 교과목 명 | 학점 |
|---|---|---|---|---|---|
| 영 305-306 | 현대희곡 I | 6 | 영 407 | 수필 | 3 |
| 영 307 | 소설 I – 18세기 영소설 | 3 | 영 408 | 평론특강 | 3 |
| 영 308 | 소설 II – 19세기 영미소설 | 3 | 영 409 | 통사론 | 3 |

1976년도 영문과 교과과정표상의 교과목수는 1969년과 마찬가지로 총 24개였다. 가장 두드러진 변화는 '영어강독', '영어회화', '영문법' 등의 교과목이 폐지되어 실용영어 교육이 약화되었다는 것이다. '신문학' 과목도 사라졌다. 그 대신 '통사론'이 새로 신설되었다. '영작 I', '영작 II'를 제외하고 1976년도 영어영문학과 교과과정은 영문학과 영어학 교과목만으로 구성되었다. 그리고 동일 교과목을 단계별로 I, II로 나눈 경우가 많았다.

이러한 변화는 실험대학제도가 실시되면서 졸업에 필요한 전공 학점이 종전 80~100학점 이상에서 45학점 이상으로 축소된 데 따른 결과였다.[115] 위 교과과정표에서 학수번호 200단위 교과목들은 장차 영어영문학을 주전공 또는 복수전공으로 할 학생들이 선택해서 이수하게 되는 탐색과목들이다. 8개 강좌(24학점)가 필수과목으로 지정되었는데, 5개의 탐색과목 외에 '영문학사 II', '미문학 I', '미문학 II'이다. 영어영문학 주전공생은 필수과목 15학점을 포함하여 총 45학점 이상을 취득해야 했고, 영어영문학 부전공생은 필수과목 9학점을 포함하여 총 25학점 이상을 취득해야 했다.[116] 부전공제도를 통한 인접 학문연구는 폭넓은 시야를 통해 보다 깊이 있는 주전공 연구를 가능하게 했다.[117]

영어영문학과는 학생 증가에 따른 여러 부작용을 방지하기 위하여 1978년도 입학생부터 '고급영어 I'과 '고급영어 II'를 이수한 학생에 한하여 영어영문학을 전공 혹은 부전공으로 택할 수 있도록 했다.[118] 그럼에도 불구하고, 문리대학의 전공 지원 상황을 보면 인문·사회과학계열 총 520명 중 영어영문학과 지원 인원이 1979년 295명, 1980년 279명으로 영어영문학과 편중 현상이 계속되었다.[119] 영어영문학과는 실험대학제도 실시로 인해 재적생 수가 크게 증가하면서 기존 교수만으로는 졸업 논문을 지도하기 어려운 상황이 되어 전임교수 충원이 시급해졌다.[120]

---

115 이화100년사, 1994, 487쪽.

116 대학안내 1976, 87쪽.

117 이화100년사, 1994, 487쪽.

118 1977~1978년 영문과 연차보고서; 대학안내 1978, 92쪽.

119 「이화여자대학교 학제개편실험을 위한 특례학칙」 제4조에 따르면 인문·사회과학계열 정원은 총 520명이다(대학안내 1977, 43쪽). 이대학보, 79학년도 전공학과 결정: 문리대, 영어영문학과 편중 현상 여전, 1979.1.19; 이대학보, 단대별 학과지원 상황: 영문과·수학과 집중현상 여전해, 1980.1.25.

120 1978년 영문과 연차보고서; 1979년 영문과 연차보고서.

### 2) 졸업정원제 실시와 과별 모집 및 입학정원제로의 환원(1980~1995)

유신체제의 억압적 사회 현상이 1979년 10·26사건으로 표출되었고, 이후 비상계엄령이 내려져 11월 18일까지 대학이 문을 닫아 수업할 수 없었다. 1979년 말에 새로이 문교부 장관으로 취임한 이화여자대학교 전(前) 총장 김옥길은 교육자율화정책을 통해 이전 유신시대에 강제해왔던 모든 제도적 억압을 풀었는데, 이 정책은 곧장 대학에 영향을 주었다.[121] 그러나 당시 정부는 1980년 5월 17일 비상계엄 선포지역을 전국으로 확대했고 대학은 다시 휴교하게 되었다. 신군부의 등장과 함께 김옥길은 문교부 장관직을 사퇴했다. 1980년 9월 대학이 다시 문을 열었지만 대학 사회는 정보사찰기관원이 상주하는 삼엄한 상태가 되었다.[122]

신군부는 그들의 등장으로 시작된 정치적 혼란을 교육을 통해 통제하고자 했고, 문교부는 학내 시위를 미연에 방지하기 위하여 '대학 학사운영 정상화 방안'을 제시했다. 대학의 면학 분위기를 조성한다는 명목으로, 대입 본고사를 폐지하고 출신고교 내신성적과 예비고사 성적으로 대학 신입생을 선발, 졸업정원제를 실시하여 대학입학 인원을 연차적으로 확대, 과열과외 추방 등을 발표했다. 이러한 내용 중 대학에 직접 영향을 주었던 것은 졸업정원제였다. 졸업정원제는 당시 대학입학정원의 130%를 모집하여 4년 동안 학생들 사이의 학업 경쟁을 통해서 더 뽑은 30%를 중도에 탈락시키는 것이었다. 졸업정원제로 인한 대학 정원의 증가로 대학은 양적으로 팽창했으나, 대학교육의 질을 담보하기는 어려웠다.[123] 당시 이화여자대학교의 졸업정원은 2,140명이었는데 이를 3,440명으로 늘리고 여기에 130%를 더 선발함으로써 실제 1981학년도 입학생 수만 해도 4,470명으로 늘어나게 되었다.[124]

1980년까지는 실험대학제도로 인해 3학년부터 전공 수업에 들어가기 시작했던 문리대학이 1981년부터는 다른 단과대학과 마찬가지로 2학년부터 전공학과를 선택하게 되었다. 1981년 3학년 316명, 2학년 220명이 전공학과로 영어영문학과를 선택하여 영어영문학과 편중 현상은 여전했다.[125] 1981년 영어영문학과는 수용 능력에 비해 해마다 학생들이 과다하게 지원하는 상황에서 정원제 실시 등 대책을 논의했고, 그 결과 학생 수에는 제한을 두지 않으나 지원생에 대한 학과 배정 기준을 2학년은 '고급영어'(영문학 전공필수) 성적 B학점 이상, 1학년은 '교양영어' 성적 B학점 이상으로 정했다.[126]

---

121 이화100년사, 1994, 423쪽.
122 이화100년사, 1994, 426-427쪽.
123 이화110년사: 이화 2세기의 출발 1987~1996, 2007, 45-47쪽.
124 이화100년사, 1994, 428쪽.
125 이대학보, 각과 진입생 확정 발표: 영문·수학·정외과 편중 현상 여전, 1981.2.2.
126 이대학보, 영문과 정원 제한 않기로: 영어 B학점 이상 지원 가능, 1980.12.8.

또한 1981학년도 입학생부터 적용되는 졸업정원제 실시에 따라 본교 학칙이 개정되었다. 학칙 개정으로 종전에는 문리대학의 모든 학생이 의무적으로 부전공을 이수해야 했는데, 이번 개정으로 1981학년도 및 그 이후에 입학한 문리대학 학생은 부전공 이수 의무제를 폐지하고 학생의 희망에 따라 자유로이 결정하도록 변경되었다.[127]

1981년 9월 이화여대는 1982학년도 신입생 전형요강을 발표했는데, 약학대학을 제외한 단과대학이 계열별에서 과별로 변경되었고, 11월 각 과별 모집인원이 확정되었다. 정의숙 총장 재임 초반기인 1980년 대학과정은 10개의 단과대학(문리대학, 음악대학, 미술대학, 체육대학, 사범대학, 법정대학, 의과대학, 간호대학, 약학대학, 가정대학)으로 구성되어 있었다. 이상의 편제는 1982년 문리대학을 인문과학대학과 자연과학대학으로 분리함으로써 11개 단과대학 체제로 변화했다.[128] 인문과학대학의 목적을 "어문계, 인문계, 사회계의 기초·순수학문의 연구와 교육을 담당"하고, "세계와 사회 그리고 인간과 역사에 관한 견고한 지식과 과학적 인식을 학문의 여러 분야를 연구하는 과정에서 내면화하는 것"으로 규정했다.[129]

1982학년도 신입생 총 모집인원은 문리대의 인문과학대학과 자연과학대학 분리에 따라 11개 단과대학에 총 4,472명으로 이는 85년도 졸업정원(3,440명)의 130%에 해당하는 것으로 1981학년도 모집인원과 같았다. 졸업정원제와 과별 신입생 모집 변경에 따라 영어영문학과 입학정원은 1981년 143명으로, 1985년 졸업정원은 110명으로 결정되었다.[130]

1982년에 계열별 모집에서 과별 모집으로 환원되면서 실험대학은 사실상 폐지되었다고 볼 수 있다. 실험대학제도는 이화가 발전하는 대학으로의 모색을 위한 오랜 연구와 계획으로 10년 발전계획에서 논의된 사항을 실천했다는 측면에서 긍정적인 의의도 있었다. 그러나 (1) 상당수 교수의 실험대학에 대한 이해가 부족했고, (2) 당시 사회적인 분위기와 일부 대학이 이 제도와는 역행되는 조처를 감행했으며, (3) 이 제도를 효과적으로 실행할 수 있는 물적, 인적 여건을 충족시키지 못했기 때문에 끝내 중단되고 말았다.[131] 1982년에 계열별 모집에서 과별 모집으로 환원되면서 계열별 모집으로 인한 문제점들이 다소 해결되었지만 학생 집중 현상으로 인해 영어 훈련이 약화된 것은 여전히 영어영문학과가 해결해야 할 과제였다.[132] 1982년에는 영어영문학과로서는 학생 수가 제일 많은 학년도를 맞이하게 되었다. 1, 2, 3, 4학년을 합하여 901명의 학생이 등록했다. 영어영문학

---

127 이대학보, 학칙·졸업정원제 시행세칙 개정: 2학년말 졸업정원의 18%, 3학년말 2% 범위내 중도수료 돼, 1981.9.7.

128 이화110년사: 이화 2세기의 출발 1987~1996, 2007, 107쪽.

129 이화100년사, 1994, 475쪽.

130 이대학보, 1982학년도 신입생 전형요강 발표: 계열별에서 과별로 모집 단위 바뀌어, 1981.9.28; 이대학보, 82학년도 각과별 모집인원 확정, 1981.11.23.

131 이화100년사, 1994, 384-385쪽.

132 이화100년사, 1994, 487쪽.

과는 이 모든 학생들의 유대관계를 공고히 하고 학술 활동을 고취시키기 위하여, 정규 교과과정 외 다양한 학생 활동을 독려했다.[133]

1981년부터 시작된 졸업정원제는 3년간 시행되어 오면서 많은 부작용을 낳았다. 그리하여 1988년부터 입학정원제로 환원되었고, 동시에 1985~1987년 입학생 중 졸업정원 초과자도 대학 졸업 자격고사에 응시할 수 있게 방침이 바뀌었다.[134]

영어영문학과는 학생들의 보다 자유로운 학과목 선택을 위하여 1985년 영어영문학과의 전공필수과목을 폐지하고 모든 전공 개설과목을 선택과목으로 했다.[135] 또한 영어영문학과는 모든 학생들이 영어로 진행되는 강의를 한 과목 이상 이수하도록 외국인 교수 2명을 초빙했다.[136]

## 5. 전문화, 국제화를 향한 영어영문학과의 도약(1996~2025 현재)

### 1) 편제 개편에 따른 교육과정의 변화

#### 학부제 도입과 연계전공 실시(1996~2003)

1996년 이화여자대학교는 연구중심대학으로서의 위상을 설정하고 종래 학부 중심의 교육에서 대학원 교육에 비중을 두는 대학원 중점대학으로서의 비전을 제시했다. 이에 따라 학부과정에서는 기초이론의 유기적인 통합 연계 교육을 강화하게 됨으로써 1996학년도에 학부제가 도입되었고, 영문과는 인문과학대학 외국어계열 영어영문학전공으로 편제가 변경되었다. 즉 인문과학대학 내에서 인문계열(국어국문학전공, 기독교학전공, 철학전공, 사학전공)과 외국어계열(영어영문학전공, 중어중문학전공, 불어불문학전공, 독어독문학전공)로 분리하여 신입생을 모집했던 것이다. 인문대는 외국어계열로 입학한 학생들의 영어영문학전공에 대한 편중으로 인해 전공 배정에 어려움을 겪었다. 기존 입학정원의 110%를 넘지 못하는 전공생 인원의 제한으로 각 학과에서 전공 학생 수로 인해 느끼는 부담은 어느 정도 조절할 수 있었으나 원치 않은 전공으로 배정된 학생들의 불만과 저항이 매우 강했다.[137]

이에 이화여대는 인문대의 요청을 받아들여 1998학년도부터 인문학부, 기독교학부,

133 1981년 영문과 연차보고서.
134 이화110년사: 이화 2세기의 출발 1987~1996, 2007, 133쪽.
135 1985년 영문과 연차보고서.
136 1987년 영문과 연차보고서.
137 1996년 영문과 연차보고서.

영어영문학부, 제2외국어학부 등 4개 학부 단위로 나누어 신입생을 선발하게 되었다.[138] 1998학년도부터 영문과가 인문과학대학 영어영문학부로 학제가 개편된 것이다. 종전의 외국어계열 소속의 영어영문학전공에서 영어영문학부로 독립해나가는 과정에서 영어영문학부의 위상과 활동 영역을 재정립할 필요성이 제기되었다.[139]

이화여자대학교는 학부제 도입 이후 최소전공이수학점을 낮추고 복수전공 신청기간을 졸업 이전까지로 늘리는 등 학사제도를 개편하면서 복수전공 활성화에 힘을 기울였다. 1998년 12월 당시 복수전공을 이수하고 있는 학생은 936명으로 매 학기 신청자 수가 증가하고 있었다. 학교 측은 학생들이 많이 몰리는 영어영문학부, 신문방송학과, 영어교육학과, 비서학과를 중심으로 복수전공자들의 계절학기 전공과목 수강을 대책으로 고려했다.[140] 1999학년도 1학기 복수·부전공 이수자는 총 2,853명으로 전년도 1학기에 비해 844명이 늘어났으며 복수전공으로 영어영문학부를 선택한 학생이 가장 많았다.[141]

세계화, 특성화 교육, 복수전공 취득이라는 고민 속에서 1999학년도부터 연계전공 제도가 도입, 실시되었다. 연계전공은 “기존에 존재하는 여러 학과의 전공과목들을 특정 분야로 묶어 제2전공으로 삼는 제도”이며, 한 학문 분야만을 전공으로 삼는 것보다 더욱 다양하고 포괄적인 지식을 쌓을 수 있는 제도이다.[142] 제1전공을 선택한 2학년 이상의 학생들은 1999년 1학기부터 연계전공 과목을 수강할 수 있었다. 연계전공으로는 동아시아학, 미국학, 유럽학, 여성학, 미술사학, 멀티미디어학, 생명과학 등 7개 분야가 선정되었다. 연계전공 이수에 필요한 최소 전공학점은 30학점이었고, 연계전공을 이수한 학생은 졸업 시에 제1전공과 연계전공 두 개의 학위를 수여받게 되었다. 제도 도입 당시 영어영문학부와 관련된 연계전공으로 미국학, 유럽학, 여성학이 있었으나,[143] 현재 미국학과 유럽학 연계전공은 폐지된 상태이다.[144] 1999년 처음으로 실시된 연계전공 이수자는 총 176명이었다.[145]

이화여자대학교는 새로운 시대 요구에 부응하기 위해 전공 교과과정을 대폭 개편하여 2000학년도 신입생부터 적용했다. 2000학년도 교과과정은 (1) 전공 선택의 기회를 넓히고 복수전공·연계전공 이수의 권장, (2) 학부대학 개편을 전제한 전공 및 교양 교과과정의 편성, (3) 전공과목·교양과목의 이분법적 구분을 완화하여 유기적 연관성 확보

---

138 이대학보, 98학년도 학제개편 계획 발표, 1997.5.19; 이대학보, 대학원 강화해 연구중심대학으로: 특성화 위해 기독교·영문학·언론홍보영상학부 등 신설, 1997.9.15.
139 1997년 영문과 상세보고서.
140 이대학보, 복수전공, 아직은 부실전공, 1998.12.7.
141 이대학보, 99학년도 복수·부전공 이수 현황, 1999.4.26.
142 이대학보, 99학년도부터 연계전공 실시, 1998.11.9.
143 이대학보, 99학년도부터 연계전공 실시, 1998.11.9.
144 이대학보, 체계적 관리 어려운 연계전공, 불편함 겪는 학생들, 2024.3.17.
145 이대학보, 99학년도 복수·부전공 이수 현황, 1999.4.26.

등을 원칙으로 개편되었다.[146] 학생들이 복수전공을 수월하게 취득할 수 있도록 각 전공·학과별로 9학점 이상 타과전공 인정과목(다른 전공의 수업을 들으면 자신의 전공학점으로 인정받을 수 있게 지정된 과목) 지정이 권장되었다.[147] 복수전공생 신청자수가 많은 영문과의 경우 다른 전공에 비해 전공개설학점 12학점 초과가 허용되었다. 2000학년도에 새로 신설된 영문과 전공과목은 '문학과 대중문화', '문학과 영화이론', '드라마연구', '드라마이론과 실제', '여성과 문학' 등 25개 과목이었으며, '영문학입문', '영상영어', '영어토론' 등 5과목이 영어강의로 설정되었다.[148]

이화여자대학교는 2000학년도 신입생 수시모집 전형에서 국내 대학 중 처음으로 외국어 논술고사와 국어 면접으로만 학생을 선발하는 외국어 우수자 특별전형을 실시했다. 이 전형으로 영어영문학부는 입학정원의 10% 이내를 선발했다.[149] 2001학년도 입학전형에서는 기존 학부를 통합해 모집단위를 광역화하는 방향으로 바뀌면서 인문과학대학의 경우 인문학부, 기독교학부, 영어영문학부, 제2외국어학부의 4개 학부를 '인문·외국어문학부'와 '영어영문학부'의 2개 학부로 통합했다.[150] 즉 영어영문학전공은 영어영문학부 소속이고, 그 외 전공(국어국문학전공, 기독교학전공, 철학전공, 사학전공, 중어중문학전공, 불어불문학전공, 독어독문학전공)은 인문·외국어문학부 소속이 되었다. 모집단위를 광역화하되 영어영문학부를 타 전공과 분리시켜 학생들이 몰리는 것을 방지하기 위함이었다.[151]

### 인문과학부 영어영문학전공으로 편제 개편과 선수과목 지정(2004~2014)

2004학년도부터 영어영문학부와 인문·외국어문학부가 통합되어 인문과학대학 인문과학부 영어영문학전공으로 편제가 개편되었다. 이러한 개편에 따라 2004학년도 입학생부터 중어중문학전공·영어영문학전공을 선택하기 위해서는 각 전공이 지정한 선수과목에서 일정 성적 이상을 취득해야 했다.[152] 2004학년도부터 적용되는 전공 교과과정 개편에서 영문과는 영어영문학전공의 높은 교육수준을 유지하기 위하여 전공영역을 크게 문학, 어학, 전문영어 계열로 나누고 선수과목을 규정하는 방향으로 교과과정을 개편했다. 특히 영작문 교육 강화를 위해 신규과목인 '전문영작 1'과 '전문영작 2'의 수업 내용을 단계별로 구성하고 이들 과목을 모든 영어영문학전공 학생들이 의무적으로 수강할

---

146 「2000학년도 교과과정 개편의 원칙과 방향」(이화여자대학교 교무처 제공).

147 이대학보, 2000학년도 전공교과목 500여개 개편, 1999.11.22.

148 「2000학년도 개정 전공교과과정 개편내용 요약」, 「영어영문학전공 교과과정표(2000학년도)」(이화여자대학교 교무처 제공).

149 이대학보, 외국어 논술고사로 신입생 뽑아, 1999.9.20.

150 이대학보, 입학처, 국제학전공 신설 등 2001학년도 입학전형 발표, 2000.5.1; 2000년 영문과 연차보고서.

151 이대학보, "모집단위 광역화" 부실시공 경보등에 적신호, 2000.5.8.

152 이대학보, 인문대 04학번부터 전공선택에 일정제한, 2003.11.3.

수 있는 제도를 마련했다.[153] '전문영작 1'과 '전문영작 2' 과목은 05학번부터 적용되는 영어 졸업논문 작성을 위해 마련된 것이기도 했다.[154] 06학번부터 전공 선택 시 영어영문학전공의 경우 1학년 선수과목 평점이 높은 순으로 학생을 선발했다. 그 결과 영어영문학전공을 선택하는 학생 수가 조정되었다.[155]



### 영문과 신입생 분리 모집 및 영어영문학부로 편제 개편(2015~현재)

2014학년도까지 인문과학부로 통합되어 있던 영문과는 2015학년도부터 입학 모집 요강에서 학과제로 변경되었다. 즉 인문과학부에서 분리하여 영문과 신입생 110명을 따로 선발하게 되었다. 기존의 학부제 하에서 치열한 영문과 진입 경쟁 때문에 학생들이 1학년 때 과도한 부담을 받고 있었고, 이로 인해 1학년 때부터 특성화된 교육과정을 만들기 어렵다는 문제점이 제기된 것이 모집 요강 변경의 이유였다.[156] 영문과는 2015학년도 입학전형 영어영문학전공 분리 모집에 대비하여 1학년 교과목 재정비, 지도교수제 개선, 반제도 도입 등 전반적인 개편을 수행했다.[157]

2016학년도 학부 전공 교과과정 개편에서 1학년 2학기 과목으로 'Storytelling and Literature'가 신설되었고, 그 외 신규 과목으로 'Language and Culture', 인턴십 과목, 도전학기 관련 교과목('영어영문전공설계심화 1, 2, 3'이 있다. 트랙(이 장 5절 참고) 개발에 따라 기존 교과목을 영어 강의로 전환하거나 과목명을 변경하기도 했다.

2017학년도부터 영문과는 인문과학대학 영어영문학부로 편제가 조정되어 현재에 이르고 있다. 2020학년도 학부 전공 교과과정 개편에서는 '영어학주제연구', '영미문학특강 1', '영미문학특강 2', '영문학주제연구 1', '영문학주제연구 2'가 신설되었는데, 담당 교수에 따라 특정 주제를 자유롭게 선택하여 강의할 수 있는 과목들이다. 또한 2016년에 신설되었던 'Language and Culture'가 디지털 시대에 맞게 'Language and Culture in the Digital Age'로 교과목명이 변경되었다. 한편 2016년에 신설되었던 'Storytelling and Literature'는 '영문학플러스'로 과목명이 바뀌면서 교과 내용도 영문학의 분석대상을 다양한 매체의 텍스트로 확장함으로써 비판적 사고와 융합적 시각을 함양하는 것으로 변경되었다.

2024학년도 학부 전공 교과과정 개편에서는 기존에 3개뿐이던 석사학위연계 교과목을 8개 추가 설정했다. '고전문학과 지식융합', '디지털인문학 1', '제2언어습득론' 등이

153 2003년 영문과 연차보고서; 2004년 영문과 연차보고서.
154 2005년 영문과 연차보고서; 2007년 영문과 연차보고서.
155 이대학보, 인문대, 누계평점으로 전공 결정, 2006.2.27; 이대학보, 방식 바뀐 인문대 전공 결정, 20%가 원하는 과 못갔다, 2007.2.12.
156 이대학보, 영어영문학과, 내년부터 신입생 따로 선발해, 2014.9.2.
157 2014년 영문과 연차보고서.

신규로 지정된 석사학위연계 교과목이다.

### 2) 교양영어 교육의 변모

학과 창설 이래 전교생의 영어교육을 담당해오던 이대 영문과는 1997년 전문화된 영어교육을 위하여 교양영어실을 설립하고 전면 영어강의를 실시했다. 이 절에서는 해방 후부터 교양영어 교육이 변모해온 과정을 서술하고자 한다.

#### 해방 후 영어영문학과의 교양영어 강의

영어영문학과는 학과의 전공 교육 이외에도 전교생의 교양영어 교육이라는 중요한 역할을 담당해왔다. 1957년 필수교양과목 '영어' 교수진은 김합라, 김동준, 신소춘, 남상순, 김연옥[김옥자], 윤정은, 최귀덕으로 구성되어 있었고, 이들은 1학기에는 *Our University: A Textbook of English for Ewha University Freshmen*을, 2학기에는 *Western Homes and Customs*를 교재로 사용하여 읽기, 해석, 문법을 주로 하여 올바른 발음, 단어·문구의 정확한 사용과 그 응용에 주력하는 목적을 가지고 강의했다.[158] 교양영어 교재로 사용된 *Our University*는 1953년 칸로 교수가 집필, 출간했다. 이 책은 신입생을 위한 영어 교재용 대학 안내서로, 학교 설립, 학교의 발전에 관한 요약문을 영어로 적은 후 대화와 질의응답으로 그 내용을 반복하여 학생들이 기억하도록 구성했다. 1958년부터 교양영어는 1, 2학년에 걸쳐 수업을 했다. 기존 영어교재 이외에 *American Essays and Short Stories*가 포함되어 근대문학을 접하게 하며 현대 수필과 소설을 감상하는 법을 습득할 수 있도록 했다. 2학년 때에는 현대 영미 단편을 강독 주해했다.[159]

1960년에는 1학년 교양영어 수업에서는 "문법적 분석과 해설을 주로 하는 영어강독과 작문 그리고 회화"를 가르쳤고, 2학년 때에는 현대 영문학 작품을 강독하고 감상하는 것을 교과 목표로 삼았다.[160] 1964년에는 교양영어교재편찬위원회에서 기존의 교재를 보완하여 *College English, University Readings*를 출판했고, 1965년에는 *Advanced College English*를 출간했다. 교양영어 교재가 변화를 겪는 과정에서 1966년 교양영어는 1학년 학생들만 수강하게 되었고 선택과목으로 문학사조, 문학유형을 중심으로 영문학에 대한 개념을 학습하는 '영문학개론'이 신설되었다.[161] 교양영어 시간이 축소되면서, 영어영문학과는 학생들의 교양영어를 보강하기 위해 1967년부터 1969년까지 하기학교

158 대학안내 1957, 27쪽.
159 대학안내 1958, 27쪽, 29쪽.
160 대학안내 1960, 52쪽.
161 대학안내 1966, 45쪽; 대학안내 1971년 60쪽.

와 동기학교를 개최하기도 했다.[162]

### 1970~1980년대 교양영어 문제점 시정 노력과 변화

영어영문학과는 1971년 12월 2일 '1회 교양영어 세미나'를 총장공관에서 열었다. 김갑순 문리대학장, 함홍근 학무처장을 비롯하여 영어영문학과 전임교수와 시간강사 등 전원 40여 명이 참가한 세미나에서 실제로 가르친 경험을 토대로 영어교육의 문제점과 영어교육의 이론에 대한 발표가 있었고 이에 대한 토론이 이어졌다. 교양영어의 시정책으로 (1) 각 반의 인원의 양적 비대가 주는 비능률, (2) 교수자의 재훈련문제, (3) 단계적인 교과서 개편 문제, (4) 영어 활용의 연습 등이 논의되었고, 그 결과를 학교 당국에 보고했다.[163] 이상의 과정을 거쳐 교양영어위원회는 1972년 대학 1학년 교양영어 교재로 *College English*를 출간했다. *College English*에는 현대 영미 작가들이 쓴 수필·수상·신화·인물 소묘·단편 등 25편과 6편의 Reading Selection이 부록으로 수록되어 있다. 각 읽기에는 Comprehension Questions, Pronunciation, Dialog가 포함되어 있으며, 독자의 편의를 위해 주가 첨가되었다. 이 책의 내용은 모두 녹음된 테이프로 구입할 수 있었다.

1976년부터는 교양영어 교육을 기존 "문법적 분석과 해설을 주로 하는 영어강독과 작문 및 회화"에서 "제 학문 분야에서 인본교육의 주요 부분을 이루는 글을 자료로 폭넓은 이해력과 논리적 사고력 배양"에 역점을 둔다고 그 목표를 구체적으로 제시했다.[164] 이러한 목적을 효율적으로 달성하기 위해 영어 해독 능력에 따라 세 그룹으로 나누어 수준별 교재를 사용했다. 또한 1976학년도 신입생부터 개별적 발음시험을 실시하여 발음 교육이 필요하다고 인정되는 학생의 경우는 일반 교양영어 시간 이외에 추가로 발음 교육을 반드시 받도록 했다.[165]

1977년에는 '영어실습 I'과 '영어실습 II'를 선택교양에 설치하여, '영어실습 I' 시간에는 녹음테이프 청취를 통하여 학생의 청취력을 기르고 더 나아가 학생의 자기 의사 발표에 역점을 두었으며, '영어실습 II' 시간에는 녹음테이프 청취를 통해 기초적 문장의 반복연습을 훈련하고 기억한 문장들을 실제 사용할 수 있는 능력을 기를 수 있도록 했다.[166]

「교양교육 개정안」에 따라 1978학년도 입학생부터 2학년 학생들의 필수 교양영어가

---

162 1967년 영문과 연차보고서; 1968년 영문과 연차보고서; 1969년 영문과 연차보고서. 1967년 하기 학교(8월 7~22일), 1968년에는 하기 학교(7월 15~30일)와 동기학교(12월 19~28일), 1969년에는 2차에 걸친 하기학교(1차: 7월 14~29일, 2차: 8월 15~25일)와 동기학교(12월 22~30일)를 개최했다.

163 이대학보, 제1회 교양영어세미나, 1971.12.6.

164 대학안내 1975, 71쪽; 대학안내 1976, 73쪽.

165 대학안내 1976, 73쪽.

166 대학안내 1977, 75쪽.

폐지되고, 교양영어가 3학점씩 두 학기로 줄어들었다. 그 대신 일반 선택과목으로 '고급영어'를 종래의 한 학기 수강에서 두 학기 수강이 가능하도록 1, 2로 구분했다.[167] 이러한 변화에 발맞춰 1979년 고급영어교재출판위원회에서 *Advanced Readings in English*를 출간했다.

『대학안내 1980』 교양과목에 대한 개요에 영어 해독 능력에 따라 3개 그룹으로 나누어 각각 다른 수준의 교재로 교육한다는 내용이 삭제되었다.[168] 『대학안내 1988』에는 공통필수과목인 '교양영어' 교육에 있어 "현대인의 문제의식을 다룬 사회 각 분야의, 그리고 다양한 문제의 영문을 통해 정확하고 신속하게 내용을 파악할 수 있는 영문 독해력을 키우는데 주력한다"고 규정했다.[169]

1970년대 후반에서 1980년대에 교양영어교재편찬위원회에서 출간한 교재로 *Reading in Depth*(1978년), *A Workbook to Accompany 'Reading in Depth'*(1978년), *Thoughts and Ideas*(1983년), *A Workbook to Accompany 'Thoughts and Ideas'*(1983년), *Search for Truth*(1987년) 등이 있다. 오랜 기간 교양영어를 강의했던 교수진으로는 박용언(1956), 윤미덕(1959), 김영자(1961), 김애령(1962), 송영애(1962), 고영자(1963), 방숙희(1964), 최청규(1965) 등이 있으며, 이들은 교재연구 및 지도법에 대해 고민하고 탐구하면서 이화여자대학교 학생들을 가르쳤다.

### 1990년대 교양교육 개편과 1997년 교양영어실 신설

1990년 취임한 윤후정 총장은 이화의 교양교육에 대한 전반적인 변혁이 필요하다고 인식하고 있었다. 영어영문학과는 교양영어교육운영위원회(1990년 3회, 1991년 2회, 1992년 2회), 교양영어 교재연구발표회(1990~1994학년도 매 학기 시작 전), 교양영어 강독연구발표회(1995년 8월, 1996년 2월), 교양영어 회화작문연구발표회(1995년 8월, 1996년 2월)를 개최하며 교수 및 강사들이 교양영어 교과 내용 및 교수방법, 교재연구, 교양영어 교육 개선 방안 등에 대해 연구, 토의했다.[170] 또한 교양영어교재편찬위원회에서는 종전의 *Search for Truth*를 1994년 1학기까지만 사용하기로 하고 1995년 *Living Thoughts and Ideas*를 출간했다.[171]

1994년 1학기부터 '제4차 교양 교육의 개편안'에 의하여 교양 교육이 실시되었으나, 가장 많은 불만이 누적됐던 교양영어는 제도상의 변화 이외에는 사실상으로 변한 것이 없다고 지적되었다. 교양영어 정원이 한 반에 평균 60명~65명이며, 필수 교양영어에 랩

167 1977년 영문과 연차보고서; 1978년 영문과 연차보고서.
168 대학안내 1980, 82쪽.
169 대학안내 1988, 115쪽.
170 1990~1995년 영문과 연차보고서.
171 이대학보, 94 교과과정 개편을 말한다, 1994.5.9.

반이 개설되어 있는 타 대학과 달리 독해 위주로 수업이 진행된다는 것이 가장 큰 문제점으로 꼽혔다. 또한 국제화 시대에 이화여자대학교가 교양영어를 축소시키는 것은 시대의 기류에 부합하지 않는다는 지적도 제기되었다. 따라서 실질적으로 도움이 되는 영어교육을 위해 소규모 강의는 물론이고 회화, 작문, 시사영어 등 다양한 영역으로의 확대 등이 필수적으로 요구되었다.[172]



1996년 9월 장상 총장이 취임하자 이화여자대학교는 1997년 기존 교양영어 강좌의 문제점을 전면으로 개선하고 영어교육 강화 프로그램을 실시하기 위해 교무처 직속의 '교양영어실'을 신설했다.[173] 교양영어실 초대 실장으로 영어영문학과 정덕애 교수, 부실장으로 오정화 교수가 임명되었으며, 이후로도 계속 영문과 교수들이 실장을 맡아왔다(부록 2 참고).

교양영어실이 교무처 직속기관으로 신설됨에 따라 예산의 집행이 용이해져 교양영어를 담당할 원어민 교수를 대폭 채용할 수 있게 되면서 다양한 분야의 교양영어 과목 신규 개설이 가능해졌다. 1997년 1학기부터 전교의 모든 교양영어 수업은 영어로만 진행하며, 수강인원은 반별 30명으로 한정했다. 기존에 강독과 회화를 분리해서 강의하던 방식과는 달리 강독·회화 통합 교육으로 변경되었고, 통합교과서 *Mosaic* 등을 사용했다. 언어의 통합적 습득을 위해 듣기·말하기·쓰기·읽기를 아우르는 강의로 진행하되 영어 글쓰기를 강조하는 수업으로 개편되었다.

이렇게 개편된 교양영어 '영어 Ⅰ', '영어 Ⅱ' 수업으로 인해 학생들이 영어 글쓰기 과제에서 어려움을 겪자 이 문제를 해결하기 위해 2001년 교양영어실에 영어클리닉(English Clinic)을 운영하기 시작했다. 초창기에는 상담을 맡은 조교들이 모두 영어영문학과 대학원생들이었다. English Clinic이 학생들 사이에 알려지면서, 평균 50%였던 이용률이 2003년 4월경에는 90%까지 증가했다.[174] 영어클리닉은 2012년 영작문클리닉(Writing Clinic)으로, 2024년 영어 글쓰기 센터(The English Writing Center)로 명칭이 변경되었다. 필수 교양과목 외에 선택과목으로 전체 학년을 대상으로 하는 다양한 주제별 강좌도 개설하여 단순한 기능적 영어훈련에서 벗어나 영어를 통한 사고 확장과 창조적 상상력 함양 기회를 제공하고 있다.

2015년에 교양영어실이 호크마교양대학으로 편입되고 명칭도 글로벌소통교육실로 변경되었다. 호크마교양대학 글로벌소통교육실 교수진은 외국인(미국, 영국, 캐나다 등) 외에 내국인도 있으며, 많은 영어영문학과 졸업생들이 이화여자대학교 교양영어 교육에 기

172 이대학보, 94 교과과정 개편을 말한다, 1994.5.9.

173 1996년 영문과 연차보고서; 1997년 영문과 연차보고서; 이대학보, 영어교육강화 프로그램 실시, 1997.3.3.

174 이대학보, English Clinic, 가본 적 있니?, 2003.4.7.

여해왔다. 전임교원으로는 홍영예(1982), 민혜숙(1986, 2023.8 명예퇴직), 이소영(1991), 김윤지(2000), 한유경(2000), 이수경(2006, 복수전공), 채민지(2006) 등이 있고, 강사로는 김수연(1996, 2024.8 퇴직), 성정혜(1998), 민자영(1999), 정다운(2000), 고근영(2002), 이승연(2007), 박현주(2009), 김수민(석2013) 등이 있다.

## 6. 대학원 교육 강화

### 1) 대학원 설립과 영어영문학과 석·박사 배출

이화여자대학교 대학원은 이화가 종합대학교로 승격한 지 5년만인 1950년 6월 설립되었다.[175] 원래 종합대학교의 학제에는 대학원 학제가 포함되어 있었으나 학부의 첫 졸업생이 배출되기까지 개원을 유보할 수밖에 없었다. 이화여자대학교 대학원 설립은 여자대학으로서는 한국 최초이며, 또한 당시로서는 가장 큰 규모의 조직과 기구를 갖춘 대학원이었다. 그러나 불행히도 대학원은 개강 2주일 만에 발발한 한국전쟁으로 강의를 중단하게 되었다. 1·4후퇴 이후 부산으로 피난하여 1951년 9월 부산 피난학교 가교사가 설립되면서 대학원 강의도 동시에 재개되었고 수복 후에 환도하여 오늘에 이르고 있다.[176] 이화여자대학교 대학원은 공식적으로 1951년 12월 31일 교육법 시행령에 따라 영어영문학과를 포함한 18개 학과의 석사학위 과정을 설치했고,[177] 1964년 2월 6일 영어영문학과를 포함한 6개 학과의 박사학위 과정을 신설했다.[178] 영어영문학과의 첫 석사학위 취득자는 1954년 7월에 졸업한 나영균(1949), 김연옥[김옥자](1950)으로, 나영균의 석사학위논문은 “The Imageries in *Romeo and Juliet*”이고, 김연옥[김옥자]의 석사학위논문은 “Eugene O’Neill and His Works”였다. 영어영문학과 첫 박사학위 취득자는 이화여자전문학교를 졸업하고 당시 영어영문학과 교수로 재직중이던 이혜숙(1943)으로, 1968년 2월 “Generative Phonology of Korean: Lexical Feature Redundancy Rules”라는 논문으로 학위를 받았다. 당시 문교부 박사학위 수여규정에 신제(新制)와 구제(舊制)가 있었는데, 이혜숙은 구제도에 의한 박사학위를 취득했다. 즉 40세 이상의 부교수급으로 지난 10년간 3편의 연구업적이 있는 경우 박사과정을 이수하지 않고도 외국어 시험만 치르면

175 이화여자대학교 대학원 요람 1975, 3쪽.

176 이화80년사, 1967, 347쪽; 이화100년사, 1994, 316쪽.

177 이화여자대학교 대학원 요람 1970, 5쪽; 이화100년사, 1994, 335쪽.

178 이화여자대학교 대학원 요람 1975학년도, 4쪽. 1960년 6월 2일 영어영문학과를 포함한 12개 학과의 박사학위 과정이 인가되었으나, 1963년 8월 7일 영어영문학과를 포함한 9개 학과의 박사학위 과정이 폐과되었다(이화여자대학교 대학원 요람 1975학년도, 3-4쪽). 이에 대한 자세한 설명은 찾을 수 없었다.

박사논문 제출 자격이 주어졌다.[179] 이혜숙은 이화여자대학교 첫 문학박사이며 우리나라에서 학위를 받은 최초의 여성 문학박사이기도 하다.[180] 영어영문학과는 2025년 2월 졸업자까지 총 588명의 석사학위자와 총 74명의 박사학위자를 배출했다. 부록 3에 제시한 석·박사학위논문 목록을 살펴보면 영어영문학과 대학원의 역사를 한눈에 볼 수 있다.



### 2) 대학원 활성화를 위한 노력

1959년 영어영문학과 대학원 석사학위 과정의 전공은 크게 어학과 문학으로 구분되었으며,[181] 『1970년 대학원 요람』을 보면 영어영문학과의 전공은 비평, 시, 연극, 소설, 영어학 5개 분야로 구분되었다.[182] 1984년 9월 어학 박사학위 과정이 새로이 개설됨으로써 영어영문학과 대학원은 석·박사학위 과정 모두 크게 문학 전공과 어학 전공으로 구분되었다.[183]

이화여자대학교 대학원은 1972학년도 1학기부터 이화여자대학교, 연세대학교, 서강대학교의 3개 대학원이 개별 대학원의 인력 및 시설을 상호 보완하여 보다 충실한 대학원 교육을 달성하려는 목적에서 '3개 대학원 학점교환제도'를 실시했다.[184] 영어영문학과 이혜숙 교수가 6대 대학원장(1972.9~1975.8)을 역임하는 동안 '3개 대학원 학점교환제도'를 확대, 정착시키는 등 대학원 발전에 앞장섰다.

1980년대에 들어서면서 대학생 정원 증원과 졸업정원제 등으로 야기된 지나친 학생 수 증가 문제는 비단 학부에만 한정된 것은 아니었다. 대학원도 마찬가지였다. 문교부는 1981학년도 대학원 학생 증원을 결정했는데, 이화여자대학교 대학원 인문과학계열의 경우 126명 정원이 210명으로 증원되었다.[185] 이러한 상황에서 영어영문학과는 대학원 학생들을 효율적으로 관리하기 위해 마련한 일반대학원 영어영문학과 내규를 『대학원 요람 1984~1985』에 제시했다.[186]

대학원 학생 수가 급격히 증가했음에도 불구하고 개설교과목 수는 한정되어 있어 1986년 당시 학생들이 수강할 과목이 절대적으로 부족한 실정이었다. 이에 영어영문학과는 학교 당국에 개설교과목 수의 증가를 강력히 요청했다.[187] 이러한 필요성이 반영되어 대학원 교과과정에 등재된 교과목 수가 1986년 56개에서 1990년 68개로 증가되었

179 한가람 봄바람에: 이화100년 야사, 1981, 526쪽.
180 이화여자대학교 대학원 요람 1970, 187-188쪽; 이화여자대학교동창회 100년사: 1908~2008, 2010, 189쪽.
181 1959년 영문과 연차보고서.
182 이화여자대학교 대학원 요람 1970, 42쪽.
183 이화여자대학교 대학원 요람 1984~1985, 116-117쪽.
184 이화여자대학교 대학원 요람 1975, 5쪽; 206쪽.
185 이화100년사, 1994, 430쪽.
186 이화여자대학교 대학원 요람 1984~1985, 116쪽.
187 1986년 영문과 연차보고서.

으며,[188] 학생들은 자신의 전공에 대한 다양하고 심도 있는 교과목을 수강할 수 있게 되었다.

1999년 대학원 석사학위 과정에 전문영어(Professional Writing Program) 전공이 신설되었다. 이 교육과정은 체계적인 이론교육과 실용훈련을 통해 비즈니스, 산업, 기술, 창작 및 학계 등 각종 전문 분야에서 요구되는 전문적인 글쓰기 인재 양성을 목표로 했다. 전문영어 석사학위 과정은 모든 수업을 영어로 진행했으며, '전문영작', '기술영작', '기업 및 법률영작', '비즈니스영작', '뉴스제작과 편집', '전문영어인턴과정' 등의 과목을 개설하여 다양한 분야에 필요한 전문적인 영어 글쓰기 훈련을 제공했다. 교수진으로는 김민정, 라두 호틴시아누(Radu H. Hotinceanu), 최혜원, 피터 킵(Peter Kipp), 캐런 먹켄헌(Karen Muckenhirn) 교수가 참여했다. 학생들은 The Korea Herald, Furmo D/T(번역 및 자막 회사), Arirang TV와 같은 기업에서 전문 인턴십에 참여할 기회를 가졌으며, 졸업 후 다양한 분야에 진출했다. 그러나 전문영어 석사학위 과정은 입학생의 수가 감소함에 따라 2016년 8월 대학원위원회에서 폐지가 결정되었고 2017학년도부터 신입생 모집을 중단했다.

2001년 12월 이화여자대학교는 당시 2학년이었던 2000학년도 입학생을 대상으로 5년만에 학사와 석사과정을 통합·이수할 수 있는 '학·석사 연계과정' 예비생을 선발한다고 발표했다.[189] 영어영문학과는 제도 도입 당시부터 학·석사 연계과정을 실시하고 있다.

또한 2001년부터 신촌지역 3개 대학(연세대학교, 이화여자대학교, 서강대학교) 영어영문학과 대학원생 공동 학술발표회 'YES 콜로키움(YES Colloquium)'을 개최하기 시작했다. 공동세미나는 2001년부터 2003년까지 연 1회, 2004년부터 2006년까지는 학기별로 연 2회 개최되었고,[190] 2009년과 2014년 공동세미나는 현대영미시 장르를 중심으로 각각 연세대학교와 본교에서 개최되었다. 3개 대학원 공동세미나는 교류의 활성화를 위하여 2006년 2학기부터 개최 지원금을 받고 있다.

영어영문학과는 대학원 전공 교육의 내실화를 꾀하기 위해 종합시험 제도를 꾸준히 수정, 보완해왔다. 그 결과 2025년 현재, 문학 영역은 전공 교과목을 7개 영역, 즉 (1) 20세기 이전 시 및 산문(소설 제외), (2) 20세기 이후 시 및 산문(소설 제외), (3) 영국소설, (4) 미국소설, (5) 고전 르네상스 드라마, (6) 현대 드라마, (7) 비평/문화연구 등으로 세부 조정했다. 문학 전공자는 7개 영역 중 시, 소설, 드라마, 비평/문화연구 교과목이 기본적으로 하나씩 포함된 최소 5개의 영역 교과목을 수강한 후 이 중 자신의 논문 주제와 직결된

---

188 이화여자대학교 대학원 요람 1986~1987, 121-126쪽; 이화여자대학교 대학원 요람 1990~1991, 122-128쪽.

189 이대학보, 학·석사 연계과정: 10일(월)부터 예비신청, 2001.12.3.

190 2001~2007년 영문과 연차보고서.

영역이 포함된 3개 영역에 대하여 시험을 본다. 어학의 경우, 일반영역과 전공영역으로 나누어 석사학위 종합시험을 실시하고 있으며, 일반영역의 경우 음성음운론, 통사론, 의미론, 응용언어학 4개 분야로 나누어 시험을 본다. 전공영역의 경우, 세부전공 담당교수의 판단에 따라 지필시험, 구두시험, 또는 그 외 적절한 방법으로 평가한다. 영어영문학과 어학과정은 2020학년도 1학기 신입생부터 석사학위청구논문 대체제도를 실시하고 있다. 이 제도는 논문 대체 교과목 이수(석사학위 수료에 필요한 학점 이외에 어학 전공 내에서 교과목명이나 범위의 지정 없이 추가 9학점을 이수) 또는 논문 대체 실적 제출(한국연구재단 등재후보 등급 이상의 학술지에 주저자 혹은 교신저자로 논문 게재)을 통해 석사학위를 부여하는 제도이다.[191]

영어영문학과는 2008년부터 대학원 학생이 '학술영어 1' 또는 '학술영어 2'를 보충과목으로 수강하게 함으로써 영어로 연구 논문 작성하는 법을 익히도록 했다. 2025년 1학기에는 '학술영어 1' 대신에 '디지털인문학 1'을 보충과목으로 개설하여 영어영문학과 대학원 교육과정에 디지털인문학을 접목시켰다.

대학원 교육이 활성화되면서 영어영문학과 대학원 학생 구성에도 변화가 생겼다. 2005년에 대학원 학생회를 새로 조직하여 활성화함으로써 학문후속세대로서의 연구를 활발히 진행하도록 지원하기 시작했다.[192] 대학원 외국인 학생 증가도 특기할 만하다. 2006년 이후 네팔, 미얀마, 우즈베키스탄, 중국, 카자흐스탄, 캐나다, 포르투갈, 프랑스, 그리스 국적의 학생이 문학, 어학, 전문영어 대학원 과정에 입학했다. 영어영문학의 경우 학문의 발상지가 영미권이라는 점을 고려하면, 외국인 대학원생 유치는 이화여자대학교 영어영문학과의 국제적 위상과 평판 제고에 도움이 된다.[193] 또한 영어영문학과의 다양한 학술 활동을 교내외에 꾸준히 홍보하고 대학원 페어(FAIR)에서 소개한 결과 2024년 1학기 대학원 신입생 수가 최근 5년간 가장 큰 폭으로 증가하여 대학원 교육의 확대 및 역량 강화 기반을 조성하게 되었다.[194]

이대 영문과 대학원생들의 연구 경쟁력이 제고되는 데 결정적인 역할을 한 것은 두뇌한국21(Brain Korea 21, BK21) 사업을 비롯하여 영문과 참여 각종 교내외 학술사업이다. 사업에 선정되기 위하여 교수와 대학원생의 연구 실적을 증진하는 데 매진했을 뿐만 아니라 사업에 선정된 후에는 사업에 참여하는 대학원생들을 공정하게 선발하기 위해 노력했고, 장학금을 지원받게 된 학문후속세대들은 안정적으로 연구에 몰두할 수 있게 되었다. 그 결과 교수-학생 공동논문과 학생 단독논문의 게재가 활성화되었다. BK21 사업

191 2020년 영문과 연차보고서. 영어영문학과는 어학 전공에 한해서 석사학위청구논문 대체제도를 실시하고 있으나 2025년 1학기 현재 이 제도를 통해 석사학위를 취득한 학생은 없다.

192 2005년 영문과 연차보고서.

193 2016년 영문과 연차보고서.

194 2023년 영문과 연차보고서.

등에 대해서는 2장에서 자세히 다루기로 하겠다. 대학원과 관련한 다양한 국제교류 프로그램 역시 이대 영문과 대학원의 질적 수준을 제고했다. 대학원 국제교류는 이 장의 6절에서 기술하겠다.

## 7. 트랙 제도 신설과 활성화

2015년 본교는 교육부가 주관하는 '학부교육 선도대학 육성사업(ACE: Advancement of College Education)'에 선정되면서 TELOS 트랙 시스템을 구축했다. '궁극적인 목표'를 뜻하는 그리스어 TELOS는 학생의 자율적 융합을 기초로 한 수요자 맞춤형 진로 지원을 추구하며, 다음과 같이 세부적으로 분류된다: T-지식탐구형, E-산학연계형, L-글로벌리더형, O-개방융합형, S-자기설계형. 영어영문학부는 2015년 Culture & Technology(CT), Storytelling & Translation(ST), Global Literacy(GL), Advanced Studies(AS)의 네 개 트랙을 설치했다. 이 중 CT, ST, GL이 2016년 TELOS 우수트랙에 선정되었다.

영어영문학부 트랙이 양성하고자 하는 공통적 인재상은 글로벌(global), 스마트(smart), 창의적(creative) 인재이다. 이 목표를 달성하기 위하여 학과는 T-지식탐구형에 AS 트랙을, L-글로벌리더형에 GL 트랙을, O-개방·융합형에 CT와 ST 트랙을 마련하여, 학생들이 자기 주도적 학습을 통해 다양한 진로를 탐색할 수 있도록 제도적으로 지원하고 있다.

영어영문학부는 트랙별로 차별화된 교육과정을 제공한다. CT와 ST 특성화 트랙은 각 트랙이 추천하는 총 24학점(전공 12학점, 타전공 3학점, 교양 9학점) 및 비교과 활동 두 가지 이수를 필수로 하고, 이수한 학생에게는 총장 명의의 특성화 트랙 이수 인증서가 발급된다. GL 트랙은 전공 42학점을 영어강의로 이수하면서 해외 교환, 방문 프로그램, 교수인솔프로그램, 국내외 국제 하계대학 학점 이수를 필수로 한다. AS 트랙에 지원한 학생은 학·석사 연계 과정을 이수하면서 대학원 과목 6학점까지 수강하며, 학부 졸업논문 면제 혜택을 받을 수 있다.

영어영문학부의 4개 트랙은 졸업 후 진로를 체계적으로 준비하고자 하는 신입생과 재학생의 관심을 받고 있으며 창의적이고 진취적인 수험생을 영어영문학부로 견인하는 역할을 하고 있다. 특히 특성화 트랙인 CT와 ST 트랙이 제공하는 현장 전문가 특강은 트랙 이수 중인 학생에게 구체적인 직무능력, 윤리, 만족도에 대해 가늠할 수 있는 기회를 제공한다. 간담회를 통해 수렴한 학생의 반응을 보면 복수전공, 부전공에 대한 부담을 줄이면서 영어영문학부 전공 안에서 타 전공을 아우르는 효과적인 융합 학습을 할 수 있는 장점을 많은 학생이 거론한다. 또한 특성화 트랙이 추천하는 전공, 타전공, 교양 교과목에 대해 학생의 반응은 긍정적이다. 트랙 추천이 없다면 경험해보지 못할 새로운 지식을 학습할 수 있다는 점을 많은 학생이 강조하고 있다.



## 8. 국제화

### 1) 영어 강의 확대

영어영문학과는 글로벌 경쟁력 강화를 위해 영어 강의 비율 확대에 꾸준히 힘써왔다. 영어 의사소통 능력을 집중적으로 훈련하는 '영어발표와 토론(English Presentation and Debate)' 등의 교과목을 영어 강의로 개설했을 뿐만 아니라 현재 영문과 주전공생과 복수전공생은 영어로 학부 졸업논문을 작성해야 한다. 이를 위해 전공 교과목인 'Thesis Writing'(2016년 개편 이후 교과과정; 2012년 이전 개편 교과과정의 'Academic Writing 1, 2'에 해당)을 영어로 개설하고 학생들이 영어 글쓰기 역량뿐만 아니라 학문적 정직성(academic honesty)을 반드시 익히고 졸업하도록 원칙을 세웠다. 영어 강의 비율을 지속적으로 높인 결과 학부 영문과 전공 교과목의 69.7%에 도달하여 2013년 1학기에는 교내 국제학부를 제외하고 영어 강의 개설 비중이 가장 높은 학과 1위에 올랐다.[195] 높은 영어 강의 비율은 현재에도 지속되어, 최근 2024년 2학기 개설 전공 교과목 24개 중 12개, 2025학년도 1학기 개설 전공 교과목 23개 중 16개가 영어 강의로 개설되었다(분반 별개 추산).

### 2) 국제 교류 프로그램

영어영문학과는 학문후속세대를 양성하기 위한 밑거름으로 학생들에게 재학 중 해외 유수대학에서 수학할 수 있는 기회를 제공하려고 노력했다. 우선 1996년도에 영국 에든버러대학교와 협의를 통해 스코틀랜드대학교 국제 하계대학(The Scottish Universities' International Summer School, SUISS)에 이화여대 영문과 대학원생 2명이 소정의 장학금을 받고 입학할 수 있도록 합의했다. 첫 해인 1996년에 서미정, 차은정이 영어영문학과 대표로 참석했고,[196] 그 이후 매년 참가 학생이 증가하여 2010년에는 6명, 2011년에는 5명의 대학원생이 SUISS에 참여했다.[197] 2012년에는 국제 교류 활성화 방안으로 코넬대학교(Cornell University)의 비평과 이론 학교 2012년 하계 학기(The School of Criticism and

195 2013년 영문과 연차보고서.
196 1996년 영문과 연차보고서.
197 2010~2011년 영문과 연차보고서.

Theory 2012 Summer Session)에 대학원생 1명을 파견했다.[198]

또한 영어영문학과는 2006년 미국 클라크대학교(Clark University)와, 그리고 2010년 하와이대학교(University of Hawaii)와 공동석사학위 협정을 체결하여 대학원생이 복수학위를 받을 수 있는 제도를 운영하고 있다.[199] 2012년에 박현주(2009)가 하와이대학교 석사학위를 취득했다.[200]

영문과는 또한 학부 학생들에게도 해외 유수 대학에서 수학할 수 있는 국제화 프로그램을 제공하고 있다. 2001년에는 크리스틴 험프리(Christine Humfrey) 영국 노팅엄대학교(University of Nottingham) 국제교류처장과 영어영문학과 정덕애 교수가 협의를 통해 노팅엄대학교에서 이화여대 영문과 학부 학생 10명이 1학기를 공부할 수 있도록 합의했다. 이는 노팅엄대학교가 이화여대 영문과의 학생 수준과 교육과정에 대한 신뢰가 없으면 불가능한 제안이었다. 2001년에 영문과 학부 학생 6명을 파견하기 시작한 이래 2002년에 11명, 2003년 학부 교환학생 11명과 대학원 장학생 1명, 2004년 학부 교환학생 10명, 2005년 학부 교환학생 12명 등이 노팅엄대학교에서 수학했다.[201] 2012년에는 영국 맨체스터대학교(The University of Manchester)와, 2013년에는 버밍엄대학교(University of Birmingham) 및 에든버러대학교(The University of Edinburgh)와 '7+1 프로그램' 협정을 맺었다. '7+1 프로그램'은 영어영문학과가 학과 차원에서 이들 학교와 독자적인 협약을 맺은 특별교환 프로그램인데, 2013학년도 2학기부터 본교 전체로 확대되어 '7+1 해외학습 프로그램(7+1 Study Abroad Program)'이라는 이름으로 시행하게 되었다. 인문과학대학 외국어문학 전공 학생들이 본교에서 7학기, 해외파견대학에서 1학기를 수학하는 인문과학대학의 특별교환 프로그램에 참여할 경우 본교 등록금의 80%를 장학금으로 지원한다. '7+1 교환 프로그램'은 인문대 코어(CORE) 사업 시행과 더불어 2016학년도부터 'ARS 해외학기 프로그램'으로 개칭되었다.[202] 재학생들이 해외 유수 대학에서 수학하며 현지 문화까지 학습할 수 있는 좋은 기회로 평가되었으며, 이러한 교류 과정에서 외국 대학교에 이화여자대학교 영어영문학과를 소개하기 위한 영문 브로슈어를 제작했다.

---

198 2012년 영문과 연차보고서.

199 2006년 영문과 연차보고서, 2010년 영문과 연차보고서.

200 2012년 영문과 연차보고서.

201 2001~2005년 영문과 연차보고서.

202 ARS는 '진리탐구의 정신으로(Asking) 연구에 매진하는(Research) 차세대 학문리더(Scholar)'를 뜻하는 것으로 2016~2019년에 본교 코어(대학 인문역량 강화) 사업을 담당한 루체테(Lucete) 인문학사업단에서 명명했다. ARS 프로그램은 영어영문학과 등이 참여하는 기초학문심화 모델에 해당한다. 인문과학대학 내 중어중문학과, 불어불문학과, 독어독문학과는 글로벌지역학 모델에 해당하는 PAGUS 프로그램에 참여했다. PAGUS는 '진취적이며(Pioneering) 지역 현지에 능통한(Glocal) 인문기반 지역전문가(Specialist)'를 뜻한다.

영어영문학과는 학과의 국제적 인지도 및 평판을 제고시키기 위해 영미권 대학들과의 교류를 넘어서 아시아 영문과 네트워크 형성에도 주력함으로써 국제교류 네트워크를 확장해나갔다. 첫째, 이대 영문과는 아시아 지역 영어영문학 연구에서 중심적 위치를 정립하여 2009년 대만에서 국립대만대학과 공동 국제학술대회를 개최했으며, 2010년 11월에는 이대에서 국립대만대학, 일본 츠쿠바대학과 국제학술대회를 공동개최했다.[203] 이처럼 동아시아 3개국이 공동 국제학술대회를 정기적으로 순환 개최하는 것은 주목할 만한 일이다. 둘째, 아시아권의 영어영문학과를 대표하는 대학들이 한 자리에 모여 아시아 영어영문학의 미래와 발전 방향에 대해 논의하는 자리를 최초로 마련한다는 목적을 가지고 이화여자대학교 창립 130주년 기념행사의 하나로 북경대, 칭화대, 복단대, 홍콩대, 국립대만대의 참여로 '제1회 아시아 영어영문학 국제협력회의'를 2016년 4월 28일 진행했다. 셋째, 2017년 2월 국립대만대학 외국어문학과(Department of Foreign Languages and Literatures)와 학생 교환 등에 관한 MOU를 체결했으며, 2017년 11월 국립대만대학, 미국 사우스캐롤라이나대학교(University of South Carolina)와 공동국제학술대회를 개최하고 '3자 공동 컨퍼런스' 정례화라는 성과를 거두었다. 이외에도 2015년 일본 규슈대학교와 공동 디베이트 워크숍 개최에 관한 MOU를 체결했는데 여기에 대해서는 3장 6절에서 자세히 기술하겠다.[204]

## 9. 영어영문학과의 위상

이화여자대학교 영어영문학과는 1986년 교육부 우수학과에 선정되었으며, 2010년 중앙일보 대학평가 영어영문학과 전국 1위에 선정되는 쾌거를 이뤘다.[205] 2015년에는 교내 유망전공 육성사업에 선정되어 3개년(2015학년도~2017학년도) 동안 사업을 수행했다.

2012년에는 세계적 대학평가기관인 영국 QS(Quacquarelli Symonds)에서 발표한 '2012 QS 학문 분야별 세계대학평가(QS World University Rankings by Subject 2012)'에서 본교가 영어영문학(English Language & Literature) 분야 51~100위권에 이름을 올리는 성과를 거뒀다. 그러다 2013년과 2023년에는 101~150위권을 차지했다.[206] 2025년 3월에 발표한 '2025 QS 학문 분야별 세계대학평가'에서 본교의 영어영문학 분야와 언어

203 2009~2010년 영문과 연차보고서.

204 2015~2017년 영문과 연차보고서.

205 중앙일보 평가는 2019년부터 학과평가를 진행하지 않아 순위 산정이 이루어지지 않음(이화여자대학교 기획처 제공).

206 이화여자대학교 기획처 제공.

학(linguistics) 분야가 101~150위권을 기록했다.[207] 언어학은 전년 대비 200위권 신규 진입 분야이며, 영어영문학은 국내 4위, 언어학은 국내 7위이다.

이화여자대학교 영어영문학과는 백년의 전통을 이어오는 가운데 이화를 대표하는 학과로서 자리매김하고 있다. 최근에 학생들이 법학이나 의학을 선호하는 경향을 보임에도 불구하고 이화 영문은 이러한 위기를 새로운 계기로 삼아 기본에 충실하되 혁신을 추구함으로써 꾸준히 우수한 인재를 배출하는 인문학의 터전이 되고 있는 것이다. 무엇보다도 이화 영문은 가장 기본적인 문학과 어학 교과과정에 충실하며 학문의 기초를 다지는 동시에 창의적 사고력과 글쓰기 훈련을 강조하는 교육과정을 실행하고 있다. 새로운 백년을 바라보며 이화 영문은 글로벌 스탠다드에 부합하되 시대를 선도할 수 있는 전공교육을 위해 부단히 노력할 것이다.

207 QS 평가의 경우에는 학과 단위가 아닌 QS에서 분류한 학문 분야별 단위이나 영어영문학과는 동일하게 볼 수 있을 것 같음(이화여자대학교 기획처 제공).

1 이화여자대학교 영어영문학과의 전신인 이화여자전문학교 문과 수업이 이루어지던 본관
2 이화여자대학교 영어영문학과의 전공 수업이 이루어지는 학관
3 영어영문학과 교수들의 연구실이 모여 있고 대학원 수업이 이루어지는 인문관

# 2장 교수진과 연구 활동

## 1. 교수진

이화여자전문학교 문과 시기를 거쳐 해방 후 이화여자대학교 영어영문학과로 승격되어 2025년 현재에 이르기까지 교수진은 교육자 및 연구자로서의 역량을 최대한 발휘하여 학생들이 훌륭한 전문인으로 성장할 수 있도록 지원을 아끼지 않았다. 이러한 과정을 통해 현재의 영어영문학과로 발전하는 데 크게 기여했다.

### 1) 이화여자전문학교 시기

1925년 전문학교 출범 당시 총독부에 제출한 교수 명단에 이화학당 출신 김활란, 이은라, 정애식 3명이 자격을 갖춘 교수로 등재되어 있다. 이는 이화학당 운영자들이 거시적인 안목으로 학당의 미래를 구상하고, 졸업생들이 한국 여성계에서 지도적 역할을 할 수 있는 역량 증진을 구체적인 계획 아래 착실하게 실행해왔고 그 결실이 성공했음을 보여준다.[208] 1925년 이화여자전문학교 개교 이래 해방될 때까지의 교수진은 당대 최고의 학자들로 구성되어 있었다. 국가에서 공인된 고등교육기관으로서 교수진의 확충이 불가피하여 외부에서 실력 있는 교수들을 초빙했고, 선교부에서도 자격 있는 선교사들을 파송했으며, 이화학당 출신의 재원들도 외국에서 학위를 얻어 당당히 전문학교 교원

208 이화여자대학교동창회 100년사: 1908~2008, 2010, 82-83쪽; 이은라와 정애식은 이화학당에서 교육을 받고 일본과 미국 등에서 음악을 전공하고 이화여자전문학교 음악과 교수가 되어 그 설립과 교육에 큰 역할을 담당했다(이화80년사, 1967, 137쪽; 667-668쪽 참고).

으로 부임했다.[209] 전공에 비해 일반교양과목의 비중이 컸던 문과는 교수난이 그만큼 심각했던 반면 당대 유명한 석학들을 강사로 모실 수 있는 특권도 누렸다. 기독교 학교인 연희전문학교와 교수를 공유하기도 했다.[210] 이화여자전문학교 문과의 교수진은 다음과 같다.

### 선교사 교수

1930년경 이화여자전문학교 문과 교수로는 헐버트(Jeannette C. Hulbert), 칸로(Marion L. Conrow), 라욱스(Blanche H. Loucks), 메이너(Velma H. Maynor) 그리고 이화여자전문학교 교장이었던 아펜젤러(Alice R. Appenzeller) 박사 등 미국 선교사가 있었다. 이들은 영어, 영문학사, 영작문 등 각 분야에서 철저한 영어교육을 통해 학생들을 훈련시켰다.[211]

<1925~1945년 선교사 교수진 명단: 임용연도 순>

| 성명 | 생몰연대 | 재직연도 | 최종 대학 | 최종학위 | 담당과목 |
|---|---|---|---|---|---|
| Jeannette C. Hulbert | 1889.10.17 ~ 1978.6.14 | 1914 ~ 1940.11<br>1947.10 ~ 1950 | 컬럼비아대학교 | 석사 | 영어, 심리학, 수학 |
| Alice R. Appenzeller | 1885.11.9 ~ 1950.2.20 | 1915 ~ 1939.4<br>1946.12 ~ 1950.2 | 컬럼비아대학교<br>보스턴대학교 | 석사<br>명예 교육학박사 | 영어, 서양사 |
| Marion L. Conrow | 1894.12.3 ~ 1986.3.5 | 1922 ~ 1940.11<br>1948 ~ 1950<br>1953 ~ 1962 | 보스턴대학교 | 석사 | 영어, 영작문 |
| Blanche H. Loucks | | 1928.1 ~ 1940.11 | 알비온대학 | 학사 | 영어, 영문학 |
| Velma H. Maynor | | 1928 ~ 1939 | 컬럼비아대학교 | 석사 | 영문학, 연극 |

헐버트는 1912년 오하이오웨슬리언대학교(Ohio Wesleyan University)를 졸업하고 미국 북감리회 여성해외선교회(Woman's Foreign Missionary Society) 신시내티지부 파송을 받아 1914년에 내한했다. 서울 도착 즉시 이화학당에 파송되어 고등과와 대학과에서 '영어', '수학', '과학', '성경' 등을 가르쳤다. 1919년 5월 안식년 휴가를 얻어 귀국하여 컬럼비아사범대학교에서 교육학 석사학위를 받았다. 1923년 이화학당 대학과에서 학생들에게 '영어', '심리학', '문학' 등을 강의했고 이후 이화여자전문학교 문과 교수가 되었다. 1936년 5월 이화학당 창립 50주년 기념식에서 20년 근속 표창을 받았다. 미일

209 한가람 봄바람에: 이화100년 야사, 1981, 449쪽.
210 이화100년사, 1994, 199쪽
211 김갑순 엮음, 2000, 30쪽: 이화70년사, 1956, 102쪽.

관계가 악화되면서 1940년 11월 미국 정부가 보내온 수송선 마리포사호를 타고 귀국했다.[212]

아펜젤러는 1909년 매사추세츠주 웰즐리대학(Wellesley College)을 졸업한 후 모교인 쉬펀고등학교(The Shippen School for Girls)에서 교사로 재직하다가, 1915년 여성해외선교회 선교사로 한국에 파송되었다. 이화학당 교사로 일하면서 1920년 당장 서리, 1921년 10월 제6대 학당장이 되었으며, 1925년 4월 이화학당 대학과를 이화여자전문학교로 승격시키며 초대 교장에 취임했다. 안식년 기간인 1922년에 컬럼비아사범대학교에서 교육학 석사과정을 마쳤다. 1935년 새로운 교사를 준공하게 되면서 전문학교를 정동에서 신촌으로 완전히 이주시켰다. 아펜젤러 교장은 1936년 이화 개교 50주년 기념식에서 15년 이상 근속자로 표창을 받았고, 1937년 6월 보스턴대학교에서 명예 교육학 박사 학위를 취득했다. 1939년 이화여자전문학교의 교장직을 김활란 박사에게 위임하고 자신은 명예교장이 되어 뒤에서 학교를 도왔다. 그러나 미일 관계가 극도로 악화되면서 다른 선교사들과 함께 1940년 11월 미국으로 귀국했다.[213]

칸로는 이화여자전문학교 문과에서 가르치기 시작하여 해방 후 영어영문학과까지 33년을 이화에서 재직했다. 칸로는 캔자스주의 위치타대학을 졸업한 후 캔자스주 고등학교에서 영어교사로 재직하다가 여성해외선교회의 파송을 받아 1922년 내한했다. 곧바로 이화학당 교사로 부임하여 주로 대학과 학생들에게 '영어'와 '영문학'을 강의했고, 강의 외에 학생들의 종교 생활과 여름성경학교 봉사활동도 지도했다. 칸로는 1928~1929년 안식년 휴가에서 보스턴대학교에서 석사학위를 받았고, 돌아온 후 이화여자전문학교 문과 교수로 발령받았다. 칸로는 효율적인 영어교육을 위하여 입주하여 영어만 사용하는 교육 공간으로 '영학관'을 설립했다. 1932년 영학관이 개설될 때부터 영학관 지도를 맡았고 신촌 캠퍼스에 영학관을 신축할 때는 직접 현장감독을 했으며 그 후 줄곧 영학관에서 학생들을 지도했다. 칸로는 1935~1937년의 안식년 휴가 동안 1년간 시카고대학교 대학원에서 영문학을 전공했고 돌아온 후 문과 과장으로 선임되었다.[214]

라욱스는 여성해외선교회 노스웨스트지부 파송으로 1917년 중국 선교사로 부임하여 10년간 사역하다가 중국의 정치 상황이 불안해짐에 따라 1928년 봄 한국으로 와서 이화여자전문학교에서 강의했다. 1929년 7월 안식년 휴가를 얻어 귀국했다가 한국으로 선교지를 바꾸어 1930년 가을 내한한 후 문과 교수로 영문학 수업을 담당했다. 라욱스는 '영문학'과 '영시'를 매섭게 잘 가르친 교수였으며, 그의 문학 강의는 철저하여 칼라일(Thomas Carlyle)의 『번즈에 대한 글(*Essay on Burns*)』을 강의할 때에도 작가의 일대기까

212 『내한선교사사전』, 한국기독교역사연구소, 2022, 1325-1326쪽; 이화100년사, 1994, 201쪽
213 내한선교사사전, 2022, 750-751쪽.
214 내한선교사사전, 2022, 1045-1046쪽; 이대학보, 미스 칸로우의 환갑 맞아, 1954.12.20.

지 써오게 했고 어디서 베껴오는 등 성실하지 못한 모습을 보이는 학생에게는 성적이 가혹했다. YWCA 학생들과 함께 매년 성탄절에 신촌 빈민촌과 북아현동 구세군 고아원인 후생학원에 가서 구제 및 봉사활동을 벌였다. 학생들은 칸로가 쉽게 강의하는 것에 비해 라욱스는 영감으로 알아듣도록 강의한다고 비교했다.[215]

메이너는 컬럼비아대학교 대학원에서 스피치를 전공한 석사로 미국 남감리교 여선교부에서 1921년 한국에 파견되어 배화여고에 교사로 있다가 1928년 이화여자전문학교에 와서 '영어회화'와 '영어연극'을 지도했다. 강의시간에는 기도를 한 후 수업을 시작했고 자신의 월급을 쪼개서 어려운 학생을 공부시키는 교수였다. 1928년부터 4년간 문과 과장직을 맡은 메이너는 수제자인 김갑순(1935)을 조교로 발탁, 3년간 지도하여 자신의 후계자로 기르기 위해 미국 유학을 주선했다. 메이너는 1939년 귀국했다.[216]

이상의 문과 소속 여성 선교사 교수진 이외에도 음악과, 보육과 등의 소속 교수들도 문과에서 강의했다. 이화여자전문학교가 신촌으로 이사하는 것을 기념하여 축시 'The Door'를 썼던 음악과 교수인 베이커(Catherine Baker)는 음악과에서 '음악사'와 '성악'을 가르치면서 문과에서 '영시'를 가르쳤다. 학생들에게 과중한 숙제를 주기로 유명했는데, 두꺼운 영문학 책을 하루에 20~30쪽씩 읽어 오라고 해서 학생들이 언제나 힘겨워했다. 베이커는 시험 때 문제를 꼭 두 개만 냈는데, 하나는 책에 있는 것이고, 또 하나는 책에 없는 것이었다.[217] 1918년 내한하여 이화학당 보육학과에 소속되어 아동심리학, 유희 등을 가르쳤던 밴플리트(Edna Marie Van Fleet)도 문과 학생들에게 '문학사'와 '미술사' 등을 강의했는데 한국미술사에 대한 깊은 관심과 가르침은 식민지 조국의 비참한 현실에 주눅 들어 있던 학생들에게 한국 민족의 우수한 문화에 대한 자부심을 일깨워주었다.[218] 트럭슬(Moneta Troxel)은 1925년에 부임하여 1940년 선교사 철수까지 '생물학'과 '성경'을 가르쳤다. '성경'과 '종교학'을 가르친 교수로는 트럭슬 외에 김인영 목사(1932~1941)와 김활란 등이 있었다.[219]

### 한국인 교수

이화학당 대학과가 전 과목을 두루 가르치는 전인적 교육이었다가 전문학교로서 전공과목별로 수준을 높이게 됨에 따라 여성 선교사 이외에도 당대의 실력 있는 한국인 문인, 학자들이 이화여자전문학교에 재직하게 되었다. 이화여자전문학교 문과 한국인 교수진의 명단을 보면 후일 한국 학계를 주름잡은 석학, 문인, 예술가들이 나열되어 있음을

215 내한선교사사전, 2022, 143쪽; 한가람 봄바람에: 이화100년 야사, 1981, 74쪽; 이화100년사, 1994, 200쪽.
216 내한선교사사전, 2022, 378쪽; 이화70년사, 1956, 313-314쪽; 한가람 봄바람에: 이화100년 야사, 1981, 73쪽.
217 내한선교사사전, 2022, 513쪽; 한가람 봄바람에: 이화100년 야사, 1981, 73-74쪽; 이화100년사, 1994, 200쪽.
218 내한선교사사전, 2022, 459-461쪽; 이화100년사, 1994, 200쪽.
219 내한선교사사전, 2022, 1169-1170쪽; 이화100년사, 1994, 200-201쪽.

알 수 있다. 변영로(영시), 고유섭(미술사), 김상기(동양사), 김상용(영문학), 박종홍(철학, 윤리학), 백낙준(서양사), 성락서(역사), 이은상(시조작문), 유형기(종교학), 이희승(조선어, 한문), 정광현(법제, 경제), 정인보(한문, 조선문학), 조윤제(중국문학), 최규남(가사, 물리), 최현배(조선어), 김갑순(연극) 등이 모두 이화여자전문학교에 적을 두었던 분들이다. 졸업생들에게 이들 교수진의 수업은 오랫동안 잊을 수 없는 명강의로 손꼽혔으며 문학에 대한 창작 욕구도 살릴 수 있는 광범위한 인문교육이었다. 당대 최고의 문인, 석학들의 교육을 받았으므로, 이화여자전문학교 문과에서 여성문인들을 많이 배출하게 된 것은 어쩌면 당연한 일일지 모른다.[220] 한국인 외에도 일제강점기 교육정책에 따라 일본의 언어, 문학, 역사 등을 가르쳤던 일본인의 모습도 보인다.

<1925~1945 시기 문과 교수진 명단: 임용연도 순>[221]

| 성명 | 재직연도 | 최종 대학 | 최종학위 | 담당과목 |
|---|---|---|---|---|
| 이성회 | 1907~1926 | | | 한문, 조선역사 |
| 안형중 | 1914~1932 | | | 일어 |
| 增田タキ | 1916~1926 | | | 일어 |
| 김활란[222] | 1918~1939 | 컬럼비아대 | PhD | 성경, 윤리 |
| 김창제 | 1924~1926 | 서울사범학교 | | 국어 |
| 김합라 | 1923~1933<br>1946~1959.3 | 오리건대 | MA | 교양영어, 가사 |
| 안동원 | 1924~1926 | 노스웨스턴대 | MA | 교육교수법, 사회학, 성경교육史, 교육학 |
| 조정환 | 1924.3~1926 | 미시간대 | MA | 서양사, 영어 |
| 유억겸 | 1926~1932 | 동경제대 법학부 | | 법제, 경제 |
| 이재훈 | 1926~1929 | 동경유학 | | 윤리학, 철학 |
| 이한용 | | | | 철학 |
| 정인서 | 1926~1930 | | | 동양사 |
| 최현배 | 1926~1932 | 경도제대 | MA | 국어(조선어) |
| 高橋廣太郞 | 1926~1927 | | | 일어 |
| 平井政愛 | 1926~1935.2 | 동경제대 | MA | 일어, 고대문 |

220 이화100년사, 1994, 475쪽; 이화100년사, 1994, 486쪽; 한가람 봄바람에: 이화100년 야사, 1981, 446-447쪽.

221 이화70년사, 1956, 구교직원명부, 512-520쪽; 이화80년사, 1967, 1925년 교수진, 166쪽; *The Ewha Weekly News Sheet* 4.2, Faculty news: New teachers, 1932(날짜 불명); 이화100년사 자료집, 1994, 133-173, 255-256쪽. 이 표에서 확인이 어려운 부분은 빈칸으로 두었다.

222 김활란 선생님 재직연도는 1918년 이화학당 재직부터 1939년 4월 교장 취임 전까지로 기술했다. 1918.4~1922.6 이화학당 대학예과 및 이화여자고등보통학교 교사; 1925.9~1930.6 이화여자전문학교 교수 및 학감; 1932.9~1939.8 이화여자전문학교 학감 및 부교장(이화100년사 자료집, 1994, 255쪽).

| 성명 | 재직연도 | 최종 대학 | 최종학위 | 담당과목 |
|---|---|---|---|---|
| 橫濱富吉 | 1927~1933 | 존스홉킨스대 | PhD | 일어 |
| 二階堂眞壽 | 1927.7~1940 | 동경제대 | | 수신, 일어, 윤리학 |
| 김상용 | 1928.1~1951.6 | 입교대, 보스턴대 | 문학사 | 영문법, 영어, 문학개론 |
| 백낙준 | 1928~1932 | 예일대 | PhD | 성경, 서양사 |
| 변영로 | 1928 | 산호세대 | | 작문, 영역 |
| 이은상 | 1928~1931 | 와세다대 | | 시조작문 |
| 橫山 | 1929~? | | | 영어, 和英 |
| 김두헌 | 1929~1930.9 | 서울사범학교 | | 윤리, 논리, 철학, 심리학 |
| 배상하 | 1930~1932 | 경성제대 | MA | 철학, 사회학, 교육학 |
| 서두수 | 1930~1937 | 경성제대 | 문학사 | 일어, 고대문 |
| 신의경 | 1930~? | 동북제대 | MA | 역사, 서양사 |
| 유형기 | 1930~1932 | | | 종교학 |
| 정인보 | 1930~1932 | | | 한문, 조선문학 |
| 정광현 | 1930.5~1939.1 | 동경제대 | 법학사 | 법제, 경제, 사회학 |
| 한치진 | 1932.5~1950 | 미남가주대 | PhD | 논리학, 사회학, 철학개론 |
| 이희승 | 1932.6~1942.9<br>1948.9 | 경성제대 | 문학박사 | 조선어, 한문 |
| 박마리아 | 1932.9~1935.11<br>1945~1960.4 | 피바디 사범대<br>이화여대 | MA<br>명예<br>문학박사 | 수신, 영어 |
| 성락서 | 1933.6~1939 | 경성제대 | 문학사 | 역사 |
| 고황경 | 1934.6~1944.1<br>1957.4~1960.3 | 동지사대<br>미시간주립대 | PhD | 경제, 법제, 영어 |
| 김영희 | 1934.6~1936.5 | 예일대 | PhD | 영어, 성경, 철학개론 |
| 박종홍 | 1935.10~1941 | 경성제대 | 문학사 | 수신, 윤리학, 논리학, 철학개론 |
| 畑茂 | 1935.5 | 구주제대 | 문학사 | 일어 |
| 유석동 | 1935.6~1941.3 | 와세다대 | | 영어 |
| 최예순 | 1936~1940 | 시카고대 | MA | 종교교육 |
| 채필근 | 1938.3~1940.5 | 경성제대 | 문학사 | 역사, 종교교육, 심리학 |
| 계준태 | 1939.4~1940 | 구주제대 | 문학사 | 영어 |
| 강중인 | 1939.9~1940.5 | 경성제대 | | 법제 |
| 沼田夏子 | 1939.11 | | | 일어 |
| 김상기 | 1940 | 와세다대 | | 동양사 |
| 佐伯逸二 | 1940.5~1945.8 | 경성제대 | | 일본학 |

| 성명 | 재직연도 | 최종 대학 | 최종학위 | 담당과목 |
|---|---|---|---|---|
| 조윤제 | 1940.6 | 경성제대 | | 중국문학 |
| 上田綾 | 1940.6~1943.7 | 동경여대 | | 일본국어국문학, 역사 |
| 香山登一 | 1941~1943.10 | | | 일본국어국문학, 역사 |
| 이병도 | 1942 | 와세다대 | | 동양사, 서양사 |
| 萩原淺男 | 1942.7 | | | 일어 |
| 里見安吉 | 1942.12~1945 | 동북제대 | | 중국문학, 수신 |
| 高本千應 | 1943.7 | | | 수신, 일어 |
| 岩間明子 | 1943.7 | | | 국사 |

김활란은 1918년 이화학당 대학과 제5회 졸업생으로, 1922년 감리회 감독이었던 웰치(Herbert Welch) 선교사의 추천을 받아 미국 오하이오웨슬리언대학교에 입학하여 철학, 교육학, 웅변학 등을 공부하고 1924년 6월에 석사학위를 받았다. 김활란을 후계자로 생각한 아펜젤러 교장의 강권으로 김활란은 1930년 여름 다시 유학길에 올라 1931년 10월 컬럼비아사범대학교에서 철학박사학위를 받았다. 이화여자전문학교에서 문과 교수로서 '종교'를 가르쳤으며, 1935년 부교장이 되었고, 1939년 아펜젤러 교장 사임 이후 교장이 되어 학교 전체를 운영했다.[223]

'남으로 창을 내겠소'라는 시로 널리 알려진 월파(月坡) 김상용은 1927년 일본 입교대학을 졸업한 젊은 영문학도로 27세의 젊은 나이에 이화여자전문학교로 부임했다. 일찍이 문과 과장을 하고 그 청춘을 고스란히 이화여자전문학교를 위해 바쳤다. 김상용은 '영문법'과 '문학개론', '역시(譯詩)' 등을 가르쳤는데, 영국식 발음으로 낭만파 영시를 읽을 때는 학생들의 넋을 잃게 하는 멋진 강의를 했고, 학문에 더하여 언제나 인간 되는 법을 일러주었으며 그의 넓고 깊은 관용의 인격은 학생들의 사표가 되었다.[224] 수주(樹州) 변영로는 산호세주립대학교(San Jose State University)를 나온 미국 유학생으로 시인이요 영문학자로 이화여자전문학교에서 '작문'과 '영시'를 가르쳤다. 언제나 태연자약한 몸가짐으로 자유로운 것을 좋아했으며, '끈에 맨 돌멩이냐. 왜 제 맘대로 못하고 남이 뭐랄까봐 눈치들을 보느냐'라고 하면서 여학생들의 소극적인 기상을 돋궈주곤 했다. 변영로의 군더더기 없기로 유명한 문장은 문과 학생들의 작문 실력을 키워 여성작가로 길러냈다.[225]

김상용과 콤비를 이루던 일석(一石) 이희승은 1932년 이화여자전문학교에 부임하여 1942년 조선어학회 사건으로 투옥되기까지 문과의 잊지 못할 스승으로 재직했다. 이희

223 이화80년사, 1967, 104쪽; 이화100년사, 1994, 150쪽.
224 이화70년사, 1956, 350-351쪽; 한가람 봄바람에: 이화100년 야사, 1981, 447쪽.
225 이화70년사, 1956, 314쪽; 한가람 봄바람에: 이화100년 야사, 1981, 450쪽.

승은 신입생들에게 반드시 우리말 작문을 지어보게 했다. 여자고등보통학교 4년간 '조선어' 과목이 있기는 했으나 식민지 시기 제대로 된 조선어 교육을 받지 못했던 학생들의 글은 철자법도 엉망이고 문장은 털실이 뒤엉킨 것처럼 뒤범벅되어 있었다. 그는 학생들의 작문 중 잘된 글과 잘못된 글을 한 편씩 골라 흑판에 판서하며 소개했다. 또한 붉은 잉크로 고친 부분까지 비교하게 하여 원본과 어떻게 달라졌는지, 느낌이 어떤지 학생들 스스로 판단하여 알도록 했다. 이처럼 꼼꼼한 작문 지도를 받으며 2년쯤 지나면 학생들은 곧잘 수필과 시를 능숙히 써낼 수 있게 되었다.[226] 해방이 되자 그동안 일본어 사용으로 한국어를 잊어버린 학생들을 위하여 김활란 총장은 이희승 선생을 초빙하여 전교생에게 한국어 강의를 듣게 했다고 당시 학생이었던 나영균은 회상했다. 노산(鷺山) 이은상은 일본 와세다대학을 나온 시조의 대가였다. 이화여자전문학교에 와서 '시조'와 '작문'을 가르쳤는데 학생들이 글을 써 가면 열심히 고쳐준 친절한 선생님이었다. 그의 기억력은 놀라울 정도였고 해박한 지식은 시조에만 그치지 않고 역사, 불교 등에도 이어져, 그의 '시조'와 '작문' 시간은 학생들이 지루한 줄 몰라 했다.[227] 위당(爲堂) 정인보는 1930년부터 1932년까지 3년간 '한문'을 강의했는데 한 번도 책이나 노트를 가지고 강의실에 들어오는 법이 없었다. '적벽부(赤壁賦)', '아방궁부(阿房宮賦)', '귀거래사(歸去來辭)' 같은 것을 줄줄 외워 판서하고, 유창한 해설을 해주며 시험점수도 웬만하면 A로 후해서 학생들에게 인기가 높았다.[228]

문학가 교수들이 학생들의 감성을 자극하여 많은 문인을 길러냈다면 학자 교수들은 방황하는 젊은이들에게 좋은 상담자와 안내자가 되었다. 남가주대학교(Southern California University)에서 철학박사학위를 취득한 한치진은 1932년 5월 문과 교수가 되어 '논리학'과 '사회학', '철학개론' 등을 강의하면서 『사회학개론』(1933), 『종교개혁사요』(1933), 『종교철학개론』(1934) 등 여러 권의 저서를 저술했다. 1936년 가을에는 한국철학을 강의하던 열암(洌巖) 박종홍과 함께 철학연구반을 조직하여 학생들의 연구 활동을 북돋워주었다.[229] 수신과 윤리학을 가르치고 문과 과장을 역임한 박종홍은 고매한 인품, 자상한 면모를 가진 영원한 스승의 귀감이었다. 그는 문학 지망생인 이봉순이 졸업하게 되자 "도서관에 가서 우선 책이나 더 많이 읽으라"면서 경성제대 도서관에 취직시켜줌으로써 훗날 이화여자대학교 도서관의 책임자가 되는 길을 마련했다.[230]

경성제국대학 출신의 서두수는 '일어'와 '일본 문학'을 강의했다. 일본 문학과 수신,

226 한가람 봄바람에: 이화100년 야사, 1981, 448쪽.
227 이화70년사, 1956, 315쪽.
228 한가람 봄바람에: 이화100년 야사, 1981, 450쪽.
229 한가람 봄바람에: 이화100년 야사, 1981, 451쪽; 김학준, 잊혀진 정치학자 한치진, 한국정치연구 23.2, 2014, 388-389쪽.
230 한가람 봄바람에: 이화100년 야사, 1981, 450-451쪽.

철학 등을 두루 강의한 니까이도(二階堂眞壽) 선생은 일본인으로 드물게 고매한 인품과 진실한 가르침으로 학생들의 존경을 받았다.[231] '역사'를 강의한 분들로는 조정환, 성락서, 정인서, 백낙준 선생이 있었다. 조정환은 미시간대학교(University of Michigan)에서 서양사를 전공하고 돌아와 초대 문과 과장을 맡았으며, 이화여자전문학교 초창기에 공헌한 바가 많았다.[232] 이화여자전문학교를 1928년 졸업한 조현경은 홀스톤(Holston)고등학교(현 호수돈여자고등학교)에서 1년간 가르친 후 규슈제국대학에서 유학한 후 돌아와 서양사를 가르쳤다.[233] 정광현은 연희전문학교에 재직하면서 이화여자전문학교에 강사로 나와 법률, 경제를 가르쳤다. 교과과정 외에 법률경제연구반을 조직하고 문과, 가사과 학생 15명을 모아 지도했다.[234]

### 2) 해방 이후 영어영문학과 교수진 확충

해빙으로 일본인 교육자들이 물러가지 이 지리를 메울 대다수 학자가 정계에 투신하는 현상이 나타났다. 1945년 10월 22일 이화여자대학교가 개강했을 때는 교수진이 불충분하여 소수의 교수가 과중한 책임을 맡게 되었다. 이화여자대학교 운영진들은 한국인 교수진을 정비했고, 한편으로 김활란 총장은 1946년 2월 미국으로 가서, 1940년을 전후하여 본국으로 돌아갔던 선교사 교수들에게 이화여자대학교 복귀를 요청했다. 1946년 가을에 접어들면서 여성 선교사 교수들이 이화로 돌아오기 시작했다. 아펜젤러, 칸로, 처치, 우드, 홀, 헐버트, 채핀, 하워드 등 모든 선교사 교수들이 돌아와서, 각기 전에 맡아 가르치던 영어와 영문학 강의를 시작할 만반의 준비가 되었다.[235] 이들 선교사 교수진은 영어영문학과 강의를 하면서 김활란 등 한국인 교수와 함께 이화여자여자대학교 복구작업에 참여했다.[236]

한국에 종합대학들이 인가되고 학교 운영을 시작하게 되자, 미군정청 문교부는 1946년 12월 대학교수 자격 규정을 다음과 같이 발표했다.[237]

---

231 이화100년사, 1994, 200쪽.
232 이화80년사, 1967, 149쪽.
233 *The Ewha College News Sheet* 6.1, Faculty news: New teachers, 1934.4.14.
234 한가람 봄바람에: 이화100년 야사, 1981, 451쪽.
235 이화80년사, 1967, 323-327쪽; 김활란, 1983, 249쪽.
236 내한선교사사전, 2022, 1326쪽.
237 이화100년사, 1994, 315쪽.

<대학교 교수 자격 규정>

| 분류 | 자격 규정 |
|---|---|
| 교수 | 박사학위 소지자, 이와 동등한 이상의 학계의 권위자 및 전문학교 졸업 후 5년 이상 연구한 자로서 10년간의 경험 연수를 요함 |
| 준교수 | 석사학위 소유자 및 전문학교 졸업 후 3년간 연구한 자로서 4년간의 경험 연수를 요함 (부교수로 바뀜) |
| 조교수 | 석사학위 소유자 및 전문학교 졸업 후 3년간 연구한 자로서 4년간의 경험 연수를 요함 |
| 전임강사 | 학사학위 소유자 및 전문학교 졸업 후 3년간 연구한 자로서 4년간의 경험 연수를 요함 |

이화여자대학교 자체에서도 1947년 3월 1일 교수회의를 열고 '교수진의 연수훈련이 시급함'을 논의하고 교수의 해외유학을 적극 추진할 것을 결정했다. 그리하여 1947년 여름부터 본교 교수의 해외유학이 시작되었다. 영어영문학과 교수로는 1차로 1947년 9월부터 1년 예정으로 김상용이 연구차 미국으로 떠났으며, 2차로 1948년 9월 장영숙, 3차로 1949년 2월 전수진이 떠났다. 이러한 교수들의 외국유학은 당시 해외유학이 개방되어 있지 않던 한국 사회에서는 매우 귀한 기회였는데, 이후 1950년대에는 국가시책으로 교수 해외연구가 장려됨으로써 더욱 확대되었다.[238]

해방 이후 교수들은 한결같이 가르치려는 의욕에 불타 있었고 학생들은 하루에 일곱 시간 수업을 힘든 줄 모르게 해냈다. 당시 과장이었던 박마리아는 '영어회화'를, 김갑순은 '영어강독'과 '연극'을, 김정옥은 '국문학'으로 인현왕후전을, 방용구는 '영어문법'을, 이석곤은 '영소설'을, 최완복은 '문학개론'과 '불어'를, 김준섭은 '철학사'와 '논리학'을, 이홍우는 '자연과학개론'을 가르쳤다. 학생들은 상급반에 올라가서는 아펜젤러, 칸로, 헐버트, 구자균, 김상용 같은 교수들로부터 시간마다 새로운 지식을 배워나갔다.[239]

이화여자전문학교 문과의 교수로 재직했던 칸로는 위치타에 머물다가 광복 후 1948년 돌아와 이화여자대학교 복구사업에 참여했다. 칸로는 1941년 이래 본래의 기능을 발휘하지 못하고 폐쇄되어 있던 영학관의 복구를 위해 크게 활약했다. 1954년 안식년을 맞이하여 1월부터 이화를 떠나 미국에 있으면서도 영학관 내부 설비 준비에 분망했다.[240] 1955년 3월 복직하여 '영어교수법', '미국문학사' 등을 강의하는 한편, 영학관 복구작업을 지휘했고 미국에서 마련해온 영학관에 필요한 일체의 가구로 이전보다 훨씬 좋은 환경과 분위기의 이화 명물로 만들었다.[241] 칸로의 노력으로 영학관은 1955년 4월 25일 문

238 이화100년사, 1994, 313-316쪽.
239 이화70년사, 1956, 337쪽; 이화80년사, 1967, 324-327쪽; 김활란, 1983, 249쪽.
240 이대학보, 미스 칸로우의 환갑 맞아, 1954.12.20.
241 이대학보, 미스 칸로우, 최이순 교수 귀국: 영학관 비품 및 원조금 가지고, 1955.4.25.

을 열고 학생들의 입소를 시작할 수 있었다. 영어영문학과 4학년 학생들은 1955년 12월 3일, 반생을 영어영문학과와 함께한 칸로의 생일을 맞이하여 영어영문학과의 교수 및 내외 손님을 모시고 영학관에서 성대한 진갑잔치를 베풀었다.[242] 사교적인 칸로는 자주 영학관에서 파티를 열었고 많은 시간을 학생들과 함께 보냈다. 식탁에서의 대화 때 학생들의 표현이 틀리면 그 자리에서 교정해주던 칸로는 가장 오래 체류한 선교사이면서도 한국말을 안 쓴 분으로 유명하다. 1956년 이화 역사를 요약한 *Our Ewha: A Historical Sketch of Ewha Womans University*를 출간했다. 오랫동안 이화여자대학교 교재로 사용된 이 책의 인세는 전액 영어영문학과 학생 장학금으로 지급되었다. 칸로는 "It's 재미"라는 말을 즐겨 썼는데, 1962년 정년퇴임으로 이화를 떠나면서 "재미"라는 말은 영어로 도저히 나타낼 수 없는 기막힌 말이라고 했다. 이화여자대학교는 1956년 학교 창립 80주년 기념식 때 칸로에게 명예 문학박사학위를 수여했고, 영학관 2층에 칸로홀을 꾸몄으며 언어실험실을 칸로기념실로 명명했다.[243]

20대 초반의 젊은 나이로 한국에 왔던 크레인(Kathleen Crane)은 신문기자 출신의 선교사였다. 미주리대학교에서 신문학을 전공한 그는, 1949년부터 고향인 미주리주에서 신문기자로 일하며 한국전쟁 소식을 접했다. 특히 개성 호수돈에 선교사로 있던 다이어(Nell A. Dyer)의 전쟁 체험담은 그에게 깊은 인상을 남겼다. 납북된 미국 선교사의 얘기를 들은 그는 한국에 선교사로 나가기로 결심했고, 전쟁으로 폐허가 된 그곳에서 무슨 일이든 돕고 싶다는 열망을 품었다. 크레인은 1년 동안 교육을 받고 한국에 파송되었는데, 마침 타이프와 속기를 가르칠 선생이 필요하다는 이화여자대학교의 요청으로 기자 출신인 그가 선택되었다. 속기를 가르친 적이 없었던 크레인은 샌프란시스코에서 배를 타고 출발하여 요코하마에 도착할 때까지 속기를 스스로 공부했다. 크레인은 치열해진 전쟁 때문에 1개월을 도쿄에서 머문 후 1952년 11월 내한했다. 1952년 11월 16일 부산 부민동에 있던 전시 이화 캠퍼스에 부임했는데, 그의 나이 25세였다. UN 원조기구에서 얻어온 타자기 35대가 천막 교실에서 꽁꽁 얼어붙어 키가 움직이지 않자, 크레인은 자기 방의 석유난로를 매일 들고 등교했다. 선교사가 거처하는 가건물은 산꼭대기에 있어 매일 99개의 계단을 난로를 들고 오르내렸다. 덕분에 타자 교실만이 그나마 화기라도 맛볼 수 있는 유일한 곳이었다. 타이프와 속기 기술은 취직에 유리했기 때문에, 부산의 피난지 학교에 개설된 크레인의 속기반은 늘 붐볐다. 크레인은 비서학과의 유연숙(1954) 교수, 함선영(1956) 교수를 배출했으며, 제자 중에 숱한 교수와 박사가 배출되었다는 것이 그의 자랑이자 보람이었다. 1957년 첫 안식년으로 귀국하면서 피바디대학에서 수학하여 1958년 영문학

242 이대학보, 미스 칸로우의 진갑 잔치: 영문과 4년생이 손수 준비, 1955.12.14.

243 내한선교사사전, 2022, 1045-1046쪽; 한가람 봄바람에: 이화100년 야사, 1981, 69-70쪽.

석사학위를 취득했고, 1979년 2월 이화여자대학교 명예 문학박사학위를 수여받았으며, 1986년 5월 이화여자대학교 30년 근속 표창을 받았다. 1987년 10월 귀국하여 한 달 뒤인 11월 14일 병환으로 별세했다. 크레인은 구계영(具桂英)이라는 한국 이름을 가지고 있었으며, 침대보다 따뜻한 아랫목을 사랑하는 한국적 정서를 알고 있던 미국인이었다. 단짝 교수인 김연옥[김옥자]과 함께 영학관, 수학여행 등 학생들에 파묻혀 생활했고, 총장비서실 돕기, *Ewha Voice* 주간, 『이화사진일기』 등의 간행에 조력을 아끼지 않았다. *Ewha Voice*는 영어영문학과 4학년의 필수과목이었던 '신문학' 강의의 실습용으로 시작되었다. 그가 '신문학', '영작', '미국 문학'을 강의하면 학생들은 그의 해박한 유머 감각과 가식 없는 인품에 금방 매료되었다. 많은 졸업생이 크레인의 철저한 가르침을 기초로 언론인이 되어 사회에서 활약했다. 크레인이야말로 남의 나라에 와서 그곳을 조국처럼 사랑하고 몸 바친 최후의 선교사라고 할 수 있다.[244]

그 외에 도로시 허바드(Dorothy Hubbard)는 1954년부터 영어영문학과에서 3년간 주로 '영어회화'를 담당했고,[245] 홀츠클로(Linda Holtzclaw)는 1963년 2학기부터 1년간 '회화'와 '영작'을 강의하는 등 원어민 회화를 위해 외국인 교수들이 재직했다.[246]

<1947년 이후 영어영문학과 외국인 교수진: 임용연도 순>[247]

| 성명 | 재직연도 | 최종학위 | 최종학위수여대학 | 담당과목 |
|---|---|---|---|---|
| Marie E. Church | 1915 ~ 1920<br>1947.10 ~ 1950 | AB | 워싱턴대 | 문학 |
| Elda Daniels | 1947<br>1953.7 ~ 1958 | BD | 토론토대 | 종교교육, 영어, 기독교문학 |
| Dorothy Hubbard | 1954.8 ~ 1957.8 | 석사 | 게렛신학교 | 영어회화 |
| Betty J. Snead | 1956.4 ~ 1959.1 | BA | 스카릿대 | 영어회화, 작문 |
| D. R. Runnalls | 1957 ~ 1958 | BA | 컬럼비아대 | 영어회화, 작문 |
| Carolyn J. Scheer | 1958.3 ~ 1959.3 | MS | 뉴욕주립대 | 영어회화, 작문 |
| Carol M. Roehm | 1958.4 | BA | 웰즐리대 | 영어회화, 작문 |
| Matilda Manning | 1960.4 ~ 1960.8 | BS | 노스웨스턴대 | 영어회화, 작문 |
| D. Hurd | 1960.9 ~ 1963.7 | BA | 맥마스타대 | 영작, 영어회화 |
| Gloria R. Jameson | 1960.9 ~ 1963.7 | PhD | 텍사스대(오스틴) | 영작, 영어회화 |

244 내한선교사사전, 2022, 1098-1099쪽; 이대학보, 교수칼럼: 크레인 선생님, 김세영 영어영문학과 교수, 1987.11.30; 한가람 봄바람에: 이화100년 야사, 1981, 81-82쪽.

245 이대학보, "연인과 헤어지는 심정": 중순경 미스 크레인, 미스 허바드 귀국, 1957.7.2.

246 이대학보, 미인교수 두분 귀국: 영문과 크레인, 홀츠크러 선생, 1964.8.3.

247 이화100년사 자료집, 1994, 167-172쪽; 내한선교사사전, 2022; 이화역사관 자료; 이화여자대학교 교무처 제공 자료.

| 성명 | 재직연도 | 최종학위 | 최종학위수여대학 | 담당과목 |
|---|---|---|---|---|
| V. H. Young | 1960.9 ~ 1961.7 | BS | 캘리톤대 | 성서영어, 영어회화작문 |
| E. Baumgardner | 1961 | MA | 패시픽대 | 영작, 미문화사 |
| Linda Holtzclaw | 1963.9 ~ 1964.7 | BS | 캔터키대 | 영어회화, 영작 |
| S. Dresback | 1964.3 | AB | 일리노이주립대 | 일반영어, 영작 |
| Susan Jane Tatnall | 1964.3 ~ 1964.8 | BA | 럿셀세지대 | 영어작문, 문법 |
| Barbara Copp | 1964.9 ~ 1967.2 | BRE | 토론토대 | 영작, 성서문학 |
| Terry Staples | 1964.9 ~ 1965.9 | BA | 버밍엄대 | 영어작문, 창작 |
| Judith Ann Huffman | 1965.9 | BA | 사우스웨스턴대 | 영작문 |
| Lenore Rich | 1969.2 ~ 1970.2 | MA | 뉴욕주립대 | 영작, 영어회화 |
| Ruth B. Rogers | 1969.3 ~ 1970.8 | MFA | 노스캐롤라이나대 | 영작, 영어회화 |
| Margaret E. Cassidy | 1970.3 ~ 1974.8 | BA | 스카릿대 | 영어회화, 영작문, 사무용기계 |
| James O. Hulbert | 1970.3 ~ 1971.12 | AB | 프린스턴대 | 영어회화, 영어작문 |
| Mona Green | 1972.2 ~ 1972.12 | MA | 웨스턴미시간대 | 영어작문, 영어회화 |
| Margarita Espinosa | 1972.3 ~ 1974.2 | MA | 스탠퍼드대 | 영어연구, 언어연구 |
| Grace Massey | 1974.3 ~ 1975.2 | BA | 센트럴주립대 | 영어커뮤니케이션, 영어실습, 영어작문 |
| Beathyl Pearson | 1974.8 ~ 1975.8 | M.Ed | 라이트주립대 | 영어회화, 영작문 |
| Cremilda T. Lee | 1981.3 ~ 1988.9 | PhD | 텍사스대 | 영작 |
| Tom Doherty | 1981.9 ~ 1982.7 | BA | 아이오와대 | 영작, 미문학 |
| Mary Anders Hutchings | 1983.3 ~ 1984.8 | Diploma in Education | 맥길대 | 영어구현법, 고등영어 |
| Darleen Katherine Lev | 1995.3 ~ 1996.2 | MFA | 아이오와대 | 영어 I |
| Vincent Joseph O'Brien | 1995.3 ~ 1996.2 | MA | 생미셸대 | 영어 I |
| James C. Richardson | 1995.3 ~ 1995.9 | MA | 위스콘신대 | 영어 I |
| Amelia Lawrence Sebes | 1995.3 ~ 1996.2 | MA | 터프츠대 | 영어 I, 영어회화작문 |
| Rodney E. Tyson | 1995.3 ~ 1997.2 | PhD | 애리조나대 | 교양영어 I(회화), 영어실습 I-1, 영어 I |
| Sonia R. Strawn[248] | 1996.3 ~ 2005.2 | MA | 컬럼비아사범대 | 영어 I |
| Radu H. Hotinceanu | 2000.9 ~ 2005.8 | MFA | 애리조나주립대 | 영문학, 전문영어 |

<1945년 이후 영어영문학과 한국인 교수진: 임용연도 순>[249]

| 성명 | 재직연도 | 최종학위 | 최종학위수여대학 | 담당과목 |
|---|---|---|---|---|
| 방용구 | 1945.11 ~ 1961.8 | 문학사 | 경성제대 | 영문법, 영작문 |
| 박노경 | 1946.9 | | 와세다대 | 영어 |
| 이상호 | 1946.9 | | 와세다대 | 영어 |
| 김영운 | 1947.9 ~ 1955.3 | BD | 토론토대 | 종교학, 영어 |
| 최원복 | 1951.4 ~ 1956.3 | | 윌슨대 | 영문해석 |
| 강신환 | 1951.10 ~ 1956.9 | MA | 미시간대 | 영어 |
| 김동준 | 1952 ~ 1961.9 | MA | 미시간대 | 영어 |
| 전수진 | 1953.7 | | 스카릿대 | 영어 |
| 한충화 | 1953.7 ~ 1956.3 | | 이화여전 문과 | 영어 |
| 이봉순 | 1954.4 ~ 1958 | MA | 인디애나주립대 | 도서학, 영어, 도서관과 자료 |
| 이헌구 | 1954.4 ~ 1965.9<br>1967.3 ~ 1970.8 | 문학사 | 조도전대 | 문학개론, 문예사조사 |
| 우형규 | 1954.6 ~ 1959.3 | | 경성제대 | 셰익스피어 |
| 차재순 | 1955.3 ~ 1986.2 | MA | 피바디대 | 영어교수법, 교편물작성법 |
| 최선화 | 1955.3 ~ 1967 | | 이화여전 문과 | 영문속기, 영문타자 |
| 남상순 | 1956.4 ~ 1962.2 | 문학석사 | 이화여대 | 교양영어 |
| 민덕순 | 1956.4 ~ 1961.8 | MM | 이스트맨음악학교 | 성악, 영어 |
| 신소춘 | 1956.4 ~ 1962.2 | 문학석사 | 이화여대 | 교양영어 |
| 김한숙 | 1959.4 ~ 1962.2 | 문학석사 | 이화여대 | 교양영어 |
| 김선경 | 1960.4 ~ 1975.11 | MSW | 펜실베이니아주립대 | 원서강독, 세미나실습 |
| 정온모 | 1961 ~ 1962.2 | PhD | 위스콘신대 | 영어, 영시 |
| 김혜경 | 1966.3 ~ 1967.2 | MA | 컬럼비아대 | 영작, 영문학특강 |
| 양동휘 | 1966.3 ~ 1974.12 | PhD | 인디애나대 | 영어음성학 |
| 김영희 | 1970.3 ~ 1973.2 | PhD | 코넬대 | 영어회화, 영어강독 |
| 김영무 | 1974.3 ~ 1981.9 | MA | 서울대 | 영문학강독, 영문학사 |
| 김영걸 | 1975.8 ~ 1977.8 | MA | 캘리포니아대 | 영어창작 |
| 김화자 | 1976.3 ~ 1982.2 | PhD | 아이오와주립대 | 영문학 강독 |
| 유종호 | 1977.8 ~ 1996.2 | 문학박사 | 서강대 | 비평, 평론특강 |
| 김준환 | 1996.9 ~ 2008.8 | PhD | 텍사스A&M대 | 현대영미시 |

248 1997년 교양영어실 신설 이후 교양영어실 소속으로 옮김.

249 이화100년사 자료집, 1994, 133-166쪽; 이화역사관 자료; 이화여자대학교 교무처 제공 자료.

| 성명 | 재직연도 | 최종학위 | 최종학위수여대학 | 담당과목 |
|---|---|---|---|---|
| 박소원 | 2001.3 ~ 2002.2 | DPhil | 옥스퍼드대 | 영소설 |
| 위혜경 | 2002.3 ~ 2003.2 | PhD | 인디애나대(블루밍턴) | 영어의미·화용론 |

### 3) 명예교수

본교에서 '명예교수 규정'은 1991년 8월에 제정되었으나 이 장에서는 영어영문학과 교수로 재직하고 정년퇴직한 교수들을 모두 명예교수로 분류했다(괄호 안은 재직 기간). 다만 35년간 영문과에서 봉직한 크레인 교수의 경우 정년퇴임을 5년 앞두고 재직 중 별세했기에, 명예교수 소개에 포함했다.

#### 권경수 교수(1979~2006)

권경수 명예교수는 본교에서 학사, 석사학위를 받은 후, 『W. B. Yeats의 시극 연구』로 박사학위를 취득했다. 1979년에 본교에 부임하여 2006년에 정년퇴임했다. 전공은 영미희곡으로, '셰익스피어', '현대영미희곡', '왕정복고기 희곡', '19세기 이전 영국 드라마', '20세기 미국 드라마', '아일랜드 드라마', '영문학사' 등의 교과목을 담당했다. 다수의 논문 외에도 번역서로 『해롤드 핀터 전집 7: 사장된 땅, 축하 파티, 난장이들』과 퇴임 기념으로 출간한 『예이츠 희곡선집』과 『예이츠와 모드 곤』 번역집이 있다. W. B. Yeats 시극 연구로 국무총리 표창과 훈장을 받았고, 아일랜드 문학 연구 업적이 인정되어 아일랜드 대사관으로부터 표창을 받았다. 재직 중 교내에서 15년간 총장 비서실장, 4년간 대외협력처장을 역임했으며, 교외에서 한국예이츠학회 회장, 세계가톨릭 여성연합회 상임이사 및 한국가톨릭 여성협의회 회장으로 활동했다. 현재 이화학당 우월김활란장학회 이사로 재임 중이다.

#### 김갑순 교수(1946~1979)

김갑순 명예교수는 1935년 이화여자전문학교 문과를 졸업하고 1940년 미국 Alabama College, State College for Women에서 학사학위를,[250] 1956년 Stanford University 대학교에서 연극학 석사학위를 취득했다. 1940년에 이화여자전문학교 전임강사를 거쳐, 1946년부터 1979년까지 이화여자대학교 영문과 교수로 재직했으며 1970년 이화여자대

250 이 대학은 후에 남녀공학이 되면서 1969년 몬테발로대학교(University of Montevallo)로 교명이 바뀌었다. 앨리스 아펜젤러(당시 이화여자전문학교 명예교장)가 1940년 9월 4일 미국에 있는 친구들에게 보낸 편지에 다음과 같은 내용이 있다. "Miss Kapsoon Kim was two years at Alabama College, Montevallo, where she took her B.A. in speech and dramatics(미스 김갑순은 몬테발로에 있는 앨라베마대학에서 2년간 공부하여 연설과 연출법에서 학사학위를 받았습니다.)."

학교에서 명예 문학박사학위를 받았다. 학부에서 '구현법(Speech)', '영어연극' 등을 가르쳤으며, 다수의 연극을 연출하고 셰익스피어를 비롯한 극작가를 연구했다. 재임 중 문리대 학장을 맡았으며 대한YWCA연합회 회장, 청룡영화상 심사위원, 세계연극협의회(ITI) 한국지회 운영위원 등을 역임했다. 저서로는 『희곡론』이 있고, 셰익스피어 극과 희랍 비극 등 여러 극작품을 번역했다. 정부로부터 국민 훈장 동백장과 한국여성소비자연합으로부터 신사임당상을 수상했다.

### 김선숙 교수(1956~1987)

김선숙 명예교수는 1944년 이화여자전문학교 문과를 졸업하고 LaGrange College에서 학부를 마친 후, Vanderbilt University에서 석사학위, University of South Carolina에서 박사학위를 받았다. 1956년부터 1987년까지 본교에 재직하는 동안, '영시' 교과목을 담당했으며, 대학원 학무과장과 영문과 학과장을 역임했다. 의학과 일반대학원 학생이 매년 김선숙장학금을 받고 있다.

### 김세영 교수(1955~1995)

김세영 명예교수는 본교 학부를 졸업한 후, Wichita State University, Kansas에서 6·25전쟁의 경험을 극화한 3막극 This is War를 제출하여 영문학 석사학위를 받았고, 연세대학교에서 『Nature와 Art: Restoration Comedy 주제 연구』로 박사학위를 받았다. 본교에서 1955년부터 1995년까지 재직하는 동안, 현대 영미 드라마, 왕정복고 드라마, 르네상스 드라마, 그리스 연극 등을 폭넓게 연구하고 교육했다. 저서로 『연극의 이해』(공저) 외에 아이스 퀼로스, 해롤드 핀터, 마리아 포네스 등의 작품을 번역했고, Selected Modern Plays(공동 편역)를 발간했다. 교내에서 문리대 학무과장서리, 학무처 학무과장서리, 신문학과장서리, 신문학과장, 학생처 차장, 출판부장, 문리대학장, 인문대학장 등을 역임했으며, 교외에서 본교 총동창회장, 한국영어영문학회 부회장, 현대영미드라마학회 회장으로 활동했다.

### 김승숙 교수(1958~1996)

김승숙 명예교수는 본교 학부 졸업 후, 여성으로 유일하게 풀브라이트 1기 장학생으로 선발되어 University of Michigan, Ann Arbor에서 석사학위를 받았다. 경희대학교에서 *A Study on the Theories of Language Acquisition* 논문으로 박사학위를 취득했다. 재학 시 *Ewha Voice* 1기 기자로 활약하며 창간호를 발간했다. 1958년부터 1996년까지 본교에서 재직했으며, 정년을 기념하여 『영어학 연구』 학회지가 창간되었다. 연구 분야는 언어 습득 및 응용언어학이며, '영어사'와 '응용언어학', '영어교수법' 등을 강의했다.

재직 중 초기 언어실험실 실장과 학과장을 역임했다. 퇴임 후 탈북민 여성 1호 박사를 비롯한 탈북민의 영어지도 등 활발한 자원봉사 활동을 이어갔다.

### 김연옥[김옥자] 교수(1955~1990)

김연옥[김옥자] 명예교수는 본교에서 학부를 마친 후, 본교 대학원(Eugene O'Neil 연구)과 Peabody College에서 석사학위를 받았다. 1955년부터 1990년까지 본교에 재직했으며 미국 드라마를 중심으로 미국 문학 교과목을 담당했다. 재직 중 문리대 학생과장, 문리대 학무과장, 영어영문학과장, 해외 학생 지도교수, 이대학보 주간, 언어실험실장 등을 역임했다.

### 김영일 교수(1960~1996)

김영일 명예교수는 연세대학교에서 학부를 졸업한 후, 연세대학교 대학원과 Peabody College에서 석사학위, 연세대학교에서 박사학위를 받았다. 1960년에 본교에 부임한 후 1996년까지 36년간 재직했다. 전공 분야는 현대 영시로 주요 논문으로 「T. S. 엘리엇의 시에 대한 기독교적 조명」 등이 있다. 재직 중 교내에서 대학원 학무과장, 언어실험실 실장, 영어영문학과장, 출판부장, 학무처장 등을 역임했으며, 교외에서 한국T.S.엘리엇학회 부회장, 대한감리회 대신교회 장로, 다락방 전도협회 사무총장, 대구 영신교육재단 이사장, 중국 연변과학기술대학 석좌교수 등을 역임했다.

### 나영균 교수(1954~1994)

나영균 명예교수는 본교 학부를 졸업하고 대학원에서 석사학위를 받은 후, 미국문화원 장학생으로 Kansas State University에서 수학한 바 있으며, 본교 대학원에서 박사학위를 받았다. 1954년 본교에 전임강사로 부임한 후, 1959년 교수로 임용되어 1994년까지 재직했다. 전공 분야는 영국소설로 '영미소설', '영미희곡', '셰익스피어' 등의 교과목을 강의했다. 저서로는 『일제시대, 우리 가족은』, 『콘라드 연구』, 『전후 영미소설의 이해』, 『버지니아 울프』, 『제임스 조이스』, 『조세프 콘라드』를 발간했고, 번역서로는 『젊은 예술가의 초상』, 『제일버드』, 『문화와 사회』, 『노스트로모』, 『브라이튼 로크』, 『더블린 사람들』, 『마사퀘스트』, 『댈러웨이 부인』을 발간했다. 1993년에는 여성 학자 최초로 한국 영어영문학회 회장을 역임했다.

### 박승혁 교수(1986~2015)

박승혁 명예교수는 영남대학교에서 학사와 석사학위를 받은 후, University of Texas, Austin에서 박사학위를 받았다. 초등·중등·고등 교육에 모두 종사한 이력이 있으며, 1986년에 본교에 부임한 후 2015년에 퇴임했다. 전공 분야는 통사론/구문론으로, 다수의 논문 외에 *Head Movement: The Interface between Morphology and Syntax*(공동 편저), *Minimalist Approaches to Syntax and Morphology*(공동 편저), 『최소주의 문법론』, 『최소주의 이론』, 『언어의 이론과 분석』 등의 저서를 발간했다. 재직 중 교내에서 인문대학 교학부장, 통역번역대학원 교학부장, 통역번역대학원장 등을 역임했고, 교외에서 현대문법학회 회장, 한국촘스키학회 수석부회장, 한국영어학회 편집위원장으로 활동했다. 그 외에도 다양한 국가고시 문제를 출제하여 국가 공무원 선발에 이바지했다.

**서숙 교수(1980~2011)**

서숙 명예교수는 본교 학부를 졸업한 후, University of Hawai'i at Mānoa에서 석·박사 학위를 받았으며, 본교에 1980년에 부임하여 2011년에 은퇴했다. 전공 분야는 미국학(미국문학)으로 '미국소설', '미국문학개론', '현대소설' 등의 교과목을 담당했다. 저서로 『서숙교수의 영미소설 특강 시리즈』(전 10권)를 비롯하여, 역서로 『런던 스케치』, 『와인즈버그 오하이오』, 『마음은 외로운 사냥꾼』, 『패싱』, 『미국소설론』을 발간했는데, 이 중 『패싱』으로 제1회 유영번역상을 수상했다. 또한 『돌아오는 길』, 『아, 순간들』, 『따뜻한 뿌리』, 『내 사랑 프라이드』 등 다수의 산문집을 냈으며, 재직 중 인문대학장을 역임하고 강의우수교수로 선정된 바 있다.

**오정화 교수(1994~2019)**

오정화 명예교수는 본교 학부와 대학원을 졸업한 후, University of Wisconsin, Madison에서 석사학위를, Cornell University에서 박사학위를 받았다. 전공 분야는 영국소설, 페미니즘 비평이며, 담당 교과목으로 '19세기 영소설', '여성과 문학', '페미니즘 이론'(이상 학부 및 대학원) 등이 있다. 다수의 논문 출판 외에 『19세기 영국 여성 작가와 기독교』, 『오스틴과 디킨스 다시 읽기: 포스트세속, 21세기 영문학의 새로운 흐름』 등의 학술서, 『여성과 일상생활: 사랑, 결혼, 그리고 페미니즘』, 『신촌에 피운 배꽃: 앨리스 아펜젤러의 편지 1916~1949』(공역) 등의 번역서 및 다수의 편저를 발간했다. 교내에서 대학원장, 인문대학장, 입학처장, 한국여성연구원장, 이화인문과학원장 등 보직을 역임했고, 교외에서 한국근대영미소설학회 회장, 한국여성학회 회장 등을 역임했다. 현재 학교법인 이화학당 이사로 재직 중이다.

**윤정옥 교수(1958~1991)**

윤정옥 명예교수는 본교 학부 졸업 후, University of Iowa에서 석사학위(MFA)를 받았으며, 1958년에 본교에 부임하여 1991년에 퇴임했다. Sherwood Anderson, Charles Dickens, D. H. Lawrence, Mark Twain의 작품을 논의한 논문 외에 『산초의 씨름: 윤성

렬 목사 일대기』와 『영미문학주석본총서 20: *Great Expectations*』를 비롯하여 다수의 저서와 번역서를 발간했다. 또한 인권운동가로도 활동하면서, 정신대 문제를 한국뿐만 아니라 세계적인 여성 인권 문제로 끌어내는 데 선구자적인 소임을 수행했다. 이후 이효재 교수 등 여성학자들과 한국정신대연구위원회, 한국정신대문제대책협의회 등을 창설하고 공동대표를 역임했다. 또한 베트남 전쟁의 역사적 상흔에 대한 치유와 화해를 모색하면서 베트남 민간인들을 지원하고 베트남 학생들에게 장학금을 지급하는 등 다양한 사업을 진행하고 있다. 제2회 유관순상과 제4회 한국여성지도자상 대상을 받았다.

**윤정은 교수(1956~1993)**

윤정은 명예교수는 본교에서 학부를 마친 후, 본교 대학원과 Peabody College에서 석사학위, 본교 대학원에서 박사학위를 받았다. 1956년부터 1993년까지 본교에서 재직하는 동안 문리대 학무과장서리, 학무처 학무과장, 학과장 등을 역임했다. '낭만주의 영시'를 담당했으며, 저서로는 『리어왕 연구:연구와 주해』(1988), 『남녀 갈등을 통해 본 셰익스피어의 인간 이해』(1993), 『셰익스피어 비평연구』(1994), 『세익스피어 비평의 역사와 유형』(2005) 등이 있다.

**이근섭 교수(1956~1994)**

이근섭 명예교수는 연세대학교에서 학사, 석사, 박사학위를 받은 후, 1956년부터 1994년까지 본교에 재직했다. 전공 분야는 영시로, '영문학개론'을 비롯하여 관련 교과목을 담당했다. 다수의 저서와 번역서를 발간했는데, 저서로는 『영문학사』(공저), 『영미 문학의 전통』(편저), 『제프리 초서 : 영시의 아버지』, *An Anthology of English Literature*(공편), *The English Bible and the Seventeenth Century English Prose*(편저), 번역서로는 『카라마조프가의 형제들』, 『웨익필드의 목사』, *Modern American Stories*(공역), 『키다리 아저씨』 등이 있다. 교내에서 문리대 학무과장, 학무처장, 출판부장, 영어영문학과장 등을 역임했고, 교외에서 한국중세영문학회 회장, 한국영어영문학회 회장으로도 활동했다. 1986년 국민훈장 동백장을 받았다.

**이석곤 교수(1947~1980)**

이석곤 명예교수는 1938년 경성제국대학 법문학부 문학과에서 영어영문학을 전공하여 졸업했다. 1946년에 이화여자대학교 강사, 1947년에 성균관대학교 교수를 거쳐 같은 해 이화여자대학교 교수로 부임하여 1980년에 퇴임했다. 1979년 이화여자대학교에서 명예 문학박사학위를 받았다. 학부에서 '영문학사', '평론', '소설' 교과목을 강의했다. 교내 출판부장, 사무처장 등을 맡았으며, 교외에서는 *Korea Times* 창간에 동참하고 편집국장, 총무국장, 상무이사를 역임했다. 풀브라이트 교수로 듀크대학교와 하버드 대학교에서 연구를 수행했다. 저서로는 『현대비평이 가는 길』, *Anthology of English Literature* 등이 있고, 역서로는 『영문학개설』, 『생쥐와 인간』이 있다.

**이승환 교수(1973~1999)**

이승환 명예교수는 육군사관학교에서 이학사, 서울대학교에서 문학사, University of California, Los Angeles에서 언어학 석사학위를 받았으며, 1973년 본교에 부임하여 1999년에 퇴임했다. 담당 교과목으로 '영어학개론', '영어음운론', '영어통사론'(이상 학부)과 '음성학', '음운론'(이상 대학원) 등이 있다. University of Texas, Dallas에서 언어병리학 박사학위 과정을 이수한 후 한국에 언어병리학을 최초로 도입하여, 본교 특수교육학과와 대학원 언어병리학 협동과정에서 언어장애 과목도 강의했다. 저서로 『영어발음연구』, 『아동언어발달 지체 및 장애』, 공저로 『영어음성학』, 『아동의 조음장애 언어치료』, 『언어훈련』, 번역서로 『변형생성문법의 이론』(공역), 『생성문법론』(공역) 등을 발간했다. 재직 중 교내에서 언어교육원장, 기획처장, 교무처장을 역임했고, 교외에서 한국언어병리학회 초대 회장, 한국언어청각임상학회 회장으로 활동했다.

**이혜숙 교수(1959~1989)**

이혜숙 명예교수는 본교 학부를 졸업하고 UNESCO 장학금으로 University of Michigan, Ann Arbor에서 석사학위, 본교 대학원에서 박사학위를 받았다. University of California, Los Angeles에서 언어학 박사과정으로 1년간 유학한 후, 이승환 교수와 『변형생성문법의 이론』을 공역하며 국내에 변형생성문법을 소개했다. 본교에는 1959년에 부임하여 1989년에 퇴임했는데, 주요 연구 분야는 음운론으로 '영어학개론', '영어음운론'(이상 학부)과 '음운론'(이상 대학원) 등의 교과목을 담당했다. 재직 중 영어학 석사과정을 이론 언어학과정으로 재정비하고 영어학 박사과정을 신설하여, 본교 언어학의 학문 후속세대를 배출하는 기반을 마련했다. 또한 대학원장을 역임하는 동안, 연세대, 서강대, 이화여대의 3개 대학원 학점 교류제도를 확대, 정착시켰다.

**장영숙 교수(1945~1948, 1963~1980)**

장영숙 명예교수는 1936년 이화여자전문학교 문과를 졸업하고 1939~1941년 일본 동지사대학에서 영문학 연구를 했다. 1945년부터 1948년까지 본교에서 재직하다 1948년에 미시간대학교에 가서 공부하여 1951년 희곡으로 석사학위를 받았다. 1951년 예일대학교 초빙으로 그곳에 한국어학과를 창설하고, 한국어, 한국문화 강의, 한국어 교과서 편찬 작업을 했으며, 1952년 예일대학교 Drama School에 진학해 연극사와 세계연극사 연구로 1954년 석사학위를 취득했다. 1963년 9월 본교 문리대학 영어영문학과 교수로 부임했고, 1964년부터 1968년까지는 휴직 후 하와이대학교 East Asian Languages and Literatures 학과에서 한국어와 한국문화를 강의하며 한국어와 한국문화의 해외 보급에 큰 역할을 했다. 1968년 9월, 본교에 복직해 '셰익스피어', '현대희곡' 등을 강의했으며, 1980년 8월에 퇴임했다.

**전수용 교수(1998~2019)**

전수용 명예교수는 본교에서 학부를 졸업한 후, University of Michigan, Ann Arbor에서 석·박사 학위를 받았다. 경희대학교에서 조교수, 부교수로 재직했으며, 1998년에 본교에 부임하여 2019년에 퇴임했다. 전공 분야는 20세기 영국소설로, '현대영국소설', '이론과비평'(이상 학부), '20세기영소설', '현대비평세미나', '최근영국소설연구'(이상 대학원) 등의 교과목을 담당했다. 다수의 논문 발표 외에도 『포스트모던 영국소설의 역사성 읽기』, 『신화적 상상력과 문화』(공저), *Conrad: Eastern and Western Perspectives*(공저) 등의 저서와 『결정론과 문학』, 『험볼트의 선물』 등의 번역서를 발간했다. 재직 중 교내에서 영어영문학부장, 영미학연구소장을 역임했으며, 교외에서 영미문학연구회 공동대표, 한국비평이론학회 회장, 한국영어영문학회 회장으로 선출된 바 있다. 현재 한국문학번역원 원장으로 재직 중이다.

**정덕애 교수(1991~2017)**

정덕애 명예교수는 본교 영문과에서 학사와 석사학위, The State University of New York, Albany에서 박사학위를 받았다. University of Wisconsin, River Falls에서 조교수, 덕성여자대학교에서 조교수와 부교수를 역임하고, 1991년에 본교로 부임하여 2017년까지 재직했다. 학부에서 '17,8세기영문학', '여성과문학', 대학원에서 '16세기 영시 연구', '17세기 영문학'을 가르쳤으며 강의우수교수로 선정된 바 있다. 르네상스 영문학에 관한 다수의 논문 출판 외에 버지니아 울프의 수필집, 『천로역정』, 『다섯째 아이』를 번역했고, 은퇴 후 이화학당 대학과 설립자 룰루 프라이 당장의 편지를 공동번역한 『정동의 봄』을 출간했다. 교내에서 대학원장, 인문대학장, 교무처 부처장, 이화여대 평의원 의장, 교외에서 한국 영미문학교육학회 회장, 한국중세르네상스학회 회장, 법원 공직자 윤리위원회 위원과 법원 감사위원회 초대 위원장을 역임했다.

**조정호 교수(1958~1996)**

조정호 명예교수는 본교 학부를 졸업하고 대학원에서 문학석사를 받은 후, University of Iowa 대학원을 수료했으며 경희대학교에서 박사학위를 받았다. 1958년부터 1996년까지 본교에서 재직했다. 연구 분야는 근대 영소설이며, 저서로 『조지 엘리어트의 소설연구』, 『조지 엘리어트』, 번역서로는 『맨스필드 단편선집』, 『흑인소년』, 『애국자』, 『성의 정치학』, 『영미여성소설론』(공동편역) 등이 있다. 교내 주요 보직으로 학생처장을 지낸 바 있으며, University of Wisconsin 객원교수, 한국19세기영국소설학회 회장, 한국근대영미소설학회 초대 회장, 한국영어영문학회 비상임이사 등을 역임했다. 국민훈장 목련장과 동백장을 수훈했다.



### 최영 교수(1979~2010)

최영 명예교수는 본교 학부 졸업 후, 동 대학원과 University of Oklahoma에서 석사학위, Oklahoma State University에서 박사학위를 받았다. 본교에 1979년부터 2010년까지 재직했다. 전공은 Shakespeare로 '셰익스피어', '중세 영희곡', '영미현대희곡' 등의 교과목을 담당했다. 저서로 『연극의 이해』, 『서양대표 극작가선』, 『현대 영어권 극작가 15인』, 『아일랜드, 아일랜드: 아일랜드로 가는 연극여행』(이상 공저), 번역서로 『보호주의자』, 『제주를 바치는 여인들』, 『셰익스피어 비극』, 『시련』, 『모두가 나의 아들』, 『오셀로』, 『메리엄의 비극』, 『영국 고전 르네상스 드라마 세트』(공역), 『프라이스』 등을 발간했다. 교내에서 영미학연구소 초대 소장, 학과장, 인문대학 교학과장, 학생처장, 언어교육원장, 통번역대학원장을 역임했고, 교외에서 한국영미문학페미니즘학회 회장, 한국아메리카학회 회장, 한국풀브라이트 동문회장으로도 활동했다.

### 캐트린 크레인(Kathleen Crane) 교수(1952~1987)

캐트린 크레인(Kathleen Crane) 명예교수는 1946년 Joplin Junior College를 졸업하고, University of Missouri 언론학부에 진학하여 1949년 언론학사(Bachelor of Journalism) 학위를 받았다. 1957년부터 George Peabody College for Teachers에서 수학하여 1958년 영문학 석사학위를 취득했으며, 1979년 이화여자대학교에서 명예 문학박사학위를 받았다. 1952년 미국 연합감리회에서 선교사로 파송을 받아 본교에서 한국 최초의 '영어속기', '비서학', '신문학' 강의를 시작했다. 1954년부터 1974년까지 영학관에서 학생들과 생활하며 생활영어를 가르쳤고, 창간호를 발행할 때부터 20여 년간 영자신문 *Ewha Voice*의 지도교수로 활동했으며, 1980년대에는 '영어회화·작문' 등을 가르쳤다. 1986년 30년 근속 표창을 받았고, 1987년 10월 병환으로 귀국하여 한 달 뒤인 11월 14일 미시간주 트래버스에서 별세했다.

### 홍복유 교수(1954~1979)

홍복유 명예교수는 1936년 이화여자전문학교 문과를 졸업하고 1939년 일본 동북제국대학 법문학부 영문과를 졸업했다. 1939년 이화여자전문학교 교수로 부임했고 그 후 컬럼비아대학교와 케임브리지대학교에서 영문학을 연구했다. 1952년 이화여자대학교 강사로 다시 시작하여 1954년 교수로 임용되어 1979년에 정년퇴임했다. 학부에서 '영문법', '수필', '미소설' 등을 가르쳤다. 풀브라이트 교수로 미국 뉴욕주립대학교와 미주리 컬버-스톡튼대학(Culver-Stockton College)에서 한국 문화를 강의했고, 1970년 이화여자대학교에서 명예 문학박사학위를 받았다. 한영협회부회장과 대한여학사협회 회장을 역임했다.

<영어영문학과 명예교수: 임용연도 순>

| 성명 | 재직연도 | 최종학위 | 최종학위수여대학 | 담당과목 |
|---|---|---|---|---|
| 장영숙 | 1945.9 ~ 1948.8<br>1963.9 ~ 1980.8 | MA | 미시간대학교,<br>예일대학교 | 희곡, 셰익스피어 |
| 김갑순 | 1946.9 ~ 1979.8 | 명예 문학박사 | 이화여자대학교 | 구현법, 영어연극, 희곡,<br>셰익스피어 희곡특강 |
| 이석곤 | 1947.9 ~ 1980.8 | 명예 문학박사 | 이화여자대학교 | 영문학사, 문학비평 |
| Kathleen Crane | 1952.10 ~ 1987.11 | 명예 문학박사 | 이화여자대학교 | 신문학, 미국문학,<br>영작 |
| 홍복유 | 1954 ~ 1979.2 | 명예 문학박사 | 이화여자대학교 | 영미소설, 수필 |
| 나영균 | 1954.9 ~ 1994 | 문학박사 | 이화여자대학교 | 영소설 |
| 김연옥[김옥자] | 1955.3 ~ 1990 | MA | 피바디대학 | 미국문학 |
| 김세영 | 1955.9 ~ 1995 | PhD | 연세대학교 | 영희곡, 현대희곡 |
| 윤정은 | 1956.4 ~ 1993 | PhD | 이화여자대학교 | 영시 |
| 이근섭 | 1956.4 ~ 1994 | PhD | 연세대학교 | 영시 |
| 김선숙 | 1956.10 ~ 1987 | PhD | 사우스캐롤라이나대학교 | 영시 |
| 윤정옥 | 1958.4 ~ 1991 | MFA | 아이오와주립대학교 | 영소설 |
| 조정호 | 1958.4 ~ 1996.2 | 문학박사 | 경희대학교 | 영소설 |
| 김승숙 | 1958.9 ~ 1996.8 | 문학박사 | 경희대학교 | 영어사, 응용언어학 |
| 이혜숙 | 1959.4 ~ 1989.2 | 문학박사 | 이화여자대학교 | 영어학개론 |
| 김영일 | 1960.4 ~ 1996.8 | 문학박사 | 연세대학교 | 영시 |
| 이승환 | 1973.3 ~ 1999.2 | MA | UCLA | 음운론, 영작 |
| 최영 | 1979.3 ~ 2010.2 | PhD | 오클라호마주립대학교 | 셰익스피어, 드라마연구,<br>[원] 희곡이론 |
| 권경수 | 1979.9 ~ 2006.8 | 문학박사 | 이화여자대학교 | 셰익스피어, 현대영미희곡, [원] 왕정복고시대 및 18세기까지의 영국희곡 |
| 서숙 | 1980.3 ~ 2011.2 | PhD | 하와이대학교 | 19세기미국소설, 미국문학연구, [원] 현대미소설 |

| 성명 | 재직연도 | 최종학위 | 최종학위수여대학 | 담당과목 |
|---|---|---|---|---|
| 박승혁 | 1986.3 ~ 2015.8 | PhD | 텍사스대학교(오스틴) | 통사론, 구문론 |
| 정덕애 | 1991.3 ~ 2017.8 | Doctor of Arts | 뉴욕주립대학교 (얼바니) | 17,8세기영문학, 여성과문학, 16세기 영시 연구, 17세기 영문학 |
| 오정화 | 1994.3 ~ 2019.2 | PhD | 코넬대학교 | 19세기 영소설, 여성과 문학, 페미니즘 이론 |
| 전수용 | 1998.3 ~ 2019.8 | PhD | 미시간대학교(앤아버) | 현대영국소설, 이론과 비평, 20세기영소설, 현대비평세미나, 최근영국소설연구 |

### 4) 현직교수

2025년 1학기 기준 재직 중인 영어영문학부 교수들을 직급 구분 없이 성명 가나다순으로 기술했으며 본교 최초 임용일을 이름 옆 괄호 안에 기재했다. 영문과 전공과목 이외의 담당과목인 경우 과목명 옆에 괄호를 넣어 표시했다.

#### 강태경 교수(1998.3~)

강태경 교수는 미국 오하이오 주립대학교에서 르네상스 연극사로 박사학위를 취득한 후 1998년부터 이화여대 영어영문학과 교수로 재직하고 있다. 문학-공연-영상매체를 통한 셰익스피어 및 현대영미드라마 연구자로서, 『행간의 햄릿: 강태경 교수의 <햄릿> 풀어읽기』, 『호모 아메리카노: 미국연극의 배우, 인간, 문화』, 『에쿠우스 리포트: 런던발 뉴욕행 1974』, 『브로드웨이의 유령: 한 연극학자의 뉴욕 방랑기』, 『연출적 상상력으로 읽는 <밤으로의 긴 여로>』, 『<오이디푸스 왕> 풀어 읽기: 텍스트와 퍼포먼스』 등의 저서를 냈고, 공연 작업으로는 <오이디푸스>, <안티고네>, <햄릿>, <리처드 2세>, <꼽추 리처드>, <유리동물원>, <세일즈맨의 죽음>이 있다.

- 주요담당과목: 학부 '현대영미드라마', '셰익스피어', '연극의 이론과 실제'(교양) 등
  대학원 '셰익스피어', '현대미국희곡', '공연미학'(미디어예술인문학협동과정) 등

#### 김민정 교수(2000.3~)

김민정 교수는 1999년 University of California, San Diego에서 박사학위를 취득한 후 2000년부터 이화여대 영어영문학과 교수로 재직하고 있다. 학부에서는 'U.S. Minority Literature', 'Modern and Contemporary American Novel', 'American

Novel and Its Tradition' 과목을, 대학원에서는 '미국소수민족문학'과 '최근미국소설연구' 과목을 담당한다. 전공은 아프리카계 미국/디아스포라 소설이며, 세부 연구는 생명정치학, 정동이론, 장애이론 등이다. 미국 American Studies Association에서 학술대회발표 논문상을 수상했고, 미국 *American Quarterly* 부편집위원장으로도 활동했다. 공저로는 『미국 이민소설의 초국가적 역동성』과 *The Subject(s) of Human Rights: Crises, Violations, and Asian/American Critique*이 있다.

- 주요담당과목: 학부 'U.S. Minority Literature', 'Modern and Contemporary American Novel'
  대학원 '미국소수민족문학'

**김부성 교수(2021.3~)**

김부성 교수는 2017년 미국 텍사스A&M대학교에서 영문학으로 박사학위를 취득한 후, 서강대 영문과 대우교수, 이화여대 영어영문학과 BK21 박사후연구원, 한국교통대학교 영문과 조교수를 거쳐, 2021년부터 이화여대 영어영문학과 조교수로 재직하고 있다. 강의는 학부에서 '현대영국소설', '이론과비평' 등의 과목과 대학원에서 '20세기영소설', '최근영국소설연구', '여성문학연구', '영문학의 새로운 흐름' 등의 과목을 담당한다. 주 연구분야는 현대영국소설, 버지니아울프, 페미니즘비평, 글로벌모더니즘이다. 저서로는 『틈새비평: 버지니아 울프 연구의 빈 곳을 찾아서』(공저), 버지니아울프학회 총서 『버지니아 울프 4』(공저)가 있다.

- 주요담당과목: 학부 '현대영국소설', '이론과비평' 등
  대학원 '20세기영소설' 등

**박찬길 교수(1994.9~)**

박찬길 교수는 1993년 영국 스코틀랜드 글라스고대학에서 영문학(낭만주의영시)으로 박사학위를 취득한 후, 1994년 9월 1일부터 이화여대 영어영문학과 교수로 재직하고 있다. 연구분야는 영국낭만주의영시, 디지털인문학, 인문학학제연구, 대학론, 언어정책 등이고 이에 관한 학술논문 20여 편을 출판했다. 저서로 『디지털시대의 인문학』(2000, 공저)과 『시인과 혁명』(2005, 2011)을 출판했으며 정책보고서로는 <미국과 독일의 인문학 지원정책연구>(2011, 경제인문사회연구회)가 있다. 2006년에는 '영문학연구의 한국적 모델'이라는 주제로 BK사업 대형사업단에 선정되었고, 이를 바탕으로 국내최초의 디지털인문학포털 EPASIA(English Portal Asia)를 개발하여 운영한 바 있다. 담당했던 교내 보직으로는 통번역대학원 교학부장, 교양영어실장, 국제교류처장, 영미융합연구소장 등이 있다.

- 주요담당과목: 학부 '낭만주의와 근대문학', '영문학입문'

대학원 '낭만주의영시'



**백준걸 교수(2012.3~)**

백준걸 교수는 미국 시카고 대학에서 박사학위를 취득한 후, 2012년부터 이화여대 영어영문학과 교수로 재직하고 있다. 'American Novel and Its Tradition', '미국문학개론', 'Modern and Contemporary American Novel' 학부 과목과 '19세기 미국문학', '미국 작가론', '미국소설 세미나' 등의 대학원 과목을 가르치고 있다. 주 연구 분야는 미국소설과 더불어 정동 및 감정 이론, 서사 이론, 자본주의 사회 변동, 도시와 근대성이다. 옮긴 책으로는 『데이트의 탄생』, 『형식들』, 『열정에 대하여』, 『스토리의 유혹』 등이 있다.

- 주요담당과목: 학부 'American Novel and Its Tradition', '미국문학개론'
  대학원 '19세기 미국문학'

**신희섭 교수(2004.9~)**

신희섭 교수는 영국 에섹스대학에서 디킨스의 글쓰기 양식에 대한 근대성 연구로 문학박사학위를 받고 현재 이화여자대학교 영어영문학과 교수로 재직 중이다. 영국소설에 나타난 근대성의 특징을 신체, 시각성, 도시오염과 같은 소재를 통해 고찰하고 여러 논문을 발표했다. 이외에도 한국 근대소설, 최근 대중 문화와 영화에 대한 여러 편의 논문을 출간했다. 최근에는 인류세의 인문학적 수용에 대한 연구를 진행하고 있다. 최근 논문으로는 "Monstrous National Allegory: The Making of Monstrous Otherness in Na Hong-jin's *The Waling*"(*Journal of Film and Video*, 2020), "Lovecraft and Matters of Weird Realism: Decadence, Architecture, and Alien Materiality"(*Studies in American Fiction*, 2023) 등이 있다.

- 주요담당과목: 학부 '19세기 영소설과 근대성', '최근 영어권문학의 동향'
  대학원 '근대성과 시각', '인류세의 출현과 도전'

**오은진 교수(2002.3~)**

오은진 교수는 이화여자대학교 영어영문학과 학사, 동 대학원 석사, 미국 스탠퍼드대학교 언어학과 박사학위를 취득했고, 2002년부터 이화여자대학교 영어영문학과 교수로 재직 중이다. 이화미디어센터 부주간, 대외협력처 부처장, 글로벌소통교육실장, 영어영문학부장, 영미학융합연구소장, 한국언어학회 편집위원장 등을 역임했다. 학부 '영어음운론', '영어학개론', '영어사' 등의 교과목을 담당해왔고, 2006년 강의우수교원으로 선정된 바 있다. 대학원에서 음성학과 음운론 관련 교과목들을 담당하고 있으며, 20여 명의 석사학위 졸업생을 배출했다. 주요 연구 주제는 언어 간 음성 차이, 이중언어 화자의 음성 체계, 음성 변이형의 사회음성학적 해석, 음성 산출과 인지의 관계 등이다. 음성학 분야 세계적 학술지 *Journal of Phonetics*에 게재된 논문 2편을 포함해 40편 이상의 논문을 학술지에 게재했다. 단독 저서 『외국어 음성 체계』가 세종도서(학술부문)에 선정된 바 있으며, 그 외에 2권의 공저가 있다.

- 주요담당과목: 학부 '영어음운론', '영어학개론'
  대학원 '음성학주제연구'

**윤영은 교수(1995.3~)**

윤영은 교수는 미국 텍사스대학교(오스틴) 언어학과에서 의미론(semantics) 전공으로 박사학위를 받았으며 1995년부터 이화여자대학교 영어영문학과 교수로 재직하고 있다. 강의는 학부에서 '영어의미론', '영어학개론', '영어학연구' 과목과 대학원에서 '의미론연구', '화용론' 과목 등을 담당하고 있다. 현재까지 양화(quantification), 초점(focus), 극성(polarity), 총칭성(genericity), 은유(metaphor), 아이러니(irony) 등의 주제에 대해 50편의 연구 논문을 발표했다. 또한 9권의 저서가 있으며 2004년에는 『언어의 의미 현상』, 2014년에는 『언어의 의미 및 화용 이론과 실제』로 대한민국학술원으로부터 각각 우수학술도서상을 수상했다. 우수한 연구성과를 토대로 2005년에는 제1회 이화학술상을 수상했다. 2016년부터 2020년까지 BK21 Plus "글로벌 문화번역전문가 양성을 위한 융합·실행 영어영문학" 사업단장을 맡았다.

- 주요담당과목: 학부 '영어의미론', '영어학개론'
  대학원 '의미론연구'

**이삭 굴드(Isaac Gould) 교수(2017.3~)**

이삭 굴드(Isaac Gould) 교수는 2015년에 미국 Massachusetts Institute of Technology(MIT)의 Linguistics and Philosophy 학과에서 언어학으로 박사학위를 취득한 후, 미국 캔자스대학교(The University of Kansas)에서 언어학과 조교수를 거쳐 2017년부터 이화여자대학교 영어영문학과 언어학 교수로 재직하고 있다. 학부 과목 '영어사', 'English Syntax'와 대학원 과목 '통사론'과 '형태론'을 담당한다. 주 연구 분야는 통사론과 제1언어습득이며, 동남아시아에서 여러 현장 연구를 진행하면서 독일어와 몬(Mon), 텔루구(Telugu)어를 포함한 다양한 언어에 관한 논문을 학술지에 기고해왔다. 출간 저서로는 *Choosing a Grammar: Learning Paths and Ambiguous Evidence in the Acquisition of Syntax*(2017)가 있다.

- 주요담당과목: 학부 '영어사', 'English Syntax'
  대학원 '통사론'

**이승아 교수(2006.3~)**

이승아 교수는 이화여자대학교 영어영문학과를 졸업하고 동 대학원에서 영어학(통사론)으로 석사 및 박사학위를 취득했다. 이후 영국 케임브리지대학교 이론 및 응용언어학과(Department of Theoretical and Applied Linguistics, 구 Research Centre for English and Applied Linguistics)에서 응용영어학 전공으로 석사 및 박사학위 취득 후 2006년부터 이화여자대학교 영어영문학과 교수로 재직 중이다. 학부에서 'Advanced English Grammar', '영어학개론', 'English Language Teaching and Learning' 등을, 대학원에서 '응용언어학', '제2언어습득론', '코퍼스영어학' 등을 담당해왔다. 2009학년도 1학기와 2016학년도 1학기에 강의우수교원으로 선정된 바 있으며, 2007년 영국언어학회 학회지 *Journal of Linguistics*에 게재한 논문으로 2008학년도 1학기에 본교 연구실적우수교원으로 선정되었다.

- 주요담당과목: 학부 'Advanced English Grammar', 'English Language Teaching and Learning'
  대학원 '코퍼스영어학'

**이형숙 교수(2008.3~)**

이형숙 교수는 2006년 미국 서던캘리포니아대학교의 영화 및 미디어학부(Cinema and Media Studies, 구 Critical Studies)에서 영화학으로 박사학위를 받았으며 같은 학과에서 방문조교수를 역임했다. 2008년부터 이화여자대학교 영어영문학과에서 'British and American Film', 'Film and Literature', 대학원에서 '문화연구이론', '문화연구특수과제' 등을 강의하고 있다. 이 외에도 인문과학대학의 융합전공인 인문예술미디어와 대학원 미디어예술인문학협동과정 설립에 주도적으로 참여하여 인문대에서 영상 및 문화 교육 저변 확대에 기여했다. 영어권 및 아시아권 영화, 트랜스내셔널리즘, 글로컬리즘, 여성학, 장르 연구 등에 대하여 논문을 출판했으며, 공역서로 『셰익스피어 비극』, 공저로 『유럽의 영화와 문학』, 『젠더와 재현: 영미문학과 문화를 통해 본 여성 문제』, 『여성, 영화의 중심에 서다』 등이 있다.

- 주요담당과목: 학부 'British and American Film', 'Film and Literature'
  대학원 '문화이론연구'

**정영진 교수(2013.3~)**

정영진 교수는 미국 매사추세츠주립대학교(앰허스트)에서 영문학 박사학위를 받았다. 2013년 3월부터 본교 영어영문학과 교수로 재직하고 있으며 영국 문학을 가르치고 있다. 르네상스 시를 중심으로 한 근세 영국 문학이 전공 분야이며, 학부에서는 '중세 및 르네상스 문학과 문화', '17, 18세기 영문학', 대학원에서는 '16세기 영시', '17세기 영문학', '밀튼'을 강의하고 있다. 지속적인 연구 관심사는 문학과 문화 담론의 상호작용, 특히 동시대 역사 안에서 문학 장르, 미학적 형식, 시학이 형성되는 과정에 초점이 맞추어 있다. 현재 연구 중인 분야는 근세 영국의 인쇄술과 출판 문화의 발달, 텍스트의 물질성, 근세 영국 여성의 글쓰기와 독서이다. 2014년 11월 한국 영어영문학회 '우보 논문상'을 수상했으며 2016년 한국 연구재단 과제의 탁월한 수행을 인정받아 '학술 연구지원 우수성과 50선'에 선정되어 교육부총리 표창을 받았다.

- 주요담당과목: 학부 '중세 및 르네상스 문학과 문화', '17, 18세기 영문학'
  대학원 '16세기 영시'

**최성희 교수(2011.9~)**

최성희 교수는 미국 University of Maryland-College Park에서 연극학으로 박사학위를 취득한 후, 경희대학교 조교수와 부교수를 거쳐, 2011년부터 이화여자대학교 영어영문학과 교수로 재직하고 있다. 담당 과목은 'Introduction to Drama', '퍼포먼스 인문학', '드라마 이론' 등이다. 주 연구 분야는 현대영미드라마, 퍼포먼스 연구, 페미니즘, 생태비평으로 학술서 『포스트드라마 연극의 미학』, 『퍼포먼스 연구와 연극』, 『연극과 젠더』, 『동시대 세계 극작술의 흐름』 등을 공저했고 세라 룰의 작품 『죽은 남자의 휴대폰』을 번역 출판했다. 한국연극평론가협회 회원으로 다수의 공연 비평을 발표했으며 한국현대영미드라마학회와 한국영미문학교육학회의 회장을 역임했다.

- 주요담당과목: 학부 'Introduction to Drama', '퍼포먼스 인문학'
  대학원 '드라마 이론'

**최주리 교수(1995.9~)**

최주리 교수는 영국 케임브리지대학교에서 영문학 전공으로 학사학위를 받았고 미국 스탠퍼드대학교에서 영문학 박사학위를 받았다. 미국 시라큐스대학교 조교수를 역임했으며 1995년부터 이화여자대학교에서 영어영문학과 교수로 재직 중이다. 18세기 소설에 관한 연구를 중심으로 문화와 문학에 관한 다수의 논문을 발표했고, 최근에는 18세기 이후의 사회적 변화, 특히 도시화가 문화에 미친 영향에 관한 연구를 비롯해 종교와 페미니즘의 접점에 관한 연구를 진행하고 있다. 2024년에 이화학당 제4대 당장이었던 룰루 프라이 선교사의 서신 『정동의 봄: 룰루 프라이의 편지 1893~1921』을 정덕애 명예교수와 함께 출간했으며, 2026년에는 미국에서 영문판으로 출간할 예정이다.

- 주요담당과목: 학부 '영문학입문', '17~18세기 영문학', 'Eighteenth-Century Fictions'
  대학원 '초기영소설'

**최혜원 교수(2002.9~)**

최혜원 교수는 1989년 본교 영어영문학과를 졸업하고 1996년 미국 스탠퍼드대학교에서 언어학 박사학위를 취득한 후, USC 언어학과 겸임교수, UC Riverside 비교문학외국어학과 전임강사와 SUNY Buffalo 현대어문학과 및 언어학과 조교수로 재직했다. 2002년 이화여자대학교 영어영문학과에 부임하여 전문영어 석사과정을 지도했고, 학부 '영어사', 'Language and Culture in the Digital Age', 'Story of Human Language'와 대학원 'Academic English'와 '디지털인문학'을 강의하며 2020년 영어강의우수교원으로 선정되었다. 주 연구분야는 통사론, 화용론, 코퍼스언어학, 언어와 AI이며 다수의 연구사업을 진행하며 학술논문을 게재했다. 저서로 *Optimizing Structure in Context: Scrambling and Information Structure*와 『휴랭머랭: 우리시대 언어이야기』, 공역서 『영어전치사해설』이 있다. 본교 호크마교양대학장을 역임했다.

- 주요담당과목: 학부 'Language and Culture in the Digital Age', '영어사'
  대학원 'Academic English'

**캐런 먹켄헌(Karen Muckenhirn) 교수(2008.3~)**

공식 이름은 캐런 먹켄헌(Karen Muckenhirn)이나 필명인 미케이 안(Me-K Ahn)으로 불리는 것을 선호한다. 미케이 안 교수는 Bennington 대학에서 작문 및 문학 전공으로 석사학위를 취득했으며, 주 연구분야는 창작글쓰기와 Black, Indigenous, People of Color(BIPOC) 문학이다. 현재 이화여자대학교 영어영문학과에 재직 중이며, 학부 과목 '영문학 플러스', 'Reading & Writing Nonfiction', 'Critical & Creative Textual Studies'와 대학원 과목 'Academic English'를 가르치고 있다. 저술한 소설은 *Kori: The Beacon Anthology of Korean American Fiction*에 수록되었으며, *NOON Annual*지, *FENCE* 잡지에도 다수 게재되었다. McKnight 재단, Jerome 재단 및 Minnesota주 예술위원회로부터 여러 상을 수상했다. 대표 논문으로는 "Creative Writing as a Bridge to ESL Academic Writing in Korea"와 "Teaching Empathy through English Literature and Creative Writing in the Korean Classroom"이 있다.

- 주요담당과목: 학부 '영문학 플러스', 'Reading & Writing Nonfiction', 'Critical & Creative Textual Studies'

**피터 킵(Peter Kipp) 교수(1998.3~)**

피터 킵(Peter Kipp) 교수는 1995년 미국 시카고 대학교에서 영문학 석사학위를 취득한 후 고려대학교에서 영어강사로 재직했고, 1998년부터 이화여자대학교 교양영어실(현 글로벌소통교육실) 교수로 재직하다가, 2005년에 영어영문학과로 소속을 옮겼다. 학부 과목 'English Presentation and Debate', 'Technical Writing and Document Design in English', 'Capstone Design Seminar in Literary and Media Translation', 'Thesis Writing'을 담당하고 있다. 그리고 영문과 소속의 의회식 영어토론 동아리 DAE(Debate Association of Ewha)를 지도하고 있다.

- 주요담당과목: 학부 'English Presentation and Debate', 'Technical Writing and Document Design in English', 'Capstone Design Seminar in Literary and Media Translation'

**황수경 교수(2017.9~)**

황수경 교수는 2011년 미국 퍼듀 대학에서 르네상스영문학으로 박사학위를 취득한 후, 서울시립대학교 영어영문학과 조교수를 거쳐, 2017년부터 이화여대 영어영문학과 교수로 재직하고 있다. 강의는 학부에서 '셰익스피어', '드라마입문', '중세 및 르네상스 문학과 문화' 과목과 대학원에서 '고전문학과지식융합'과 '셰익스피어' 과목을 담당한다. 주 연구분야는 16~17세기 영국 드라마와 초기 근대의 종교개혁과 몸 담론이며, 윌리엄 셰익스피어, 크리스토퍼 말로우, 토마스 데커 등 영국 르네상스 시대 극작가에 대한 논문 및 연구 프로젝트를 다수 진행했다. 주요 논문으로 "From Priests' to Actors' Wardrobe: Controversial, Commercial, and Costumized Vestments"와 "전염의 시대: 『로미오와 줄리엣』에 내재하는 전염병 문화"가 있다.

- 주요담당과목: 학부 '셰익스피어', '드라마입문'
  대학원 '고전문학과지식융합'

**황준호 교수(2007.9~)**

황준호 교수는 연세대학교 영어영문학과를 졸업한 후, 셰익스피어(연세대학교)와 초서(University of Rochester) 연구로 석사학위를 받았으며, 현대영미시 연구로 University of California, Riverside에서 박사학위를 받았다. 2007년 9월부터 이화여자대학교 영어영문학과에 재직하면서, 현대영미시를 비롯하여 코믹스/그래픽 소설, 미국 영화와 텔레비전 드라마, 한국 텔레비전 드라마 분야로 논문을 썼으며, 최근 논문이 *Textual Practice, Journal of Popular Culture, Canadian Literature, Explicator* 등의 해외 학술지에 게재되었거나 게재될 예정이다. 담당 교과목은 '영문학 플러스', '미국문학개론', '현대시와 사회', '코믹스의 인문학적 창의력과 상상력'(이상 학부), '현대영미시연구', '영미문학 특강 II'(이상 대학원) 등이며, 2013학년도 1학기, 2019학년도 1학기에 이화여자대학교 강의우수교원으로 선정된 바 있다.

- 주요담당과목: 학부 '현대시와사회', '미국문학개론'

대학원 '현대영미시연구'



<영어영문학과 현직교수: 임용연도 순>

| 성명 | 재직연도 | 최종학위 | 최종학위수여대학 | 담당과목 |
|---|---|---|---|---|
| 박찬길 | 1994.9 ~ 현재 | PhD | University of Glasgow | 낭만주의와 근대문학, 영문학입문, 낭만주의영시 |
| 윤영은 | 1995.3 ~ 현재 | PhD | University of Texas, Austin | 영어의미론, 영어학개론, 의미론연구 |
| 최주리 | 1995.9 ~ 현재 | PhD | Stanford University | 영문학입문, 17~18세기 영문학, Eighteenth-Century Fictions, 초기영소설 |
| 강태경 | 1998.3 ~ 현재 | PhD | Ohio State University | 현대영미드라마, 셰익스피어, 연극과 이론의 실제, 현대미국희곡, 공연미학 |
| Peter Kipp | 1998.3 ~ 현재 | MAT | University of Chicago | English Presentation and Debate, Technical Writing and Document Design in English, Capstone Design Seminar in Literary and Media Translation |
| 김민정 | 2000.3 ~ 현재 | PhD | University of California, San Diego | 미국소수민족문학(U.S. Minority Literature), Modern and Contemporary American Novel |
| 오은진 | 2002.3 ~ 현재 | PhD | Stanford University | 영어음운론, 영어학개론, 음성학주제연구 |
| 최혜원 | 2002.9 ~ 현재 | PhD | Stanford University | Language and Culture in the Digital Age, 영어사, Academic English |
| 신희섭 | 2004.9 ~ 현재 | PhD | University of Essex | 19세기 영소설과 근대성, 최근 영어권문학의 동향, 근대성과 시각, 인류세의 출현과 도전 |
| 이승아 | 2006.3 ~ 현재 | PhD | University of Cambridge | Advanced English Grammar, English Language Teaching and Learning, 코퍼스영어학 |
| 황준호 | 2007.9 ~ 현재 | PhD | University of California, Riverside | 현대시와사회, 미국문학개론, 현대영미시연구 |
| 이형숙 | 2008.3 ~ 현재 | PhD | University of Southern California | British and American Film, Film and Literature, 문화이론연구 |

| 성명 | 재직연도 | 최종학위 | 최종학위수여대학 | 담당과목 |
|---|---|---|---|---|
| Karen Muckenhirn | 2008.3 ~ 현재 | MFA | Bennington College | 영문학 플러스, Reading & Writing Nonfiction, Critical & Creative Textual Studies |
| 최성희 | 2011.9 ~ 현재 | PhD | University of Maryland, College Park | Introduction to Drama, 퍼포먼스 인문학, 드라마 이론 |
| 백준걸 | 2012.3 ~ 현재 | PhD | University of Chicago | American Novel and Its Tradition, 미국문학개론, 19세기 미국문학 |
| 정영진 | 2013.3 ~ 현재 | PhD | University of Massachusetts Amherst | 중세 및 르네상스 문학과 문화, 17, 18세기 영문학, 16세기 영시 |
| Isaac Gould | 2017.3 ~ 현재 | PhD | MIT | 영어사, English Syntax, 통사론 |
| 황수경 | 2017.9 ~ 현재 | PhD | Purdue University | 셰익스피어, 드라마입문, 고전문학과지식융합 |
| 김부성 | 2021.3 ~ 현재 | PhD | Texas A&M University | 현대영국소설, 이론과비평, 20세기영소설 |
| Francisco Q. Camargo | 2023.3 ~ 현재 | DPhil | University of Oxford | 객원교수 |
| Katie-Jane Hext | 2023.3 ~ 현재 | PhD | University of Exeter | 객원교수 |
| Paul Allen Miller | 2023.3 ~ 현재 | PhD | University of Texas at Austin | 초빙석좌교수 |

## 2. 영미학융합연구소

### 1) 연구소의 설립과 조직

영어영문학과 부설 영미학융합연구소는 1999년 11월 1일, "독자적인 영미학 연구의 새로운 장을 열어 새천년 한국에서의 영미학 연구의 정체성을 정립하고, 창조적인 문화공간의 역할을 담당"하고자 '영미학연구소'라는 명칭으로 설립되었고,[251] 2013년에 현재의 이름으로 변경되었다. 연구소 설립 준비를 위해 영어영문학과는 1995년부터 '영미문화연구소(가칭)' 설립추진회를 발족하고 기금 마련을 추진했다.[252]

251 1999년 영미학연구소 연차보고서.
252 1994~1996년 영문과 연차보고서.

이러한 노력의 결과로 설립된 영미학연구소는 "영미학(영미 어문학 및 지역학) 연구, 영미학과 한국학의 연계 연구, 한국문학 및 한국학 관련 저서의 영역, 영미학 관련 저서의 국역, 교내 타 연구소와의 공동연구, 국제 및 국내 학술대회 개최, 연구 발표회 및 강연회 등의 개최, 학술지 및 연구 저서의 출판, 기타 연구소의 목적을 달성하는 데 필요한 사업" 등을 수행하는 것을 목표로 삼았다.[253] 연구소의 초기 조직은 연구소장, 운영위원회, 연구부, 협력부, 출판부로 구성되었으며, 상임교수, 비상임교수, 연구원 등으로 연구 인력을 구성하여 체계적인 활동의 기반을 마련했다.[254] 창립 이후 연구소가 수행해온 주요 업무로는 (1) 국제 및 국내 학술대회 개최, (2) 특강, 콜로키움, 세미나, 심포지엄 등 다양한 학술 행사 개최, (3) 학술지 *Journal of English and American Studies*와 『영어학 연구』 발간 등이 있다.

### 2) 연구소의 주요 업무

#### 국제 및 국내학술대회 개최[255]

연구소는 1999년 설립 이후 단독 또는 공동으로 국제학술대회를 지속적으로 개최해왔다. 첫 번째 국제학술대회는 연구소 설립을 기념하기 위해 1999년 11월 3일과 4일에 걸쳐 'Crossing Boundaries in English Studies'의 주제로 열렸고, 두 번째 국제학술대회는 2005년 10월 31일 'Reading the Hyphen in Asia(n)-America'의 주제로 개최되었다.[256] 두 대회 모두 연구소가 단독으로 주최하여 연구소의 국제학술대회 조직 및 운영 역량을 입증했다. 특히 두 번째 대회는 영어영문학과 교수진이 수주한 한국학술진흥재단(현 한국연구재단)의 기초학문육성 과제, '한국 근현대와 한국계 미국문학'(2004.9~2005.8, 책임연구원 김민정 교수)을 기반으로 이루어져 연구소의 연구 역량을 보여주었다.[257]

2006년 이후 연구소는 영어영문학과가 수주한 두뇌한국21(BK21) 사업과 연계하여 국제학술대회를 공동 개최하면서 학술 활동과 교류범위를 국외로 확대했다.[258] 2007년 11월 'Provincializing English: The English Department in the Asian Context'의 주제로 열린 제1회 이화 BK아시아영문학 국제학술대회를 시작으로, 2024년 10월까지 총 여섯 차례에 걸쳐(2007, 2008, 2009, 2010, 2017, 2024년) BK21 사업단과 공동으로 국제학술대회를 주최했다. 이 중 2009년 국립대만대학에서 'Re-orienting English:

253 영미학융합연구소 규정.
254 2003년 영미학연구소 연차보고서. 역대 영미학융합연구소장의 명단은 부록 2에 제시함.
255 연구소 설립 이후 현재까지 개최한 국제 및 국내 학술대회의 전체 목록을 부록 4에 제시함.
256 1999년, 2005년 영미학연구소 연차보고서.
257 2005년 영미학연구소 연차보고서.
258 두뇌한국21 사업에 대한 설명은 이 장 3절을 참고할 것.

Paradigms in/of Crisis'의 주제로 공동 개최한 국제학술대회는 양 기관 간 체결된 MOU를 기반으로 진행되었다. 2016년, 2017년, 2019년에는 국립대만대학('Literature and the Global Public: A Transnational Forum'), 본교('Re-locating the Local in the Age of Global Capital'), 사우스캐롤라이나대학교('Borders and Borderlands in the Age of Globalization')에서 각각 국제학술대회를 개최했는데, 이는 2016년 9월에 3개 대학이 체결한 교류 협정에 따른 것이었다.

특히 2025년 학과 창립 100주년을 기념하는 전야 행사로 연구소는 2024년 10월 25일과 26일에 걸쳐 이화 영문 100주년기념위원회, 프론티어 10-10 사업단, BK21 사업단과 공동으로 '"상호 욕망 존중 공동체의 형성"과 다가올 미래("The Creation of a Community of Reciprocating Desires" and the *A-venir*)'를 주제로 한 국제학술대회를 개최했다. 3개국 해외 학자 및 이화 영문과 소속 학자 총 9명이 주디스 버틀러(Judith Butler) 독회를 통해 발전시킨 연구 성과를 발표하고 토론하는 자리이자 이화 영문과 대학원이 배출한 국내외 신진 학자 6명이 발표를 하는 특별한 자리였다. 주디스 버틀러 독회는 폴 알렌 밀러(Paul Allen Miller) 초빙 석좌 교수를 중심으로 젠더 이론, 정치철학의 대가인 주디스 버틀러의 이론과 비평을 연구하는 교수 학술 공동체이다. 이 국제학술대회에서 발표된 논문 일부는 테일러 앤 프란시스(Taylor & Francis)가 출판하는 저명 학술지 *Textual Practice*에 특별호로 출간할 예정이다. 신진 동문 학자들의 개별 연구는 캐나다 난민 문학, 세월호 참사 관련 퍼포먼스 예술, 미국의 입양 제도, 근현대 자본주의 속 문학의 역할 등 다양한 영문학 세부 분야 및 인접 학문을 포괄하는 흥미로운 발표로 이루어졌다. 100주년 기념 국제학술대회의 가장 큰 의의는 국적, 인종, 시대, 장르 등 경계를 넘어서 영문학 발전의 미래를 밝히는 이화 영문의 세계적 학술 수준과 지식 공동체적 연대를 보여주었다는 점에 있다. 더불어 사회적, 정치적, 문화적 이슈를 심도 있게 다루며 현대 사회의 주요 담론에 관한 진취적 관점을 제시했다는 점에서 영문학이 사회 문제 진단과 해결책을 제시하는 중요한 역할을 수행하고 있음을 입증했다.

연구소는 국내 학회가 본교에서 개최하는 국제학술대회도 지원해왔다. 2009년 한국영미문학페미니즘학회('Women, Displacement, and Cultural Identity'), 2010년 한국버지니아울프학회('A Journey to Combine and to Create'), 2023년 한국영미문학교육학회('Drama in Media Transposition')와 각각 공동으로 국제학술대회를 개최한 바 있다.

국내학술대회로는 2000년 '문화의 번역,' 2003년 'Early Women Writers I, II,' 2007년 '포스트모더니즘 시대의 서사: 바이오픽션과 디지털 스토리텔링' 등을 연구소가 단독으로 개최한 바 있다. 또한 영미문학연구회, 근대영미소설학회, 한국중세르네상스영문학회, 고전르네상스학회, 현대영미소설학회, 한국18세기영문학회 등과 연계하여 각 학회의 국내학술대회를 본교에서 공동 개최했다.

**특강 등 다양한 학술 행사 개최**[259]



연구소는 국내외 저명 학자들을 초청하여 특강, 콜로키움, 세미나, 심포지엄 등 다양한 형식의 학술 행사를 개최함으로써 학과의 연구 허브로서 중추적인 역할을 수행해왔다. 연구소 설립 이듬해인 2000년부터 매년 여러 차례 열리고 있는 특강은 연구소의 대표적인 학술 행사로 자리 잡았으며, 일회성 특강뿐 아니라 대학원생을 대상으로 특정 주제를 연속적으로 다루는 세미나 형식의 강연도 마련하여 다양한 학술 활동을 진행했다. BK21 사업 수주 이후에는 해외석학 특강 시리즈, 여름학교 및 겨울학교 특강 시리즈 등을 BK21 사업단과 공동 주최했으며, 최근에는 엑시터대학교와 학술교류를 확대하여 학과의 프론티어 10-10 사업단과 공동으로 이화-엑시터 콜로키움 및 심포지엄을 개최하기도 했다. 또한 2024년에는 프론티어 10-10 사업의 주제 중 하나인 디지털 인문학 워크숍을 개최하여 대학원생들의 실질적인 학술 활동 참여를 독려했다.

2025년에는 학과 창립 100주년을 기념하고자 프론티어 10-10 사업단과 공동으로 두 행사를 진행했다. 첫 번째로 2025년 4월 3일, 엑시터대학교 영문과 교수이자 현재 이화여자대학교 영문과 프론티어 10-10 사업단 객원교수인 헥스트(Katie-Jane Hext, 필명 Kate Hext) 교수의 특강 '무대 위의 오스카 와일드: 모던 기지의 발명(Oscar Wilde Onstage: The Invention of Modern Wit)'을 개최했다. 오스카 와일드 연구의 권위자로 최근 옥스퍼드 월드 클래식(Oxford World's Classics) 시리즈로 와일드 희곡 신판을 출간한 헥스트 교수는 1890년대 와일드가 희곡 속에서 실험한 모던한 기지(wit)의 발명과 그 의미를 고찰하며 사랑과 결혼, 진실과 거짓, 공적 자아와 사적 자아 등 와일드의 작품이 던지는 윤리적 질문들을 중심으로 그의 문학적 유산을 되새겼다. 이번 특강은 와일드의 문학과 사유가 오늘날에도 여전히 유효함을 되새기게 한 의미 있는 자리였다. 두 번째로 2025년 4월 26일, 28일, 29일, 총 3일간에 걸쳐 사우스캐롤라이나대학교 고전비교문학과 석좌교수이자 본교 영문과 프론티어 10-10 사업단 초빙석좌교수인 밀러(Paul Allen Miller) 교수의 특강 시리즈가 개최되었다. '소포클레스의 <오이디푸스 왕>과 현대 세계에서의 그 유산(Sophocles' *Oedipus Tyrannus* and Its Legacy in the Modern World)'의 주제로 진행된 특강 시리즈에서 밀러 교수는 그리스 고전 작품을 프로이트(Freud)와 푸코(Foucault)의 사상과 연계하여 분석함으로써 고전의 현대성을 되새김했다.

### 3) 학술지 *Journal of English and American Studies*

연구소는 설립 초기부터 출판부를 두어 학술지 발행을 계획했고, 2002년 12월

259 연구소 설립 이후 현재까지 개최한 특강, 콜로키움, 세미나, 심포지엄 등의 전체 목록은 부록 4를 참고할 것.

*Journal of English and American Studies*(*JEAS*)를 창간했다. *JEAS*는 "영어권 지역의 문화를 보다 탈중심적인, 범세계적인 관점에서 논의할 수 있는 장(場)을 형성하고자 하는 취지에서 기획되었으며 앞으로도 지역이나 학문영역의 경계에 구속받지 않는 활발한 학문적인 참여를 장려"하는 것을 목표로 발간되었다.[260] 최근에는 영어 창작 작품과 영어학 논문도 게재 대상에 포함하며 주제와 범위를 확대해왔다. 2016년을 제외하고는 창간 이후 매년 발간되었으며, 2015년까지는 연 1회, 2017년부터는 연 2회 발간하여, 총 30회 발간되었다. 발간된 *JEAS*는 국내 학술정보서비스 RISS와 교내 학술 데이터베이스 dCollection에 등록되고 있으며, 2025년 5월 기준으로 22권 2호까지 발간되어 총 152편의 글이 실렸다.

#### 4) 이화영어학회와 학회지 『영어학 연구』

이화영어학회(1994~2009)는 1994년 당시 이화여자대학교 영어영문학과에서 강의를 하던 어학 전공자들이 전공 분야별로 논문을 발표하고 토론할 기회를 갖기 위한 모임이 필요하다고 느끼고 그해 10월 8일 첫 모임을 가짐으로써 결성되었다. 이화영어학회는 언어학의 핵심 분야인 음운론, 형태론, 통사론, 의미론은 물론 심리·인지언어학 및 언어 습득, 사회언어학, 화용론을 포함하는 응용언어학 분야에 걸쳐 다양하고 깊이 있는 학문연구에 그 뜻을 두고 있었다. 초창기에는 매달 두 번째 토요일마다 논문발표 및 최신 언어학 이론에 대한 소개와 토론의 시간을 가졌다. 학회 활동을 더욱 활성화하고자 매년 2회 특강을 열기도 했으며, 2002년부터는 분기별로 4회의 논문발표 모임을 가지며 활발히 활동했다. 처음 13명의 회원으로 활동을 시작한 학회는 2008년 12월 기준 정회원 48명, 준회원 45명의 회원으로 늘어나 소학회로서의 면모를 갖춘 연구모임으로 발전했다.[261]

『영어학 연구』는 이화영어학회에서 1996년 6월 창간호 이후 2009년 3월 제13호까지 발간한 학회지이다. 2001년 이화영어학회의 활동을 영미학연구소와 연계하기로 결정한 이후 학회지를 영미학연구소 지원 아래 발행했다. 회장이 편집위원장을 겸임하며 편집위원을 선임하여 투고된 논문을 심사했다. 『영어학 연구』 창간호는 김승숙 영어영문학과 명예교수의 정년퇴임을 맞아 발간된 것이라는 점에서 의의가 있다.

---

260 2003년 영미학연구소 연차보고서.

261 『영어학 연구』 13, 99-100쪽.

## 3. 교외 학술사업

### 1) 두뇌한국(BK)21 사업

두뇌한국(Brain Korea, BK)21 사업은 세계적 수준에 맞는 연구중심대학을 육성하고자 교육부가 시행해온 대규모 인재 양성 지원사업으로, 1999년에 처음 시작되어 2025년 현재 4단계가 진행 중이다. BK21 사업은 석·박사급 우수 인재 양성이라는 교육적 목표가 핵심이므로 선정된 사업단 소속의 석·박사과정 학생들에게 매달 연구장학금이 지원되고, 신진연구인력(박사후과정연구원)에게도 인건비가 책정된다는 점이 특징이다. 우리 학과는 본교 및 서강대학교 어문계열 학과 언어학 전공 교수들과 공동으로 참여했던 1단계와 달리, 2단계부터 단독으로 사업에 지원했다. 같은 단위에서 선정된 서울 소재 대학 영어영문학과가 2~3곳에 머물 정도로 매 단계마다 높은 경쟁률을 보였으나, 우리 학과는 2단계(최초 진입), 3단계(중간 진입), 4단계(중간 진입) 사업에 모두 선정되는 쾌거를 이루었다. 앞 단계 사업 수주가 다음 단계 사업 수주의 기반이 되었고, 다양한 교내외 학술 사업을 수행하면서 축적된 사업성과도 시너지 효과를 창출한 것으로 풀이된다.

#### 1단계 '언어의 보편성과 개별성'(1999~2006)

영어영문학과의 박승혁, 윤영은, 오은진 등 어학 전공 교수들은 본교 및 서강대 인문대 내 영어, 한국어, 독어, 불어 전공의 언어학 전공 교수들과 함께 '이화-서강 언어학 교육연구단'을 구성하여 '언어의 보편성과 개별성'이라는 연구 주제를 가지고 1단계 BK21 사업(1999~2006)을 수주하여 공동 연구했다. 이화여대측 연구 책임자는 국어국문학과의 박창원 교수였고, 서강대학교 연구 책임자는 영미어문학과의 김영석 교수였다.

#### 2단계 '영어영문학의 한국적 모델'(2006~2012)

영어영문학과는 2단계 BK21 사업 인문사회 분야에 '영어영문학의 한국적 모델: 국제적 학문후속세대, 문화인력, 영어전문인력 양성(A New Model for English Studies in Korea: Scholarship, Cultural Translation and Professional English for the Global Context)'의 주제로 선정되어 2006년 3월부터 2013년 2월까지 사업을 운영했다. 총 7개년의 사업기간 동안 박찬길 교수(2006.3~2009.2), 강태경 교수(2009.3~2010.8), 최혜원 교수(2010.9~2013.2)가 사업단장직을 역임했다. 사업 기간 동안 교원 정년퇴임과 신규 임용 등으로 참여교수에 약간의 변동은 있었지만, 매년 13~14명의 학과 교수가 사업에 참여했다(강태경, 김민정, 박승혁, 박찬길, 신희섭, 오은진, 윤영은, 이승아, 이형숙, 전수용, 정덕애, 최성희, 최주리, 최혜원, 황준호). 2단계 BK21 사업에 참여한 영어영문학과 대학원생 수는 평균

30명으로 2006년 36명, 2007년 30.5명, 2008년 27.5명, 2009년 30명, 2010년 37.5명, 2011년 26명, 2012년 23명이다. 영어영문학과 2단계 BK21 사업단은 국제화, 지역화, 실용화, 정보화라는 원칙하에 대학원 과정을 개편하여 (1) 국제적 수준의 학문후속세대, (2) 영어영문학의 학문적 전문성과 영문학적 식견을 겸비한 문화인력, (3) 영어에 대한 전문적 지식과 최고 수준의 영어구사력 및 디지털매체 사용 능력을 갖춘 영어전문인력을 양성하고자 했다. 이러한 목표를 달성하기 위해 사업단은 학문후속세대팀, 문화인력팀, 영어전문인력팀 등으로 세부 조직을 운영했다. 단위별 경쟁을 거쳐 탈락 사업단을 정하는 중간평가에서 우리 사업단은 실적을 인정받아 연세대학교 영어영문학과 사업단과 함께 7년간 내내 지원을 받았다.

### 3단계 '글로벌 문화번역전문가 양성을 위한 융합·실행 영어영문학'(2016~2020)

영어영문학과는 'BK21 플러스' 사업 인문학 분야 미래 기반 창의인재 양성 사업에서 '글로벌 문화번역전문가 양성을 위한 융합·실행 영어영문학(Convergent English Studies for Global Cultural Translation)'의 주제로 중간 진입하여, 2016년 3월부터 2020년 8월까지 사업을 운영했다(사업단장: 윤영은 교수). 총 17명의 영어영문학과 교수가 3단계 BK21 사업에 참여했다(김민정, 박찬길, 백준걸, 신희섭, 오은진, 오정화, 윤영은, 이승아, 이형숙, 전수용, 정영진, 최성희, 최주리, 최혜원, 황수경, 황준호, Isaac Gould). 3단계 BK21 사업에 참여한 영어영문학과 대학원생 수는 조사 시점별로 42명(2016년 1학기~2017년 2학기), 34.5명(2018년 1학기~2019년 1학기), 45명(2019년 2학기~2020년 1학기)이다. 3단계 BK21 사업단의 목표는 영어, 문학, 문화에 관한 전문 지식, 통합적 분석력, 창의적 활용 능력을 갖춘 글로벌 문화번역전문가를 양성하는 것이었다. 이 목표를 달성하기 위하여 다음과 같은 세부 목표를 설정했다. (1) 비교문화적, 문화번역적 연구가 가능한 특화된 학문후속세대를 양성한다. (2) 영어권 영어영문학과 차별화되는 한국형 영어영문학을 통해 한국 인문학의 국제적 경쟁력을 강화한다. (3) 영어와 한국어 언어 체계의 비교연구를 통해 세계어로서의 한국어의 국제적 위상을 높이고 언어학 연구의 주체적 역할을 담당한다. (4) 산학협력과 인턴십 프로그램을 개발하여 문화예술, 미디어, 교육산업 현장과 연결된 교육 프로그램을 제공한다. (5) 문화콘텐츠, 문화 기획, 전문 번역, 해외 한국어교육, 국제기구, 문화비평, 평생교육 등의 새로운 영역을 개척하고 선도할 창의적 인문 인력을 배출한다. (6) 정규 교육과정 외에 특정 주제에 집중하는 장단기 훈련 과정을 통해 학생들이 다중 리터러시를 함양함으로써 글로벌 소통 능력과 지식 활용 능력을 제고시킨다.

### 4단계 '중첩과 교차를 통한 제너러티브 영어영문학'(2024~2027)

영어영문학과는 4단계 BK21 사업 인문사회 분야 미래인재 양성사업에서 '중첩과 교차를 통한 제너러티브 영어영문학'의 주제로 중간 진입하여, 2024년 3월부터 사업 수행 중이며 2027년 8월 종료 예정이다. 현재 총 14명의 학과 교수가 참여 중이며(강태경, 김민정, 김부성, 박찬길, 백준걸, 신희섭, 이형숙, 정영진, 최성희, 최주리, 최혜원, 황수경, 황준호, Isaac Gould), 사업단장은 백준걸 교수이다. 2024년 제1학기의 경우 영어영문학과 대학원생 16명(석사과정 10명, 박사과정 6명)이 4단계 BK21 사업에 참여했다. 영어영문학과 4단계 BK21 사업단은 현시대의 위기, 문제, 과제에 대응하고, 다양한 학문 분과와의 중첩과 교차를 통해 인문학의 고립 현상을 극복하는 새로운 영어영문학의 생성을 추구한다. 이러한 목표를 달성하기 위하여 본 교육연구단은 중첩과 교차를 핵심 전략으로 삼아 다음과 같이 2대 미래 목표와 5대 핵심 분야 및 실천 방안을 제시했다. (1) 2대 미래 목표: 산업 및 사회 문제 해결을 선도하는 문제해결형 교육, 영어영문학의 새로운 발전을 선도하는 융합/생성형 교육. (2) 5대 핵심 분야: 환경 인문학, 공정사회 인문학, 디지털 인문학, 다매체 인문학, 학제적 인문학. (3) 5대 실천 방안: 학문의 사회참여, 유연화, 다각화, 융합화, 학제화. 2024년 10월, 본 교육연구단은 학과의 '이화 프론티어 10-10 사업단' 등과 공동으로 국제학술대회를 개최했으며, 남은 사업 기간 동안 다양한 학술 행사를 계획 중이다.

### 2) 인문한국(HK) 지원사업 '탈경계인문학의 구축 및 확산'(2007~2017)

영어영문학과 오정화 교수와 김민정 교수는 10개년 인문한국(Humanities Korea, HK) 지원사업 '탈경계인문학의 구축 및 확산'에 참여했다. 2007년에 선정되어 10년간 약 150억원을 지원받은 이 사업단은 사업단장을 맡은 영어영문학과 오정화 교수가 주축이 되어 인문과학대학 각 학과(국어국문, 중어중문, 불어불문, 독어독문, 사학, 철학, 기독교학, 영어영문) 교수 2명 외에 이화인문과학원의 연구교수 6명과 연구원 20명으로 구성되었다. '탈경계인문학의 구축 및 확산'이라는 주제는 인문학에 대한 위기의식이 만연한 가운데 새로운 인문학을 구축하기 위해 전통적인 인문학 정신을 바탕으로 인문학과 타 학문과의 경계, 학문과 일상생활의 경계를 허물어보자는 취지 아래 설정되었다. 본 사업단 연구진은 네트워킹 구축, 출판 사업, 대외적인 학술대회 등을 활성화시켜 '한국의 탈경계인문학' 분야에서 전 세계와 교류하는 대표적인 허브 역할을 하고자 했다.[262]

이 사업은 총 3단계로 진행되었으며, 1단계에서는 탈경계 문화현상 연구를 토대로 탈경계인문학의 가능성을 모색했고, 2단계에서는 탈경계적 교차연구를 통해서 탈경계인문학의 체계화를 꾀했다. 최종 3단계에서는 '포스트휴머니즘'과 '탈경계 지식 형성'을 연구

262 이대학보, 탈경계인문학, 인문학의 위기를 누르다, 2007.11.17.

주제로 설정하여 정보기술과 생명공학의 영향이 심화되는 시대 배경 속에서 근대적 휴머니즘을 넘어서는 새로운 인간의 조건과 함께 21세기 지식 생산의 구도 속에서 한국 인문지식의 정체성과 미래 지형을 연구했다.[263]

### 3) 시민인문강좌지원사업 '문학을 통한 자아의 확장'(2012~2013)

영어영문학과는 한국연구재단이 지원하는 '2012년 시민인문강좌지원사업'에 '문학을 통한 자아의 확장'(책임: 황준호 교수)이라는 주제로 지원하여 선정되었다. 2012년 9월 1일부터 2013년 8월 31일까지 진행된 이 사업에는 총 11명의 학과 교수(강태경, 김민정, 박찬길, 백준걸, 신희섭, 이형숙, 전수용, 정덕애, 최성희, 최주리, 황준호)가 참여했다. 사업의 목적은 소외계층 노숙인들이 개인적, 사회적 상처를 극복하고, 스스로 존중하는 삶을 지향하며, 동등한 한 시민으로서 사회적 책임을 수행할 수 있도록 돕는 것이었다. 구체적인 실행안으로 참여 교수들은 총 23회에 걸쳐서 노숙인들이 평상시 접하기 어려웠던 서양 문학과 문화와 관련된 강의를 제공했다. 노숙인들은 마포구에 있는 산마루교회가 설립한 산마루해맞이대학 소속 수강생들로 강의당 20~30여 명이 참여했다. 시민인문강좌에 덧붙여, 사업팀은 2012년 10월 29일부터 11월 4일까지 '공유와 치유: 수행적 문학을 통한 공적 자아의 확장'이라는 주제로 인문주간(Humanities Week) 행사에도 참여하여, '낭독발표회', '해맞이 영화 감상회', '작은 음악회', '거북이 마라톤' 등을 개최했다. 이 행사는 노숙인들이 자신의 내면세계를 표출하고, 관객과의 정서적 유대를 제고하며, 영화와 음악 감상, 체육활동을 통해 사회와 소통할 수 있도록 지원하는 것이 목적이었다. '문학을 통한 자아의 확장' 사업은 사회 속에서 살아 움직이는 학문이라는 인문학 본연의 가치를 회복하고, 더 나아가 학과의 교육적 자산을 사회로 환원했다는 점에서 그 의의가 있다.

### 4) 대학 인문역량 강화(CORE) 사업 '루체테(Lucete) 인문학'(2016~2019)

영어영문학과는 인문과학대학 전체 학과와 함께 대학 인문역량 강화(CORE, Initiative for College of Humanities' Research and Education) 사업에 참여했다. 2016년 본교 인문과학대학은 오정화 학장을 단장으로 하는 코어 사업에 선정되어 루체테(Lucete) 인문학 사업단을 구성하여 3년간 학술사업을 실시했다. 라틴어로 '빛나라'는 뜻을 가진 루체테는 자신은 물론 다른 사람까지 밝힐 수 있는 인문인이 되라는 뜻에서 지어졌다.

263 이화여자대학교 인문과학원 홈페이지 https://eih.ewha.ac.kr/ (2024.10.14 검색).

루체테 사업단은 기초학문심화, 글로벌지역학, 인문기반융합전공의 세 가지 모델을 운영했다. 영어영문학과 학생들은 국어국문학과, 기독교학과, 사학과, 철학과 학생들과 함께 기초학문심화 모델 활동에 참여할 수 있었다. 이 모델은 인문학 분야 학문후속세대 양성을 목표로 인문대 학생의 대학원 진학을 장려하기 위해 고안되었다. 학부 과정에서 학·석사 연계과정을 활성화해 석사학위 취득을 수월하게 하고, 전공 교육을 강화하기 위해 인문대 16학번부터 전공 이수 학점을 57학점에서 63학점으로 상향조정했다.[264] 또한 인문학과 타 학문분야의 융합전공인 인문예술미디어, 인문테크놀로지, 인문경영 전공을 신설하여, 학생들이 복수전공 및 부전공으로 이수할 수 있도록 했다. 이는 사회적 수요에 부응하는 융합적 인재 양성을 위한 융합학문 교육모델을 국내에서 성공적으로 정착시킨 사례이다.

본교 코어 사업단은 이화 루체테 인문학 사업에 대한 이해를 돕기 위한 '루체테 위크(Lucete Week)', 코어 사업의 다양한 활동을 대내외적으로 발표하고 공유하기 위한 '루체테 페스티벌', 해외학습활동 등 다양한 프로그램을 진행했다.[265]

### 5) 국제 공동연구 프로젝트 '한국과 영국의 성 불평등에 관한 대화'(2022~2023)

영어영문학부 교수들은 영국 정부가 지원하는 국제 공동연구 프로젝트에 엑시터대학교와 함께 '한국과 영국의 성 불평등에 관한 대화(Dialogues on Gender Inequality in South Korea and the UK)'라는 주제로 지원하여 연구비를 수주했다. 참여교수는 김부성, 정영진, 최성희, 최주리, 최혜원, 황수경 등 6명(책임: 최주리 교수)으로 2022년 2월부터 2023년 8월까지 공동 워크숍, 심포지엄, 강연 등을 통해 연구를 수행하며 학술교류의 확대를 도모했다.[266] 2022년 영어영문학과는 영미학융합연구소 콜로키움을 통해 엑시터대학교와 이화여자대학교 학자들의 교류를 도모하여 영국과 한국의 '성 불평등' 담론을 다루었고, 이화-엑시터 심포지엄을 이화여자대학교에서 개최하며 페미니즘 및 성 불평등에 관한 활발한 학술교류를 진행했다.[267] 엑시터대학교와의 국제공동연구 프로젝트에서의 성과는 이후 이화 프론티어 10-10 사업 수행 시 지속적이고 긴밀한 협력으로 이어졌다. 미국 철학자 '주디스 버틀러(Judith Butler)' 공동연구 포럼도 함께 진행했고, 디지털 휴

---

264 이대학보, 기초학문 심화부터 인문기반 융합전공까지 … 코어산업 들여다보기, 2016.9.11.

265 이화뉴스, 인문과학대학, '루체테 위크' 행사 개최, 2016.12.7; 인문과학대학, 창의융합적 인문학도 양성을 위한 '루체테 위크(Lucete Week)' 개최, 2017.3.20; 인문과학대학, 기린제와 함께하는 '루체테(Lucete) 페스티벌' 개최, 2017.10.10; 루체테인문학사업단, 인문학적 글로벌 인재 양성을 위한 해외학습 활동 진행, 2017.10.27; 인문과학대학, '루체테 위크(Lucete Week)' 행사 개최, 2018.4.4.

266 2021년 영문과 연차보고서.

267 2022년 영문과 연차보고서.

머니즘 관련 특강에도 엑시터대학교 교수가 참여했으며, 2023년 6월 엑시터대학교의 디지털 인문학(Digital Humanities) 랩을 방문하여 향후 디지털 인문학·전산언어학 관련 양교간 공동연구에 대해서도 의견을 교환했다. 또한 2023년 6월에 진행했던 이화-엑시터 2차 심포지엄 '젠더와 정체성: 텍스트와 교육(Gender and Identity: Text and Teaching)'을 공동 주최하는 등 다양한 연구 교류를 통해 유의미한 학문적 성과를 거두었다.[268]

## 4. 교내 학술사업

### 1) 이화 글로벌 탑5 프로젝트 '한국문화연구의 세계화'(2011~2014)

영어영문학과는 본교가 시행한 '이화 글로벌 탑5 프로젝트(Ewha Global Top 5 Project)'에 '한국문화연구의 세계화'(책임: 1차년도 전수용 교수, 2, 3차년도 이형숙 교수)의 주제로 지원하여 '미래 유망 분야'로 선정되었다. 이화 글로벌 탑5 프로젝트는 본교가 세계적 수준의 연구 중심 대학으로 도약하고자 5개의 연구 분야를 선정해 세계적 수준의 선도 연구 집단으로 육성하는 것을 목표로 삼았다. 2011년 9월 1일부터 2014년 8월 31일까지 수행한 '한국문화연구의 세계화' 프로젝트는 포스트모던 문화의 역설적 징후들을 드러내는 한국문화의 여러 현상을 분석하기 위해 융복합적인 통섭의 연구 패러다임을 제시하고자 했다. 이 목표를 달성하기 위하여 사업단은 서양 포스트모던 문화이론을 한국문화연구의 토양과 접목하고, 통합적 인문학의 실천적 경로를 모색함으로써, 한국문화연구가 국제적 수준의 담론을 생산할 수 있는 토대를 마련하고자 했다. 학제적 장벽을 넘고자 8명의 영어영문학과 교수(김민정, 박찬길, 신희섭, 이형숙, 전수용, 정덕애, 최성희, 최주리, 황준호) 외에 한국학과(김영훈, 최준식) 및 경영대학(박성연) 교수진도 함께 사업에 참여했다. 사업을 수행하는 동안 '한국문화 연구의 세계화: 전 지구적 비평 담론을 이용한 융복합적 연구'의 주제로 국내학술대회 1회(2012), 'Crosscurrents of the Korean Wave'의 주제로 국제학술대회 2회(2013, 2014), 국내외 저명학자 초청 강연 9회, 참여 교수 독회 3회, 국내 학술지 논문 6편 게재, 중국 학술지 논문 1편 게재 등의 성과를 거두었다.

### 2) 이화선도융합연구사업 '위기와 공존의 영어영문학'(2020~2022)

영어영문학과는 본교가 연구 중심 대학으로 거듭나고자 시행한 제2차 '이화선도융

---

268 2023년 영문과 연차보고서.

합연구사업'에 '위기와 공존의 영어영문학'(책임: 황준호 교수)의 주제로 지원하여 '미래인재양성형'에 선정되었다. 2020년 12월 1일부터 2022년 5월 31일까지 진행된 이 사업에는 총 14명의 학과 교수(강태경, 김민정, 김부성, 박찬길, 백준걸, 신희섭, 이형숙, 정영진, 최성희, 최주리, 최혜원, 황수경, 황준호, Isaac Gould)가 참여했다. 참여 교수들은 영어영문학 연구를 중심으로 21세기 초 사회공동체와 지구공동체의 와해를 초래한 전 지구적 위기를 규명하고 이를 극복하기 위한 공존 방식을 모색하고자 세 가지 목표를 설정했다. (1) 단기적으로 BK21 사업 4단계에 중간 진입하여 안정적 연구 환경을 조성한다. (2) 장기적으로 사회과학, 자연과학, 공학 중심의 접근법에 더하여 사회 구성원과 지구 구성원의 위기와 공존을 위한 인문학적 비전을 제시한다. (3) 궁극적으로 인문학적 관점에서 4차 산업과 연계되는 융복합적 지식을 생산한다. 사업 수행 기간에 참여 교수들은 학술지 논문 23편(A&HCI에 등재된 해외 저명 학술지 게재 논문 6편 포함), 저·역서 2권, 저서 chapter 2건 등의 연구 성과를 거두었다. 이와 더불어, 사업팀은 대학원생의 연구 실적을 제고하고자 논문 게재비를 지원했고, 대학원생들은 국내 등재지 학술지에 총 18편(공저 4편 포함)의 논문을 게재했다.

### 3) 이화 프론티어 10-10 사업<br>'포스트휴먼시대의 영어영문학: 위기와 공존'(2023~2026)

영어영문학과의 '포스트휴먼시대의 영어영문학: 위기와 공존' 연구 사업단은 지난 2022년 교내 연구 역량 강화사업 '이화 프론티어 10-10 사업(Ewha Frontier 10-10)' 도전 분야에 선정되어 2023년 3월부터 2026년 2월까지 3년간 매년 4억여원의 연구비를 수주하게 되었다. 총 16명의 영어영문학과 교수가 본 사업에 참여하고 있으며, '위기' 주제 관련하여 5인(김민정, 박찬길, 백준걸, 신희섭, 이형숙), '공존' 주제 관련하여 11인(강태경, 김부성, 오은진, 이승아, 정영진, 최성희, 최주리, 최혜원, 황수경, 황준호, Isaac Gould)의 참여교수가 사업을 수행하고 있다.

본 사업단은 전지구적으로 확장되고 있는 환경문제와 신자본주의, 첨단 기술 및 인공지능 등에 의해 비롯된 윤리적 문제와 인간성의 혼란 등 충격적인 변화 양상들에 초점을 맞추어 (1) 포스트휴먼 인문학팀, (2) 포스트휴먼 페미니즘팀, (3) 디지털 인문학/전산언어, 자연언어처리팀의 세 연구팀을 구성했다. 특히 각 연구팀별로 해외 저명학자 1인을 초빙교수로 임용했다. 포스트휴먼 인문학팀의 밀러(Paul Allen Miller), 포스트휴먼 페미니즘팀의 헥스트(Katie-Jane Hext), 디지털 인문학/전산언어, 자연언어 처리팀의 카마르고(Francisco Q. Camargo) 교수와의 공동연구를 통해서 본 사업단은 국제학술대회 개최 및 발표, 저명 해외학술지 특별호 기획, 대학원 혁신 분야 개발 등 활발한 연구성과를 창출하고 있다.

## 5. 교육과 연구의 조화

2장의 제목을 '교수진과 연구 활동'이라고 명명했지만 교수진의 활동 중 교육과 연구 사이에 명확한 경계가 존재한다고 단언하기 힘들다. 오히려 최고 수준의 연구와 최고 수준의 교육은 함께 간다고 보는 것이 더 설득력을 지닌다.

일례로 이 장에서 서술한 영어영문학과 두뇌한국21 사업단에서는 우수한 학문후속 세대를 키우기 위해 대학원생들과 교수진의 연구 역량을 강화함과 동시에 정규 교과과정을 통해 제공하기 힘든 교육 프로그램 개발에도 힘써 왔다. 2007년 1월부터 겨울학교(Ewha BK Winter School)라는 이름으로 'Feminism, Cultual Studies'(2007), 'Digital Humanities'(2007), 'America's Imperial Century'(2008), 'Literature, Literary Theory, and Academic Writing'(2009) 등의 주제에 대해 대학원생들에게 단기 집중 교육을 실시했으며, 2017년 7월에는 'Literature and Social Justice'라는 주제로 여름학교(Ewha BK Summer School)를 개최했다.

지난 100년간 이대 영문과 교수진의 활동을 이 한정된 지면에 모두 담을 수는 없을 것이다. 100년의 세월이 흐른 지금도 '이대 영문과'라는 이름이 의미 있는 것은 여전히 기본과 원칙을 지키고자 하고 전통 가운데서도 새로움을 추구하는 그 모습 때문이다. 논문을 심사하고 학사를 관리할 때는 엄격하지만 강의실에서는 열정적이고 끊임없이 학문의 수월성과 창의성을 추구하는 교수들. 빡빡한 커리큘럼을 소화하여 튼튼한 실력을 갖춘 영어영문학도로서 미래를 꿈꾸는 학생들. 이러한 교수와 학생이 만나서 서로 발전하고 성장하는 교육의 장이 바로 이대 영문과이다.

## 이화여자대학교 영어영문학과가 배출한 역대 총장

**김옥길(1943)**
이화여자대학교 제8대 총장,
전 학교법인 이화학당 이사장

**정의숙(1953)**
이화여자대학교 제9대 총장,
전 학교법인 이화학당 이사장

**김혜숙(1976)**
이화여자대학교 제16대 총장

## 이화여자대학교 영어영문학과 명예교수(가나다순)

권경수

김갑순

김선숙

김세영

김승숙

김연옥

김영일

나영균

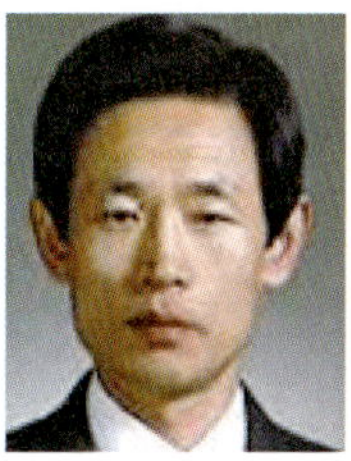

박승혁

서숙

오정화

윤정옥

윤정은

이근섭

이석곤

이승환

이혜숙

장영숙

전수용

정덕애

조정호

최영

홍복유

Kathleen Crane

## 이화여자대학교 영어영문학과 현직교수(가나다순)

강태경

김민정

김부성

박찬길

백준걸

신희섭

오은진

윤영은

이승아

이형숙

정영진

최성희

최주리

최혜원

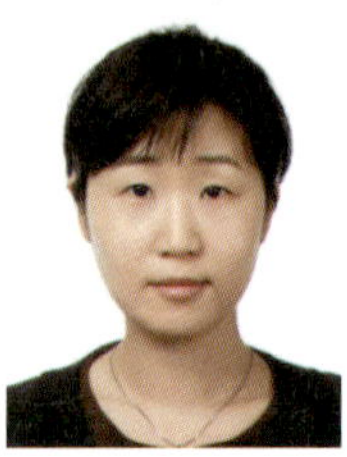
황수경

황준호

Isaac Gould

Peter Kipp

Karen Muckenhirn

Francisco Q. Camargo
(객원교수)

Katie-Jane Hext
(객원교수)

Paul Allen Miller
(초빙석좌교수)

1 고사리수련관으로 영문과 MT를 간 교수들과 T.A.들이 김옥길 전 총장과 함께(왼쪽부터 이유미(1983) T.A., 김연옥 교수, 서숙 교수, 최영 교수, 김옥길 전 총장, 이승환 교수, 김원(1983) T.A., 1985년 가을)

2 수업 들어가기 전 학관 영어영문학과 사무실에서(왼쪽부터 김영일, 이근섭, 유종호 교수, 1995년 5월)

3 수업이 끝난 후 학관 영어영문학과 사무실에서(왼쪽부터 김세영, 조정호, 김영일, 이근섭, 최영 교수, 1995년 5월)

1

2

3

1 1994년 나영균 교수 정년퇴임기념식
2 1996년 9월 김승숙, 김영일 교수 정년퇴임기념식
3 2017년 6월 정덕애 교수 정년퇴임기념(마지막 강의를 마치고 교수, 재학생, 졸업생들과 함께)
4 2018년 12월 오정화 교수 정년퇴임기념(마지막 강의를 마치고 영문과 교수들과 함께)

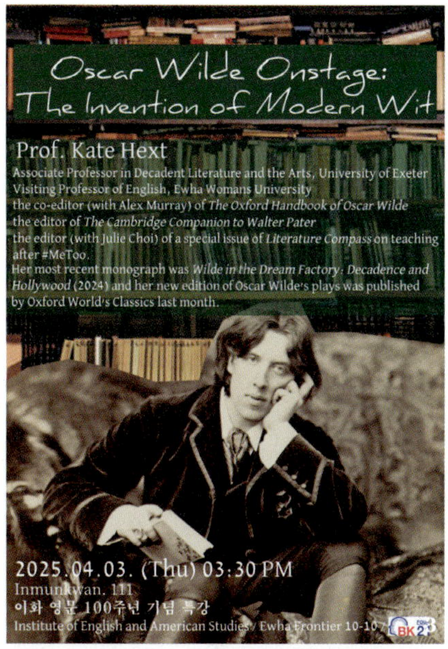

1 『영어학 연구』 창간호(김승숙 교수 정년퇴임 기념)
2 영미학융합연구소에서 발행하는 *Journal of English and American Studies*, Vol. 15.2 (Summer 2017)
3 2025년 4월 3일 100주년 기념 영미학융합연구소 특강 '무대 위의 오스카 와일드: 모던 기지의 발명' 포스터
4 2017년 11월 18일 영미학융합연구소 국제학술대회(국립대만대학, 사우스캐롤라이나대학교와 함께)

1, 2, 3　초빙석좌교수 및 객원교수들의 강의(맨 위부터 초빙석좌교수 Paul Allen Miller, 객원교수 Francisco Q. Camargo, Katie-Jane Hext)

# 3장 학생 활동

## 1. 학생회 자치활동

### 1) 이화여자전문학교 학생자치회 이화 YWCA

이화학당의 학생자치활동은 이문회(以文會, Literary Society), 공주회(King's Daughters), 선교회(Missionary Society) 등을 중심으로 전개되었다. 1907년 조직된 이문회는 대개 1주일에 한 번씩 가지는 정규모임을 통해 주제를 정하여 토론하고 연설, 시 발표, 연극 발표, 피아노 독주, 독창 발표 등을 했다. 이로써 학생들은 배운 지식을 활용하여 개인의 능력을 발휘하고 사회생활에 필요한 질서를 유지하는 지혜를 닦을 수 있었다.[269] 공주회는 1909년 가을 전교생을 회원으로 조직된 단체였다. 일상생활에서의 영적인 성장을 목표로 한 순수한 신앙단체로, 이름 그대로 진정한 왕인 하나님의 딸들이 되고자 하는 데 그 목적이 있었다. 교사들과 대학과 학생들로 이루어진 공주회는 매주 1회의 모임을 통해 지도자의 영적 성장을 도모하고 저학년을 지도했다. 여름방학 때에는 고향에 내려가 성경공부반을 조직하고 부녀자들에게 한글과 성경을 가르쳤으며, 크리스마스 시기에는 가난한 이들에게 쌀과 나무 등을 보내 위로했다.[270] 선교회는 1910년 선교와 봉사에 뜻을 같이하는 55명의 회원으로 발족하여 정기적으로 기도회를 가졌으며, 국내뿐 아니라 프랑스, 인도, 만주와 러시아 지역의 어려운 이들을 위해 기금을 모금하여 전달하는

269 이화80년사, 1967, 191쪽; 이화100년사, 1994, 98쪽, 146쪽.
270 이화100년사, 1994, 139-140쪽.

등 국경과 대상을 초월한 사랑의 손길을 펼쳤다.[271]

보다 구체적이고 조직적인 학생 활동은 1922년에 창립된 YWCA를 중심으로 이루어졌다.[272] 이화학생기독교청년회(이화 YWCA)는 1922년 11월경, 독립적으로 활동하던 이화학당 내의 모든 학생단체를 흡수하여 전교생을 회원으로 하는 범 이화 학생회로 발족하여 학생들의 공식적인 자치기구가 되었다.[273] 이화 YWCA가 지향한 목적은 "기독교정신에 입각하여 전체 회원의 품성을 함양하고 그 결과로 영과 지혜와 체력의 3가지 덕목을 길러서 이화인의 품성을 함양하며 나아가 장차 나라와 사회에 이바지할 수 있는 인물이 되게 하려는 것"이었다.[274]

이화 YWCA는 정회원 자격을 세례받은 이화 학생으로 규정했으나, 세례교인이 아닌 이화 학생들을 준회원으로 가입시켜 피선거권을 제외한 모든 권리와 의무를 동등하게 하여 사실상 전교생이 회원이었다. 학생회의 회기는 1년이었으며, 회장, 부회장, 총무, 서기, 간사, 각 부장, 각부 고문 등의 임원 외에 교직원 중에서 총 고문 1인을 위촉하여 지도를 받았다. 각 부서로는 종교부, 문학부, 체육부, 농촌부, 사교부, 음악부, 재무부, 선교부가 있었는데 각 부서별 사업내용을 개괄해보면 당시 학생들의 이상과 가치관을 엿볼 수 있다.[275]

종교부의 가장 중요한 사업은 대외적으로 서울 시내 및 변두리 교회에 회원을 보내 주일학교 교사, 성가대원, 반주자 등으로 봉사케 하는 일이었는데 매 주일 이 일에 참여하는 회원 수가 40여 명에 달했다. 1937년 이화여자전문학교는 종교교육을 강화하여 종교지도자 훈련과정을 두었다. 9월부터 11월까지 2달간 매주 2시간씩 계속된 이 과정에는 132명이 참가하여 76명이 수료했다. 훈련과정을 마친 학생에게는 각자 교회에 나가 주일학교를 지도할 수 있는 자격을 주었다. 또한 종교부는 매달 7원씩 정동교회에 의연금을 보냈고 1931년에는 시내 태화여자관 야학부에 매달 4원씩의 보조금을 보냈다.[276]

종래 이문회의 전통을 이어받은 문학부는 학생들의 지식을 연마하고 리더십을 배양

271 이화100년사, 1994, 140-141쪽.

272 최초로 식민지 조선에 YWCA를 조직할 계획을 세우고 그것을 추진한 사람은 김필례와 김활란이었다. 1922년 당시 김필례는 일본 동경여자학원에서 유학한 후 광주 수피아여학교 교사를 하고 있었고, 김활란은 이화의 대학과를 졸업하고 이화학당 교사로 있었다. 김필례와 김활란은 1922년 3월 27일 YWCA 1차 발기회를 가졌다. 1922년 4월 중국 북경에서 개최된 세계기독교학생대회에 김필례와 김활란은 한국 대표로 참석했고, 김필례는 일본 YWCA 연합회 총무와 회견하여 한국 YWCA의 세계 YWCA 단독 가입을 승인받았다. 김필례와 김활란은 1922년 4월 20일 YWCA  2차 발기회를 주관하고, 1922년 6월 12~23일 제1회 YWCA 하령회를 주최했다. 이것이 한국 YWCA의 시작이었다. (김필례, 하령회의 유래, 『YWCA월간』 1956년 제4권 제5호(1956.7.1), 14-18쪽; 이화100년사, 1994, 644쪽 참고).

273 이화100년사, 1994, 209쪽.

274 이화100년사, 1994, 644쪽.

275 이화100년사, 1994, 209-210쪽.

276 이화100년사, 1994, 210쪽.

하기 위해 강연회, 연예회, 학생토론회, 구술대회 등을 주관했다.[277] 1929년에 학생회지 『이화』를 창간하여 이후 문학부의 중요한 연례사업이 되었다.[278] 문학부는 1929년 가을 학기를 맞아 매월 학예회(recital)를 개최할 계획을 세우고 10월 6일에 첫 학예회를 개최했다. 학예회의 목적은 학생들이 교수, 학생, 방문객으로 이루어진 청중들 앞에서 정규수업에서 배운 것들을 자유롭게 발표할 수 있도록 하는 것이며, 학생들은 학기당 최소 한 번은 학예회에 참석해야 했다.[279] 1931년 6월 저녁, 문과 학예회가 테니스 코트에서 열렸는데, 돌로 된 관람석이 무대가 되었고 학생들은 방석을 가져와 바닥에 앉아서 관람했다. 그날 학예회 공연은 3학년 학생 세 명의 영어연극, 3학년반의 '이화에서의 우리들의 첫 주'라는 한국어 발표, 1학년반의 영어회화 등으로 구성되었다.[280] 1930년대에 들어서면서 외부 강사 초빙 강연이 활발하게 이루어졌다. 1935년 5월 YWCA 문학부는 희곡작가 유치진을 초청하여 희곡의 특징에 대한 특별강연을 들었으며,[281] 1937년 4월에는 도쿄의 입교대학에서 영문학을 전공한 권명수를 초청하여 '현대 영문학의 개요'를 세계대전 전과 후로 나누어 강의를 듣기도 했다.[282]

체육부는 학교 체육과의 교육방침에 호응하여 각종 경기를 통하여 학생들의 심신 건강을 도모하는 데 역점을 두었으며 교내의 각종 운동회를 준비하고 기숙사 등산반을 조직하기도 했다. 학생들은 선구적으로 농구, 스케이팅, 야구, 정구, 육상경기 등을 적극적이고도 정례적으로 전교 차원에서 실시했다. 1933년에는 연희전문학교 학생들과 이화여자전문학교의 정기 정구 시합이 열리기도 했고 매주 토요일에는 다수의 학생이 체육부가 주관하는 등산에 참여했다.[283]

당시 이화 YWCA에서 가장 활발하게 교외 활동에 참여한 부서는 농촌부였는데 그 활동은 3·1운동 이후 도시지역 학생들과 지식층들이 중심이 되어 전국적으로 일기 시작한 농촌계몽운동과 그 맥을 같이한다고 볼 수 있다. 농촌부는 주로 주말을 이용하여 서울 변두리 지역인 홍제원, 행주, 능곡, 청량리, 공덕리, 왕십리, 수색 등지에 지속적으로 봉사대원을 파견하여 부녀자 교육(한글 강습회), 생활환경 개선에 앞장섰다. 또한 농촌강연회를 개최했으며, 가난한 아동에게 장학금을 지원하여 학교교육을 받게 했다.[284]

---

277 이화100년사, 1994, 210쪽.

278 『이화』 발간에 대해서는 이 장의 5절에서 별도로 다루었다.

279 *The Ewha Weekly News Sheet*, A series of interviews: Mrs. Maynor president of the literary club, 1929.9.30; *The Ewha Weekly News Sheet* 1.13, Of general interest: The first recital of the literary department was given in the chapel at 2:30 October 6th. 1929.10.7.

280 *The Ewha College Girl* 2.1, Recitals, 1931.6.15.

281 *The Ewha College News Sheet* 7.7, A special lecture on drama, 1935.5.31.

282 *The Ewha College News Sheet* 9.3, News of modern literature, 1937.5.22.

283 이화100년사, 1994, 211쪽.

284 *The Ewha College News Sheet* 7.9, The rural work movement, 1935.6.14.

선교부는 주로 구제기금, 장학기금 등을 모아 국내외에 선교비로 보내는 일에 주력함으로써, 자체 회원들의 신앙훈련과 주일학교 봉사에 전념했던 종교부와 조화를 이루었다. 특히 선교부는 이화학당 시절부터 해오던 인도의 이사벨라 토번 학교의 여학생들에게 정기적으로 장학금을 보내 선교의 열정과 국경을 초월한 사랑의 힘을 보여주었다. 인도에 장학금을 보내는 마지막 공식적인 기록은 1937년으로, 그 후에는 일제의 국제관계 악화로 유대가 끊어지게 된 것 같다.[285]

사교부는 신입생 환영, 졸업생 환송, 선생님 환영 및 송별, 생일잔치, 각종 기념행사 등을 주관하는 중요한 임무를 띠고 있었다. 그 외에 학생들의 일반적인 품행과 생활에서 건전한 기풍을 조성하고 사치를 배격하는 임무를 맡았다. 그 외에 음악부의 활동도 매우 활발했으며, 이러한 학생들의 자발적인 활동은 항상 일정한 액수의 회비 납부로 그 재정이 충당되었기에 이를 재무부가 관장, 처리했다.[286]

이화 YWCA는 가장 실질적이고 총체적인 이화여자전문학교의 학생조직체로서, 교실에서 배운 지식을 현실화하고 여학생들의 사회적 능력을 키워주는 데 지대한 역할을 했다. 그러나 이화 YWCA의 활동은 1941년경 제국주의 전쟁에 전력했던 일제의 강압으로 그 활동을 금지당했다.[287]

### 2) 이대영문학회부터 이영회까지의 학생회 활동

이화여자대학교 영어영문학과의 학생회 활동이 공식적으로 기록되어 있는 것은 1957년 출간된 『영문학회지(英文學會誌)』이다.[288] 단기 4290년(1957년) 12월 10일에 출판된 이 학회지는 이화여자대학교 영어영문학과 학생들로 구성된 '이대영문학회'가 그 해 공식적으로 출범했고 그 목적은 영어영문학 전반에 관한 연구 활동 및 발표라고 기록하고 있다.[289] 당시 학생회의 구성을 보면 연구부와 편집부, 회우부로 구성되어 있고 특히 연구부 안에는 시, 소설, 수필평론, 언어연구, 희곡 등 5개의 분과가 있었다. 임원진은 회장과 부회장, 부장들 외에도 회계와 서기가 있었는데 후에 이화여대 도서관학과 교수가 된 노옥순(1960), 기독교학과(1973년 철학과 창립 후 철학과로 소속 변경) 교수가 된 신옥희(1958), 성신여대 영문과 교수가 된 윤미덕(1959)이 임원진에 포함되어 있다. 공식적으로 출범한 영어영문학과 학생회가 전적으로 학구적인 목적으로 구성되었음이 특기할 만하

285 이화100년사, 1994, 211-212쪽.

286 이화100년사, 1994, 211-212쪽; 645-646쪽.

287 이화100년사, 1994, 213쪽, 644쪽.

288 이에 앞서 1954년 영어영문학과 학생들은 '영문학연구회'를 발기했고(1954학년도 영문과 연차보고서), 1957년 7월 13일 '영문학연구회'를 '영어영문학회'로 개칭했다(1957학년도 영문과 연차보고서).

289 『영문학회지』, 제1호, 1957, 156쪽.

다. 한국전쟁 이후 열악한 환경에서도 학생들은 배움에 목말라했고 이런 열정에 교수들은 헌신적으로 수업 시간 외에도 학생들을 지도했다. 그 이후 1958년에 이대영문학회는 공식적인 명칭을 이영회(梨英會, English Student Association)로 바꾸고 1959년에 발간된 3호 학회지를 *Minerva*라고 개칭했다. 겨울방학 때부터 이영회 임원들은 각 부의 겨울 강습을 시작하며, 3월 중순에는 신입생 환영회를 주관했다. 주로 영학관에서 열린 환영회에는 선배들뿐만 아니라 교수들도 모두 참석하여 친밀한 유대감을 형성했다. 1960년대 들어서 임원들은 봄이 되면 우이동 계곡에 있는 장영숙 교수의 고택 별장으로 소풍을 가서 그해의 사업들을 함께 점검했다.[290] 학생회는 일 년 내내 작품 읽기 모임을 진행하면서 가을에는 그 성과를 '이영(梨英)의 날' 행사에서 발표했다.

한 해 동안 이영회에서 읽는 작품의 양은 놀라울 정도였다. 가령 1961년의 경우 소설반은 모두 4반으로 나누어서 6월에서 11월까지 작품을 읽었는데 이때 읽은 작품은 현재 대학원 수업에서나 가능할 만한 목록이다. 소설 A반은 트웨인(Twain)의 『허클베리 핀의 모험(*Adventures of Huckleberry Finn*)』, 멜빌(Melville)의 『모비딕(*Moby Dick*)』, 조이스(Joyce)의 『젊은 예술가의 초상(*A Portrait of the Artist as a Young Man*)』, 포크너(Falkner)의 『음향과 분노(*The Sound and the Fury*)』, 피츠제럴드(Fitzgerald)의 『밤은 부드러워(*Tender Is the Night*)』를 읽었고 B반과 C반은 디킨스(Dickens)의 『올리버 트위스트(*Oliver Twist*)』, 『데이비드 커퍼필드(*David Copperfield*)』, 하디(Hardy)의 『귀향(*The Return of the Native*)』을 비롯하여 조지 엘리엇(George Eliot)의 『아담 비드(*Adam Bede*)』, 새커리(Thackeray)의 『허영의 시장(*Vanity Fair*)』이나 필딩(Fielding)의 『톰 존스(*The History of Tom Jones, a Foundling*)』 같은 18, 19세기 장편 소설을 읽었다. 1962년도 이영회는 학생들의 수준에 맞추기 위하여 반 편성을 4학년은 A와 B반, 3학년은 C반, 2학년은 D반, 1학년은 E반으로 구성했다. 이중 A반은 매달 1편씩 11편의 영미소설을 공부했다. 당시 학생들이 얼마나 진지하게 이영회 활동을 했는지 보여주는 좋은 예이다. 사실 1958년부터 1970년 사이에 영어영문학과를 졸업한 학생 중 60명 이상이 교수가 되었고 많은 졸업생이 문필가와 교육자가 되었다. 특히 1960년 졸업생 중 9명 이상이 교수가 된 사실은 당시 외국 은행이나 외국 회사에서 영문과 졸업생에 대한 수요가 많았음을 고려할 때 그 시절의 학구적 분위기를 엿볼 수 있다.

이러한 학생들의 학구열은 교수들의 헌신과 도움이 없었으면 타오르지 못했을 것이다. 1960년 이영회 활동을 보면 시(詩)반은 김선숙, 윤정은 교수, 소설반은 홍복유, 나영균 교수, 희곡반은 김갑순, 김세영 교수, 수필평론반은 이석곤 교수, 성서문학반은 윤정옥 교수가 지도했다. 흥미로운 사실은 학과의 모든 교수가 반을 맡았으며 새로 교수가 부

---

290 *Minerva* 9, 1966, 197쪽.

임하면 그 즉시 투입되었다. 1961년에는 시반에 이근섭, 정온모 교수, 그리고 언어학반에 이혜숙, 김승숙 교수가 새롭게 합류하며 1962년에 김연옥[김옥자] 교수가 미소설반을, D반을 조정호 교수가 맡았고, 김영일 교수가 브론테(Brontë)의 『폭풍의 언덕(*Wuthering Heights*)』을 지도한 기록이 있다. 1975년에는 김영무 교수가 다른 세 분의 교수와 함께 소설반을 맡았다. 1977년에 언어학부에서는 이승환 교수가 '노엄 촘스키(Noam Chomsky)'를 강의했고, 또 창작번역부에서는 김영걸 교수의 지도하에 <춘향전>을 영역했다. 학생들은 영문학뿐 아니라 인문사회 분야에 광범위하게 관심을 가졌고 이를 이영회 활동에 자유롭게 반영하여 새로운 부를 만들기도 했다. 가령 1972년에는 김영일 교수의 『타임(*Time*)』지 특강이 겨울방학 동안 열렸고 성서문학부는 기독교학과의 허혁 교수에게 루돌프 불트만(Rudolf Bultmann)에 대한 신학 강연을 의뢰했다. 또한 특별부는 김흥호 목사에게 소크라테스와 에리히 프롬(Erich Fromm)에 대한 강연을 들었다.

이영회 활동 중 가장 큰 행사는 매년 가을에 여는 '이영의 날'이었다. 일 년 동안 함께 공부했던 각 부서에서 학생들이 뛰어난 논문들을 발표하고 또 영시 낭송을 했으며, 연극반 또는 희곡반에서는 영어단막극을 졸업 연극과는 별도로 이영의 날에 공연했다. 그리고 이영의 날 행사에는 당시 저명한 문필가들을 모셔서 특강을 듣기도 했는데 최재서, 김종길, 조병하, 백낙청, 한문숙씨 등이 이영회에 초빙되었다. 특히 1960년대에 이영회는 외국 교수들의 영문학 특강을 상시로 개최했는데 미국의 노벨상 수상자인 펄 벅(Pearl Buck) 여사가 1960년 11월 8일에 영학관에서 간담회를 가졌다.[291] 또 흥미 있는 초청 강사로는 1965년에 영문과를 방문한 미국의 여배우인 헬렌 헤이즈(Helen Hayes)가 있다.[292]

이영회 활동 중 가장 뛰어난 업적은 출판 활동이라고 볼 수 있다. 학생들은 영어영문학과의 뒷받침을 받아 일 년 동안 읽었던 중요한 작품들을 번역해서 출판하는 일에 착수하여 『영미수필선집』, 『영미시선집』 등을 출간했다. 이런 식으로 *Minerva* 외에도 학생들이 이영문고 시리즈로 작품들을 번역해서 출판하기도 했고 특히 1962년에 소설반은 엄선된 30명이 모여서 조지 엘리어트의 대작인 『플로스 강의 방앗간(*The Mill on the Floss*)』을 번역했다.[293] 이 학생들의 출판물 중 당시에 가장 화제가 되었던 것은 창작반의 한국 고전문학 영역(英譯) 시리즈였다. 1969년 창작반에서는 한국 고전인 『운영전』 외에 4편을 번역하여 1970년에 *Woon Young's Romance and Other Stories*라는 제

291 *Minerva* 4, 1961, 160쪽.

292 *Minerva* 8, 1966, 118쪽. 헬렌 헤이즈는 생전에 미국 여배우로 유일하게 에미상, 그래미상, 오스카상, 토니상을 수상한 대배우로 존경을 받았는데 연극 배우로 시작해서 '유리동물원(The Glass Menagerie)', '벚꽃 동산(The Cherry Orchard)' 같은 주옥같은 작품에 서기도 했고 또 영화에서는 '무기여 잘 있거라(A Farewell to Arms)', '아나스타시아(Anastasia)' 같은 영화에 출연했다.

293 *Minerva* 6, 1963, 153쪽. 이 번역서가 출판되었는지는 확인되지 않았다.

목으로 출판했고, 1977년에는 『흥부전』을 번역하여 *The Story of Heungboo*라는 제목으로 출판했다. 이영회의 출판 활동에 대해서는 이 장의 5절에서 보다 상세히 다루기로 한다.

### 3) 변모하는 학생회 자치활동

1982년 8월 영어영문학과 회칙이 제정, 공포되었는데 1986년 11월 2차 회칙 개정에서 '이영회'라는 명칭이 없어지고 "본 회는 이화여자대학교 영어영문학회라고 칭한다"고 했다(제1조).[294] 영어영문학과 회칙이 제정되었던 1982년부터 학생들은 학문영역을 넘어 다양한 교내외 활동을 수행했다. 1982년부터는 영어영문학과 운동회와 졸업여행이 시작되었고, 매년 신입생 환영회, 각 학년 수양회, 졸업여행, 사은회 등의 행사를 개최했다. 1980년대 중후반에는 각 학과, 단과대학 등의 주최로 농촌활동을 활발히 했다. 2차 회칙 개정에서 새롭게 설치된 사회부가 "여름과 가을의 농촌활동을 계획, 실행하고 기타 그에 따르는 일들을 주관"하는 역할을 맡았다(제9조).[295]

1992년 26호를 끝으로 중단되었던 *Minerva*는 2000년에 이르러 8년의 공백기를 거쳐서 27호로 부활했다. 8년의 공백기에 대한 원인 중 하나로 학부제 실시로 학생들의 소속감이 약화된 것을 들 수 있겠는데,[296] 5절에서 보다 자세히 논하겠다. 1990년 영어영문학과 학생회에는 총무부, 교육부, 문화부, 문학부, 편집부가 있었는데,[297] 2000년에 발간된 *Minerva*에서는 문학학회, 영어연극반 빙즈(Beings), 영시를 공부하고 시 포함 다양한 문학 장르를 번역하는 헤르메스(Hermes), 영어 성경을 공부하는 채널(Channel), 영문과 합창단이라는 다섯 개의 영문과 소모임을 소개했다.[298] 1999년 『이대학보』는 당시 활발히 활동 중인 과 학회로 영문과의 문학학회를 꼽고 있을 정도로 학생들의 활동과 그 결과물이 우수하다는 인정을 받았다.[299] 2001년 *Minerva* 28호 발간을 축하하는 격려사에서 당시 오정화 영어영문학부장은 발간의 공을 문학학회 학생들에게로 돌렸다.[300]

1990년대 영어영문학과의 학생 활동으로 1992년부터 '영문인의 밤'이 시작되었다. 1960년대에 개최했던 '이영의 날' 행사가 1990년대에 이르러 '영문인의 밤'으로 부활한

---

294 *Minerva* 21, 1984, 영어영문학과 회칙; *Minerva* 22, 1987, 영어영문학과 회칙.

295 *Minerva* 21, 1984, 영어영문학과 회칙; *Minerva* 22, 1987, 영어영문학과 회칙.

296 이대학보, 학회, 위기 아닌 변화의 과정으로 바라봐야, 1999.3.29; 이대학보, 사라지는 학내 매체지, 2002.9.16.

297 *Minerva* 24, 1990, 162-165쪽.

298 *Minerva* 27, 2000, 113-115쪽.

299 이대학보, 학회, 위기 아닌 변화의 과정으로 바라봐야, 1999.3.29.

300 *Minerva* 28, 2001, 6쪽.

것이다. 이영의 날이 학술적인 내용에 집중되었다면, 영문인의 밤은 학술과 함께 친목의 성격도 가미되었다. 1992년과 1993년에는 9월에 개최했는데 슬라이드 상영과 영시 낭송, 노래패 공연 및 연구회 활동 등 영문인의 화목을 도모했다.[301] 1994년부터 영문인의 밤이 11월에 개최되었는데 각 해마다 선배와의 만남 행사, 노래패 공연, 영어영문학과 전체학년 단합을 위한 체육대회 등 다채로운 행사를 실시했다.[302] 영문인의 밤은 현재까지 이어지고 있다. 2023년 11월 14일에 열렸던 영문인의 밤 행사는 1부에 2023년 학생회 사업 보고, 영어영문학부 100주년 안내, 학과 트랙 설명회, 콜로키움 참가팀 발표가 있었고, 2부에서는 영어영문학부 동아리 소개, 동문 선배의 토크 콘서트와 질의응답의 순으로 진행되었다.[303] 현재 영어영문학회 학생회 집행부는 공동대표 2인, 기획홍보부, 제작부, 사무부의 부장과 부원들로 구성되며, 영문인의 밤 이외에 신입생 오리엔테이션(OT), 스승의 날 행사, 영문과 엠티(MT) 등을 진행한다. 또한 봄학기 대동제 및 가을학기 인문대 기린제에 영문과 행사를 조직하여 참여한다.

## 2. 영어연극

### 1) 이화여자전문학교 문과 교과목 '영어연극'과 영어연극 공연

1907년 출발한 이문회의 활동 중 연설이나 토론 이외에도 연극이 중요한 자리를 차지했다. 메이데이나 크리스마스 행사 때에는 학생들이 연극을 공연했는데, 여학생들의 영어연극 공연은 당시에 매우 신기한 일이었다. 처음에는 주로 번역극이나 번안극을 공연했다. 김폴린(대학예과 1919, 대학과 1923)은 학당 시절 이문회에서 연극 'The House of Heart'를 공연했던 것을 기억했다.[304] 1920년대 초기에는 이미 입장료를 받고 공연을 했고, 공연 수입을 실험실 비품 확보에 사용하기도 했다.[305]

정동시대 이화여자전문학교와 이화여자고등보통학교가 메이데이 행사를 번갈아 주최했는데 이화여자고등보통학교가 행사를 맡은 해에 이화여자전문학교는 연극을 했다.[306] 1927년부터 1933년까지 이화여자전문학교와 이화여자고등보통학교는 서로 격년제로 연극을 공연했으며 매 공연마다 장안의 화제를 불러일으켰고 신문에도 연극평이

301 1992~1993학년도 영문과 연차보고서.
302 1994~1995학년도 영문과 연차보고서, 1998학년도 영문과 연차보고서,
303 2023 영문인의 밤 순서지.
304 한가람 봄바람에: 이화100년 야사, 1981, 197쪽. 이름 뒤 괄호 안 숫자는 졸업연도를 가리킨다.
305 한가람 봄바람에: 이화100년 야사, 1981, 197쪽.
306 이화80년사, 1967, 164쪽.

크게 실리는 등 주요 문화행사로 취급되었다. 이화여자전문학교가 공연한 연극은 1927년 버나드 쇼(Bernard Shaw) 원작의 '잔다르크(Saint Joan)', 1929년 셰익스피어(William Shakespeare)의 '베니스의 상인(The Merchant of Venice)', 1931년 '말괄량이 길들이기(The Taming of the Shrew)', 1933년 톨스토이의 '사람은 무엇으로 사나'였으며 모두 한국어 공연이었다.[307] 1927년 '잔다르크' 공연에서 주인공을 맡았던 박은혜(1930)의 열연은 많은 이들의 주목을 받았다.[308] 1931년 12월 4일 제2회 '이전연극제'는 셰익스피어 원작의 '말괄량이 길들이기'를 홍해성의 연출로 공연했고, 1933년 10월에는 배재고등학교 강당에서 '제3회 이화연극과 음악의 밤'이 공연되었다. 두 공연 모두 공연 전 입장권이 전석 매진되는 성황 속에 펼쳐졌다.[309]

1930년 이화여자전문학교 문과에 재직 중이던 미국 선교사 교수들로 칸로(Marion Conrow), 메이너(Velma Maynor), 헐버트(Esther Hulbert), 라욱스(Blanche Loucks), 그리고 이화여자전문학교 교장이었던 아펜젤러(Alice R. Appenzeller) 박사 등을 들 수 있다. 이들은 영어, 영문학사, 영작문 등 각 분야의 영어교육을 통해 학생들을 철저하게 훈련시켰다. 특히 연극을 통해 영어회화를 쉽게 배울 수 있게 한 것은 그 당시 상황으로서는 매우 특기할 만한 일이었다. 연극이 영어 말하기 능력을 배양하는 가장 효과적인 지름길이라고 인식한 듯 이들은 1930년 이화여자전문학교 문과의 정식 교과목으로 '영어연극'을 개설하고 1년에 한 번 졸업반이 공연하게 하자는 결정을 내렸다.[310] 1930년대 영어연극은 '졸업 공연'으로 졸업반 학생은 반드시 연극에 참여해야만 졸업할 수 있었다.[311]

영문학과 연극을 전공한 제3대 문과 과장(1928.9~1933.8) 메이너는 그동안 교내공연에 머물렀던 학교연극을 시내 공회당에서 일반인에게 공개함으로써 지식인 여성들이 자발적으로 예술 의식을 가지고 한국 연극계에 참여하는 첫 계기를 만들었다.[312] 1930년대 문과 졸업반 학생들의 영어연극 공연에서 수차례 연출을 맡았던 메이너는 공연 작품의 다양함, 치밀한 연출, 그리고 학생들의 혼신을 다한 연기 등으로 한국 연극계의 질적 수준을 향상시키는 데 크게 기여했다. 1930~1941년 문과 영어연극 작품 목록을 보면 문과의 영문학 성격을 짐작할 수 있다.[313] 1930년 문과 졸업반의 첫 영어연극은 월터 스코트(Walter Scott)의 작품 '아이반호(Ivanhoe)'였으며 시내 공회당에서 공연하여 아마추어의

---

307 이화100년사, 1994, 646쪽; 김갑순 엮음, 2000, 28-29쪽.

308 한가람 봄바람에: 이화100년 야사, 1981, 197쪽; 조선일보, 이화여전주최연극회, 1927.12.9; 동아일보, 이화여전의『성(聖), 짠다크극(劇)』, 1927.12.9.

309 이화100년사, 1994, 210-211쪽.

310 김갑순 엮음, 2000, 30쪽: 이화70년사, 1956, 102쪽.

311 김갑순 엮음, 2000, 71쪽.

312 이화100년사, 1994, 196-197쪽.

313 이화100년사, 1994, 197쪽. 1930~2025년 영어연극 공연 일람은 부록 5에 제시했다.

영역을 넘는다는 호평을 받았다.[314] 1930년부터 1941년까지 해마다 4학년 교과과정의 하나로 준비하고 공연된 문과의 영어연극은 장안의 외국인이나 지식인들에게 화제가 되었다.[315] 1932년 문과 졸업반은 영어연극 '찰스 램(Charles Lamb)'을 채플에서 공연했다. 출연 배우는 찰스 램에 조정순, 메리 램에 최예순, 안티에 계준태였으며 찰스 램으로 분한 조정순은 유창한 영어와 기막힌 연기로 관중들을 매혹시켰다.[316] 1942년에는 영어연극 '폴리아나(Polliana)'를 준비했으나 이 공연은 캐스팅에 대한 학생들의 불만으로 결국 취소되었고, 얼마 지나지 않아 조선총독부는 영어연극 공연을 아예 중단시켰다. 연극을 좋아했던 학생들이 졸업 전 꼭 한 번 연극을 하고 싶다고 하여, 하는 수 없이 1942년에 일본어로 2막짜리 '취우(醉雨)'를 공연하게 되었다. 연출은 김갑순 교수가 했으나 대사 지도는 일본인 교수가 맡았고, 그나마도 이를 마지막으로 졸업반 연극은 막을 내렸다. 결국 이화여자전문학교의 영어연극 공연은 '바다로 가는 기사들(Riders to the Sea)'이 마지막이 되었다.[317]

### 2) 해방 이후 영어영문학과 영어연극(1947~1968)

해방 후부터 영어영문학과는 연극과 관련된 두 가지 과목을 개설했다. 하나는 '구현법'이라고도 칭했던 '스피치(Speech)'였고, 하나는 '영어연극'이었다. 미국 대학에서는 스피치 교육을 일반 연설이나 작품 낭독 등을 활용하여 훈련시켰으며, 당시 한국에서는 이화여자대학교에서만 유일하게 하나의 교과목으로 설정하여 정확한 영어 발음과 억양 훈련을 목적으로 수업을 운영했다. 이 과목은 영어연극을 위한 일종의 선수 과목으로 저학년에서부터 영어 발음, 억양 등 정확하게 말할 수 있도록 훈련을 시켰기 때문에 상급반이 되어 연극을 할 때에는 상당히 정확한 영어를 할 수 있었다. 영어연극 과목은 1968년까지는 필수 전공과목이었으므로 영어영문학과의 모든 학생이 어떤 종류의 작업이든 연극과 관계된 과제를 해내야만 했다.[318]

영어영문학과는 1947년 제임스 베리(James M. Barrie) 원작, 김갑순 연출의 '퀄리티 스트리트(Quality Street)'를 이화여자대학교 본관 소강당에서 선보이며 영어연극 공연을

---

314 이화80년사, 1967, 164쪽. 『이화70년사』 102쪽에서는 1930년 '아이반호'를 이화채플에서 공연했다고 기술했고, 김갑순(2000, 31쪽)은 정동 캠퍼스에 있는 강당에서 공연했다고 기술했다. 『이화80년사』 164쪽에는 "그전에는 교내 강당에서 공개하다가" 1930년 '아이반호'를 시내 공회당에서 공연했다고 나온다. '아이반호' 공연 때 출연했던 최선화(1931)는 "공연을 조선호텔 앞에 있는 공회당에서 하려 했는데 비용 관계로 정동 강당에서 첫 막을 올렸다"고 회상했다(김갑순 엮음, 2000, 31쪽).

315 이화80년사, 1967, 164쪽.

316 이화70년사, 1956, 107쪽.

317 김갑순 엮음, 2000, 64쪽.

318 김갑순 엮음, 2000, 71쪽.

재개했다.[319] 이화여자전문학교 문과 시기부터 영어연극의 조연출로 시작하여 이화여자대학교 영어영문학과 영어연극의 중심에 있었던 김갑순 교수는 작품을 선정할 때마다 다음 몇 가지를 염두에 두었다고 회고했다. 첫째, 많은 학생이 참여하여 연극의 묘미를 이해할 수 있는 극적인 가치가 있는 작품, 둘째, 정상적인 언어로 쓰인 것으로 영어를 올바르게 습득할 수 있는 작품, 그리고 마지막으로 극적으로 인간의 삶에 대한 철학이 뚜렷한 작품이다. 이런 생각을 가지고 영어연극 공연을 준비하면서 영어연극이지만 학생들이 무대를 통해 많은 것을 체험하며 각자 값진 경험을 하게 하는 것이 이 과목의 주된 목적이었다. 사실 이러한 배려로 학생들이나 연출자 모두 2, 3개월 동안 함께 연습하고 일함으로써 더 귀한 경험을 많이 얻을 수 있었다.[320]

1955년 영어영문학과 졸업반의 연극 '신부의 아버지(Father of the Bride)'는 미8군의 요청으로 용산에 있는 미 제8군에서도 공연되었다.[321] 영어영문학과는 1968년까지 학년 전체를 둘로 나누어 연습하고 두 팀이 각 2번씩 총 4번의 영어연극을 공연했고, 가능하면 전원을 참여시키도록 배려하고 여기에 공식적으로 졸업반의 필수과목(3학점)을 배정하여 영어연극 공연을 적극적으로 뒷받침했다. 영어연극은 이화여자대학교 학생들을 위한 처음 2일간, 그리고 외부 손님에게 공개되는 나중 2일간 A·B그룹이 각각 하루씩 공연했다.[322] 1947년 영어연극 공연을 재개한 이래 영어영문학과 영어연극은 현재까지 한국전쟁, 정치 혼란으로 인한 공연 규제 등으로 인해 공연을 못한 몇 해를 제외하고 매년 계속 공연되고 있다.[323]

### 3) '영어연극' 교과목 폐지와 영어연극 동아리 활동(1969~현재)

영어연극 관련 과목들이 1968년 초부터 없어지기 시작했다.[324] 우선 '영어연극'이 필수과목에서 없어지고 '스피치' 과목만 겨우 1학점으로 명맥을 유지하게 되었다. 그 이후

319 김갑순 엮음, 2000, 74쪽.

320 김갑순 엮음, 2000, 73쪽.

321 이대학보, 미8군서도 공연: 『신부의 아버지』 호평, 1955.6.23.

322 이대학보, 영문과 영어연극공연: 25~28일 본관 3층 소강당서, 1955.5.25; 이대학보, 만당(滿堂)의 관중들 박수갈채: 졸업기념 영어연극 열연, 1955.6.23; 이대학보, 아우어 타운 상연: 영문과서 개교기념행사로, 1957.5.28; 이대학보, 원어연극은 외국어 학습의 일환, 1978.4.7.

323 한가람 봄바람에: 이화100년 야사, 1981, 198쪽; 부록 5 영어연극 공연 일람 참고. 일제 말기와 해방 정국(1942~1946년), 6·25전쟁 시기(1951년), 연극 활동 규제로 의한 1975년에는 공연을 못했다(1975학년도 영문과 연차보고서). 1979년 10·26 사태 이후 정부 당국의 지시로 전국 대학의 학생회가 폐지되면서 1980년과 1981년 두 해는 연극을 공연하지 못했다. 1982년 영문과 학생회 이영회가 부활하면서 영어연극도 재개되었고(김갑순 엮음, 2000, 198-199쪽), 이후 1995년과 2015년에는 공연 인력 부족으로 공연하지 못했다. 2020년 코로나19의 발발로 2020년, 2021년, 2022년에는 온라인 스트리밍으로 비대면 영어연극을 공연했다.

324 김갑순 엮음, 2000, 72쪽.

1973년에 대학 학제 개편을 위한 '실험대학'으로 이화여자대학교가 문교부로부터 지정받았고, 그해 3월부터 문리대학에서 우선적으로 실시하게 되었다. 이 실험대학의 교과과정은 전공필수 학점을 기존의 80학점에서 45~50학점으로 축소했다.[325] 전공필수과목 학점이 대폭 축소되면서 많은 전공과목이 폐강되었고, 그 중 '스피치' 과목도 포함되었다. 김갑순 교수는 교과과정에서 '영어연극'과 '스피치'가 없어져 언어능력 향상의 기회가 대폭 줄었다는 것을 안타까워했다.[326]

1969년 이후 영어영문학과의 졸업반 영어연극은 학과에서 후원은 하지만 학생들이 준비하고 공연하게 되었다.[327] 영어영문학과 학생회인 '이영회'의 희곡반 학생들이 주축이 되어 졸업 영어연극을 상연하고 또한 '이영회' 행사마다 작은 연극을 공연했다.[328] 1968년까지는 영어연극의 연출을 김갑순 교수가 전적으로 맡아 진행했다, 1973년 김갑순 교수의 은퇴 기념으로 마지막 연출을 했던 셰익스피어의 '십이야(Twelfth Night)' 공연을 제외하고는 1969년 '열두 명의 성난 여인들(Twelve Angry Women)'부터 당시 한국에서 가장 유명했딘 연출가와 극작가들이 연출을 맡았다. 김정옥(연출가, 중앙대학교 연극영화과 교수), 한상철(당시 이대 강사), 오태석(극작가, 연출가), 권경선(연출가) 등이 영어영문학과의 영어연극 연출을 맡았고,[329] 이는 당시 영어연극의 수준을 짐작케 한다.

1977년부터 1학기에 영어연극 공연을 했는데, 그 이유는 졸업 논문과 교생 실습이 2학기에 있으므로 1학기에 공연하는 것이 나은 것으로 의견이 모아졌기 때문이다.[330] 81학번부터는 연극반을 드라마 소사이어티(Drama Society)라고 부르기 시작했고, 1983년부터는 연출가 이정래를 초청하여 여러 해 동안 그의 지도하에 공연했다.[331] 이정래의 열의도 대단했고 또 학생들도 열심히 준비했다. 때로는 상급반 학생이나 대학원 선배가 연출을 맡기도 했다. 오늘날 이대 영문과 영어연극 동아리의 이름은 '빙즈(Beings)'인데 이 이름은 1988년부터 사용된 것으로 알려져 있다.[332]

1983년 가을 영어연극부터는 출연진과 스태프가 4학년이 아닌 1, 2, 3학년생들이 중심이 되었다. 1980년대 초중반 이후 두드러진 또다른 변화는 한국셰익스피어학회 주최 대학생 연극 경연 '셰익스피어 원어연극제(Shakespeare Festival)'에 이대 영문과도 참

---

325 '학제개편 실험을 위한 특례학칙'에 따라 전공이수학점이 45~50학점으로 축소되었는데(이화100년사, 1994, 382-383쪽, 대학안내 1973~1974, 41-42쪽), 영어영문학 주전공생은 전공과목을 총 45학점 이수해야 한다(대학안내 1975, 84쪽; 대학안내 1976, 86쪽; 대학안내 1977, 88쪽).

326 이대학보, 원어연극은 외국어 학습의 일환, 1978.4.7.

327 김갑순 엮음, 2000, 72쪽.

328 김갑순 엮음, 2000, 198쪽.

329 김갑순 엮음, 2000, 198쪽.

330 1976학년도 영문과 연차보고서.

331 김갑순 엮음, 2000, 199쪽.

332 김갑순 엮음, 2000, 199쪽, 287쪽. 이 책(199쪽)에서는 '비잉스(Beings)'라고 표기했는데 오늘날 학생들은 영문명 Beings를 '빙즈'로 부르고 있다.

여하면서 셰익스피어 작품 공연이 많아졌다는 것이다. 1983년부터 1994년까지 대체로 봄, 가을 두 차례 공연했는데 봄에는 셰익스피어 작품을, 가을에는 일반 작품을 공연했다. 1989년 가을 공연작으로 선택한 홍가이(洪可異, Kai Hong) 작 '달래어지지 않은 혼들(The Unappeased)'은 그동안 영문과 영어연극이 주로 영미 작가가 영어로 쓴 작품을 다루었던 것에서 벗어나 한국 작가가 영어로 쓴 작품을 선보였다는 점에서 의의가 있다.[333] 이 작품은 일제 치하에서 위안부로 끌려간 정신대 여성과 생체실험대에 올려진 조선인의 참혹한 고통을 그린 극이다.

1998년 셰익스피어 공연 연구자인 강태경 교수가 지도교수를 맡으면서 빙즈는 새로운 세대를 형성하게 되었다. 1998년 '태풍(The Tempest)'은 셰익스피어 당대의 '빈 무대(bare stage)'를 차용하는 무대미학적 실험을 시도했고, 1999년 '말괄량이 길들이기(The Taming of the Shrew, 김진아 연출)'는 셰익스피어 고전극을 구한말 한국 사회를 배경으로 재해석하여 '액자식 구성'이라는 새로운 시도를 하는 한편, '언어적-문화적 공존'이라는 주제를 나타내기 위해 영어와 한국어를 동시에 사용했다.[334] 셰익스피어의 '한여름 밤의 꿈(A Midsummer Night's Dream)'은 영문과 영어연극과 인연이 남다른 작품이다. 2000년 강태경 교수의 빙즈 첫 연출작이자, 2010년 빙즈 70회 기념 공연작이기 때문이다.[335]

'정통 셰익스피어'를 표방한 2000년 공연은 원작 대본에 충실하고 무대연출법도 셰익스피어 당대 관행을 선보였다. 반면, 빙즈 출신의 졸업생 현역 연출가인 오김수희가 올린 2010년 공연은 제목 자체를 '꿈'을 의미하는 한자어 夢과 '~의 사이'를 나타내는 영어 among을 모두 의미하는 중의적인 표현인 'mong으로 바꾸고, 현실과 꿈의 경계가 희미해지는 지점을 무대화함으로써 셰익스피어의 현대적 재해석을 성공적으로 이루어냈다. 특히 이 공연은 음악, 무용, 미술 전공생들의 활약으로 극의 풍성함을 더한 점이 교내외의 주목을 끌었다.[336] 2000년대 이후 영문과 전공과목을 수강하는 타과생들이 점차 늘어가면서 빙즈는 더 이상 영문과생들만의 동아리가 아니라 타과생들에게도 영어연극을 경험해볼 수 있는 열린 장을 마련해주었던 것이다.

2001년 '십이야(The Twelfth Night)'를 끝으로 일련의 셰익스피어 공연을 마친 2000년대 첫 십년의 빙즈 레퍼토리는 주로 현대극으로 이루어졌다. 특히 이 시기에는 연극계로 곧장 진출하거나 연극 유학을 준비하던 열성적인 학생 연출과 배우들이 한편으로는 사무엘 베켓(Samuel Beckett)의 '게임의 끝'(Endgame, 2002)', 장 주네(Jean Genet)의

---

333 김갑순 엮음, 2000, 288-289쪽.

334 김갑순 엮음, 2000, 199쪽, 332-333쪽.

335 1930년 초연 이후 공연이 중단되었던 1942~1946년, 1951년, 1975년, 1980~1981년, 1995년을 제외하면 2010년이 70회 공연이다.

336 이대학보, 이화에서 꾸는 한여름 밤의 꿈, 2010.4.3.

'하녀들(The Maids, 2003)'과 같은 유럽 부조리극을 실험적인 방식으로 무대에 올렸고, 다른 한편으로는 베스 헨리(Beth Henley) 작 '미스 불꽃놀이 경연대회(Miss Firecracker Contest, 2007)', 마리나 카(Marina Carr) 작 '고양이 늪에서(By the Bog of Cats, 2008)' 등과 같은 영미(아일랜드 포함) 여성작가의 비교적 최근 작품들의 초연을 과감하게 시도했다. 이렇게 최근 작품을 선호하는 경향은 2009~2012년에 걸쳐 '좋으실 대로(As You Like It)', '몽('mong)', '실수희극(The Comedy of Errors)', '햄릿(Hamlet)'으로 이어진 셰익스피어 리바이벌이 있은 후 본격화되었다.

인터넷 매체로 인한 환경 변화로 인해 고전이나 현대의 대표적 작품들보다 동시대 작품에 대한 학생들의 관심이 높아지고, 아울러 젠더 및 소수자 인권 감수성이 높아지면서 빙즈는 동시대 영미 여성 극작가에게 주목하기 시작했다. 때마침 여성주의 드라마 연구자 최성희 교수의 지도 아래 2013년 상연된 '무모한 욕망(Reckless Desires)'을 필두로, 동시대 미국 최고의 극작가로 평가되는 사라 룰(Sarah Ruhl)의 '깨끗한 집(The Clean House, 2016)'과 '죽은 자의 핸드폰'(Dead Man's Cell Phone, 2017)'이 연속해서 무대에 올랐고, 사라 룰과 쌍벽을 이룬다는 평가를 받는 폴라 보겔(Paula Vogel)의 '외설적인 것(Indecent, 2019)'은 국내 초연을 기록하기도 했다. 이 시기에 빙즈 지도교수의 변화도 있었다. 재학 시절 빙즈의 일원이었던 황수경이 2017년 영국 르네상스 드라마 전공으로 영어영문학과에 부임하면서 강태경·최성희 교수를 대신해 학생들을 지도하기 시작했다.

2020년 코로나19(신종 코로나바이러스 감염증)의 갑작스러운 발발로 대면공연이 불가능해지자 빙즈 학생들은 준비하던 연극을 영상으로 제작하여 온라인 스트리밍으로 상연했다. 이후 2021년에는 오디오 드라마의 형식으로, 2022년에는 무대 공연을 촬영하여 상연하는 방식으로, 코로나19 시기의 비대면 수칙을 엄수하면서도 다양한 온라인 공연의 형식을 유연하게 활용함으로써 영어연극 공연의 유구한 전통을 이어갔다. 2023년에 이르러 대면공연이 허가되었고 빙즈는 다시 무대에서 관객들과 호흡하는 연극 공연을 재개했다. 이 기간 동안에도 빙즈의 방향성은 동시대 여성연극에 주어졌다. 특히 무대로의 복귀가 이루어진 '딸은 딸이다(A Daughter's a Daughter, 2023)'와 버지니아 울프의 동명 소설을 각색한 '올란도(Orlando, 2024)' 공연은 작품 선정과 연출 방향에서 그 어느 때보다도 여성으로서의 정체성에 대한 주제를 집중적으로 다루었으며, 열정적인 연기와 독창적인 무대 연출로 완성도 높은 공연을 선보였다는 평가 속에 빙즈 영어연극의 자랑스러운 역사를 충실히 계승했다.

빙즈 정기공연 레퍼토리의 동시대 여성연극에의 경도는 영어영문학과 내에 대안적 연극 활동을 낳기도 했다. 2019년 드라마 전공 대학원생들이 주도하고 학부의 빙즈 부원들이 배우로 참여하는 셰익스피어 전문 공연그룹인 AWS(All the World's a Stage)가 결성된 것이다. 이 그룹은 매년 한국셰익스피어학회가 주최하고 주한영국문화원이 후원하는 대학생 연극 경연 '셰익스피어 원어연극제'에 작품을 출품해오고 있다. AWS는 '베니스의 상인(The Merchant of Venice, 2019)'을 시작으로 '햄릿(Hamlet, 2021)', '리어왕'(King Lear, 2022)', '오셀로(Othello, 2023)', '맥베스(Macbeth, 2024)'로 매년 경연에 참가해 다수의 작품상, 연출상, 연기상을 수상하는 쾌거를 거두었다.

2025년 빙즈는 영문과 100주년을 기념하여 다시 한번 '한여름 밤의 꿈'을 무대에 올렸다. 이 공연의 의의는 무엇보다도 졸업생과 재학생이 협업하여 84학번부터 24학번까지 40년 나이 터울의 선후배가 어우러져 한 무대에서 호흡을 맞추었다는 것이다. 빙즈에서 출발하여 직업 연출가, 무대감독, 제작자가 된 졸업생들이 함께했음은 물론이다. 이번 '한여름 밤의 꿈'은 이화여자대학교가 ECC 건물에 신축한 영산극장의 첫 번째 공연이었으며, 갈등과 반목, 불화와 충돌 속에서 불안감과 무력감보다는 다름을 포용하고 생산적인 에너지를 회복하는 축제와 새로운 시작의 메시지를 전달했다. 이렇게 영어영문학과의 영어연극 공연은 일제강점기 이화여자전문학교 문과 시절에 시작되어 영어영문학과의 역사와 함께 긴 세월을 지내는 동안 교수와 학생들이 공동으로 작업했으며, 현재도 빙즈가 그 전통을 이어나가고 있다.

## 3. 영학관 설립과 영어교육

이화여자전문학교 문과는 교육과정이 사실상 영어영문학과와 다름없었기 때문에 학생들의 영어회화 실력 배양이 매우 중요했다. 그래서 교수진은 영어 학습 공간을 마련하여 문과 학생들에게 일상생활을 통하여 영어를 습득하게 하고 아울러 서구의 생활 방식과 문화를 배우고 이해할 수 있는 기회를 주고자 했다.[337] 이 공간을 영학관(英學館, English Practice House)이라고 명명했는데,[338] 문자 그대로 '영어를 실습하는 집'이라는 뜻이다. 학생들은 영학관에서 생활하는 동안 한국어는 사용하지 못하고 영어만을 사용해야 했는데, 일종의 몰입(immersion) 방식을 통한 영어 학습이 국내에서 1930년대 초부터 이루어졌던 것이다.

1932년 11월 19일 토요일 오후 이화여자전문학교 교직원, 이사회 위원, 문과 학생들

337 이화70년사, 1956, 294쪽; 이화80년사, 1967, 579쪽.

338 영학관의 영문 명칭이 『이화80년사』 150쪽과 『이화100년사 자료집』 852쪽에는 'English Practice House'로 기술되어 있고, 1933년 발간 *The Korea Mission Field* 29.1, 1936년 발간 *The Ewha College News Sheet* 8.10, 1937년 발간 *The Ewha College News Sheet* 9.3 및 『이화70년사』 295쪽에는 'English House'로 기술되어 있다. 현재 본교에서 사용하는 영학관 영문명은 English Practice House이다(이화역사관 제공).

과 내빈들이 영학관 봉헌 예배를 위해 영학관에 모였다.[339] 영학관으로 선택된 건물은 미북장로교 선교사 디캠프(DeCamp)가 사용했던 홍파동 소재의 오래된 양옥집이었다.[340] 이 건물은 학교에서 걸어갈 수 있으면서도, 때론 지나치게 많은 학내 활동을 떠나 오붓하게 가정생활을 누릴 수 있을 만큼 정동에서 떨어진 곳에 위치하고 있었다. 예배에서 문과 과장인 메이너는 영학관을 설립하게 된 목적과 이상, 그리고 이를 현실로 만들기 위한 구체적인 계획 등을 발표했다. 영학관 설립 목적은 첫째로 문과 재학생이 영어회화를 배우는 기회를 더 많게 하기 위함이었다. 모든 영문 관련 수업이 영어로 이루어지고 있음에도 불구하고 교실 공간은 영어를 자유롭게 구사하는 회화 능력을 발전시키기에는 한계가 있었다. 그러나 무엇보다 중요한 목적 중 하나는 학생과 외국인 선생님의 관계를 친밀하게 만들어 학생들이 편안하게 영어로 선생님과 대화할 수 있게 하는 것이었다. 선교사들과 학생들이 한 지붕 아래에서 공동생활을 했던 과거의 학당 시절로 돌아갈 수는 없으나, 영학관은 이러한 필요를 충족시킬 수 있다고 생각했다.[341]

처음 영학관에는 4학년 학생 7명이 입주했는데 칸로 교수는 이들을 "럭키 걸스(lucky girls)"라고 불렀다.[342] 지금의 독립문 건너편에 위치했던 이 집에서 학생들은 무너진 성벽을 따라 "설교단"이라 불리는 큰 돌이 있는 곳까지 산책을 하고, 아름다운 석양을 보면서 실제로 시를 쓰기도 했다. 영학관에는 7명의 학생과 두 명의 선생님이 생활할 수 있는 침실과 주방과 거실이 있었다. 거실은 야간 교육, 식사 및 오락 시간, 음악과 대화를 위한 곳이었다. 이곳에는 포장용 상자로 만든 책장과 포도와 사과를 담아두었던 과일 상자에 하얀 종이를 붙여 만든 화장대를 설치했고, 공부와 식사를 할 수 있도록 마련된 오크 테이블 등이 비싸지 않은 가격으로 구비되었다. 그 외에도 여러 사람이 필요한 물품을 보내주어 영학관을 단장할 수 있었다.[343]

영학관의 일과를 엿보면, 우선 아침에 울리는 알람 소리에 일어나 간단한 아침 예배와 식사를 하면서 8시 40분부터 시작하는 대학 채플에 참석하기 위해 학생들은 서둘러 준비했다. 물론 이때도 모두 영어를 사용했다. 저녁 여섯 시에 수업이 끝난 후 영학관에 돌아오면 타오르는 난롯불과 저녁 준비를 마친 식탁이 기다리고 있었고 학생들은 기쁜 마음으로 식사를 하고, 7시 반 공부 시간까지 오락이나 담소를 즐겼다. 그 이후 밤 10시

339 Marion L. Conrow, "High, Far-Seeing Places," *The Korea Mission Field* 29.1, 1933.1, p. 8. 영학관 설립 연도가 『이화80년사』 150쪽과 『이화100년사』 198쪽에는 1931년으로 서술되어 있으나, 이는 위의 사료를 확인하지 못하여 잘못 서술된 것으로 1932년으로 바로잡는다. 『이화80년사』 579쪽에서도 영학관의 시작을 1932년 11월 19일 집들이 행사로 보고 있다.

340 이곳에서 1934년에 사직동 McLaren 여사의 집으로 영학관을 옮겼다가(이화80년사, 1967, 579쪽) 1936년 신촌 캠퍼스에 영학관이 건립된다.

341 Marion L. Conrow, "High, Far-Seeing Places," *The Korea Mission Field* 29.1, 1933.1, p. 8.

342 Marion L. Conrow, "High, Far-Seeing Places," *The Korea Mission Field* 29.1, 1933.1, p. 9.

343 Marion L. Conrow, "High, Far-Seeing Places," *The Korea Mission Field* 29.1, 1933.1, pp. 8-9.

취침 시간 전까지 각자 조용히 공부할 수 있었다. 금요일 밤에는 친구들과 졸업생들을 초대하여 함께 어울리며 노래를 부르고 담소를 나눌 수 있는 "오픈하우스"를 개최했다. 초대받은 이들 역시 영학관에 있는 동안 "영어로 생활할(live in English)" 준비가 되어 있어야 했다. 일요일에는 요리사가 교회에 가므로 학생들은 저녁에 미국 선생님의 도움을 받아 외국식 음식을 직접 요리했다. 함께 식사를 나눈 선생님과 학생들은 영어 찬송가를 부르면서 가족 같은 친밀감을 느꼈다. 칸로 교수는 학생들뿐만 아니라 미국 선생님들에게도 영학관 경험은 행운이었다고 지적한다. 즉 학생과의 관계에서 "이전에는 건널 수 없다고 생각했던 어떤 장벽을 뛰어 넘는 우정을 처음으로 경험했다"고 기록하고 있다.[344]

영학관 생활의 철칙은 영어로만 대화해야 하고 서양식으로 생활하는 것이었다. 식탁당번은 아침이면 양식의 식탁을 차려 놓아야 한다. 또 포크, 스푼, 냅킨을 어디에 놓아야 하는지, 그리고 식사할 때 포크와 스푼 중 무엇을 먼저 사용해야 하는지 그 순서를 배워 올바르게 행동해야 했다. 외국인 선생님과 마주 앉아서 먹으며 일일이 그가 하는 대로 눈치껏 따라가며 먹다 보면 사실 토스트 맛이 어떠했는지 기억하기 어려울 정도였다. 그러나 한 주일, 두 주일 생활하는 동안 영어도 이따금 씩 튀어나오기 시작하고, 한 학기가 지났을 무렵에는 아침·저녁 식사 시간에 식탁에서 제법 얘기가 많아졌고 웃음소리가 자지러지며 영학관의 생활 분위기도 영글어져 갔다.[345] 메이너, 트럭슬, 칸로, 헐버트 등 선교사 선생들이 교대로 영학관에서 함께 생활하며 학생들을 지도했고 자기 나이 또래의 친구를 갖기 원하는 학생들의 희망에 따라 서울외국인학교(Seoul Foreign School)의 학생 몇몇을 초대하기도 했다.[346]

이화여전은 1935년에 신촌의 새 캠퍼스로 이전했고, 파이퍼(Pfeiffer) 여사와 여선교부에서 기부한 기금으로 신촌 캠퍼스에 새 영학관 건축이 시작되었다.[347] 본관 옆 체육관 뒤 언덕에 지상 2층, 지하 1층으로 세워진 현 신촌 캠퍼스 영학관은 보리스 건축사무소(W. M. Vories & Company Architects)가 설계했고 1936년에 봉헌되었다.[348] 1층에는 응접실, 객실, 식당, 주방, 광, 세탁실, 2층에 4개의 침실과 공부방, 3개의 욕실이 있는 가정적 분위기를 풍기는 아담한 석조 양옥이었다. 이곳 영학관에서 지도 선생 2명, 요리사 1명과 함께 실습 학생 한 그룹 8명이 손님 접대, 요리사 돕기, 심부름, 청소 등 4부로 나누어 책임을 맡아 자치적으로 생활하면서 학우간의 공동체 정신을 함양하고 생활 예절을 배우면서 영어 실력을 키웠다. 이곳은 때때로 한국을 여행 중인 외국인 선교사의 숙소로도

---

344 Marion L. Conrow, "High, Far-Seeing Places," *The Korea Mission Field* 29.1, 1933.1, p. 9.
345 이화70년사, 1956, 295-296쪽.
346 이화80년사, 1967, 580쪽.
347 이화80년사, 1967, 580쪽.
348 현 신촌 캠퍼스 내 영학관 안내 표지판; 이화100년사 자료집, 1994, 852쪽.

사용되었다.[349]

메이너 교수는 1936년 새 영학관이 개관하자 이를 기념하기 위해 놀라운 제안을 했다. 즉 1931년에서 1936년까지 모든 졸업생이 새 영학관에서 하룻밤을 다시 지낼 수 있는 동창 재상봉의 기회를 마련한 것이었다. 문과 학생들을 유난히 사랑했던 메이너 교수의 덕으로 1935년 졸업생은 그해 12월 28일에, 1936년 졸업생은 12월 29일, 1934년과 1933년 졸업생은 12월 30일에, 그리고 1932년과 1931년 졸업생은 12월 31일에 영학관에서 밤을 보냈다. 크리스마스 방학 동안 영학관에서 열린 이 신나는 행사에 멀리 사는 졸업생들도 참석했고 때론 아이를 데려오기도 했다. 이는 이화 역사상 전례 없는 일이었으며, 메이너 교수가 이화여전에서 공부했던 모든 문과 학생들에게 보내는 사랑의 표현이었다.[350] 영학관의 정신은 "낯선 사람에게나 친족에게나 활짝 열리는 문(The door that opens wide to stranger as to kin)"으로 잘 표현된다.[351]

1940년대 들어서 일제가 외국인 선교사들을 추방하고 또한 문과, 가사과 등을 폐지함에 따라 영학관은 폐관되어 교장 사택 등으로 사용되었다. 전시교육임시조치령에 의하여 1943년 12월 전문학교 교육이 정지되었고, 1944년 1월 이화여자전문학교 여자청년연성소 지도자 양성과로 개편되었던 것이다. 1년제였던 양성과의 목적은 학생들을 농촌으로 보내 부녀자들에게 일본어와 전쟁의 정당성을 가르치는 일을 시키는 것이었다.[352] 한국전쟁 시기에 영학관은 유엔군 장교 숙소, 학생식당 등으로 사용되었다. 수복 후 칸로 교수가 영학관의 부활을 건의했을 때, 김활란 총장은 더 시급한 피해복구로 인해 영학관 복구 관련 사항을 칸로 교수에게 일임했다. 칸로는 한국전쟁 이후 가구와 필요한 물품이 없어진 영학관을 복구하기 위해 미국에서 모금하여 가구 일체를 주선해왔다. 응접실 가구, 양탄자, 난로, 냉장고, 조리기구까지 감리교 여선교부의 원조로 가져오고, 응접실에 필요한 비품은 영어영문학과 동창회인 영학회가 기증했다. 영학관은 수리를 마친 후 칸로, 헐버트 두 교수의 지도하에 개관되어 1955년 4월 25일 첫 그룹 실습생 10~12명을 입관시켜 약 15년 만에 그 기능을 복구했다.[353] 당시 영어영문학과는 영학관의 재개관으로 졸업반 학생들이 "실제적인 일상 영어를 습득하는 데 성공했다"고 평가했으며, 단지 학생 수가 많은 관계로 짧은 기간 동안 영학관에 들어 외국인 생활양식을 맛보는 데 충분하지

349 이화80년사, 1967, 212쪽; 580쪽; 이화100년사 자료집, 1994, 852쪽.

350 *The Ewha College News Sheet* 8.10, English House news: Future curiosity, 1936.12.11; *The Ewha College News Sheet* 9.3, Report of the English House: June 8, 1937, 1937.5.22.

351 *The Ewha College News Sheet* 9.3, Report of the English House: June 8, 1937, 1937.5.22.

352 이화100년사, 1994, 283-284쪽.

353 이화80년사, 1967, 580-581쪽; 이대학보, 영학관을 수복구: 25일엔 첫 그룹이 입관, 1955.4.25; 1955학년도 영문과 연차보고서; 한가람 봄바람에: 이화100년 야사, 1981, 342쪽. 이대학보(1955.4.25)에는 10명, 『이화80년사』에는 12명을 입관시켰다고 나온다.

못했음이 유감이라고 했다.[354]

영어영문학과에 입학한 학생들이 가장 기대하던 경험은 졸업여행과 영학관 생활이었다. 학생들은 영학관에 들어가면 그레이스(Grace), 키티(Kitty) 등 영어 이름을 각자 짓고 서양식 생활의 실습과 영어회화를 익혔다. 또한 남자친구를 초청하는 브라더스 파티, 김연옥[김옥자] 교수가 손금을 보아주었던 한가한 저녁나절의 한때도 잊지 못할 영학관 생활의 한 대목이다.[355]

1955년 재개관 이후 영어영문학과 졸업반 학생들은 그룹 지어 영학관에서 생활하면서 크레인(Crane) 교수 및 여선교부에서 파견한 선교사들의 지도를 받으며 서구생활을 실제 체험했는데,[356] 그룹별 인원수 및 생활 기간은 시대에 따라 조금씩 변했다. 신촌캠퍼스 영학관 재개관 후 1962년까지는 10~12명씩 그룹을 이루어 한 달간 생활했다는 기록이 있다. 1957년에는 졸업반 87명 학생 9개 그룹이, 1958년 87명 학생 7개 그룹, 1959년 91명 학생 8개 그룹, 1960년 120명 학생 10개 그룹이 각각 나누어 영학관에서 4주씩 생활했다.[357] 1961년에는 학생 140명을 12개 그룹으로 나누었고 3인의 외국인, 2인의 한국인 선생이 이를 지도했다.[358] 그러다 1962년 영어영문학과의 영학관 운영에 변동이 생겼다. 매년 4학년 전 학생들을 수용하던 영학관은 1962년부터 학생 수에 비해 영학관 수용 능력이 부족해서 영문과 전공선택과목 중 '신문학', '영어연극', '사무영어'를 택한 학생은 입관하지 못하게 되었다. 겨울방학 동안 휴관한 후 1962년 3월 10일부터 개관한 영학관에는 영어영문학과 학생 중 일부만이 입소하게 되었던 것이다.[359] 영학관 한 달 생활을 포기해야 했던 학생은 입소생의 친구 자격으로 하룻밤을 지내며 영학관 생활의 분위기를 조금이나마 느껴보기도 했다.[360] 1969년에는 4학년 11개 그룹이 3월부터 12월까지 입주했다는 기록이 있는데,[361] 4학년 전교생인지 일부 학생인지는 기록에 나와 있지 않다. 1960년대 후반부터 1974년까지는 영학관에서 생활하는 기간이 일주일 이내로 줄고 그룹별 인원수도 전보다 줄었다.[362]

영문과는 학생 수의 증가에 따라 영학관을 탄력적으로 운영했으나, 외국인 선교사가

354 1955학년도 영문과 연차보고서.

355 한가람 봄바람에: 이화100년 야사, 1981, 343쪽.

356 이화80년사, 1967, 581쪽.

357 1957~1960학년도 영문과 연차보고서.

358 1961학년도 영문과 연차보고서. 이 책 3부 정기호의 회고록에 따르면, 1961년 12개 그룹 중 한 그룹은 갑자기 실시된 학사시험 제도로 인하여 한 달간의 영학관 생활이 취소되었으며, 1962년 2월로 예정되었던 졸업식도 1961년 12월로 앞당겨졌다고 한다.

359 이대학보, 영학관 개관: 전4년생 수용못해, 1962.3.19.

360 이 책 3부 김정매(1963)의 회고록.

361 1969학년도 영문과 연차보고서. 1962~1968학년도, 1970~1974학년도 영문과 연차보고서에는 영학관에 관한 기록이 없다.

362 이 책 3부 손선혜(1966), 안순희(1968) 회고록 등.

부족해지고 24시간을 상주하면서 지도교수 역할을 할 독신 여교수가 없어 어려움을 겪게 되었다. 영학관의 입주를 조건으로 채용된 미혼의 전임강사도 그 역할을 감당해내지 못하고 얼마 지나지 않아 물러났다. 이런 어려움 외에 입식 생활과 서양식 문물이 한국 사회에 일반화되고 유류파동으로 건물 유지가 어려워진 것 등이 이유가 되어 1975년에 영문과의 생활관이었던 영학관을 폐관하고 법인관으로 명칭을 변경하여 학교법인 사무실과 이화발전후원회가 사용했다.[363] 1981년 3월 학교법인 사무실이 이전함에 따라 솟을관으로 명칭을 재변경하여 법정대학 국가고시 준비생들을 위한 기숙시설로 사용했다.[364] 1992년 2월 한우리집 기숙사가 개관하여 솟을관이 한우리집 102동으로 이전했고,[365] 1999년 10월 영학관에서 이웃한 연구관에 있던 아시아여성학센터가 영학관으로 이전하여 2025년 현재까지 사용하고 있으며 영학관이라는 원래 이름을 되찾았다.[366]

## 4. '신문학(新聞學)' 교과목과 영자신문 간행

### 1) 이화여자전문학교 문과 시절의 영자신문

이화여자전문학교 문과에서 영문학 수업이 강화되고 1929년 문과 교과과정에 영어 작문과 문법(Composition and Grammar) 분야 교과목으로 4학년에 '신문학(新聞學, Journalism)'이 주당 2시간으로 개설되었다. '신문학'은 당시 한국 안에서는 이름조차 생소한 과목이었다. 이 시간에는 이론과 함께 단신(短信) 뉴스, 칼럼, 에세이 등 다양한 종류의 기사 작성 방법을 가르치고 수업의 과정으로 교내 신문잡지 간행에 참여하도록 훈련했으며, 졸업 후 신문기자로 활약할 수 있는 소양을 닦게 했다. 수업 시간에 기사 쓰기와 편집을 다루고 평론, 수필 등을 실제 쓰게 하고 또 평을 해주었다.[367] 일제강점기에 '신문학'을 영어로 가르치고 교과목 실습 및 학생 자치활동의 일환으로 영자신문을 간행했다는 것은 놀라운 사실이다. 현재 실물로 존재하는 당시의 영자신문들을 다음의 표로 정리했다. 이 표를 보면, 이화여자전문학교 학생들이 1929년부터 1940년까지 꾸준히 영자신

363 한가람 봄바람에: 이화100년 야사, 1981, 343쪽; 이화100년사 자료집, 1994, 852-853쪽.
364 이화100년사 자료집, 1994, 853쪽.
365 http://www.ewha.ac.kr/ewha/life/dormitory.do (2025.1.28. 검색); http://lawschool.ewha.ac.kr/lawschool/institutions/juris-dorm.do (2025.1.28. 검색).
366 1999학년도 이화여자대학교 연차보고서.
367 이화80년사, 1967, 164쪽; 이화100년사, 1994, 190-191쪽; *Ewha College* (1930), *Ewha College Catalogue*, pp. 34-37; 김영희, 『이화여자대학교 언론홍보영상학부 50년: 1960~2010』, 이화여자대학교 커뮤니케이션·미디어연구소, 2011, 21-22쪽.

문을 발간한 것을 알 수 있다.[368]



<이화여자전문학교 영자신문>

| 신문명 | 현존 자료 | 소장 건수 |
|---|---|---|
| The Ewha Weekly News Sheet | 1929.5.6 ~ 1933.6.24<br>(Volume 1-Volume 5.9) | 16 |
| The Ewha College News Sheet | 1934.4.14 ~ 1937.9.11<br>(Volume 6.1 ~ Volume 9.4) | 39 |
| The Ewha College Girl | 1931.6.15 ~ 1938.6.4<br>(Volume 2.1 ~ Volume 11.4) | 36 |
| The Ewha College Senior Notebook | 1938.10 ~ 1940.5.31 | 16 |

문과 졸업반 학생들은 1929년 *The Ewha Weekly News Sheet*와 1930년 *The Ewha College Girl*을 발행하기 시작했다.[369] 초창기 *The Ewha Weekly News Sheet*는 학생들이 직접 써서 등사했고, 1930년 영어 타자 시간이 개설된 후에는 타자로 쳐서 발행했다. *The Ewha Weekly News Sheet*에는 학교 소식이나 문과 졸업반 학생들의 영어작품이 중심이 되어 비교적 정확하게 주간으로 간행되었다. 창간 당시 *The Ewha Weekly News Sheet*라는 이름으로 발행하던 주간신문은 1934년 4월 제6호(volume 6)부터 *The Ewha College News Sheet*로 개칭 후 1937년까지 주간으로 발행했다. 역시 문과 학생들의 실습지의 성격을 띤 *The Ewha College Girl*은 현재 1931년 6월호부터 1938년 6월호까지 확인할 수 있으며, 문과 졸업반 학생에 의해서 교내 소식 및 졸업반 학생들의 수필, 창작, 평론 등이 실렸다. 이것은 '신문학' 시간과 '영작' 시간의 실습 과정을 통해 영어 실력을 향상시키면서 신문 제작을 배우는 과정이었다. *The Ewha College Girl*은 문과 학생들의 활동이 활발하던 1936년과 1938년에는 격주간으로 발행한 기록이 있으나, 그 외에는 월간으로 발행되었다. 밴플리트(Van Fleet) 당시 이화여자전문학교 교장 서리(재임기간 1928.12~1930)는 '신문학' 시간에 주간 *The Ewha Weekly News Sheet*를 발간했다고 밝혔고,[370] 메이너(Maynor), 헐버트(Hulbert) 선생은 *The Ewha*

368 이화역사관 소장 자료를 정리했으며, 이 영자신문 중 일부 기사 내용을 이 책에 포함시켜 서술했다.

369 위 표에서 1931년 6월에 발행된 *The Ewha College Girl*이 제2.1호인 것으로 보아 제1호는 1930년에 발행되었다고 보는 것이 타당하다. 『이화100년사』에도 1930년에 *The Ewha College Girl* 발행이 시작되었다고 나온다(191쪽). 현존하는 *The Ewha College Girl* 제3.2호(1932년 12월호)-제3.4호(1933년 3월호), 제4.1호(1933년 10월호)-제4.6호(1934년 3월호), 제5.1호(1934년 9월호)-제5.6호(1935년 3월호)를 근거로 발행 초창기와 중기에는 *The Ewha College Girl*의 호수(號數) 부여 방식이 당시 학사일정을 따른 것으로 추정된다. 1930년대에는 1학기가 4월, 2학기가 9월, 3학기가 이듬해 1월에 시작했다(『이화100년사』, 181쪽).

370 밴플리트 교장 직무대리의 임기는 『이화100년사 자료집』 96쪽 참고.

*Weekly News Shcct*와 계간 *The Ewha College Girl*을 발행했다고 설명했다. 『이화80년사』(1967)는 두 기록을 참고하여 *The Ewha Weekly News Sheet*는 '신문학' 과목에서 발행한 것으로 보아 그 내용이 학술적인 면에 더 치중한 것으로 설명하고, *The Ewha College Girl*은 뉴스 위주로 영어 실력 향상과 신문 제작 실습이 목적이었던 것 같다고 설명했다. 1938년 10월부터는 *The Ewha College Senior Notebook*이라는 이름의 실습지가 나오는데, *The Ewha College Girl*이 명칭을 변경한 것으로 1938년 10월부터 1940년 5월까지 월간으로 출간되었다. 이 영자신문들이 폐간된 것은 조선총독부의 통제로 1936년에서 1941년 기간에 대부분의 학생 활동이 전부 중지되었기 때문이었다.[371]

한국에서 언론학 관련 교육은 일제강점기에는 없었고, 해방 이후 비정규 교육기관인 조선신문학원에서 1947년부터 본격화되었으며, 대학에서의 관련 과목 강의는 1949년 4월 서울대학교 문리과대학에 '신문학' 과목이 개설된 것이 최초라고 잘못 알려지기도 했다. 그러나 1929년 이화여자전문학교 문과에 '신문학'이 개설되어 교육되었으므로, 한국에서 저널리즘으로서의 '신문학' 과목이 정규 교육기관에서 교과목으로 개설되어 가르치기 시작한 것은 이화여자전문학교가 최초이다. 또한 한국 최초의 대학신문은 당시 평양에 있던 숭실대학의 신문으로 1912년 또는 1919년 창간된 『숭대시보(崇大時報)』라고 한다. 『숭대시보』는 1925년 숭실전문학교로 학제가 개편되면서 『숭전타임스』로 제호를 변경해 발행하다가, 일제의 신사 참배 강요에 항거하여 1938년 3월 학교가 폐교되면서 자연 폐간된 것으로 알려져 있다. 그러나 그 실물이 남아 있지 않고, 정확한 기록도 없는 상태이다. 현재 실물이 남아 있는 우리나라 최초의 대학신문은 연희전문학교에서 1935년 9월 1일 창간한 『연전타임스』라고 하나, 1929년 이화여자전문학교에서 창간한 영자 주간신문 *The Ewha Weekly News Sheet*가 발행 시기가 더 빠르므로, 현존하는 국내 최초 대학신문이라고 할 수 있을 것이다. 대학신문들이 일반화되기 시작한 것이 1950년대에 와서의 일이고 보면 이화여자전문학교 문과의 선진적이고 창조적인 노력은 탁월하다고 평가할 수 있다.[372]

### 2) 해방 이후 '신문학' 교과목과 국내 최초 대학 영자신문 *Ewha Voice*

광복 이후에도 영어영문학과의 교과과정에 '신문학'이 포함되었다. 1948년 영어영문학과 교과과정에는 학수번호 435-436의 '신문학'이 4학년 1년 동안 2개 학기에 걸쳐 3학점씩 개설되어 있어, 그 비중이 작다고 할 수 없다. 교과목 안내에는 신문과 잡지 기사

371 이화80년사, 1967, 184쪽; 이화100년사, 1994, 190-191쪽: 김영희, 2011, 21-23쪽; Korea Woman's Conference, 1929, p. 42, p. 46; 이화역사관 소장 자료 확인.

372 김영희, 2011, 23-24쪽; 이화80년사, 1967, 184-185쪽: 이화100년사, 1994, 191쪽.

및 신문 제작을 공부하며 교과목의 일환으로 지도교수의 지도를 받아 학생들이 대학신문을 제작 발행한다고 소개했다.[373] 영어영문학과에서 이후에도 1970년대 초까지 '신문학', 'Journalism', '신문기사론'의 이름으로 주로 크레인(Crane)의 지도하에 교수되었다. 그리고 간혹 김세영, 모크(Elwyn Mauck)가 지도했다. 교과과목에 대한 설명이 1953년에는 "제1학기는 신문학에 대한 학술적 이론적 기술적인 면을 습득하며, 제2학기에는 제1학기에 습득한 바를 활용하여 교내 주간신문을 발행하고 이에 대한 토의와 논평을 한다"고 기술되어 있고, 1959년에는 "신문학의 기초 이론과 개념을 논하고 실제 영자신문 *Ewha Voice*를 출간하므로 신문 출간의 실제 과정과 기술을 습득한다"라고 하여 영자신문명을 구체적으로 밝히고 있다. *Ewha Voice* 출간이 1972년 이대학보사로 이관된 후 더 이상 영어영문학과 교과목에서 '신문학'은 보이지 않는다.[374]

대학신문으로 국내 최초의 영자신문인 *Ewha Voice*는 1954년 6월 전 6페이지의 타이프 등사로 제작, 창간되었다. 제1기 기자였던 김승숙 영어영문학과 명예교수는 2014년 *Ewha Voice* 창간 60주년 기념식에 참석하여 "창간호 제작 당시, 스텐실(stencil) 기법으로 자르고 꾸미며 붙이는 등 수작업으로 발간한 기억이 난다"고 소회를 밝혔다.[375] 1954년 발간된 영자신문 *Ewha Voice*는 일제강점기 간행된 영자신문들의 후신이라 하겠다. *Ewha Voice*는 제호 그대로 이화여자대학교 내외의 소식과 의견을 전달할 뿐만 아니라 학생들의 영어 능력과 신문 편집 및 제작 능력을 아울러 길러주는 교과과정의 일부로 시작되었다. 창간 당시 발행부수는 500부이며, 편집 고문은 크레인, 그리고 영어영문학과 4학년 학생 45명 전원이 기자로 활약했다. 처음에는 *Ewha Voice*를 월 1회 간행했으나,[376] 1955년부터는 한 학기 2회 발행했으며,[377] 1960년대 중반에는 대판 4면으로 발행되었다. *Ewha Voice*는 학생들의 영어학습을 돕고 이화를 해외에 소개하는 데 기여했다. 해외 홍보의 필요성이 높아짐에 따라 점차 그 배부 대상이 이화여자대학교 학생뿐만 아니라 해

373 김영희, 2011, 25-26쪽.

374 1953년도에는 학수번호 411-412 '영문신문학'(3학점)으로 크레인의 지도로 개설되었고(대학안내 1953, 55쪽), 1957년에는 학수번호 427-428 'Journalism'(6학점)을 크레인(Crane)이 지도했고 "How to publish newspaper"에 관한 수업이었다(대학안내 1957, 42쪽). 1959년에는 학수번호 영선427 '신문학'(3학점)으로 김세영이 교과목을 담당했다(대학안내 1959, 63쪽). 1960년에는 학수번호 403-404 '신문기사론'(4학점)으로 과목명이 변경되었으며, 모크(Mauck)가 지도했다(대학안내 1960, 66쪽). 1961년부터 1963년까지는 학수번호 영선407-408 'Journalism'(4학점)으로 크레인이 지도했다(대학안내 1961, 67쪽; 대학안내 1963, 47쪽). 1964년 학수번호 영선407-408 '신문학'으로 이름 개칭하고 교과내용 설명은 같다(대학안내 1964, 54쪽; 대학안내 1965, 59쪽; 대학안내 1966, 60쪽). 1969년 학수번호가 영413-414로 바뀌었고 그 외 내용은 같다(대학안내 1969, 70쪽; 대학안내 1971, 74쪽).

375 이대학보, 세계 속 이화를 위한 홍보대사, 이화보이스 60년의 발자취, 2014.11.15.

376 이화100년사 자료집, 1994, 557쪽. Ewha Voice 홈페이지에서는 1954년 6월호, 7월호, 11월호가 확인된다(http://evoice.ewha.ac.kr/pdf/list.html).

377 최근에는 *Ewha Voice*가 방학과 중간시험 기간을 제외하고 격주간으로 연 13회 발행되고 있다.

외 거주 이화인과 주한 외국기관 등으로 확대되어갔다.[378]

이러한 상황에서 *Ewha Voice* 간행이 1972년 3월 영어영문학과에서 이대학보사로 이관되었다.[379] 2006년 3월 이화미디어센터가 설립됨에 따라 현재는 이화미디어센터에서 *Ewha Voice*를 발행하고 있다. 국내 최초 대학 영자신문인 *Ewha Voice*는 2024년 10월 창간 70주년을 축하하는 기념식을 진행했으며,[380] 오늘날 『이대학보』와 더불어 이화여자대학교의 공식 신문 매체로서의 역할과 기능을 훌륭히 수행하고 있다.

## 5. 학술연구 및 출판 활동

이화여자전문학교 문과와 이화여자대학교 영어영문학과 학생들은 각자의 관심 분야에 대한 연구모임을 조직했으며, 교수들은 직간접으로 도움을 주었다. 각 연구모임에 지도교수가 지정되어 있었고, 연구의 결과물을 학예회, 콘서트, 이영의 날 등 학술모임에서 발표했다. 또한 학회지를 제작하여 그들의 연구성과를 게재하고, 책을 출판하기도 했다.

### 1) 학술연구 활동

#### 문과학예회(Literary Recital)와 학술연구반(Research Club)

이화여자전문학교 시기에는 학교의 규정으로 교내 행사로 매월 1회 월례 학예회와 매년 1회 일반에 공개되는 졸업반 학예회를 개최하는 것이 정해져 있었다. 이것은 그 역사가 길며 대개 이화여자전문학교 설립 이전 이화학당 대학과 시절부터 정규화된 것으로 짐작되며, 전문학교 때에는 월례회나 졸업 학예회의 기록이 여러 곳에서 보인다. 구체적 내용은 창작(문학작품) 발표, 콘테스트 당선작 발표, 혹은 논문 발표로 각 학과마다 월례, 연례의 학예회는 대내외적으로 관심을 받았고 활발하고 충실한 내용으로 전개되었다.[381] 발표 내용은 주로 교과과정 시간에 학습한 내용이었으며, 전공 분야의 작품발표를 통하여 학생들의 학구열과 창작 의욕을 돋구었다. 문과의 첫 번째 학예회는 1929년 10월 6일 오후 2시 30분 예배에서 처음 시작되었다.[382]

378 이화80년사, 1967, 488-490쪽; 이화100년사, 1994, 488-489쪽; 이대학보, 세계 속 이화를 위한 홍보대사, 이화보이스 60년의 발자취, 2014.11.15.

379 이화100년사, 1994, 340쪽. 국어국문학과에서 신문기자 지망 학생들을 지도하기 위해 3학점이 배정된 '신문학 연습'을 개설했는데, 『이대학보』는 이 과목의 실습을 통해 편집, 제작한 것으로 시작되었다. 국어국문학과 '신문학 연습' 교과는 1964년 폐지되었다(김영희, 2011, 23-26쪽).

380 이대학보, 이화의 목소리가 되어 70년의 반향을, 이화보이스 70주년 홈커밍 행사, 2024.11.4.

381 이화80년사, 1967, 484쪽.

382 *The Ewha Weekly News Sheet* 1.13, 1929.10.7.

1933년 6월 이화여자전문학교 학생들은 신입생을 포함하여 학술연구반(Research Club)을 조직했고 6월 7일 첫 모임을 가졌다. 연구반은 학생들에게 매우 중요한 모임으로 교사와 학생들이 함께 각자의 관심과 개별 발전을 위해 조직한 것이다. 연구반 규칙은 "첫째, 선택한 주제에 대해 주당 5시간 이상 공부한다. 둘째, 학교 과제는 완벽해야 한다"는 것으로 정해졌다. 당시 회원은 65명이며, 그중 7명은 졸업생이었다.[383] 연구반 조직을 보면 문학반, 철학반, 사회학반, 종교교육반, 교육반, 음악반이 있었다. 문학반은 외국문학과 국문학으로, 사회학반은 법률과 경제, 농촌사회, 아동교육, 건강과 오락반으로, 음악반은 서양음악과 동양음악으로 구분되었다. 학생들은 정규 교육과정 이외에 문학뿐 아니라 일반사회 전반에 걸쳐 다채로운 분야를 개척하여 자신들의 관심 분야에 대한 심도 있는 연구를 위해 자발적으로 연구반을 조직했고, 이에 교수들은 적극적으로 지도했으며 졸업생들도 참가하여 진지한 학문연구의 자세를 취했다. 뒷장에 제시된 그림은 연구반의 조직도로, 각 반에 소속된 학생회원과 지도교수의 수이다.

학생들의 연구 활동은 신촌으로 이사 온 후에 더욱 활발해졌다. 1935년 10월 23일 이화여자전문학교와 이화보육학교(구 이화학당 유치원 사범과)가 함께하던 학술연구반(Research Club)이 이전(梨專)문과학술연구회(Research Club of Ewha College Literary Department)로 변경되었다. 10월 23일 문과만의 학술연구회가 설립되었다고 하지만 이는 공식적인 것이고, 그 이전부터 문과 학생만의 연구모임은 시작되어 진행되고 있었던 것으로 보인다. 산하 연구반이 이미 첫 모임을 갖고 연구를 진행하고 있었던 기록이 있다. 공식적으로 분리된 이전문과학술연구회의 조직은 7개의 부서와 8명의 지도교사로 이루어졌다. 부서를 조직하는 과정에서 한국문학에 대한 연구의 지속 여부에 대해 고민했던 흔적이 보인다. 한국문학 연구를 계속하고 시, 소설, 연극의 연구와 글쓰기에 집중하기로 결정하고, 최종적으로 한국문학은 문과와 연결하여 소설 이태준, 역사 성낙수, 시 김상용, 연설과 연극 메이너와 김갑순, 한국고문학 이희승, 국가관계(National Relationship) 김활란, 법과 경제 정강현으로 구성되었다.[384] 여기에서 연구 활동의 중심으로 한국의 역사와 고전, 그리고 전통을 이어가고 있다는 사실과 당시 일제의 식민지 지배 체제하에 있으면서도 일어교육은 외면하고 한국어와 영어 중심의 교육과정을 꿋꿋하게 운영했음을 알 수 있다. 이는 당시 이화여자전문학교의 민족정신과 항일의 표출 방식이었다고 할 것이다.

이전문과학술연구회는 정규수업 외의 활동으로, '문예에 관한 일반 학술연구'를 목

383 *The Ewha Weekly News Sheet* 5.8, Research club, 1933.6.17.

384 *The Ewha College News Sheet* 7.12, Ewha research club, 1935.9.27; *The Ewha College News Sheet* 7.17, Changes in the research club, 1935.11.4.: 이전문과학술연구회의 설립 시기가 『이화80년사』 485쪽에는 1937년으로, 『이화100년사』 236쪽에는 1936년으로 서술되어 있으나, 이는 위의 사료를 확인하지 못하여 잘못 서술된 것으로 1935년으로 바로잡는다.

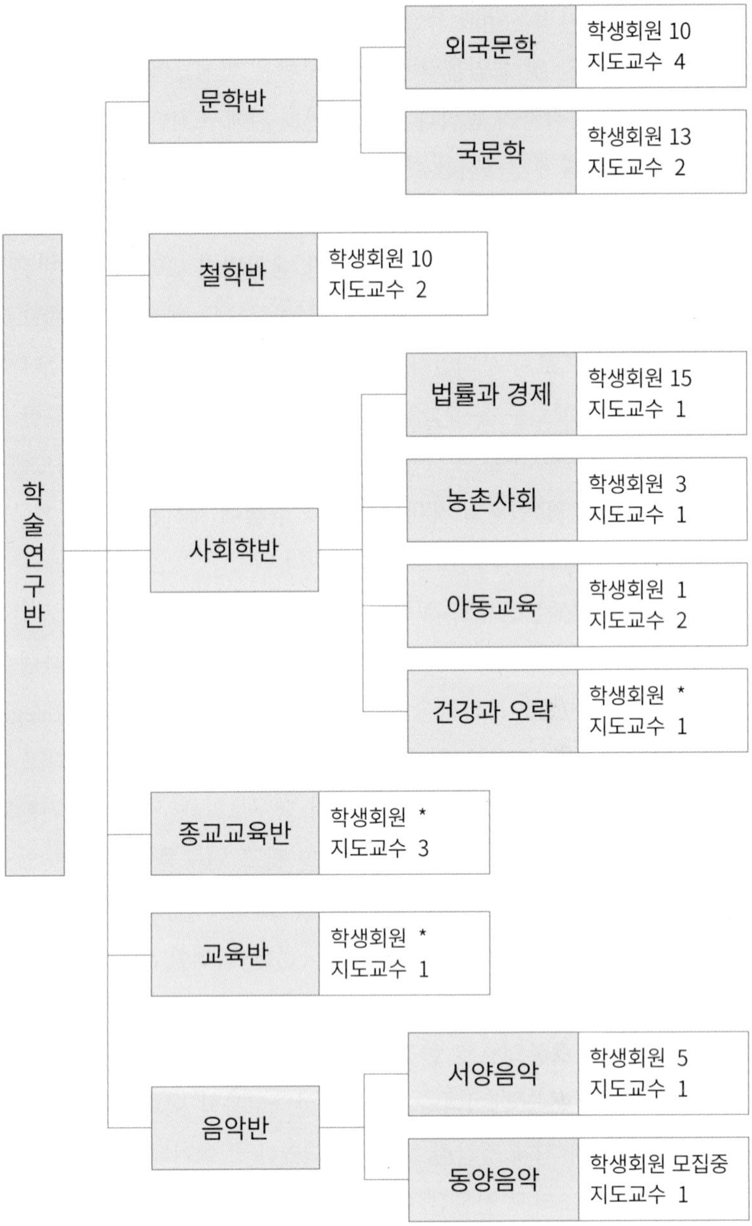


<1933년 학술연구반 조직표>[385]

적으로 했다. 회원 자격은 이화여자전문학교 문과 교직원 중 본회 취지에 찬동하는 자, 문과 재학생 및 졸업자 중 회원의 추천과 회장의 승인을 얻은 자였다. 경우에 따라 문과 이외

385 이화80년사, 1967, 485쪽; *The Ewha Weekly News Sheet* 5.8, Research club, 1933.6.17: 표에 기재된 학생회원의 수는 57명으로, 65명 중 7명의 졸업생을 제외한 수 58명과는 차이가 있다. 기록이 있지 않은 것은 *로 표시했으며, 학생회원 1명과 졸업생 7명의 숫자일 것으로 사료된다.

의 학생은 추천과 회장인 문과 과장의 승인을 얻어 입회할 수 있도록 문호를 개방했다. 회원은 위원 교직원, 정회원 생도, 특별회원 졸업자로 나누었다.[386] 학술연구회 각 부서에는 지도교수가 있고 학생은 각자 희망에 따라 입회했으며, 각 부서별로 매월 2회 이상 집회를 통해 회원들 간의 연구성과를 발표하고 이를 지도했다.[387] 1935년 5월 13일 지도교수 성낙수의 지도로 '역사연구반' 첫 모임을 했고, 학생 김정옥이 '사회'에 대해 보고했고, 고대 한국의 계층에 대해 논의했다. 5월 20일 두 번째 모임에서 성낙수는 '무덤'에 대해 강의했다.[388] '시 연구반'은 1935년 5월 지도교수 김상용의 제안으로 토마스 그레이(Thomas Gray)의 시 '시골 묘지에서 쓴 애가(Elegy Written in a Country Churchyard)'를 공부했고, 김상용의 영시 낭송을 들으며 작가를 이해하고 공감할 수 있었다.[389]

이외에도 문과는 매년 재학생을 대상으로 영어소설, 수필 콘테스트를 하여 창작실력을 키웠으며, 실제로 많은 문인을 한국 문단에 배출했다.[390] 학생들은 교과과정과 특별활동의 결과물을 학예회를 통해 발표했다. 1937년 학사일정에 따르면 문과 학예회를 1937년 5월, 6월, 9월, 10월, 11월, 1938년 1월, 2월에 걸쳐 총 7차례 그리고, 11월에 별도로 문과 졸업반 학예회를 시행했다.[391]

### 발표회

영어영문학과는 일제강점기 이화여자전문학교 문과 선배들이 리사이틀(Recital)을 했던 전통을 이어, 해방 후 1954년 영문학연구회를 발기하고,[392] 1954년 5월 28일 본관 소강당에서 400여 명이 모인 가운데 첫 번째 발표회를 개최하여 대성황을 이루었다. 한 학기 동안 공부하고 연구한 영문학 작품, 즉 로버트 브라우닝(Robert Browning), 윌리엄 워즈워스(William Wordsworth) 등 시인의 시, 셰익스피어의 『베니스의 상인(*The Merchant of Venice*)』 안토니오의 연설, 밀른(Alan A. Milne)의 번역수필과 창작수필을 각각 낭독하고, 끝으로 대학원 학생 김연옥[김옥자]이 연출한 연극 크리스토퍼 몰리(Christopher Morley) 작 '목요일 저녁(Thursday Evening)'이 상연되었다.[393] 1956년 2월 2일에는 영어영문학과 졸업반의 정례 리사이틀이 대강당에서 개최되었다. 영어연극 이외에 단편 번역작품의 낭독, 독백 그리고 영미작가들의 작품에 대한 비평 등이 각각 발표되

---

386 이화100년사, 1994, 236쪽.
387 이화80년사, 1967, 485쪽; 이화100년사, 1994, 236-237쪽.
388 *The Ewha College News Sheet* 7.6, Oriental History Research club, 1935.5.24.
389 *The Ewha College News Sheet* 7.6, Bringing our own "English Writers" books, 1935.5.24.
390 이화80년사, 1967, 485쪽; 이화100년사, 1994, 237쪽.
391 이화80년사, 1967, 236-237쪽.
392 1954학년도 영문과 연차보고서.
393 이대학보, 영문과리사이틀: 참신한 푸로로 향응, 1954.6.15.

어 참석한 영미 문학도들에게 많은 자극과 감동을 주었다.[394]

1962년 11월 26일에 영문과 제1회 리틀 콘서트(Little Concert)가 중강당에서 개최되었는데 영어영문학과 2, 3학년 80여 명이 다채로운 프로그램을 선보여 관중에게 호평을 받았다.[395] 1963년 11월 26일에도 같은 장소에서 리틀 콘서트가 개최되었다.[396] 1966년 11월 25일 개최된 이영의 날에는 백낙청 서울대 영어영문학과 교수를 초청하여 특강을 들었고, 4학년 학생 최영의 논문 발표, 3학년 학생들의 영시 낭독, 졸업생 이봉순과 배만실의 회고담, 그리고 단막극으로 제임스 브로튼(James Broughton)의 '여름의 분노(Summer Fury)' 공연이 있었다.[397] 1960년대에 이영의 날 행사는 주로 11월에 개최되었는데, '이영회의 날' 또는 '이영회 날'로 불리기도 했다. 특강, 논문 발표, 연극 등으로 구성하여 1년에 한 번 개최했던 이영의 날 행사는 1969년 11월 28일 '이영회 날'이 마지막인 것 같다.[398]

1970년대에 이영회는 발표회 또는 학술발표회라는 이름으로 학생들의 역량을 키워 나갔다. 1970년 5월 말 이영회의 연구발표회와 관련된 기사가 『이대학보』에 다음과 같은 내용으로 실렸다. "영문과 이영회는 22일 오후 2시~3시 30분까지 C110에서 4학년 연구발표회를 가졌다. 작품연구로는 김한이 또스또에프스키의 『지하의 수기』를, 정재얼이 헉슬리(Huxley) 작품 『연애대위법(*Point Counter Point*)』에 관해 발표했고, 윤유경, 김호신, 정경숙, 최선경, 이정혜, 안미순, 이영림 등이 셰익스피어의 여러 희곡 중 유명한 연설, 독백 등을 골라 암송했다. 이영회는 앞으로 한 달에 한 번 정도 이와 같은 활동을 가질 예정으로, 6월 20일경에는 3학년의 연구발표가 있다."[399] 1973년에는 4월과 6월, 11월에 이영회 발표회가 있었고, 1974년에는 4월과 5월에 이영회 발표회가 있었다.[400]

영어영문학회 학술 활동으로 1986년 5월 30일 학생들에 의해 이루어진 영문과 제1회 학술 심포지엄(Symposium)이 있었다. 해당 심포지엄은 제1회만 개최하고 이어지지 않았다. 학생들은 자체적으로 1985년 12월부터 모임을 가지고 1986년 이화 100주년 기념행사의 하나로 심포지엄을 기획했으며, 4명의 학생이 'Joseph Conrad 연구: *Heart of Darkness*와 *Nostromo*에 나타난 제국주의의 제 양상을 중심으로'라는 주제로 발표했다. 심포지엄에 대한 학생들의 자체평가는 만족스럽지 못했으나 스스로 모임을 만들고 공부한 내용을 공개적으로 발표했다는 것에 의의를 가졌다.[401]

394 이대학보, 영문과 졸업반 리싸이틀 성황, 1956.2.15.
395 *Minerva* 6, 1963. 153쪽; 이대학보, 영문과 작은 음악회, 1962.12.6.
396 *Minerva* 7, 1964, 129쪽.
397 *Minerva* 9, 1966, 197쪽.
398 *Minerva* 11, 1969, 89쪽.
399 이대학보, 영문과 연구발표회: 작품연구 및 희곡암송, 1970.5.25.
400 *Minerva* 14, 1973, 164쪽; *Minerva* 15, 1974, 122쪽.
401 *Minerva* 22, 1987, 제1회 영문과 심포지엄, 133-136쪽.

### 2) 출판 및 번역 활동

#### 『이화』 발간

1928년 이화 YWCA 문학부는 혹독한 일제의 검열과 부족한 재정에도 불구하고 오랜 숙원이었던 회지 출간을 결정했고, 교수, 학생, 졸업생으로부터 원고를 모집했다. 당시 YWCA 문학부장 박겸숙은 총독부 도서과에 출판 허가서를 제출했다. 박겸숙이 원고를 모으고 총독부 검열과를 드나들면서 많은 수고를 했으나, 원고가 불온하다는 이유로 끝내 출판 허가를 받지 못했고, 압수되었던 원고만 겨우 찾아왔다. 박겸숙이 졸업한 다음 해 문학적 소질이 뛰어났던 졸업반 최이권이 부회장 겸 문학부장직을 맡아 『이화』의 산파 역할을 했다. 『이화』 창간호는 최이권과 당시 회장이었던 최직순이 백낙준, 최현배 교수의 지도를 받아 기존 원고를 매만지고, 총독부 도서과에 제출하여 여러 번의 교섭 끝에 출판을 허가받아 1929년 2월 초 출간되었다. 연간 1회 출판, 국판 189페이지였다. 내용은 학생과 교수들의 논문, 소설, 시, 수필 등이었다. 졸업을 앞두고 있던 최직순, 최이권은 『이화』 제2집을 출간하려고 모은 원고를 1930년도 회장 모윤숙, 문학부장 연영화에게 넘겼고, 변영로, 배상하 교수의 지도하에 1929년 12월 『이화』 제2집이 발간되었다. 『이화』는 검열과 재정 등의 문제에도 불구하고 1938년까지 꾸준하게 출간되었다. 매 년 발간하는 것이 목표였으나 격년으로 발간되기도 했다. 1938년 제8집까지 내고 일제의 탄압으로 모든 이화 YWCA 활동이 마비되면서 1939년 『이화』도 정간되었다.[402] 일제에 의해 폐간되었던 『이화』는 1950년 4월 3일 제9호로 복간되었으며 6·25 전쟁으로 정간과 속간을 반복했다. 『이화』 복간호 제9호는 1949년 11월 국내 대학 최초로 창설된 출판부의 첫 간행물이었다는 의의도 있다.[403] 2025년 현재 학생 자치언론기구인 '교지편집위원회'에서 매 학기 교지 『이화』를 발행하고 있다.

#### 학회지 *Minerva* 출간

이대영문학회는 1957년 12월 학회지로 『영문학회지(英文學會誌)』를 창간했다. 1958년 11월 이대영문학회가 이영회로 개칭되면서, 학회지 이름도 『이영회지(梨英會誌)』로 변경하여 1958년 12월 제2호로 발간했다. 그리고 1959년에는 학회지 이름을 지혜의 여신의 이름인 '미네르바(Minerva)'로 바꾸어 2002년까지 발간했다.[404] 이영회는 영문과 학회지 *Minerva*를 발간하고 이영회 회원들, 즉 영어영문학과 학생들의 연구 논문과 함께 각

402 이화70년사, 1956, 242-243쪽; 이화80년사, 1967, 181-183쪽: 이화100년사, 1994, 189-190쪽, 317쪽.
403 이화80년사, 1967, 328쪽; 이화100년사, 1994, 317-318쪽. 1950년부터 '—집'에서 '—호'로 변경되었다(중앙도서관 『이화』 상세정보).
404 『이영회지』 2, 1958; *Minerva* 3, 1959.

연구반의 1년 동안의 활동 상황을 휘보에 따로 정리, 기록했다.[405] 1958년 이영회는 3부(연구부, 편집부, 회우부) 5반(시, 소설, 평론, 언어연구, 희곡)으로 구성되었으나,[406] 필요에 의해 다양한 연구반이 창설되기도 했고 상황에 따라 축소되기도 했다. 1959년 4월에는 이영회에 성서문학반이 신설되어 6반으로 개편되었다.[407] 1962년에는 영소설반, 미소설반, 수필평론반, 성서문학반, 언어학반, Drill반, 언어학이론반, 영시반, 희곡반 총 9개 연구반이 있었으며, 1966년 2월에 발행된 *Minerva* 8호에서는 창작반과 음악반이 새롭게 등장한다.[408] 1977년에는 언어학부, 영문학 배경부, 희곡부, 창작번역부, 소설부, Shakespeare부, 수필평론부가 있었다.[409] *Minerva* 발간 현황은 다음과 같다.

<영어영문학과 학회지 발간 현황>

| 학회지 이름 | 발간 일자 | 학회지 이름 | 발간 일자 | 학회지 이름 | 발간 일자 |
|---|---|---|---|---|---|
| 『英文學會誌』1호 | 1957.12.10. | *Minerva* 11호 | 1969.2.24. | *Minerva* 21호 | 1984.11.25. |
| 『梨英會誌』2호 | 1958.12.10. | *Minerva* 12호 | 1970.2.24. | *Minerva* 22호 | 1987.3.31. |
| *Minerva* 3호 | 1959.12.15. | *Minerva* 13호 | 1972.9.1. | *Minerva* 23호 | 1988.12.5. |
| *Minerva* 4호 | 1961.2.20. | *Minerva* 14호 | 1973.11.10. | *Minerva* 24호 | 1990.3.23. |
| *Minerva* 5호 | 1961.12.20. | *Minerva* 15호 | 1974.9.25. | *Minerva* 25호 | 1991.2.30. |
| *Minerva* 6호 | 1963.2.5. | *Minerva* 16호 | 1976.2.10. | *Minerva* 26호 | 1992.3. |
| *Minerva* 7호 | 1964.1.25. | *Minerva* 17호 | 1977.3.30. | *Minerva* 27호 | 2000.3. |
| *Minerva* 8호 | 1966.2.18. | *Minerva* 18호 | 1978.5.30. | *Minerva* 28호 | 2001.3. |
| *Minerva* 9호 | 1966.12.31. | *Minerva* 19호 | 1983.2.15. | *Minerva* 29호 | 2002.9.17. |
| *Minerva* 10호 | 1967.11.24. | *Minerva* 20호 | 1984.1.25. | | |

이상의 표와 같이 *Minerva*는 여러 차례 중단되면서 재간행되었다. 제4호가 1960년 12월에 출간되지 못하고 1961년 2월에 간행된 것은 1960년 4·19학생의거와 맞물리며, 1965년은 한일수교에 대한 저항, 1968년, 1971년, 1975년은 정치적 혼란과 학제 개편 등으로 학생 활동이 원활하게 수행되지 못했기 때문인 것으로 보인다. 1979년 10·26사태 이후 정치적 혼란으로 학생 활동이 원활하지 못했고, 이영회 역시 그 활동이 축소되어 1979년부터 1982년까지 학회지 *Minerva*도 출간되지 못했다.

1978년 5월 *Minerva* 18호를 발간하고 4년 가까운 시간 동안 학생들의 활동이 동면

405 *Minerva* 6, 1963, 책 머리에.
406 『이영회지』 2, 1958, 이영회임원명단.
407 *Minerva* 3, 1959. 이영회 임원 명단.
408 *Minerva* 6, 1963. 각 반별 활동 상황; *Minerva* 8, 1966. 이영회 임원 명단.
409 *Minerva* 18, 1978. 과외 활동 내용.

상태에 있었던 것은 여러 요인이 있었지만, 당시 영어영문학과 과장이었던 김영일 교수는 무엇보다 두드러진 이유를 영어영문학과로 몰려온 과다한 학생 수 때문이라고 판단했다. 1982학년도 영어영문학과 재적생 수가 900여 명이 되었는데, 이는 영어영문학과의 인적 자원과 시설로서는 감당할 수 없는 엄청난 숫자였다.[410]

1978년까지 출간된 후 중단되었다가 1983년부터 복간된 *Minerva*의 내용 구성에 변화가 생겼다. 이전 *Minerva*는 학생 논문으로 이루어진 학회지의 성격을 가지고 있었으나, 1984년 1월 발간 *Minerva* 20호는 Part I에는 학생 논문을 싣고 Part II에는 창작, 번역, 학회 활동에 대해 수록하는 등 영어영문학과 학생들의 다양한 성과를 포함시켰다.[411] 1984년 11월 발간 *Minerva* 21호에는 편집부가 '학회지의 올바른 방향 모색'에 대한 좌담을 기획했고, '영문과에 묻는다'라는 설문지에 영어영문학과 선택 동기, 선후배 관계, 학회 활동, 졸업 후 진로 등을 묻고 이를 수집·분석했다.[412] 이러한 *Minerva* 편집 구성 및 내용은 당시 편집부가 *Minerva*의 성격을 고민하고, 학생들의 의견을 모아 현 상황을 정확히 인식하고자 했던 노력으로 볼 수 있다.

이후에도 1985년, 1986년, 1989년 미발간되었던 *Minerva*는 1993년부터 1999년까지 간행되지 못했다. 이에 대해 『이대학보』는 2002년 9월 기사에서 다음과 같이 설명한다. 단대 및 학과에서 출간했던 "매체지들은 기본적으로 학생들이 문학에서 시사 문제까지 의견을 표출하는 통로 역할을 해왔다. […] 그러나 이러한 매체지들이 여러 가지 이유로 비주류 취급을 받거나 사라지고 있다. 이는 근본적으로 학부제로 인해 과에 대한 소속감이 없어져 학생들의 관심이 줄어들었기 때문이다. 그로 인해 지원이 줄었고 재정적 어려움도 겪게 됐다. 게다가 학생들의 관심은 쌍방향 소통이 가능한 인터넷으로 옮겨 가고 있다. […] 다행히도 단대, 과를 대표하는 매체지를 살리려는 노력" 덕분에 영문과 학술지 Minerva도 2000년 27호부터 다시 발간되었다.[413] 그러나 *Minerva*는 2002년 29호 출간을 마지막으로 더 이상 출간되지 못했다.

*Minerva*가 간행되었던 당시 게재된 학술논문은 각 호수당 논문 편수가 적게는 2편, 많게는 14편이었으며, 이는 평균 8편이 게재된 것이었다. 학생들이 매년 8건의 학술논문을 게재한다는 것은 쉬운 일이 아니다. 이는 당시 영어영문학과 학생들의 학술모임이 얼마나 활발하고 진지했는지를 알려주는 증거이다.

---

410 *Minerva* 19, 1983, 권두언(김영일).

411 *Minerva* 20, 1984.1.

412 *Minerva* 21, 1984.11, 좌담: 학회지의 올바른 방향 모색; *Minerva* 21, 1984.11, 설문지 분석: 영문과에 묻는다.

413 이대학보, 사라지는 학내 매체지, 2002.9.16.

### 문학작품의 번역과 출판

영어영문학과 학생들의 영미 문학작품의 번역 활동은 1954년 영문학연구회 조직과 함께 시작되었다. 연구회는 1954년부터 매 학기 1회씩 영문학 작품연구 발표회를 가지기로 했고, 연구회 번역반이 1954년 헨리 그레고르 펠슨(Henry Gregor Felsen) 원작의 단편 '리 창의 백만환(Li Chang's Million)'을 번역하여 『이대학보』에 게재했다.[414] 또한 1958년 한국 최초의 『제인 에아(*Jane Eyre*)』 번역본 출간은 이후 각종 번역물 시리즈를 출판하는 기반을 마련했다.[415]

이영회는 1960년대 중반 영미 주요 문학작품을 한국어로 번역하여 '이영문고' 이름의 시리즈로 제1집 『영미단막극선』(1964), 제2집 『영미단편선집』(1966), 제3집 『영미수필선집』(1967), 제4집 『영미시선집』(1967)을 출판했다.

<이영문고 시리즈>

| 구분 | 책 제목 | 역자 대표 | 발행일 |
|---|---|---|---|
| 이영문고 1 | 영미단막극선 | 김세영 | 1964.12.20. |
| 이영문고 2 | 영미단편선집 | 나영균, 이근섭 | 1966.2.20. |
| 이영문고 3 | 영미수필선집 | 이석곤, 조정호 | 1967.2.20. |
| 이영문고 4 | 영미시선집 | 김선숙 | 1967.11.24. |

1964년 12월 이영문고 제1집으로 출간된 『영미단막극선』의 준비는 1963년 12월경 당시 이영회 임원 16명이 번역서를 내보자고 결의했고, 많이 읽히지 않은 희곡을 번역하는 것으로 결정한 것에서 시작되었다. 학생들은 희극과 비극을 포함한 영국 작품 4편과 실험적인 희곡도 포함한 미국작품 4편, 총 8편을 선정했다. 「더들리 도련님(Master Dudley)」, 「돌아가신 할아버지(The Dear Departed)」, 「크리스마스 이브(Christmas Eve)」, 「기나긴 크리스마스 정찬(The Long Christmas Dinner)」, 「배음(倍音, Overtones)」, 「용감한 사형수(The Valiant)」, 「로리가(家)의 최후(The Last of the Lowries)」, 「아침에 온 신랑(The Morning After)」 총 8편의 단막극을 두 사람이 한 팀이 되어 한 편씩 번역했고 김세영 교수의 격려와 교정으로 1964년 12월 출간되었다. 목차에는 원작자와 함께 번역한 학생의 이름도 실었다.[416]

이영문고 제2집인 『영미단편선집』은 1966년에 나영균, 이근섭 교수의 지도로 출판

414 이대학보, 리 창의 백만환, 1954.3.5.
415 샤롯트 브론테 원작, 이대 영문학과 영소설반 옮김, 『제인 에아』(상권), 이화여자대학교출판문화원, 1958.4.30; 샤롯트 브론테 원작, 이대 영문학과 영소설반 옮김, 『제인 에아』(하권), 이화여자대학교출판문화원, 1958.5.15. 『이화100년사』 489쪽에는 출판 연도가 1957년으로 기재되어 있으나 1958년이 맞다.
416 '이영문고' 제1집 『영미단막극선』, 이화여자대학교출판문화원, 1964.

되었다. 영국편으로 죠셉 콘라드(Joseph Conrad)의 「초호(礁湖, The Lagoon)」, D. H. 로렌스(D. H. Lawrence)의 「말장수의 딸(The Horse Dealer's Daughter)」, 제임스 조이스(James Joyce)의 「에블린(Eveline)」, 버지니아 울프(Virginia Woolf)의 「공작부인과 보석상인(The Duchess and the Jeweller)」, 올더스 학슬리(Aldous Huxley)의 「외알 안경(The Monocle)」, 사키(Saki)의 「열린 창문(The Open Window)」을 번역했다. 미국편으로는 셔우드 앤더슨(Sherwood Anderson)의 「난 바보다(I'm a Fool)」, 윌리엄 포크너(William Faulkner)의 「에밀리의 장미(A Rose for Emily)」, 어네스트 헤밍웨이(Ernest Hemingway)의 「깨끗하고 밝은 집(A Clean, Well-Lighted Place)」, 존 스타인벡(John Steinbeck)의 「도주(Flight)」, 도로시 파커(Dorothy Parker)의 「남자와 여자(The Sexes)」를 번역했다. 제1집과 마찬가지로 한 작품당 두 명의 학생이 번역했고, 목차에 번역한 학생들의 이름을 원작자와 함께 실었다.[417]

『영미수필선집』은 1966년 1학기 수필평론반을 중심으로 한 번역계획으로 이루어졌다. 영국편과 미국편으로 나누고 17세기에서 근대에 걸쳐 주요 작품을 골고루 선정했는데, 그 기준은 한국어로 번역되지 않은 것, 한국어로도 재미있게 읽을 수 있는 명작을 위주로 했다. 작품 선정을 완료한 후 번역 담당 학생을 정했고, 학생들이 번역한 작품을 모아 여름방학에 수정작업을 거친 후 1967년 2월에 출간했다. 이석곤, 조정호 교수의 지도하에 번역과 교정, 출간이 이루어졌으며, 목차에는 작가명과 수필 제목 그리고 그 수필을 번역한 학생의 이름을 적어 놓았다. 영국편은 베이콘(Francis Bacon) 작 '여행(Of Travel, 남영채 역)'부터 러셀(Bertrand Russell) 작 '철학의 가치(The Value of Philosophy, 박승자 역)'까지 20편, 미국편은 어어빙(Washington Irving) 작 '크리스마스(Christmas, 이정자B 역)'부터 아인스타인(Albert Einstein) 작 '교육에 관하여(On Education, 이정자A 역)'까지 6편으로 총 26편의 번역글이 있다.[418]

『영미시선집』은 1966년 겨울방학에 시를 번역하겠다고 계획하고, 번역할 작품으로 수업 시간에 많이 접하고 또 영문학도로서 꼭 읽어야 하는 7편의 중편시 내지 장편시를 선택했다. 학생들이 번역한 시는 김선숙, 이근섭, 윤정옥 교수가 교정하여 통일성 있도록 도움을 주었으며 학생들과 교수들의 노력으로 이영문고 제4집으로 1967년 11월 출간되었다.[419]

1969년부터는 이영문고로 출판될 한국 문헌의 영역(英譯)을 위해 4학년 학생들이 지방 답사를 시작했으며,[420] 무주 구천동 및 충청지방(1969), 전라도(1970, 1971), 전라남도 일대와 남해 지역(1976, 1977), 목포, 제주, 완도(1979), 보길도(1981) 등의 지역으로 연구

417 '이영문고' 제2집 『영미단편선집』, 이화여자대학교출판문화원, 1966.
418 '이영문고' 제3집 『영미수필선집』, 이화여자대학교출판문화원, 1967.
419 '이영문고' 제4집 『영미시선집』, 이화여자대학교 영어영문학과, 1967.
420 1969학년도 영문과 연차보고서.

답사했다. 1981년 4월 15일~18일 4학년 보길도 답사를 끝으로 이후 답사 기록이 보이지 않는다.[421] 이영회 창작반은 1969년부터 'Korean Folklore and Classics' 시리즈로 한국 전설, 한국 고전소설 등의 문학작품을 영어로 번역하여 출간하기 시작했고, 답사 과정에서 수집한 한국의 신화, 전설, 구전 이야기 등을 번역하여 시리즈 중의 하나로 발간했다. 한국문학의 영역을 통해 한국문학의 우수성, 한국의 지혜, 유머, 권선징악 등을 알리고자 했다. 다음은 'Korean Folklore and Classics' 시리즈의 정보이다.

<Korean Folklore and Classics 시리즈>

| 구분 | 책 제목 | 창작반 회장 | 출판 연도 |
|---|---|---|---|
| KFC 1 | *The Wit and Wisdom of O-sung and Han-um* | 이명순 | 1969 |
| KFC 2 | *Woon Young's Romance and Other Stories* | 이정희 | 1970 |
| KFC 3 | *Legends from the Hills and Valleys of Korea* | 박영신 | 1971 |
| KFC 4 | *The Story of Shim Chung* | 김화춘 | 미상 |
| KFC 5 | *The Nine Cloud Dream* | 김유미 | 미상 |
| KFC 6 | *The Story of Mrs. Sah's Journey to the South* | 김옥희 | 미상 |
| KFC 7 | *The Story of Kong Ji and Pat Ji* | 이복희 | 1978 |
| KFC 8 | *The Story of Bae Beejang* | 윤미경 | 1976 |
| KFC 9 | *Tale of a Toad* | 장정녀 | 1979 |
| KFC 10 | *The Story of Heungboo* | 최혜숙 | 1977 |

위의 책 제목만으로도 오성(이항복, 1556~1618)과 한음(이덕형, 1561~1613)의 우정과 지혜, 『운영전』, 『심청전』, 『콩쥐팥쥐전』, 『배비장전』, 『홍부전』 등과 김만중의 『구운몽』, 『사씨남정기』 등 한국의 유명한 고전을 영역한 것을 알 수 있다. 각 책에는 그 외에 한국 전설과 동화 등이 함께 수록되어 있다. 최초의 영역작품인 *The Wit and Wisdom of O-sung and Han-um*의 경우 두 개의 섹션으로 나뉘어 있으며, 첫 번째 섹션은 오성과 한음의 이야기이며, 두 번째 섹션은 유명한 한국 전설과 동화를 모아놓았다.[422] 창작반 주최로 1969년 2월 『운영전』 외에 『장끼전』, 『박문수전』, 『초질』, 『양반전』 등 4편의 영역을 완료했고, 8~9월에 걸쳐 각 작품에 대한 각주를 달아 1970년 *Woon Young's*

421 1969~1971학년도 영문과 연차보고서; 1976~1977학년도 영문과 연차보고서; 1979학년도 영문과 연차보고서; 1981학년도 영문과 연차보고서. 1971년에는 10월 15일 고전 번역 자료를 위한 전라도 지방 답사를 했고, 1976년에는 4학년 학생 106명과 인솔 교수 6명이 전라남도 일대와 남해 지역을 5월 5일~8일 동안 답사했다. 1977년에는 4학년 학생 120명이 인솔 교수 8명과 5월 5일~8일, 남해 및 전라남도 일대를 답사했다. 1979년에는 4학년 학생들이 목포-제주도-완도를 답사했다.

422 *The Wit and Wisdom of O-sung and Han-um*, Foreword, 이화여자대학교출판문화원, 1969.

*Romance and Other Stories*를 출간했다.[423] *Legends from the Hills and Valleys of Korea*는 한국의 전설 중 흥미로운 작품을 선택하여 영역했다. *The Story of Mrs. Sah's Journey to the South*는 창작반 학생들이 1972년 11월 3일 번역을 위해 처음 모임을 했고, 당시 계엄령으로 학교에서 공부할 수 없었던 겨울방학에 여러 차례 회의를 거쳐, 1973년 5월 29일이 되어서야 번역을 거의 마칠 수 있었다.[424] 1976년 창작번역부는 『장끼전』과 『두껍전』을 번역작품으로 정하고 매주 모임을 가지며 번역작업을 진행하여 1979년 *Tale of a Toad*를 출판했고,[425] 『흥부전』을 번역하여 *The Story of Heungboo*를 1977년에 출간했다.[426]

이영희 창작반 학생들은 원문을 영역하는 과정에서 한국의 특성을 잃지 않으려고 노력했으며 정확한 영어를 찾기 어려워 고충을 겪기도 했으나,[427] 매년 책을 출판하면서 자신들의 손으로 한국의 고전 작품을 외국에 소개하고 있다는 자부심을 가지고 있었다.[428] 'Korean Folklore and Classics' 시리즈 출간에는 영어영문학과 교수인 김연옥[김옥자], 나영균, 크레인, 김선숙 등의 지도와 협조가 있었다.

영어영문학과에서는 1973년 클래런스 데이(Clarence Day)의 *Life with Father*와 *Life with Mother*를 한국어로 번역하여 『우리집은 즐거워』를 출간하기도 했다. 이전의 번역 작품들이 과외활동의 결실이었던 것과 달리 『우리집은 즐거워』는 정규수업 '번역론' 강좌의 실습으로 4학년 전체 학생 90여 명이 모두 번역에 참여했고 이근섭 교수의 교정을 거쳤다는 의미가 있다. 목차에 각 장을 번역한 학생들의 이름을 달아놓았다.[429]

영어영문학과는 연구회를 조직하고 영미권 문학의 한역과 한국문학의 영역을 통하여 학생들의 능력을 함양시켰을 뿐만 아니라 영미권의 유명 작품(때로는 낯선 작품)을 선별하여 한역함으로써 한국인이 서구 문학작품을 접할 수 있도록 일조했다. 그리고 한국문학의 경우 학생들이 머리말에서 서술했듯이 한국의 문학작품을 외국인이 읽을 수 있도록 하는 문화 전도사의 역할을 담당했다.

---

423 *Minerva* 11, 1969, 88-89쪽. *Woon Young's Romance and Other Stories*, Foreword, 이화여자대학교출판문화원, 1970.
424 *The Story of Mrs. Sah's Journey to the South*, Foreword, 이화여자대학교출판문화원, 연도 미상.
425 *Minerva* 17, 1977, 172쪽.
426 *Minerva* 18, 1978, 193쪽.
427 *The Story of Kong Ji and Pat Ji*, Foreword, 이화여자대학교출판문화원, 1978.
428 *Woon Young's Romance and Other Stories*, Foreword, 이화여자대학교출판문화원, 1970.
429 머리말(나영균), 후기(이근섭), Clarence Day 지음, 이근섭 외 옮김, 『우리 집은 즐거워』, 광인인쇄사, 1973.

## 6. 동아리 활동

영어영문학부 학생 활동 중 주목할 만한 부분은 학생들이 추진하는 동아리 활동으로 강의실에서 배운 전공을 창의적으로 실천하는 것이라 할 만하다. 현재 영문과 내에는 빙즈, DAE, Weekly Poetry, Luminis Literary Society, 신바람/New Wave, 2%(E-Pro) 총 여섯 개의 동아리가 있다.

### 1) 영어연극 동아리 빙즈(Beings)

영어연극반(지도교수 황수경) 빙즈는 1930년 국내 최초 영어연극으로 월터 스코트(Walter Scott)의 작품 '아이반호(Ivanhoe)'를 선보이고, 1986년에는 이화여대 100주년 기념공연으로 셰익스피어의 '태풍(The Tempest)'을, 2025년에는 영어영문학부 100주년 기념공연으로 셰익스피어의 '한여름 밤의 꿈(A Midsummer Night's Dream)'을 공연하는 등 유구한 원어 연극의 역사와 전통을 자랑한다. 역사가 오래된 영어연극 동아리 빙즈는 이 장의 2절 '영어연극' 부분에 자세히 소개했으므로 여기서는 더 이상의 설명을 생략하기로 한다.

### 2) 영어토론 동아리 DAE(Debate Association of Ewha)

DAE(Debate Association of Ewha)는 영어영문학과 소속의 의회식 영어토론 동아리로, 전국대학생영어토론총연합인 KIDA(Korea Intervarsity Debate Association)에 등록되어 있다. 피터 킵(Peter Kipp) 교수의 지도하에 학생들은 최근의 이슈 및 시사, 국제관계를 포함하여 젠더와 교육 문제 등 다양한 문제에 관해 의견을 나누고 토론하는 방법에 대해 배우며 국내외 토론대회에 활발히 참여하고 있다.[430]

영어영문학과는 2000년대에 들어서면서 외국의 토론팀과 정기적으로 토론회를 활발하게 개최하기 시작했다. 2001년 정덕애 교수의 주도로 제1회 English-Speaking Union 선발 영국 대학생 초청 영어토론회를 개최했으며,[431] 2002년 10월 4일 영어영문학과, 법과대학, 국제대학원이 공동주최하여 제2회 영국 대학생 초청 영어토론회를 열었는데, 이때 영국 옥스퍼드와 케임브리지 학생 4명으로 구성된 챔피언 팀과 이화여자대학

---

430 https://m.blog.naver.com/the_ewha/221327123226 DAE는 토론을 해본 적이 없는 사람도 부담 없이 접근할 수 있으며, 영어영문학과 소속 동아리이지만 학번, 나이, 전공에 제한 없이 생물, 경제, 철학, 식품영양 등 다양한 학과의 학생들이 참여한다는 특징을 가지고 있다(2024.10.20. 검색).

431 2001학년도 영문과 연차보고서.

교 학생 4명이 팀을 이루어 시범 토론을 벌이기도 했다.[432]

영어토론회의 개최로 관심이 증가하면서 2005년 12월 영어토론 동아리인 DAE를 창단했다. DAE는 창단 3개월 만인 2006년 3월에 도쿄에서 열린 ICU(International Christian University) 토너먼트에 참가했고 5월에는 KIDA National Championship(KNC)에 참가하여 신인 부문을 수상하는 등, 창단 직후부터 국내외 여러 영어토론대회에 참가하여 우수한 성적을 거두었다.[433] 2012년 1월 필리핀 마닐라에서 열린 32차 세계대학생토론대회(World Universities Debating Championship, WUDC)에서 당시 영문과 3학년(2009 학번) 강지숙, 김효천이 월드 챔피언(World Champion)으로 수상했는데, WUDC 대회에서 한국팀이 우승을 차지한 것은 최초이며, '국제 토론대회 우승 대학생들의 영어 공부 Tip'이 신문에 대서특필되기도 했다.[434] DAE의 주요 수상실적을 요약하면 다음과 같다.

2007. Champion, Northeast Asian Championship
2009. Finalist. EFL Round, World Universities Debating Championship, Bangkok
2009. Semi-Finalist. ESL Round, Australasian Intervarsity Debating Championship, Auckland
2011. Semi-Finalist. KIDA National Championship
2012. Champion. EFL Round, World Universities Debating Championship, Manila

영어영문학과는 2012년 교육과학기술부의 대학교육 역량강화 지원사업 중 학습력 제고 프로그램 '외국어 Speech and Debate Competition'을 수행하게 되면서 의회식 영어 토론 경험이 적은 학생을 위해 DAE 및 국제학부 영어토론동아리(EDiS, Ewha Debating Society) 교내 워크숍을 진행했고, Ewha English Speech and Debate Competition을 개최했다.[435] 또한 2012년 5월에는 이대에서 KIDA National Championship(KNC)을 개최했고, 연이어 7월 뉴질랜드 Victoria 대학에서 열린 The Australasian Intervarsity Debate Championship과 12~1월 독일 Technical 대학에서 열린 World Universities

432 2002학년도 영문과 연차보고서; *Ewha Voice*, Korean Campuses Call For Debate Culture, 2002.11.6.

433 https://m.blog.naver.com/the_ewha/221327123226

434 동아일보, "모국어 억양 걱정 말고 독창적 시각으로 또렷하게": 세계대학생 영어토론대회 우승한 이화여대 강지숙-김효천 팀의 공부비법. 2012.1.18.

435 2012학년도 영문과 연차보고서.

Debating Championship 2013 Berlin에 참가했으며,[436] 영국대사관이 주최한 영국 의회식 토론 KBS(Korea Britain Society) 대학생 영어 토론대회에서 매년 참가하여 우수한 성적을 거두었다.

2012년 여름부터 이화 영어영문학과는 일본 규슈대학과 '해외 공동 영어 디베이트(debate) 워크숍'을 개최하기 시작했다. 피터 킵 교수의 인솔 하에 일본 규슈대학에서 열린 공동 디베이트 워크숍에 4명이 참석한 것을 시작으로, 2017년 2월에 15명, 2018년 2월에 18명, 2018년 8월에는 7명, 2019년 1월에 12명이 참가했다.[437] 2018년 8월 제5회 Kyushu Debate Open 영어토론대회에는 DAE 동아리 학생 4명이 참가하여 그중 한 팀은 신인부 준결승에 진출했다.[438]

이러한 영어토론 활동은 대면 모임이 제한된 2020년 코로나19 시기에도 온라인을 이용하여 활발하게 이어졌다. 2020년 1월 제5회 Ewha-Kyushu University Winter Debate Program 외에도 KIDA에서 주최하는 5회의 다양한 토론 토너먼트와 7월 'July 2020 YUU Monthly Tournament'에도 참여하면서 DAE의 국제활동은 더욱 활발해졌다.[439] 이러한 온라인 활동은 2021년에 더욱 두드러져 2022년 2월까지 총 16건의 토론대회에 온라인으로 참석했는데, 2021년 1월의 경우만 예로 들면 KIDA National Championship, Ewha-Kyushu University Winter Debate Program, PDA High School Parliamentary Debate World Congress 2021에 총 24명의 학생들이 참가했다.[440] 2022년 4월부터 2023년 1월까지, 2022 IDS x KIDA Rookie Tournament, KIDA National Championship 등 네 차례의 온라인 토론대회에 총 5명이 참석했다.[441]

2023년 2월에 코로나19 이후 규슈대학에서 대면으로 진행한 2023 Winter Ewha-Kyushu University Debate Workshop & Inoue Cup Debate Tournament Workshop에 DAE 학생 5명이 참여하여 결승에 진출해 개인상 1위와 4위를 각각 수상했다.[442] 이외에도 2023년 5월에 KIDA, DAE, 이화여대 국제학부 영어토론동아리 EDiS, 연세대 토론동아리 YUU가 공동주최한 전국 의회식 영어토론대회 2023 The 32nd KIDA National Championship에 심사위원 및 집행부로 참여하여 DAE 학생이 EFL(English as a foreign language) 비원어민 부문에서 준우승을 차지했다.[443] 이러한 DAE 학생들의 국제대회 참

---

436 2012학년도 영문과 연차보고서.
437 2016~2019학년도 영문과 연차보고서.
438 2018학년도 영문과 연차보고서.
439 2020학년도 영문과 연차보고서. YUU(Yonsei Underwood Union)는 연세대학교 의회식 토론동아리이다.
440 2021학년도 영문과 연차보고서.
441 2022학년도 영문과 연차보고서. IDS(International Debate Society)는 경희대학교 서울 캠퍼스 의회식 영어토론동아리이다.
442 2022~2023학년도 영문과 연차보고서.
443 2023학년도 영문과 연차보고서.

가와 수상은 2024년, 2025년에도 계속 이어지고 있다.



2025년 창단 20주년을 맞는 DAE는 현재 매주 2회 정기적으로 모여 피터 킵 교수와 함께 토의 주제를 정해 이슈를 공부하고 선배들이 심사위원을 구성해 모의 토론을 진행하고 있다. 또한 대회 참가를 위한 준비를 할 때에는 교수와 직접 토론 대결을 펼치는 등 치열하면서도 즐거운 활동을 지속해가며 이화 영어영문학과 동아리의 새로운 역사를 쓰고 있다.

### 3) 기타 동아리

'Weekly Poetry'는 황준호 교수가 2008년에 창단한 학부생 현대영미시 동아리이다. 소수의 학생이 황준호 교수와 학기 중에 정기적으로 만나 자신들이 선정한 현대시 작품을 읽고 함께 이야기를 나눈다. 특별한 형식과 내용에 구애받지 않으며 수업 시간에 학생들이 자신의 의견을 편하게 제시할 기회가 적다는 점을 고려하여, 참가자 간의 자유로운 의견 교환을 우선시한다. 본 동아리는 대학원 진학 준비와 무관하지만, 참가자가 졸업 후 취업 외에도 본교 영어영문학과 대학원을 비롯하여 타 대학 인문대 대학원, 국내외 법학전문대학원 등 다양한 대학원에 진학한 점이 특징이다.

'Luminis Literary Society'는 2009년에 창단된 영어창작 동아리로, 초기에는 'Writing Club'이라는 명칭으로 활동을 시작했으나 2017년에 개칭했다. 2013년 첫 발간 이래 매년 *Luminis Literary Journal*을 발행하고 있다. 캐런 먹켄헌(Karen Muckenhirn) 교수의 지도 아래 격주로 모임을 열어 저널에 실릴 작품을 준비하며, 학생 주도의 글쓰기 연습을 통해 아이디어를 발전시키는 법을 익히고 시점 채택(perspective taking)에 관한 기술을 연마한다. 또한 구체적인 피드백을 주고받으며 서로의 의견을 교환하고 있다. 2024년에는 'Thank God My Mom Didn't Jump off a Building'이라는 제목의 연간 온라인 진(Zine)을 창간했고,[444] 시인 메건 알퍼트(Megan Alpert)와 소설가 크리스 리(Krys Lee) 등 여러 작가를 초청해 그들의 작품을 발표하고 토론하는 자리를 마련했다. 본 동아리는 학부교육 선도대학 육성사업(ACE), 대학 인문역량 강화사업(CORE), 대학혁신지원사업 LEAP 소그룹 활동 지원 프로그램의 지원을 받았으며,[445] 본 동아리의 많은 학생들이 대학원에 진학하고 있다.

'신바람/New Wave'는 2011년 이형숙 교수가 창단한 영화 토론 및 제작 동아리이

444 https://luminisewha.wordpress.com/2024/11/11/luminis-literary-2024-zine/ (2025.1.28. 검색).

445 LEAP 소그룹 활동 지원 프로그램은 미래로의 도약(LEAP)을 위한 이화인의 혁신적(Liberal), 실질적(Effective), 예술적(Artistic) 실천(Practice) 활동을 지원하는 프로그램으로서 대학혁신지원사업의 일환으로 본교 미래혁신센터에서 진행하고 있는 자체 운영 프로그램 중 하나이다.

다. 세계 영화계의 혁신을 이끌었던 프랑스 뉴웨이브 운동의 '뉴웨이브'와 이를 한국어로 번역한 '신바람'을 공동 제목으로 취하여, 인문학의 새로운 주제로 떠오른 영화를 신바람 나게 공부해보자는 목표로 시작되었다. 영어영문학과 학생들뿐 아니라 학과 구별 없이 다양한 학생들이 참여할 수 있으며 한 달에 한두 번 함께 정한 영화에 대하여 자유롭게 토론하는 시간을 갖는다. 또한 단편영화도 꾸준히 제작하여 'A Night's Tale'(2013), '플립북: 세상의 모든 영화'(2014), '선택장애'(2016), '우연히 스미다, 경주'(2017), '붕어빵을 나누면 슈크림이 나와요'(2017) 등을 제작했고, 이화 나눔공모전 영상 부문에서 수상한 바 있다.

'2%(E-Pro)'는 중세 및 르네상스 영문학 연구의 전문성을 고양하기 위한 취지를 가지고 2017년 학생 주도로 창단되었다. 동아리 자문은 정영진 교수가 맡고 있으나 작품 선별 및 토론은 학생 자율로 이루어진다. 동아리원들은 학기별로 한 작품을 선택하여 발제와 토론을 통해 전공 지식 심화 및 영문학을 읽는 즐거움을 향상하고 그 결과물을 문집으로 발간한다. 문집은 작품에 대한 이해를 창의적이고 융합적인 방식으로 재현하는 것에 목적이 있다. 이러한 취지에 맞춰 공동 논문, 에세이, 그래픽 노블, 창작 시 등 다양한 장르로 작품에 대한 재해석을 하면서 학제간 연구, 문학 콘텐츠 개발 능력을 함양한다. 이 밖에 매 학기 Poetry Night를 개최하여 주제별로 각자 선택해온 시를 낭독하고 토론하고 있다.

이상에서 살펴본 바와 같이, 영문과는 학과 운용의 내실을 다지기 위해 교수들이 학부 학생들의 다채로운 동아리 활동에 적극적으로 참여하여 지도하고 있다. 강의실 밖에서도 교수들이 학생들을 열성적으로 지도하는 전통은 이어가면서 학생 활동은 학문의 창의적 실천을 지향하는 방향으로 나아가고 있다.

1 1930년 첫 영어연극 <아이반호> 무대
* 사진: 이화역사관 제공

2 1958년 영어연극 <오만과 편견> 무대 뒤
* 사진: 영문과 영어연극 동아리 '빙즈(Beings)' 제공

3 1973년 영어연극 <십이야> 무대
* 사진: 정덕애 명예교수 제공

4 1990년 영어연극 <세계 창조 및 기타 일들> 무대
* 사진: 영문과 영어연극 동아리 '빙즈(Beings)' 제공

1 2023년 영어연극 <딸은 딸이다> 무대
* 사진: 영문과 영어연극 동아리 ‘빙즈(Beings)’ 제공

2 2024년 영어연극 <올란도> 무대
* 사진: 영문과 영어연극 동아리 ‘빙즈(Beings)’ 제공

3 2025년 영어연극 <한여름 밤의 꿈> 포스터

1 영학관의 옛 모습
* 사진: 이화역사관 제공

2 영학관 입구에 모인 선교사와 교직원
* 사진: 이화역사관 제공

3 영학관에서 선교사 선생님께 서양식 식사 예절을 배우는 모습
* 사진: 1965년 졸업앨범, 최청규(1965) 동문 제공

4 영학관에서 선교사 선생님과 함께 영어회화 실습
* 사진: 이화역사관 제공

1 허바드(Hubbard) 선생님의 영어회화 수업 시간
* 사진: 이화역사관 제공
2 본관 3층의 도서실에서 공부하는 학생들
* 사진: 이화역사관 제공
3 1932년 메이너(Maynor) 선생님의 문과 수업 풍경
* 사진: 이화역사관 제공
4 계단식 강의실에서 수업을 듣고 있는 학생들
* 사진: 이화역사관 제공

1, 2 1979년의 수강신청 풍경
* 사진: 이화역사관 제공

3 1995년 5월 학관 과사무실에서 스승의 날 행사를 준비 중인 대학원생들
* 촬영: 정덕애 명예교수

4 2019년 6월 18일 인문관 111호에서 진행된 전수용 교수의 마지막 학부 강의

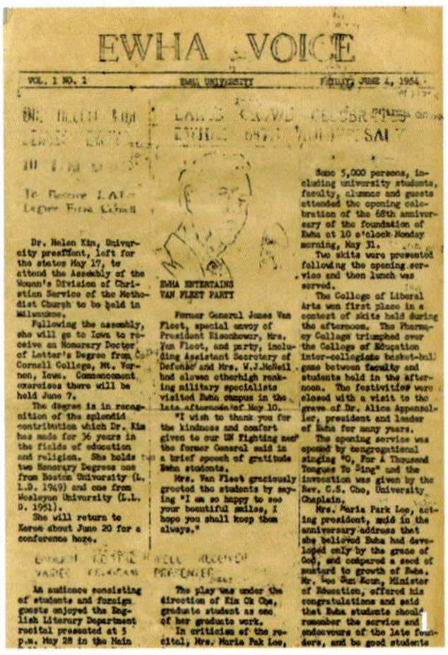

EWHA VOICE

VOL. 1 NO. 1 — EWHA UNIVERSITY — FRIDAY, JUNE 4, 1954

Dr. Helen Kim, University president, left for the states May 17, to attend the Assembly of the Woman's Division of Christian Service of the Methodist Church to be held in Milwaukee.

Following the assembly, she will go to Iowa to receive an Honorary Doctor of Letter's Degree from Cornell College, Mt. Vernon, Iowa. Commencement exercises there will be held June 7.

The degree is in recognition of the splendid contribution which Dr. Kim has made for 36 years in the fields of education and religion. She holds two Honorary Degrees one from Boston University (L.L.D. 1949) and one from Wesleyan University (L.L.D. 1951).

She will return to Korea about June 20 for a conference here.

EWHA ENTERTAINS VAN FLEET PARTY

Former General James Van Fleet, special envoy of President Eisenhower, Mrs. Van Fleet, and party, including Assistant Secretary of Defense and Mrs. W.J.McNeil had eleven otherhigh ranking military specialists visited Ewha campus in the late afternoon of May 10.

"I wish to thank you for the kindness and comfort given to our UN fighting men" the former General said in a brief speech of gratitude Ewha students.

Mrs. Van Fleet graciously greeted the students by saying "I am so happy to see your beautiful smiles, I hope you shall keep them always."

Some 5,000 persons, including university students, faculty, alumnae and guests attended the opening celebration of the 68th anniversary of the foundation of Ewha at 10 o'clock Monday morning, May 31.

Two skits were presented following the opening service and then lunch was served.

The College of Liberal Arts won first place in a contest of skits held during the afternoon. The Pharmacy College triumphed over the College of Education inter-collegiate basket-ball game between faculty and students held in the afternoon. The festivities were closed with a visit to the grave of Dr. Alice Appenzeller, president and leader of Ewha for many years.

The opening service was opened by congregational singing "O, For A Thousand Tongues To Sing" and the invocation was given by the Rev. C.S. Cho, University Chaplain.

Mrs. Maria Park Lee, acting president, said in the anniversary address that she believed Ewha had developed only by the grace of God, and compared a seed of mustard to growth of Ewha. Mr. Lee Sun Keun, Minister of Education, offered his congratulations and said that Ewha students should remember the service and endeavours of the late founders, and be good students

An audience consisting of students and foreign guests enjoyed the English Literary Department recital presented at 5 p.m. May 28 in the Main

The play was under the direction of Kim Ok Che, graduate student as one of her graduate work.

In criticism of the recital, Mrs. Maria Pak Lee,

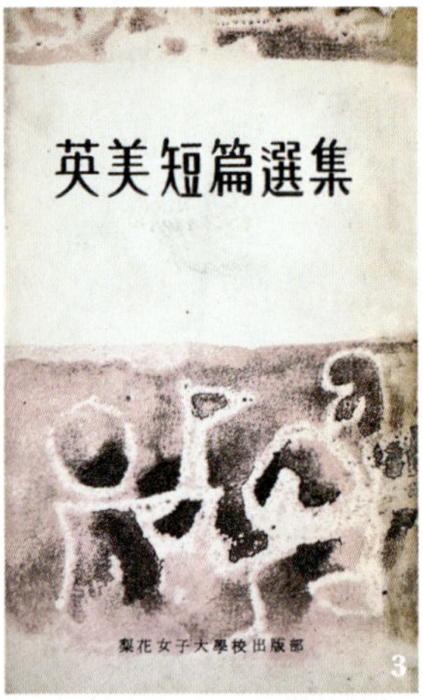

1 *Ewha Voice* 창간호(1954년 6월)
* 사진: 이화역사관 제공
2 *Minerva* 18호(1978년)
3 '이영문고' 제2집 『영미단편선집』(1966년)
4 'Luminis Literary Society' 동아리에서 발행하는
*Luminis Literary Journal*, Vol. 7 (2020)
5 영어 토론 대회에 참석한 피터 킵 교수와 학생들
* 사진: Peter Kipp 교수 제공

# 4장 동창 활동과 장학금

Our First 100 Years

이화여자전문학교 문과와 이화여자대학교 영어영문학과에서 교육을 받고 성장한 학생들은 학교에서 배운 전공과 자신의 관심에 따라 탐구했던 다양한 경험을 살려 졸업 후 자신이 속한 사회의 주축으로 활동했다. 이 장에서는 졸업한 동창들이 동창회를 조직하고 자신의 능력과 소양을 살려 학과와 학교 그리고 사회를 위해서 했던 활동, 그리고 각자의 역량을 발휘했던 업적으로 인하여 학교로부터 인정받고 포상받은 사항을 정리했다. 특히 졸업 후 영어영문학과 이외의 다른 전공으로 진로를 변경하고 해당 학문에서 일가를 이뤄 이화여자대학교를 종합대학으로 발전시키는 데 공헌한 졸업생과 한국 영어영문학을 발전시킨 이화 영어영문학과 졸업생들을 조명했다. 또한 이화 영어영문학과 졸업생들의 사회 진출 현황을 일목요연하게 요약해보았다. 마지막으로 졸업생은 물론이고 영어영문학과와 관계를 맺은 교수 및 외부 인사들이 영어영문학과 학부와 대학원 재학생들의 교육 및 이화여자대학교 발전에 기여하고자 기탁한 장학금 및 후원사항을 정리했다.

## 1. 영학회

### 1) 일제강점기 이화 동창회의 설립과 활동

1886년 이화학당 설립 이래, 이화 동창회는 1908년 이화학당 공식적인 첫 졸업식 이후 동창들의 친목을 위한 연락기관으로 시작되었다. 이듬해 동창연합회가 열렸다는 사실 외에는 알려진 바가 별로 없다. 이화학당 학생들이 거리를 나서면 '여학도'라고 부르며 주목했고, 이들의 사회활동이 활발해지면서 새로운 여성상을 뜻하는 '신여성'으로 불리게 되었다. 당시 동창들은 한국 사회의 이색적인 존재인 이른바 '신여성' 1세대였다.[446]

이화 동창회의 활동은 프라이홀 건축과 관련하여 처음 기록되어 있다. 1921년 당장(堂長)이었던 프라이가 사망하자, 이화학당 운영진은 추모사업으로 한국 최초의 단독 대학 건물을 세우고자 했던 프라이 당장의 꿈을 실현하는 것으로 결정하고 1922년 10월 16일 프라이 홀 정초식을 했다. 프라이 홀은 150명의 기숙사생을 비롯해 모두 500명을 수용할 수 있는 대학 전용 건물로, 기숙사와 10개의 교실, 3개의 실험실, 회의실, 식당, 선교사와 한국 교사들의 숙소, 부엌, 재봉실, 동서양 서적 2,000권을 소장한 도서실, 사무실, 응접실이 설치되었다. 1923년 10월 16일 대학과 전용건물인 프라이 홀의 봉헌식을 했다.[447] 이때 이화 졸업생 협회, 즉 동창회는 도서관을 준비하는 일을 맡았다. 도서관이 대학과 학생을 포함한 이화학당 학생들이 항상 '사랑하는 어머니'라고 부른 프라이 당장을 기념할 특별한 공간이라고 생각하고, 동창들은 건설비에 힘을 보태었다.[448] 1924년 11월에도 이화학당 동창회는 모교의 가사실 증축을 돕기 위해 자선시, 즉 바자회를 열고 학생의 수예품과 동창생의 미술 제작품을 진열하여 일반인에게 판매했다.[449] 이상의 기록으로 이화여자전문학교 설립 이전에 이화학당 동창회는 졸업생들의 구심체로 모교를 위한 활동을 적극적이고 대외적으로 벌렸음을 알 수 있다.

이화 영자신문 *The Ewha Weekly News Sheet*의 1933년도 기사에 이화 YWCA 학생들이 새 건물을 짓기 위한 기금모집으로 동문의 도움을 받아 11월 3~4일 바자회를 열 예정이라고 적혀있다. 건물을 짓는 데 드는 돈은 거의 모두 해외에서 지원받았으나, 이화 스스로 돈을 조금이나마 보태겠다는 마음으로 바자회를 개최할 계획을 세운 것이었다.[450] 1930년대에 체계적인 활동을 펴기 시작한 동창회는 1933년 서은숙(대학과 1923)을 중심으로 순회음악회를 열어 이익금으로 모교에 가사 실습소를 마련했고, 1937년 8월 최이권(1930)이 수고해서 약 30페이지 분량의 팸플릿 형식의 「동창회보」를 만들었고 이후 1년에 2회 「동창회보」를 발간했다. 처음으로 동창들의 명부, 주소, 소식 그리고 학교 소식을 적어서 졸업생들을 서로 연결시켰다.[451] 이화 동창회는 해방 후 서은숙을 동창회장으로 선출하면서 본격적인 활동을 시작하여 대강당과 교사 신축기금, 장학기금 모금 등 여러 사업을 추진했다.[452]

446 이화여자대학교동창회 100년사: 1908~2008, 2010, 79쪽.
447 최숙경, 『프라이: 한국 여성 고등교육의 개척자』, 이화여자대학교출판문화원, 2013, 128-129쪽.
448 Alice R. Appenzeller, The First Women's College Building, *The Korea Mission Field* 18.12, 1922.12, p. 268.
449 이화교자선회 팔일에 개최, 동아일보, 1924.11.7; 이화여자대학교동창회 100년사: 1908~2008, 2010, 80쪽.
450 Ewha Bazaar, 「The Ewha Weekly News Sheet」 5.4, 1933.5.20.
451 이화70년사, 1956, 244쪽.
452 『영학회 소식』 창간호, 「4만 2천 회원에 해외지회도 21개」, 7쪽, 1979.7.20.

### 2) 해방 이후 '영학회'의 설립과 활동

해방 이후 이화여대 동창회의 조직이 정비되는 과정에서 차츰 과별 동창회가 조직되어 저마다 특성을 보여주는 활동을 전개했다.[453] 1956년 발간된 『이화70년사』에 이화여자대학교의 소속기관 중 하나로 과별 동창회로는 영어영문학과 동창회인 영학회(英學會)가 유일하게 소개되었다.[454] 이로써 영학회는 이화여자대학교에서 처음 생긴 학과 동창회였음을 알 수 있다.

1954년 6월 김갑순(1935), 김정옥(1936), 김한숙(1936) 동창을 중심으로 대부분 해방 전 문과 졸업생인 50여 명의 동창이 무교동 우춘관에서 모여 영어영문학과 동창회 창립 제의와 동창회 설립 준비를 위한 모임을 열어 회칙을 통과시키고 초대 임원을 선출했다.[455] 1954년 8월 28일 오후 1시 서울 중구 명동 고려정에서 79명이 출석하여 창립총회를 열었다. 총회는 김옥길(1943)의 기도로 개회되었고, 임시의장 김갑순이 본회의 취지는 '영문학의 연구 및 번역 소개를 하는 한편 영문과 졸업생들의 상호친목을 도모하는 것'임을 말하고 이대 영학회 조직의 건을 가결했다. 다음으로 토의에 들어가 영학관 복구와 번역, 영문학 연구, 창작 등 출판에 관한 문제를 논의했다. 회장 및 각부의 임원을 선정했는데, 회장은 당시 문리대 학장 박마리아(1928), 총무 김갑순, 서기 김영정(1950), 회계 유연숙(1953), 연구부장 모윤숙(1931), 사업부장 김일석, 사회부장 김자혜(1930)였다.[456] 당시 저서를 출판한 모윤숙, 노천명(1934), 전숙희(1938) 등과 북미 유학을 마치고 귀국한 김현자(1949), 이춘란(1949), 조정자(1950), 백형숙(1950), 김영순 등을 축하한 후 초대 이대 동창회장 서은숙의 축사가 있었다.[457]

1954년 제정된 영학회 회칙(전 6장 제16조)은 이후 1984년 9월 22일, 2003년 3월 25일 개정되어 현재에 이르고 있다. 1954년 6월 제정된 영학회 회칙에 영학회의 목적을 '회원들의 친목과 자질향상을 도모하고 모교의 발전과 후배 양성에 협조함'이라고 규정했다(제3조). 영학회는 정회원, 준회원, 특별회원으로 이루어지며, 정회원으로는 구 이화학당 대학과 졸업생, 구 이화여자전문학교 문과 졸업생, 이화여자대학교 문리대 영어영문학과 졸업생이다. 준회원은 이화여자대학교 영어영문학과 재학생과 구 이화여자전문학교 문과와 이화여자대학교 문리대 영어영문학과 과정을 2년 이상 수료한 자이며, 특별회원

---

453 이화여자대학교동창회 100년사: 1908~2008, 2010, 138쪽.

454 이화70년사, 1956, 301-302쪽. 이 책에 소개된 소속기관은 동창회, 영학관, 가사실습소, 이대영학회, 박물관, 부속 병원, 이화부속학교 총 7개다.

455 『영학회 소식』 창간호, 「창립 25주년 맞은 영학회: 3,200여 회원 갖고 많은 활동 펴」, 8쪽, 1979.7.20.

456 이대학보, 이대 영학회 발족: 영학관 복구 등 토의, 1954.9.27; 『이화70년사』 301쪽에는 74명이 출석했다고 나온다.

457 이화70년사, 1956, 301쪽.

은 이화여자대학교 영어영문학과 현교직원과 전교직원으로 규정했다(제4조). 1954년 회칙 제정 당시에는 회장, 총무, 회계, 서기와 영학회 제반 사항에 대한 자문에 응하는 특별고문과 고문 그리고 기별 동창회를 대표하는 기별 간사를 두었다. 이외에 활동 부서로 섭외부와 연구부를 두었는데, 섭외부는 회원 상호 간 및 사회와의 정보 교류와 대외 홍보관계 일체를 관장하고, 연구부는 회원의 자질향상과 교양을 위한 연구 강연회를 주관하는 것으로 정했다(제7조). 이외에 회의, 회비, 부칙 등으로 영학회 운영에 관한 내용이 포함되어 있었다.[458]

영학회는 1954년 창립 이후 회원의 친목과 자질 향상, 모교와의 유대 강화를 위해 해마다 열리는 통상회 외에 연구모임, 특별강연회, 신년 초 윷놀이 등 여러 모임을 기획했다. 또한 모교 은사들의 회갑 기념사업을 추진하고 모교 발전계획에도 기별 모임을 중심으로 참여하면서 1960년대에는 재학생을 위한 장학금도 지급했다.[459] 영학회는 창립 25주년을 기념하여 1979년 7월 20일 『영학회 소식』이라는 동창회지를 창간했다. 『영학회 소식』 창간호에는 김갑순, 홍복유, 김세영 교수 등이 영어영문학과에 대한 자부심과 당부에 대한 글을 실었다.[460] 당시 특별고문이었던 김갑순 교수는 창간사에서 영학회가 1954년 발족 이래 회원 친목에는 성공했지만 회원들에게 지적인 자극을 줄 수 있는 프로그램 추진에서는 기대한 대로의 성과를 올리지 못한 것 같다고 평가했다. 나아가 앞으로 영학회의 과제는 회원들에게 지적인 양식을 공급하는 활동에 주력하는 것과 모교 및 재학생과의 유대를 더욱 긴밀하게 하는 것이라고 했다. 또한 그동안 중단되었던 장학금 지급제도를 부활한 것에 대해서는 크게 고무적인 사실이라고 평가하며, 영학회는 앞으로 모교의 발전계획에도 계속 큰 관심을 가질 것을 제안했다.[461] 『영학회 소식』 창간호에는 1979년 당시 영학회 정회원이 학당 대학과 11회(1914~1925) 29명, 이화여자전문학교 문

---

458 『영학회 소식』 창간호, 「이화여자대학교 영학회 회칙」(1954년 6월 제정, 1979년 7월 3일 확인), 9쪽, 1979.7.20.

459 『영학회 소식』 창간호, 「창립 25주년 맞은 영학회: 3,200여 회원 갖고 많은 활동 펴」, 8쪽, 1979.7.20.

460 김갑순(1935): "영어영문학과는 문과라고 불리우던 이화여전 시절부터 수로 보나 질로 보나 이화의 중추였고 사회의 선구였다"(「창간사」, 2쪽, 1979.7.20); 홍복유(1936): "우리 영문과는 이화의 모체이고 중추이다. 그러므로 우리에게는 특별한 사명이 있다. 살기 어려운 세상에서 보통 여자가 해낼 수 없는 일을 해내고, 생을 성공으로 이끄는 비범한 슬기와 용기의 주인공인 슈퍼 우먼, 떠들고 이름을 날리는 대신 자신이 처한 자리에서 조용하고 꾸준하게 생을 이겨나가는 태도, 우리는 그렇게 살자고 당부하며 나도 그렇게 살도록 하겠다"(「홍복유 교수 송별다과회 성황」, 3쪽, 1979.7.20); 김세영(1950): "이화의 특징은 역시 그 <선구적 역할>에 있다. 우선 여성 자신에게 인간으로서의 각성을 가져다 주었고 남성에게 이 사실을 알리는 역할을 했다. 역사와 전통을 존중하면서도 언제나 사회 전체보다 두 세대쯤 앞장서서 힘차게 달려왔다. 그 중에서도 영문과는 언제나 한걸음 앞에 서서 달려왔다. 문학을 다루는 사람다운 너그러움과 자유주의적 기질 등이 관습에 눌려 사는 우리의 자매들을 비웃듯이 우리는 살아왔다. 그러는 가운데 우리에게는 <영문과적 기질>이 몸에 배어왔다. 그것은 극도의 엘리트 의식과 철저한 이기주의적 생활태도이다. […] 이러한 특질이 좋기도 하고 나쁘기도 하다. […] 현 임원진의 솟구치는 정열이 많은 영학회원들의 마음에 불을 켜주리라 믿으며 회보 창간을 자축한다"(「창간 축사」, 7쪽, 1979.7.20).

461 『영학회 소식』 창간호, 「김갑순 창간사」, 2쪽, 1979.7.20.

과 20회(1927~1947) 106명, 대학교 영어영문학과 30회(1948~1979) 3,080명, 총 3,215명이라고 기록되어 있으며, 이 밖에도 영어영문학과 3, 4학년에 재학 중인 560명을 준회원으로 포함시켰다.[462]

1984년 영학회 회칙이 개정되었다. 회칙 개정으로 변경된 내용은 다음과 같다. 첫째, 정회원의 자격에 이화여자대학교 인문대 영어영문학과 졸업생을 명기함으로써(제4조) 이화여자대학교의 학제 개편에 따른 영어영문학과 소속 단과대학의 변경사항을 포함했다. 둘째, 영학회 임원으로 부회장 1인, 감사 2인을 새롭게 두었으며, 기존 섭외부와 연구부의 2개 부서에서 연구부, 사업부, 지역부, 회우부를 두어 조직을 확장했다(제6조). 회우부는 이전 섭외부와 동일한 사업을 했으므로, 실질적으로는 사업부와 지역부가 새롭게 조직된 것으로 볼 수 있다. 사업부는 본회의 자금 확충을 위하여 사업을 기획하고 추진하는 부서이며, 지역부는 국내외 회원의 동태를 파악하고 이에 관련된 연락사무를 담당했다(제7조). 지역부를 따로 둔 것은 기존 섭외부의 역할 중 국내외 회원 관리에 좀 더 역점을 두고자 한 것으로 보인다.

2003년 다시 영학회 회칙이 개정되었다. 우선 영학회 정회원과 준회원의 규정이 약간 변경되었다. 정회원은 구 이화학당 대학과, 구 이화여자전문학교 문과, 이화여자대학교 문리대학 영어영문학과, 이화여자대학교 인문과학대학 영어영문학과 및 영어영문학부 졸업생이다. 이는 이화여대 편제 조정(인문과학대학 내 학과 혹은 학부)을 반영한 것이다. 준회원은 정회원이 되기 위한 교육과정을 2년 이상 수료한 자 중 정회원 3명 이상의 추천을 받은 자로 정하여 준회원의 입회 자격을 강화했다(제3조). 또한 개정 회칙에서는 영학회의 활동 범위를 확장하여 친목 증진사업, 강연회, 장학사업, 봉사활동, 홈페이지의 운영, 회원명부의 발간, 기타 본회의 목적달성에 필요한 사업을 한다고 명시했다(제4조). 영학회에는 회장, 부회장, 총무, 서기, 회계, 고문, 감사 등의 임원진 외에 연구부, 사업부, 회우부, 봉사부, 선교부를 두었다(제5조). 연구부는 영학회 홈페이지를 관할하고, 회원의 자질 향상과 교양을 위한 연구와 강연회를 주관한다. 사업부는 본회의 자금 확충을 위하여 사업을 기획하고 추진한다. 회우부는 국내외 회원의 근황을 파악하고 이에 관련된 회원간 연락 및 교류를 담당한다. 봉사부는 자원봉사 활동을 목적으로 언어, 문화, 재정봉사부를 두어 회원들이 사회에 봉사하는 기회를 제공한다. 선교부는 회원의 기독교 신앙을 활성화시키고 선교사업을 지원한다(제6조)고 규정했다.[463] 1984년 신설되었던 지역부의 역할은 회우부가 담당하게 되었고, 새롭게 봉사부와 선교부가 조직되었다. 영학회의 각 부서는 회칙에 의거하여 활발한 활동을 펼치고 있다. 영학회 역대 회장은 다음과 같다.

---

462 『영학회 소식』 창간호, 「창립 25주년 맞은 영학회: 3,200여 회원 갖고 많은 활동 펴」, 8쪽, 1979.7.20.
463 영학회 홈페이지(http://ewhaenglish.kr) 회칙 참고.

<역대 영학회 회장>

| 구분 | 이름(졸업연도) | 재임 기간 | 구분 | 이름(졸업연도) | 재임 기간 |
|---|---|---|---|---|---|
| 초대 | 박마리아(1928)[464] | 1954.8 ~ 1960.4 | 18대 | 고영자(1963) | 1994.4 ~ 1996.4 |
| 2대 | 홍복유(1936) | 1962.6 ~ 1965.7 | 19대 | 최청규(1965) | 1996.4 ~ 1998.4 |
| 3대 | 이봉순(1940) | 1965.7 ~ 1967.7 | 20대 | 유중근(1967) | 1998.4 ~ 2000.4 |
| 4대 | 이혜숙(1943) | 1967.7 ~ 1969.6 | 21대 | 박은경(1968) | 2000.4 ~ 2002.4 |
| 5대 | 김선숙(1944) | 1969.6 ~ 1970.6 | 22대 | 정희선(1969) | 2002.4 ~ 2004.4 |
| 6대 | 나영균(1949) | 1970.6 ~ 1972.6 | 23대 | 방영란(1970) | 2004.5 ~ 2006.4 |
| 7대 | 윤정옥(1949) | 1972.6 ~ 1974.6 | 24대 | 안미순(1971) | 2006.5 ~ 2008.4 |
| 8대 | 김연옥(1950) | 1974.6 ~ 1976.6 | 25대 | 남덕자(1973) | 2008.5 ~ 2010.4 |
| 9대 | 윤정은(1950) | 1976.6 ~ 1978.6 | 26대 | 김창영(1974) | 2010.5 ~ 2012.4 |
| 10대 | 서제숙(1950) | 1978.6 ~ 1980.7 | 27대 | 김원정(1975) | 2012.5 ~ 2014.4 |
| 11대 | 조정호(1953) | 1980.7 ~ 1982.6 | 28대 | 이정숙(1977) | 2014.5 ~ 2016.4 |
| 12대 | 김태옥(1955) | 1982.6 ~ 1984.7 | 29대 | 김혜정(1972) | 2016.5 ~ 2018.4 |
| 13대 | 김세영(1950) | 1984.7 ~ 1986.6 | 30대 | 김혜정(1972) | 2018.5 ~ 2020.4 |
| 14대 | 김승숙(1955) | 1986.6 ~ 1988.7 | 31대 | 윤유정(1976) | 2020.5 ~ 2022.8 |
| 15대 | 박용언(1956) | 1988.7 ~ 1990.5 | 32대 | 홍성미(1978) | 2022.8 ~ 2024.5 |
| 16대 | 윤미덕(1959) | 1990.5 ~ 1992.5 | 33대 | 정경숙(1979) | 2024.5 ~ 현재 |
| 17대 | 김영자(1961) | 1992.5 ~ 1994.4 | | | |

영학회는 2년에 한 번 영학회 총동창들이 모이는 '영학회의 밤' 행사를 개최하여 재학생들을 위한 장학금을 모금하고 원로 교수를 모시고 신입 동창회원도 환영하며 동창들 간의 친목을 도모하고 있다.[465] 그리고 매년 각계각층의 명사들을 초빙하여 춘계, 추계 강좌를 개최하고 있는데 봄에는 주로 문학(즉 전공 분야)을 주제로, 가을에는 사회 전반에 관해 다양한 주제로 특강을 열고 있다. 2003년 3월부터는 영학회 홈페이지를 개설하여 동창들에게 다양한 정보를 제공하고 선후배 간 친목 도모의 장으로 이용하고 있다.[466] 영학회의 1년 활동은 대체로 연초 원로교수와 영학회 임원진이 함께하는 신년하례식으로 시작된다. 이후 3~4월경의 춘계강좌와 정기 총회, 5월 말에 격년으로 진행되는 영학회의 밤, 그리고 10~11월경의 추계강좌로 이어진다. 2017년부터 영학회 임원과 각 기별 간사

---

464 영학회 초대 임원의 임기는 1962년 2월까지인 것으로 보이나(이화여자대학교동창회 100년사: 1908~2008, 2010, 522쪽), 초대 회장의 임기는 창립총회일부터 사망까지의 기간으로 기록했다.

465 영어영문학과 동창들의 전체 모임인 '영학회의 밤'의 처음 시작이 언제부터인지에 대한 정확한 기록은 없으나, 1995년 영학회의 밤을 개최했음을 19대 영학회 회장 최정규(1965)로부터 확인했다.

466 이화여자대학교동창회 100년사: 1908~2008, 2010, 522쪽.

들의 모임인 봄 아우팅(outing), 가을 아우팅을 시작하여 선후배 간 친목을 도모하며 영학회를 활성화하고자 노력했다. 그러나 2020년 코로나19로 인해 대외적인 모임을 할 수 없었고, 2023년부터 다시 춘계강좌, 추계강좌 그리고 아우팅도 시작되었다.[467]

영학회 각 부서별 활동을 보면 다음과 같다. 연구부는 회원의 자질 향상과 교양을 위한 연구와 강연회를 주관하는 부서로 영학회 연구부의 제1회 사업은 1955년 10월 24일부터 26일 3일간 개최한 '영미 문학의 밤'이었다. 영미문학의 권위자인 최재서, 양주동, 주요섭 등 여러 학자를 강사로 초청하고, 영학회 회원 중에서 이필순, 이봉순, 김세영, 윤정옥, 김태옥, 김승숙 등 동창이 작가 연구발표와 시 낭독을 했는데 매일 저녁 청강생들로 가득 찼다.[468] 곧이어 1956년 2월 3일 유네스코 생활교육국 헤이든(Hayden) 박사를 초청하여 영시낭독회를 가졌다.[469] 교양강좌로 1971년 10월 23일 서울대 김원용 교수의 "우리나라 미술에 대하여"의 주제로 강연회를 가졌고, 그 외에도 '한일문제', '소련 역사' 등의 교양강좌도 개최했다.[470] 1977년 4월 23일에는 서울대 영문과 이경식 교수가 셰익스피어의 'First Folio'에 관한 강연을 맡았다.[471] 1995년 4월 6일 영학회 춘계 강연회는 그해 2월에 정년퇴직한 김세영 영어영문학과 명예교수의 "Beth Henley를 소개하며"로 진행되었다.[472] 2000년대에 들어와서도 춘계, 추계강좌는 계속 이어졌으며 100명이 넘는 영학회 회원들이 참석하여 강의를 경청한 후 질문이 줄을 이었다. 다음은 영학회 연구부가 기획하여 개최한 춘계 및 추계강좌의 강연자와 강연주제이다.[473]

<춘계 및 추계강좌>

| 날짜 | 모임 이름 | 강연자 | 강연주제 |
|---|---|---|---|
| 2003.3.25. | 춘계강좌 | 신선희 | 셰익스피어 "The Tempest" 의 창작 음악극 제작과정 |
| 2003.11.11. | 추계강좌 | 인요한 | 의료활동을 통해서 본 북한의 현실 |
| 2004.4.27. | 춘계강좌 | 김정매 | 『채털리 부인의 연인』, 어떻게 볼 것인가? |
| 2004.10.27. | 추계강좌 | 공병호 | 10년 후 한국 |
| 2005.3.30. | 춘계강좌 | 김훈 | 현대의 혼란스러움과 고민 |
| 2005.10.25. | 추계강좌 | 조갑제 | 생활인의 애국 |
| 2006.3.28. | 춘계강좌 | 장영희 | 나의 아름다운 경력 |

467 영학회 홈페이지 활동기록.
468 이화70년사, 1956, 302쪽.
469 이대학보, 영시낭독회 영학회서 개최, 1956.2.15.
470 이대학보, 영학회, 강연회, 1971.10.11.
471 이대학보, 영학회 신입 환영모임, 1977.4.22.
472 1995년 영문과 연차보고서.
473 영학회 춘추강좌는 영학회 홈페이지에 실려있는 내용을 근거로 작성했다.
http://ewhaenglish.kr/g5/bbs/board.php?bo_table=plaza02&page=5 영학회홈페이지 '활동기록'.

| 날짜 | 모임 이름 | 강연자 | 강연주제 |
|---|---|---|---|
| 2006.10.23. | 추계강좌 | 강우현 | 횡설수설 |
| 2007.3.27. | 춘계강좌 | 신경숙 | 문학이야기 |
| 2007.10.23. | 추계강좌 | 김대중<br>(언론인) | 2007년 대선의 의미 |
| 2008.4.15. | 춘계강좌 | 이어령 | 문학에 나타난 여성과 가정의 의미 |
| 2008.10.14. | 추계강좌 | 김정운 | 노는만큼 성공한다 |
| 2009.3.24. | 춘계강좌 | 신달자 | 행복을 찾아가는 사람들 |
| 2009.11.3. | 추계강좌 | 박혜원 | 잠자는 거인을 깨워라 |
| 2010.4.2. | 춘계강좌 | 전신애 | Empowering Women to be Economically Self-sufficient |
| 2010.10.26. | 추계강좌 | 이배용 | 한일병합 100주년 우리는 무엇을 생각해야 하는가 |
| 2011.4.11. | 춘계강좌 | 김주영 | 상상력의 힘 |
| 2011.10.27. | 추계강좌 | 소희창 | 지고의 슬픔에 대하여(음악강연) |
| 2012.4.17. | 춘계강좌 | 석경징 | 우리말로 시를 짓는다는 것은 무슨 일을 하는 것인가? |
| 2012.10.23. | 추계강좌 | 박용만 | 기업 변신과 철학 |
| 2013.3.26. | 춘계강좌 | 송효상 | Landscript |
| 2013.11.14. | 추계강좌 | 이영혜 | 디자인과 생활 |
| 2014.4.14. | 춘계강좌 | 송승환 | 난타 기획에서 세계진출까지 |
| 2014.10.23. | 추계강좌 | 오종남 | 21세기 나의 인생: 세 번의 30년 어떻게 설계할 것인가 |
| 2015.10.23. | 추계강좌 | 박영숙 | 미래 Mega Trend |
| 2016.5.17. | 춘계강좌 | 주선희 | 행운을 부르는 얼굴경영 |
| 2016.10.21. | 추계강좌 | 주경철 | 문명의 과거, 현재, 미래 |
| 2017.10.17. | 추계강좌 | 강태경 | 셰익스피어 innovation: 시대와 삶과 예술 |
| 2018.10.30. | 추계강좌 | 남궁산 | 색으로 만나는 역사와 과학 |
| 2019.10.29. | 추계강좌 | 김유열 | 딜리트와 혁신 |
| 2023.4.14. | 춘계강좌 | 강태경 | 셰익스피어의 유토피아적 상상력 |
| 2023.10.26. | 추계강좌 | 김정화 | 시대를 품어 태어나고 변하는 미술관 |
| 2024.5.17. | 춘계강좌 | 김영준 | 국립중앙박물관, 이화여자대학교 학관 건축 나들이 |

선교부는 1994년 초여름 뇌종양을 앓고 있던 영문과 동창(1970)을 위한 기도의 만남이 이어져 2000년 9월 4일 1970년도 졸업 기수를 중심으로 성혜옥 선임부장(1970)의 헌신적인 인도하에 출범되었다. 이 일을 위하여 유중근(1967, 전 영학회 동창회장, 선교부 고문), 전재옥(1960, 기독교학과 교수), 김영일(영어영문학과 교수)의 협조가 있었다. 역대 선교부장은 1대 성혜옥(1970), 2대 정경숙(1971), 3대 민기남(1970), 4대 박정순(1970), 5대 이

명실(1978) 등이다.[474] 김영일 교수는 은퇴하고 중국 연변에서 선교사역을 했다.[475]

영학회 선교부는 활동 초기에 영어영문학과 동창 선교사 5명이 있음을 알게 되었다. 선교부는 매주 월요일 사랑의 교회에서 선교사를 위한 기도 모임을 통해 선교사들에게 물질적 도움도 주고 있다. 영학회 선교부 설립 즈음하여 외국 유학생이 증가했고 이화 외국인 유학생 모임(International Student Fellowship, ISF)이 2001년 3월에 결성되었다. 영학회 선교부는 초창기 몇 년간 이화의 외국인 유학생들을 위해 디너파티, 바자회, 경주문화 탐방 등을 통해 사랑과 관심을 표하는 활동을 했다.[476]

영학회 선교부는 출범 이후 재학생에게 성경책 선물, ISF 돕기, 불우한 재학생 돕기, 선교활동의 활성화를 위한 다양한 프로그램을 진행했다. 그 전통을 이어 현재 선교부는 매월 첫 번째 월요일 오전에 월례모임을 하고 있으며, 영문동창 해외 선교사들과 총동창회 선교부, 이화가족 새벽기도회 등 일선 선교사역에 후원금을 지급하고 있다.

2024년 현재 영문과 출신 선교사는 총 18명이며, 이들의 활동 지역은 가까운 일본, 동남아시아인 홍콩, 필리핀, 캄보디아, 인도네시아, 그리고 좀 더 나아가 인도, 네팔, 파키스탄, 그리고 멀리 아프리카의 남아공, 우간다, 케냐, 에티오피아, 종교분쟁으로 위험한 중동지역의 오만, 그리고 국가명조차 알릴 수 없어 I국 등으로 기재된 곳 등 널리 퍼져 있다. 이들은 각 사역 지역에서 교회 개척, 성경학교 및 신학교 설립 및 운영, 학교 사역, 목회자 양성 및 재교육, 여성·어린이 사역, 빈민선교, 한국학과 교수 사역 등 다양한 활동을 기도와 함께 행하고 있다.

<선교사 명단 및 파견지역>[477]

| 선교사 구분 | 졸업 연도 | 이름 | 임기 | 파견지역 | 주요 사역 |
|---|---|---|---|---|---|
| 은퇴 선교사 | 1960 | 김은자 | 1960 ~ 1968 | 파키스탄 | 쿠에타고등학교 청소년 교육 |
| | 1960 | 전재옥 | 1960 ~ 1974 | 파키스탄 | 제자 훈련 및 신학교 사역 |
| | 1965 | 신성자 | 2009 ~ 2011 | 남아공 | 유치원, 초등학교 설립, 부모 교육 |
| | 1978 | 이재진 | 1986 ~ 2017 | 인도네시아 | 성경 번역, 선교 동원 |
| | 1981 | 곽두경 | 2002 ~ 2004 | 일본 | 한국어 예배부 인도 |

474 이화여자대학교 총동창회 선교부, 『이화의 선교행전』, 2021, 250쪽.

475 영학회 선교부 1주년 기념모임 팸플릿, 영문과동창 선교사 명단, 2001.9.3; 영학회 선교부 4주년 기념모임 팸플릿, 영문과동창 선교사 명단, 2004.9.6.

476 영문동창 선교부 1주년 기념모임 팸플릿(2001.9.3.)

477 기도수첩 참고(2003, 2011, 2012, 2017, 2018, 2019, 2020, 2021, 2022, 2023); 영학회 선교부 1주년 기념모임 팸플릿, 영문과동창 선교사 명단, 2001.9.3; 영학회 선교부 4주년 기념모임 팸플릿, 영문과동창 선교사 명단, 2004.9.6.

| 선교사 구분 | 졸업 연도 | 이름 | 임기 | 파견지역 | 주요 사역 |
|---|---|---|---|---|---|
| 은퇴 선교사 | 2001 | 최하나 | 2001 ~ 미상 | I국 | 노방 전도, 캠퍼스 전도 |
| | 2005 | 이은혜 | 2014 ~ 2021 | 호주 | 제자 훈련, 해외 전도, 행정 및 번역 |
| 현지사역 선교사 | 1966 | 김영자 | 2010 ~ 현재 | 우간다 | 신학교 강의, 교회사역 |
| | 1974 | 오은주 | 1994 ~ 현재 | 필리핀 | 빈민선교, 교회 개척, 성경 공부 |
| | 1977 | 천정희 | 1982 ~ 현재 | 인도, 네팔 | 신학교, 교회 개척 |
| | 1978 | 김남민 | 2010 ~ 현재 | 캄보디아 | 교육, 학교 사역, 지도자 양성 |
| | 1980 | 양은숙 | 2011 ~ 현재 | 알바니아 | 교회 개척 |
| | 1981 | 김경수 | 1982 ~ 현재 | 몽골 | 제자 훈련, 교회 개척 |
| | 1986 | 엄옥희 | 2014 ~ 현재 | 우간다 | 목회자 양성, 우간다개혁신학교 |
| | 1988 | 김선정 | 2007 ~ 현재 | 케냐 | 교육, 지역개발, 여성 · 어린이 사역 |
| | 2001 | 은소피아 | 2019 ~ 현재 | 오만 | 한국학과 교수, 한국어 강의 |
| 본부사역 선교사 | 1969 | 송헌복 | 1986 ~ 현재 | 한국 | 타 문화권 선교사 훈련, 신교지도자 개발 |
| | 1979 | 박혜원 | 2003 ~ 현재 | 인도네시아, 한국 | 지도자 개발, 제자훈련, 교회 사역 |

봉사부는 자원봉사 활동을 목적으로 언어, 재정, 문화의 하부 조직을 두어 회원들이 사회에 봉사하는 기회를 제공했다. 언어봉사부는 1995년 11월, 강남구 수서 종합 복지관에서 1970년도 영문과 졸업생이 중심이 되어 주부영어교실을 연 것으로 시작되었다. 수업은 1년에 2학기 제로 매년 3월부터 6월, 9월부터 12월까지 2018년까지 운영했으며, 매년 약 100명 정도가 수강했다. 수강생은 약간의 수업료를 내며, 교사인 영어영문학과 졸업생들은 무급으로 봉사했다. 주부영어교실 운영으로 복지관은 약간의 수익이 생겼는데, 이 수익은 주로 '무지개교실'이라는 장애아교육 프로그램 운영에 사용되었다. 교과 내용은 알파벳부터 중3 과정까지였다. 자원봉사를 한 동창은 이영자(1967), 노채경, 오명숙, 이순영, 전정렬(이상 1968), 송혜영 엄규순(이상 1969), 김선숙, 김수영, 민기남, 박정순, 방영란, 백선욱, 서국원, 서정훈, 송봉자, 오부근, 이순복, 이현숙, 이화숙, 정태순, 한정애, 홍선희(이상 1970), 김명희, 안미순, 김란, 이기숙, 이명숙, 유윤화, 이정자(이상 1971), 박성희(1972), 오영란, 한영숙(이상 1973), 이명숙, 최명옥(이상 1974), 안미혜(1977), 이민숙(1984), 감나원(1990) 등이었다. 이후 2002년 관악구 봉천동 중앙대 사회복지관에도 주부 영어교실을 열어 2005년까지 운영했다.

재정봉사부는 1998년 유중근 동창이 신임 영학회 회장으로 취임했을 때, 독실한 기독교인으로서 봉사활동을 강조, 주력하면서 시작되었다. 1997년 말 IMF로 인해 많은 실직자가 나오고 빈곤가정이 생기면서 재정봉사의 일환으로 결식학생 돕기를 시작했다. 이화여자대학교 부속고등학교가 강북의 광역 학군에 속하면서 서울의 변두리 지역의 학생들이 지원해 50%의 학생이 빈곤가정 출신이라는 사실을 알게 된 후 영학회 동창들에게 도움을 청했다. 1998년 6월부터 기금을 모으기 시작해 9월부터 21명의 학생에게 급식비를 지급했다. 영학회는 1999년 각급 학교에 구내식당이 설치되어 교내급식이 시작되자 이대부중 10명, 이대부고 20명, 금란고교 10명으로 급식비 지급을 확대했다. 당시 급식비는 1인당 4만원 정도였다, 2000년 이후에도 각 학교의 급식 지원 학생 인원을 증원하면서 영학회가 지원해야 할 한 달 급식비가 200만원이 넘는 경우도 생겨 기금이 점점 부족하게 되었으나, 동창들이 각 기 동창모임의 회비에서 매달 일정액을 지원해 주었다. 영학회는 결식아동 급식비 지원을 위해 후원금 통장을 만들어 영학회 회원들이 보낸 성금 전액을 매년 이대부속중학교와 이대부속고등학교 학생들에게 후원해왔으나, '중·고등학교 무상급식제도'가 실시됨에 따라 급식 후원은 중단되었다. 또한 영학회는 사랑 나눔의 활동으로 2017년부터 '애란모자의 집'을 후원해왔다.[478] 영학회는 2019년까지 정기적으로 정성껏 모은 의복, 신발, 그릇 등 물품과 후원금을 전달해왔다. 코로나 팬데믹으로 모든 활동이 멈춰졌으나 사랑 나눔 활동은 다시 시작할 계획이다.[479]

문화봉사부는 갈고 닦은 영어를 활용하여 우리 고유의 문화를 세계에 알리는 데 조금이나마 도움이 되어보자는 뜻으로 1998년 11월 최청규(1965, 전 영학회 회장) 동창 집에서 처음 모였다. 월례모임은 첫째 목요일에 모여 전시 관람을 하며 공부했고, 특별전시 등이 있을 때는 수시로 모였다. 1998년 11월 한옥마을 탐방을 시작했으며, 1999년 4월부터 2000년 9월까지는 우리문화연구원의 김경선 선생과 서울과 인근 지역의 경복궁, 비원, 종묘, 창덕궁, 덕수궁, 선정릉, 수원성 등의 유적지를 답사했고, 2000년 10월부터 2004년 4월까지는 도슨트(docent) 연수교육을 받기도 했다. 또한 박혜자(1963)는 국립민속박물관과 서울역사박물관에서, 김경희(1972)는 서울역사박물관에서 영어 도슨트로 2012년까지 활동했다. 문화봉사부 회원들은 2002년 6월 월드컵 조직위원을 대상으로 역사박물관을 안내했고, Asia 여학사회 참석자 35인에게 국립민속박물관을 안내했으며, IDC(International Dragon Circle) 회원들이 이화여자대학교 박물관, 규장각, 선정릉, 역사박물관을 관람할 때에 안내를 맡아 봉사했다. 봉사 회원은 박혜자(1963), 최청규(1965), 정영자, 황경숙(이상 1967), 박현수, 배경희(이상 1968), 김명신(1969), 이순복(1970), 김경희(1972), 소영신(1975), 안미혜, 유경현, 이정숙(이상 1977) 등이다.

---

478 https://www.aeranmoja.org/ (2024.10.7. 검색). '애란모자의 집'은 홍제동에 위치하며, 출산 후 양육을 선택한 미혼엄마들이 자립을 목표로 아기를 양육하며 학력 취득, 직업교육, 취업 등 자립기반을 다져 퇴소 후 지역사회에 정착할 수 있도록 돕는 미혼모공동생활가정이다.

479 영학회 김경은 정리, 2024.8.29.

사업부는 영학회의 자금 확충을 위하여 사업을 기획하고 추진하는 부서로 격년제로 5월에 '영학회의 밤/날'을 개최해왔다. 코로나19 이전인 2019년까지 열렸던 영학회의 날 행사는 3~400여 명이 모여 선후배 간의 친목을 도모했던 행사로, 1부에서는 영어영문학과 소식 및 영학회 소식, 장학금 현황, 올해의 이화인 소개, 그리고 홈커밍 기수(졸업 50주년과 졸업 30주년)의 후원금 전달을 했고, 2부에서는 홈커밍 기수 공연과 특별초대공연, 행운잔치를 했다. 많은 동창회원들의 후원금 기부와 홈커밍 기수의 후원금은 영학회 행사 및 활동 그리고 재학생 장학금으로 사용되었다. '영학회의 밤' 개최를 준비하는 것이 쉽지 않으나, 선배들의 '영학회의 밤'에 대한 사랑과 전통을 계승해야 한다는 의견으로 지금까지 영학회의 중요 행사로 지속되고 있다.[480]

회우부는 신년하례식과 함께 2017년부터 선후배 간 친목을 도모하기 위해 봄, 가을 아우팅을 주관하고 있다. 봄, 가을 아우팅은 각 기를 관리하고 유지하는 기 간사의 노고에 감사하고, 기 간사와의 유대관계를 높여 영학회 활동을 적극 홍보하고 참여하게 하는 데 목적을 두고 있다. 아우팅은 문화역사 탐방의 형식으로 북촌 둘레길, 서촌 한옥마을, 경복궁, 선정릉, 덕수궁 미술관 등을 방문해왔다. 2024년 봄에는 영문과 100주년 행사의 일환으로 학관 나들이를 기획하여 총 190여 명이 참석했다.[481]

영학회는 학과 차원을 넘어 이화여자대학교의 다양한 사업과 행사에 적극적으로 참여하고 있다. 영학회는 학교 내 신축건물 건축기금 마련을 비롯한 여러 모금 활동에 앞장서 왔다. 2015년 신축 기숙사(E-House) 건립기금 모금에 참여한 영문과 동창들의 모금액은 총 6억 4,000여만원이었으며, 2020년 재학생들의 코로나로 인한 생활 및 등록비 후원장학금도 마련했다. 코로나 장학금은 총동창회에서 코로나로 인해 어려운 학생들을 위해 모금한 후원금으로 영학회는 2~3개월에 3,100여만원을 모금해서 전달했다. 2021년에 시작한 학관 리모델링 건축을 위한 기금모집에 선후배들의 참여 인원과 후원금액은 단연 독보적이었다. 영학회의 학관 리모델링 후원금액은 2021년 11월 기준 2억 4,000여만원으로 당시 이화여자대학교 김은미 총장으로부터 감사장을 받고 『동창회보』 2021년 11월호에 기사로 실렸다. 이후에도 계속 후원금이 들어와 2022년 12월에 총 2억 6,000여만원을 학교 측에 전달했다.[482] 이외에도 영학회는 현재까지 매 학기 재학생에게 수천만원에 달하는 장학금을 후원하고 있다.

33대 영학회는 2025년 '영어영문학과 100주년'을 준비하기 위해 기존 1~2명이던 각 부서 임원을 3명씩으로 확대 개편했다. 고문(전임회장단), 회장, 부회장을 중심으로 기획부, 총무부, 서기부, 회계부, 사업부(영학회의 밤 담당), 연구부(춘추계강좌 담당), 문화부(전

480 영학회 김경은 정리, 2024.8.29.
481 영학회 김경은 정리, 2024.8.29.
482 영학회 김경은 정리, 2024.9.1.

시, 공연 담당), 홍보부(홈페이지, 공지문, 언론홍보 담당), 회우부(아우팅, 신련하례 담당), 선교부로 조직되어 있다.[483]



## 2. 동창여왕, 이화인 상 수상자

영어영문학과 동창 중에는 각자 자신의 분야에서 뛰어난 활동으로 해방 이후 국가 및 사회단체로부터 인정받아 표창을 받은 인물이 많다. 1968년 어머니날을 맞아 대한일보 주최의 제1회 '대한어머니상'을 서울 대표로 이달남(1932)이 수상했다.[484] 임금복(1935)은 1969년 대한어머니회에서 주는 훌륭한 어머니에 추대되었다. 10여 명의 자녀를 훌륭한 사회인으로 길러냈고 가정의 화목을 위하여 노력하면서 영생보육학교, YWCA 등에서의 사회봉사 활동 공적을 인정받았다.[485] 최이권(1930)은 1972년 YWCA 창립 50주년을 맞아 공로자 표창을 받았다. 최이권은 서울 YWCA 회장으로 40년 동안 헌신적인 봉사를 했다.[486] 모교 영어영문학과 교수였으며 1965년 이대 총동창회장을 역임했던 김갑순(1935)은 1972년 주부클럽연합회로부터 신사임당상을 받았다.[487] 이외에도 수많은 영어영문학과 동창들이 각계의 단체로부터 많은 상을 받았지만 이 절에서는 이화여자대학교에서 수여하는 동창여왕, 올해의 이화인, 자랑스러운 이화인, 아름다운 이화인, 빛나는 이화인, 영원한 이화인에 대해서만 각 수상 취지와 수상자를 간략하게 소개하고자 한다. 수상자의 주요 업적은 수상 당시 기준으로 작성했다.

<동창여왕, 이화인 상 수상자 개관>

| 상 이름 | 수상 존속 시기 | 수상 주최 | 영문과 수상자 수 |
|---|---|---|---|
| 동창여왕 | 1966 ~ 1990 | 이화여자대학교 총동창회 | 5 |
| 올해의 이화인 | 1991 ~ 현재 | 이화여자대학교 총동창회 | 34 |
| 자랑스러운 이화인 | 1995 ~ 현재 | 이화여자대학교 | 15 |
| 아름다운 이화인 | 2005 ~ 현재 | 이화여자대학교 총동창회 | 1 |
| 빛나는 이화인 | 2016 ~ 현재 | 이화여자대학교 총동창회 | 2 |
| 영원한 이화인 | 2022 ~ 현재 | 이화여자대학교 총동창회 | 2 |

483 영학회 정경숙 회장 정리, 2024.8.28.
484 조선일보, 어머니상 수상자 명단, 1968.5.7.
485 이화여자대학교동창회 100년사: 1908~2008, 2010, 191-192쪽.
486 조선일보, YWCA 창립 50주년, 1972.4.21; 이화여자대학교동창회 100년사: 1908~2008, 2010, 209쪽.
487 이화여자대학교동창회 100년사: 1908~2008, 2010, 209쪽.

### 1) 동창여왕

1966년 80주년의 큰 잔치를 앞두고 총동창회 임원회에서는 메이데이에 동창이 많이 참여할 기회를 만들기 위해 '동창 재상봉의 날'을 마련했다. 첫 동창 재상봉은 1928년 이전 졸업생과 20년 후인 1948년도 졸업생이 상봉하는 날로 정하고, 해당 연도 졸업생 중에서 "어느 분야에 종사하든 이화에서 익힌 기독교 정신 속에 사회에 봉사하고 헌신하여 맡은 직분에서 크게 열매 맺은" 동창을 뽑아 '동창여왕'으로 대관식을 갖기로 했다.[488] 첫 번째 동창여왕은 김활란 명예총장이 뽑혀서 1966년 5월의 여왕(메이퀸)과 나란히 입장하여 대관식을 가졌다. 흰옷의 메이퀸과는 달리 동창여왕은 옛 궁중에서 입던 당의를 입고 족두리를 쓰고 메이퀸의 맞은편에 자리 잡고 행사를 지켜보았다. 동창여왕은 그해에 홈 커밍 데이를 맞은 20년 간격의 졸업생 중에서 각과 동창회에서 추천한 후보를 대상으로 동창회의 동창여왕 선정위원들이 심사하여 결정했다. 메이퀸과 마찬가지로 후보가 되었던 각과 대표들은 다홍 치마 흰 저고리, 혹은 남색 치마 옥색 저고리를 다 같이 입어 식전을 빛냈다. 메이퀸이 없어진 이후에도 1990년까지 동창여왕은 계속 추대되어 매년 5월에 베풀어지는 '동창의 날'에 주역을 맡았다.[489] 역대 동창여왕 중 영어영문학과 동창은 김정옥, 김영래, 강성희, 김문희, 박용언의 다섯 명이다. 이들 동창의 업적을 다음의 표로 정리했다.

<영어영문학과 출신의 동창여왕>[490]

| No | 기수(연도) | 이름 | 졸업연도 | 주요 업적 |
|---|---|---|---|---|
| 1 | 제7대(1972) | 김정옥 | 1936 | 동구여중 교장 |
| 2 | 제9대(1974) | 김영래 | 1938 | 수원 매향여자중·고등학교 재단이사장 겸 기독교 대한감리회여선교회 전국 연합회 회장[491] |
| 3 | 제16대(1982) | 강성희 | 1947 | 현대희곡작가협회장 겸 성신여대 출강[492] |
| 4 | 제17대(1983) | 김문희 | 1949 | 한국걸스카우트연맹 총재 |
| 5 | 제22대(1988) | 박용언 | 1956 | 대한여학사협회 회장 |

488 이화여자대학교동창회 100년사: 1908~2008, 2010, 187쪽.

489 한가람 봄바람에: 이화100년 야사, 1981, 378-379쪽; 이화100년사, 1994, 688쪽.

490 이화100년사, 1994, 701쪽; 1975년은 시국과 관련하여 행사가 중단되어 동창여왕이 선정되지 않았음.

491 이대학보, 9대 동창여왕에 김영래씨, 1974.5.10.

492 이대학보, 동창의 날 행사, 29일 중강당에서: 동창여왕에 강성희선배, 1982.5.17.

## 2) 올해의 이화인



1966년부터 매년 동창의 날 행사 중 하나로 각 과별로 '동창여왕'을 선발해오다가, 1991년부터 명칭을 변경하여 졸업 30주년이 되는 회원 중 가정과 사회에서 귀감이 되는 삶을 살아가는 자랑스러운 동창을 '올해의 이화인'으로 추대하고 있다. '올해의 이화인'의 후보 자격은 모교 졸업 30주년을 맞이하는 본회 회원 중에서 평소 이화의 교육이념인 진선미의 정신을 실천하여 가정과 사회에서 귀감이 되는 삶을 살아가는 자이다.[493] 2024년 현재까지 추대된 '올해의 이화인'은 34명이다.

<영어영문학과 출신의 올해의 이화인>[494]

| No | 수상연도 | 이름 | 졸업연도 | 주요 업적 |
|---|---|---|---|---|
| 1 | 1991 | 윤미덕 | 1959 | 성신여자대학교 영어영문학과 교수 |
| 2 | 1992 | 강순경 | 1960 | 홍익대학교 영어영문학과 교수 |
| 3 | 1993 | 김영자 | 1961 | 한국여학사협회 회장, 대한적십자사 부총재 |
| 4 | 1994 | 이정희 | 1962 | 연합뉴스 국장 |
| 5 | 1995 | 홍문자 | 1963 | 주부(한국타이어) |
| 6 | 1996 | 노영자 | 1964 | 주부 |
| 7 | 1997 | 정해원 | 1965 | 굿네이버스 인터내셔날 회장 |
| 8 | 1998 | 윤화지 | 1966 | 한신대학교 영어영문학과 교수 |
| 9 | 1998 | 황경숙 | 1967 | 경희대학교 강사, 전 싱가포르항공 예약발권마케팅팀장 |
| 10 | 1999 | 신선희 | 1968 | 전 국립극장장 |
| 11 | 1999 | 이영옥 | 1969 | 성균관대학교 영어영문학과 교수 |
| 12 | 2000 | 김영옥 | 1970 | 가정법률사무소 이사 |
| 13 | 2001 | 이진숙 | 1971 | 가톨릭스카웃 부연맹장 |
| 14 | 2002 | 신혜수 | 1972 | 한국여성의전화 상임대표, 유엔여성차별철폐위원회 위원 |
| 15 | 2003 | 남덕자 | 1973 | 사회복지법인 제성이사, 대한여자기독교절제회 이사, 열린이웃 회장 |
| 16 | 2004 | 손병옥 | 1974 | (주)푸르덴셜생명보험 부사장 |
| 17 | 2005 | 김원정 | 1975 | (주)심로악기 대표이사 |
| 18 | 2006 | 위진영 | 1976 | 주부 |
| 19 | 2007 | 김은경 | 1977 | 온양민속박물관장 |

493 이화여자대학교 총동창회 사무국 자료 제공.
494 2016년, 2017년의 '올해의 이화인'은 해당 기에서 선정하지 않았다.

| No | 수상연도 | 이름 | 졸업연도 | 주요 업적 |
|---|---|---|---|---|
| 20 | 2008 | 김진선 | 1978 | 대한적십자 특별자문위원(서울), (주)행진기업 이사 |
| 21 | 2009 | 배혜경 | 1979 | 크리스티 한국 사무소 대표 |
| 22 | 2010 | 이화익 | 1980 | 이화익 갤러리 대표 |
| 23 | 2011 | 서영주 | 1981 | PCA생명 상무 |
| 24 | 2012 | 방혜성 | 1982 | 학교법인 태평양학원 상임이사(성덕여자중.고등학교) |
| 25 | 2013 | 황재복 | 1983 | 황재복 웨딩 대표, 이화여대 디자인대학원 겸임교수 |
| 26 | 2014 | 정다미 | 1984 | 명지대학교 경영대학 경영학과 교수 |
| 27 | 2015 | 김유현<br>[김미경] | 1985 | 화가, 포름기획가 |
| 28 | 2018 | 곽진영 | 1988 | 건국대학교 정치외교학과 교수 |
| 29 | 2019 | 최혜원 | 1989 | 이화여대 영어영문학부 교수, 호크마교양대학 학장(2018~2020) |
| 30 | 2020 | 박경희 | 1990 | 삼성증권 전무(SNI전략담당) |
| 31 | 2021 | 김태연<br>[김승은] | 1991 | 영어교육전문가, 영어교육전문업체 티와이 콘텐츠 대표 |
| 32 | 2022 | 곽상희 | 1992 | (주)가산 대표이사 |
| 33 | 2023 | 엄현진 | 1993 | 주부 |
| 34 | 2024 | 서연희 | 1994 | 법무법인 율성 변호사, 국회공직자윤리위원회 위원 |

### 3) 자랑스러운 이화인

이화여자대학교는 1995년부터 이화여자대학교 동창 또는 이화여자대학교에서 장기간 봉직하고, 사회 각 분야에서 탁월한 업적을 쌓아 이화 정신의 귀감이 된 인물을 선정하여 '자랑스러운 이화인'이라는 이름으로 포상하고 있다. 포상 분야는 교육 및 예술을 포함한 학술 부문, 공직 등 사회활동을 포함한 사회봉사 부분, 국제교류 부문, 여성 권익 신장 등의 여성운동 부분, 시대정신을 선도하는 탁월한 업적을 세운 특별 공헌 부문 등이다. 1999년에는 여성에 대한 편견을 극복하고 한국 여성의 우수성을 대내외에 알림으로써 여성의 지위 향상에 기여한 동창,[495] 2001년에는 한국 여성의 권익 향상과 사회발전에 큰 자취를 남긴 동창에게 수여되었다.[496] 역대 '자랑스러운 이화인' 수상자 중 영어영문학과 졸업자는 총 15명으로 다음과 같다.[497]

495 이대학보, 이화창립 113주년 기념식, 1999.6.1.
496 이대학보, 창립 115주년을 축하하며, 2001.6.4.
497 이화여자대학교 홍보실 제공. 주요 업적도 홍보실 제공 자료를 바탕으로 기술했다.

<영어영문학과 출신의 자랑스러운 이화인>

| No | 기수(연도) | 이름 | 졸업연도 | 주요 업적 |
|---|---|---|---|---|
| 1 | 제2회(1996) | 전신애 | 1965 | 미국 일리노이주 노동부 장관 |
| 2 | 제3회(1997) | 임길재 | 1933 | 재미 동양인 최초의 개업 의사 |
| 3 | | 이효재 | 1947 수료 | 한국정신대문제대책협의회 공동대표 |
| 4 | 제4회(1998) | 김정옥 | 1936 | 원로 교육자, 동구여자중학교 교장, 동구학원 이사장[498] |
| 5 | 제5회(1999) | 김영정 | 1950 | 전 이화여자대학교 사학과 교수, 정무 제2장관, UN 여성차별철폐위원회 위원[499] |
| 6 | 제6회(2000) | 김갑순 | 1935 | 전 이화여자대학교 영어영문학과 교수, 대한 YWCA 회장 |
| 7 | | 윤정옥 | 1949 | 전 이화여자대학교 영어영문학과 교수, 한국정신대문제대책협의회 공동대표 |
| 8 | 제7회(2001) | 김현자 | 1949 | 전 국회의원 및 한국여성정치연맹 총재 |
| 9 | | 박영숙 | 1956 | 전 국회의원 및 한국환경·사회정책연구소장 |
| 10 | 제13회(2011) | 정의숙 | 1953 | 이화여자대학교 기독교학과 명예교수, 이화여자대학교 제9대 총장, 전 이화학당 이사장 |
| 11 | 제14회(2012) | 김영희 | 1964 | 미국 하와이주립대 한국학연구소 소장 |
| 12 | 제17회(2019) | 유중근 | 1967 | 전 대한적십자사 총재 |
| 13 | | 신혜수 | 1972 | 유엔인권정책센터 상임대표 |
| 14 | 제19회(2021) | 장필화 | 1974 | 이화여자대학교 여성학과 명예교수 |
| 15 | 제21회(2023) | 김순덕 | 1984 | 동아일보 대기자 |

### 4) 아름다운 이화인

'아름다운 이화인' 상은 우리 사회의 그늘진 곳에서 소외된 이웃을 위해 10년 이상 나눔과 섬김, 봉사의 이화 정신을 묵묵히 실천하고 있는 이화 동창을 찾아 격려하고 널리 알리기 위해 2005년 이화여자대학교 총동창회에서 제정한 상으로 매년 연말 '이화인의 밤'에서 시상하고 있다.[500]

498 이대학보, 자랑스러운 이화인, 김정옥·장명수 동창, 1998.5.25.
499 이대학보, '자랑스런 이화인': 김영정·김옥경 동창 선정, 1999.5.24.
500 이화여자대학교 총동창회 사무국 자료 제공.

<영어영문학과 출신의 아름다운 이화인>

| No | 기수(연도) | 이름 | 졸업연도 | 주요 업적 |
|---|---|---|---|---|
| 1 | 제12회(2016) | 오은주 | 1972 | 1994년부터 23년간 필리핀 선교사로 활동 |

## 5) 빛나는 이화인

이화여자대학교 총동창회에서 2016년 ‘빛나는 이화인’상을 제정했고, 매년 5월 ‘동창의 날’에 시상하고 있다. ‘빛나는 이화인’상은 국내외의 과학기술, 경제, 의료, 법률, 교육, 문화, 예술, 종교, 언론 등 각 분야에서 이화의 정신에 입각하여 타의 모범이 되고 뛰어난 업적으로 사회 발전에 크게 기여하여 이화여자대학교의 명예를 드높인 자로 해당 연도 현직에서 활약하고 있는 동창을 선정하여 수상하고 있다.[501] ‘빛나는 이화인’으로 선정된 영어영문학과 수상자는 2명이다.

<영어영문학과 출신의 빛나는 이화인>

| No | 기수(연도) | 이름 | 졸업연도 | 주요 업적 |
|---|---|---|---|---|
| 1 | 제1회(2016) | 김성미 | 1982 | IBK기업은행 개인고객본부 부행장 |
| 2 | 제9회(2024) | 원귀정 | 1989 | 호치민 휴텍(Hutech)대학교 베트남-한국기술교육원 부원장. 이랜드그룹 최연소 및 경영직군 최초 여성 임원 |

## 6) 영원한 이화인

2022년부터 이화여자대학교 총동창회는 졸업 이후 50년 동안 이화의 이름에 담긴 영원한 가치를 지키며 가정과 사회에서 모범적인 삶을 살아온 회원들을 선정하여 매년 동창의 날 행사에서 ‘영원한 이화인’으로 추대하고 있다. ‘영원한 이화인’의 후보 자격은 모교 졸업 50주년을 맞이하는 본회 회원으로서 일생 이화의 교육이념인 진선미의 정신을 실천하여 가정과 사회에서 아름다운 성과를 이뤘으며 모교에 대한 사랑이 지극한 자이다.[502] 2024년 현재까지 추대된 영어영문학과 출신의 ‘영원한 이화인’은 2명이다.

---

501 이화여자대학교 총동창회 사무국 자료 제공.
502 이화여자대학교 총동창회 사무국 자료 제공.

<영어영문학과 출신의 영원한 이화인>

| No | 수상연도 | 이름 | 졸업연도 | 주요 업적 |
|---|---|---|---|---|
| 1 | 2023 | 김영숙 | 1973 | 이화여자대학교 영어영문학과 동창회 임원 8년 |
| 2 | 2024 | 김옥희 | 1974 | 전 상암중학교 교장, 현 진로적성 전문강사, 홍조근정훈장 수상 |

## 3. 이화여자'종합'대학으로 발전시킨 졸업생들

이화학당 또는 이화여자전문학교를 나와 선교사들의 추천으로 미국 유학길에 오른 사람들은 학교의 필요에 의해 다양한 분야에서 수학하고 돌아와 모교에 봉직했다. 선교사들로 시작한 이화의 교수진에 유학을 다녀온 졸업생들이 차츰 합류하기 시작했던 것이다. 전문학교 시기의 학생들은 자신의 전공학문을 정하고 진학했으나 학문에 대한 폭넓은 시야를 갖게 되면서 졸업 후에 전공을 변경하여 공부를 계속하는 일이 흔했다. 특히 전문학교에서 배출한 인재들이 훗날 이화여자대학교의 기반을 이루는 교수진을 형성할 수 있었던 것은 문과, 음악과, 가사과, 보육학교 네 분야의 졸업생들이 여러 방향으로 전공 분야를 전환하여 공부했기 때문에 가능했다.[503]

이화여자대학교 영어영문학과가 이화여자대학교 중추 학과로 평가되는 이유는 일제강점기 문과 졸업생들과 해방 후 이화여자대학교 영어영문학과의 졸업생들이 국내외에서 다양한 학문 분야의 석·박사 학위를 취득하여 이화여자대학교의 필수적인 학과를 창설, 정착시키는 데 초석이 되었기 때문이다.[504] 이 절에서는 이화여자대학교 각 과의 산파 역할을 하고 이화가 명실상부한 종합대학으로 발전할 수 있도록 공헌한 졸업생들의 면모를 살펴보고자 한다.

이화학당 시절부터 유망한 학생들은 대부분 미국 유학을 통한 학문 연구를 최고 목표로 세웠고 이러한 추세는 이화여자전문학교에서도 이어졌다. 문과 학생들은 신마실라(대학과 1914), 김애식(대학과 1914), 신준려(대학과 1917). 김활란(대학과 1918) 같은 이화학당 대학과 출신 들이 미국에서 학사학위를 받고 활동하는 것을 보며,[505] 미국 유학을 계획하고 실현한 학생이 꽤 되었다. 이화여자전문학교 졸업생 중 석사학위를 취득하고 돌아온 사람은 마운트홀리요크대학(Mount Holyoke College)과 피바디대학(Peabody College)에서 유학한 박마리아(1928), 듀크대학교(Duke University)과 뉴욕 성서신학대학(New York Theological Seminary)에서 유학한 박은혜(1930), 오리건대학교(University of Oregon)를

503 한가람 봄바람에: 이화100년 야사, 1981, 516쪽.
504 이화70년사, 1956, 94-95쪽.
505 한가람 봄바람에: 이화100년 야사, 1981, 506쪽.

졸업한 최이순(1933) 등이 있다.[506] 박마리아는 1932년 9월부터 이화여자전문학교 교수로 활동했으며, 해방 후 이화여자대학교 한림원 초대 원장과 문리대학장, 1955년에는 부총장을 역임했다.[507] 또한 여학생이 입학할 수 있었던 일본의 동북(東北)제대와 규슈(九州)제대에서 유학한 문과 졸업생 신의경(1927, 동북제대 역사학), 조현경(1928, 규슈제대 법문학부 서양사), 계준태(1934, 규슈제대 법문학부), 홍복유(1936, 동북제대 법문학부 영문과) 등이 모교인 이화 교단에 섰다.[508]

다음은 문과 및 영어영문학과를 졸업하고 전공 분야를 변경하여 유학한 후 이화여자대학교에서 타 학과를 창설하고 정착시킨 주역들의 면모이다.[509] 다음 표는 졸업연도 순으로 정리했으며, 학과명이 현재와 다를 경우 일반적으로 임용 당시 학과명으로 기재했다.[510]

<이화여자대학교 타 학과 창설 및 발전에 기여한 영어영문학과 동창>[511]

| 이름 | 졸업연도 | 최종학위(학교명/학위명) | 전공 분야 | 재직학과(재직연도) |
|---|---|---|---|---|
| 김분옥 | 1927 | 오리건주립대학교(BS) | 가정학 | 가사과(1930 ~ 1933) |
| 김매리 [김메례] | 1928 | 미시간대학교(MM), 이화여자대학교(명예 철학박사) | 음악이론, 미학, 음악사 (확인요) | 음악과(1934.9 ~ 1947.6) |
| 최선화 | 1931 | 이화여자전문학교 문과 | 영문속기 | 영어영문학과(1955.3 ~ 1967)<br>비서학과(1968 ~ 1976.8) |
| 김정옥 | 1936 | 워싱턴주립대학교(석사), 이화여자대학교(명예 문학박사) | 한국교육사 | 교육학과(1946.9 ~ 1969.2) |
| 민덕순 | 1938 | 이스트맨음악학교, 서던캘리포니아대학(MM) | 성악, 음악교육 | 성악과(1956.4 ~ 1961.8) |
| 정충량 | 1939 | 이화여자전문학교 문과 | 신문윤리 | 신문방송학과(1963 ~ 1977) |
| 이봉순 | 1940 | 인디애나주립대학교(MA) | 도서관과 자료 | 영어영문학과(1954.4 ~ 1956)<br>교양학부(1957 ~ 1958)<br>도서관학과(1959 ~ 1985.2) |
| 손경춘 | 1941 | 미네소타대학교(MA) | 보건간호학, 소아간호학 | 간호대학(1957.9 ~ 1972.4) |
| 차재순 | 1941 | 피바디대학(MA) | 영어교수법 | 교육학과(1955.3 ~ 1963)<br>외국어교육과(1964 ~ 1986.2) |

506 한가람 봄바람에: 이화100년 야사, 1981, 507쪽.

507 이화70년사, 1956, 247-248쪽.

508 한가람 봄바람에: 이화100년 야사, 1981, 507쪽. 이화여자대학교동창회 100년사: 1908~2008, 2010, 95-96쪽.

509 한가람 봄바람에: 이화100년 야사, 1981, 537-538쪽.

510 신문방송학과(현 커뮤니케이션·미디어학부)는 학과명이 여러 번 개칭되었다. 정충량(1939) 임용 당시에는 학과명이 신문학과(1960.4~1969.2)였으나 신문방송학과(1969.3~1998.2)라는 학과명이 독자들에게 보다 익숙하여 신문방송학과로 기록했다. 또한 재직중인 최윤정(1995)의 경우 임용 당시 학과명(언론홍보영상학과, 2007.3~2015.2) 대신 현재 학과명(커뮤니케이션·미디어학부, 2015.3~)을 적었다.

511 재직연도 등은 『이화100년사 자료집』 등을 참고했다.

| 이름 | 졸업연도 | 최종학위(학교명/학위명) | 전공 분야 | 재직학과(재직연도) |
|---|---|---|---|---|
| 최신덕 | 1942 | 이화여자대학교(문학박사) | 가족사회학 | 사회학과(1963 ~ 1987) |
| 김옥길 | 1943 | 웨슬리언대학교(학사), 템플대학교 대학원 수학, 이화여자대학교(명예 문학박사) | 기독교교육 | 기독교학과(1952 ~ 1979) |
| 배만실 | 1943 | 필라델피아 미술대학교(학사), 컬럼비아대학교(석사), 이화여자대학교(문학박사) | 실내디자인, 작물디자인 | 장식미술과(1961 ~ 1988) |
| 이남덕 | 1943 수료 | 이화여자대학교(문학박사) | 한국어발달사, 국어형태론 | 국어국문학과(1958 ~ 1986) |
| 이숙례 | 1947 | 아이오와주립대학교(PhD) | 초등교육방법, 과목지도법 | 교육학과(1954.9 ~ 2007.8) |
| 이효재 | 1947 수료 | 컬럼비아대학교(MA) | 가족사회학 | 사회학과(1958.4 ~ 1962.2) |
| 김정한 | 1949 | 피바디대학(PhD) | 교육행정의 이론, 교원인사행정 | 교육학과(1961.3 ~ 1992.8) |
| 문인숙 | 1949 | 스카릿대학(MA) | 집단사회사업 | 사회사업학과(1971 ~ 1993) |
| 이춘란 | 1949 | 컬럼비아대학교(MA), 신시내티대학교(박사수료) | 미국사 | 사학과(1953 ~ 1994) |
| 최윤애 | 1949 | 듀크대학교(MA) | 서양사 | 사회생활학과(1958.4 ~ 1993) |
| 김영정 | 1950 | 인디애나대학교(PhD) | 영국사 | 사학과(1954 ~ 1985) |
| 백형숙 | 1950 | 코넬대학교(MA) | 미국외교사 | 정치외교학과 (1954.9 ~ 1960.8) |
| 이명흥 | 1950 | 오하이오주립대학교(MA, MSW) | 개별사회사업, 아동복지 | 사회사업학과 (1961.8 ~ 1995.2) |
| 정확실 | 1950 | 연세대학교(문학박사) | 초등교육(교육심리, 초등사회과교수법) | 초등교육과(1963 ~ 1995) |
| 조정자 | 1950 | 웨슬리언대학교 이화여자대학교(정치학박사) | 국제정치학, 국제기구학 | 정치외교학과 (1954.8-1975.9) |
| 주동혜 | 1950 | 보스턴대학교(MA) | 심리영어 | 심리학과(1953.4-1961) |
| 추국희 | 1951 | 보스턴대학교(EdM, CAGS) | 학습지진아교육 시각장애아교육 | 특수교육과 (1958.4 ~ 1993.2) |
| 정의숙 | 1953 | 노스웨스턴대학교(PhD) | 종교교육 | 기독교학과(1959.4 ~ 1990.8) |
| 유연숙 | 1954 | 남가주대학교(MS) | 비서실무, 비서학 | 비서학과(1958.12 ~ 1997.2) |
| 정용선 | 1955 | 카톨릭대학교(MS) | 자료조직연습법 | 도서관학과(1978.3 ~ 1982.2) |
| 함선영 | 1956 | 일리노이웨슬리언대학교(BS) | 비서학개론 | 비서학과(1962 ~ 1993.2) |
| 김형식 | 1956 | 피트만대학(Diploma) | 문서관리론 | 비서학과(1965.3 ~ 1996.8) |
| 손승희 | 1958 | 이화여자대학교(문학박사) | 기독교교육 | 기독교학과(1964.9 ~ 2000.2) |

| 이름 | 졸업연도 | 최종학위(학교명/학위명) | 전공 분야 | 재직학과(재직연도) |
|---|---|---|---|---|
| 신옥희 | 1958 | 스위스 바젤대학교(Dr. Theol) | 실존철학 | 철학과(1967.3 ~ 2000.8) |
| 노옥순 | 1960 | 연세대(문학박사) | 인문과학 서지 | 도서관학과(1969.3 ~ 2000.2) |
| 전재옥 | 1960 | 풀러신학대학교(D. Miss) | 선교신학 | 기독교학과(1977.3 ~ 2004.2) |
| 구자영 | 1961 | 시카고대학교(MA) | 자연, 응용, 사회과학 서지 | 도서관학과(1967.9 ~ 1999.8) |
| 박수연 | 1961 | 미시간대학교(PhD) | 교육행정 | 교육학과(1983.9 ~ 2004.2) |
| 김신자 | 1965 | 컬럼비아대학교(EdD) | 교수설계론 | 시청각교육과 (1974.3 ~ 2008.2) |
| 이경숙 | 1970 | 독일 괴팅겐대학교 (Dr. Theol.) | 구약성서 | 기독교학과(1989 ~ 2014) |
| 최선열 | 1970 | 위스콘신대학교(PhD) | 매스컴사회학 | 신문방송학과 (1983.3 ~ 2013.2) |
| 이상화 | 1971 | 독일 튀빙겐대학교(PhD) | 사회철학 | 철학과(1988 ~ 2014) |
| 장필화 | 1974 | 서섹스대학교(PhD) | 여성과 발전 | 여성학과(1984 ~ 2016) |
| 김혜숙 | 1976 | 시카고대학교(PhD) | 인식론 | 철학과(1987.9 ~ 2019.8) |
| 김은실 | 1980 | 캘리포니아대학교(샌프란시스코/버클리)(PhD) | 성역할 인류학 | 여성학과(1995 ~ 2023) |
| 박동숙 | 1980 | 텍사스대학교(오스틴) (PhD) | 미디어수용자론 | 신문방송학과 (1995.9 ~ 2022.8) |
| 양옥경 | 1982 | 위스콘신대학교(PhD) | 개별사회사업론 | 사회사업학과(1990 ~ 2024) |
| 전혜숙 | 1983 | 이화여자대학교(문학박사) | 현대미술사 | 이화인문과학원, 포스트휴먼 융합인문학협동과정(2010.3 ~ 현재) |
| 강민아 | 1988 | 하버드대학교(PhD) | 행정학, 국제학, 사회적 경제협동과정 | 행정학과(2004.3 ~ 현재) |
| 최윤정 | 1995 | 시라큐스대학교(PhD) | 영상미디어이론및제작 | 커뮤니케이션·미디어학부 (2008.3 ~ 현재) |
| 강수진 | 2000 | 뉴욕 School of Visual Arts(석사) | UX디자인 | 디자인학부(2021.3 ~ 현재) |
| 정누리 | 2002 | 인디애나대학교(블루밍턴) (박사) | 국제법 | 국제학부(2011.3 ~ 현재) |
| 고민희 | 2004 | 시카고대학교(PhD) | 정치학 | 정치외교학과(2018.3 ~ 현재) |
| 송명선 | 2008 | 서던캘리포니아대학교 (PhD) | 커뮤니케이션 | 커뮤니케이션·미디어학부 (2025.3 ~ 현재) |

신옥희(1958)는 스위스 바젤대학(Universität Basel)에서 신학으로 학위를 받은 후 철학과 교수가 되었으며 그의 원효와 칸트 사상의 비교연구는 원효 사상 연구에서 유례없는 업적으로 평가를 받았다.[512] 그 뒤를 이어 이상화(1971), 김혜숙(1976)이 철학과 교수가 되었다. 기독교학과는 정의숙(1953), 손승희(1958), 전재옥(1960), 이경숙(1970) 등에 의해 자리를 잡아갔다.

이남덕은 1941년 4월 이화여자전문학교 문과에 입학하여 1943년 3월까지 본과 1년을 수료했다.[513] 1942년 4월 경성제국대학 법문학부 문학과 조선어조선문학 전공에 선과생(選科生)으로 입학했으며,[514] 1945년 졸업 후 1958년 국어국문학과 교수가 되어 국어학을 가르쳤다. 교수 재직 시절 이화여자대학교 국어국문학과에서 1961년에 석사학위를, 1971년에 박사학위를 각각 취득했다. 사학과 창설에도 영어영문학과 졸업생들이 기여한 바 크다. 이춘란(1949)은 신시내티대학교(University of Cincinnati)에서 박사과정을 수료하고 미국사를 전공하고 돌아와 1953년 가을 본교에 부임했다. 사학과가 없었던 시절 영문학과에 소속되어 교양과목인 세계사를 가르쳤다. 김영정(1950)은 인디애나대학교에서 영국사 박사학위를 취득한 뒤 1954년 본교에 부임하여 서양사를 강의했다. 이들은 모두 1955년 사학과 창설의 주역이 되었다.[515] 김영정(1950)은 1982년 대학원 여성학과를 창설하고 초대 학과장을 맡기도 했다.[516]

해방 후 종합대학으로서 이화여자대학교에 다수의 학과가 개설됨에 따라 학교에서 유학 가는 문과 및 영어영문학과 졸업생들에게 전공할 학문을 정해주는 경우가 많았다. 그중 대표적인 예가 이화여자대학교 도서관장이 된 이봉순(1940)이다. 그는 여고 시절부터 시(詩)에 관심을 두고 이화여자전문학교 문과에 진학했다. 그러나 졸업 후 서울대학교 도서관에서 근무했다. 1949년 이봉순은 영문학을 계속 공부하기 위해 김활란 총장을 찾았다. 김활란 총장은 도서관에서 근무했던 경험을 들며 그에게 미국 유학을 가서 도서관학을 전공하라고 권했고, 이봉순은 그렇게 인디애나주립대학교에서 도서관학을 전공하게 되었다. 국내에 도서관학뿐만 아니라 잘 갖춰진 도서관도 드물던 때 이화여자대학교에서는 도서관학 분야에 인재를 길러내기 시작했고, 국내 최초로 도서관학과(현 문헌정보학

---

512 한가람 봄바람에: 이화100년 야사, 1981, 537-538쪽.

513 이화역사관 자료.

514 김성칠 지음, 정병준 해제.『역사 앞에서: 한 사학자의 6·25 일기』, 개정판, 창비, 2009, 418쪽, 500-501쪽. 당시 여학생은 선과를 통해서만 경성제국대학에 입학할 수 있었다. 예과를 거치지 않은 학생 중 선과시험을 통해 선발된 선과생은 학위를 수여하지 않았고, 6단위의 학점을 받은 뒤에야 비로소 본과생으로 편입할 시험자격을 얻었다. 제5대 문과 과장(1940~1941) 박종홍은 선과제도를 통해 경성제대 법문학부 철학과에 입학했던 본인의 경험을 살려 제자인 고옥남(1941, 전 숙명여대 영어영문학과 교수)과 이남덕(1943 수료)이 경성제대 선과에 입학할 수 있도록 교육을 시켰다(김성칠 지음, 정병준 해제, 2009, 421쪽).

515 이대학보, 귀국한 5명의 졸업생, 금추(今秋)부터 전공강의 담당, 1954.9.27; 이대학보, 교수칼럼: 한가지 일에 몰두하는 것, 이춘란 사학과 교수, 1989.2.13.

516『이화사학50년』, 이크, 2005, 109쪽.

과)를 설립할 수 있었다.[517] 정용선(1955), 구자영(1960), 노옥순(1960) 등이 뒤를 이어 도서관학과 교수가 되었다.

이화여자전문학교 학창시절 영어연극 '아이반호'(1930)에 출연하고, 영어에 재능을 보인 최선화(1931)는 이화여자전문학교 시절 5년간 '영문타자' 과목을 가르쳤다. 해방 후 그는 1954년부터 이화여대 영문과 교수로 재직하다 1968년 비서학과(현 국제사무학과)를 창설하고 약 20년간 본교의 여성 인재 배출에 기여했다.[518] 유연숙(1953)은 비서학과 교수로 활동하면서 한국비서협회 초대 회장을 역임했다. 이외에도 함선영(1956), 김형식(1956)이 비서학과 교수로 재직했다.

이효재(1947 수료)는 앨리배마대학교(University of Alabama)에서 사회학 학사, 컬럼비아대학교(Columbia University)에서 사회학 석사학위를 취득하고, 1958년 이화여대에 사회학과가 신설되면서 1958년에 조교수로 임명되었다. 사회학과 교수로 재직하며 한국 상황에 맞는 여성학을 도입하고, 1976년 여성학과가 설립되기까지 큰 공헌을 했다. 또한 본교에 1977년 처음으로 학부 교양과목 '여성학'을 개설했다.[519] 최신덕(1942)도 시카고대학교(University of Chicago)에서 사회학을 공부하고 사회학과 교수가 되었다. 장필화(1974), 김은실(1980)은 여성학과 교수, 주동혜(1950)는 심리학과 교수가 되었다.

1947년 한국 최초의 '기독교사회사업과'로 시작한 사회사업학과(현 사회복지학과)는 미국 스카릿대학(Scarritt College)에서 사회복지학 석사학위를 취득한 문인숙(1949)과 오하이오주립대학교(Ohio State University)를 졸업한 이명홍(1950)이 교수가 되면서 더욱 활성화되었다. 양옥경(1982)은 위스콘신매디슨대학교(University of Wisconsin, Madison)에서 박사학위를 받고 사회복지학과 교수가 되어 정신건강, 윤리와 인권을 연구했다.

신문방송학과(현 커뮤니케이션·미디어학부) 교수였던 정충량(1939)은 경향신문 기자와 서울신문 논설위원, 공보위원회 부회장을 거쳐 1963년부터 본교에 14년간 재직했다. 최선열(1970)은 위스콘신대학교(University of Wisconsin)에서 유학했고, 박동숙(1980)은 텍사스대학교(University of Texas, Austin)에서 커뮤니케이션 박사학위를 취득하고 신문방송학과 교수가 되었다. 최윤정(1995)은 시라큐스대학교(Syracuse University)를 졸업하고 중앙미시간대학교(Central Michigan University)에서 교수를 역임했으며 학부에서는 영상기획과 연출, 다큐멘터리 제작을 가르치고 있다.

영어영문학과 졸업생으로 정치외교학과 교수가 된 인물로는 조정자(1950)가 있다. 조정자는 오하이오웨슬리언대학교(Ohio Wesleyan University)에서 2년간 정치외교학을 전공했고 1954년 귀국하여 이화여대에서 국제기구학과 원서번역 강의를 시작했으며, 1954

517 한가람 봄바람에: 이화100년 야사, 1981, 521-522쪽.
518 이대학보, '여성'을 넘어 인간으로, 이화의 독립운동가들을 만나다, 2019.5.27.
519 이대학보, 1세대 페미니스트, 24년생 이이효재의 발자취를 따라가다, 2019.12.2.

년부터 1975년까지 정치외교학과 교수로 재직했다. 백형숙(1950)은 아이오와주 코넬대학(Cornell College)에서 2년간 법학을 전공했으며 미국외교사와 원서번역을 담당하며 정치외교학과에서 1954년부터 1960년까지 교수로 재임했다.[520] 고민희(2004)는 시카고대학교(University of Chicago)에서 박사학위를 받았고 정치외교학과 교수로 활동하고 있다.

사범대학 교육학과 역시 영어영문학과 졸업생들의 공헌이 크다. 특히 김정옥(1936)은 워싱턴주립대학교(Washington State University)에서 교육학을 전공하고 1945년 해방과 더불어 교육학과 창설에 기여했으며, 차재순(1941)은 피바디대학(Peabody College)에서 공부하고 교편문 작성법을 가르쳤다. 이숙례(1947)는 아이오와주립대학교(Iowa State University)에서 교육학 박사학위를 받고 귀국하여 1954년부터 교육학과 교수로서 학과 발전에 이바지했으며, 김정한(1949) 역시 교육학과에 재직했다. 정확실(1950)은 초등교육, 교육심리를, 박수연(1961)은 교육행정을 담당했다. 추국희(1951)는 교육학과 교수로 재직하다가 특수교육과 교수가 되었다. 김신자(1965)는 컬럼비아대학교(Columbia University)에서 교육공학으로 박사학위를 받고 1974년부터 시청각교육과(현 교육공학과) 교수로 교수설계론, 교수체제개발, 교과교재연구 등을 연구하며 34년간 재임했다. 최윤애(1949)는 사회생활학과(현 사회과교육과) 교수가 되어 서양사를 가르쳤다.

이외에도 문과 계열이 아닌 완전히 다른 분야로 진출한 졸업생들이 있었다. 김매리[김메례](1928)는 미시간대학교(University of Michigan)에서 음악을 전공하고 음악과 교수가 되었으며,[521] 임길재(1933)는 일본 동경여의전을 졸업하고 해방 이후 의과대학에서 강의했으나 곧 미국으로 유학을 떠나 뉴욕 한인 최초의 개업의가 되었다. 민덕순(1938)은 이스트맨음악학교(Eastman School of Music)와 서던캘리포니아대학교(University of Southern California)에서 음악을 전공하고 성악과 교수가 되었다.[522] 손경춘(1941)은 미네소타대학교(University of Minnesota) 보건간호학을 공부하고 간호대학에서 재임했으며 배만실(1943)은 필라델피아미술대학(Philadelphia College of Art), 컬럼비아대학교(Columbia University)에서 미술교육학으로 학위를 받고 장식미술과 교수가 되었다. 강수진(2000)은 미국 뉴욕 시각예술학교(School of Visual Arts)에서 석사를 마치고 시각디자이너(Visual Designer), 아트디렉터(Art Director)로 활동하다 귀국 후 삼성전자 영상사업부에서 상품 출시를 주도했으며, 2021년 본교 디자인학부 교수로 임용되었다.[523]

다음은 각 과별 영어영문학과 졸업생이 재직한 사항을 정리한 표로, 영어영문학과

520 이대학보, 귀국한 5명의 졸업생, 금추부터 전공강의 담당, 1954.9.27.

521 동요 <학교종>의 작사, 작곡가인 김매리의 이름은 기독교신자인 모친이 예수 어머니의 이름을 따서 지은 것이다(미주중앙일보, 김매리, 2005.2.12.). 학적부에 의거한『이대인명록 2004』53쪽에는 김메례로 나온다.

522 이화여자대학교동창회 100년사: 1908~2008, 2010, 97쪽.

523 이대학보, 이화에서의 새 출발, 2021학년도 신임 교원을 만나다①, 2021.5.16.

졸업생들이 인문과학대학, 사회과학대학, 사범대학 등의 창설과 발전에 큰 역할을 한 것을 알 수 있다. 다음 표에서 학과명과 소속 단과대학은 2025년 편제를 따랐다.

<이화여자대학교 학과별 영어영문학과 동창 교수>

| 대학 | 학과 | 설립 시기 | 교수명(졸업연도) |
|---|---|---|---|
| 인문과학대학 | 국어국문학과 | 1947 | 이남덕(1943 수료) |
| | 기독교학과 | 1947 | 정의숙(1953), 손승희(1958), 전재옥(1960), 이경숙(1970) |
| | 사학과 | 1955 | 이춘란(1949), 김영정(1950) |
| | 철학과 | 1973 | 신옥희(1958), 이상화(1971), 김혜숙(1976) |
| 사회과학대학 | 사회복지학과<br>(구 사회사업학과) | 1947 | 문인숙(1949), 이명흥(1950), 양옥경(1982) |
| | 심리학과 | 1949 | 주동혜(1950) |
| | 정치외교학과 | 1950 | 조전자(1950), 백형숙(1950), 고민희(2004) |
| | 사회학과 | 1958 | 최신덕(1942), 이효재(1947 수료) |
| | 문헌정보학과<br>(구 도서관학과) | 1959 | 이봉순(1940), 정용선(1955), 구자영(1960), 노옥순(1960) |
| | 커뮤니케이션·미디어학부<br>(구 신문방송학과, 언론홍보영상학부) | 1960 | 정충량(1939), 최선열(1970), 박동숙(1980), 최윤정(1995), 송명선(2008) |
| | 행정학과 | 1981 | 강민아(1988) |
| | 여성학과 | 1982 | 이효재(1947 수료), 장필화(1974), 김은실(1980) |
| 사범대학 | 교육학과 | 1945 | 김정옥(1936), 이숙례(1947), 김정한(1949), 박수연(1961) |
| | 사회과교육과<br>(구 사회생활학과) | 1951 | 최윤애(1949) |
| | 초등교육과<br>(구 교육학과 초등교육전공) | 1958 | 정확실(1950) |
| | 교육공학<br>(구 시청각교육과) | 1962 | 김신자(1965) |
| | 영어교육학과<br>(구 외국어교육과 영어교육전공) | 1964 | 차재순(1941) |
| | 특수교육과 | 1971 | 추국희(1951) |
| 신산업융합대학 | 국제사무학과<br>(구 비서학과) | 1968 | 최선화(1931), 유연숙(1953), 함선영(1956), 김형식(1956) |
| 스크랜튼대학 | 국제학부 | 2001 | 정누리(2002) |

| 대학 | 설립 시기 | 교수명(졸업연도) |
|---|---|---|
| 음악대학 | 1925 | 김매리(1928), 민덕순(1938) |
| 미술대학 | 1945 | 배만실(1943), 강수진(2000) |
| 의과대학 | 1945 | 임길재(1933) |
| 간호대학 | 1955 | 손경춘(1941) |

## 4. 한국 영어영문학을 발전시킨 졸업생들

국내 대학 최초의 영어영문학과라는 명성에 걸맞게 지난 100년간 이화여자대학교 영어영문학과는 영어영문학 분야에서 많은 학자들을 배출하며 한국의 영문학, 영어학, 영어교육 발전을 견인했고 많은 통번역가를 배출하여 세계화에 기여했다. 이화 영문이 사회 발전에 기여한 면모는 무수히 많은 분야와 직종에서 엿볼 수 있을 뿐 아니라, 다양한 학문으로 뻗어나간 데에서도 볼 수 있지만, 무엇보다 한국의 영어영문학 교육과 연구를 선도하는 중요한 역할을 한 것을 꼽을 수 있을 것이다. 대학의 학과는 기본적으로 그 분야를 발전시키는 것이 중요한 본연의 역할이라 할 수 있는데, 이화 영문 졸업생들은 우리나라의 역사적 지리적 상황에도 불구하고 산업화 세계화 과정속에 영문학 분야에서 커다란 성과를 이루어내며 한국 영어영문학 발전을 견인했다.

### 1) 영어영문학과를 개척한 이화여자전문학교 문과 졸업생

1925년 전문학교로 인가를 받은 후 이화여자전문학교 문과 입학생들은 졸업하면 무시험으로 영어 과목의 사립 중등학교 교원 자격자로 지정되었다. 1925년부터 1945년까지 문과 입학생은 200여명이었으며,[524] 이중 문과 본과 졸업생 수는 184명이었다.[525] 당시 본교가 시행한 편입시험에 합격한 자들에게 입학을 허용했던 별과 제도와, 전과목을 수강하지 않고 원하는 과목 몇 과목만 선택할 수 있는 선과 제도가 있었는데,[526] 본과, 별과, 선과의 졸업생을 모두 포함하면 총 210명의 학생들이 문과를 졸업했다.[527] 졸업생 중 극히 소수를 제외하고는 대부분 전국의 사립여자고등보통학교에서 교사로 재직하여, 졸업

524 『이대인명록 2004』 등 참고. 이화여자대학교, 이화여자대학교 동창회 공편, 『이대인명록 2004』, 이화여자대학교, 2004.

525 이화100년사 자료집, 1994, 442-443쪽.

526 이화100년사, 1994, 234-235쪽.

527 이화역사관 자료.

생 전체가 중등교육분야에서 활동한 사람이라고 해도 과언이 아닐 정도였다.[528] 이화여전 문과 졸업생들은 당시 중등교육에서 영어를 가르치는 교사로서 우리나라 영어교육을 시작하고 발전시키는 데 크게 기여했다.

이들 중 1935년 졸업생이었던 김갑순은 처음으로 영문학 분야를 미국 대학에서 공부하고 돌아와 영어영문학과의 교수가 되었다. 제3대 문과 과장을 역임하기도 했던 벨마 메이너(Velma H. Maynor) 교수는 영문학과 연극 전공자로서 1928년부터 문과에서 영작과 연극을 가르쳤고 연극활동도 지도했다. 메이너 교수의 권유로 김갑순은 미국 앨라배마여자대학에 유학가서 연설과 연출법으로 학사를 받고 돌아왔으며, 후에 스탠퍼드대학교에서 연극학으로 석사(1956)를 받음으로써 한국 영어영문학의 선도자가 되었다. 1946년 이후 영어영문학과 교수, 문리대학장을 역임하며 후학을 양성했고, 연극의 불모지였던 한국에서 대학연극의 위상을 정립하는 데 크게 기여했다.

1936년 졸업생이었던 홍복유는 일본 동북제국대학(현 도호쿠대학) 법문학부 영문과에서 학사를 받은 후, 컬럼비아대학교와 케임브리지대학교에서 연구하고 돌아와 1953년부터 영문과 교수로 재직했다. 같은 해 졸업생이었던 장영숙은 일본 동지사대학에서 영문학 연구를 하고 돌아와 1945년부터 교수가 되었지만 1948년부터 미시간대학교에 가서 희곡으로 석사학위를 받고(1951년), 예일대학교 드라마 학부에 진학하여 연극사와 세계연극사 연구로 석사학위를 취득했으며(1954년), 1963년 9월 이후 영문과 교수로 재직했다. 1951년 예일대학교 초빙으로 예일대학교에 한국어학과를 창설하고, 한국어, 한국문화 강의, 한국어 교과서 편찬 작업을 했으며, 1964~1968년에는 하와이대학교 동아시아어문학과에서 한국어와 한국문화를 강의하여, 한국어와 한국문화의 해외 보급에 큰 역할을 했다.

1943년 졸업생인 이혜숙은 미시간대학교에서 언어학 석사학위를 받고 1959년부터 영문과 교수로 재직했다. 1972~1975년 대학원장을 역임하는 동안 영어학 석사과정을 이론 언어학과정으로 재정비하고, 1984년에는 영어학 박사과정을 신설하여 본교 언어학과정의 학문적 기반을 세웠다.

<이화여자전문학교 문과 졸업생으로 영어영문학 분야에 진출한 동문>

| 이름 | 졸업연도 | 수학 대학 | 세부분야 | 재직 대학 |
|---|---|---|---|---|
| 최선화 | 1931 | 이화여자전문학교(학사) | 영문타자 | 이화여자대학교 |
| 계준태 | 1934 | 일본 규슈제국대학 법문학부 수학 | 영어 | 이화여자전문학교 |
| 김갑순 | 1935 | 앨라배마주립여자대학(학사), 스탠퍼드대학교(MA), 이화여자대학교(명예 문학박사) | 희곡 | 이화여자대학교 |

528 이화100년사, 1994, 246-247쪽.

| 이름 | 졸업연도 | 수학 대학 | 세부분야 | 재직 대학 |
|---|---|---|---|---|
| 홍복유 | 1936 | 일본 동북제국대학 법문학부 영문과(학사), 컬럼비아대학교와 케임브리지대학교에서 연구, 이화여자대학교(명예 문학박사) | 소설 | 이화여자대학교 |
| 장영숙 | 1936 | 일본 동지사대학에서 연구, 미시간대학교(MA), 예일대학교(MA) | 희곡 | 이화여자대학교 |
| 박노경 | 1936 | 일본 와세다대학 영문과 | 영어 | 이화여자대학교 |
| 차재순 | 1941 | 피바디대학(MA) | 영어교육 | 이화여자대학교 |
| 고옥남 | 1941 | 경성제국대학 법문학부 문학과 영어영문학전공 선과(학사), 미시간대학교(앤아버)(MA) | 영어학 | 숙명여자대학교 |
| 이혜숙 | 1943 | 미시간대학교(앤아버)(MA), UCLA 박사과정 수학, 이화여자대학교(문학박사) | 음운론 | 이화여자대학교 |
| 김선숙 | 1944 | 라그랑주대학(학사), 밴더빌트대학교(MA), 사우스캐롤라이나대학교(PhD) | 시 | 이화여자대학교 |

### 2) 영어영문학 교육을 선도한 초기 영어영문학과 졸업생(1945~1970년)

광복 후 1945년에 이화는 종합대학교로 승격 신청을 하면서 영어영문학과를 신설하고 학생들을 모집하기 시작했다. 이 해에 나영균, 윤정옥이 입학하여 1949년 졸업했고, 그 다음 해 김세영, 김연옥[김옥자], 윤정은이 입학하여 1950년에 졸업했으며, 조정호는 1953년에 졸업, 김승숙은 1955년에 졸업했다. 이들은 대부분 미국대학에서 석사학위를 받거나 석사학위 과정을 수료함으로써 미국대학의 영문학 연구를 수학하고 돌아와 본교 영어영문학과의 교육과 연구에 헌신했고, 후에 대부분 박사학위까지 받고 영문학자의 길을 걸었다.

이화여자대학교 영어영문학과를 1970년까지 졸업한 후 영어영문학 분야를 전공한 동창들은 본교를 포함하여 25개 대학 이상으로 진출하여, 영어영문학과, 영어교육과, 영어과 등 영어영문학 관련 학과의 교수가 되었다. 이 대학들은 고려대, 서강대, 성균관대, 한국외대, 한양대 등 서울에 있는 대학뿐만 아니라, 강원대, 충남대, 포항공대 등 지방에 있는 여러 대학까지 포함하고 있다. 이화의 영문과 졸업생들이 당시 얼마나 다양한 대학으로 가서 영어영문학 교육을 선도했는지 잘 알 수 있다. 이들 중 석·박사 학위를 취득한 대학과 전공 분야 및 재직 대학에 대한 정보가 파악된 동창들은 다음과 같으며, 정보가 제대로 파악되지 않은 경우와 여러 대학에서 강사로 활동한 동창들의 경우를 포함하면 이들은 적어도 60명 정도에 이를 것으로 추정된다.

<초기 영어영문학과 졸업생의 영어영문학 교육 선도>

| 이름 | 졸업연도 | 석·박사 학위(학교명/학위명) | 전공 분야 | 재직 대학 |
|---|---|---|---|---|
| 윤정옥 | 1949 | 아이오와주립대학교(MFA) | 영소설 | 이화여자대학교 |
| 나영균 | 1949 | 캔자스주립대학교에서 수학, 이화여자대학교(석사, 박사) | 영소설 | 이화여자대학교 |
| 윤정은 | 1950 | 피바디대학(MA), 이화여자대학교(석사, 박사) | 희곡 | 이화여자대학교 |
| 김세영 | 1950 | 캔자스주립대학교(MA), 연세대학교(박사) | 희곡 | 이화여자대학교 |
| 김연옥 [김옥자] | 1950 | 이화여자대학교(석사), 피바디대학(MA) | 미국 문학 | 이화여자대학교 |
| 조정호 | 1953 | 이화여자대학교(석사), 아이오와주립대학교 대학원 수료, 경희대학교(박사) | 영소설 | 이화여자대학교 |
| 김승숙 | 1955 | 미시간대학교(앤아버)(MA), 경희대학교(박사) | 응용언어학 | 이화여자대학교 |
| 김태옥 | 1955 | 이화여자대학교(석사), 하와이대학교(언어학 석사), 박사과정 수학 | 언어학 | 서강대학교 |
| 박순함 | 1956 | 미시건대학교(박사) | 언어학 | 한국외국어대학교 |
| 곽경수 | 1957 | 이화여자대학교(석사) | 음성음운론 | 충남대학교 |
| 윤미덕 | 1959 | 이화여자대학교(석사) | 희곡 | 성신여자대학교 |
| 강순경 | 1960 | 이화여자대학교(석사), 단국대학교(박사) | 음성학 | 홍익대학교 |
| 최은경 | 1960 | 컬럼비아대학교, 하와이대학교(석사), 한국외국어대학교(박사) | 영어 | 덕성여자대학교 |
| 김종순 | 1962 | 툴레인대학교(석사, 박사) | 미소설 | 포항공과대학교 |
| 권경수 | 1963 | 이화여자대학교(석사, 박사) | 희곡 | 이화여자대학교 |
| 김정매 | 1963 | 조지아주립대학교(석사), 고려대학교(박사) | 영소설 | 동국대학교 |
| 유정은 | 1963 | 이화여자대학교(석사), 고려대학교(박사) | 미소설 | 아주대학교 |
| 고정자 | 1964 | 서울대학교(석사), 서울대학교(박사수료) | 시 | 한성대학교 |
| 신숙원 | 1964 | 펜실베이니아주립대학교(석사), 연세대학교(박사), 위스콘신대학교(매디슨)(도서관학 석사), | 희곡 | 서강대학교 |
| 유종인 | 1964 | 이화여자대학교(석사), 동국대학교(박사) | 소설 | 한양대학교 |
| 김정숙 | 1965 | 노스캐롤라이나대학교(석사), 서울대학교(박사) | 영소설 | 홍익대학교 |
| 오세아 | 1965 | 이화여자대학교(석사) | 희곡 | 청주대학교 |
| 김설자 | 1966 | 로드아일랜드대학(MA), 서강대학교(박사) | 영소설 | 아주대학교 |
| 김순희 | 1966 | 이화여자대학교(석사) | 소설 | 성신여자대학교 |
| 윤정길 | 1966 | 위스콘신-밀워키대학교(석사), 이화여자대학교(박사) | 미소설 | 성신여자대학교 |
| 윤화지 | 1966 | 페어리디킨슨대학(석사), 서강대학교(박사) | 영소설 | 한신대학교 |
| 김경옥 | 1967 | 이화여자대학교(석사) | 희곡 | 백석대학교 |

| 이름 | 졸업연도 | 석·박사 학위(학교명/학위명) | 전공 분야 | 재직 대학 |
|---|---|---|---|---|
| 최영 | 1967 | 오클라호마대학교(MA), 오클라호마주립대학교(PhD) | 희곡 | 이화여자대학교 |
| 서숙 | 1968 | 하와이대학교(마노아)(MA, PhD) | 미소설 | 이화여자대학교 |
| 이율의 [이영희] | 1968 | 서울대학교(영어교육 석사), 고려대학교(석사, 박사) | 영소설 | 서울교육대학교 |
| 서지문 | 1969 | 웨스트조지아대학(석사), 뉴욕주립대학교(박사) | 영소설, 영국산문 | 고려대학교 |
| 이영옥 | 1969 | 고려대학교(석사), 하와이대학교(마노아)(PhD) | 미소설 | 성균관대학교 |
| 이월지 | 1969 | 아메리칸대학교(워싱턴 D.C.)(MA), 서강대학교(박사) | 영소설 | 한양대학교 |
| 오경심 | 1970 | 이화여자대학교(석사, 박사) | 희곡 | 강원대학교 |
| 이후지 | 1970 | 이화여자대학교(석사, 박사) | 희곡 | 상명대학교 |

### 3) 영어영문학 연구를 발전시킨 1970년 이후 졸업생

1970년대 이후 이화 영문 졸업생들은 대거 대학원에 진학하거나 유학을 가면서, 선배들이 선도한 영어영문학 교육과 연구를 더욱 발전시켜 나갔다. 박사학위 취득자가 많이 늘었고, 전국의 영어영문학 관련 학과로 진출했을 뿐 아니라, 영어교육을 필요로 하는 다양한 학과에 진출하여 영어교육이나 영어영문학 교육을 담당했다. 또한 자신의 분야에 대한 연구에도 매진하여 많은 논문과 저서를 출판했다. 1970년대 이후 졸업하여 영어영문학 분야의 학자와 교수 및 강사가 된 동창들은 현재 180여 명 정도로 파악되고 있으며, 통번역가로 활동하는 졸업생을 포함하면 400명 가까이 되는 것으로 추정된다. 이들을 모두 기록하고 영어영문학에 기여한 바를 기술하는 것이 중요함에도 불구하고, 한정된 지면에 모두 상세하게 담을 수 없기에 전체적인 명단과 약력은 부록 6을 참고하기 바라며, 이 절에서는 세부전공과 대표 연구업적을 묻는 설문조사서에 대해 답을 보내온 분들을 중심으로 기술해보고자 한다. 한 학자가 영어영문학 분야에 어떻게 기여했는지를 보여주는 것은 결코 간단한 작업이 아니어서 주로 연구하는 세부분야별로 그가 출판한 연구논문이나 저서를 보여줌으로써 대략적인 유추를 가능하게 하는 방식을 택했다. 영어영문학의 세부분야를 나누는 방법은 여러 가지가 있지만 여기에서는 한국 영어영문학계의 관례를 따라 나누어, 문학 분야는 시, 소설, 희곡의 순으로, 어학 분야는 음운론, 통사론, 의미론 순으로 기술하고, 영어교육 분야를 따로 기술한다. 한 학자의 연구는 세부분야로 나누면 중첩되는 경우가 적지 않은데 편의상 가장 연구를 집중한 분야로 한정하고,

졸업연도 순으로 기술하는 것을 원칙으로 한다.[529]

### 시 분야

1950년대와 1960년대 영문학 연구의 초창기에 한국의 영문학계는 영시를 국내에 도입하고 소개하는 데 앞장섰다. 김선숙(1944)은 일찍이 "Ethics in Milton's *Paradise Lost*"(1958)를 출판하여 영시 연구를 선도했고, 진인숙(1951)의 「T. S. Eliot의 "The Love Song of J. Alfred Prufrock"」(『영어영문학』, 1966)과 고정자(1964)의 「홉킨스의 "고통의 소네트"—시인으로서의 위기」(『영어영문학』, 1996)는 한국 영문학계 초기의 영시 연구를 잘 보여준다.

정덕애(1974)는 "'Unworthy Babble'과 'Speeches Few': 스펜서의 *Cantos of Mutabilitie*"(『영어영문학』, 1993) 등을 통해 스펜서 연구를 발전시켰고, 정영희(1976)는 「윌리암 예이츠와 셰이머스 히니의 초기 시에 나타난 민족주의: 신화적 민족주의와 현실적 민족의식」(『영어영문학』, 1999)을, 허정자(1978)는 「T. S. 엘리엇의 「작은 영혼」과 T. E. 흄의 인간 본성에 대한 "종교적 태도"」(『T. S. 엘리엇 연구』, 2016)를, 한은원(1978)은 「예이츠 연애시에 나타난 양성론의 의미」(『영어영문학』, 1997)를, 허현숙(1979)은 「예이츠와 테드 휴즈 시에서의 자연과 문명」(『한국예이츠저널』, 2018)을, 김희선(1984)은 「블레이크와 예이츠의 예술도시—골고누자와 비잔티움」(『영미어문학』, 2019)을, 유정화(1985)는 「고백시와 아브젝트: 『인생연구』를 중심으로」(『신영어영문학』, 2024)를 발표하며 활발한 연구를 이어갔다. 이현주(1983)는 영문학(시)과 목회학 두가지 학문을 전공하여 『찬송으로 만나는 찰스 웨슬리』(신앙과 지성사, 2019)를 출판하기도 했다.

배경진(1990)의 「르네상스 소네트 속의 죽음관: 시드니, 셰익스피어, 그리고 그레빌을 중심으로」(『중세르네상스영문학』, 2017), 김희성(1995)의 「라구나 푸에블로의 생명력: 『이야기꾼』의 생태여성학적 읽기」(『현대영미시연구』, 2019), 박현경(1997)의 「『오로라 리』에 나타난 서사시의 양성적 영웅의 자질」(『현대영어영문학』, 2009), 김시현(박2023)의 「워즈워스의 『쏠즈브리 평원 시편』에 나타난 전쟁 희생자를 향한 공감의 시학」(『영어영문학』, 2024) 등은 다양한 시인들에 대한 연구를 잘 보여준다. 정영진(1998)은 "To 'fix and regulate your love': The Manuscript Poetry of Dorothy Calthorpe(1648~1649)"을 *Early Modern Women: An Interdisciplinary Journal*(2023)에 출판하고, 박환희(2006)는 "Mealtime Sanctity: The Devotional and Social Significance of Mealtimes in *The Book of Margery Kempe*"를 *Parergon*(2019)에 실어 21세기 들어 영시에 대한 연구를

529 이 책의 경우 이름 옆 괄호 안에 졸업연도를 기재했기 때문에 이 절에서 논문 또는 저서의 출판연도는 논문 또는 저서의 제목 다음에 표기했다.

국제학술지에까지 출판하고 있음을 보여주고 있다. 최숙(Suk Massey)(석1990)의 경우는 시를 전공하고 스미스대학(Smith College) 동아시아언어문화학과에 재직 중이며, *Korean Language Series: Beginning, Intermediate & Advanced*를 출판했다.



### 소설 분야

한국 영문학 연구는 장르별로 볼 때, 초기에는 시에 대한 연구가 많았으나 1990년대에 이르러서는 소설 분야가 모든 장르를 압도할 정도로 많아졌으며, 이에 따라 영소설과 미소설 연구자를 분류하여 기술하고자 한다. 먼저 영소설 분야를 살펴보면, 나영균(1949)은 『제임스 조이스』(정우사, 1999)로, 조정호(1953)는 『조지 엘리어트의 소설 연구』(이화여자대학교출판문화원, 1992)로 영소설 연구를 이끌어갔다. 김정매(1963)는 『로렌스와 여인들』(태학사, 2006)로, 김설자(1966)는 「Thomas Hardy의 소설에 나타난 여인상: 피해자인가? 가해자인가?」(『영어영문학』, 1988)로, 이월지(1969)는 「제인 오스틴 소설의 '여가의 문제' 재평가」(『근대영미소설』, 2000)로, 서지문(1969)은 영소설가 20명의 작품을 분석한 『서지문의 소설 속 인생』(이다미디어, 2013)으로 영소설 전반에 대한 연구를 이어갔다.

전수용(1976)은 『포스트모던 영국소설의 역사성 읽기』(이화여자대학교출판문화원, 2015) 등에서 소설 분석을 통해 비평 분야 연구를 발전시켰고, 오정화(1976)는 『19세기 영국 여성 작가와 기독교』(이화여자대학교출판문화원, 2017)로, 민경숙(1977)은 『도리스 레싱: 21세기 여성작가의 도전』(갈무리, 2018)으로 영국소설 연구를 발전시켰다. 한애경(1980)은 『플로스강의 물방앗간 다시 읽기』(동인, 2011) 등으로 엘리엇 연구를 발전시켰고, 김순식(1980)은 *Colonial and Postcolonial Discourse in the Novels of Yom Sang-Sop, Chinua Achebe and Salman Rushdie*(Peter Lang Pub., 2004)를 출판하여 비교문학의 관점을 도입했으며, 한애경(1980)은 『플로스강의 물방앗간 다시 읽기』(동인, 2011)를, 김순원(1983)은 「위반의 욕망과 퀴어 뱀파이어」(『18세기영문학』, 2015)를, 이선주(1986)는 『디킨즈와 신분과 자본』 (국학자료원, 2007)을, 이소영(1991)은 "Jane Eyre, Spectator of Fantasy"(『영어영문학』, 2005)를 출판하여 영국소설 연구를 발전시키고 있다. 성정혜(1998)는 「『우리가 볼 수 없는 모든 빛』에 나타난 비선형적 서사 읽기: 스피노자의 변용과 연관 개념으로」(『현대영미소설』, 2024)로 영소설 연구를 이어가고 있으며, 유소연(2001)은 『조지 엘리엇에 나타난 개인과 공동체: 타자와의 공감을 통한 자아주체성 실현』(2019)으로, 안수현(2004)은 *Another Creed No One Ever Taught Them: Re-Visioning Theological Ideas for Women in Charlotte Brontë's Novels*(2022)로 이에 합류했으며, 박현주(2009)는 "Representing Trauma Experience and Possibility of Regeneration in Pat Barker's *Regeneration* Trilogy"로 합류를 계획하고 있다.

박소원(1987)은 "Deixis and Dissociation: On the Adapted Power of Dissociated

'I's"를 *MFS: Modern Fiction Studies*(2022)에 출판했고 현재 University of California, Santa Barbara 영문과 교수로 재직하고 있으며, 정다운(2000)은 "Critical Names Matter: 'Currer Bell,' 'George Eliot' and 'Mrs. Gaskell'"을 *Victorian Literature and Culture*(2017)에 출판했으며, 안소미(2006)는 "The New Woman Vampire and Marriage in Florence Marryat's *The Blood of the Vampire*"를 *Women's Studies: An Interdisciplinary Journal*(2025)에 출판하여 영소설 분야에서 국제적인 연구에 기여하고 있다.

다음으로 미소설 분야를 살펴보면, 이화에서 미소설에 대한 연구는 다소 늦게 시작되었다고 할 수 있는데, 윤정옥(1949)의 「미국 자연주의와 Sherwood Anderson—*Winesburg, Ohio*를 중심으로」(『영어영문학』, 1970)는 이 분야 연구를 이끌었고, 김종순(1962)의 『헨리 애덤스의 교육: 자서전으로 읽는 미국 역사』(태학사, 2004)가 그 뒤를 이었다. 『서숙 교수의 영미소설 특강 시리즈』(이화여자대학교출판문화원, 2005~2020) 10권(2005~2020)을 통해 미국소설가 10명의 작품을 분석한 서숙(1968)과 『미국소설과 공동체 의식—로버트 펜 워런, 토니 모리슨, 창래 리』(세창출판사, 2016)를 출판한 이영옥(1969)은 미국소설 연구를 크게 발전시켰다.

허준옥(1973)은 University of Northern Colorado, Greeley 영문과에서 교수가 되어 여성문학, 아시아계 미국소설 등을 가르치며 "The Inevitability of the Personal"(*PMLA*, 1996)을 출판했고, 윤유정(윤미경, 1976)은 *Emerson and Melville: A Correspondent Coloring*(1999)을 발표했고, 김춘희(1978)는 "The Evolution of Jamesian Realistic Anxiety: A Korean Novel about Henry James"를 *Jamesian Cultural Anxiety in the East and West*(Cambridge Scholars Publishing, UK, 2020)에 출판했다. 박종오(1981)가 『포크너와 전원문학의 전통』(동인, 2013)을, 민진영(1986)이 『Nathaniel Hawthorne의 작품에 나타난 역사의식 연구』(1997)를 통해 대표적 미국작가들에 대한 연구를 발전시켰다면, 김옥례(1978)는 『닫힌 사회 그리고 열린 텍스트; 멜빌과 소수인종 작가 작품에 나타난 통합의 비전』(동인, 2020년)을, 이경란(1982)은 『젠더와 문학: 19세기 미국여성문학 연구』(L.I.E., 2010)를, 임진희(1984)는 『한국계 미국 여성문학: 인종·성·국가의 미학』(태학사, 2005)을, 이승은(1985)은 「미국 기원서사의 다시 쓰기: 토니 모리슨(Toni Morrison)의 「자비(*A Mercy*)」(『현대영미소설』, 2013)를 통해, 인종과 젠더의 문제를 다루는 연구를 발전시켰다. 김영미(1986)의 「대재앙의 시대와 생존의 힘: 필립 로스의 『네메시스』」(『현대영미소설』, 2024)는 2010년 출판된 최신 작품을 연구했고, 이승연(2007)은 *Rethinking "comfort women" in Historical Fiction: A Multidisciplinary Study on Korean and Korean American Novels*(2023)로 연구에 합류했다.

김민정(1990)은 "Language, the University, and American Studies in Korea"(*American Quarterly*, 2005)를 국제학술지에 발표했고, 부경숙(1991)은 "'I am Not That': The Logic of Lynching and the Performativity of Americanizable Alienness in American Identity Constructions"(『미국학논집』, 2015)을, 송은주(1995)는 「녹색 유토피아: 페미니스트 유토피아 소설 『허랜드』와 『시간의 경계에 선 여자』의 생태주의적 비전과 과학기술」(『영어영문학』, 2016)을 출판하여 연구를 심화시키고 있으며, 이현경(2002)은 『기독교적 관점에서 본 토니 모리슨 소설의 희생양 메커니즘 연구』(2021)로 이에 합류했다.

**희곡 분야(연극, 영화 분야 포함)**

한국 영문학계에서 영미희곡에 대한 연구는 셰익스피어에 대한 연구가 압도적이었다. 1970년대에 출판된 김갑순(1935)의 『헨리 4세』 연구(*Shakespeare Review*, 1971)나 윤정은(1950)의 『리어 왕』 분석(『영어영문학』, 1974)은 셰익스피어 연구를 선도했고, 김세영(1950)의 "Ben Jonson the Playwright"(1958)는 셰익스피어에 대한 연구 외에는 연구가 흔치 않던 때에 영국 르네상스 시대 극작가를 다루고 있다는 점에서 의의가 크다.

윤미덕(1959)의 「Harold Pinter의 희곡작품에 나타난 'Blindness'」(『영어영문학』, 1986), 권경수(1963)의 『W. B. Yeats의 시극 연구』(1990), 신숙원(1964)의 『유진 오닐』(편저, 문학과 지성사, 1988), 오세아(1965)의 「Fen의 극 구조, 극작기법 및 음악의 기능」(『현대영미드라마』, 2002)은 초기 희곡 전공자들의 우수한 저서와 논문들이었다. 최영(1967)의 「셰익스피어의 광대 연구: 민중극 전통의 변형과 그 사회적 기능」(*Shakespeare Review*, 1998), 이월지(1969)의 "George Bernard Shaw: Sex and Marriage in His Major Works"(『영어영문학』, 1980), 오경심(1970)의 「포스트모던 연극의 정치성—Harold Pinter의 *One for the Road*를 중심으로」(『현대영미드라마』, 1997) 등은 영미희곡 분야 연구 발전을 이끌어간 논문들이었다.

1970년 이후 졸업생들도 활발히 연구 논문과 저서들을 출판하며 선배들의 뒤를 이었다. 김한(1971)은 "The Tragic Vision of O'Neill"(『현대영미희곡』, 1992)을, 김미량(1977)은 「Edward Bond의 사회극 연구: *Saved*와 *Early Morning*을 중심으로」(『현대영미희곡』, 1993)를, 서영윤(1984)은 「왕정복고기 영국의 정치 권력 변화: 콩그리브의 『세상 돌아가는 법』을 중심으로」(『영어영문학』, 2001)를 출판했다. 심정순(1972)의 박사학위논문 *Self vs. Tradition: Images of Women in Modern American and Korean Drama*(U of Hawaii, 1984)는 희곡 연구에서 페미니즘 관점을 도입했고, 이희원(1979)의 『영미드라마 속 보통여자들—도전과 타협의 이중주』(동인, 2022), 이인숙(1980)의 「Shakespeare와 Feminism—낭만희극의 여주인공들을 중심으로」(『영어영문학』, 1988), 한영림(1981)

의 "British Feminist Readings of Shakespeare 1832~1983"(『한국영미문학페미니즘』, 1998) 등이 페미니즘 관점을 더욱 발전시켰다. 김소임(1984)은 『베케트 읽기』(세창출판사, 2014), 홍유미(1986)는 『셰익스피어 1』(평민사, 1999), 최성희(1988)는 「중력에 대(항)하여: 세라 룰의 오비드적 드라마터지」(『현대영미드라마』, 2018), 김희진(1994)은 『영화로 읽는 셰익스피어, 셰익스피어로 읽는 현대문화』(동인, 2006), 김유진(2011)은 「멜랑콜리아와 분노: Beef 속 아시아계 미국인 정동의 (비)인종화」(『현대영미드라마』, 2023) 등을 출판하며 활발한 연구를 이어가고 있다.

영화학을 전공한 이형숙(1994)은 "Transnational Film Remaking and Destabilized Meanings: Reading Kim Jee-woon's *The Good, the Bad, the Weird*"(Korea Journal, 2019)를, 황수경(1999)은 "From Priests' to Actors' Wardrobe: Controversial, Commercial, and Costumized Vestments"(*Studies in Philology*, 2016)을, 김하야나(2012)는 "Performing Democracy on Stage: ToBakYi's *Kumhi's May* and the Politics of Mourning in South Korea"(*Asian Theatre Journal*, 2021)를 국제학술지에 발표하여 이 분야의 국제적 연구에 기여하고 있다.

### 어학 분야

어학 분야는 음운론, 통사론, 의미론으로 크게 나누어볼 수 있다. 한국에서 초창기 영어 음운론 학자들은 서구 음운론의 이론을 수용하고 그 이론을 한국어에 먼저 적용시켜 언어학적 발전을 이루었으며, 점차 한국어에 대한 연구 외에도 영어 음운론, 또 영어와 한국어 음운 체계의 비교 등을 연구하기 시작했다.[530] 최경애(1980)는 『대학생을 위한 영어발음연습』(목원대학교출판부, 2001)을, 김명숙(1981)은 『영어의 비강세 모음 슈와』(한국문화사, 2018)를 출판하여 이화 영문인의 음운론 연구에 앞장섰다. 안영란(1993)은 "Speaker Variation in Gradient Identity Avoidance in Korean Reduplication"(『언어과학』, 2016)을, 박미숙(박 2002)은 "English Blends in Constraint-Based Analysis"(『현대영어영문학』, 2024)를 출판했다.

오미라(1981)는 "Adaptation of English Complex Words into Korean"(*Journal of East Asian Linguistics*, 2012)을, 오은진(1990)은 "Effects of Speaker Gender on Voice Onset Time in Korean Stops"(*Journal of Phonetics*, 2011)를, 조혜선(1998)은 "The Timing of Phrase-Initial Tones in Seoul Korean: A Weighted-Constraint Model"(*Phonology*, 2011)을 국제학술지에 발표했다. 조성혜(2004)는 Katheryn A. Q. Cousins 외 6인과 함께 "Lexical and Acoustic Speech Features Relating to

530 한국문화연구원 엮음, 『영어영문학 연구 50년』, 혜안, 2006, 475-476쪽.

Alzheimer's Disease Pathology"(*Neurology*, 2022)를 출판했으며 현재 펜실베니아대학교 언어학과에 연구교수로 재직하고 있다.

구한말 처음으로 우리나라에 영어가 도입되면서 우리나라 사람들에게 영어를 가르치기 위해 영문법 연구가 시작되었다고 할 수 있는데, 해방 후 영문법 연구의 양과 질이 크게 팽창했고, 촘스키 이후에는 변형생성문법이론에서 쓰는 용어인 "통사론(syntax)"으로 연구의 중심이 이동해갔다.[531] 홍영예(1982)는 『영어학의 이해』(한국문화사, 2003, 편저)를 통해 통사론을 발전시키고, 김미경(1982)은 『Plain English 쉬운 영어』(써네스트, 2009)를, 임은경(1986)은 "Derivational Checking Configuration in English *To*-Infinitive Construction"(『현대문법연구』, 2001)을, 홍은미(1997)는 "Subject *To*-Infinitives and Control"(『현대문법연구』, 2017)을, 이주은(1994)은 "English Personal Dative Constructions and Applicative Theory"(『영어학연구』, 2016)를 출판했다.

이승재(1985)는 "A Review of Audio Guides in the Era of Smart Tourism"(*Information Systems Frontiers*, 2017)을 국제학술지에 발표했으며, 김수연(1988)은 "A Note on Sluicing with Implicit Indefinite Correlates"(*Natural Language Semantics*, 2013, S. Kuno와 공저)를 출판하고 인공지능(AI) 과제를 수행한 경력이 있다. 최혜원(1989)은 *Optimizing Structure in Context*(Stanford CSLI Press, 1999)를 출판하고 코퍼스 언어학 및 AI와 언어를 연구하고 있다. 한정혜(1989)는 심리언어학의 연구방법론을 통사론 연구에 적용하여 "Underspecified *They* Becomes Specified Early in Sentence Processing"(*Language, Cognition and Neuroscience*, 2024, T. Block 등과의 공저)을 출판했고 현재 캐나다 Simon Fraser University 언어학과 교수로 재직하고 있다. 조성은(1991)은 "Temporal Adjectives and the Structure of Possessive DPs"(*Natural Language Semantics*, 2003, R. Larson과 공저)를 출판했다.

의미론은 언어의 표현과 실제 세계에서 그것의 대응물과의 관계를 연구하는 언어학의 한 분야이다.[532] 박영란(1982)은 "영한번역에서의 시제의 등가성과 기계번역과의 비교: 영어 현재진행형을 중심으로"(『통번역교육연구』, 2017)를 출판했고, 윤영은(1985)의 『언어의 의미 및 화용 이론과 실제』(한국문화사, 2013)는 의미론 분야의 중요 연구이며, 백미현(1987)은 『영어 어휘 가로세로 보기』(신아사, 2022)를 출판하고 인지언어학과 영어 어휘에 관한 연구를 진행하고 있다. 박성은(2005)의 "Presupposition Projection of Conditionals"(『언어와 정보』, 2019)과 유명혜(2010)의 "Decomposing -*(e)ci* and Bare Inchoatives in Korean"(*Linguistic Research*, 2021)은 의미론 연구를 발전시키고 있

531 영어영문학 연구 50년, 2006, 395-396쪽.
532 영어영문학 연구 50년, 2006, 517쪽.

다. 이소영(2011)은 "Scope and Prosody in Multiple *Wh*-Questions"을 국제학술지 *Languages*(2024)에 출판했고 현재 오하이오에 있는 마이애미 대학교(Miami University)에 교수로 재직하고 있다.

### 영어교육 분야(응용언어학 분야 포함)

우리나라에서 영어교육은 19세기 말 개화기 시기에 시작된 이래 교육현장에서 중요한 역할을 담당해왔다. 그동안 외국어교육은 응용언어학의 한 분야로서 이론, 연구, 교육현장에서 큰 변화를 겪었는데, 외국 특히 미국에서의 제2언어로서의 영어교육과 외국어로서의 영어교육은 다를 뿐 아니라, 특히 우리나라에서의 영어교육은 독특한 교육 체제와 외국어 정책 등 여러 요소에 영향을 받고 있다.[533]

한은구(1974)는 *Let's Speak English*(형설출판사, 2008)를, 송희심(1979)은 「대학수학능력고사에 따른 영어읽기 방식과 영어읽기에 대한 메타인지의 변화」(『영어교육』, 1998)를, 김은경(1987)은 M. Baldwin 등과의 공저로 "Toward Successful Implementation of Introductory Integrated Content and Language Classes for EFL Science and Engineering Students"(*TESOL Quarterly*, 2020)를, 이혜지(1989)는 *Pave Your Way with English in Practice*(Compass Publishing, 2022)를 출판하여 영어교육 분야에 기여했다.

응용언어학을 연구하는 이승아(1991)는 "Verb Agreement in English *Wh*-Clefts: A Corpus-Based Study"(*English Studies*, 2016) 등으로, 김혜경(1992)은 "Demystifying Native Speaker Ideology: The Critical Role of Critical Practice in Language Teacher Education"(*The Journal of Asia TEFL*, 2017)으로, 황필아(1992)는 "Characteristics and Transferability of Text-Based CMC to Oral Performance"(『영어교육』, 2008)로 영어교육 분야 연구를 발전시키고 있다. 김수연(1996)은 *A Comparison of Education, Business, and Engineering Undergraduate Students' Internet Use and Their Experience, Confidence, and Competence in Using New Literacies of the Internet*(2011)으로 Texas A&M 대학교에서 박사학위를 받았고, 진승희(2006)는 "Speaking Proficiency and Affective Effects in EFL: Vlogging as a Social Media-Integrated Activity"(*British Journal of Educational Technology*, 2024)를 국제학술지에 출판하여 인터넷, AI, SNS 등의 발전으로 변화한 시대에 영어교육의 문제에 대한 연구를 진행했다.

영어교육 분야는 아니지만 변화한 시대에 영어영문학자가 하는 역할의 하나를 신희

533 영어영문학 연구 50년, 2006, 595-600쪽.

정(2003)의 경우를 통해 볼 수 있는데, *Queer Authority and Authorship in T. S. Eliot, W. B. Yeats, and Virginia Woolf*(2016)로 박사학위를 받고 현재 University of Illinois, Chicago 중앙도서관에서 Clinical Assistant Professor로 Digital Scholarship Hub를 이끌며 디지털 출판, 디지털 접근성, AI, 팟캐스팅 관련 교육 커리큘럼을 기획 운영하고 있다.



### 4) 학회 활동으로 영어영문학 분야를 발전시킨 졸업생

이화 영문 졸업생들은 영어영문학 분야의 다양한 학회에 참여하여 활동함으로써 한국의 영어영문학 발전에 크게 기여했다. 학회는 학술대회를 개최하여 좋은 연구를 자극하고, 학회지를 출판하여 연구 결과를 출판할 수 있는 장을 마련함으로써 학술발전에 이바지하는 역할을 하는데, 이화 영문 졸업생들은 학회에서 여러 가지 임원을 맡아 활동함으로써 학문 발전에 기여했다. 그 모든 활동을 기록하는 것이 필요하지만 지면의 제한으로 여기에서는 학회 활동을 대표하는 학회장을 살펴보는 것으로 갈음한다.

<영문학 분야 학회 회장: 학회명 가나다순>

| 학회명 | 학회장명(임기) |
|---|---|
| 한국영어영문학회 | 나영균(1993 ~ 1995), 이영옥(2003 ~ 2005), 전수용(2014 ~ 2015) |
| 한국고전르네상스영문학회 | 오경심(2003 ~ 2004), 이희원(2008 ~ 2010) |
| 한국근대영미소설학회 | 조정호(1994 ~ 1997), 김정숙(1998 ~ 1999), 김설자(2000 ~ 2001), 윤화지(2002 ~ 2003), 오정화(2008 ~ 2011) |
| 한국셰익스피어학회 | 윤정은(1988 ~ 1990) |
| 한국18세기영문학회 | 김순원(2012 ~ 2013) |
| 한국아메리카학회 | 김정매(1998), 최영(2002), 신숙원(2005), 서지문(2006) |
| 한국영미문학교육학회 | 신숙원(1999 ~ 2001), 정덕애(2003 ~ 2005), 최성희(2021 ~ 2023) |
| 한국영미문학페미니즘학회 | 서지문(1992 ~ 1994), 김정매(1994 ~ 1996), 유정은(1996 ~ 1998), 최영(1998 ~ 2000), 이영옥(2000 ~ 2001), 신숙원(2001 ~ 2003), 김정숙(2003 ~ 2005), 김설자(2005 ~ 2006), 이희원(2011 ~ 2013) |
| 한국예이츠학회 | 권경수(1996 ~ 1997), 허현숙 (2007 ~ 2008) |
| 한국중세르네상스영문학회 | 정덕애(2010 ~ 2012) |
| 한국헨리제임스학회 | 김춘희(2017 ~ 2025) |
| 한국현대영미소설학회 | 나영균(1992 ~ 1998), 이영옥(2002 ~ 2003), 전수용(2010 ~ 2012) |
| 현대영미드라마학회 | 김세영(1993 ~ 1994), 김소임(2014 ~ 2015), 최성희(2022 ~ 2024) |

<영어학/언어학/영어교육 분야 학회 회장: 학회 설립연도순>

| 학회명 | 학회장명(임기) |
| --- | --- |
| 한국언어학회 | 김태옥(1994 ~ 1996) |
| 한국응용언어학회 | 이혜문(2017 ~ 2018) |
| 이중언어학회 | 이다미(2012 ~ 2013) |
| 한국음운론학회 | 오미라(2012 ~ 2014) |
| 담화인지문법연구회 | 김태옥(1993 ~ 1994) |
| 한국영어학학회 | 김명숙(2008 ~ 2010) |
| 담화인지언어학회 | 김명희(2015 ~ 2017) |

## 5. 졸업생 사회 진출 현황

이화 영어영문학과는 이화여자전문학교 문과 시절 1927년 3월 첫 졸업생 8명을 배출한 후 1947년까지 본과 184명과 별과 및 선과 졸업생 26명을 합하여 총 210명의 문과 졸업생을 배출했다. 별과는 전문학교 설립 초창기 구학제(구조선교육령에 의한 여자고등보통학교)와 신학제(고등여학교 또는 여자고등보통학교)의 고등학교 졸업자가 혼재하던 시기에 구학제에서 고등학교 과정을 마친 학생들이 편입할 수 있는 과정이었고, 선과는 전 과목을 수강하지 않고 원하는 과목만 선택적으로 수강할 수 있는 개방적인 교육과정으로 본과에 입학하기 어려운 중국이나 일본 학생들 혹은 해외교포 학생들에게 열려있는 과정이었다.[534]

1947년 영어영문학과로 공식 인가받은 후에는 1949년부터 2025년 2월까지 총 9,589명이 학사학위를 받았으며, 1951년 대학원 과정이 개설된 이후 586명의 석사와 76명의 박사가 배출되었다. 종합하면 1925년 문과 과정이 시작된 이후 지난 100년 동안 이화 영어영문학과가 배출한 학사 졸업생은 총 9,799명이고 석박사 졸업생을 포함하면 동일인을 제외해도 1만명에 달하여 대한민국의 고등교육 역사상 실로 대단한 수의 여성 인재를 배출했다고 할 수 있다.

당시 여성으로서 최고의 교육을 받았던 이화 영문의 졸업생들은 초기 문과 시절부터 사회 진출에 적극적이었다. 문과 졸업생들은 중등 영어교사 자격증을 부여받아 대부분 영어 선생님으로 복무했지만 이외에도 다양한 분야에 진출한 것으로 보인다. 1927년 제1회 졸업생 총 8명 중 현재 자료가 남아 있는 4명의 진로를 살펴보면, 김분옥은 이화여자

534 이화100년사, 1994, 234-235쪽.

대학교 가사과 교수, 신의경은 대한민국애국부인회 독립운동가, 이금전은 이대부속병원 간호원장 및 대한간호협회 협회장, 차사일은 전 창덕여자고등학교 교장을 역임하며 각기 다른 분야에서 지속적이고 활발한 활동을 이어나간 것을 알 수 있다.[535]

이후에도 이화여대 영어영문학부 졸업생들은 영어영문학 및 영어교육 분야는 물론이고 관련 분야인 통번역이나 문화예술 및 출판뿐만 아니라 언론, 법조, 국제 및 외교, 입법, 행정, 경제경영, IT 기술, 의료, 사회운동 및 NGO, 종교에 이르기까지 미치지 않은 분야가 없을 정도로 다양한 분야에 종사해왔다. 이 중 2025년 2월 현재까지 파악된 졸업생 1,982명의 사회 진출 현황이 부록 6에 실려 있다. 자료 취합의 한계 및 기타 이유로 인하여 상당수가 누락되었을 것으로 추정되지만, 이대 영문과 졸업생의 종사 분야를 전체적으로 조망할 수 있는 자료가 될 것으로 기대한다. 다음 표는 부록 6에 실린 총 1,982명의 졸업생들을 각 분야별로 일목요연하게 요약한 것으로 표의 각 숫자는 인원수를 가리킨다.

<졸업생들의 분야별 사회 진출 현황 요약>

| 분야 | | | | |
|---|---|---|---|---|
| 교육 (896, 45.2%) | 대학교육 및 학술 | 초·중등교육 | 연구소 | 기타 교육 |
| | 500 | 227 | 28 | 82 |
| | 교육재단 | 도서관 | 상담 | 학교행정 |
| | 11 | 8 | 14 | 26 |
| 통번역 (59, 3.0%) | 통역 | 번역 | | |
| | 21 | 38 | | |
| 문화·예술·출판 (114, 5.7%) | 문학 | 문화·예술 | 출판 | |
| | 32 | 59 | 23 | |
| 언론 (118, 5.9%) | 신문 및 잡지 | 방송 | | |
| | 58 | 60 | | |
| 법조 (47, 2.4%) | 법률 | 법률사무 | | |
| | 27 | 20 | | |
| 외교 및 국제 (34, 1.7%) | 외교 및 산하기관 | 국제기구 | 주한외국공관 | |
| | 10 | 9 | 15 | |
| 입법 (16, 0.8%) | 국회 및 산하기관 | 지방의회 | | |
| | 14 | 2 | | |
| 행정 (59, 3.0%) | 중앙행정 및 산하기관, 공사 | 지방 및 해외 행정 | | |
| | 49 | 10 | | |

535 『한국근대사회의 발전과 이화인의 역할』, 이화여자대학교 한국여성연구원, 1995.

| 경제·경영 (516, 26.0%) | 세무·회계 | 금융 | 경제·경영 | |
|---|---|---|---|---|
| | 17 | 139 | 360 | |
| IT 기술 (7, 0.4%) | IT 기술 | | | |
| | 7 | | | |
| 의료 (19, 1.0%) | 의료 | | | |
| | 19 | | | |
| 사회운동 및 NGO (61, 3.1%) | 사회운동 및 NGO | | | |
| | 61 | | | |
| 종교 (36, 1.8%) | 종교 | | | |
| | 36 | | | |
| 합계 (1,982, 100%) | | | | |

## 6. 장학금

### 1) 영학회 장학금

이화여자대학교 영어영문학과 장학금의 역사는 1954년 동창회 영학회 출범과 함께 논의되고 시작되었다. 1959년 영학회 장학금이 설치되었다고 기록되어 있으며,[536] 1979년 영학회 창립 25주년을 맞이하며 발간한 『영학회 소식』에도 영학회 장학금이 부활한 것에 대해 매우 고무적인 사실이라고 했다.[537] 영학회는 1979년 6월 26일 '장학금관리위원회'를 발족하고, 재학생을 위한 장학금 사업을 부활했다. 7월 4일 1차로 10만원을 영어영문학과 김선숙 과장에게 전달하고, 새 학기에 대상자를 선정하여 지급하게 되었다. 영학회는 후배를 위한 장학금을 영속적으로 지급할 것이며 회원들의 호응으로 기금이 많아지면 지급액을 점차 증가시키겠다고 약속했다.[538] 2005년에는 영학회 장학금을 학기당 학부생 4명 총 8명에게 전달했다.[539] 2006년에도 학부생 8명이, 2007년에는 학부생 2명이 장학금을 받았다.[540]

536 1959년 영문과 연차보고서. 『이화100년사 자료집』 476쪽과 697쪽에도 영학회 장학금 지급 시작 연도가 1959년으로 나온다.

537 『영학회 소식지』 창간호, 「김갑순 창간사」, 2쪽, 1979.7.20.

538 『영학회 소식』 창간호, 「영학회 장학제도 부활」, 1979.7.20.

539 2005년 영문과 연차보고서.

540 2006년 영문과 연차보고서; 2007년 영문과 연차보고서.

영학회는 2016년부터 학과와의 교류를 확대하며,[541] '영학회 장학금'의 명목으로 영어영문학과 재학생의 학업성취도를 높이기 위해 매 학기 2명에게 200만원씩 연 800만원을 지급하기 시작했다. 2016년 2학기부터 장학생들에게 영학회에 대한 관심을 높이고 선후배 간 교류를 활성화하기 위해 영미학융합연구소에서 영어영문학과 학과장, 영학회 회장과 임원이 참석한 가운데 장학생에게 장학금을 전달했다. 이후에는 경원문화재단장학금, 이영숙장학금 등 영학회 회원들의 장학금도 함께 전달했고, 재학생들의 행사인 '영문인의 밤'에 참석하여 장학금을 전달하기도 했다. 또한 영어영문학과 재학생 동아리 모임인 빙즈(Beings), Luminis Literary Society 등에게 지원금을 기탁하며 재학생들의 활동에 응원을 보냈다.[542]

### 2) 영어영문학과 관련 장학금

영학회 장학금 이외에 1953학년도부터 1986학년도까지의 영어영문학과 관련 장학금은 다음과 같다.

<영어영문학과 학생에게 수여된 장학금: 1953~1986년>[543]

| 장학금 명칭 | 수급자 자격 | 지급 시작 연도 | 지급자 |
|---|---|---|---|
| 구세순 기념 장학금 | 감리교인 영어영문학과생 | 1960 | 구세순 |
| Conrow 장학금 | 감리교인 학생 중 1명은 영어영문학과생, 나머지는 대학순 | 1963 | Marion Conrow |
| 영문과 교수 장학금 | 영어영문학과생 | 1971 | 영어영문학과 교수실 |
| 한윤숙 장학금 | 편모슬하 기독교인 영어영문학과생 | 1980 | 한윤숙 |
| 모간 장학금 | 영문, 비서, 경영학과생 | 1983 | 모간은행 |

매리온 칸로(Marion Conrow) 교수가 출간한 *Our Ewha: A Historical Sketch of Ewha Womans University*(1956)는 한 때 교양 영어 수업의 교재로 사용되었는데, 그 인

541 영학회는 장학금 수여와 함께 동창회 행사 및 프로그램에 재학생의 참여를 독려하며, 영학회에서 학생들에게 인턴십을 위한 기업과 기관을 소개 알선했다. 2018년에는 영학회 임원진들이 영문인의 밤에 참석했으며, 2019년 2학기 개최를 목표로 멘토 프로그램 추진을 계획했다. 2016년 영문과 연차보고서; 2017년 영문과 연차보고서; 2018년 영문과 연차보고서 참고.

542 영학회 홈페이지 '활동기록'; 영학회 김경은 정리(2024.8.29).

543 이화100년사 자료집, 1994, 468-481쪽. 1953~1986학년도 『대학안내』에서도 관련 내용을 확인했다. 표에 나오는 장학금 중 영문과 교수 장학금은 지급 종결 연도가 1976년이며, 그 외 장학금은 『이화100년사 자료집』 발행 연도인 1994년 기준 지급 중으로 나온다(이화100년사 자료집, 1994, 468-481쪽).

세로 칸로 장학금이 만들어졌다.[544] 2007년 『이대학보』에서도 칸로 2명(50만원), 한윤숙 1명(25만원), 영학회 3명(135만원) 등 장학금이 확인된다.[545]

1974년 영어영문학과 동창회 영학회에서는 김갑순, 이석곤, 홍복유 교수의 회갑 기념으로 장학금 기금 30만원을 마련했다. 영어영문학과 동창 전원의 모금으로 마련된 이 장학금은 1974년 6월 22일 회갑기념 논문집을 발간한 홍복유, 김갑순 교수와 1975년에 회갑을 맞는 이석곤 교수를 포함한 세 교수의 회갑을 함께 기념하는 의미로 제정된 것이다. 이 장학금은 한 학기 3만원씩 1년에 2명에게 지원되는데 영어영문학과 4학년 재학생으로서 성적이 3.5이상인 학생에 한해서 지급되었다.[546] 한편 1987년 11월 21일 영어영문학과 교수였던 크레인 선생을 기리는 추모예배가 인문대 주관으로 중강당에서 거행되어 교내외의 많은 참석자가 참여했는데 이때 모인 조의금은 크레인 장학금으로 쓰이는 것으로 결정되었다.[547]

### 3) 최근 영어영문학과 장학금 현황

영어영문학과와 관련된 장학금은 동문과 교수를 포함한 후원자들의 참여가 늘어나면서 꾸준히 증가하고 있으며 대외협력처 홈페이지 등을 바탕으로 2025년 2월까지의 관련 내용을 정리하면 다음과 같다.

<영어영문학과 관련 장학금>

| 장학금명 | 후원자명 | 설치일자 | 비고 |
|---|---|---|---|
| Florence M. Trull Memorial Scholarship | Mrs. Florence M. Trull & Mrs. Jean Herlin | 2002.5 | Mrs. Florence M. Trull과 그녀의 딸인 Mrs. Jean Herlin이 A. Jeannette Walter 이화학당 제5대 당장을 기념하며 기탁. 이화국제재단을 통해 본교에 전달 |
| Kathleen Crane Memorial Scholarship | John Crane | 2002.5 | 35년간 영어영문학과 교수로 재직한 Kathleen Crane 박사를 기리기 위해, 그녀의 남자형제인 John Crane이 기탁. 이화국제재단을 통해 본교에 전달 |
| Marion Conrow Memorial Scholarship | Marion Conrow의 친구들 | - | 40년 동안 이화에 봉직한 Conrow 박사를 기리며 기탁. 이화국제재단을 통해 본교에 전달 |
| Young Sook Chang Hong Scholarship | 장영숙(Young Sook Chang Hong) | 2024.7 | 뉴욕에 거주하는 장영숙(1958) 동문이 후배를 위해 기탁 |

544 한가람 봄바람에: 이화100년 야사, 1981, 70쪽.
545 이대학보, 2학기 장학금 수혜율 18.94%, 2007.7.18.
546 이대학보, 장학금 2종 신설: 영문과 동창회, 재미 준(準)동창이 기증, 1974.9.6.
547 1987년 영문과 연차보고서.

| 장학금명 | 후원자명 | 설치일자 | 비고 |
|---|---|---|---|
| YungBok Park Koh Scholarship | 박영복 | 2019.6 | 박영복(1961) 동문이 이화국제재단을 통해 후원한 장학금 |
| 강숙자장학금 | 강숙자 | 2021.2 | 강숙자(1967) 동문이 후배를 위해 기탁 |
| 강인자장학금 | 김미경 | 2014.6 | 김미경(1993) 동문이 어머니 故 강인자 님(가정학과 1965)을 기리며 기탁 |
| 경원문화재단장학금 | 경원문화재단 | 2002.4 | 유중근(1967) 동문이 이사장으로 있는 경원문화재단에서 이화의 학생들을 위해 후원하는 장학금 |
| 권종근세례자요한(영문)장학금 | 권경수 | 2000.11 | 권경수(1963) 명예교수가 아버지 故 권종근 님을 추모하며 기탁한 장학금 |
| 김순희장학금 | 김순희 | 2019.4 | 김순희(1970) 동문이 후배를 위해 기탁 |
| 김영순장학금 | 김영순 | 2015.6 | 김영순(1961) 동문이 대학원생을 위해 기탁 |
| 남촌장학금 | 남촌재단 | 2008.6 | 이주영(1975) 동문이 고문으로 있는 남촌재단에서 이화의 학생들을 위해 후원하는 장학금 |
| 미래인재(오정화) 장학금 | 오정화 | 2013.4 | 오정화(1976) 명예교수가 제자를 위해 기탁 |
| 박승혁장학금 | 박승혁 | 2008.12 | 박승혁 명예교수가 제자를 위해 기탁 |
| 배예현장학금 | 배예현 | 2018.9 | 배예현(1962) 동문이 후배를 위해 기탁 |
| 서숙장학금 | 서숙 | 2004.10 | 서숙(1968) 명예교수가 제자를 위해 기탁 |
| 신희원장학금 | 신희원 | 2002.11 | 신희원(1967) 동문이 후배를 위해 기탁 |
| 영문과 100주년 기념 권경수장학금 | 권경수 | 2024.12 | 권경수(1963) 명예교수가 영문과 100주년을 기념하여 학과 발전을 기원하며 기탁 |
| 영문과 100주년 기념 나영균장학금 | 나영균 | 2023.7 | 나영균(1949) 명예교수가 영문과 100주년을 기념하여 학과 발전을 기원하며 기탁 |
| 영문과 100주년 기념 이승아장학금 | 이승아 | 2025.2 | 이승아(1991) 교수가 영문과 100주년을 기념하여 학과 발전을 기원하며 기탁 |
| 영문과 100주년 기념 정경임아나스타시아 장학금 | 권경수 | 2024.12 | 권경수(1963) 명예교수가 모친의 성함을 따 영문과 100주년을 기념하여 기탁 |
| 영문학육성장학금 | - | - | 대외협력처가 신설(1994.5)되기 이전에 조성되어 기탁자에 대한 기록이 남아 있지 않음. 매 1학기 학부생 1명에게 지급 |
| 영어영문학과대학원 장학금 | 정덕애 | 2014.12 | 정덕애(1974) 명예교수가 대학원생을 위해 기탁 |
| 영학회장학금 | 영학회 |  | 동창회 영학회가 후배들을 위해 조성 |
| 오은진장학금 | 오은진 | 2014.10 | 오은진(1990) 교수가 제자를 위해 기탁 |
| 우향(又香)장학금 | 장선 | 2015.9 | 장선(1972) 동문이 자신의 호인 '우향(又香)'을 따서 기탁 |

| 장학금명 | 후원자명 | 설치일자 | 비고 |
|---|---|---|---|
| 이영숙장학금 | 이영숙 | 2001.12 | 이영숙(1968) 동문이 후배를 위해 기탁 |
| 이활장학금 | 김연옥 | 2008.7 | 김연옥(1950) 명예교수가 제자를 위해 기탁 |
| 초이장학금 | 김양식 | 2014.11 | 김양식(1954) 동문이 자신의 호인 '초이'를 따서 기탁 |
| 최영장학금 | 최영 | 2003.5 | 최영(1967) 명예교수가 제자를 위해 기탁 |
| 현재장학금 | 현재어학원 | 2018.4 | 현재어학원 김낙찬 이사장이 재정이 어려운 목회자 자녀를 돕기 위해 후원한 장학금 |

위 장학금 중 현재 적립 중이거나 기타 이유로 매 학기별 지급되지 않는 장학금도 있다. 또한 1994년 5월 본교에 대외협력처가 신설되기 이전에 조성된 장학금의 경우 기탁자나 정확한 장학금 설치일자에 대한 기록이 남아 있지 않은 경우도 있다. 개인 또는 기관 기탁 장학금 이외에도 영어영문학과 졸업생들은 '이화의 선배라면 누구나 한 달에 만원은 후배들을 위한 장학금으로 기부할 수 있다'는 취지로 2010년에 시작한 선배라면장학금 기탁에도 적극적으로 참여했다. 2010년부터 2024년 2월까지 총 218명의 영문과 선배들이 1억 9,500여만원(입금액 기준)을 모금하여 총 150명의 영문과 학생들에게 1억 8,500여만원의 장학금을 지급했는데, 이는 총액 기준으로 교내 전체 학과 중 최고 액수이다.[548]

최근 매 학기 영문과 학생들에게 경원문화재단장학금, 권종근세례자요한(영문)장학금, 선배라면장학금, 영학회장학금, 우향장학금, 이영숙장학금, 이화국제재단장학금, 이활장학금, 초이 장학금 등의 본부기탁장학금과 전공리더십 장학금이 지급되며, 장학금 총액은 4,000만원을 상회한다. 학기마다 장학금 종류와 액수에 약간씩 차이가 있다.

### 4) 기타 장학금 및 후원자

영문과 학생을 위한 장학금 이외에도 전체 이화 학생 또는 타과 학생을 대상으로 하는 장학금 및 기타 명목으로 후원하여 학교 발전에 기여한 영문과 동문들은 다음과 같다(졸업연도 순).

김매리(1928, 김매리장학금), 임길재(1933, Kilchai K. Yim Scholarship), 이숙례(1947, 이

548 2024년 2월 29일 기준, 총 후원금액(입금액 기준) 195,004,375원, 총 지급액 185,254,375원으로 학과별 집계 1위를 기록했다(대외협력처 홈페이지 2025.3.14. 검색).

숙례장학금), 김정한(1949, 김정한장학금), 이춘란(1949, 이춘란장학금), 정확실(1950, 정확실장학금), 추국희(1951, 추국희장학금), 정의숙(1953, 정의숙장학금), 조정호(1953), 김준희(1960, 김준희통일인재장학금), 노옥순(1960, 노옥순장학금), 전재옥(1960, 청화(淸和)전재옥장학금), 구자영(1961, 구자영장학금), 김영자(1961), 권경수(1963, 권종근세례자요한(법학)장학금), 김영기(1963, '김·르노(Kim·Renaud) 인문과학 연구상 기금), 박인자(1963), 오승미(1963, 오승미추모장학금), 김신자(1965, 교육공학과김신자장학금), 최청규(1965, 현우3대(代)모녀장학금), 김광자(1967), 유중근(1967, 경원문화재단장학금 외), 이영옥(1969, 경광이종락장학금), 이경숙(1970, 이경숙장학금), 최선열(1970, 최선열장학금), 장선(1972, EGPP Sun장학금 외), 이주영(1975, 남촌장학금 외), 김혜숙(1976), 위진영(1976), 김상민(1977), 한영숙(1977), 박동숙(1980, 정윤장학금), 김기령(1981, 김을주장학금), 전송미(1983) 등

학과 설립 100주년을 기념하여 영어영문학부 100주년 발전기금과 영문과 100주년 기념 장학금, 100주년 영어연극 후원금, 영학회 100주년 기금에 후원한 분들은 부록 7에 따로 실었다.

* * *

이대 영문과는 19명 전임교원들이 화합, 결속하여 미래를 이끌어갈 수 있는 창의적이고 품격 있는 세계 시민 양성이라는 기본 목표에 늘 한결같이 충실하고 교육과 연구, 학생 지도에 헌신적 노력을 기울이고 있다. 이대 영문과가 이처럼 21세기에 다시금 주목받는 것은 학과에 대해 무한한 애정과 신뢰를 보내는 재학생들과 사회 각계각층에서 활약하며 정신적, 물질적 지원을 아끼지 않는 동창들이 있기에 가능하다는 점은 두말할 나위가 없다.

1 2024년 추계 강좌 후 교정에서 가진 영학회 회의
* 사진: 영학회 제공

2 2024년 운경고택에서 가진 영학회 가을 모임
* 사진: 영학회 제공

3 2025 영학회 신년인사회
* 사진: 영학회 제공

1 2012년 제14회 자랑스러운 이화인 수상자 김영희(1964) 하와이대학교 한국학연구소장과 영문과 교수들(왼쪽부터 정덕애, 최혜원, 최영, 권경수, 김영희, 오은진, 최성희, 김민정, 이형숙, 이승아, 최주리, 백준걸)

2 2023년 제21회 자랑스러운 이화인 수상자 김순덕(1984) 동아일보 대기자(오른쪽)와 김은미 제17대 총장

3 2016학년도 2학기 영학회 장학증서 수여식에서 장학생 주시수(2018)와 김혜정(1972) 제29대 영학회 회장

1 2022년 11월 17일 영문인의 밤 1부 행사 중 장학금 수여식 후 권종근세레자요한장학금 후원자 권경수 명예교수와 함께
(2022년 2학기 영문과 동문 기탁장학금 총액: 43,780,870원)

2 1996년 2월 조정호 교수 정년퇴임기념식에서 1953년 졸업한 영문과 동기동창생들과 함께
* 사진: 조정호 명예교수 제공

3 2024년 윤정옥 교수 100세 생신 축하 모임 (왼쪽부터 최영, 서숙, 윤정옥, 김혜숙, 오정화)
* 사진: 오정화 명예교수 제공

1　이화여자전문학교 1회 졸업생과 재학생들
* 사진: 이화여전 1회 졸업앨범(1928년 3월 발간), 이화역사관 제공

2　이화여자대학교 영어영문학부 교수 및 학생 단체
* 2024년 9월 모노폴스튜디오 박작가 촬영

# 2부

# 이화 영문 100주년 기념 동문과의 대화



Our First 100 Years

## '이화 영문 100주년 기념 동문과의 대화'를 소개하며

2024년 여름, 이화여자대학교 영어영문학과 100주년을 기념하여 사회 각계에서 활동하는 동문들을 모시고 총 6회에 걸쳐 간담회 행사를 마련했습니다. '이화 영문 100주년 기념 간담회'라는 이름으로 진행된 이 행사는 영학회에서 주관하고 이화 영문 100주년 행사 담당팀의 협조를 얻어 일정한 준비 기간을 거쳐서 방학 중이던 7월 말부터 8월 중순 사이에 이루어졌습니다. 장소는 주로 학교 내 공간을 이용했고, 사정이 여의치 않은 경우 간담회 참석자들과 협의를 통해 교외의 장소에서 모임을 가졌습니다.

간담회는 동일 분야에서 활동하는 10인 내외의 동문이 모여 해당 분야의 직업적 특성과 시대적 변천을 소개하고, 해당 분야에서 겪어온 그간의 귀한 경험을 나누는 장이었습니다. 각 간담회는 3시간 정도 진행되었고, 간담회 후에 서면으로 보완한 경우도 있었습니다. 간담회마다 영학회의 정경숙 회장(1979)과 강명옥 부회장(1982)이 참석했고, 임원 중 한 명이 사회를 맡아 회의를 이끌어갔으며, 사진을 책임진 임원과 진행을 도와준 임원도 함께했습니다. 각 간담회가 끝난 후에는 참석한 영학회 임원 가운데 한 분이 간담회 내용을 기록·정리했으며, 여기에서 소개하는 간담회들은 해당 간담회의 기록 담당 임원이 정리한 원고를 기반으로 그 구조와 내용을 바탕으로 작성했음을 밝혀둡니다.

총 6회에 걸친 간담회는 참여 동문들의 직종에 따라 편의상 다음과 같이 분류했습니다.

| | |
|---|---|
| 1. 방송 분야 | 2024. 07. 25. (목) 11:00~14:00 |
| 2. 언론 분야 | 2024. 07. 26. (금) 11:00~14:00 |
| 3. 문화·예술 분야 | 2024. 07. 29. (월) 11:00~14:00 |
| 4. 금융·기업 분야 | 2024. 08. 02. (금) 18:30~21:30 |
| 5. 선교 분야 | 2024. 08. 09. (금) 11:00~14:00 |
| 6. 사법·행정 분야 | 2024. 08. 12. (월) 18:30~21:00 |

각 간담회는 참여한 동문들의 일정이 합의된 순서로 이루어졌습니다.

간담회는 다양한 분야에서 활동하고 성장하는 동문들의 모습을 보여주면서 이화 영문의 자랑스러운 역사를 확인하고, 무엇보다도 앞으로 이화 영문의 미래를 이어갈 젊은 동문들에게 보다 구체적인 모습으로 그들이 걸어갈 진로를 제안해보자는 취지에서 이루어졌습니다. 간담회에 참석하신 동문들 역시 그러한 취지에 깊이 공감하여 각자의 분야에서 맡은 바 책무가 작지 않음에도 불구하고 숨이 턱턱 막힐 것 같은 불볕더위를 마다치 않고 어려운 걸음을 해주셨습니다. 이 자리를 빌려 간담회에 참석해주신 동문들, 그리고 간담회 준비와 진행에 함께해주신 영학회 임원들에게 깊은 감사를 드립니다.

간담회 내용을 원고로 만들면서 말이 글로 바뀌는 과정에서 생기는 필연적인 한계가 있었습니다. 간담회라는 다소 공식적인 자리였고 처음 만난 동문들이 많았지만, 간담회 당일 현장에서는 곧 선후배 간에 정겨운 덕담과 칭찬이 오갔습니다. 지극히 개인적인 사연들도 흔연히 함께 나누면서 세대 차이를 무색하게 만드는 재치와 지혜가 넘쳤고, 배석한 영학회 임원진도 대화에 참여하며 활기차고 역동적으로 모임을 진행했습니다. 시종 화기애애한 분위기에서, 이름만 들어도 조심스러운 자세를 취하게 되는 뛰어난 동문들이 스스로의 경험과 실수를 통해 후배들에게 좀 더 도움이 되었으면 한다는 마음으로 놀라울 정도로 솔직하고 겸손하게 임해주셨습니다. 다만 정해진 지면 안에 글로 담으려니 이렇게 유익하고 즐거웠던 만남의 현장감을 살리지 못하게 되어 참으로 아쉽습니다. 100주년 행사장에 오신 동문들께서 간담회 동영상이나 사진 자료를 통해 그러한 분위기를 조금이나마 함께 느껴보실 수 있기를 바랍니다.

간담회를 마치며 느낀 또 다른 아쉬움이 있다면, 이화 영문 출신의 동문들이 참으로 다양한 분야에서 두각을 나타내고 있음에도 여러 현실적인 여건상 여기서 마무리할 수밖에 없었다는 점입니다. 탁월한 능력으로 각자의 분야에서 뛰어난 업적을 남긴 동문들이 많았지만 그분들을 하나의 분야로 모아 간담회를 구성하기 어려운 경우도 있었고, 반대로 같은 분야에서 각기 탁월한 성과를 낸 동문들이 너무나 많아 소규모 행사로는 모두 담아낼 수 없었던 경우도 있었습니다. 특히 영어영문학과 고유의 특성을 살려 교육계에서 중·고등학교부터 대학교까지 큰 자취를 남긴 동문들의 수는 헤아리기 어려울 정도인지라 도저히 이번 간담회와 같은 규모로는 그분들을 모두 포함할 수 없었습니다. 또한, 개인정보보호법을 준수하면서 진행해야 한다는 부담이 있어 많은 동문에게 직접 연락을 취할 수 없었던 점도 아쉬움으로 남습니다.

그럼에도 이번 간담회가 이화 영문의 더 밝은 100년을 기약하는 단초가 되기를 바랍니다. 앞으로도 뛰어난 선배와 자랑스러운 후배 동문들이 함께하는 자리가 계속될 수 있도록 모두의 힘을 모아 나가기를 기원합니다.

정리 및 집필: 김인성(1980)

* 일러두기:

- 간담회의 현장성을 살리기 위해 가능한 한 대담의 구어체 표현을 보존하고자 했습니다. 또, 참석 동문들이 대담중에 영어를 섞어 쓴 경우에도 그 표현 양식을 그대로 남겨두었습니다.
- 간담회 참석 동문의 경력은 간담회가 진행된 시점의 경력을 기준으로 작성되었으며, 부록 6에 수록된 경력과는 다를 수 있습니다.

# 1장 방송 분야

### 참석 동문

**이숙영**(1980) 프리랜서 아나운서, 현재 SBS 라디오 <이숙영의 러브FM> 진행

**김혜란**(1982) (전) KBS 국제협력실 PD, 팀장

**고희경**(1992) SBS 보도국 TV뉴스편집부 부국장, 현재 <SBS 오 뉴스> 앵커

**권수현**(2003) 연합뉴스 국제뉴스부 차장

**김효정**(2008) BBC월드, BBC뉴스코리아(BBC News Korea) 기자

**현솔잎**(2009) MBC 드라마 본부 소속 드라마 PD, <해를 품은 달> 조연출, <미치겠다 너땜에> 연출

### 참석 영학회 임원진

회 장 **정경숙**(1979) 부회장 **강명옥**(1982) 사 회 **이무경**(1989)

진 행 **이유미**(1983) 기 록 **박미정**(1988)

※ 모든 참석자 소개 순서는 졸업연도 순이며, 간담회는 영학회 임원인 이무경 동문의 사회로 진행되었습니다. 간담회에 앞서 참석 예정인 동문들에게 미리 질문지를 배부했으며, 참석자들께서는 사회자의 진행에 따라 질문 가운데 원하는 항목을 선택하여 답변하면서 자유로이 대화를 나누었습니다.

**방송 분야 동문과의 대화 참가자**

* 왼쪽부터 이유미(83), 강명옥(82), 정경숙(79), 권수현(95), 김혜란(82), 이숙영(80), 고희경(92), 김효정(08), 현솔잎(09), 박미정(88), 이무경(89).

## ▶ 경력을 중심으로 간단하게 본인 소개 부탁드립니다.

**이숙영(80)** 前 KBS 아나운서였고 프리랜서 아나운서 1호입니다. KBS에서 10년, SBS에서 20년 넘게 재직하고 있는데, 현재 SBS 103.5에서 아침 9시부터 11시까지 방송되는 <이숙영의 러브FM>을 진행하고 있습니다. 강연자로도 활동하며 『애첩기질 본처기질』을 비롯해 에세이집을 열 권 정도 집필했습니다.

**김혜란(82)** 영문과에 1978년 입학해 1982년 졸업 후, KBS 국제협력실 전문 언어 PD로서 1988년부터 2019년까지 총 31년간 근무하고 국제협력팀장을 역임하다가 2019년 정년퇴임했습니다. KBS는 한국을 대표하는 공영방송사로서 KBS 국제협력실은 외국 방송사와의 국제 교류 협력 창구 역할을 하는 곳이며, 전 세계 방송사와 국제기구 활동, 국제회의 주관과 기획 및 운영, 국제적인 수상작 출품 관리 및 공동 제작, 홍보 등 다양한 업무를 담당하고 있습니다.

제가 KBS에서 근무한 30여 년 동안, 1988년 서울올림픽을 계기로 한국 방송이 국제 무대에 본격적으로 등장했고, 국제 방송계에서도 변방에 머물던 우리 방송이 세계적인 리더로 성장해가는 역동적인 변화를 직접 체험했습니다. 한류가 세계 무대에서 인정받고, 방송계에서도 축적된 노하우와 우수 인력 등을 배출하여 세계 방송사에 기여하는 데 일조할 수 있었던 것은 큰 영광이자 보람이었습니다.

고희경(92) SBS 보도국 TV뉴스편집부 부국장이며 매일 오후 5시에 방송되는 <SBS 오 뉴스> 앵커를 맡고 있습니다. 1991년 입사해 정치부를 제외하고 거의 모든 일선 취재 부서를 돌았고 기획취재부장, 뉴스제작부장, 전략뉴스부장 등을 거치면서 주말 <8 뉴스>와 심야 마감뉴스인 <나이트라인>, 시사 토론프로그램인 <공감>의 앵커로도 활동했습니다. 2007년 <나이트라인>을 진행할 때 SBS에서 마감뉴스를 처음으로 여성 앵커 단독으로 진행하는 기록을 세웠고, 현재는 SBS에서 최고령 여성 앵커라는 또 다른 타이틀을 가지고 있습니다.

권수현(03) 다른 직장을 잠깐 다니다가 언론사 시험 준비 끝에 2005년 연합뉴스에 입사했습니다. 사회부, 산업부, 유통업계, 중소기업을 거쳐 제법 오랜 기간 스포츠부 담당을 하다가 국제뉴스부에서 2년 반 정도 있으면서 중동 지역을 경험한 후 돌아왔고, 이후 정책사회부에서 행정안전부 같은 정부 부처들 출입도 했으며, 증권부에서 경제 분야도 담당하는 등 여러 분야에서 경험을 쌓았습니다. 지금은 육아휴직 후 작년 1월에 복직하면서 국장직으로 돌아와 국제부 뉴스를 담당하고 있습니다.

김효정(08) BBC 코리안 서비스에 소속된 저널리스트입니다. 작년에 출산했고 (간담회하는) 현재 출산 휴가 중입니다. BBC는 영국의 공영방송으로 그 안에 많은 조직들이 있는데, BBC월드는 전 세계의 뉴스들을 각 지역 언어로 커버하는 서비스로 BBC 코리안 서비스는 그중 하나입니다. BBC가 영향력을 넓히기 위해서 1920~1930년대부터 각 지역의 언어로 뉴스를 생산하는 일을 시작했고, 2017년 최근에 이르러서야 BBC 코리안 서비스를 시작했어요. 저도 그때 합류를 했고 필드 기자들 중에서는 제일 오래된 사람 중 한 명입니다. BBC에 오기 전에는 월드비전의 커뮤니케이션 팀에서 4년 정도 해외 구호 지역을 다니며 글 쓰는 일을 했고 시리아, 팔레스타인, 아프리카 빈곤 지역에 가서 국제적인 이슈들에 관해 현장 취재를 많이 했어요. 취재한 소스들을 언론사에 제공하는 일을 하다가 BBC로 오기 전에는 잠깐 YTN 월드에 있었습니다.
권수현 선배님처럼 저도 전문 분야가 따로 있지 않아요. 예를 들면, 오늘은 북한에 대한 기사를 썼는데 내일은 갑자기 케이팝에 대해 쓰고 그다음 날은 사회 이슈에 대해 쓰는 등, 두루두루 모든 분야를 하게 되니 전문 분야를 갖기 어려운데 이것이 장점이자 단점이 되겠지요. 무엇보다도 BBC에서 일하며 매력적인 점은 한국어로 기사를 쓰면서 영어로도 기사를 쓴다는 점이에요. 한국에 뿌리를 두고 BBC에서 일하는 사람으로서 제 개인적인 목표는 한국에 대한 서구인들의 다소 편향된 관점을 대신할 수 있도록 다양한 시선에서 바라본 기사들을 쓰고 싶다는 것이고, 그런 기사를 발굴하려고 노력하고 있습니다.

**현솔잎(09)** 영문과 대학원을 한 학기 다니다가 드라마 PD가 되고 싶어 휴학을 하고 언론고시반에 들어가서 6개월 정도 공부한 후 2010년에 MBC 공채 시험에 합격해 입사했습니다. 드라마 본부 소속의 드라마 PD로 재직하고 있고, 정확히 말하면 드라마 연출을 맡고 있습니다. 입사 후 10편 이상의 작품의 조연출로 참여했고 입사 초기에 <해를 품은 달> 조연출도 했었어요. 최근에 제 이름으로 각인될 만한 것은 <미치겠다 너땜에>라는 작품으로 김선호 배우와 같이한 것인데 유튜브 천만 뷰를 찍은 짧은 단막 작품이에요. 저는 저널리즘에 계신 선배님들과는 결이 많이 다른데, MBC에 소속돼 있어서 언론인으로 분류는 되지만 실제 제가 하고 있는 일은 엔터테인먼트 산업에 소속돼 있어요.
저는 영문과를 나온 것이 드라마 PD로서 일하는 데 정말 큰 힘이 돼서 문학 전공이라는 데에 굉장한 자부심을 갖고 있어요. 앞으로 더 유명해져서 영문과의 이름을 드높이고 싶은데, 아쉬운 점은 드라마 본부에 영문과는 차치하고 이화여대를 나온 사람이 오랫동안 저 하나밖에 없었고, MBC에는 이대 영문과 출신 드라마 PD가 저 하나뿐이라는 것입니다. 후배들이 많이 들어왔으면 좋겠어요.

**▶ 학창시절을 추억해보면 당시가 어떠했는지, 학창시절 기억에 남는 교수님이나 강의는 무엇이었는지 들려주시면 감사하겠습니다.**

**이숙영(80)** 우리 때는 메이데이가 정말 중요한 행사였어요. 타 대학 남학생들과 파트너가 되어 공주 드레스를 입고 학교를 누비던 메이데이 축제, 그 로맨틱했던 커플 축제의 기억이 많이 남아 있어요. 수업 중에서는 유종호 교수님 수업이 가장 많이 생각납니다. 방송을 하다 보면 음악이나 연극을 자주 소개하게 되는데, 그럴 때 학창 시절 배웠던 에드가 앨런 포의 『애너벨리』, 『폭풍의 언덕』, 셰익스피어 4대 비극 같은 작품들을 함께 소개하면 방송의 깊이와 품격이 달라지죠.

**권수현(03)** 최영 교수님 수업이 오래 기억에 남습니다. 선배들한테 어렵다고 많이 듣긴 했어도 교환학생을 갔던 영국에서 셰익스피어 수업을 들었기 때문에 야심 차게 수강 신청을 했는데, 수업 내내 너무너무 힘들었지요. 그래도 끝까지 버텨냈습니다(웃음). 최영 교수님 수업에서 가장 유명했던 건, 수업 중 무작위로 학생을 지목해 솔리로키(soliloquy)를 외우게 하는 것이었어요. 지명된 학생은 자리에서 일어나 40~50명 앞에서 바로 암송해야 했죠. 저는 그때 『맥베스』를 외웠던 기억이 나는데, 머리 돌아가는 게 지금보다 훨씬 더 유연하던 때인데도 막상 지목받고 일어나니 쉽지 않더군요. 그런데 그때 외웠던 대사가 졸업하고도 여전히 머릿속에 남아 있어서 방송사 시험과 면접 때 요긴하게 써먹었던 기억이 납니다.

국제부 뉴스를 하며 많이 느낀 것은, 영미권 뉴스를 텍스트만 읽고 그 지역 문화에 대한 배경지식이라든가 역사적·사회문화적 개념을 알지 못하면 행간에서 읽지 못하는 부분이 많다는 거예요. 영문학 수업들이 굉장히 큰 도움이 되었습니다. 예를 들어, 서숙 교수님의 강의 중 토니 모리슨의 흑인 문학에 대한 수업을 들었던 덕분에 미국에서 한창 블랙파워 운동이 일어났을 때 그 맥락을 이해할 수 있었고, 학부 시절 읽었던 책을 통해 미국 정치에서의 유권자 표심에 대한 이해력도 커졌으며, 강태경 교수님의 연극 수업과 연극 실습에서 배운 내용을 나중에 방송사 면접에서 많이 활용하기도 했습니다.

**김효정(08)** 최혜원 교수님의 라이팅(Writing) 수업이 제일 기억에 남는데, 교수님은 그 많은 학생들을 한 명씩 다 불러 첨삭을 해주셨어요. 한 줄 한 줄 첨삭하면서 본인의 생각에 대해 함께 얘기하곤 했지요. 저도 불려가서 첨삭을 받았는데, 받고 나오자마자 화장실에 가서 엄청 울었어요. 나름 열심히 준비해서 자신 있게 썼다고 생각했는데, 아직 부족한 부분들이 많다는 걸 깨닫고 울었던 거죠. 그때 교수님이 바로잡아 주셨던 것들을 기반으로 영작문에 관심을 가지게 되었어요. 오늘 교수님을 뵙고 나니 화장실에서 그렇게 울었던 내가 지금은 BBC에서 영어로 기사를 쓰고 있구나 싶어 감회가 새롭습니다.

그리고 서숙 교수님의 소설 시험 문제를 보면서 한 대 딱 맞은 듯한 느낌을 가졌던 기억도 나네요. 교수님께서는 그냥 문학을 읽는 것에 그치는 게 아니라, '네가 읽은 내용이 지금 이 사회와 어떻게 관련되는지, 사회 현상과 연결해서 써보라'는 문제를 내주셨었어요. 인문학이 여전히 살아 숨 쉬는 학문이라는 것, 당대를 반영한 문학을 지금 우리 사회의 현상이나 이슈와 접목시킨다면 어떻게 할 수 있는지 연구하고 거기에서 지혜를 배워야 한다는 것을 그때 깨닫게 되었던 것 같아요.

제가 또 개인적으로 무척 감사하게 생각하는 교수님이 권경수 교수님이신데, 이 얘기를 하려니 약간 울컥하네요. 개인적으로 교수님 수업도 무척 좋았지만, 당시 제가 경제적으로 어려움에 처한 걸 아시고 제 지도교수님도 아니신데 따로 불러 장학금도 받게 해주시고 위로가 되는 이야기도 많이 해주셨어요. 기도도 많이 해주셨고요. 그래서 권경수 교수님께 깊은 감사의 마음을 갖고 있어요.

**현솔잎(09)** 저는 문학이 너무 좋았고, 제인 오스틴의 『오만과 편견』을 너무 사랑해서 영문과에 왔기 때문에 대학에서도 문학 수업만 주로 들었어요. 특히 최주리 교수님의 소설 수업, 박찬길 교수님의 영미시 수업, 그리고 강태경 교수님의 희곡 수업을 무척 좋아했어요. 3학년이 되면서 진로 때문에 고민을 많이 했는데, 문학을 공부한 것만으로 직업을 찾기는 어렵겠구나 싶으면서도 제 문학 사랑을 그대로 활용할 수 있는 직업을 갖고 싶었어요. 대학 때 한때는 소설가나 크리에이터가 되고 싶은 욕망도 있었었는데, 한편으로는 안정적인 월급이라는 현실적인 목표도 충족되었으면 싶었거든요.

그래서 곰곰이 생각해보니 안정적인 생활을 유지하면서 크리에이터로 살 수 있는 직업이 PD인 것 같더라고요. PD도 여러 분야가 있지만 제가 가장 잘할 수 있는 건 드라마였던 것 같아요. 문학을 사랑한다는 건 이야기를 사랑한다는 거고, 드라마는 이야기를 만드는 일이어서 '이거라면 내가 한번 해볼 수 있겠다' 싶었어요. 공채 시험 중에 작문 시험이 있었는데, 문학을 공부하며 글을 많이 써본 것이 도움이 됐고, 면접에서도 영문학 공부를 통해 표현력을 기른 것이 큰 도움이 되었어요. 실제 일을 시작하고도 극본이라는 텍스트를 받아 해석을 해서 이것을 어떻게 시각화할 것인지 고민하는 것이 감독이 하는 일인데, 문학을 공부하며 상상력을 키우고, 이 텍스트에 어떤 배경과 의미가 있는지 토론하고 공부한 것이 엄청난 훈련이 되었지요. 그러고 보면 문학을 사랑하면서 직업인으로 어떻게 살 것인가 하는 고민에 대해 찾은 해답이 바로 이 직업인 것 같아요.

### ▸ 방송 분야로 진출하게 된 배경이나 동기에 대해 말씀 나누어주시면 감사하겠습니다.

**김혜란(82)** 어릴 때부터 외국에 대한 관심과 동경이 많았고, 특히 시대의 최첨단에서 새로운 소식을 가장 먼저 접하는 언론, 그중에서도 방송에 대한 관심이 컸어요. 그런 이유로 신문방송학을 부전공으로 선택했지요. 대학교 1학년 때는 KBS 국제방송국에서 3개월 동안 인턴도 하며 어렴풋이나마 방송국이 어떤 곳인지 경험했고, 또 어린 시절 일본에서 잠시 공부한 경험 덕에 일본어에 능통했던 것도 KBS 국제협력실에 입사할 때 유리한 요건으로 작용했답니다. 가장 좋아하고 가장 잘하는 일을 평생 할 수 있었던 것은 큰 행운이자 축복이었다고 생각합니다.

고희경(92) 졸업반이던 1991년 우연히 신문에 난 '앵커요원 모집'이라는 색다른(?) 채용 광고를 본 것이 방송에 몸담게 된 결정적 계기가 됐습니다. 당시만 해도 방송 3사의 메인뉴스 여성 앵커는 모두 아나운서 일색이었는데, 신생 민영 방송사였던 SBS가 개국을 앞두고, 앵커 자질을 갖춘 여기자를 선발해 미국의 바버라 월터스처럼 키워보겠다는 파격적이고 실험적인 계획을 내세웠습니다. 1,000명이 넘는 지원자 가운데 두 명이 최종 선발되었고, 그중 한 명이 바로 저였습니다. 그렇게 시작된 기자 생활이 어느덧 30년을 넘겼네요.

**▶ 사회나 직장에서 이화 영문 동문들에 대해 가지는 이미지나 선입견이 있다면 어떤 것이라고 생각하시는지, 그리고 그러한 이미지가 본인의 발전에 어떤 영향을 미쳤는지 알려주시면 감사하겠습니다.**

고희경(92) SBS에는 영문과 동문들이 꽤 있는데, 똑 부러지게 일은 잘하는 단독 플레이어, 한마디로 '독고다이형'으로 보이는 캐릭터들이 많습니다. 그런데 방송국의 분야가 대부분 그렇지만, 취재 기자 역시 협업이 필요한 분야입니다. 아무리 내가 취재를 잘했더라도 그 내용을 받쳐줄 만한 영상이 있어야 하고, 좋은 영상이 있더라도 편집을 어떻게 하느냐에 따라 또 결과물이 완전히 다르게 나올 수 있거든요. 저도 많은 시행착오를 겪으면서 나와 다른 분야에서 일하는 분들의 고충을 이해하고, 그들과 소통하는 게 얼마나 중요한지 깨닫게 되었습니다. 그분들과 최대한 빨리 친해지는 게 급선무라고 느끼면서, 대선배들에게 먼저 다가가 대화를 청하며 친해지는 시간을 가졌고, 결국 이런 노력으로 숱하게 일어날 뻔했던 아슬아슬한 방송사고의 순간을 피할 수 있었다고 봅니다.

권수현(03) 이대 영문과라고 하면 흔히들 똑 부러지게 일을 잘할 것이라는 기대를 갖고 있어서 그 기대에 부응하기 위해 많이 노력했던 것 같아요. 회사에 이화 영문 선배 몇 분이 계신데, 어느 분야에서든 항상 단독을 제일 많이 하신 똑똑한 선배님들이셨어요. 그 선배들이 보시기에도 부끄럽지 않도록 신경을 많이 썼고, 또 그렇게 노력한 것이 결국에는 긍정적으로 작용해 제가 개인적으로 발전하는 계기가 되었던 거지요.

국제부 10년차 때, 회사 선후배들과 함께 이화 언론인의 밤 행사에 참석한 적이 있어요. 입사하고 처음으로 간 동문 행사였는데, 까마득한 선배님들부터 시작해서 정말 많은 언론계 동문들이 자리해 계셨죠. 그분들을 보면서 '아, 이분들이 계셨기에 사람들이 이대를 나오면, 특히 이화 영문을 나오면 일 잘하겠구나, 똑똑하겠구나라는 평판을 갖게 되었구나' 실감할 수 있었습니다. 전에는 이화 혹은 이화 영문 출신이라는 것이 제 사회생활에 크게 도움이 될 거라는 생각을 해본 적이 없었습니다. 하지만 오랜 시간 다양한 자리에서 좋은 이미지를 쌓아온 선배님들 덕분에, 내가 이 사회에서 큰 어려움 없이 스며들어 일할 수 있었던 거라는 생각을 갖게 되었답니다.

**▶ 언론·방송 분야에 필요한 자질과 핵심 역량이 있을텐데, 각 동문께서는 그것이 무엇이라고 보십니까.**

이숙영(80) 인문학적 지식, 많은 경험. 이 두 가지가 매우 중요하다고 강조하게 되네요. 라디오 DJ를 하더라도 노래 한 곡이 나갈 때 거기에 인문학 지식이 곁들여지면 품격이 달라집니다. 후배들에게 경험에 투자를 많이 하라고 조언하고 싶어요. '갈까 말까 할 때는 무조건 가라'는 말이 있잖습니까. 그리고 그런 경험을 할 때 인문학 지식이 겸비되면 경험의 깊이가 달라지고, 통찰력도 깊어지죠. 제가 이렇게 오래 살아남을 수 있는 이유도 바로 콘텐츠의 힘이라고 믿고 있어요. 인간관계 역시 무척 중요합니다. 방송을 하기 위해서는 PD, 작가, 스태프 등 많은 사람과 함께 협업을 해야 하고 그들과 좋은 관계를 유지해야 하는데, 인간관계에서 '내가 좀 손해 본다'는 생각으로 사람들을 대하면 좋은 관계도 형성되고 결국엔 제게도 좋았습니다.

그리고 건강 관리! 매일 아침 생방송을 진행하는 라디오 DJ는 아프거나 특히 감기에 걸리면 안 되기 때문에 건강을, 그중에서도 목을 잘 관리하기 위해 감기에 걸리지 않도록 면역력 강화에 주력하고 있어요. 제일 중요한 것은 건강한 마인드 관리라고 봅니다. 어떤 조직이나 직장에서든 자기 감정 조절이 안 되고 인내심이 없고 이기적인 사람들은 결국 빨리 도태됩니다. 자기 성찰, 수련, 명상, 독서, 영화 감상, 운동, 종교적 활동 등을 통해 스트레스를 풀어주면서 항상 긍정적인 컨디션을 유지하려고 합니다.

김혜란(82) 입사 무렵 'KBS는 꿈을 만드는 공장'이라고 한 한 선배의 말이 오래 기억에 남습니다. 시간이 지나면서 방송과 언론이 사회에 도움이 되고 삶에 꼭 필요한 공기와 같은 역할을 한다는 것을, 또 그 영향력이 굉장히 크다는 것을 더욱 절감하게 됩니다. 이 분야에서는 사회의 흐름을 빠르게 읽는 감각이 매우 중요합니다. 관련 공부는 물론이고, 다양한 매체와 뉴스를 통해 사회 변화에 꾸준히 관심을 기울여야 합니다. 좋아하는 프로그램이나 인기 있는 콘텐츠 같은 것들을 보면서 왜 인기가 있는지, 어떤 의도로 이렇게 만들었는지 생각해보는 습관도 도움이 됩니다. 또, 해외 영화 등 콘텐츠를 챙겨 보면서 다른 시각과 문화를 접하는 태도 역시 중요한 자산이 됩니다.

방송국은 다양한 분야의 사람들이 협업으로 하나의 결과물을 만들어내는 곳이기 때문에, 협업과 융화의 능력을 기르는 것도 꼭 필요하다고 봅니다. 그리고 무엇보다, 건강해야 자기 분야에서 끝까지 버틸 수 있겠지요. 힘들고 실패를 겪으며 그만두고 싶을 때도 눈물을 머금고 끝까지 버티게 하는 힘은 결국 건강에서 나오는 것 같습니다. 뭐든지 도전할 수 있을 때 도전해보고, 실패도 많이 해보라고 후배들에게 권하고 싶습니다. 이런 경험이야말로 캠퍼스 안에서 누릴 수 있는 젊은 시절의 특권이라고 생각해요.

**고희경(92)** 방송국은 특히 친화력이 중요한 조직입니다. 요즘 젊은 세대는 뭐든 혼자 하는 걸 더 좋아하고 대면보다는 SNS로 대화하는 걸 선호한다지만, 조직 생활에서는 대면과 사람을 대하는 태도가 무척 중요합니다. 방송 분야에서 일하고 싶은 후배들이 있다면 '친화력이 무기가 된다'는 얘기를 해주고 싶어요. 1인 미디어 유튜버들이 넘쳐나는 세상에서 전통적인 업무를 하는 기자들은 더 이상 그들의 속도를 따라가기 버겁지요. 이제 기자의 역할은 남들보다 1분 1초라도 빨리 뉴스를 전하는 게 아니라 시간이 걸리더라도 팩트를 확인하고 끝까지 진실을 파헤치는 것이라고 생각합니다. 집요함과 끈기야말로 훌륭한 기자의 덕목이라고 봅니다. 패스트 러너(fast learner)가 되기보다 느리더라도 한 가지에 꽂히면 끝까지 파고드는 사람이 되어야만 결국 특종을 만들어낼 수 있답니다. PD의 경우라면 바뀌는 세상의 흐름을 읽어내는 내공과 대중의 심리를 읽는 능력이 필요할 것 같고요.

**권수현(03)** 20년이나 이 업에 종사하고 있지만, 사실 저는 한동안 이 직업이 저랑 맞지 않는다고 생각했었어요. '글 쓰는 것을 좋아하고 사람 만나는 것도 좋아하니까 할 수 있겠지' 하고 생각했는데, 직접 일해보니 이 직업은 절대 글만 쓰는 직업이 아니고, 만나고 싶지 않은 사람도 만나고 알고 싶지 않은 정보도 캐내야 하고, 그걸 또 기사로 만들어야 하는 직업이더군요. 게다가 마감 시간에 쫓겨서

끼니를 거른 채 기사를 써야 하는 경우도 무척 많았지요. 연차가 쌓일수록 빠른 시간 내에 다양한 자료나 긴 내용의 보도 자료 등 정말 많은 양의 정보에서 중요한 내용을 취사 선택해 빠르게 기사를 써야 하는 생활을 계속하게 됩니다. 그런 면에서 대학 시절 수많은 텍스트를 읽고 소화해 단시간에 요약 정리해서 시험 공부를 한 경험이 큰 도움이 되었지요.

**김효정(08)** 현장에 있는 사람으로서 말씀드리자면, 저는 가끔씩 제가 기자지만 마치 패션 업계에서 일하는 것 같다는 생각을 많이 하거든요. 그만큼 이 업계에서는 트렌디해야 한다는 생각을 많이 해요. 마셜 맥루한이 "미디어가 메시지다"라는 말을 했는데, 그 말의 의미를 현장에서 많이 실감하고 있어요. 10여 년 전 입사 시험을 준비하던 때만 해도 '영상의 시대가 도래하니 준비해야 한다'는 말을 했는데, 지난 10년 동안의 변화를 보면 우리가 상상했던 수준을 넘어섰습니다. 이제는 유튜브에 이어 '릴스', '쇼츠' 같은 짧은 미디어에 메시지나 뉴스를 담아내야 하거든요. 이런 변화를 느끼면서 현실에 안주하지 말고 다양한 매체들에 대해 알고 있어야겠다는 생각을 많이 해요.

현장에 계시거나 방송계 입사를 준비하는 분들이라면, 글쓰기처럼 전통적으로 기자들에게 요구되어온 능력을 갈고 닦는 것도 중요하지만 트렌드를 잘 읽어내고 그 트렌드에 맞춰서 자신이 원하는 뉴스 가치들을 실현하기 위한 방법에 대한 공부도 많이 하라고 말해주고 싶어요.

**현솔잎(09)** 단연코 체력이라고 생각해요. 고희경 선배님이나 김혜란 선배님도 말씀하셨는데, 업무 내 친화력을 쌓기 위해서라도 체력이 없으면 버틸 수 없지요. 저도 촬영을 나가면 10시간 넘게 서 있고 며칠씩 밤을 새워가며 작업해야 하는 날이 많은데요, 촬영장에서 사람들과 소통할 때 내가 체력이 있고 정신을 똑바로 차려야 내 감정에 휘둘리지 않으면서 다른 사람들을 차분하게 설득해나갈 수 있는 것 같더라고요. 그래서 체력 관리를 위해 월급의 10% 가까이는 운동하는 데 할애하고 있어요.

요즘 시청자들은 연출가의 필모그래피, 작품 스타일에 따라 콘텐츠의 시청 여부를 결정하는데, 이런 경향은 앞으로 더 강해질 거라고 봐요. 따라서 PD는 시청자들이 원하는 것을 찾으려 하기보다는 자기 자신만의 개성을 드러낼 수 있는 좋은 작품을 만드는 것이 관건이지요. 이제는 PD 개개인의 능력이 무척 중요해졌고, 독창성을 가지고 자신만이 만들 수 있는 걸 찾아야 하니 저도 개인적으로 고민이 많습니다.

**▸ 우리 영문과가 발전하기 위한 변화와 혁신의 방향을 제안한다면 어떤 것이 있을까요? 더불어 후배들에게 전하고 싶은 조언이 있다면 함께 들려주십시오.**

이숙영(80) 우리 영문과가 모색해야 할 길은 결국 현시대가 요구하는 것을 잘 반영해주는 방향이어야 하지 않을까요? 현재로서는 취업이 잘 되도록 해주는 것이 가장 중요하니, 동문들과 학교가 함께 노력해서 산학협력 같은 프로그램을 많이 만들어 학생들에게 풍부한 경험의 기회를 제공해야 한다고 생각합니다.

김혜란(82) 경험을 많이 쌓으라고 조언하고 싶습니다. 여행이나 봉사, 아르바이트 등 어떤 것이든 직접 경험해보는 것이 중요하지요. 그동안 이대 영문과가 사회 곳곳에서 열심히 활동하는 인재들을 많이 배출했으니, 앞으로 후배들 역시 국내뿐 아니라 세계의 다양한 분야에서 필요로 하는 인물들로 자라나 이화 영문의 이름을 너욱 빛내줄 것이라 기대하고 응원합니다.

# 2장 언론 분야

**참석 동문**

**이덕규**(1979) (전) 중앙일보 기자, 이화학당 사무국장

**김순덕**(1984) 동아일보 고문

**허 란**(2005) 한국경제신문 사회부 기자

**김연주**(2015) 중앙일보 증권부 기자

**구유나**(2016) BBC 서울지사 기자

**윤 솔**(2022) 세계일보 사회부 기자

**참석 영학회 임원진**

| | | |
|---|---|---|
| 회 장 **정경숙**(1979) | 부회장 **강명옥**(1982) | 사 회 **서연희**(1994) |
| 진 행 **홍의경**(1985) | 사 진 **김경숙**(1984) | 기 록 **김지은**(1982) |

※ 모든 참석자 소개 순서는 졸업연도 순이며, 간담회는 영학회 임원인 서연희 동문의 사회로 진행되었습니다. 간담회에 앞서 참석 예정인 동문들에게 미리 질문지를 배부했으며, 참석자들께서는 사회자의 진행에 따라 질문 가운데 원하는 항목을 선택하여 답변하면서 자유로이 대화를 나누었습니다.

**언론 분야 동문과의 대화 참가자 1**

* 왼쪽부터 김지은(82), 윤솔(21), 허란(05), 이덕규(79), 김순덕(84), 김연주(15), 구유나(16).

**언론 분야 동문과의 대화 참가자 2**

* 뒷줄 왼쪽부터 시계방향으로 서연희(94), 허란(05), 구유나(16), 김지은(82), 김경숙(84), 정경숙(79), 강명옥(82), 김연주(15), 김순덕(84), 이덕규(79), 홍의경(85), 윤솔(21).

### ▶ 먼저 본인 소개를 부탁드리겠습니다.

**이덕규(79)** 1979년에 영문과를 졸업했는데, 1978년 4학년에 재학 중일 때 중앙일보에 입사해서 1996년까지 근무했습니다. 미국에 3년가량 가 있다가 우연히 학교와 연결되어 2003년부터는 이화여자대학교 홍보부 처장으로 근무했고, 최근까지는 이대 재단인 이화학당 사무국장으로 있다가 작년에 퇴직했습니다. 대학교 때는 학보사 기자였어요.

**김순덕(84)** 1980년에 이대 인문대학으로 입학해서 1984년 2월에 영문과를 졸업했고, 1983년 10월 4학년 때 동아일보에 입사했습니다. 그때만 해도 여자가 시험을 봐서 갈 수 있는 데라고는 고시 빼고는 언론사밖에 없었어요. 또 여기자는 주로 생활부나 문화부에서 일했죠. 저도 생활부에 한 5년 있다가 문화부에서 근무했고요. 2001년에 미국 연수를 가게 됐는데, 그 경험이 제 인생에서 가장 큰 전환점이 되었습니다. 그 후 논설위원이 되어 칼럼을 쓰게 되었고 논설주간 상무를 거쳐 대기자(전무)를 맡게 되었습니다.

**허 란(05)** 2001년에 영어영문학부로 입학해 2005년 '칼 졸업'을 했는데, 당시에는 휴학을 하는 경우가 많아서 칼 졸업한 친구들이 저 포함 다섯 명밖에 안 됐어요. 저는 대학 생활 절반은 '빙즈(Beings)' 활동으로 보냈던 것 같아요. 국제화 바람이 불던 때여서 유엔 식량농업기구에 들어가 3년간 일하다 2008년에 영국

카디프대학교에서 석사과정을 했고, 한국경제신문에 입사하여 2011년 1월 1일자로 기자가 됐습니다. 한국경제신문에서는 정치부를 시작으로 증권부, 부동산부, 벤처캐피탈까지 파이낸스와 재테크 쪽을 주로 다루었고, 지금은 법조팀장을 맡아서 법조를 출입하고 있습니다.

**김연주(15)** 저는 11학번이고 2015년에 졸업했습니다. 졸업하던 해에 매일경제에 입사해서 정치부, 문화부, 경제부에서 활동하다가 2019년에 중앙일보로 이직해 현재 금융 및 증권부에서 일하고 있습니다.

**구유나(16)** 저는 11학번이지만 2016년에 졸업했고요, 현재 BBC 월드 서비스 내의 코리안 서비스와 아시아 허그가 모두 소속된 부서에서 일하고 있습니다. 일반적인 한국 언론과 달리 규모가 작다 보니 딱히 취재 분야나 부서가 나뉘어 있지는 않고 한국 관련 주제는 다 취재하고 있는데, 가장 주력 분야는 북한이고, 다음으로 케이팝 같은 문화 분야라고 할 수 있습니다. 저는 팬 기자이자 방송 기자로 온라인 기사도 쓰지만 TV나 라디오에 출연해 방송도 하고 있어요.

**윤 솔(22)** 저는 17학번인데 코로나 때 휴학했다가 2022년도에 졸업했어요. 이후 2023년 1월에 세계일보에 입사해서 지금 2년을 채워가고 있습니다. 그러다 보니 경력이라고 할 건 없고, 국제부에 1년 있다가 지금은 사회부 경찰팀에서 종로와 혜화, 그리고 서울 북부 쪽을 담당하고 있습니다.

**▶ 학창시절 가장 기억에 남는 수업이나 영향을 받았던 교수님 혹은 감명받은 작품이 있었다면 소개해주십시오. 이화 영문에서의 배움이 자신의 활동이나 인생에 어떤 영향을 미쳤는지도 함께 말씀해주시면 좋겠습니다.**

**허 란(05)** 연극을 하고자 하는 마음이 커서 영문과를 선택했기에, 제 대학 생활은 정말 전적으로 '빙즈(Beings)'가 중심이었어요. 가장 재미있게 열심히 들었던 수업은 강태경 교수님의 수업들이었고요. 강상현 교수님의 '영미문화와 사회'라는 수업은 모두 팀 프로젝트 방식으로 진행되었는데, 돌이켜보니 신문사에서 활용할 수 있는 중요한 업무 능력을 배울 수 있었던 기회였어요. 4년 동안 '빙즈' 연극반을 하면서 배우와 연출을 다 해본 경험도 큰 도움이 되었습니다. 신문사에 와서 보니까 요즘에는 신문사들도 코로나를 기점으로 유튜브 채널을 많이 운영하고 있는데, 한국경제신문 역시 세 개 채널에서 팀을 런칭했어요. 그

채널들을 제가 2년 정도 이끌었고, 신문에서 일하던 사람치고는 영상 일을 하는 데에 그다지 거리낌이 없고 생각보다 잘한다는 평가를 받았습니다. 회사에 기여한 공으로 그해에 '한경인상'도 받았고요. 배우로서 연극을 위해 했던 발성 연습이나 연출을 하며 익힌 콘텐츠 구성 능력이 큰 도움이 되었지요.

**김순덕(84)** 저는 영문과에서 '치열함' 같은 거를 배웠다고나 할까요. 우리 때는 영문과가 200명이었어요. 수강 신청을 하려면 새벽 6시부터 운동장에 줄을 서고 뛰어다녀야 했어요. 지금으로선 상상이 안 되죠. 같은 학교를 다니는 다른 과 친구들도 아무도 안 믿었어요. 너무나 영화적인데, 우리는 그걸 했었어요. 그때 그렇게 못하면 원하는 과목을 못 듣는 거예요. 그래서 저는 셰익스피어 강의를 못 들었어요. '그걸 어떻게 들어?' 그랬어요. 그렇게 치열하게 살았던 것이 회사에 와서도 그대로 이어지면서 도움이 됐지요.

**구유나(16)** 최주리 교수님의 '영문학입문' 수업을 1학년 1학기 때 듣고 영문과로 가기로 결정했어요. 거의 백지 상태인 시험지를 채워 넣어야 하는 평가가 주어졌는데, 다른 친구들은 엄청 많이 쓰고 있는 반면에 저는 뭘 써야 할지 생각이 안 나더라고요. 그래서 어떤 시의 뒷부분을 기억해 시험지를 채웠는데, 교수님께서 그걸 좋게 봐주시고 많은 격려를 해주셔서 제게 큰 동기 부여가 되었어요. 강태경 교수님의 셰익스피어 수업은 지금 옆에 있는 연주 친구랑 같이 들었는데, 3학점짜리 과목에 9학점어치는 될 법한 과제량과 시간을 투입해야 했지만 학관에서 밤도 새워가며 공부해 영문학의 정수를 느꼈지요. 영문과에서 굉장히 치열하게 살고 공부했다고 생각하고, 그때의 경험이 졸업하고 나서도 정말 다양하게 도움이 되고 있습니다.

**윤 솔(22)** 저는 '영문학입문' 수업을 김민정 교수님께 들었는데, 수업에서 주로 소수 문학, 즉 흑인 문학이라든지 여성 문학, 아시아계 미국인의 이야기를 담은 문학 등을 다루셨어요. 모두 주제의식이 있으면서 재미있는 작품들을 잘 골라주셔서 영문학에 흥미를 느낄 수 있었어요. 3학년 때는 김민정 교수님의 수업인 '마이너리티 리터러처(Minority Literature)'를 또다시 들으며 흑인 문학에 한국인의 한의 정서 같은 부분이 있다는 느낌도 받았고, 또 완전히 다른 별세계 이야기 같지만 그들의 이야기를 잘 귀담아 들으면 공감할 수 있는 부분이 아주 많다는 것도 깨닫게 되었어요.

**▶ 방송·언론 분야는 다양한 배경을 가진 우수한 인재들이 모이는 곳으로 널리 알려져 있지요. 영문학 전공자로서 이렇게 경쟁적인 분야에 진출하셨을 때는 어떤 배경이나 동기가 있었을텐데, 어떤 계기로 진로를 정하게 되셨는지요?**

이덕규(79) 좀 전에 김순덕 기자님도 얘기했지만 당시는 여자가 시험 칠 곳이라고는 고시 말고는 언론사밖에 없었어요. 대학교 4학년 때 제일 처음 시험을 본 데가 중앙매스컴이었고, 그다음이 중앙일보, 그리고 동양방송이었어요. 최종 합격을 하고 보니 여자를 세 명 뽑았는데 그중 둘이 이대 출신이었어요. 다른 이대 출신 친구는 끝까지 KBS PD를 했고, 또 한 친구는 박태경이라고 지금 정년퇴임해서 EBS 이사로 재직 중이에요. 저는 영문학을 전공했다는 이유로 언론사에 들어갔던 건 아니었어요. 사실 제가 중앙일보라는 조직에 들어갔을 때 이대 선배들이 좀 있긴 했지만 영문과는 제가 처음이었지요. 그 당시 이대 영문과가 어떤 이미지였냐면, '애들을 되게 잡는다', '애들을 되게 열심히 공부시킨다'는 이미지였어요. 저는 그렇게 공부를 열심히 하는 학생은 아니었는데도 불구하고 이대에서 맹훈련을 받고 나왔을 것 같은 인상이었던가 봐요. 제가 그 덕을 좀 본 것 같아요. 제 실상에 비해 과대평가가 돼서 영어도 잘 못하는데 영어 잘할 거라고들 얘기하시고, 그러니까 제가 결국 영어 공부를 하게 됐고, 나중에는 단독으로 미국인 인터뷰까지 하게 되더라고요. 사실 저는 졸업하고 영어 공부를 한 거죠. 제 실력은 주변의 기대에 훨씬 못 미쳤지만 거기에 부응하려고, 사람들이 저를 바라보는 시선에 맞추려고 더 공부를 했죠.

허 란(05) 제가 01학번인데, 그때가 한 3~4년 정도 영어영문학부로 신입생을 선발하던 시기였어요. 이대에서도 영문과는 아주 상위에 있는 학과였지만 그 입지가 조금씩 흔들리던 시기였지요. 제 동기나 후배들 중 정말 뛰어난 친구들이 영문과로 들어왔지만, 그게 몇 년 못 가고 그대로 허물어지는 때였어요. '이제 더 이상 영문과가 전도유망하지 않다', 그리고 '이대가 더 이상 전도유망하지 않다'는 말이 2000년대 들어서 급속도로 퍼졌지요. 실제로 저는 졸업하고 나서 이화 출신이라는 걸 감췄어요. 우선 이화 출신이라는 덕을 보지 않겠다는 생각이 있었고, 학벌이 뭐 중요하냐는 생각도 있었지요. 또 사회가 이화를 점점 인비저블(invisible)하게 만들고 있기도 했고요. 대학 순위를 얘기하거나 대학 이야기를 할 때 이화는 그냥 빼는 거예요. 아예 '인비저블'하게 만드는 거죠. 그렇게 하는 것이 득이 되는 사람들이 계속 그렇게 만드는 거거든요. 저는 이러한 추세를 막아야 한다는 생각을 자연스럽게 하게 되네요. 가능한 한 이화를 알리려 하고, 마침 교육 쪽에 있는 제 동기는 가능한 한 이화에 관한 기사를 많이 쓰려 하고 있어요. 지금 저희 회사의 경우 이화 모임이 무척 활성화되어 있는데, 점점 더 많은 이화 출신의 젊은 친구들이 일부러 그 모임을 찾아오고 함께 모임을 이어오고 있어요.

**윤 솔(22)** 원래 꿈은 언론인이 아니었지만, 초등학교 시절부터 대학교 시절까지 꾸준히 한 활동이 언론 관련 일이었어요. 영문과를 다니면서도 『이화 보이스(*Ewha Voice*)』 영자 신문 활동을 했고, 팬 기자로서 기사를 쓰는 것부터 지면 편집도 하고 사진도 찍고, 나름 부국장이라고 남의 기사에 첨삭까지 하는 일련의 과정을 겪어본 게 계기가 되었지요.

**구유나(16)** 저희 외할아버지께서는 다른 전공을 하셨는데, 너무나 영문학을 공부하고 싶으셨다고 해요. 그래서 늘 서가에 영문학 책들을 많이 꽂아두셨어요. 저는 그게 멋있어 보였고, 그러다 보니 자연스럽게 영문과를 지원하게 되었습니다.

**▶ 사회에서 영문과의 이미지는 어떤 것이었습니까? 긍정적인 시각을 느끼셨다면 우리 영문과가 사회에 어떤 기여를 한 덕분이라고 생각하시는지, 반대로 부정적인 선입견이 있다고 느끼셨다면 본인이 이를 극복하기 위해 어떤 노력을 하셨는지 말씀 부탁드리겠습니다.**

**이덕규(79)** 이대가 갖고 있는 부정적인 이미지와 긍정적인 이미지가 있잖아요. 우리는 모두 긍정적인 이미지를 잘 알고 학교의 좋은 점도 잘 알고 있지만, 밖에서는 이대 영문과 출신들을 '굉장히 부잣집 출신에, 공부는 잘하는데 사회 참여에는 관심이 없고, 강남의 부잣집으로 시집가서, 그런 상류사회의 삶을 즐기는 강남 주부'라는 이미지로 바라보는 시각도 있어요. 저희가 학교 다닐 때는 자랑스럽게 배지를 달고 다녔거든요. 그런데 제가 2003년부터 학교에 홍보 책임자로 있으면서 보니, 배지를 단 학생도 없는 데다 오히려 학교를 바라보는 사회의 부정적인 시각 때문에 학생들이 힘들어하고 있었어요. 저도 놀랐고, 그게 너무 가슴이 아파서 조금이라도 그런 부분을 잘못 확대해서 쓴 기사가 있으면 해당 언론사를 직접 찾아가 편집장을 만나 따지기도 했어요. 그런데 요즘은 또 다르더라고요. 제 딸이 33살인데 이대를 나왔어요. 그 세대는 오히려 '그렇게 보는 사람들이 나쁜 거지' 하면서, 그런 아픔이나 콤플렉스가 없어요. 애들이 굉장히 강하다고나 할까요. 아주 바람직한 것 같아요.

**김순덕(84)** 저는 이대에서 이런 건 배운 거 같아요. 남녀공학이었더라면 여자는 부반장을 했을텐데, 여대라서 우리는 모든 일을 우리가 스스로 다 해야 한다, 무거운 것도 번쩍번쩍 우리가 알아서 들어야 하고, 어디서든 남자가 해결해주기를 기다리지 않고 우리가 모든 걸 잘 알아서 해나간다는 거지요. 김활란 총장님 대에서부터 우리는 우리 스스로를 존중하는 법을 배웠던 것 같아요.

**허 란(05)** 저는 '내가 왜 이대를 선택했을까?', 특히 '과를 잘못 선택했나?' 그런 생각도 했었어요. 그래서 자꾸 이대의 존재감을 소멸시키려 하는 사회의 풍토를 깨야 한다고 보는데, 실제 졸업생들을 만나보면 취업도 잘하고 자기 분야에서 여전히 똑똑하게 잘 해나가고 있거든요. 사회가 잘못 만들어 놓은 이미지에 속으면 안 되는 거지요.

**이덕규(79)** 저도 2003년에 학교에 와서 학교 홍보를 담당하다 보니, 중앙일보에서 발표하는 학교 순위가 물론 중요해졌고, 이대뿐 아니라 어느 학교나 거기에 목숨을 걸고 있는데, 사실 저희가 좀 더 신경 써서 봐야 하는 것은 다른 실적이라는 걸 알게 됐어요. 고시 합격자를 포함해서 각종 자격시험 합격자의 숫자를 보면 이대는 탁월한 대학입니다. 지금 제가 질문을 하나 던지는데, 여기 변호사도 계시지만 이대 출신 법조인이 몇 명이나 될 것 같으세요? 판사, 검사 다 합쳐서 몇 명이나 될까요?
학교 추산으로 2천 명 정도라고 해요. 한 학교가 2천 명의 법조인을 배출하는 경우는 이대를 빼면 서울대, 연대, 고대, 성대 정도밖에 없어요. 로스쿨이 생긴 지 11년이 됐는데 거기서 배출한 변호사만 1천 명 정도 되고, 그 이전에 사시 출신이 1천 명 정도 되니, 이 학교가 얼마나 알짜 인재들, 알짜 전문직들을 많이 배출하는지 알 수 있지요. 그 점에서 저는 이대가 굉장히 잘하고 있다고 생각합니다.

**윤 솔(22)** 언론 분야에서도 워낙 이화여대 출신이 많고, 또 그분들이 좋은 이미지를 쌓았다 보니 이화여대를 좋게 평가하는 경우가 많지요. 그런데 개인적으로는 언론 분야에서 영문과 출신을 많이 보지 못했다 보니, 선입견이 있다면 영문과뿐만 아니라 인문대 출신 전반에 대해서 있지 않나 싶어요. '너희의 전문성이 뭐냐'는 식의 물음들을 받게 되는 경우가 많거든요. 자연과학 전공자나 공대 출신 같은 배경을 가지고 기자직에 들어가는 사람들의 경우에는 '이게 내 전문 분야니까 난 여기에서 두각을 나타낼 수 있다'고 할 만한 영역이 있다고 생각하는 반면에, 인문대 출신들에게는 유독 그 부분에 물음표를 던지는 사람들이 많아요. 저는 아직 입사한 지 얼마 안 되어서 그런지, 면접이라든가 그런 환경에서 특히 더 그런 질문을 많이 접하게 되고, 거기에 대답을 해야 한다는 의무감을 지니게 되네요. 저는 어쨌든 영문과 출신으로서 언어를 잘한다는 것이 기자 일을 하는 데 있어 큰 메리트라고 생각해요. 단순히 인터뷰 대상의 범위가 더 넓어지는 것뿐 아니라 영어를 통해 전 세계적으로 소셜미디어 등을 통해 트렌드나 소식을 빨리 접하는 데에도 도움이 된다고 봅니다.

**▸ 영문학 전공자라는 점을 떠나 지금까지 언론사 일을 하면서 그 분야에 꼭 필요한 자질이나 태도에 대해서도 생각하게 되셨을 것 같습니다. 오랜 시간과 경험을 통해서 얻으신 점이 있으실 텐데, 이 기회에 그 지혜를 공유해주신다면 이 분야에 관심을 가지는 후배들에게도 많은 도움이 될 거라 생각합니다.**

이덕규(79) 무척 어려운 질문이에요. 제 생각으로는 언론사에서 일할 때 필요한 자질은 많겠지만, 저는 그중에서도 호기심이 굉장히 중요하다고 생각해요. 제가 언론사에 한 20년 있으면서 약간 역설적이지만, 어떤 말도 쉽게 안 믿게 되었어요. 진실이라는 게 뭔지 헷갈릴 때가 많더라고요. 기사를 쓰면서 느낀 건, 눈에 보이는 내용 뒤에 늘 더 많은 이야기들이 있다는 것이었거든요. 그래서 기사에 어떤 사실이 단정적으로 쓰여 있어도, '그게 전부는 아닐 텐데' 하는 생각을 자주 하게 돼요. 어떻게 보면 회의론자 같기도 한데, 남의 말을 잘 안 믿는다기보다는 언제나 다른 면이 있을 거라고 생각하는 습관이 생긴 거예요. 가끔은 어떤 것이 진실이라고 딱 던져서 쓴 기사를 보면, '저거는 저렇지 않을 수도 있는데 어떻게 뭘 가지고 이렇게 단정해서 쓸까' 싶어요. 기자라고 하더라도 정말 여러 가지 분야가 있기 때문에 저한테는 그런 쪽은 좀 안 맞았던 것 같고, 사람을 만나서 인터뷰하고 그 사람에 대한 이야기를 글로 풀어내는 게 제게는 더 잘 맞았어요. 그래서 꼭 어떤 자질이 중요하다기보다는 자신한테 맞는 분야를 찾는 게 더 중요하지 않나 싶어요. 요새는 언론도 정말 많은 종류가 있고, 또 워낙 빠르게 바뀌고 있는 데다가 유튜브만 봐도 모든 국민이 언론인인 것 같잖아요. 바뀌는 언론 환경 속에서 어떤 자질이 중요하다고 대답하기도 힘든 시대에 살고 있지 않나 생각해요.

김순덕(84) 정보 관리에 대해서는 저도 굉장히 고민을 많이 하고 있어요. 요새 유튜버를 비롯해 누구든 자신을 언론인이라고 말할 수 있는 시대가 됐잖아요. 제가 올해 동아일보 창건 기념일에 40년 근속 기념패를 받았어요. 우리 회사에서 기자 40년 해서 기념패 받은 사람은 저밖에 없어요. 어떤 남자가 40년을 일할 수 있겠어요? 남자들은 군대를 다녀오고 나면 서른 가까이 돼서 입사를 하잖아요. 저는 40년간 일하면서 언론의 가장 기본은 권력에 대한 비판과 감시라는 생각을 해왔어요. 기존 언론에서는 1인 미디어처럼 그냥 찍는다고 해서 다 내 마음대로 나가는 게 아니고, 철저한 팩트 체크와 진실에 대한 고민을 거쳐야 하잖아요. 물론 좀 더 가볍게 제 의견을 표현하는 경우도 있지요. 그래서 저는 신문에 나가는 <김순덕 칼럼>이 있고, 인터넷에만 쓰는 <김순덕의 도발>이라는 칼럼이 따로 있어요. 저는 기자를 할 생각이라면 도발 정신이 필요하다고 본답니다.

구유나(16) 저는 아직 좀 선배님들에 비해 허덕이는 연차여서 그런지, 제일 필요한 자질은 끈질김인 것 같아요. 빠른 호흡으로 진행되는 기사도 있지만, 사회적으로 큰 파장을 일으키는 기사일수록 정말 오래 준비한 것들이지요. 오래 준비하는 과정에서 취재원을 찾고, 정보를 입수하고, 또 그걸 팩트 체크하고, 다시 갈아엎고, 그걸 다시 세우고… 그런 지난한 과정을 마다하지 않아야 하는데, 한편 그걸 한다고 해서 다른 업무를 안 할 수도 없잖아요. 저희끼리는 마치 저글링을 하는 기분이라고 해요.

김연주(15) 기자는 사회의 중요한 자리에 있는 인물들을 직접 만날 수 있는 직업이잖아요. 그런데 이게 단순히 저라는 개인을 만나주는 게 아니라 '기자'라는 이유로 만나는 거니까, 앞서 기자는 권력을 견제해야 된다고도 했는데, 국민들을 대신해서 만나는 것이기 때문에 그런 자리에 갈 때는 부끄러움을 이겨내고 어려운 질문이라도 끝까지 던져서 진실을 확인하는 게 정말 중요해요. '묻는 능력이 중요하다'는 것을 선배들이 입사할 때부터 계속 강조하는데, 그 말의 의미가 연차가 쌓일수록 더 크게 다가와요.

또 필요한 능력으로는, 영문과와 관련해서 생각해보자면 결국 사회나 사람을 움직이는 것은 '스토리'라는 것입니다. 증권 시장에서도 결국 돈을 움직이는 건 숫자나 실적보다 스토리거든요. '이건 AI 테마다, 이게 우리 사회를 변화시킨다'는 내러티브가 있어야 사람들도 관심을 갖고, 실제로 사회 이슈도 되는 거죠. 이렇게 스토리와 내러티브를 만드는 중요한 능력을 학교 수업에서 많이 기를 수 있었다고 생각해요. 질문을 받고 준비하면서 많은 생각을 하게 돼서 좋았습니다.

**▶ 현재 몸담고 계신 언론 분야에서 일어나고 있는 변화의 방향을 말씀해주시고, 이와 연결하여 갖춰야 할 핵심 능력이 있다면 무엇이라고 생각하시는지 말씀 부탁드립니다.**

허 란(05) 신문사에만 국한된 것은 아니지만, 이제 신문사의 변화 방향을 보면 고급문화 콘텐츠 수요가 커지고 그에 부응해서 그런 콘텐츠를 많이 생산하고 있어요. 코로나 이후로는 본격적으로 주식 투자와 관련된, 특히 해외 주식 관련 콘텐츠 수요가 폭증했고 그만큼 콘텐츠 생산도 늘었습니다. 이런 변화를 보면, 옛날에는 텍스트만 가지고 기사를 썼었다면 이제는 다양한 툴을 가지고 콘텐츠를 생산하는 역량이 필요하게 되었어요. 우리처럼 영문과 출신들은 문학 텍스트를 이해하고 해석하는 것까지는 학교에서 많이 배웠지요. 이제 이걸 가지고 저희 언론사에서는 글이든 영상이든 AI 툴이든 그걸 활용해서 콘텐츠로, 다시 말하면 사람들이 좋아해서 팔리는 콘텐츠로 만들어내는 능력이 중요해졌어요. 학과에서도 그런 쪽 수업이 더 많아진다면 진로를 생각할 때 학생들에게 더 도움이 되지 않을까 하는 생각을 하게 됩니다.

윤 솔(22) 저희도 종이 신문이다 보니까 맨날 디지털 퍼스트를 외치고 있어요. 그런데 그렇게 외치면서도 뭔가 조금 더 글의 형태나 내용을 확 바꿀 생각까지는 못하고, 그냥 제목을 재미있게 달거나 네이버에 게재될 때 시리즈를 좀 단다든지 하는 정도의 피상적인 논의에 그치는 것 같아요. 뭔가 확실히 새로운 트렌드가 무엇인지, 어떤 콘텐츠가 잘 팔리는지에 대한 안목 같은 걸 계속해서 키워나가야 되겠지요.

결국 옛날에는 신문이라는 종류가 따로 있다고 생각했다면, 지금은 신문도 수백 가지의 콘텐츠와 동일선상에서 경쟁하고 있는 기분이 들어요. 그런데 인터넷 커뮤니티에서 어떤 기사가 가장 많이 공유되는지 살펴보면, 일개 유튜버나 SNS 계정 사용자는 할 수 없는 수준의 특종이라든지, 아니면 다른 사람들이 잘못 알고 있는 것을 무척 신랄하게 꼬집는 글, 그게 아니면 아예 공감을 끌어낼 수 있는 칼럼 같은 게 공유가 많이 되더라고요. 결국 이런 차별성을 가질 수 있는 콘텐츠를 생산해내려면 형태의 변화를 고민하기보다도 항상 선배들이 말씀하시는 것처럼 글을 많이 읽고 또 글을 잘 쓸 줄 알아야 하고, 그런 기본 실력을 바탕으로 형태에 변화를 줘야만 살아남을 수 있지 않을까 하는 생각을 하게 됐습니다.

**김연주(15)** 변화의 방향이라고 한다면 저희 중앙일보도 최근에는 유료화 콘텐츠가 되었다고 말씀드렸는데, 세계 언론과 비교했을 때 우리나라만 유일하게 뉴스에 돈을 내지 않고 무료로 보고 있거든요. 이에 대해 뭔가 페이드(paid)하는 문화를 만들자, 즉 우리 콘텐츠의 가치를 인정하자는 것으로, 우리가 특히 글로 된 콘텐츠에 돈을 내고 봐야 한다는 인식이 굉장히 적은데 그게 어떻게 보면 인문학의 위기와 기존 뉴스가 닮은 점이기도 한 것 같아요. 그 당장에 뭔가 도움이 되지 않는 가치에 대해서는 수긍하지 않는다고 할까, 그런 게 있는 거 같고, 그런 문화를 좀 바꿔나가는 게 필요할 것 같습니다.

**구유나(16)** 앞서 얘기가 계속 나왔지만 정보를 취득할 수 있는 창구가 정말 많아졌잖아요. 이런 상황에서 언론이 가장 신뢰성 있는 정보 제공자가 되기 위해서는 팩트 체크 부분이 계속 강화되고 논의가 많아져야 하는데, 기자도 그 팩트 체크 역량을 키워야 한다고 생각해요. 그러기 위해서는 나 혼자 일하는 걸 넘어서서 다른 기자나 데이터 저널리스트, 혹은 아예 다른 IT 전문가 등과 협업의 필요성이 점점 더 커지고 있는 거지요.

**▶ 인문학의 가치가 인정을 받지 못하는 작금의 상황에서 우리 영문과가 어떤 방향으로 변화를 모색하는 것이 바람직하다고 보시는지요.**

**허 란(05)** 앞의 질문과 좀 맞닿아 있는 부분인데요. 제가 졸업한 지 20년이 지났는데, '지금이라면 영문과를 지원할까'라는 생각을 스스로 해봤어요. 절대 보내지 말라고 하는 사람들도 있지만 누가 봐도 문과 성향의 사람들이 있잖아요. '문과라서 죄송하다'는 말이 유행하는 시대에 살고 있지요. 이런 상황에서 우리가 살아남을 수 있는 분야는 두 분야, 즉 콘텐츠와 파이낸스라고 생각합니다. 영문과도 콘텐츠 만드는 일과 밀접한 관계가 있어요. 다양한 미디어가 등장했기 때문에 영문학이라는 베이스를 가지고 학생들이 다양하게 표현해보는, 몸으로든 글로든 영상으로든 컴퓨터로든 콘텐츠를 만들어보는 실습형 강의가 많아졌으면 좋겠어요. 영상 제작이든 어떤 식으로든 콘텐츠 제작 서비스를 이미 상용화하고 있는 기업들과 산학협동을 하는 것도 도움이 많이 될 겁니다. 그러면 기업도 좋고 학생들과 학교에도 좀 발전적인 길이 되지 않을까 싶어요.

**김순덕(84)** 앞에서는 젊은 학생들을 대상으로 말씀하셨다면 저는 졸업생들을 대상으로 생각해봤어요. 저는 옛날에 어떻게 공부했는지 하나도 생각이 안 나거든요.

학점에만 막 급급했던 것만 생각나는데, 지금 다시 공부하라고 하면 너무 기쁠 것 같아요. 그러니까 우리 졸업생들이 지금 다 그래도 어느 정도 시간 여유가 생겼는데 다시 공부를 시켜줬으면 좋겠어요. 그러니까 영학회 스쿨을 만들면 어떨까요. 주말도 좋고 오후도 좋고, 강사님들이 학관에서 강좌를 열어주면 너무 행복하게 돈 내고 올 것 같아요.

**이덕규(79)** 저는 영문과를 졸업했음에도 불구하고 항상 대한민국에서 영문과의 역할이 무엇인가 그 생각을 많이 했어요. 최근에 제가 우연한 기회에 언론인들끼리 영시 공부하는 모임에 갔어요. 성균관대 여자 교수님 한 분이 계셨는데, 성대 영문과도 정말 너무너무 많이 고민하고 있다고 하시더군요. 지금 AI 시대가 됐고 핸드폰이 즉석에서 그냥 번역을 해주는 시대가 됐는데 도대체 영어를 공부하는 게 무슨 의미가 있냐면서 학생들이 좌절하고 있다는 거지요. 그래서 그분은 문학이 원래 가지고 있는 치유의 기능을 살려 영시를 통해서 사람의 마음을 치유하자는 취지로 치유로서의 문학, 치유로서의 영시 이런 쪽으로 연구소도 만드셨다고 해요. 근데 한 가지 긍정적인 변화는, 그분 말씀이 코로나를 거치면서 미국뿐만 아니라 전 세계적으로 시에 대한 수요가 폭발적으로 늘었다고 합니다. 팬데믹을 거치면서 사람들이 오히려 문학이나 인문학의 가치를 깨달게 된 거겠지요.

제가 어제 챗지피티(ChatGPT)한테 영문과가 나아가야 할 방향에 대해 물어봤어요. 스토리텔링이 중요한데 문학이 내러티브의 기능을 하니까 그런 거를 가르쳐야 한다, 타 문학과의 협동을 통해 새로운 분야를 창출해야 한다, 디지털화해야 한다고 답을 하던데, 제가 질문을 약간씩 달리해서 계속 해봤거든요. 그때마다 또 약간씩 다른 대답을 하던데, 어쨌든 줄줄이 대답하는 걸 보면 미래가 없는 것 같지는 않아요. 100주년을 계기로 이대 영문과만이 내세울 수 있는 어떤 트레이드마크를 찾아서 내놓으면 좋겠어요.

# 3장 문화·예술 분야

### 참석 동문

**신선희**(1968) (전) 국립중앙극장장/성남문화재단 대표

**배혜경**(1979) (전) 크리스티 한국사무소 대표

**정경숙**(1979) 네오컨텐츠 대표, 영학회 회장

**이화익**(1980) 이화익갤러리 대표, (전) 화랑협회장

**전혜숙**(1983) 이화여자대학교 인문과학원 미술사 교수

**박윤정**(1988) 국민체육진흥공단 전문위원, (전) 소마미술관 관장(수석 큐레이터)

**노정하**(1988) 집아트대표, 영상사진작가, 영학회 임원(문화부)

**우혜수**(1990) (전) 아모레퍼시픽미술관 부관장, 영학회 임원(문화부)

**김은령**(1994) 디자인하우스 부사장

**황 윤**(1995) 영화감독, 대표작 <어느날 그 길에서>, <잡식가족의 딜레마>, <수라>

### 참석 영학회 임원진

회 장 **정경숙**(1979) 부회장 **강명옥**(1982) 사 회 **우혜수**(1990)

사 진 **이선화**(1979) 기 록 **곽상희**(1992)

※ 모든 참석자 소개 순서는 졸업연도 순이며, 간담회는 영학회 임원인 우혜수 동문의 사회로 진행되었습니다. 참석자 가운데에는 사회자를 포함하여 문화계에 종사하는 영학회 임원진도 함께했습니다. 간담회에 앞서 참석 예정인 동문들에게 미리 질문지를 배부했으며, 참석자들께서는 사회자의 진행에 따라 질문 가운데 원하는 항목을 선택하여 답변하면서 자유로이 대화를 나누었습니다.

**문화 · 예술 분야 동문과의 대화 참가자**

* 왼쪽부터 노정하(88), 전혜숙(83), 이선화(79), 배혜경(79), 정경숙(79), 신선희(68), 김은령(94), 이화익(80), 곽상희(92), 강명옥(82), 우혜수(90), 박윤정(88).

### ▶ 간단한 자기소개와 소감, 더불어 100주년을 축하하는 말씀도 부탁드립니다.

**박윤정(88)** 소마미술관 관장으로 미술관을 운영하며 전시 기획을 담당했습니다. 1988년에 영문과를 졸업했는데, 당시 저희 학년은 130명 정도였어요. 그런 영문과가 100주년을 맞이하다니, 놀랍지요. 영문과가 인문대의 중심으로 인재 배출의 요람이었다는 자부심을 갖고 있어요. 선후배들에게 감사합니다.

**이화익(80)** 1980년에 졸업했는데, 저희 학년은 250명이라 1, 2, 3, 4반으로 분반을 했고 저는 그중 한 반의 대표였어요. 영문과를 졸업하고 분야를 바꾸어 미술 쪽 일에 종사하고 있습니다. 이화익갤러리 대표로, 몇 년 전 화랑협회 회장을 지내기도 했어요. 같은 분야에서 활동하는 동문들을 만나 반갑습니다. 앞으로도 영문과의 무궁한 발전을 기원합니다.

**신선희(68)** 1968년 졸업생입니다. 기질적으로 이화에 오고 싶지 않았는데 오게 되었네요. 부모님께서는 시대적 소명이라시며 법과 진학을 원하셨고 저는 작가가 되고 싶었어요. 다독을 통해 조숙했던 거 같고, 결국 안전하고 아름다운 기독교 학교에 오게 되었습니다. 입학하고 보니 영문과 전공이 문학과 언어학으로 세분화되어 있어 하나만 깊이 파고드는 제 성격과 잘 맞았어요. 영어로 사고하고, 또 많은 영화를 보면서 극작가가 되어 사회를 위해 일하고 싶었지요.

당시 삼촌이 호놀룰루에 계셔서 이스트웨스트컬처럴센터(East-West Cultural Center)로 유학했고, 그곳에서 방대한 규모의 연극과 연기를 배웠습니다. 당시 그곳의 선생님께서 '동양에서 온 천재 소녀'라고 부르며 오페라 공연에 보내주시는 등 적극적으로 지지해주셨어요. 그렇게 논문을 마치고 나니 뉴욕에서 다음 선생님이 기다리고 계시더군요. 좋은 선생님을 만나서 무대예술가가 될 수 있었던 것 같아요. 그런데 한국으로 돌아오고 보니 여기서는 제 전공으로 교육할 기회가 없었고, 다시 미국행을 고민하던 중 행정 분야로 나가 기금을 확보하면 일을 할 수 있을 것 같다는 생각에 행정가가 되었습니다. 결국 행정가, 무대예술가, 학자라는 세 개의 직업을 가진 셈이지요.

배혜경(79) 1979년에 졸업했고, 크리스티 한국사무소(2001~2017) 대표를 지내다가 은퇴했습니다. 제가 입학하던 1975년에는 인문계열 입학생이 220명이었고, 3학년이 되어서야 전공을 선택할 수 있었습니다. 그렇다 보니 학과에 대한 소속감도 없었고, 졸업 후 한참이 지날 때까지도 영문과에 대한 자부심이 없었어요. 오늘 간담회에서 선후배님들을 만나니 자부심이 생기네요. 영문과! 지난 100년간 수고했고, 앞으로 다가올 100년도 힘찬 도약을 기대합니다.

전혜숙(83) 저는 1983년에 졸업했는데, 당시 저희 학년은 330명이었어요. 이대 대학원 미술사학과에서 현대미술사 전공으로 석사, 박사를 마쳤고, 현재 이화여대 본부 소속 연구소인 이화인문과학원에서 미술사 교수로 재직하고 있습니다. 4년간 신산업융합대학 융합콘텐츠학과 BK사업에 참여하다가 최근 이화인문과학원으로 복귀했어요. 저는 영문과 졸업생이라는 자부심이 큽니다. 지난 100년의 영광은 선배님들의 노력 덕분이며, 후배들이 그 명성을 이어 나가길 기원합니다.

김은령(94) 1994년 졸업생으로, 현재 월간 『행복이 가득한 집』을 펴내는 디자인하우스의 부사장으로 있습니다. 기자로서 취재 업무를 하다가 번역가로도 활동해야 할 때 영문학을 전공한 것이 큰 도움이 되었지요. 제 분야에서 이대의 다른 학과 동문들은 서로 활발하게 연결되어 활동하는 반면, 영문과 출신들은 너무 점잖고 조용하다는 생각을 갖고 있었는데, 나이가 들수록 사회의 중요한 곳마다 동문들이 계신다는 것을 알게 되었어요. 후배들에게도 좋은 선배들이 각계각층에 계시다는 것을 빨리 알리고 싶습니다.

정경숙(79) 1975년에 입학해서 1979년에 졸업했으니, 유신 시대의 한복판에서 대학 생활을 한 셈입니다. 젊은 날의 반항하던 청춘과 화해하고 체제에 대한 반항심을 해소하기 위해 문리대 연극반 활동, 탈춤 공연, <안티고네> 공연, 마당극 공연 등 대부분 연극을 통해 풀었던 것 같아요. 학부 졸업 후 1년간은 대기업 회장 비서실에서 근무하다가 다시 학교로 돌아와 영문학 석사, 박사를 마쳤고, 1992년 수원대 영문과에서 시작해 어머님이 계시던 인천가톨릭대 미술학과로 옮겨서 30년간 교수 생활을 했습니다. 수원대 교수 시절에는 여성주의 연극이 시작되던 시기라 여성주의 뮤지컬 <밥퍼, 랩퍼>의 기획 및 제작에 참여했고, 1992, 1993년에는 버지니아 울프의 『자기만의 방』을 연극으로 올렸지요. 여성문화예술을 기획하고 서울여성영화제를 만들어 추진위원장을 맡았습니다. 2000년대에는 미술학과 교수가 되어 교양과목으로 드라마를 강의했고, 서울대 공연예술협동과정 박사과정 수업 등 강의 활동과 더불어 지속적으로 핀터연극제를 주관했습니다. 2001년부터 화랑 경영에 간접적으로 참여했는데, 2000년대 중반 미술 붐이 일어나면서 부교수로 퇴임한 후 현재 미술 분야 일에 전념하고 있습니다.

노정하(88) 1988년 졸업생으로 사진작가입니다. 여자대학교에 오고 싶지 않았던지라 즐거운 마음으로 학교를 다니진 않았는데, 학창시절에 배운 문학적 사상이 작업에 많은 영향을 남기네요. 지도교수님이셨던 나영균 교수님의 셰익스피어 수업과 최영 교수님의 희곡 수업을 듣고 공연예술에 관심을 갖게 돼서 유진 오닐을 주제로 졸업 논문을 썼어요. 졸업 직후에는 잠시 시티뱅크에 취업해 일했습니다. 가부장적 사회에서 여성의 이미지가 소모되는 방식을 비판한 신디 셔먼의 작업을 보고 제 자신이 조직 속의 소모품처럼 느껴져 퇴사를 결심했고, 이후 영상 분야에 대한 관심으로 홍대 대학원에 진학했습니다. 대학원 졸업한 후에는 뉴욕으로 유학을 갔고요. 지금은 영상작가로 활동 중이며 영상 개인전을 열 예정입니다. 시티뱅크 재직 시절에는 영문과 선후배가 많았고 관계도 좋았는데, 영상 작업을 하면서부터는 굳이 이화 영문 출신이라고 밝히지는 않네요. 이화여대는 여전히 갇혀 있는 듯한 느낌이 있는데, 미래지향적인 개방성 그리고 외부와의 커뮤니케이션이 필요하다고 생각합니다.

황 윤(95) 1995년에 졸업했고, 현재 영화감독으로 다큐멘터리 제작에 주력하고 있습니다. 지금은 군산에 거주하면서 영화 촬영 중입니다. 재학 시절 스킨스쿠버 동아리 활동을 열심히 하면서 야생바다의 아름다움에 눈뜨게 되었고, 이후로도 쪽 야생에 관심을 갖게 되었어요. 취업이 잘 될 거라면서 엄마가 강요하는 바람에 영문과에 진학했지만, 전공수업은 재미있었습니다. 학관 도서관에서 제임스 조이스, 버지니아 울프 등 난해한 현대소설을 읽으며 예술에 대한 관심을 키우게 되었습니다. 대학 졸업 후 통신회사에 취업했으나 적성과 전혀 맞지 않아 1년 만에 그만두고 방황하던 때, 부산국제영화제가 시작되면서 잠재되어 있던 예술에 대한 갈망을 깨닫게 되었습니다.

**우혜수(90)** 1990년 졸업생으로, 이화여대 100주년이던 1986년에 입학했습니다. 미대 지망생이었는데 아버지의 반대에 부딪혀 영문과로 방향을 바꾸었지요. '빙즈(Beings)'에서 영어연극 활동을 하며 드라마를 하고 싶다는 꿈을 키웠는데, 박윤정 선배의 소개로 이대에 미술사학과가 있다는 것을 알게 되면서 미술사 석사, 박사를 수료하게 되었어요. 리움미술관(1995~2019) 학예실장을 거쳐 아모레퍼시픽미술관(2020~2022) 부관장을 지내면서 서도호, 올라퍼 엘리아슨, 안드레아스 거스키, 앤디 워홀 등의 작품을 전시했습니다. 현재는 서울시 공공미술위원회 위원장으로 있습니다.

**▶ 현재 활동 분야와 연구 영역에 대해 말씀해주시고, 영문과에서의 학업이 해당 문화예술 분야 활동에 끼친 영향이 있다면 무엇인지도 말씀해주시길 부탁드립니다.**

**배혜경(79)** 저는 크리스티 한국지사 대표로 일하면서 한국의 미술애호가, 컬렉터들에게 국제 미술 시장 정보를 알려주고, 한국 컬렉터들이 소유하고 있는 서양 작가의 작품들을 크리스티 경매를 통해 판매하거나, 다른 한편으로는 한국 작가를 국제 경매 시장에 소개해왔습니다. 제가 입사하던 당시 미술품 경매회사는 참 독특한 곳이었던지라 크리스티 한국지사에 입사하게 된 계기를 질문받는 경우가 많았습니다. 당시 국내에서는 미술 시장도 열악했고, 소더비, 크리스티 같은 회사 자체가 알려져 있지 않았어요. 국제 경매에서도 백남준 작가만이 인지도가 있었지요.

저는 미술을 좋아해서 영문과 재학 중에도 이대 앞 아틀리에에 다니며 그림을 그렸는데, 결국 그림에 달란트가 없다는 걸 깨닫게 되더군요. 결혼을 하고 출산을 한 후 이대 대학원 미술사학과에 입학해서 석사학위를 취득했습니다. 그리고 중앙대에서 5년 동안 강의를 하다가 남편의 일로 잠시 영국에서 살게 되었어요. 1997년 크리스티 한국사무소가 생겼고, 저는 2000년에 이곳에 취업했습니다. 크리스티 입사 인터뷰에서 한국 작가를 세계에 소개하고 싶다고 하니 '크리스티는 자선사업체가 아니'라는 말까지 들었어요. 2003, 2004년 사이 중국의 국력이 강해지고 동남아시아의 경제가 부흥하면서 한국 미술에 대한 관심도 높아졌는데, 그렇다고 해서 우리나라의 작가가 갑자기 국제시장에서 제대로 된 평가를 받기는 어려웠지요. 김동유 등 한국의 젊은 작가 100여 명을 크리스티 경매를 통해 세계 시장에 소개하기 시작했고, 호응이 커지면서 동남아, 중동 고객이 증가했어요. 2008년 서브프라임 모기지 사태로 어려운 시기를 거쳤지만 이후 김환기, 이우환, 박서보 등 대가의 작품들도 미술품 경매시장에 소개해 기록적인 가격으로 판매를 성사시켰습니다. 물론 처음이라 시행착오가 많았지요. 젊은 작가를 소개한다고 말도 많았으나, 당시 바이어가 주로 동남아나 중국 콜렉터라 그들의 구미에 맞춘 작품을 소개하여 한국 작가가 국제무대에 데뷔하게 하는 데 기여할 수 있었다는 점에서 자부심을 가지고 있어요.

이화익(80) 이대 대학원 미술사학과가 1981년에 처음 생겼는데, 저는 미술사학과 1회 졸업생입니다. 학부에선 원래 불문과 진학을 원했으나 영문과에 들어와서 불문학은 부전공을 했지요. 어려서부터 그림 그리는 것을 좋아했는데 국문과 교수님이셨던 아버님이 그 길로 가는 것을 반대하셨어요. 인문학을 전공하고 미술실기로 대학원에 진학하는 것이 어려워 결국 미술사 전공을 선택했지요. 파리로 유학 갈 준비를 했는데, 당시 프랑스 내부에서 외국 유학생의 입학을 반대하는 기류가 생기는 바람에 입학 허가를 받지 못했어요. 그래서 불문과 김윤환 교수님을 통해 프랑스에 섬머스쿨을 다녀왔습니다. 정병관 교수님이 이대 미대에서 현대미술 강의를 하시다가 미술사 대학원을 만드셨고, 저는 1회 졸업생 일곱 명 중 하나가 되었습니다. 졸업 후 국립현대미술관 학예사로 근무하다가 미국 조지워싱턴대학교로 가 뮤지엄 스터디스(Museum Studies)를 공부했어요. 외국에 나가 보니 영문과 졸업생들의 모임이 활발해서 그때 영문과 출신이라는 덕을 봤어요.

귀국 후 국립현대미술관에 자리가 없어져서 리움 면접을 봤는데 떨어졌고, 갤러리 현대에 들어가 6년간 일하고 나서 화랑을 직접 운영하게 되었습니다. 화랑을 운영하며 느낀 보람이라면 한국의 젊은 작가를 글로벌 마켓에 소개한 것이지요. 대표적으로 100호에 1,200만원하던 김동유 작가의 작품이 2006년 크리스티 경매에서 3억 2,000만원에 낙찰된 걸 들 수 있어요. 김동유 작가의 스토리는 『눈물꽃 그림밥』(비채, 2012)이라는 책으로도 발간되었습니다.

2005년부터는 10여 년간 세계시장에 한국 작가가 많이 소개되었습니다. 한국 콜렉터가 한국 작품을 외면하고 외국 작가의 작품만 선호하면 우리 작품 시장이 지속되지 못합니다. 한국 작가에게 화상(畫商)이 필요하기 때문에 화랑을 운영하고 있는데, 40, 50대 전속작가에 대한 지원이 더 확대되어야 한다고 생각합니다. 일의 보람은 있지만 언제까지 해야 할지 현재 고민 중입니다.

신선희(68) 학생 시절부터 극작 관련 직업을 지망했는데 영문과 졸업 후에는 미국에 가게 되면서 무대예술 쪽으로 전향했어요. 졸업 후 전공 교수님의 적극적인 격려로 세계적인 무대예술학교인 뉴욕 플라코프 스튜디오(The Studio and Forum of Stage Design)로 진학해 수년간 공부했고, 이후 전문극장에서 일하다가 한국으로 돌아와 서울예술대학과 대학원 등에서 교육하며 열악한 교육환경에 부딪쳐 직접 전문 아카데미를 설립했어요. 국제 교류와 공연문화 전반에 걸친 시민교육, 청소년 교육, 전문가 자격제 개설 등 제도 개선을 위해 13년 이상 행정가로 활동했고, 그와 동시에 박사학위를 취득한 후 『한국 고대극장의 역사』(열화당, 2008)를 발간하면서 저술과 강의에 몰입하게 되었습니다.
이화 영문과의 수업은 다양하고 생동감이 넘쳐서 학업에 대한 만족감이 컸고, 많은 독서를 통해 인문학 전반을 공부할 수 있었어요. 영문과를 통해 소설과 연극뿐 아니라 순수언어학의 뿌리에도 관심을 갖게 되었지요.

정경숙(79) 김세영 교수님 제자 중 한 분이 헤럴드 핀터의 작품 전집을 번역했는데, 책만으로 두기는 너무 아까워서 고려대학교 영문과의 송현옥 교수와 의기투합해 헤럴드 핀터 연극제를 7회까지 이끌었습니다. 2006년에는 국립극장 달오름 극장에 연극 작품들을 올리면서 영문과에서 배운 문학과 연극 현장이 융합을 이루는 핀터 페스티벌을 탄생시켰지요. 헤럴드 핀터의 극은 대화하듯 시작하는데, 이 연극제에 참여하고 싶어 하는 연극인이 많았답니다. '공연과 이론을 위한 모임'(공이모)이 창립된 후로는 모임에서 발간되는 책들을 편집하며 대표와 편집장을 역임했습니다. 헤럴드 핀터적인 연기로 한국의 연기 수업이 바뀐 것은 저희가 영문과에 기여한 점이고, K-문화의 세계적 확산에도 조금은 기여했다고 믿고 있어요.

박윤정(88) 부모님 희망에 따라 영문과에 진학했는데, 4학년이 되면서 미술사 공부로 바꿀 결심을 했어요. 아마추어 화가이셨던 어머니를 보고 자라면서 자연스럽게 그쪽으로 관심이 갔고, 결국 이 길로 이끄신 어머니가 저의 멘토가 되셨지요.

제가 하는 일은 내면과 외면의 밸런스를 맞추는 작업이자 사람 중심으로 공감과 이해를 끌어내는 작업인 동시에, 상상력이 풍부한 세상을 만드는 데 기여하고 사유의 장을 만들어 삶을 풍족하게 만드는 일이라고 생각해요.
가장 기억에 남는 전시는 2015년 봄에 소마미술관에서 운명 같이 열렸던 프리다 칼로 전시예요. 2013년 가을, 늦은 휴가차 떠났던 파리의 오랑주리미술관에서 칼로 전시를 보고 무척 가슴이 뛰었어요. 멕시코의 국보급 작가 작품이 해외로 나오는 일이 흔치 않았던 때라 한국에서 대규모 개인전을 볼 수 있으리라고는 생각도 못 했고, 심지어 그로부터 1년 반 만에 칼로 전시를 소마에서 하게 될 줄은 더더욱 상상도 못했지요. 오랑주리미술관에서 개인 소장용으로 구입했던 칼로의 다큐멘터리 CD를 전시 자료로 활용하게 될 줄이야. 소마미술관은 국민체육진흥공단에 소속된 팀으로 운영되고 있어, 그때나 지금이나 규모에 비해 예산과 인력이 상당히 열악해요. 10~20억은 소요되는 대형 전시를 독자적으로 진행하기 어려운 구조다 보니 언론매체나 기획사의 예산과 인력을 공동 투자받아 전시를 운영하는 것이 해결책이지요. 2014년에 마침 칼로 재단 컬렉션이 해외 투어 중이었고, 현지 코디네이터와 연결되어 천금 같은 기회를 얻었어요. 국내 최초의 대규모 프리다 칼로 전시는 소마, 언론사, 운송사, 기획사가 각각 큐레이팅, 홍보, 운송, 코디네이터로 협업하여 이뤄낸 결과이지요. 전시 콘텐츠를 이해하지 못하는 공단을 설득하고 보증까지 서가며 성사시킨 전시가 무사히 끝난 후, 작품을 떠나보내면서 감회에 젖어 상당히 늦은 밤까지 전시실을 서성였던 기억이 납니다. 이후 전시는 호주로 투어를 떠났고, 소마 전시는 기획과 관객 동원에서 칼로 재단이 손꼽는 좋은 사례가 되었어요.
이 기회에 공기관에서 기획하는 전시의 애로점을 말씀드리고 싶어요. 소마미술관은 준정부기관인 국민체육진흥공단에서 운영하고, 공단은 문화체육관광부 체육국의 관리를 받다 보니 미술관 역시 그에 준하게 되지요. 이러한 특수성 때문에 초창기에는 내부에서 '체육을 해야지 왜 미술을 하느냐'는 불만이 있었어요. 또, 이 정도 규모의 미술관을 이 인력과 예산으로 공단이 운영해서는 미술관이 발전하기 어렵다는 미술계의 염려도 있었고, 국립현대미술관에 운영을 위탁하는 것에 대해 검토해보자는 의견도 있었지만, 공단 정관상 서울올림픽 기념사업의 일환으로 조성된 서울올림픽조각공원과 소마미술관은 목적사업이라 다른 기관으로 이관하기 어려운 문제가 있어요. 그런 관계로 소마미술관의 미션을 '몸을 매개로 예술과 삶의 관계를 조망하는 미술관'으로 정비하고 '몸 주제전'을 정기적으로 개최했습니다. 다른 한편으로는 대규모의 국내외 근현대미술전으로 대중성과 학술성을 확보하고, 미술관 내에 소마드로잉센터를 설립하여 신진작가 발굴·육성·지원 사업을 지속했으며, 지역사회 기관으로서의 역할에 충실하기 위해 야외조각공원과 소마아카데미를 중심으로 한 다양한 시민참여 프로젝트를 기획했지요.

구조상 미술에만 집중할 수 없다는 한계가 있지만, 이를 기회로 삼아 정체성을 공고히 하여 내외부의 외풍을 막아낼 수 있었던 것이 그나마 다행이었고요. 같은 마음으로 도움을 주신 미술계의 여러 선생님들께 감사드리고, 앞으로는 미술관으로서 해야 할 일에 우선적으로 집중할 수 있는 구조로 발전하길 바라면서 선배의 마음으로 응원을 보냅니다.

전혜숙(83) '미술이 뭘까?'라는 궁금증을 가지고 미술사를 공부했고 현대미술을 전공했습니다. 주목하는 분야는 미디어아트, 포스트휴머니즘 미술, 생태미술이고요. 현재 재직 중인 이화인문과학원은 문학, 사학, 철학, 과학사, 기술 철학 등 다양한 분야의 교수로 구성되어 있는데, 기술 혹은 AI의 발전과 인간의 관계, 인간의 몸에 기술을 접목하는 것에 대한 철학적 문제 등을 연구합니다. 저는 이러한 주제들과 관련하여 인간 중심주의에 대한 반성, 그리고 인간과 기술의 융합을 고민해야 할 때라고 봐요. 인간은 자연을 타자로 생각하지만 사실은 공생의 관계이고, 기술과 인간과 자연의 공생이 곧 융합의 주제인데, 연구에서 융합이란 학제 간 융합을 말하겠지요. 삶에서 우러난 것을 통해 감동을 끌어내고 소통하는 것이 융합의 화두라고 봅니다. 물론 소통이 쉬운 것은 아니지만 미술사학자나 평론가가 소통의 가능성을 더 확장하는 다리 역할을 할 수 있다고 봐요. 학생들을 가르칠 때에도 지식 전달의 다리 역할에 충실하려고 하고요.

신선희(68) 저는 행정가이면서 예술가로서 아트센터를 운영하며, 자기 이야기를 전하는 연극, 악기 연주와 노래, 춤, 자연 속에서의 마임 등 '시민예술'에 수년간 천착하고 있어요. 특히 언어가 다른 청소년, 혹은 멀리서 여행 온 청소년들과의 협동을 통해서도 훌륭한 시민예술이 탄생하지요. 국립극장장으로 있을 때는 국립극장에 KB청소년 하늘극장을 설립했고, 교환프로그램을 만들어 다양한 나라의 악기 연주자와 교류했어요. 각자 자기 나라의 고대 악기로 작곡을 하며 스토리텔링을 끌어내고, 한국의 예술 감독이 그들의 음악, 연극, 어린이 합창대회 등을 개최하면서 국제적인 전문가로 커나갈 수 있게 지원하는 거지요.

김은령(94) 디자인하우스에서 오랜 기간 여성 잡지를 제작하고 있어요. 디자인하우스는, 1976년 우리나라는 물론이고 세계적으로도 디자인 관련 전문지로는 유일무이한 『월간 디자인』을 창간했고, 1988년 서울올림픽을 앞두고 라이프스타일에 대한 관심이 높아지는 상황에서 『행복이 가득한 집』을 창간해 가장 많은 정기구독자를 자랑하고 있답니다. 2001년부터는 정신적·물질적 가치의 균형을 이루며 세계적인 브랜드들의 다양한 소식과 예술 관련 기사를 전달하는 『럭셔리』를 발행하고 있고요. 또한 1994년부터는 우리나라에서 가장 큰 규모의 인테리어 관련 전시인 '서울리빙디자인페어'를 개최하기 시작했고, 2002년부터는 디자인 선도기업과 전문디자이너의 프로모션을 위한 '서울디자인페스티벌'을 주최하고 있습니다. 디자인과 라이프스타일에 관한 다양한 베스트셀러 단행본 역시 출간하고 있습니다.

디자인하우스에서 추구하는 가치는, 좋은 물건을 바로바로 살 수는 없다 하더라도 좋은 안목을 키울 수 있는 기회를 제공하여 취향의 민주화를 이루고, 다음 세대의 안목과 취향을 높여주는 일이라고 할 수 있지요. 한국 잡지로서 적은 인원과 투자에도 불구하고 최고의 효율을 이루어내고 있어요. 해외 유명 브랜드들이 이끌어가던 고급 라이프스타일 시장에서 한국 기업, 한국 브랜드가 좋은 성과를 보여주고, 우리나라가 단순한 소비시장이 아닌 최고의 기획과 기술, 디자인을 바탕으로 전 세계에 어필할 수 있는 브랜드를 키워가고 있다는 것을 현장에서 확인할 때 기쁨과 보람을 느낀답니다.

전통 미디어의 전성기를 보내고 디지털이 미디어의 중심으로 떠오르는 급격한 변화를 목격하면서, 종이 잡지 위주의 시장에 디지털미디어라는 새로운 사업 영역을 도입하게 되었습니다. 종이 잡지와 단행본의 전통적인 영역을 넘어 다양한 이벤트, 전시, 강좌 등으로 비즈니스 모델을 확대함으로써 다양한 경로로 독자를 만나고, 독자층을 확대하기 위해 노력했던 것이 의미가 있었다고 봅니다.

황 윤(95) 다큐 영화는 현실과의 접점이 매우 많아요. 저는 부산국제영화제에서 여성 독립영화 감독의 다큐 두 편을 본 것을 계기로 다큐 영화 제작의 길로 들어서게 되었습니다. 변영주 감독님의 작품 <낮은 목소리>는 위안부를 다룬 다큐물로, 중요한 여성의 역사임에도 학교에서 배운 적이 없고 전혀 몰랐다는 사실에 충격을 받았어요. 그리고 이런 역사를 알게 해주는 다큐의 중요성을 깨닫게 되었지요. 제게 영화로서의 예술성을 가진 다큐는, 중요함에도 불구하고 들리지 않았던 사회의 목소리를 들리게 하는 스피커와 같았어요.

저의 첫 작품은 2001년 동물원에서 시작했습니다. 이상행동을 보이는 북극곰과 그것을 구경하는 사람들을 보며, 동물원에 갇힌 동물의 입장과 시선에서 이야기를 풀어낸 영화였어요. 그렇게 영화 <작별>은 제가 어떤 삶을 살고 싶은지 분명하게 알게 해준 전환점이 되었지요. 약자 중에서도 가장 약자가 동물이라고 생각해요. 인간 약자는 억울하다고 외칠 수라도 있는데, 동물은 너무나 일방적으로 주어지는 고통 속에서 착취당하고 있잖아요. 실제로도 그런 모습을 보고, 저는 남은 인생을 동물의 편에서 영화를 만들기로 결심했어요. 한국에서 이런 길을 가고 있는 첫 번째 사람이다 보니 롤모델이나 멘토는 따로 없습니다. 기억나는 일은 이대민주동호회에서 제 영화 <수라>의 상영회를 가졌던 것입니다. <수라>는 7년 반에 걸쳐 만든 영화로, 새만금 간척사업이 한창이던 때에 보물처럼 숨겨져 있는 갯벌을 촬영한 영화로서 우리가 미처 몰랐던 현실과 이야기를 알려주었다는 평가를 받으며 많은 공감을 얻었어요. <수라>를 본 초등학생, 청소년들이 큰 용기를 얻고, 그 선순환으로 그들을 통해 다시 저 자신도 큰 용기를 얻었습니다.

새로운 눈으로 세상을 바라보며, 모든 생명이 조금 더 존중받는 세상을 함께 만들어가고 싶어요. 다음 작품인 <천년나무(가제)>는, 군산의 갯벌어업촌이 미군기지와 가깝다는 이유만으로 국방부의 땅이 되고 660세대 3,000여 명이 강제로 삶의 터전을 떠나게 되면서, 그 텅 빈 마을에 홀로 남아 깊이 뿌리내린 채 살아가는 600살 된 팽나무 이야기를 다루고 있어요. 마을의 중심이면서 많은 이들에게 영감을 주어 천연기념물로 등록 신청을 했고, 며칠 전에는 등록 인정을 받아 지정예고까지 되었습니다. 한 달의 이의신청 기간을 통과하면 천연기념물로 최종 지정될 예정입니다. (*참고: 이 팽나무는 군산시 옥서면 선연리 하제마을에 위치해 있고, 2024년 10월 31일 '군산 하제마을 팽나무'로 국가지정 문화재(천연기념물)로 지정되었습니다.)

**박윤정(88)** 저는 영문과 연극반 반장을 했는데, 남학생이 있었더라면 해보지 못했을 일들을 모두 여성들끼리 스스로 해낸 경험이 있어 이화인으로서 뿌듯함을 느낍니다. 지금은 '빙즈(Beings)'라는 이름이 있지만, 당시는 그냥 영어연극반이었어요. 1984년 1학년이던 시절의 어느 날 늦은 오후, 영문과 동기와 학관 계단 강의실 앞을 지나다가 연극반 선배들이 연습하는 모습을 우연히 보았고, 끌리듯 들어가 뒷자리에 앉아서 구경을 하게 되었어요. 그때 우리를 본 한 선배가 '너희 이리 내려와 봐' 하기에 쭈뼛쭈뼛 내려갔던 것이 인연의 시작이었지요. <한여름 밤의 꿈(A Midsummer Night's Dream)> 소품을 담당했고, 어쩌다 보니 남장에 가발을 쓰고 <더 크루서블(The Crucible)>의 백만장자 미스터 마셜(Mr. Marshall)로 무대에 서기도 했습니다. 그리고 또 어쩌다 보니 3학년 때는 연극반 반장이 되었어요. 지금도 그런지 모르겠지만, 당시에는 매년 셰익스피어의 생일이 있는 4월에 전국의 영문과 영어연극반들이 한 자리에 모여 셰익스피어 작품을 무대에 올리는 행사를 했어요. 마침 1986년이 이화 창립 100주년이어서 그 기념으로 윤정은 교수님 지휘하에 우리가 그 행사를 주관하게 되었고, 저는 연극 기획에 사회까지 맡아 분주했던 기억이 있습니다. 며칠에 걸쳐 학관에서 전체 리허설을 했는데, 당시 이화는 '금남의 집'으로 동행자 없이는 남학생 출입이 제한되던 때라, 정문 입구 수위실에서 타교 연극반원들을 만나 허락을 받고 데리고 들어와야 했던 일이 재미있는 에피소드로 남아 있습니다.

저희는 여름방학 때부터 땀 흘려 준비한 <태풍(The Tempest)>을 무대에 올렸지요. 신배 오빠의 카키색 빌로드 양복을 빌려 입고 어설프게 남자 역할의 연기를 했던 기억, 모두 머리를 맞대어 아이디어를 낸 <태풍>의 요술 식탁을 목공소로 찾아가 제작했던 기억, 교정을 오가며 눈여겨보아온 뿌리째 뽑힌 작은 나무를 후배와 낑낑대며 들고 와서 무대 위에 세웠던 기억, 이대 앞 빵집과 식당들을 돌며 팸플릿 제작을 위한 광고 협찬을 따냈던 기억들 모두가 지금도 뿌듯한 추억으로 남아 있어요. 남녀공학이었다면 우리에게 기회가 돌아오지 않았을 많은 일들을 해냈습니다. 그때는 몰랐지만 떠나고 보니 이화에 다녀서 감사하다는 생각을 하게 되네요. 못할 게 없던 우리의 강단과 배포는 이화가 만들어주었고 지금도 그렇습니다.

**▶ AI 시대를 맞이하며 문화·예술인들이 예측하는 변화에 대해 말씀 부탁드립니다.**

황 윤(95) 가장 잘 모르는 분야가 AI예요. 준비할 수도 없고… 그저 하는 일 열심히 하려고 합니다. AI가 과연 다큐를 대체할 수 있을지 의문이지요.

노정하(88) 저는 AI를 배제하지 않고 적극적으로 콜라보하려고요.

박윤정(88) AI가 현대미술에서 가지는 의미는 일종의 생명체, 공생 관계 같아요. 과연 AI의 어디까지가 예술이 되는지는 예술계의 좋은 이슈로, 무궁무진한 연계 가능성이 있습니다. 하지만 수공(手工)의 가치와 존귀함은 AI가 대체할 수 없다고 봅니다.

전혜숙(83) 생성형 AI가 만든 작품을 창작품이라 해야 할지… 경계가 없어지는 부분을 받아들여 AI로 대체할 수 있는 부분은 활용해야겠지요. 예를 들어, 사진기가 등장했을 때 회화는 죽었다고 했지만 화가들은 곧 다른 곳으로 관심을 돌렸거든요. 마찬가지로 AI가 창작을 대체할 것이라 단언할 수는 없습니다. 예술로서 남아 있는 부분을 찾아야겠고요.

우혜수(90) 테크놀로지 시대에도 예술은 여전히 있거든요. 산업혁명 이후에 추상미술이 나타났듯이, AI 시대에는 다른 방향으로의 발전이 있으리라 봅니다.

노정하(88) AI와 예술가의 커뮤니케이션, 혹은 AI를 활용한 작업으로 예술가와 AI가 공존할 수 있다고 생각합니다.

정경숙(79) 박윤정 님께서는 큰 전시 기획도 많이 해보고, 빛을 활용한 전시 등 뉴미디어 전시도 해보셨을 텐데, 전시 기획에 있어서 AI가 어떤 역할을 할 수 있을까요? AI 내부에 저장된 지난 250년간의 자료를 끌어내면 좋은 전시가 가능할 거 같아요. 큐레이터가 미래에 살아남을 직업 5위라는 말도 있잖아요. 저는 AI 시대에 영문과가 살아남는 문제에 대해서도, AI에 저장된 250년의 자료가 영어로 되어 있다는 것이 유리하게 작용할 수 있다고 생각해요.

박윤정(88) 전시 기획을 위한 밑작업은 AI가 단숨에 해낼 수도 있겠지요. 그렇지만 제가 구세대 사람이라 그런지, 작가나 대중과 면대면 스킨십을 통해 얻어내는 가치가 더 중요하다고 생각합니다. AI가 주는 데이터를 참고할 만은 하겠지요.

신선희(68) AI는 문화의 표현언어와 미디어를 증폭해 끝없이 더 많은 메시지를 만들어내려고 하지요. 그러나 AI 언어를 무제한적으로 늘리기보다는, 메시지 언어의 원형을 더욱 단순하게 분류함으로써 새로운 인문학적 관점을 재탄생시키는 것이 더 낫다고 생각해요. 앞으로는 결국 과거지향으로 돌아갈 거라고 봐요.

박윤정(88) 복고로 돌아가 인문학이 우세해지는 시기가 도래할 수도 있겠네요.

신선희(68) 모든 미디어는 영어로 되어 있고, 한편 한국어는 가장 과학적이고 간편한 언어이니 한국에서 영문과는 절대로 안 없어질 겁니다. 영문과는 안전하지요. 다만 과목이 좀 더 다양화된 커리큘럼을 만들었으면 하는 바람이 있어요.

**▶ 예술 분야의 일을 하려는 후배에게 중요한 기질이나 덕목은 무엇이라고 보세요?**

**이화익(80)** 화랑을 운영하며 작가들을 상대하는 것이 쉽지 않습니다. 작가 중에는 사회적 소통이 어려운 사람이 많아요. 저는 예술인, 비예술인을 떠나 인성이 가장 중요하다고 봐요. 좋은 사람을 만나는 것이 중요하고, 또 그 자체만으로도 행복이지요. 사회생활을 하면서 만난 사람들 가운데 특히 이대 졸업생은 스탠더드 인성을 지니고, 예의범절을 잘 지키고, 잘 준비되고 잘 교육받은 느낌을 주더군요. 또 이대 졸업생은 이지적이고 책임감이 강하며 맡은 일을 시간 안에 완수하는 특성이 있어요.

**노정하(88)** 우리가 통상적으로 생각하는 이상적인 예술가의 모습과 성공적인 예술가의 모습은 다를 수 있어요. 작업을 잘해야 하는 것은 기본이고, 성공적인 예술가가 되려면 자기 PR이나 사람 관리, 비즈니스까지 할 수 있어야 된다고 생각해요. 한편, 작업을 안 하고 있을 때면 자신에게 뭔가 중요한 것이 빠져 있다는 느낌으로 작업을 다시 찾게 되는 경우가 있는데, 결국은 그런 태도가 작가의 본질이겠지요. 즉 단순히 자신의 행복을 추구하기 위한 것만이 아니라 작업 자체를 운명처럼 받아들이도록 태어난 느낌이라고나 할까요.

**황 윤(95)** 이대에서 얻은 것은 한마디로 '깡'입니다. 학부 때 스킨스쿠버 동아리 활동을 하면서 무겁고 사용 방법이 어려운 스킨스쿠버 장비를 다뤘고, 위기 상황에 놓였을 때도 여성들끼리 협력하여 살아남았어요. 망망대해에서 꿈을 찾아 자신을 던졌던 경험, 그 근간은 이대에서 쌓아올린 자신감이라고 봅니다. 후배들에게 무조건 자신의 마음속 불꽃을 들여다보라고, 그리고 열정을 잃지 않고 뛰어들면 길이 열릴 것이라고 말하고 싶어요.

**▶ 인문학도로서 문화·예술계 진출을 염두에 둔 후배들에게 조언을 부탁드립니다.**

**배혜경(79)** 인생을 돌아보면 특별히 되고 싶은 것은 없었지만 영문과를 나왔고, 미술사를 공부했고, 미술에 관심을 가지다 보니 자연스럽게 크리스티와 연결이 되었어요. 영문과를 나온 것이 크리스티와 일하게 된 계기가 된 거지요. 인생이 어둡고 길을 잃은 것 같은 때도 오겠지만, 좋아하는 일을 찾아서 계속 열심히 하면 결국은 좋은 결과가 찾아올 겁니다.

전혜숙(83) 융합이 유행인 시대입니다. 인문학적 배경과 소양, 성찰을 끝까지 놓지 않는 것이 다른 분야와 융합하거나 그 분야로 진출할 때 가장 중요하다고 봅니다. 저는 20대 때부터 계속 이대에만 있었는데, 외부에서는 배울 수 없고 이대에서만 배울 수 있는 것이 있더군요. 바로 정신적인 투명성, 순수함, 옳지 않은 것을 참지 않는 정의감, 여성끼리의 유대감 같은 것입니다. 요즘 이대만이 아니라 모든 대학에서 인문학을 축소하고 공대만 키우려는 느낌이 있지만, 이화 영문만이 가질 수 있는 것을 놓치지 말아야 합니다.

이화익(80) 제 경우 인문학은 가장 기본이 되는 학문이고, 그것을 기반으로 영문과를 나온 것이 글로벌하게 활동하는 데 큰 장점이 되었어요. 현재도 해외의 아트페어를 통해 작가를 알리고 그들의 작품을 판매하는 작업을 계속하고 있는데, 영문학적 소양과 영어 소통 능력을 갖춘 것이 그 기초가 되었다고 봅니다. 후배들도 나중에 어떤 직업을 갖게 되든 영문학은 기본이 되는 학문이라고 생각하면 좋겠어요.

노정하(88) 하고 싶은 것은 다 해보라고 권하고 싶어요. 실패를 두려워하지 말고, 틀에 갇히지 말고, 부모님 말씀에 따라 너무 지름길만 가려고 하지 말고, 인생의 고락을 직접 겪고 이겨내면서 깊이 있는 사람이 되면 좋겠어요.

박윤정(88) 인류가 멸망하지 않는 한 인문학은 사라지지 않을 거예요.

# 4장 금융·기업 분야

Our First 100 Years

## 참석 동문

**이성남**(1970) 18대 국회의원(민주당), (전) 한국은행 금융통화위원, 금융감독원 검사총괄국장

**손병옥**(1974) SC제일은행 사외이사, (전) 푸르덴셜생명 회장

**허금주**(1987) G20 임파워 얼라이언스(Empower Alliance) 한국대표, (전) 교보생명 전무

**박경희**(1990) 삼성증권 WM사업부문장, 부사장

**김정원**(1991) 김·장 법률사무소 고문, (전) 씨티은행 재무부행장

**최승은**(1991) 삼성전자 MX 사업본부 부사장, (전) 존슨앤드존슨 글로벌케어본사 사장

## 참석 영학회 임원진

회 장 **정경숙**(1979) 부회장 **강명옥**(1982) 사 회 **한유경**(1991)

사 진 **노정하**(1988) 기 록 **김희진**(1994)

※ 모든 참석자 소개 순서는 졸업연도 순이며, 간담회는 영학회 임원인 한유경 동문의 사회로 진행되었습니다. 간담회에 앞서 참석 예정인 동문들에게 미리 질문지를 배부했으며, 참석자들께서는 사회자의 진행에 따라 질문 가운데 원하는 항목을 선택하여 답변하면서 자유로이 대화를 나누었습니다.

금융 · 기업 분야 동문과의 대화 참가자 1

* 뒷줄 왼쪽부터 시계방향으로 한유경(91), 최승은(91), 김정원(91), 박경희(90), 이성남(70), 손병옥(74), 허금주(87).

금융 · 기업 분야 동문과의 대화 참가자 2

* 앞줄 왼쪽부터 시계방향으로 손병옥(74), 이성남(70), 정경숙(79), 김희진(94), 박경희(90), 김정원(91).

▶ **경력을 중심으로 본인 소개를 부탁드리겠습니다.**

**이성남(70)** 졸업 직후 씨티은행에 입사해 21년 넘게 영업, 인사, 전산 분야에서 여성으로는 드물게 최고 책임자로 일했습니다. 홍콩에서 아시아 퍼시픽(Asia Pacific) 프로젝트 매니저로 활동했고, 귀국 후에는 CFO로 임명되어 3년 동안 업무를 수행했어요. 1999년에 금융감독원이 통합금융감독원으로 발족하면서 검사 총괄실장으로 임명되었는데 제가 여성 최초였지요. 임원까지 승진하고, 이후 민간 부분으로 진출해야겠다는 생각이 들어서 KB국민은행의 감사를 거쳐 2004년 한국은행 금융통화위원으로 임명되었는데, 그것도 제가 여성 최초였습니다. 4년간 열심히 업무를 수행하고, 통합민주당 비례대표 1번으로 국회의원에 선출되어 현재 의정 활동을 수행하고 있습니다.

이 모든 커리어를 이화여대 영문과 졸업 이후의 이력으로 성취한 것이 제 자랑입니다. 2012년 5월 정규직 커리어를 마무리하고 이제는 손자와 함께하는 시간을 즐기고 있어요. 성격도 내향적인데 이런 커리어를 쌓았네요. 사실 이대 영문과 관련 모임에도 오늘 처음으로 참석할 정도로 내향적입니다.

**손병옥(74)** 현재 SC제일은행의 사외이사로 활동 중입니다. SC제일은행으로 가기 전에는 40년간 외국계 금융기관에서 근무했습니다. 체이스맨해튼은행(Chase Manhattan Bank)에서 시작해 여러 외국 은행에서 근무했고, 중간에 미국 근무도 하면서 약 20년간 은행업에 종사했습니다. 남편을 따라 미국으로 가게 되면서 3년간의 국내 공백기를 겪게 되어 귀국해서는 일을 그만 둬야 하나 걱정도 했어요. 45세 나이에 아이도 둘 있는 여자를 누가 채용해주겠나 생각했는데, 푸르덴셜 생명보험에 취직이 되었고 21년간 근무한 후 최고경영자(CEO)의 자리에 올랐습니다. 당시 제가 국내 금융기관에서는 최초의 여성 CEO였습니다.

여기에서 한 가지 꼭 말씀드리고 싶은 것은 이 모든 성과가 저 혼자 잘나서가 아니라 많은 분들의 도움 덕에 가능했다는 것입니다. 그래서 이제는 제가 여성들의 성장과 발전에 조금이라도 힘을 보태야겠다는 생각에 여성 임원들의 성장·발전을 위한 모임 'WIN'(Women in INnovation)을 결성했고, 회장직을 맡아 이끌었습니다. 지금은 여성 후배들에게 멘토링을 하고 있어요. 세계여성이사협회(WCD: Women Corporate Directors) 대표로도 활동했고요. 지금 하고 있는 SC제일은행의 사외이사 임기를 마치면 손주들과 더 많은 시간을 보내며 지낼 계획입니다.

허금주(87) 저는 1987년에 졸업하고 1990년 교보생명에 입사하여 전무로 정년을 맞았습니다. 현재는 G20 임파워 얼라이언스(Empower Alliance)의 한국 대표로서 여성 정책 제안 활동을 하고 있습니다. 교보생명에서는 주로 전략 쪽 업무를 했는데, 기존 조직에서 승진을 하기보다는 새로운 부서를 만들면서 저의 업무 역량을 키워나갔지요. 해외팀을 만들어서 직접 해외 근무를 맡았고, 귀국한 후에는 퇴직연금 제도가 생기면서 B2B 마케팅 담당을 하다가 디지털 관련 신사업 추진 업무를 수행했어요. 그 넓은 교보빌딩 건물 한 층에 여성이 한두 명뿐이던 시절 시작해서 교보생명 최초의 여성 임원이라는 기록을 세우고, 가장 오래 일한 사람 중 하나가 되었습니다. 과거에는 뭔가를 좀 배우고 싶고 경험을 전수받고 싶어도 여성 선배가 별로 없어서 아쉬웠어요. 그래서 여성 단체에 참가해 많이 활동하려고 노력했고, 그 인연으로 손병옥 회장님을 모시고 WIN의 등기이사로 활동하기도 했습니다.

김정원(91) 1991년에 졸업하고 처음 들어간 직장이 신영증권이었어요. 금융계로 진출한 건 순전히 우연이라고 할까요, 4학년 2학기 때 진로 문제로 고민하던 시기 학교 직업보도실에서 영문과에 채용 공고를 붙였는데, 자본시장 개방을 앞두고 국제부에 여성, 그러니까 여대생을 채용한다는 신영증권의 공고였습니다. 저희 동기 한 명과 함께 지원했지요. 당시는 4대 시중 은행 정도나 알고 증권회사는 이름도 모를 때였는데, 증권회사에서 대졸 여성은 채용을 안 하던 시절이라

여성 직원이라고는 창구직원이 전부였습니다. 회사에서는 대졸 여성을 처음 채용할 때 서울대 영문과와 이대 영문과 졸업생들이 똑똑하고 일을 잘할 거라는 인식이 있었다고 하네요. 이대 영문과는 제게 '도어 오프너(door opener)'였어요. 그렇게 이대 영문과 졸업생이라는 이유로 혜택을 본 거지요. 그런데 여성 채용이 처음이다 보니 정규직이 아니라 계약직이었고, 당시에는 촉탁사원이라고 불렀는데 그게 뭔지도 모르고 지원했어요. 촉탁사원은 어감도 그렇지만 명절 보너스도 받지 못했고, 정규직이 아니었기 때문에 여러 가지 면에서 대우가 정규직만 못했어요.

1992년부터 자본시장 개방으로 외국계 증권회사들이 한국에 진출하기 시작하자 외국계 베어링스 증권으로 이직했습니다. 외국계 회사는 여성에 대한 차별이 없어 그 혜택을 많이 받았어요. 이직할 때도 일을 잘하고 똑똑할 거라는 이대 영문과에 대한 인식 덕분에 혜택을 봤지요. 이대 영문과는 그렇게 저에게 기회를 만들어주고 저의 능력을 증명할 수 있는 계기를 만들어주었습니다. 이후 10년 정도 근무했는데, 금융권에서 일을 잘하더라도 영문과 졸업생이라 뭔가 부족하게 보지 않을까 하는 자격지심 같은 게 있어 2년간 MBA 공부를 위해 잠시 현업을 떠나 있기도 했습니다. 다시 외국계 금융권으로 돌아온 후에는 주로 오퍼레이션 또는 총괄 매니지먼트 파이낸스 분야에서 일했습니다.

씨티증권에서 제안을 받았을 때는 인원이 한 150명밖에 안 되었고, 전의 회사보다 규모도 3분의 1밖에 안 돼서 좀 망설였지요. 그랬더니 나무만 보지 말고 숲을 봐라, 글로벌 기업이니까 증권에서 열심히 하면 은행으로 옮길 수 있고, 또 은행으로 옮기면 일할 기회가 더 많을 거라고 씨티증권 측에서 설득을 해왔습니다. 실제로 씨티에는 직원을 위한 다양한 프로그램이 있어 그 혜택을 많이 받았지요. 씨티증권에서 4년 동안 열심히 일했고, 실제로 그 후 은행으로 옮겼어요. 씨티은행으로 이직하는 것도 앞서 길을 닦아 놓으신 선배님들이 계셔서 가능했다고 봅니다. "누구 누구 선배 아느냐"는 질문을 많이 받았고, 그런 훌륭한 선배님들이 능력을 보여주셔서 저희 후배들에게도 기회가 열렸다고 생각해요.

당시에는 이성남 의원님이 첫 CFO셨지만 이후로 그 자리는 다 남성이었고 외국인이었어요. 한국인, 특히 여성이 고위직에 오르기는 쉽지 않았는데, 또 열심히 하다 보니까 제가 통합 후 첫 여성 CFO가 됐고, 부행장이라는 직책으로 옮겨서 또 한 7년 가까이 근무했습니다. 이후 뉴욕 본사 발령이 나서 미국 씨티은행의 재무부문장을 하다가 코로나를 맞아 일찍 은퇴하고 2022년에 귀국했어요. 현재는 김앤장에서 금융 담당 고문으로 일하며 SK하이닉스의 사외이사로 재직 중입니다.

**박경희(90)** 김정원 고문은 1년 후배인데 정말 너무 자랑스러운 후배입니다. 허금주 전무님께서 해외 사업을 그렇게 많이 하신 줄도 몰랐어요. 손 회장님께서는 기억하실지 모르지만, 제가 처음 임원이 됐을 때 회장님을 찾아가 인사드리고 좋은 말씀을 들었던 적이 있습니다. 동기들이나 다른 남자 직원들보다 빠르게 임원이 되면서 어떻게 처신해야 현명하게 임원 생활을 할 수 있을지 고민하며 멘토가 되어줄 분을 찾다가, 한 번 뵌 적도 없으면서도 영문과 선배님이라고 손 회장님께 연락을 드렸는데 흔쾌히 만나주시고 좋은 말씀까지 들려주셨지요. 그때 정말 감사했던 기억이 있어요.

저는 86학번으로 2, 3학년 때는 언론인이나 외교관이 되겠다는 생각도 있었고 학교 방송국 국장도 했는데, 졸업 무렵 당시 이대에서 유명했던 취업 담당 표경희 선생님이 투자금융 쪽 취업을 추천해주셨어요. 기회가 오면 일단 도전해보는 스타일이라 시험을 치러서 합격했고, 첫 직장으로 투자금융에 들어가게 되었습니다. 이후 투자금융이 은행으로 전환되고 개인자산관리(PB) 업무가 도입되면서 국내 최초의 PB가 되었는데, 이 타이틀이 별 거 아닌 것 같아도 제 커리어 내내 큰 도움이 되었어요. 이대 영문과 출신이라는 이미지도 중요했고요. PB 경력이 좋은 평가를 받아서 씨티은행 경력직으로 채용되어 자산관리 비즈니스 셋업에 종사했고, 이후 삼성증권이 은행과 증권을 블렌딩해 자산관리 프로그램을 시작하면서 삼성증권으로 옮겼습니다. 제 경력을 보면 은행에서 15년, 증권회사에서 지금 17년째 일하고 있는데, 30여 년간 개인자산관리를 하면서 한국의 슈퍼리치 분들을 많이 만나게 되었고, 그 시장이 성장하는 시간을 함께할 수 있었던 것에 감사하지요.

직장 생활을 시작할 때는 이대 영문과라는 일종의 브랜드 덕을 보았고, 그다음에는 최초의 PB라는 타이틀을 얻어 삼성증권으로 옮기면서 슈퍼리치들이 제일 좋아하는 삼성이라는 브랜드 덕을 봤다고 생각해요. 제 노력도 있었겠지만 저의 역량 대비 행운도 많이 따라주었기에 지금까지 잘해오고 있는 것 같아요.

**손병옥(74)** 옛날에 제 보스가 그랬어요. “You make your own luck.” 많은 여성이 기회가 와도 놓치기 쉬운데, 박경희 부사장은 기회를 스스로 창조했다(create)고 할 수 있네요.

최승은(91) 기업인 동문을 대표해서 저를 불러주셨다고 하는데, 금융권에서 이렇게 빛나는 선배님들과 자리를 같이할 수 있다는 것이 너무 기쁩니다. 초대해주셔서 감사합니다. 저는 1987년에 영문과에 입학해 1991년에 졸업했고, 이후 지금까지 한 번도 쉬지 않고 계속 일을 해오고 있으니, 저 역시 굉장한 행운이라고 생각합니다.

졸업 후 존슨앤드존슨의 마케팅팀에 입사했는데, 당시 한국 존슨앤드존슨은 동아제약과 제휴 중이었습니다. 대졸 직원이었지만 '최 양'이라고 불리며 사회생활을 시작했고, 커피도 타는 등 사실 생각지도 못했던 일들을 다양하게 겪었으니 사회생활을 좀 빡세게 배웠다 할 수 있지요. 여자들이 모든 걸 다 진두지휘했던 대학 시절을 거쳐 그런 사회생활을 하게 되니 참 힘들었습니다. 하지만 내색하지 않는 법을 배웠지요. 당시에는 대졸 여사원이 많지 않았기 때문에 상고 출신이나 고졸 학력의 언니들과 많이 일을 했는데, 사실 학력이 중요한 건 아니어서 그분들에게 정말 많은 걸 배우고 더 나은 사람이 된 것 같아요. 몇 년 후에는 미국 본사로 발령이 나서 2013년부터 미국에서 근무했고, 글로벌 베이비케어 본사 사장을 역임했습니다.

그런데 저는 미국에서 혼자 지내고 남편은 증권 일로 홍콩에 있고, 또 애들은 학교 때문에 여기저기 흩어져 지내게 되다 보니까 개인적으로는 좀 힘들기도 했어요. 2016년에 국내로 들어오면서 오랫동안 제안이 있었던 삼성전자로 이직해 지금은 무선사업부(MX) 부사장으로서 갤럭시 마케팅 글로벌 총괄을 담당하고 있습니다. 외국 기업과는 다른 삼성이라는 조직의 문화에 적응하며 지금까지 잘 버티고 있습니다.

**▶ 우리 선배님들께서는 이대 영문과를 나와 남성중심적이고 보수적인 금융권이나 기업에 입사해서 현재의 위치까지 올라오셨는데요. 영문과를 나와 어떻게 금융 분야를 선택하시게 되었는지 조금 더 첨언을 해주시면 감사하겠습니다.**

손병옥(74) 저는 원래 교수가 되고 싶었는데, 부모님께서 미혼의 딸이 혼자 외국에 유학을 가서 독립적으로 산다는 것은 상상도 할 수 없다며 심하게 반대하셨습니다. 그래서 대신 취업을 해야겠다고 결심했어요. 그렇다고 여성이 취업을 많이 하던 시절도 아니었지요. 이성남 선배님도 마찬가지였을 것 같아요. 영문과 친구가 여섯 명이 있는데, 이 중 누구도 취직하지 않았고 저만 혼자 취직을 결심한 상황이었습니다. 아버지께서 정 취직을 하겠다면 보수적인 직장이 좋겠다고 하셔서 금융권으로 가게 됐고, 우리나라 은행들은 대졸 여직원을 채용하지 않던 때라 외국계인 체이스맨해튼에 지원하게 되었어요. 영어영문학과 졸업생이고 영어를 잘한다는 점이 채용에 결정적으로 작용했지요.

처음 입사할 때는 영어 능력이 좋아서 채용이 되었다면, 그다음 40년간 커리어를 이어가면서는 영문학 공부를 통해 길러진 인문학적 소양이 직장 생활을 하는 데 힘이 되지 않았나 생각해요. 어려운 문제가 생길 때마다 비판적으로 사고하고 다른 사람들과 교류하면서 문제를 해결하고자 하는 유연한 대처 능력도 영문학 공부를 하는 동안 길러진 것이라고 봅니다.

이성남(70) 제가 대학을 다니던 시절만 해도 여자가 공부 잘하는 게 흉이었고 좋은 학교 나오면 팔자 세다는 말을 듣던 때였어요. 저도 원래는 현모양처가 되고 싶었고, 그러기 위해서는 직장을 다니면서 능력을 잘 가꾸고 다듬어 누구하고든지 잘 살 수 있는 성격으로 만들어야겠다고 생각했어요. 전 고등학교에 입학할 때부터 이화여자대학교 영어영문학과에 가겠다고 결심했어요. 남녀공학은 싫고 최고의 여자대학에 가겠다는 생각이었죠. 영문학이라는 학문은 창조정신과 자유정신을 길러줄 것이고, 영문학 작품이나 역사를 통해 세상의 흐름을 읽는 통찰력을 얻을 수 있을 테니 결국에는 제 꿈을 이루는 데 도움이 될 거라고 봤던 거지요.

재학 시절 연애도 하고 치장하는 것도 좋아했지만, 공부는 열심히 해서 좋은 성적을 유지했습니다. 졸업 무렵에는 여섯 군데에서 취업 제안이 왔어요. 어떤 곳은 면접 때 '커피를 탈 수 있느냐', '화초 길러본 적 있느냐'고 묻기도 했는데, 씨티은행에 갔더니 '제임스 조이스라는 작가를 어떻게 평가하느냐'고 물어보더군요. 마지막 학기에 나영균 교수님께 제임스 조이스의 『더블린 사람들(*Dubliners*)』을 배웠는데, 그 질문이 바로 교수님이 기말시험에 출제한 문제였던 거예요. 물론 총장님 추천 덕분에 합격한 것도 있겠지만, 제가 합격한 진짜 이유는 제임스 조이스에 대해 물어온 외국인 행장의 질문에 제가 답을 잘했기 때문이라고 생각한답니다.

손병옥(74) 이 선배님께서 이화여대를 간 것이 현모양처가 되기 위해서였다고 하셨는데, 사실 우리 때는 공부를 잘해도 남녀공학 갈 생각을 안 했어요. 저희는 언니도 저도 동생도 올케도 딸도 손녀도 모두 다 이대를 다녔어요.

**▶ 말씀해주신 것처럼 이대 영문과가 큰 가치를 가지고 있었지만, 사회생활을 하시면서 이대 영문과 졸업생이라는 사실이 부정적인 선입견으로 작용했던 경험을 하신 적도 있는지 궁금합니다. 특히 교보생명은 전통적인 국내 기업인데, 허 전무님의 경험은 어떠셨는지 우선 말씀해주시겠어요?**

허금주(87) 제가 졸업하기 전에는 선배님들이 외국계 기업에 많이 진출하셨는데, 저희가 졸업할 무렵에는 외국계 은행이 노조 문제로 채용을 하지 않았어요. 그 당시에는 이대 영문과를 나와도 여자들이 대부분 비서직으로 취직하던 시절이다 보니 저도 처음에는 마땅한 자리가 없어 기업 홍보팀에 국제 홍보 담당으로 취업했습니다. 그런데 막상 취업하고 보니 여자 선배가 거의 없었고, 선배가 없으니 대리만 되어도 다행이겠다고 생각하게 되더라고요. 저는 남자 후배들에게 항상 존대를 했는데, 후배지만 남자이니 저보다 먼저 승진할 것 같았거든요. 그런데 당시는 많은 기업들이 상장을 하면서 마지막으로 상장할 기업이 교보생명이고, 입사해서 1년만 지나도 우리 사주가 되어 큰돈을 받을 수 있다는 말이 돌던 시절이라 회사 최초 여성 공채로 입사하게 되었습니다. 여성으로서 가장 빨리 승진하고 오래 일하다 보니 책임감을 많이 느끼게 되네요.

김정원(91) 저는 2006년에 씨티에 입사했는데, 굳이 이대 영문과가 아니더라도 여성이기 때문에 오히려 더 많은 기회가 주어지기도 했습니다. 외국 기업에서는 공정함(fair)을 중요하게 여기는데, 여성 직원이 적다 보니 조금만 노력하고 잘하면 좋은 기회가 주어졌어요.

이성남(70) 씨티은행은 외국계 기업이라 여성 차별이 비교적 적었지만, 당시 정책위원회나 인사위원회는 남성들이 독차지하고 있었고, 여성을 최고 간부로 승진시키려 하지 않았어요. 하지만 저는 조직에 문제가 생길 때마다 제 의견을 내고 관철시켰습니다. 그렇게 본사까지 가서 성공해냈고, 제가 은퇴할 때가 되니 어느새 여성 직원이 40%를 차지하고 거의 모든 중요한 자리마다 여자들이 책임자가 되어 있더군요.

손병옥(74) 차별을 받아왔지만, 반면에 여성이기 때문에 기회가 있었다고도 할 수 있지요. 여성이라는 점이 장점과 단점 둘 다로 작용할 수 있었던 겁니다. 하지만 이제 세상이 많이 변했어요. 특히 2000년 이후 급속하게 바뀌었습니다.

**박경희(90)** 아래에서 시작할 때는 여성이 약 30%였지만, 위로 올라갈수록 그 비율은 점차 줄어들었습니다. 국내 기업에서 여성은 항상 마이너리티였어요. 조직 구성원도, 임원도 대부분 남성이었습니다. 이런 상황이 개인 역량의 차이 때문인지, 아니면 구성원 숫자의 차이 때문인지 자문해보면, 저는 역량보다는 숫자의 차이가 크다는 생각이 듭니다. 숫자가 뒷받침되지 않으면 정책이 수반되지 않고, 교육도 따라오지 않습니다. 따라서 어느 정도 수를 만들 때까지는 전략적인 의지와 노력이 필요하겠지요.

**▶ 최근 국내 금융기관에서도 여성 직원의 비중이 50%를 넘어섰습니다. 그러나 상부로 올라가면 임원 중에 여전히 여성이 없기 때문에 여성을 위한 다양한 정책을 제기할 때에도 내부에서 갈등이 발생하는 상황입니다. 이런 환경 속에서 젊은 여성들이 어떤 태도를 가져야 할지 말씀 부탁드립니다.**

**최승은(91)** 지금 여성들이 더 고민해야 하는 문제는 제너레이션 갭(generation gap)이라고 봅니다. 멀티 제너레이션이 한 기업 안에서 일하다 보니 여성들도 남성들 못지않게 '소셜 스킬'을 키우는 것이 중요하지요. 또한 여성이 더 앞으로 나아가기 위해서는 여성만이 아니라 남성 팀원들도 존중할 줄 아는 리더가 되어야 한다는 점을 기억해야 합니다. 과거 흔히 남성 리더는 남성들 위주로 조직을 끌고 가면서 여성들에게 피해를 주었던 것이 사실이지요. 여성 리더는 남성 리더보다 조직의 윤활유 역할을 훨씬 잘할 수 있고, 특히 여성은 커뮤니케이션 밸런스가 좋다는 중요한 장점이 있어요.

다음으로는 직장에서 프로페셔널한 면을 유지해야 한다는 겁니다. 여성들끼리 뒷담화하면서 오해를 일으킨다든가 회사 내 남녀 간 파벌을 만든다든가 하기보다 직장에서는 좀 더 건설적인 대화를 하자는 거지요. 이와 더불어 사회생활에서는 능력 있는 자가 살아남고, 조금 더 나서는 자가 중요한 일을 더 많이 맡아 살아남게 된다는 사실을 기억해야 해요. 요즘 젊은 여성들은 똑똑하고 능력이 뛰어난데, 그에 비해 사회생활을 하며 스스로를 바라볼 줄 아는 '셀프 어웨어니스(self awareness)' 기술은 조금 더 필요한 것 같아요.

**손병옥(74)** 저도 동감입니다. 정부, 기업, 개인이 삼각관계로 다 같이 노력해야겠지만, 여성 스스로 전문성이 있는지, 회사에 로열티가 있는지, 리스크 테이킹(risk taking)을 하는지 등을 점검하고 자기 실력을 함양하면서 목소리를 내야겠지요.

**김정원(91)** 이야기 주제를 다시 영문과로 돌리면, 저는 재학 중 영어연극반 '빙즈(Beings)' 활동을 하면서 연기뿐만 아니라 다양한 스태프 활동을 했던 경험이 사회에 나왔을 때 큰 도움이 되었습니다. 영문과 커리큘럼에 연극 공연과 같이 표현력, 커뮤니케이션 능력, 기획력 등을 함양할 수 있는 과정을 포함시키면 좋겠어요.

**▶ 최근 들어 남성을 중심으로 페미니즘에 대한 반감이 커지고, 역차별이라는 논란도 많아지고 있습니다. 이런 분위기 속에서 여성들이 현명하게 리더로 성장해나가기 위해서는 어떤 자세와 전략이 필요할지 말씀해주시기 바랍니다.**

**허금주(87)** 굉장히 어려운 문제이지요. G20에서 여러 정책 제안을 하며 많은 토론에 참여했지만, 여성 리더십 확대를 가로막는 가장 큰 장애물은 여전히 사회적·문화적 요인입니다. 교육 시스템, 가부장적 사회구조, 관료주의적 문화 안에서 여성들이 스스로에게 한계를 지우는 경우가 많습니다. 제가 2010년에 임원보가 되었을 때, 제 밑에 있는 여성 과장들에게도 열심히 해서 임원까지 되자고 격려했고, 실제로 차장, 부장으로 키워냈습니다. 그런데 아이들이 초등학교 1학년이 되면 대부분이 흔들리더군요. 지금도 초등학생 자녀를 키우는 여성들은 일과 육아 사이에서 깊은 갈등을 겪고 있지요.

**▶ 이제 마무리하는 단계로 들어가야 할 것 같습니다. 급변하는 환경 속에서 이대 영문과가 향후 여성 리더를 양성하기 위해 어떤 노력을 기울여야 할지 조언을 부탁드립니다.**

**손병옥(74)** 학과 차원에서 학생들의 디지털 리터러시(digital literacy) 역량을 함양할 필요가 있습니다. 영문과이지만 이 사회를 살아나갈 수 있는 능력을 길러줘야지요.

**이성남(70)** 현 상황을 정확히 연구하지 않은 상태에서 구체적인 혁신이나 발전의 방향을 제시하는 것은 조심스러우나, 일종의 아이스브레이킹(icebreaking)한다는 생각으로 말씀드려보겠습니다. 제가 인문대 교과과정을 한번 살펴보니 다행히 인문융합전공이라는 것이 있더군요. 그 목표 자체가 오늘 우리가 이야기한 '복합적인 능력'을 키우는 데 초점이 맞춰져 있었습니다. 인문학적 기초를 바탕으로 하면서도 미래를 대비하는 인재를 키우는 방향이었죠. 이 융합 전공은 크게 세 가지, 인문 경영, 인문 테크놀로지, 인문 예술 미디어로 나뉘어 있는데, 제가 하나하나 살펴봤더니 아주 적합하게 공부할 수 있도록 설계되어 있어요. 우리 영문학부는 당연히 영문학이라는 학문에 충실하면서도 학생 스스로 진로를 바꾸고자 할 경우 영문학부에 그대로 남은 채 다양한 방향으로 교차 연결, 부전공, 복수전공 등을 할 수 있게 하는 교과과정 체계가 이미 준비되어 있습니다. 이런 교과과정의 강점을 대학 지원자들에게 적극적으로 홍보해서 훌륭한 인재들을 많이 받아들이는 것이 절대적으로 필요합니다. 영문학부를 다니면 구체적으로 어떤 역량을 갖추게 되며, 그것이 실제 취업에 어떤 도움이 되는지에 대해 미래 비전을 제시할 필요가 있어요.

김정원(91) 앞으로 영문과가 지속 가능하기 위한 방법을 강구해야 합니다.

최승은(91) 사업을 하다 보면 잘 될 때도 있고 어려운 시기도 있습니다. 오히려 어려울 때일수록 핵심을 지켜야 하고, 안 되는 것은 과감히 끊어낼 수 있어야 합니다. 영문과의 핵심은 바로 영문학, 다시 말해 인문학입니다. 이제 우리는 AI 시대에 들어섰고, 기술력, 코딩부터 시작해 많은 분야에서 AI가 인간의 능력을 능가하고 있지요. 이러한 상황에서 기술 업계는 자신들이 AI에 의해 대체될 것을 우려하고 있어요. 그러니까 이제는 AI를 더 잘 컨트롤할 수 있는 인재가 되어야 합니다.

AI나 기술에 없는 것이 무엇이냐고 하면 바로 인문학적인 소양입니다. 상황 이해력(contextual understanding), 인간의 감정과 심리를 읽는 힘, 이런 것들이야말로 AI 시대에 더 중요한 자산이 됩니다. 하지만 안타깝게도 우리나라에서는 그런 인문학적인 스킬 셋을 갖춘 인재가 매우 부족합니다. 다들 의대를 목표로 하고, 인문학은 돈이 안 된다고 느끼기 때문이지요. 하지만 우리가 앞으로 더 중요시해야 하는 것은 인문학적인 것이고, 그중에서도 특히 영문학이 해당됩니다.

이성남(70) 저도 전적으로 동의하는 내용입니다. 인재의 가장 핵심적인 자질은 인문학적인 자질과 커뮤니케이션 스킬이지요.

허금주(87) 이제는 콜라보의 시대입니다. 외부에는 봉사를 하고 싶어 하는 단체가 많이 있어요. 그런 외부 자원을 끌어와서 협업을 통해 학생들에게 바깥세상을 많이 보여주면 좋겠지요. 외부 단체에서 활동하시는 분들과 멘토링 프로그램을 함께 운영하거나, 혹은 학교 내부에서 작은 벤처 프로젝트를 활성화하는 것도 좋은 방법입니다. 대부분의 단체들이 봉사 차원에서 하고 있기 때문에 학교가 비용을 지불해야 할 일도 없습니다.

박경희(90) 보통 기업들은 100주년을 맞으면 새로운 비전을 선포하고 리브랜딩을 합니다. 영문과도 100주년 행사를 통해 새로운 비전을 세우고 안팎으로 홍보할 기회를 가져야 합니다. 100주년은 다시 오지 않을 기회이기 때문에 이 기회에 영문과의 비전을 새롭게 세워야겠지요.

이성남(70) 제일 중요한 것은 역시 서스테이너빌리티(sustainability), 지속 가능성이라고 생각합니다. 100주년 행사도 중요하지만, 이를 계기로 영어영문학과가 지속적으로 업그레이드되어야겠지요.

# 5장 선교 분야

### 참석 동문

**· 간담회 참석 동문**

**성혜옥**(1970) (전) 이화여자대학교 총동창회 선교부장

**이명실**(1978) (전) 이화여자대학교 총동창회 총무, 영학회 임원

**이재진**(1978) (전) 성경번역 선교사(위클리프 성경번역선교회) 인도네시아·한국 선교부

**이은혜1**(1983) 장로회신학대학교 초빙교수, 영남신학대학교 조교수, 특임교수

**최문영**(1983) 이화의료원 초대 원목

**박경난**(1989) (전) 이화여자대학교 국제처 특임교수, 이화 모자이크 지도교수

**이은혜2**(2005) (전) 호주 퍼스 예수전도단 통역 및 간사

**· 서면 참석 동문**

**김영자**(1966) 뉴하트선교교회 전도사

**송헌복**(1969) GMF선교회 소속 한국선교훈련원 명예교수

**오은주**(1974) 필리핀 선교사, 리조이스신학교 및 리조이스교회 사역

**박혜원**(1979) (전) 인도네시아 선교사, 아시아신학대학원 교수, 글로벌리더십개발원 공동원장

**양은숙**(1980) 알바니아 티라나 발칸집시 공동체 선교사

**김선정**(1988) 케냐 선교사

**엄옥희**(1986) 우간다 선교사, 우간다개혁신학교/홀리게이트대학교 교수

### 참석 영학회 임원진

회 장 **정경숙**(1979)　부회장 **강명옥**(1982)　사 회 **이유미**(1983)
사 진 **김경은**(1979)　기 록 **이연선**(2001)

※ 모든 참석자 소개 순서는 졸업연도 순이며, 간담회는 영학회 총무인 이유미 동문의 사회로 진행되었습니다. 간담회에 앞서 참석 예정인 동문들에게 미리 질문지를 배부했으며, 간담회에 직접 참석하지 못하는 동문들께도 같은 질문지를 보내드렸습니다. 질문지에는 간단한 자기소개와 함께, 이화 영문 재학 시절을 돌아보며 선교와 봉사의 길을 선택한 동기와 배경을 공유해주십사 하는 요청이 포함되었습니다. 또한, 100주년을 맞아 학과와 후배들에게 전하고 싶은 메시지도 남겨달라고 부탁드렸습니다. 간담회 당일 모인 동문들께서는 각자 차례가 오면 준비해오신 답변을 중심으로 짧은 발표를 해주셨고, 서면 답변을 주신 동문들 역시 선택한 항목에 대해 개별적인 답변을 정리하여 보내주셨습니다. 다음 기록은 간담회에서 오고 간 내용과 서면으로 보내주신 내용을 졸업연도 순서에 따라 참석자별로 분류하여 정리한 것으로, 간담회 참석과 서면 참석으로 나누었습니다.

**선교 분야 동문과의 대화 참가자 1**

* 뒷줄 왼쪽부터 시계방향으로 이연선(01), 강명옥(82), 이유미(83), 최문영(83), 이은혜(83), 박경난(89), 이은혜(05), 정경숙(79), 이명실(78), 성혜옥(70), 이재진(78), 김경은(79).

**선교 분야 동문과의 대화 참가자 2**

* 왼쪽 아래부터 시계방향으로 강명옥(82), 이은혜(05), 성혜옥(70), 이명실(78), 이재진(78), 정경숙(79), 이연선(01), 박경난(89), 이은혜(83), 최문영(83), 이유미(83)

### ▸ 간담회

**성혜옥(70)** 저는 이대 영문과 재학 시절 예수님을 만나게 되어 제 인생의 AD(Anno Domini)와 BC(Before Christ)가 졸업 직전에 이루어졌습니다. 영어교사를 명예퇴직하고 영국에 갔다 오면서 이대 동창회 선교부와 연결이 되었습니다. 영문과 총동창회 유중근 회장이 처음으로 영문과 안에도 선교부를 만들어보라고 제안했고, 그렇게 영문과 선교부가 이루어졌습니다. 총동창회 선교부장을 하면서 130여 명의 선교사들의 기록을 찾아내 선교 수첩을 발행하기도 했지요. 현대사회는 휴대폰에 의존해서 영적인 것이 죽어가고 인구 감소로 육적인 것 역시 절벽이 돼가는 상황입니다. '예수님이 길이요 진리요 생명'이라는 확신을 가지고 복음을 전해야 합니다. 영문과에서 시를 보거나 소설을 보면 주제가 있거든요. 그 속에 하나님, 그 속에 메시아, 이런 걸 찾아내면 아이들을 영적·실제적으로 풍성히 양육하고 훈련할 수 있을 것 같아요. 영문과가 영적인 언어 소통으로 이화를 살리는 학과인 만큼, 이제는 영문과를 살리는 영문과가 되어야 하지 않을까 생각합니다.

이명실(78) 저는 대학교에 이어 대학원을 졸업하고 육사, 서울시립대, 방송통신대학 등에서 강의를 하다가 미국으로 유학을 갔어요. 한국으로 돌아온 후에는 강의를 좀 하다가 강남에 살면서 지역사회에서 봉사를 했습니다. 그러다가 총동창회에 가서 성혜옥 선배님을 만나 영문과 선교부장을 했습니다. 성혜옥 선배님이 멘토이고, 또 서로가 서로에게 멘토가 되어주기도 해요. 만나게 해주시고 이렇게 다 이어지는 게 있더라고요. 다 하나님이 하세요. 선교부 할 때 정말 그 전날 넘어지기도 하고 또 너무 아파서 하나님께 '내일 꼭 가야 되나요' 하고 기도를 한 적도 있어요. 그러면 다 해주셨어요. 그런 걸 좀 후배들이 알았으면 좋겠어요. 대학교 때가 참 중요하다는 생각이 들어요. 저희가 후배들한테도 꼭 하나님을 심어줘야 되지 않나 합니다.

이재진(78) 인도네시아 파쿠아 섬의 모스코나 부족이 한 800명 정도 돼요. 이 부족의 성경 번역을 위해 사역하다가 비자 문제로 안식년에 들어왔는데, 재입국이 불허됐어요. 그 뒤로 국내 본부에서 대표로 사역을 했고 지금은 은퇴했어요. 저는 큰 사고 없이 은퇴한 것에 감사하고 있습니다. 선교사의 삶이 사실 쉽지는 않죠. 하지만 동전의 양면이라고 생각해요. 하나님이 주신 또 다른 어떤 은혜라는 것이 있다는 이야기를 하고 싶어요.

학창시절에는 사실 영문과에서의 추억보다 기독교 동아리에 대한 추억이 더 많아요. 하지만 졸업 이후에 선교사 생활을 하고 영문과 선배들을 만나면서 이대 영문과를 졸업한 것이 큰 의미로 다가왔어요. 또 학교를 다닐 때는 언어가 재미있지 않았는데, 말은 있지만 문자가 없는 곳에 가서 성경 번역을 하다 보니 언어학이 필수라는 것을 알았어요.

저희 손주가 세 살인데 이 세대는 앞으로 어떻게 될까 싶어요. 아이들에게 푯대를 분명히 보여줘야 하는데, 어떻게 보면 교회도 힘들 수가 있겠고, 결국 이제 부모의 역할이 크다는 생각이 들어요. 학교와 연결해 생각하면, 영문학의 기초는 기독교에 있잖아요. 학생들을 가르칠 때에도 그런 것을 굉장히 자연스럽게 나눌 수 있지 않을까 생각해요.



최문영(83) 저는 미국에서 신학과 목회상담 심리학을 공부하고 미국 장로교에서 목사 안수를 받았습니다. 그리고 UC샌프란시스코에서 병원 목회도 했는데, 2019년에 이화의료원 초대 원목으로 청빙을 받게 되었지요. 그때 이화의료원이 132년 차였어요. 그동안은 특정한 교회에서 목사님을 병원으로 파송하는 시스템이었는데, 다들 열심히 목회를 하셨지만 직제로 자리 잡지 않았던지라 담당자가 바뀌면 그 역사가 맥을 잇지 못했죠. 예를 들면, 제가 부임 후 제일 먼저 한 일이 이화의료원 홈페이지에 원목실 안내를 신설해 기독병원으로서의 정체성을 나타내는 것이었으니까요.

그래서 부임 당시 두 가지 기도 제목이 있었는데, 첫 번째가 원목실이 의료원 시스템 안에서 뿌리내려 병원 선교의 기틀을 마련하는 것이었습니다. 두 번째는, 서울병원 개원 당시 목동병원 신생아중환자실 사건 이후 여러모로 매우 어려운 상황이었으니 난관을 극복하고 나날이 성장하도록 기도하는 것이었습니다. 이런 기도 제목들을 가지고 한옥 모양으로 복원된 이화의료원의 전신 보구녀관(普救女館)에서 교직원 선생님들, 총동창회 선교부 임원들이 함께 무릎 꿇고 기도했어요. 132년 전 의료 선교사님들이 오셔서 이곳에서 이렇게 무릎 꿇고 기도했겠구나, 그 헌신과 기도가 전해지는 참 신비로운 느낌이었어요. 감사하게도 5년여의 세월이 지난 현재, 팬데믹과 의료사태의 파고를 잘 넘으며 병원이 날로 번창하고 있어요. 급한 수술 환자들, 특히 타이밍을 놓치면 안 되는 산모들이 적시에 치료받을 수 있도록 우리 병원으로 많이 오고 계십니다. 다 하나님의 은혜입니다.

후배에게 들려주고 싶은 말은 첫째는 인테그레이션(integration), '융합'입니다. 요즘은 학문도 융합학문 연구가 활발하고, 또 사회에 나와서도 여러 분야를 융합/통합할 수 있는 능력이 요구되는 시대이지요. 그리고 두 번째는 인터그리티(integrity)인데, 사전적 의미는 진실성이지만 '순전함'이라는 번역이 더 정확한 것 같아요. 급변하고 다변화하는 세상에 살고 있지만, 내가 믿는 가치관, 역사관, 시대적 책임의식 등을 생각과 말과 행동에서 서로 모순되지 않게 실천하는 삶을 살아야 한다고 생각해요. 인테그레이션 마인드를 가지고 인테그리티를 지니고 사는 후배들이 됐으면 좋겠습니다.

**이은혜1(83)** 저는 역사신학을 공부한 후 장신대에서 5년 있었고, 영남신학대학교에서 마무리 짓고 현재 특임교수로 강의를 계속하고 있습니다. 『대한기독여자의사회 70년사: 1948~2018』(한들, 2020)라는 책을 썼고요. 대한기독여자의사회는 캐나다 의료 선교사 닥터 머레이와 김애희, 한소제 선생님처럼 민족과 이웃을 위해 뜻을 품은 기독교인 여의사들에 의해 세워졌습니다. 머레이는 26세에 내한해 1943년 일본에 의해서 추방되었다가 1947년 김활란 박사가 이대 의대 설립을 위해 초대해서 다시 왔어요. 우리 이대 의대가 세워지던 초창기에 이 분이 참여하신거죠. 사실 흔히 이대 하면 스크랜튼만 생각하는데, 이대에 계셨던 다른 선교사들의 족적을 찾아내는 것도 우리가 해야 되는 일이에요. 선교사님들께 받았던 그 은혜와 사랑을 여러 선교사들께서 이어가고 있어 감사합니다. 이것이 우리 이대의 영원한 심장이지요.

저는 영문과 재학 중일 때보다 그 뒤에 신학을 하면서, '영문과는 내 인생에 있어서 정말 큰 축복'이라는 걸 알게 됐습니다. 영문학 덕분에 신학적 사유를 더 풍성히 할 수 있었어요. 또 역으로 기독교를 모르면서 영문학을 한다는 게 가능한 일인가, 그런 생각이 많이 들었어요. 내 인생에 있어서 부모님 다음으로 가장 큰 빚을 진 곳 중 하나는 이화여대 영문과입니다. 그리고 영문과 후배들한테는 '여러분들 정말 영문학 제대로 공부하고 싶으세요? 그렇다면 학문을 위해서라도 기독교에 한번 입문해보세요' 하고 말하고 싶어요.

**박경난(89)** 저는 홍콩과기대에서 교양영어 전임교수를 지내고 한국 대학으로 오게 된 남편을 따라 1999년 한국에 들어왔어요. 이후 이화여대 교양영어실에서 강의를 하며 학부 이후 다시 한번 이화에서의 삶을 시작했습니다. 그러다가 엄마를 필요로 하던 아들에게 집중하기 위해 이화를 떠났고, 아들이 미국 대학에 입학한 후 다시 이화의 언어교육원으로 들어와 전임강사로서 일했지요. 그러던 중 이번에는 딸이 엄마를 간절히 필요로 하여 두 번째로 이화를 떠나 딸을 돌보는 일에 집중했습니다. 그러다가 총장실의 영어 담당 스페셜 어드바이저(Special Adviser)로 다시 이화로 돌아오게 된 거예요. 두 번이나 이화를 떠났는데 저를 또다시 불러주셨을 때에는 하나님의 어떤 특별한 계획이 있으시겠구나 하고 생각하며 하나님께 여쭤보게 되었습니다.

2014년 인도에 단기 선교를 갔다가 거리 전도자들에게 성경 세미나를 하는 현장에서, 이화에 돌아가 외국인 학생들에게 성경 말씀을 가르치고 싶다는 뜨거운 마음을 하나님께 받게 되었고, 하나님의 친히 일하심으로 2015년 이화에서 '모자이크'라는 외국인 학생 성경공부 모임을 시작하게 되었습니다. 국제처 특임교수 임기를 마친 이후로는 현재까지 9년간 '모자이크' 모임을 해오고 있습니다. 외국인 학생 사역 외에, 이화의 탈북민 학생 동아리인 '아가페 통일 리더'의 지도교수로서도 다른 교수님들과 함께 섬기며 성경을 가르쳤습니다. 또한 2023년 초부터는 영문과 동창 친구인 케냐의 김선정 선교사와 동역하며 케냐 교회의 청년 리더들을 온라인으로 양육하고 있습니다. 매일 큐티(QT: Quiet Time) 묵상을 나누고 2주에 한 번씩은 '줌(zoom)'으로 성경 공부를 하고 있지요.

영문과 후배들이 받은 달란트를 주님이 사용해주시길 기도하며 주께 헌신하는 자들이 많이 일어나면 좋겠습니다. 우리가 결단하면 성령이 도우시고 친히 가르치시니, 하나님의 말씀을 연구하고 준행하며 가르쳐서 복음을 전하고 제자 삼는 사역에 헌신하자고 말해주고 싶습니다.

**이은혜2(05)** 저는 1, 2학년 때 'IVF(InterVarsity Christian Fellowship)'라는 기독교 동아리에 가입해 그곳에서 성경을 공부했어요. 하나님께서 YWAM(Youth With A Mission: 예수전도단)이라는 하와이 소재 열방대학을 소개해주셔서 그곳에 가게 되었고, 성령 체험이나 지식으로만 알던 하나님에 대해 마음으로 더 느끼고 깨닫는 경험들을 했습니다. 부모님께 어학연수 대신 하와이에 좀 보내달라고 해서 6개월 프로그램을 나가 경험한 것이죠. 그 후 처음으로 캄보디아 선교를 다녀왔고, 이어서 또 필리핀에 나가고 하면서 선교 단체와 연결돼 이렇게 1년 이상 나가 있게 되었어요.

결혼한 뒤에는 고등학교에서 영어 교사로 일했어요. 남편도 서울시청에 다니고 있었고, 그냥 평범하게 가정을 꾸려가고 있었죠. 그런데 선교를 나가게 된 계기는 난임이라는 과정을 겪으면서였어요. 결혼 5년차 때 임신에 실패하고 마음이 너무나 힘들었을 때, 남편에게 성경 훈련을 가자고 했어요. 그래서 남편과 함께 호주에 6개월 정도 다녀오자고 했던 것이, 어느새 6개월이 1년이 되었어요. 그곳에서 통역과 간사 역할을 하면서 영어선교학교를 이끄는 일을 했고, 아이도 낳았습니다. 지금 남편은 해비타트 집 건축 쪽 일을 하고 있고, 저는 5살, 3살 아이들을 키우며 지내고 있어요.

이대 영문과가 제게는 친정 같은 곳이라 지금 이렇게 제 이야기를 나누고 있는 거죠. 영문과 기도회 모임은 저한테 정말로 그런 '친정' 같은 자리였어요. 특히 기억에 남는 것은 '채널'이라는 영어 성경 읽기 모임이에요. 매주 모여서 영어 성경을 한 장씩이라도 읽고 같이 사랑 나눔 하면서 기도하는 곳이었어요.

지금 인구 절벽의 상황이지만 통일이 되면 인구 문제에 대한 새로운 전환점이 될 수 있지 않을까 생각해요. 하나님이 주신 비전 가운데, 다음 세대는 통일의 시대를 열어갈 세대라고, 좀 더 큰 그림으로 쓰일 거라고 생각을 하거든요. 그래서 한반도의 통일을 놓고 준비해나가는 그런 영문과 후배들이 됐으면 좋겠다 싶어요.

### ▸ 서면 답변

**김영자(66)** 영문과 재학 시절은 경제적으로 어려워서 늘 가정교사 아르바이트를 하며 힘겹게 보냈습니다. 여러 가지 과외 활동에 참석하지 못해 아쉬움이 컸고, 특히 합창단 활동에 함께하지 못한 것이 안타까웠습니다. 그래도 수업을 듣고 친구들과 함께 공부하던 시간은 큰 즐거움이었습니다.

선교를 하게 된 것은 하나님의 전적인 은혜였습니다. 중·고등부 전도사로서 이민 2세를 오래 섬기던 중, 제 나이도 65세가 넘고 나니 더 이상 제가 할 일이 없다는 생각이 들었어요. "주님, 이 세대를 위해서 무엇을 더 할 수 있을까요?" 기도했을 때 주님께서 저를 우간다로 인도하셨습니다. 우간다 엔테베에 자리한 한국 선교사님들의 모든민족신학교(All Nations Theological Seminary)에서 신학과 성경을 가르치며 지난 14년간 젊은 신학생들을 섬겼습니다. 그리고 빅토리아 호숫가에 사는 빈민들에게 630개의 정수기를 보급했습니다. 또 2014년에는 1년 코스로 선교사를 훈련하는 신학교를 설립해 지금까지 53명의 졸업생을 배출했습니다. 그중 여섯 명은 케냐와 카라모자에서 선교사로, 아홉 명은 우간다와 탄자니아에서 리드목사로 섬기고 있습니다. 같은 해에는 또 학교 근처 빈민촌에서 학생들과 교회를 시작했고, 지금은 복음을 증거하며 전도하는 지역교회로 성장하고 있습니다.

부족한 저를 신학도 하게 하시고, 목회도 하게 하시고, 선교도 하게 하신 주님의 은혜가 새삼스럽습니다. 이런 은혜의 선물을 받을 수 있었던 것은 영문과에서 배운 것들과 그곳에서 다져진 기초 덕분이었다고 생각합니다. 영문과에 깊이 감사드립니다.

**송헌복(69)** 저는 2012년, 한국해외선교회(GMF: Global Missionary Fellowship) 소속 한국선교훈련원(GMTC: Global Missionary Training Center)에서 명예교수로 은퇴했습니다. 학창시절에는 교회 봉사, 대학생 및 청년 찬양 더블 퀄텟 멤버로 활동했어요. 선교 활동의 계기는 영문과 친구를 통해 죠이선교회를 소개받으면서부터였습니다. 그곳에서 구원의 확신을 갖게 되었고, 선교사들로부터 영어 성경 말씀 강해를 듣게 되어 믿음의 뿌리를 내리게 되었습니다.

당시 대학생 및 청년들을 대상으로 제자훈련에 몰두하며 선교에 헌신하던 이태웅 목사님을 만나 결혼하게 되었고, 그분의 인생 여정을 함께하며 저 역시 선교에 헌신하게 되었습니다. 남편은 미국 트리니티신학원에서 공부를 마치고 1986년 후반에 GMTC를 믿음으로 창립했습니다. 1991~1992년 GMTC의 교육 프로그램에 기여하기 위해 저도 남편이 졸업한 트리니티신학원에 2년간 유학하여 종교교육학 석사를 받았어요. 그 후 은퇴할 때까지 선교사들의 가정생활과 상담을 위한 교수 사역을 담당해왔습니다.

영문과에서 공부한 덕분에 선교사들로부터 말씀을 더 잘 배울 수 있었고, 영문 서적도 잘 이해할 수 있었습니다. 그런 저를 하나님께서 부르셔서 유용하게 사용해주신 것에 감사드립니다. 하나님께 아낌없이 우리의 재능과 최선을 드릴 때 오병이어의 기적을 우리에게 베푸십니다. 저는 수십 년이 지나도 절대 후회하지 않을 삶을 살았다고 고백할 수 있습니다.

오은주(74) 이대 영문과에서의 학창시절을 떠올려보니 가깝게 지냈던 친구들의 밝은 미소가 먼저 떠오릅니다. 영문학 배경 수업 시간에 성경 말씀을 배우기도 했지만, '대대로 불교인 우리 집에서는 안 될 말이지' 하고 생각하며 속으로 부러워만 했던 기억이 있습니다. 불신자 가정에서 태어나 불신자 가정으로 시집을 갔고, 매일 새벽 예불을 두 군데나 나가시는 시어머니를 모시게 되었습니다. 그런데 어느 날 시어머니께서, '저 예수쟁이들은 왜 접시물에 코가 빠져도 감사하다고 하는지, 그 이유를 한번 알아보자' 하셔서 같이 교회에 가게 되었습니다. 그곳에서 저는 세상이 진동할 만큼 놀라운 하나님의 은혜를 경험했고, 마치 눈에 새로운 안경을 쓴 듯 모든 것이 다르게 보이기 시작했습니다.

필리핀에 먼저 가 있던 남편이 '당신이라면 가장 훌륭한 선교사가 될 수 있을 것 같다'는 편지를 보내왔습니다. 제 앞날의 진로를 놓고 매일 밤 교회에 엎드려 기도하던 중, 어느 날 하나님께서 음성을 들려주셨습니다. 저는 너무 기뻐서 뒤도 안 돌아보고 선교사가 되기로 작정하고, 후원자나 후원교회 하나 없이 자비량 선교사로 헌신하게 되었습니다. 물론 극심한 가난 속에서 많은 어려움이 있었습니다. 제 아들이 모기에 물려 풍토병에 걸리면서 열다섯 나이에 필리핀에서 천국에 먼저 가는 일도 겪었습니다. 하지만 지금 생각해도, 제가 이 세상에서 제일 잘한 것이 아무런 후원 없이 선교사로 헌신한 그 결정이었다고 확신합니다. 필리핀에서 교회 개척을 계속하며 미래를 이어갈 다음 세대 사역자들을 양성하는 것이 시급하다고 느끼게 되었고, 리조이스신학교를 설립하여 미래의 사역자들을 양성하기 시작했습니다. 지금은 그곳에서 배출된 사역자들과 함께 다섯 곳의 리조이스교회를 세워 사역을 이어가고 있습니다. 한국에서 신학교를 나오지 않아 동창 목사님들도 없고, 인간적인 발판과 지지를 얻을 수 있는 것들이 전혀 없었지만, 제가 이대 영문과를 나온 것을 알게 된 많은 사람들이 제 실력을 인정해주고 지지해주고 저를 신뢰해주었습니다. 또한 사랑하는 이대 영문과 친구들의 지원과 이대 영문과 선교부 대선배님들의 헌신적인 신뢰, 그리고 기도와 사랑의 선교 후원에 대해서는 뭐라 말할 수 없이 감사하고 눈물겹기까지 합니다. 모든 것이 주님의 은혜이십니다.

**박혜원(79)** 부모님께서 월남 선교사로 헌신하시며 전쟁 중인 나라에 가서 생명을 아끼지 않고 선교하시는 모습을 보면서, 저도 세계 선교가 가장 가치 있는 일이라 생각하고 어린 시절부터 선교사가 되는 꿈을 키웠습니다. 이대 영문과 학창시절에는 장학금도 필요했고, 예수님과 사명에 헌신하기로 약속한 것도 있어서 공부와 전도 양육에만 온전히 집중했습니다.

선교사 훈련을 받을 무렵에는 미국 윌리엄 캐리 세미너리(William Carey Seminary)의 MA 과정을 마치고 인도네시아 자바섬 동부 바뚜로 파송되었습니다. 그곳에는 30년 전부터 독일 경건주의 선교사들이 개척해놓은 인도네시아 미셔너리 펠로우십(Indonesia Missionary Fellowship)이라는 큰 신학교 캠퍼스가 있었고, 저는 그곳에서 교수 요원으로서 제자훈련과 리더십 개발 사역을 하게 되었습니다.

선교사를 꿈꾸는 영문과 후배들에게 전하고 싶은 점은 네 가지입니다. 첫째, 스피리추얼 포메이션(Spiritual Formation, 성령의 열매, 내면 인격 성장)/미니스터리얼 포메이션(Ministerial Formation, 전도와 양육의 열매, 사역 성장)/스태티직 포메이션(Strategic Formation, 전략 성장)의 과정으로 하나님을 경험하는, 예수님 제자 리더십으로서의 믿음 성장이 필수입니다. 둘째, 이를 위해서는 훈련이 반드시 필요합니다. 열정만으로는 안 됩니다. 셋째, 선교사란 미셔너리(missionary), 즉 미션을 이루는 자이므로 구체적인 미션이 무엇인지 파악하고 자유자재로 그 열매를 맺을 수 있도록 믿음의 공동체 안에서 훈련해야 합니다. 훈련의 땀을 많이 흘린 자는 전장에서 피를 덜 흘립니다. 넷째, 지난 52년간 이 일에 집중하게 하심과 열매 누리게 하심에 감사드립니다. 오직 성령하나님만이 선교의 대사령관이시니 우리는 성령님만을 따라야 합니다. 원하시는 분들은 개인적으로도 만남이 가능하니 연락주시기 바랍니다. 이대 영문과에서 너무나도 귀한 선후배님들을 많이 만나 기도와 사랑과 후원과 동역하게 하심에 감사드립니다.

**양은숙(80)** 이대 영문과를 떠올리면, 기숙사에서 저녁 10시 점호 때마다 스피커를 통해 울려 퍼지던 찬송가 소리를 들으며 하루를 마감했던 기억이 떠오릅니다. 캠퍼스 내 중강당의 주일예배에 참석하게 된 것은 홀로 영적 씨름을 하고 나서였습니다. 스스로 헤쳐 나오고 싶어 발버둥을 쳤지만, 결국은 제힘으로 안 됨을 깨닫고 주님을 찾게 된 학창시절의 시간이 제게 영적 자산이 되었습니다.

1997년 무렵, 아프리카 머시쉽(Mercy Ships)의 선교 활동을 접하면서 새로운 세계가 제게 열리는 듯한 감동을 받았고, 2011년 동유럽의 알바니아로 와서 선교사의 삶을 시작했습니다. 이곳에서 미전도 종족인 발칸 집시 종족을 만나게 되었고, 현재는 알바니아의 수도 티라나에서 이 공동체와 함께 지내며 그들의 영혼을 섬기고 있습니다. 무슬림이 대부분인 이 지역에서 부녀자와 청소년, 그리고 아이들과 예배로 만나며 복음을 전하고 있습니다.

제가 경험한 지난 13년간의 선교사로서의 삶은, 그전까지 살아온 삶보다 더 큰 인내를 요구하는 시간이었습니다. 저는 부족하지만 저를 이끄시고 도우시는 주님의 손길에 의지하고, 그 손길을 경험하며 지금까지 알바니아 땅에서 선교사로서의 삶을 이어오고 있습니다. 선교사로서 반드시 준비해야 할 가장 중요한 것은, 선교지의 영혼들을 사랑하는 마음과 낯선 곳에서의 삶을 두려워하지 않는 용기, 그리고 낯선 언어를 끝까지 잘 배워내겠다는 의지입니다.

**김선정(88)** 서울 신촌에서 나고 자라며 당시 이대역 앞에 있던 피아노 학원을 다녔던 제게 이대생 언니들은 너무나 멋진 존재였습니다. 주일학교 선생님이 이화 기숙사의 사감이셨던 덕분에 저는 어린 나이부터 이화 캠퍼스를 드나들었고, 그래서인지 이화 동산은 저에게 친근한 곳이었죠. 문학 소녀였던 저는 영문학을 전공하며 문학 저변에서 흐르는 성경의 말씀이 너무도 신기하고 흥미로웠습니다.

현재 저는 케냐에서 두 가지 사역에 집중하고 있습니다. 첫째는, 억압받는 여성들을 진리의 말씀으로 자유케 하고 지도자로 세우는 마더와이즈(Motherwise) 훈련 사역입니다. 둘째는, 나이로비 근교의 슬럼 지역에서 태어나 희망 없이 살아가던 아이들을 하나님의 말씀으로 훈련하고, 이들에게 직업훈련의 기회를 제공하여 어둠의 세상에서 빛의 자녀들로 당당히 살아가도록 세워주는 사역입니다. 교육의 기회를 상실하고 슬럼에서 방황하는 청소년들에게 학비를 지원하여 교육의 기회를 주고, 말씀으로 제자훈련을 하며 키워온 첫 열매들이 지금은 대학생이 되어, 그들이 슬럼에 개척한 교회의 젊은 리더로서 함께 사역하고 있으니 그 기쁨이 이루 말할 수 없습니다.

주님을 너무도 사랑하기 때문에 저는 선교를 합니다. 같은 마음으로 선교사가 되기를 소망하는 후배들에게 저는 주님과 아주 진한 사랑에 빠지라고 조언하고 싶네요. 부활 후 갈릴리 바다에서 베드로에게 도전하시던 주님이, "네가 나를 사랑하느냐?"고 물으시며 건네신 것과 같은 진지한 초대에 진심으로 "사랑합니다, 주님" 하고 응답할 수 있다면 선교 현장에서의 모든 어려움을 능히 감당할 수 있을 거라고 확신합니다.

이화 영문과의 믿음의 가족들은 저에게 너무도 특별한 사람들입니다. 선교지에서 외로운 사투를 벌이다 잠시 한국을 방문할 때면 늘 저를 기억해 불러주시고, 대선배님들께서 무한리필 친정집 사랑과 격려를 주셨던 영문과 선교부 기도모임에서의 기억들은 저의 선교 여정을 이루는 귀중한 퍼즐 조각들입니다. 철없던 시절 서로 잘 몰랐던 우리가 이렇게 따뜻한 팀원들이 되게 하심도 미리 계획하신 주님 이야기의 한 부분이라고 생각하니 저는 더욱 주님을 사랑하게 되네요. 앞으로 더 멋진 이야기를 기대합니다.

엄옥희(86) 저의 이화여대 학창시절은 우선 대학에 입학해 어머니께 큰 기쁨을 안겨드리는 것으로 시작되었습니다. 1학년이 되기 직전 겨울방학 때 처음으로 인생과 세상을 보는 시각이 달라졌고 마음의 태도도 달라지는 것을 느꼈습니다. 교회에서 만난 정외과 친구가 'IVF(InterVarsity Christian Fellowship)'에 와보라고 해서 그곳으로 가 많은 훈련을 받았고 평생의 친구들을 만나게 되었습니다.

편안한 삶의 테두리를 벗어나 하나님이 하시는 일에 제 손과 발을 포개는 일은 남편과 저의 학창시절에 이미 시작되었습니다. 남편은 일찍이 미국 웨스트민스터신학교로 유학을 갔고 저는 미국으로 이민을 가게 되었는데, 친구의 소개로 만나 결혼한 후 미국에서 목회를 하며, 아이들이 크면 선교를 위해 떠나자고 2000년 초부터 준비했습니다. 그리고 막내가 대학을 간 2014년, 학부 때 전도사를 하셨던 선교사님의 초청으로 우간다에 오게 되었습니다.

주 사역은 남편이 수도 캄파라에서 신학교와 음악대학 사역을 함께했고, 저도 2년간 영어를 가르치는 사역을 했습니다. 그러다가 서쪽 콩고 국경에 가까운 포트포탈이라는 지역에 땅을 매입해서 작은 집과 선교관을 짓고, 2년 반 동안 남편은 청소년 성경 및 축구 사역, 지역 영적 지도자 훈련, 그리고 저는 영어와 성경 읽기 사역을 했습니다. 지금은 캄파라에 소재한 우간다개혁신학교(RTC: Reformed Theological College)로부터 교장/학장을 맡아줄 수 있겠냐는 제안을 받아 다시 도시로 돌아왔습니다.

이대 영문과는 제게 지대한 영향력을 발휘했습니다. 더 큰 힘은 뒤늦게 영문과, 그것도 신실한 예수님의 제자들이신 선후배님들을 알게 된 것입니다. 기도와 물질로 후원을 해주시는 이대 영문과를 곁에서 목도한 남편이 "이래서 이대가 훌륭한 학교"일 수밖에 없다는 말을 하더군요. 유구한 역사를 가진 모교가 흉흉하고 반기독교적이고 비성경적인 지금의 세태에 물들지 않고 순수성을 유지하면서 지속적으로 발전하기를 기원합니다. 이대 영문과여, 계속 살아서 빛을 발하라!

# 6장 사법·행정 분야

### 참석 동문

**윤혜미**(1981) (전) 아동권리보장원 원장, 충북대학교 아동복지학과 교수

**김정순**(Jungsoon Janice Lee, 1983) 김·장 법률사무소 고문, (전) SC제일은행 부행장, (전) 하나로텔레콤 부사장

**강민아**(1988) 이화여자대학교 행정학과 교수, (전) 감사원 (여성 최초) 감사위원 및 감사원장 권한대행(2018~2022)

**곽진영**(1988) 건국대학교 교학부총장, 건국대학교 정치외교학과 교수, (전) 국민권익위원회 부위원장

**김선화**(1992) 국회입법조사처 법제사법팀장

**서연희**(1994) 법무법인율성 변호사/변리사

**이지은**(1996) 법률사무소리버티 대표변호사(한국/뉴욕주)

### 참석 영학회 임원진

회 장 **정경숙**(1979) 부회장 **강명옥**(1982) 사 회 **조영미**(1982)

진 행 **양옥경**(1982) 기 록 **윤수현**(1995)

※ 모든 참석자 소개 순서는 졸업연도 순이며, 간담회는 영학회 임원인 조영미 동문의 사회로 진행되었습니다. 간담회에 앞서 참석 예정인 동문들에게 미리 질문지를 배부했으며, 참석자들께서는 사회자의 진행에 따라 질문 가운데 원하는 항목을 선택하여 답변하면서 자유로이 대화를 나누었습니다.

**사법 · 행정 분야 동문과의 대화 참가자 1**

* 왼쪽부터 양옥경(82), 조영미(82), 서연희(94), 김정순(83), 김선화(92), 윤혜미(81), 정경숙(79), 곽진영(88), 강민아(88), 윤수현(95), 강명옥(82).

**사법 · 행정 분야 동문과의 대화 참가자 2**

* 앞줄 왼쪽부터 시계방향으로 서연희(94), 김정순(83), 곽진영(88), 강명옥(82), 정경숙(79), 윤수현(95), 이지은(96), 김선화(92), 윤혜미(81), 조영미(82).

### ▸ 대표적인 이력을 포함해서 간단한 자기소개를 부탁드립니다.

**강민아(88)** 1988년에 영문과를 졸업하고 이대 행정학과 교수로 있습니다. 2018년부터 2022년까지는 감사원 감사위원으로 재직하며 감사원장 대행으로 일했습니다.

**윤혜미(81)** 간담회 참석자 중 제가 최고령자네요(웃음). 1981년에 영문과를 졸업하고 (간담회가 열리는) 현재 충북대에서 8월 31일 퇴직할 예정입니다. 학부 졸업 후 사회복지를 전공하고 보건사회연구원 국책연구소에서 근무하다가 2020년부터 2023년까지 보건부 산하 공공기관인 아동권리보장원의 초대 원장으로 재직했습니다. 그렇게 30여 년간 한 분야에 종사하면서 보람 있는 시간을 보내고 학교로 돌아와 아동복지학 강의를 해왔지요.

**김선화(92)** 영문과 졸업 후 법학과로 진학해 헌법을 전공했는데, 그 시작은 서숙 교수님께서 법학과 박은정 교수님께 저를 소개해주셨던 일이었습니다. 대법원 사법정책실과 대통령 직속 사법개혁추진위원회에서 근무했고, 뉴욕대에서 박사후 과정(Post Doc)을 마친 뒤 귀국해 국회입법조사처 선임연구관으로 재직 중입니다. 동시에 한양대 정책학과에서 겸임 교수로 강의도 맡고 있습니다.

**이지은(96)** 사법연수원 32기로, 21년차 변호사입니다. 이대에서 헌법 전공으로 석사를 받았고, 미국 조지타운대학교에서 증권·금융으로 석사를 받았습니다. 오랫동안 금융회사의 사내 변호사로 재직하고 있으며, (간담회가 열리는) 현재 대한변호사협회 금융변호사회 초대 회장으로 있습니다.

**곽진영(88)** 영문과 84학번입니다. 강민아 교수랑 동기이자 같은 반에 있었지요. 영문과였지만 학부 때부터 정치학과 수업을 많이 들었고, 졸업 후에는 대통령 자문기구인 21세기위원회의 1기 연구원으로 활동하며 청와대에 정책 자료를 제공하는 일을 맡았습니다. 이후 진로를 바꿔서 노스웨스턴대학교 대학원 정치학과로 유학을 떠나 박사학위를 받았고, 2001년부터 건국대 정치외교학과 교수로 재직 중입니다. 이대 BK 사업단과도 함께 일했고, 국회, 정당 등과 산학협력도 활발히 진행했으며, 박근혜 대통령 선거 캠프에도 관여하여 법, 행정, 정치 팀을 운영하고 「이해충돌방지법」 관련 업무도 맡았습니다. 이후 국민권익위원회에서 「공익신고자보호법」 강화, 「청탁금지법」 등 반부패 3법 관련 업무를 하다가 다시 학교로 돌아왔는데, 그러한 활동들이 강의에도 많은 도움이 되었습니다. 제17대 한국정당학회장을 역임했는데, 1호 여성 회장이라는 기록도 남겼지만 아쉽게도 그 후로는 아직 여성회장이 없습니다. 최근 7월 1일 자로 건대 부총장으로 임명되어 임기를 시작했습니다.

**김정순(83)** 영문과를 졸업한 후 미국으로 건너가 회계학과 MBA를 전공하고 미 회계법인의 CPA로 일하게 되었습니다. 그 과정에서 시민권을 취득해 '제니스 김(Jungsoon Janice Lee)'이라는 영어 이름도 쓰게 되었지요. 1998년 볼보건설기계가 삼성중장비를 인수할 때 한국으로 돌아왔고, 그 후 30여 년 동안 계속해서 재무·경영·전략 관련 업무에 종사하고 있습니다. 현재 김·장 법률사무소 고문, 삼성물산 사외이사, 에스오일(S-OIL) 사외이사로 재직하며 다국적 기업의 위기 관리 및 인사 전략을 자문하고 있습니다.

**서연희(94)** 졸업 후 바로 결혼하고 육아에 전념했습니다. 큰아이가 고등학교에 진학할 무렵 저도 충북대 로스쿨에 진학했고, 현재는 8년차 변호사로서 하루하루 보람을 느끼며 일하고 있습니다.

**▶ 영문과 재학 중 감명 깊었던 작품이나 수업, 교수님에 대한 기억을 나누어주세요.**

**김정순(83)** 최영 교수님의 강의가 오래도록 기억에 남네요. 당시 셰익스피어 수업은 이해하기 어려웠지만, 30여 년 동안 기업에서 리더로 일하다 보니 인문학이 인성과 인간에 대한 이해를 깊게 하여 기업 경영의 바탕이 될 수 있겠다는 걸 절실히 느꼈습니다. CEO들이 많이 읽는 『인문의 숲에서 경영을 만나다』(21세기북스, 2007~2010)라는 책에도 많은 고전이 소개되어 있지요. 경영진으로 오래 일하다 보니 이펙티브 리더(effective leader)가 중요하다는 걸 절감하는데, 미국 기업에서는 이펙티브 리더가 되기 위해 먼저 이펙티브 휴먼비잉(effective human being)이 되어야 한다고 강조합니다. 그런 점에서, 당시엔 어렵게만 느껴졌던 고전 공부가 결국 저의 커리어에 밑거름이 되었다고 생각합니다.



윤혜미(81) 저도 최영 교수님이 인상 깊었어요. 저는 77학번인데, 최 교수님이 저희가 3학년일 때 부임해오셨어요. 다른 교수님들은 어려웠지만 최 교수님은 격의가 없었고, 제게 많은 자극을 주셨어요. 유학 중 치열했던 공부 이야기를 해주실 때면 공부 때문에 스트레스를 받았던 이야기도 많이 해주셨지만, 오히려 그 말씀 덕분에 유학에 대한 소망을 키우게 되었던 것 같습니다. '딸기골'에서 점심을 먹고 학관(C관)으로 돌아오던 길에 최영 교수님을 마주친 적이 있는데, '뛰어다녀도 공부할 시간이 모자라는데 유유자적 걷고 있느냐'며 훈계하신 기억도 납니다. 또 김세영 교수님의 영미 희곡 수업도 기억에 남아요. 마당극 <뺑덕어멈>의 상징에 대해 질문하셨는데 아무도 답을 못하니 직접 풀이를 해주셨지요. 그 후로 어떤 공연을 보더라도 상징성과 그 인문학적 뿌리를 생각하게 되네요.

다독(多讀)을 하는 편인데, 요즘 들어 말하기, 쓰기가 중요해지니 그게 큰 도움이 됩니다. 특히 외국인을 만나 대화할 때 문학적 기반을 이해하는 데에도 다독 습관이 도움이 되고 삶을 풍부하게 해주지요. 사회학 쪽으로 진로를 바꾸었지만 영문학 베이스가 큰 도움이 되었답니다.

김선화(92) 저희 때는 최영 교수님이 너무 무서워서 수업 시간엔 뒷자리부터 채워졌어요(웃음). 교수님은 수업 중에 독백 암송을 시키셨지요. 또, 서숙 교수님의 소설 수업과 유종호 교수님의 비평 수업도 기억에 남습니다. 두 분 덕분에 문헌 이해의 폭을 넓힐 수 있었고, 그 배경 지식이 훗날 큰 도움이 되었습니다. 제가 학교에 다닐 무렵에는 김세영 교수님이 이미 원로셨고, 제가 졸업하고 나서 새 교수님들이 많이 부임하셨어요. 학부에서 정말 많은 영어 원서를 읽어야 했고, 특히 서숙 교수님의 한 줄짜리 시험 문제는 저희에게 늘 부담이었지요. 그래서 그러한 방식에 불만을 제기한 적도 있었는데, 졸업 전날 동기 7명이 교수님을 찾아뵙고 말씀드리니 교수님께서 웃으시며 '공부 제대로 시켜서 졸업시키려 했다'고 말씀하시더라고요. 법대에 진학하고 나서 방대한 양의 영미 판례를 읽어야 했을 때, 영문과에서의 그런 훈련이 많은 도움이 되었지요.

**▶ 전공을 바꾼 계기에 대한 말씀 부탁드립니다.**

강민아(88) 저는 개인적인 이유에서 전공과 다른 분야로 진출하게 되었어요. 아이가 아팠던 경험이 계기가 되어 보건행정 중에서도 보건의료 정책을 공부했고, 한국으로 돌아온 뒤에는 개도국 다락방 학교 모임에도 참여하면서 20여 개 개도국에서 보건의료 정책과 관련된 일을 했습니다. 주로 정책과 사업을 평가하는 일이었는데, 행정 경험을 쌓으며 거버넌스(governance)에 관심을 갖게 되었고, 점차 정책의 기획화, 평가에 집중하게 되었지요.

이지은(96) 영문과에 입학하고 한동안 방황하다가 영자신문 활동을 하게 되었습니다. 영어연극부인 '빙즈(Beings)'나 영자신문 『이화 보이스(*Ewha Voice*)』는 해외파가 대부분이라 국내파는 저뿐이었어요. 지도교수님이 재미교포 3세인 김영걸 교수님이었고, 당시 신문사 내 소통도 대부분 영어로 이루어졌는데, 저로서는 힘들었지만 그런 가운데 제 비교우위를 찾을 수 있었던 것 같아요. 언론계 선배도 많았지만, 저는 에디토리얼 스탠스(editorial stance)에 따라 글을 쓰는 게 맞지 않았고, 결국 여성으로서 진출하기 좋은 전문직을 탐색하던 중 3학년 1학기 이후 런던정경대학교(LSE: London School of Economics) 서머스쿨에서 범죄학, 국제경제학, 환경 과목을 수강하게 되었습니다. 그 무렵 여성 법조인에 대한 동경이 생겨 학관과 법학관을 오가며 공부를 했지요. 지도교수님이셨던 정덕애 교수님께서 힘든 분야에 도전한다고 염려해주셨는데, 끝내 고시를 치렀고, 막상 합격하니 교수님께서도 함께 기뻐해주시고 격려도 해주셨어요. 지금도 스스로 잘하고 있는지 매일 자문자답 중입니다.

윤혜미(81) 문학보다는 현실에 가까운 일을 하고 싶었어요. 사회 변화에 기여할 수 있는 사회복지학에 끌리게 되었고, 부전공으로 사회복지학을 선택하게 되었습니다. 저는 내성적이라 적극적인 유형의 사회활동보다는 제 성향과 맞는 방향에서 사회 변화에 기여할 수 있는 길을 찾았는데, 그것이 사회복지라고 생각했지요. 사회복지를 하지 않았으면 몰랐을 많을 일들을 목격했고, 인문학을 전공하면서 읽은 글과 철학이 사회복지 이론과 맞아떨어지는 재미를 느끼는 순간도 있었습니다. 제가 공부하던 시절에는 미국과 한국 간 제도의 차이가 커서 유학 중 접한 프로그램을 바로 한국에 도입하기 어려웠고, 관련 학과도 별로 없었어요. 지금은 많이 비슷해지고, 제도는 오히려 우리나라가 더 잘되어 있는 것 같습니다. 문제는 제도의 깊이와 예산에 있지요. 특히 아동은 유권자가 아니어서 정책의 관심 밖에 놓이기 쉬운데, 국회의 입법 과정을 가까이에서 지켜보며 그런 현실을 더 많이 알게 되었습니다. 아동학대, 가정폭력 관련 일을 하니 여러 단체와 협업하게 되고 입법가들도 많이 만나게 됩니다. 3년간 기관장을 하면서 국회에 감사를 받으러 갔던 기억도 있습니다. 돌아보면 열심히 살았고, 사회적인 가치가 있는 일이라면 힘들어도 주저하지 않고 해냈다는 생각이 듭니다.

곽진영(88) 제가 참석자 가운데 유일하게 정치학 박사네요. 사실 정치학 박사과정을 밟기 전까지는 사회문제에 대해 깊게 생각해본 적이 별로 없었어요. 집안이 전통적으로 이과 성향이라 고등학교 시절 문과를 선택할 때부터 반대가 있었답니다. 당시에는 글쓰기 상을 타서 제게 문학적 자질이 있다고 생각했는데, 돌이켜보니 그 글쓰기의 주제가 공익적 내용이었더라고요. 윤정옥 교수님의 지도하에 『위대한 유산(*Great Expectations*)』으로 졸업논문을 작성하면서 사회과학 공부를 해야겠다는 확신이 들었어요. 주인공과 동질감을 느끼며, 특히 '권력'이라는 주제에 매료되면서 정치학을 하겠다는 결심이 섰습니다. 지금은 정치학개론, 비교정치학 강의에서 학생들에게 소설을 비롯한 문학 작품을 함께 읽을 것을 권장하고 있습니다.

**▶ 이대 영문과에 대한 고정된 이미지가 개인에게 큰 영향을 미칠 때도 있습니다. 참석하신 동문들께서는 전문직으로 진출하셨는데, 그 분야에서도 이대 영문과 출신이라는 고정된 이미지가 있었는지요? 그렇다면 새롭게 시작할 때 그 이미지가 도움이 되었는지, 혹은 제약이 되었다면 어떻게 극복하셨는지 궁금합니다.**

김선화(92) 저는 좋은 기억이 있습니다. 국회에서 영어로 발표를 한 적이 있었는데, 끝나고 나서 한 조사관이 제게 '왜 이대 영문과를 높이 평가하는지 알겠다'고 이야기하더군요.

곽진영(88) 저는 섭섭한 경험이 있습니다. 고위공직자가 되다 보니 주변 사람들이 거의 다 서울대 출신이라 저도 그럴 거라고 사람들이 지레짐작을 하더군요. 그런데 제가 이대 영문과 출신이라고 하면 종종 놀라더라고요. 그런 반응이 처음에는 아쉬웠지만, 또 좋은 일도 있었어요. 국회에 자주 가게 되었는데 이대 출신 국회의원들이 여야를 막론하고 따뜻하게 대해주었지요. 특히 야당의 경우에는 질책을 하는 역할을 맡고 있음에도, 노력의 결과로 이 자리까지 왔다며 친근하게 대해주시기도 했습니다. 또 1970년대 학번의 장관 사모님들 가운데에는 이대 영문과 출신이 많아서 저를 가깝게 대해주셨지요.

김정순(83) 미국 중장비 업계에서 일하다 보니 이대 영문과 출신에 대한 레퍼런스가 없었어요. 그렇지만 교포 의사나 전문직 종사자들의 배우자들 가운데 동문이 많아서, 각종 모임을 통해 많은 지원을 받았지요. 회사에서는 주로 재무와 경영을 담당했는데, 거기에서도 영문과 출신은 명민하다는 평을 들었어요. 부정적인 선입견이라면 여대 출신이라 사고의 폭이 좁을 거라는 편견이 있지요.

이지은(96) 이대 법조인회가 있는데, 그 안에서도 영문과 출신이 많은 것 같습니다. 사법고시 출신이나 로스쿨 출신의 영문과 동문들이 따로 네트워크를 갖고 있지는 않은데, 그런 분들을 모아 간담회를 해도 좋을 것 같아요. 저는 법대 출신이 아니라서 소외감을 느낀 적도 있거든요.

**▶ 해당 분야에서 활동하고 발전하기 위해 필요한 자질은 무엇이라고 생각하십니까.**

강민아(88) 행정, 감사원 일을 하면서 옳고 그름의 판단이 늘 명확할 수는 없다는 것을 많이 느꼈어요. 영문학을 공부할 때는 굳이 그처럼 절대적인 판단이 필요하지 않았던 것 같아요. 100:0의 판단보다는 60:40, 50:50 같은 상황이 많고, 그럼에도 결정을 내려야 하는 순간이 옵니다. 그럴 때는 결국 가치관이 중요해져요. 스스로 중요시하는 가치관을 세우는 것이 필요하지요. 그런 점에서 영문과에서 많은 서적을 접하며 바른 가치관을 형성할 기회를 얻은 것이 큰 도움이 되었다고 생각해요.

서연희(94) 저희 직업 영역에서 생존하기 위해서는, 첫째, 집착이랄 수 있을 정도로 포기하지 않는 태도, 둘째, 세상, 사람, 사건에 대한 호기심이 필요합니다. 변호사는 의뢰인의 대리전쟁을 해주고 갈등을 다루는 직업이다 보니 후회를 할 때도 많습니다. 전방에서 싸워야 하는 역할이고 체스 게임과 비슷한데, 이제는 타인의 어려움을 해결해주는 역할에 익숙해져가고 있어요. 변호사 일을 잘하기 위해서는 일에 대한 집요함이 필요합니다. 요즘 젊은 층은 풍요한 시대에 태어나서인지 이런 태도가 부족하다고 느꼈는데, 최근 올림픽을 보면서 요즘 세대의 집착의 방식이 달라진 것이구나 하고 깨닫게 되더라고요.

곽진영(88) 사회과학에서는 끊임없이 '왜'라는 질문을 해야 합니다. 문제에 대한 의식을 즐길 수 있어야 하고, 왜, 어떻게 풀 것인지 고민해야 하지요. 사법행정에서도 가장 중요한 것은 본인의 뜻을 전달하는 소통 능력이에요. 서류로 소통할 때는 정확성이 중요하며, 신중해야 하고 또 서두르면 안 되지만 결단력도 중요합니다.

강명옥(82) 그런 태도는 타고나는 걸까요? 아니면 배울 수 있는 걸까요?

곽진영(88) 타고나는 성격도 있지만 배양될 수도 있겠지요. 학생들도 많이 변하거든요. 특히 사법·행정 영역은 혼자 일하는 분야가 아니고 위계도 있으면서 수평도 있으니, 조직 생활의 경험 여부가 중요해집니다.

이지은(96) 본인이 변하는 걸 자각할 수 있겠지요. 학부 2학년 때 정치외교학과 수업을 들었는데, 발표 차례가 되었을 때 타 학과에서 하는 발표라 생각하니 더 많이 긴장했고 결국 교수님에게 지적을 받았어요. 사회에서도 발표를 잘하고 싶었는데 그러지 못할 때마다 좌절했습니다. 이제는 발표할 때 여유가 생겨 긴장도 안 하는데 이건 경험과 연습으로 생긴 여유겠지요. 저는 본래 내성적이었는데 사회에 진출하고 후천적 경험과 노력, 조직 생활을 통해 변화되었답니다.

곽진영(88) 2학년 여학생 중 매우 소심한 학생이 있었는데, 국회 보좌관 생활 2년 만에 많이 달라졌어요.

**▶ 앞의 질문과 연계해서 질문을 드리면, 변화를 리드할 수 있는 핵심적인 자질로는 어떤 걸 꼽을 수 있을까요?**

강민아(88) 기술화가 진행될수록 가치는 더 중요해질 것이고, 점점 복잡성이 커지면서 서로 소통·협력하는 능력이 가장 큰 자질로서 요구될 것이라고 봅니다. 영문과 수업 중 문학작품 속 인물을 이해하는 과정에서 이해와 공감 능력을 키우게 되면 이런 자질을 습득하는 데 큰 도움이 되겠지요.

김선화(92) 건강관리는 어떤 분야에서든 필수지만, 특히 법 공부는 절대량이 많아 체력이 정말 중요합니다. 또한 여러 각도에서 이해하려 노력해야 하고 편견을 지양해야 합니다. 전후 사정을 고려하지 않고 조치를 취하면 억울함이 생길 수 있으니 계속해서 성찰해야 합니다. 이런 과정이 없었기에 그간 국회에서 역사적 사건을 수정·회복하느라 많은 시간을 소비한 것이고, 결국 이는 사회적 비용으로도 연결됩니다. 신중한 결정을 위한 훈련이 필요하겠지요. AI를 필두로 하는 기술 변화 속도가 빠르다 보니 인권과 형평성 문제들이 대두될 수도 있고, 인문학적 소양은 더욱 중요해질 겁니다. 기술이 발전한 사회일수록 누적된 데이터에만 의존해서는 안 되고 사회의 공공선, 개방성, 포용성을 지향할 수 있게 하는 바른 가치관이 요구됩니다. 다양성과 포용성, 공감 능력을 키우려면 어려서부터 인문학적 소양을 키워야겠지요.

**▶ 모든 분야에서 성찰과 소통, 다양성과 포용이 중요하고, 이를 위해 인문학적 소양이 여전히 중요하다고 말씀해주셨는데, 과연 앞으로 인문학의 미래는 어떠하리라고 보시는지요.**

서연희(94) 앞의 답변과 연관 지어 말씀드리는데, 사법·행정 분야도 사회와 더불어 변하고 있습니다. 현시대는 100년 후쯤이 되면 산업혁명과 비견되는 시기로 기억될 거라고 생각해요. 전문직이 AI로 가장 대체 가능한 분야겠지요. 이런 시대의 변화를 주시하고 검증해야 하겠지만, 인간은 계산 불가능한 감성의 존재이기도 합니다. 여기에 인문학이 답을 제공할 수 있을 거예요. 영문학은 영어로 된 문학만이 아니고, 영어권 세상이 그동안 쌓아온 가치관과 철학, 패러다임의 변화를 모두 담고 있는 것이라고 봅니다. 그 유니버스는 한국어권보다 훨씬 큰 시장이고, 그 영어권 문화와 시장을 이해하려면 영문학이 좋은 도구임은 확실합니다. 책뿐만이 아니라 영화와 같은 매체도 마찬가지고요. 그런 점에서 여전히 영문학의 미래는 밝다고 생각합니다.

김정순(83) 한창 일할 때는 캐파빌리티 빌드(capability build)에 집중해야 합니다. 그런데 최고경영진이 되려면 캐파시티 빌드(capacity build)가 중요하지요. 특히 구조적인 변화를 위해서는 사법·행정에 먼저 변화가 있어야 하고, 다양성을 인정하는 것, 포용성을 수용하는 것도 중요해집니다. 다양한 구성원이 소속된 조직이나 기관의 다양성을 이해하려면 공감 능력이 필요하고, 이를 위해서는 인문학적 소양이 중요합니다. 기술적인 지식은 습득하면 되지만 가치관은 자기가 스스로 커가며 환경에서 체득되어야 하는 것인데, 이를 위해서는 굳건한 가치에 기반을 둔 유연한 사고를 하는 것이 중요하지요. 그렇지 않으면 카오스 상태가 되고 맙니다. 전환기일수록 불확실성이 크고 예측하기가 힘든데, 이런 과정에서 방향성을 잃지 않으려면 인문학적 소양이 절대적으로 필요합니다.

곽진영(88) 인문학의 가치는 계속 중요해질 겁니다. 인문학으로서의 영문학은 생존하겠지만, 학생 수가 유지될지는 모르겠어요. 그래도 타 대학은 영문과가 매우 불안해서 정원도 줄이는 추세인데, 이대 영문은 강한 전통으로 유지되고 있지요. 많은 학교가 융합전공을 표방하고 있는데, 우리 영문과도 같이 공부할 수 있는 짝이 될 수 있는 전공을 빠르게 찾아야겠다고 생각해요.

윤혜미(81) 비영미권의 영어 문학도 선제적으로 받아들여야 합니다. 소수자 문학, 페미니스트 문학을 다루면서 학문 간 간극을 줄일 수 있을 듯해요. 나아가 AI 창작에도 열린 태도를 가져야 하지 않을까요. 인문학적 사고와 다양성이 중요한 시대이지만, 요즘 대학생들은 예전보다 더 개인의 이익을 중시하는 경향이 있는 것 같아요. 공부는 많이 하지만 흑백논리에 매몰되어 서브스턴스(substance)가 없고 토론이 힘든 게 학문 발전의 걸림돌이 된다고 봐요. 따라서 창작 영역에서 윤리나 철학과의 접목을 통해 더 깊이 있는 결과를 이끌어낼 수 있으리라 생각합니다. 이런 맥락에서 영문과가 선도적 역할을 할 수 있고, 그만큼 중요한 책임도 함께 짊어져야 하겠지요. 한편 영문과에 대해 '이기적이다', '잘난척한다'라는 식의 부정적 인식이 있는데, 이제는 이에 대해 보다 적극적인 공수를 둘 때가 되었다고 생각합니다. 영문과를 졸업했지만 타 분야로 진출한 동창이 많듯이, 영문학을 새롭게 해석하려는 시도가 필요하고, 포스트휴머니즘 시대 속에서 영문과의 역할 또한 새롭게 고찰해보아야 할 때라고 봅니다.

# 7장 학술 분야 동문 오찬

이화여자대학교 영어영문학과는 지난 100년 동안 520여 명의 학술 분야 동문을 배출해왔다. 이는 사회 각계에서 활동한 전체 동문 중 25%에 달하는 수로, 이들 동문은 국내는 물론이고 미국, 영국, 캐나다, 일본, 중국 등 해외 43개 대학을 포함하여 총 180여 개의 대학과 20여 개 연구기관에서 교수, 강사, 연구원으로 재직하며 국내외 학술 발전에 크게 기여해왔다. 이화 영어영문학과의 졸업생들은 전공 분야인 영문학과 영어학, 영어교육 분야뿐만 아니라 국문학 및 외국문학, 사학, 신학, 철학 등의 인문학 전반에 걸쳐 활약해왔다. 나아가 정치외교학, 행정학, 사회학, 커뮤니케이션·미디어학, 문헌정보학, 경제·경영학 등의 사회과학 분야는 물론, 음악, 미술디자인, 미술사 등의 문화예술 분야로까지 영역을 확장했으며, 간호학, 의학, 컴퓨터, 정보기술, 우주공학 등 일반적으로 인문학과는 거리가 있다고 여겨지는 전공에서도 두각을 나타냈다. 그 결과, 동문들은 50개가 넘는 다양한 전공 분야에서 활약하며 이화 영어영문학과의 위상을 높여왔다.

2024년, 이화여자대학교 영어영문학과의 100주년을 맞이하여 동문들의 학문적 기여를 기리고 축하하는 '학술 분야 동문 오찬' 모임을 개최했다. 이 행사는 10월 25, 26일 양일간 "'상호 욕망 존중 공동체의 형성'과 다가올 미래('The Creation of a Community of Reciprocating Desires' and the *A-venir*)"라는 주제로 개최된 100주년 기념 국제학술대회와 병행하여, 이화 영문과 100주년을 대내외에 선포하는 자리로 마련되었다. 참석한 동문들은 이화 영어영문학부가 "우리나라의 여성교육뿐만 아니라 인문학과 인간학 발전에 크게 기여"(신숙원, 64)하기를 희망했으며, "영어영문학을 공부하면서 닦은 인문학적 소양이 AI, 첨단통신기술 등의 발전에도 이바지할 수 있기를 바란다"(채미옥, 79)는 바람을 밝히는 등, 새로운 100년을 위한 비전과 발전 방향에 대한 조언을 아끼지 않았다.

• 시간: 2024년 10월 26일(토) 12:00~14:30
• 장소: 이화여대 ECC 닥터로빈
• 참석 동문(졸업연도·소속)

김종순(62·포항공대 인문사회학부), 권경수(63·이화여대 영어영문학), 김정매(63·동국대 영어영문학), 신숙원(64·서강대 영문학), 김신자(65·이화여대 교육공학), 김춘미(65·고려대 일어일문학), 최영(67·이화여대 영어영문학), 서숙(68·이화여대 영어영문학), 서지문(69·고려대 영어영문학), 이경숙(70·이화여대 기독교학), 장선(72·숭실대 베어드교양대학), 장필화(74·이화여대 여성학), 정덕애(74·이화여대 영어영문학), 김희자(76·총신대 기독교교육), 오정화(76·이화여대 영어영문학), 전수용(76·이화여대 영어영문학), 김옥례(78·한국교통대 철도경영물류학), 김춘희(78·서울대 사회과학연구원), 박유정(79·수원대학교 ESL), 정경숙(79·서울대 공연예술), 채미옥(79·국토개발연구원), 한애경(80·한국기술교육대 교양학부), 강명옥(82·서울시립대 국제개발협력), 김은경(82·청강문화산업대 미디어영어), 박영란(82·강서대 G2빅데이터경영학), 양옥경(82·이화여대 사회복지학), 이유미(83·한양대 국제교육원), 백은희(84·공주대 특수교육학), 이승재(85·경희대 호텔관광대), 김은경(87·한국과학기술원 디지털인문사회과학부), 백미현(87·충남대 영어영문학), 채서영(87·서강대 영문학), 강민아(88·이화여대 행정학), 김수연(88·세종대 영어영문학), 이무경(89·건국대 문화콘텐츠학), 이혜지(89·수원과학대 항공관광과), 전제아(89·이화여대 교육학), 최혜원(89·이화여대 영어영문학), 허정원(89·영산대 항공관광학), 박인희(90·이화여대 기독교학), 배경진(90·호서대 영어영문학), 오은진(90·이화여대 영어영문학), 김재희(91·작가), 이소영(91·이화여대 호크마교양대), 이승아(91·이화여대 영어영문학), 안영란(93·강서대 G2빅데이터경영학), 김희진(94·명지대 교양학부), 이형숙(94·이화여대 영어영문학), 전하영(95·호서대 창의교양학부), 박현경(97·남서울대 교양대학), 정영진(98·이화여대 영어영문학), 황수경(99·이화여대 영어영문학), 강수진(00·이화여대 디자인학), 김소연(01·국민대 영어영문학), 박환희(06·경희대 영어영문학), 유명혜(10·충남대 영어영문학), 김유진(11·한남대 영어영문학), 신서윤(13·이화여대 교육학), 김수민(석13·이화여대 영어영문학)

**학술 분야 동문 오찬 참가자**

* 좌측 앞줄부터

1열: 이경숙(70), 장필화(74), 김춘미(65), 최영(67), 김신자(65), 권경수(63), 김정매(63), 김종순(62), 신숙원(64), 서숙(68), 정덕애(74)

2열: 이유미(83), 한애경(80), 장선(72), 채미옥(79), 백은희(84), 강명옥(82), 박영란(82), 김은경(87), 서지문(69), 김춘희(78)

3열: 김옥례(78), 오정화(76), 전수용(76), 김희자(76), 양옥경(82), 이무경(89), 채서영(87)

4열: 강수진(00), 강민아(88), 이승재(85), 김은경(82), 박유정(79), 정경숙(79), 김수연(88), 백미현(87), 전제아(89), 신서윤(13)

5열: 박환희(06), 오은진(90), 배경진(90), 이소영(91), 이혜지(89), 김재희(91), 허정원(89), 안영란(93), 이승아(91)

6열: 박현경(97), 김소연(01), 정영진(98), 전하영(95), 김희진(94), 이형숙(94), 최혜원(89)

7열: 박인희(90), 김수민(석13), 김유진(11), 유명혜(10), 황수경(99)

# 김교숙(1968년 졸업), 김진선(1978년 졸업) 동문 인터뷰

'한 알의 밀알이 썩으면 많은 열매를 맺고 생명을 얻으리라.'

김교숙
(1968)

김진선
(1978)

이화 영문 10년차 선·후배로 대한적십자사 여성봉사특별자문위원으로 만나 20년 이상을 같이 일하면서 인생 멘토/멘티의 돈독한 관계로까지 발전한 동문들이 있다. 1968년 졸업 김교숙 동문과 1978년 졸업 김진선 동문은 활발한 사회·봉사활동을 하면서, 개인적으로도 같은 이화 영문 출신이라는 공감대로 서로 교감과 선한 영향력을 주고받아온 사이이다. 김교숙 동문은 대한적십자사 부총재를 역임하고, 현재는 적십자 중앙위원과 국립현대미술관회 이사를 맡고 있다. 그는 이대 재학 중 C관(학관) 층계 벽에 붙어 있었던 '한 알의 밀알이 썩으면 많은 열매를 맺고 생명을 얻으리라'는 문구를 보면서 인생의 모토로 삼았다고 한다. 특히 영문과에서의 학업이 "인간과 인간관계를 이해하는 데, 또 나 자신을 이해하는 데 큰 도움이 되었다"고 한다. 그는 후배들에게 "100년의 역사 속에 존재한 가치인 '정의', '교훈', '원칙'을 지켜가며 변화하는 시대에 맞추어 씩씩하게 나아가십시오"라고 당부하면서, "길을 잃을 때는 100년 이상이 된 뿌리(역사)를 생각하며 다시 길을 찾아야겠지요"라고 말했다.

10년 후배인 김진선 동문은 김교숙 동문을 "모든 일에 솔선수범하고, 주위 사람들에게 배려를 베푸는 모범이 되는 선배님"으로 묘사하면서, 특히 그에게서 "직접 가는 것보다 화합을 위해 둘러가는 지혜"를 배웠다고 한다. 김진선 동문은 동화약품 고문, 대한적십자사 상임위원과 특별자문위원 등으로 활동해왔고, 2026년 6월부터 UN이 인정하는 국제 여성 봉사단체인 국제소롭티미스트 한국협회의 총재로 내정되었다. 국제소롭티미스트 한국협회는 보육원 종료 여성들을 위한 '프로젝트 비미(Becoming Me)'를 기획·실행하고 있다. 이 프로그램은 보호 종료 여성 청소년들이 가정에서 자연스럽게 겪게 되는 의식주 해결의 경험이 부족하다는 점에 주목하여, 이들이 따뜻한 '집'의 분위기를 경험할 수 있도록 돕고 있다. 또 멘토들과 함께 한국의 가정 문화와 기본적인 생활 매너를 익히며, 정서적 교류를 쌓도록 하는 것을 중점으로 한다. 이 과정을 통해 봉사에 참여하는 멘토와 수혜자 멘티 모두가 서로를 이해하고 함께 성장하며, 더 나은 '나'로 발전하도록 하는 것이 이 프로그램의 취지이다. 김교숙 동문과 김진선 동문은 적십자 봉사상을 수상했다.

* 인터뷰 작성: 김윤정(1991)

# 임선지(1991년 졸업) 동문 인터뷰

"영문학 작품을 통해 단련할 수 있었던 도덕적 상상력은 법률가가 된 후에도 구체적 사건과 분쟁의 실상을 파악하고 해결책을 성찰하는 데 탄탄한 바탕이 되었다."

임선지
(1991)

서울회생법원 수석부장판사를 역임한 임선지 동문은 1991년 이화 영문을 졸업했다. 그리고 고려대학교 법학과를 거쳐 미국 코넬대학교 로스쿨을 졸업하고, 이화여대 법학전문대학원에서 법학전문 박사학위를 받았다. 그는 1997년 제39회 사법시험에 합격하고, 2000년 사법연수원을 29기로 수료했다. 2000년부터 서울중앙지방법원 예비판사, 서울남부지방법원 판사, 춘천지방법원 판사, 고양지원 판사 등을 맡았고, 2010년부터는 법원행정처 사법정책심의관, 서울고등법원판사, 목포지원 부장판사, 법원행정처 사법정책총괄심의관, 고양지원 부장판사 등을 지냈다. 2021년 서울회생법원 부장판사를 거쳐 2023년 서울회생법원 수석부장판사로 임명되었다.

그는 광주지법 목포지원 부장판사를 지내던 시절, 서울지방변호사회가 발표한 '2015년 법관평가' 결과에서 95점 이상을 받은 우수법관 8명 중 한 명으로 선정되는 영광을 안았다. 당시 일부 법관의 막말이나 고압적 태도가 문제시 되던 중 우수법관들은 당사자의 사정을 잘 듣고 설득해 원만히 조정을 성립시킨 점에서 좋은 평가를 받았다. 임선지 판사는 같은 해 12월 광주변호사회가 발표한 광주지·고법 소속 우수·친절 법관 7명에도 뽑히는 영예를 쥐었다. 아울러 2016년 법조언론인클럽과 대한변호사협회가 공동으로 주최한 법조인들의 신뢰 회복을 위한 토론회 '누구를 위한 법조인인가'에서, 그는 "사후 처리가 아닌 실질적인 예방이 중요하다"면서도 법관 선거나 변호사 개업 금지는 실질적인 해결책이 될 수 없으며 오히려 판사 연임심사 강화와 비위법관에 대한 공무원 연금 감액 제도 등을 제안해 주목을 받았다.

그는 이화 영문에서의 학업이 법조인으로 업무를 수행하는 데 큰 도움이 되었음을 강조했다. "『위대한 유산(*Great Expectations*)』, 『맥베스(*Macbeth*)』, 『사일러스 마너(*Silas Marner*)』 등을 읽으며 교수님들의 열정적 강의를 듣던 20대 초반의 시간은 내 인생의 연대기(biological chronology)로 보아도 황금기였을 뿐 아니라 정신적 연대기(spiritual chronology)로도 풍성한 자양분을 흠뻑 흡수할 수 있었던 더없이 귀중한 시기였다. 영문학 작품을 통해 단련할 수 있었던 도덕적 상상력은 법률가가 된 후에도 구체적 사건과 분쟁의 실상을 파악하고 해결책을 성찰하는 데 탄탄한 바탕이 되었다고 생각한다." 가장 기억에 남는 법정 사건은 무엇인지 물었더니, "지방의 한 법원에서 근무하던 시절, 지적장애인이 염전에서 오랜 기간 숙식을 해결하며 일했음에도 임금을 지급받지 못한 사건들을 다수 접한 적이 있다. 이에 피해자들이 원고가 되어 염전 운영자를 상대로 손해배상 청구를 했고, 피고는 시효가 지났다는 주장, 또 극히 적은 금액의 고용계약이 유효하다는 등의 주장으로 항변을 내세웠다. 하지만 당시 법원은 이러한 고용계약이 불공정한 법률행위에 해당하여 무효라고 판단했고, 소멸 시효 주장에 대해서도 임금 상당의 손해는 부당이득 반환의 실질 내지는 계속적인 불법행위의 성격을 가지는 것으로 보아 원고들의 청구를 받아들였다. 지금도 기억에 남는 민사사건 중 하나이다. 또, 10여 년 전 자전거를 타고 가던 초등학생에게 악수를 청한 뒤 기습적으로 손등에 입맞춤을 한 60대 피고인이 기소된 형사 사건이 있었다. 당시만 해도 이런 유형의 성범죄 사례는 드물었기에, 판단을 내리기까지 많은 의견을 듣고 깊이 고민했다. 결국 1심의 무죄판결을 파기하고 유죄로 판단했던 결정이 지금도 기억난다. 이 사건은 성범죄에 대한 우리 사회의 인식이 사회 변화와 함께 달라지고 있음을 보여준다. 현재는 친분이 없는 아동에게 이처럼 불쾌감이나 성적 수치심을 유발하는 행위를 하는 것이 명백한 추행으로 간주되고 있으며, 성적 자유를 침해하는 행위로 엄정하게 다뤄지고 있다"고 답했다.

* 인터뷰 작성: 김윤정(1991)

# 3부

# 이화 영문 가족의 회고와 전망



Our First 100 Years

# '이화 영문 가족의 회고와 전망'을 소개하며

이 책의 3부는 총 4장으로 구성되어 있습니다. 1, 2장은 이화 영문의 가족, 친지, 동문들의 자발적인 원고로 이루어졌고, 3, 4장은 영학회 회장단과 전현직 교수님들의 간담회를 정리한 것으로, 2부와 유사한 포맷입니다.

3, 4장의 간담회는 100주년을 맞아 좀 더 포괄적인 관점에서 이화 영문의 과거를 아우르며 미래까지 전망해보자는 취지에서 마련된 행사로, 영학회가 주관한 전임 영학회장단과의 대담, 그리고 영어영문학부가 준비한 이화 영문의 전현직 교수진과의 대담으로 구성되어 있습니다. 간담회는 2부에서도 소개된 바 있으므로, 여기에서는 3부만의 특색이라고 할 수 있는 동문들과 가족, 친지들의 자발적인 원고 참여에 집중하여 말씀드리고자 합니다.

1, 2장을 이루는 원고를 모으기 위해 2023년 6월부터 여러 차례 동문 대상 청탁 공고를 했습니다. 초기에는 반응이 미온하여 마감 기한을 몇 차례 연장했지만, 시간이 지나면서 점점 더 많은 분이 '옥고(玉稿)'라 할 만한 소중한 글들을 보내주셨습니다. 덕분에 예상보다 많은 수의 필자가 참여했고, 최종적으로 2024년 6월에 원고 모집을 마감할 수 있었습니다. 이후 여름방학 기간 동안 필자들에게 편집 동의를 구하고 원고를 정리·조율해 9월 30일 완성된 원고를 감수위원들께 제출할 수 있었습니다.

원고 청탁부터 완성까지 1년 3개월에 걸친 작업 기간 동안, 집필위원회는 총 여덟 차례에 걸친 회의를 통해 편집 지침을 공유하고 진행 상황을 점검했습니다. 원고 제출 후에는 감수위원들이 11월 말까지 개별적으로 꼼꼼한 검토 의견서를 보내주셨고, 이를 반영해 12월에 1, 2장의 원고를 확정했습니다. 이와 더불어 별도로 진행되었던 두 차례의 간담회도 마침내 정리되어 해를 넘기기 전에 3부를 완성할 수 있었습니다.

1, 2장의 모든 원고는 기본적으로 연장자 순으로 배열했으나, 몇 가지 예외가 적용된 경우도 있었습니다. 먼저 외부 필자의 경우, 원고에 언급된 동문의 연령뿐 아니라 글을 직접 써주신 필자의 연령도 고려했습니다. 한편 동문 필자의 경우에는 양옥경 동문(1982)과 김소임 동문(1984)이 모두 학과의 선배이자 스승이신 어머니에 대한 글을 써주셨는데, 이 경우는 필자의 연령보다 해당 원고에서 중심적으로 언급된 동문의 졸업연도를 기준으로 글을 배치했습니다. 글의 배치 방식을 여러모로 고민해보았습니다만, 최종적으로는 시대의 흐름과 함께 동문들의 변화 양상까지 자연스럽게 읽히는 구성이 효과적이라고 판단하여 필자의 졸업연도를 기준으로 한 시간순 배열을 택했습니다.

1장 '우리들의 이화 영문'에는 학과 출신은 아니지만 가족·동료·친지로서 이화 영문의 동문들과 함께하며 깊은 인연을 맺으신 분들의 소회가 담겨 있습니다. 총 아홉 분이 원고를 보내주셨는데, 특히 오랫동안 우리 동문들에게 큰 자취를 남기신 유종호 교수님의 글도 포함되어 있습니다. 영문학, 영어학을 전공한 동문 가족 중 배우자이자 아버지이기도 한 곽수일 교수님과 오혜근 교수님께서도 글을 보내주셔서 '영어영문학부'로서의 통합적 정체성을 담을 수 있었습니다. 동문들의 동료, 자녀뿐 아니라 사위의 글까지 함께해 감동을 더했습니다. 다만, 멋진 딸들을 길러내신 동문 어머니들의 글을 받지 못한 점은 아쉬움으로 남습니다. 자기표현을 과시로 여겨 삼가려는 경향이 어머니들 사이에 여전히 존재함을 새삼 깨달았습니다.

2장은 시대는 달라도 같은 학과에서 공부했던 동문들이 직접 쓴 글들로 구성되어 있으며, 공동저자를 포함하면 필자의 수는 60여 명을 넘습니다. 해외에서 원고를 보내주시며 사진 선별과 편집의 마지막까지 함께해주신 분도 있었고, "정리한 지 오래되어 새학 시절 사진은 없을 것 같다"며 염려하시던 동문들께서도 끝까지 어렵사리 사진을 찾아 보내주셨습니다. 지금은 빛이 바랜, 그러나 더욱 소중한 그 사진들에는 핸드폰으로 즉석에서 사진을 찍는 요즘의 감수성으로는 쉽게 설명할 수 없는 감동이 담겨 있습니다.

반면, 고단한 일상마저도 지극한 품위로 그려내는 숙련된 글 솜씨를 지닌 동문들 가운데에서도, 자신을 너무 드러내고 싶지 않다며 투고를 고사하신 분들이 계셨습니다. 또 "평생 살림만 했는데 내가 무슨 할 말이 있겠느냐"며 글쓰기를 망설이신 동문들도 있었습니다. 양육과 헌신의 삶을 가볍게 여기는 풍조가 우리 사회에 얼마나 깊이 내면화되어 있는지를 다시금 실감하게 되었습니다.

저는 영국에 거주하고 있어 작업을 진행하는 동안 야간이나 새벽 시간에 필자들과 메일을 주고받아야 할 때가 많았습니다. 처음에는 시차 때문에 힘들었지만, 어느 순간 적막한 시간에 동문과 동문 가족분들의 지극히 사적이며 순연(純然)한 글을 읽는 일이 오히려 큰 축복처럼 느껴졌습니다. 원고를 읽다가 눈물을 흘린 적도 있었고, 사진을 들여다보며 저의 학창시절을 돌아보기도 했습니다. 2023년, 한국에 머물던 중 우연히 맡게 된 이 작업이 처음엔 그저 당치도 않다고 생각했지만, 이제는 지난 2년간 원고를 주고받으며 필자들과 나눈 메일 덕분에 조금 더 희망적으로 우리들의 미래를 바라보게 되었습니다. 원고를 보내주신 필자들께 진심으로 감사드립니다.

김인성(1980)

* 일러두기:

- 동문 필자의 경우, 졸업연도가 같은 경우에는 원고 제출 순서대로 수록했습니다.
- 일반적으로 입학연도는 졸업연도에서 4년을 뺀 해이므로 별도로 표기하지 않았습니다. 다만, 휴학 등의 이유로 인해 이 기준에 해당하지 않는 경우에 한해 입학연도를 함께 표기했습니다.
- 동문 필자는 모두 직함과 직위를 밝히지 않는 것을 원칙으로 했습니다. 단, 본교 역대 총장과 명예교수의 경우는 예외로 했습니다.

# 1장 우리들의 이화 영문

## 생각나는 일들: 이화시절을 돌아보며

**유종호**
(문학평론가, 연세대학교 명예교수,
전 대한민국예술원 회장, 전 이화여자대학교 영어영문학과 교수)

1977년 5월 말의 학내 축제 때 영문과 주관의 문학 강연회에서 한 시간 남짓 강연을 했다. 강연이 끝난 후 커피를 마시는 자리에서 강연을 주선했던 고 김영무 교수는 과에서 사람을 구하는데 이력서를 내보면 어떠냐고 말했다. 교수진의 성별 비율은 50대50 이상이나, 영문과는 그 비율과 동떨어져 있어서 남성을 찾아보라는 소임을 과장 윤정은 교수로부터 위임받았다는 것이었다. 대학 10년 후배인 김 선생과는 학회에서 인사를 나눈 처지이나 각별한 연이 있는 것은 아니었다. 나는 이력서를 등기우편으로 보냈는데 그 후 감감무소식이었다. 8월 말이 되자 연락이 와서 당시의 현영학 인문대학장을 따라 총장실로 갔다. 김옥길 총장은 이것저것 질문을 던진 후 만약 총장이 꼭 교회를 다니라고 한다면 어떻게 하겠느냐고 물으셨다. 그때까지와는 달리 어려운 질문이었다. 총장님이 그러실 것 같지 않다고 답변을 피했다. 그래도 총장이 꼭 그렇게 하라면 어떻게 하겠느냐고 조건절을 강조하면서 물으셨다. 가정법에 대한 답변은 역시 가정법다워야 하지 않을까 생각하고 그건 그때 가서 생각해보겠다고 대답했다. 나중에 현 선생에 따르면 그 물음에 대한 정답은 그래도 교회는 다니지 않겠다는 것이어서, 나의 면접 점수는 가까스로 낙제점을 면한 셈이다.

9월부터 출근을 시작했는데 동료 선배들이 20명이었고 나영균 교수와 김 선생을 제외하면 모두 초면이었다. 언행이 양반집 맏며느리 같은 홍복유 교수는 일본 도호쿠대학을 나오셔서 동문인 시인 김기림에 대한 얘기를 들을 수 있었다. 노경에 이르도록 동심을 잃지 않은 장영숙 교수에게선 시인 설정식에 관한 얘기를 들었다. 내가 쓰던 선관(善館)의 연구실에 들르셔서 학생 시절 당신이 그 방에서 숙식했다고 들려주시며 설정식이 와서 잔돌을 유리창에 던진 일이 있다고 하셨다. 이석곤 교수에게선 이태준, 정지용, 김동석에 관해 많은 것을 들었다. 해방 직후 평론가로 사납게 활동한 김동석이 동기여서 그에 관해 많은 것을 알게 되었다. 얘기를 들으면서 이것저것 궁금한 점을 질문하면 "유 선생은 memory bank야"라며 덕담을 해주셨다. 컴퓨터 용어로 쓰이기 전에 비유로 쓴 것이어서 놀랍게 생각되었다. 그분이 자제들을 반듯하게 길러내신 행복한 가장임을 아는 사람이 많지 않다. 부임한 이듬해 가을, 여름방학에 윤정옥 교수가 미얀마에 다녀오셨다 해서 연유를 물어보니 생존 위안부를 만나보기 위해서 다녀왔다고 해서 놀랐다. 그렇게 사비를 들여 수고하신 덕분에 위안부 문제가 국제적으로도 알려지게 된 것이다. 이러한 동료·선배 교수를 통해 우리 선행 세대의 미덕을 재발견한 것은 이대 재직 중의 큰 수확이었다고 생각한다. 동년배에선 이승환 교수의 철저한 직무 수행에 놀랐다. 일단 맡은 바를 전신투구의 자세로 수행하는 사관학교 출신들을 몇 분 알고 있는데, 이 선생은 그중에서도 으뜸이었으나 애석하게도 정년 후 얼마 안 되어 세상을 떴다.

이대로 부임한 당시 인문대학은 계열별 모집이어서 영문과 학생 수가 압도적으로 많았다. 한 학년에 250명씩 몰려들었으니 누가 누구인지를 모를 지경이었다. 그래서 개별적 파악은 어려웠다. 당시 학생 데모가 심해서 학생 지도를 위해 반을 편성하고, 이른바 지도교수를 위촉했다. 지도교수는 장학금 수혜자를 지정할 책임이 있었다. 장학금은 성적이 좋다고 주는 것이 아니라 가정 빈곤자를 위한 것이었다. 그 점을 아무리 강조해도 소용이 없었다. 방학 중에 자비로 해외 연수를 다녀온 학생이 있었다. 어학 연수차 미국을 다녀온 것이다. 이 학생이 장학금을 신청하여, 장학금은 성적 우수자가 아니라 가정 빈곤자를 위한 것이라고 말했다. 그러나 학생은 부모님이 해외 연수를 위해 고액을 부담하셨으니 기필코 장학금을 받아 보답하겠다는 것이어서 할 말을 찾지 못했다. 최고급 아파트에 사는 학생이 신청하여 철회를 요청하니 갑자기 대성통곡을 하는 것이 아닌가. 부친이 딴집살림을 하여 어머니와 형제들이 곤경에 빠져 있다는 것이었다. 소설 같은 일이 많았다.

한번은 내 수업 시간이었는데 한 학생이 손을 들었다. 수업이 너무 재미없으니 자기가 노래를 하나 부르겠다는 것이었다. 기상천외한 발상이어서 그러라고 했다. 훌륭한 노래 솜씨여서 앙코르를 청했더니 서슴없이 응했다. 우리말에는 삼세번이란 말이 있다고 하니 역시 사양하지 않았다. 이렇게 노래 세 자루를 부른 학생은 나중에 KBS의 이숙영 아나운서로 만나게 되었다.

졸업 후에 만난 학생 가운데 조선일보 박선이 부장, 동아일보 김순덕 논설위원, 국민일보 김혜림 부장이 있다. 심사위원으로 권지예 동인문학상 수상자, 이수경 이무영문학상 수상자를 만났을 때는 정말로 반가웠다. 네이버문화재단 주관의 강연회에서 발표자 혹은 토론자로 서지문 교수, 정덕애 교수, 김혜숙 교수, 허현숙 교수를 만나본 것도 잊지 못할 기억이 되어 있다. 교실에서는 조용하기만 했으나 옥스퍼드에서 학위를 한 박소원 교수는 추천장을 써준 연으로 그의 『여성 참정권 운동 시기의 소설과 정치』란 학위 논문을 접하게 되었는데, 주제 처리의 견고함이 인상적이어서 역시 옥스퍼드는 다르구나, 하는 감회가 일었다.

지난 세월 책과 음악과 가벼운 산행이 낙이었는데 이화에서 근무한 18년 반 동안 가장 안정적으로 그것을 누렸다. 또 샌디에이고와 일본에서 연구년을 보낸 시기를 생애 최대의 행복 시기로 여기고 있다. 그 점 부족한 나를 품어준 이화에 대해서 고마움을 느끼고 있고, 나이 들수록 그러한 감회는 깊어지는 게 사실이다.

1996년 정년을 5년 앞두고 연세대 국문과로 옮겼다. 연대 쪽에서 정년을 넘겨 근무하는 특혜를 준다며 유혹해왔다. 노후 대책 없이 정년을 눈앞에 둔 터라 귀가 번쩍했던 것도 사실이나 주저되는 바가 많았다. 그래도 밤낮 외국어 번역과 해석에 주력하는 일에서 벗어나 우리 문학에 대해 좀 더 자신 있게 얘기해보는 것은 새 도전으로 생각되어 결국 하자는 대로 했다. 우리 문학에 관해 많이 써온 처지였으나 영문과 교실에서는 일언반구도 하지 않았던 터였다. 동의서를 받기 위해 총장실로 갔을 때 윤후정 총장이 “근 20년을 지냈는데도 정을 못 붙였느냐” 해서 그렇지 않다고 역설했다. “생애 중 가장 생산적이고 안정적인 시기”였다면서 “노년기를 젊게 보내고 싶어서”라고 말했다. 사실로 그러했다. 평생을 학교에서 보냈는데 이대 18년 반, 연대 10년, 공주사대 9년, 청주교대 4년, 충주사범 3년, 인하대 2년 반이었으니 어디서 제일 정이 들었느냐, 하는 것은 자명하다.

2016년 김동길 교수가 주재하던 장수클럽 입회를 권유하여 가담했다. 80세 이상이 자격 요건인데 한 달에 한 번 각계의 회원들이 모여 환담하는 자리였다. 그야말로 노년의 무료를 달래는 즐거운 자리였는데, 거기 가담할 수 있었던 것은 김옥길 총장과 이대의 음덕 탓이었다. 1986년 목동의 현주소로 이사하여 38년째 살고 있다. 순전히 이대 통근의 편의를 생각해서 고른 인기 없던 주소인데 지금은 아주 괜찮은 주택가가 되었다. 이 또한 내게는 이화의 음덕으로 여겨진다.

# 나는 이화 영문의 사위이자 친정아버지

**곽수일***
(서울대학교 명예교수, 대한민국학술원 회원)

아내와 나는 1961년 아내가 영문과에 갓 입학한 햇병아리 시절이고 내가 서울 상대 3학년일 때 우연히 친구의 소개로 만나게 되었다. 나는 가친께서 사업을 하셨고 스스로 상과대학을 택한 만큼 사업적·진취적 사고를 가졌다면, 아내는 일가친척 중 학계에 계신 분들이 많아 인문학적·보수적 사고에 기울어 있었고 최 씨 집안 맏딸로 큰 고생 없이 자란 애송이였다. 이런저런 핑계로 가끔씩 만나며 지내던 중, 나는 대학 졸업 후 잠깐 제일은행에 취직했다가 미국 유학을 꿈꾸며 준비하여 1963년 여름 미국으로 떠나게 되었고 아내는 1965년에 대학을 졸업하고 이대 대학원에 진학했다.

내가 미국으로 떠날 때, 우리는 <초원의 빛>이라는 영화를 함께 보며 지금부터 각자의 길을 열심히 가서 어느 정도 자기의 꿈을 이루게 되었을 때 자연스럽게 만남을 이어가자고 약속하고 이별 아닌 이별을 했다. 그 당시에는 한번 미국으로 떠나면 다시 만난다는 기약을 하기 어려웠고, 요즈음처럼 핸드폰은커녕 보통 국제 전화도 아주 급하고 큰일이 났을 때만 쓰는 형편이라서, 우리는 항공우편으로만 외로움을 달랬다.

다행히 죽기 살기로 공부한 덕에 1965년 컬럼비아대학에서 MBA(Master of Business Administrations) 학위를 마치고 바로 귀국길에 올랐다. 당시 한국에는 MBA라는 용어도 생소하고 그 학위를 딴 사람도 거의 없었기에, 서울 상대 최문환 학장이 서울대에서 가르쳐보라고 제안하셨다. 그렇게 1967년 27세 때 당시 최연소로 서울 상대 전임강사 발령을 받았다. 아내와의 재회도 자연스럽게 이루어졌다. 나는 당당한 직업인이 되어 아내의 대학원 졸업과 더불어 양가의 축복 속에 결혼을 하게 되었다.

그 후 내가 스탠퍼드대학에 교환교수로 갔다가 워싱턴대학에서 박사학위를 받는 동안, 철없던 아내는 1남 2녀의 엄마가 되었고 어설프던 가사도 열심히 배우는 한편 선진국인 미국의 생활과 문화도 알아갔다. 아내는 한국에 돌아와 시댁과 남편의 뒷바라지를 하면서도 모교인 이대에서 '교양영어'를 가르치며 바쁘지만 즐겁고 성실히 살아왔다.

2022년 5월 31일 곽상희 동문 '올해의 이화인' 추대장에서

아내가 대학에 진학하던 1961년도만 해도 서울대 교수로 재직하시던 장인어른조차 여자가 남녀공학에 가는 것을 반대하셨다는데, 막상 1988년에 우리의 맏딸 상희가 대학에 갈 땐 본인과 고등학교 담임까지 서울대 진학을 원했다. 하지만 아비인 내가 고등학교를 찾아가 이대 영문과에 딸의 원서를 쓰라고 우겼다. 나는 내 딸이 이화에 들어간 것을 큰 기쁨으로 생각하고 있다. 딸 역시 즐겁게 이화 영문과를 다녔고, 그 시대의 흐름을 따라 졸업 후에는 IBM에 공채로 들어가서 남녀가 함께하는 사회생활을 성실히 해냈다.

딸은 결혼과 유학 생활로 직장을 그만두었지만 요사이는 자기 학년 영문과의 '올해의 이화인'으로도 참가하고 동창회 일도 열심히 하면서 아이들의 학부모로, 남편의 내조자로, 또 이대 친구들과 원만하고 알찬 생활을 하고 있어 아버지로서 더없이 기쁘다.

이대 영문과생이라면 60년대에는 교양을 갖춘 현모양처, 80년대에는 지성과 전공을 살려 사회에 참여하는 사회인의 이미지로 변모해왔다. 특히 현재 70~80대가 된 아버지 시대에는 이대 영문과생에 대한 선호가 대단히 각별했다. 우리 가정만 봐도 이화여전 가사과를 졸업하신 장모님이나 영문과를 나온 아내와 딸이 한결같이 남을 배려하고 존중하면서 맡은 바 소임을 성실하게 해내는 걸 봐왔다. 이화 영문은 진정 우리나라 여성들을 개화시키고, 교양과 자존감을 갖춘 여성들을 배출해오고 있다고 해도 과언이 아니다.

나는 80이 넘은 이 나이에도 가끔 어릴 적 어머니의 꿈을 꾸곤 한다. 아무리 IT가 발전하는 시대라 해도 어머니의 지혜와 가르침의 근본이 되는 인문학을 무시할 수 없을 것이다. 요즈음은 영문학이 아니더라도 영어는 누구나 습득할 수 있는 시대이기 때문에 영문학과가 지향하는 방향도 이 사회의 필요에 맞게 바뀌어야 할 것이다. 이화 영문이 인문학의 장점을 살려 인간을 중시하는 다양한 전공으로, 활동으로 나아갈 것이라고 믿는다.

이화 영문과 100주년을 다시 한번 축하하며 영문과의 사위이자 친정아버지로서 그 기쁨을 함께 나누고 싶다.

* 곽수일 교수님은 1965년도에 졸업한 최청규 동문의 부군이며, 두 분의 딸 곽상희 동문 역시 1992년도에 영어영문학과를 졸업했습니다.

# 나의 아내, 나의 딸은 자랑스러운 이대 영어학 동문

**오혜근***
(한양대학교 명예교수)

"어쩌라구"

아침에 시애틀에 있는 둘째 딸에게서 원고 청탁을 받았다는 카톡을 받자마자 제가 딸에게 한 말입니다. 이 청탁을 수락하면, 몇 년 전 은퇴해 할 일 다 마치고 한가롭게 지내던 저에게 엄청난 시간적·심적 부담이 따를 게 뻔했습니다. 게다가 이 글을 읽을 사람들 중에는 저를 알고 있거나, 혹은 알 수도 있는 적지 않은 이대 영문과 출신들이 있을 텐데, 한 해 졸업생을 100명씩만 잡아도 100년이면 약 만 명. 거기에 그들의 남편과 아들딸까지 포함하면 … 휴.

제가 학교 다닐 때는 이대 영문과생들은 남학생들에게는 완전히 로망이었죠. 미팅이건, 소개이건, 심지어 맞선이나 마담뚜(?)에게도. 그래서 저도 노력의 결과랄까, 아니면 운이 좋아서 아주아주 드문, 선택받은 소수의 이대 영문과 출신을 아내로 둔 남편이 되어 있습니다. 저희 세대만 해도 부모님들이 딸들을 서울대를 포함한 남녀공학에 보내려 하지 않았죠. 성적이 되어도 여자대학에, 그중 이대가 제일 좋으니 이대에, 이대 중에서도 당연히, 당시 영어 잘하는 게 제일이라고 여겨지던 사회 통념 때문에, 공부를 가장 잘하는 여학생들만 이대 영문과에 들어갈 수 있었습니다. 요즘 세대에 인기 있는 소위 의대에 들어가는 것보다, 이대 영문과에 들어가기가 훨씬 더 힘들었죠.

어찌어찌해서 지금 제 곁에 있는 이대 영문과 출신 아내와 근 40년을 살고 있네요. 아! 그러고 보니, 제가 이대 영문과 출신 부인을 모시고 있다는 것이 결정적으로 저에게 유전적인 도움을 준 부분은 또 다른 이대 영문과 출신인 둘째 딸을 포함한 저희의 두 딸입니다. 둘이 엄마를 닮아 부모의 큰 도움 없이 각자 알아서 공부를 잘하여 학교도 잘 가고 박사학위도 받아, 큰 애는 교수로서, 작은 애는 대기업 보이스 엔지니어로서 현재 사회에 잘 공헌하고 있습니다.

저희 집사람이 이대 영문과를 택했을 당시에는 다른 데를 고민할 필요도 없이, '여자

2022년 이화 영어영문학과 동문인 딸과 아내와 함께

는 부모님이 원하는 제일 좋은 대학을 가야 한다'는 것이 대학 선택의 이유였다면, 저희 애가 대학에 갈 때는 사회가 많이 변해서, 더 이상 여자가 여자대학에 가야 하는 분위기도 아니었고, 다양한 전공을 원하는 대로 택할 수도 있었습니다. 하지만 제게는 여전히 이대 영문과에 대한 로망이 남아 있었고, '이왕이면 이대 영문과가 낫겠다'는 생각이 들었죠. 아마도 그런 영향으로 딸도 이대 영문과를 택했을 겁니다.

집사람이나 둘째나 다 영문학이 아닌 영어학을 전공해서, 문과이지만 과학적인 사고와 방법론을 다루었습니다. 특히 둘째는 학교에서 컴퓨터 로직을 배웠고, 이를 바탕으로 현재 애플에서 기계학습(machine learning)과 인공지능(artificial intelligence) 소프트웨어 엔지니어로 일하고 있습니다. 우리말 시리와 GPT 사용 시의 음성 합성 개발에 직접 참여하며, 이대 영문과 출신이 펼칠 수 있는 현대적이고 미래지향적인 가능성을 보여주고 있는 듯합니다.

대학에서 후배들을 가르치고 있는 이대 영문과 출신 아내를 둔 남편으로서, 그리고 사회에서 현재와 미래를 끌어가고 있는 이대 영문과 출신 딸을 가진 아버지로서 이대 영문과에 깊이 감사드립니다. 100년이라는 긴 세월 동안, 저희 가족뿐만 아니라 이 사회와 국가, 그리고 전 세계에 이대 영문과 출신들이 지대한 영향을 끼쳐왔다고 봅니다. 너무 형식적인 말로 들릴 수도 있겠지만, 이대 영문과 학생들에게, 교수님들께, 그리고 모든 졸업생들에게 진심 어린 응원을 전합니다. 급격한 사회적 변화 속에서도 항상 즐겁고 행복한 학교생활과 사회생활이 앞으로도 최소한 100년은 더 쭉 이어지길 바라며 이 글을 마무리할까 합니다.

* 오혜근 교수님은 1982년도에 졸업한 홍영예 동문의 부군이며, 두 분의 딸 오미란 동문 역시 2013년도에 영어영문학과를 졸업했습니다.

# 영문과 54학번 이영복, 나의 어머니를 추억하며

**황지숙***
(2022년 올해의 이화인)

나의 어머니는 이화여대 영문과 54학번으로 1958년에 졸업하셨다. 부산이 고향인 어머니는 부산여고 6회 졸업생으로서 이화여대에 입학과 동시에 서울로 유학을 와서 기숙사 생활로 대학 생활을 시작하셨다. 어머니는 대학 졸업 이후 1961년 결혼과 함께 서울에서 우리 삼남매를 낳고 계속 서울에서 사셨는데도 경상도 사투리는 좀처럼 고치기 어렵다고 하시며 이화여대 영문과 재학 시절 에피소드를 말씀하시곤 했다.

영문과에는 전국에서 공부 잘하는 여학생들이 다 모였고 경기여고나 이화여고 같은 서울의 명문 여고 출신 학생들도 많았다고 한다. 그런데 어느 날 수업 시간에 영어 문장을 해석해보라는 교수님의 말씀에 어머니가 지목되었는데 "and"를 "그라고"라고 해석하자 온 교실이 웃음바다가 되었다는 일화였다. 일반적으로 경상도 억양과 말투가 유창한 영어 발음 구사에 큰 걸림돌이란 것은 잘 알려진 사실이지만, 우리말로 해석함에 있어서도 사투리가 그처럼 큰 웃음을 유발했다니. 나는 어머니로부터 그 이야기를 들을 때마다 어리고 수줍은 부산 여학생이 느꼈을 민망함이 안쓰럽게 느껴지기도 했다.

어머니는 이대 영문과 졸업생임을 언제나 자랑스럽게 여기셨다. 결혼과 함께 평범한 주부로만 사셨지만, 평소 영문과 동창들과의 활발한 교류와 활동으로 좋은 벗들과 아름다운 관계를 오랫동안 잘 유지하셨다. 2010년 혈관성 치매를 진단받고 스스로 외출을 삼가기 전까지는. 나는 어머니가 치매 진단을 받은 후에 영문과 모임에 다녀오시고 쓴 2013년의 일기를 발견했다.

2013년 3월 20일
어제 나는 영문과 모임에 갔었다. 동희는 결석을 했고 몇 사람(8~9명)밖에 출석하지 않았음에 나는 조금 놀랐다. 누군가 내 곁에 다가와 걸으면서 "그렇게 똑똑하던 사람이 왜 이렇게 됐어!"라고 말했는데, 나는 누구인가는 확인하지 않았다.

나로서는 오랜만의 정식 외출이었다. 하지만 출석한 친구들도 얼마 되지 않았고 둥근 원탁의 자리가 한 둘 남았다. 내 오른쪽에는 정미와 경숙이가 있었다. 올 때는 분명히 효선이가 옆에서 팔을 끼며 걸었고 나는 분명 보호를 받는 입장에서 전철을 타고 집으로 왔었는데 기억이 잘 나지 않는다. 나는 좀 더 회복해서 씩씩한 모습으로 친구들을 만난 뒤 영문과 모임도 기권할 생각을 했다.
아직은 끝나가는 나를 내가 기억할 수 있었다. 하지만 분명한 것은 너무 많은 중요한 기억들을 다 지워버리듯 잊어가고 있다는 것이다. 오늘은 내가 나를 볼 수 있었다. 누구나 다 그렇게 늙어가겠지마는 나는 오늘 나의 한계를 보았다. 나는 계속 물건들을 찾고 있었다. 지갑도 모자도 현금도… 나는 나를 경멸하기 시작하는 것 같았다. 나는 분명히 친구들보다는 아무것도 잘 먹지 않고 있었다. 나는 내가 왜 이런지 모르겠다. 다만 밤새 자지 않고 도둑을 지킨 사람처럼 나는 이 아침에 편히 실컷 자고 싶다는 마음이 든다. 선잠을 자고 난 사람처럼…

점차로 외출에 자신이 없어지고 홀로 계시면서도 어머니는 늘 책을 읽고 글을 쓰는 것을 게을리하지 않으셨다. 치매가 점점 더 진행되어도 어머니는 대학 시절에 배운 영시를 줄줄 외우셨고 영자신문도 읽어 내려가셨다. 요양 등급을 판정하러 온 사회복지사 앞에서 쉬운 구구단은 기억을 못할지언정.

병세가 짙어지면서 매일 “여기가 어디냐”, “이 집은 누구 집이냐”라고 물으셨다. 당신의 집이라고 아무리 대답해도 되풀이되는 질문에 지쳐서 나는 “This is Rita’s house”라고 크게 적어서 여기저기 붙여 놓았다. 누렇게 빛이 바랜 대학 시절 공책에서 어머니의 영어 이름이 리타였다는 것을 알았기 때문이었다. 그 부적 같은 문구는 효험이 있었다. 어머니가 또 여기가 어디냐고 물으면 나는 말없이 저 문구를 가리켰다. 팔을 들기도 귀찮을 땐, 버릇없이 턱으로 휙 가리키면 어머니는 영어를 천천히, 그러나 정확히 읽으면서 당신이 리타라는 것을 기억하시고 집이 참 마음에 든다며 웃음 짓곤 하셨다. “This is Rita’s house”는 무한 반복되는 질문의 도돌이표를 기분 좋은 마침표로 바꾸어주는 신비한 힘을 가진 부적이었다.

지난 2023년 이화동산이 아름답게 신록으로 물들어가던 5월의 마지막 날, 어머니는 코로나로 중환자실에 입원하셨다. 10년이 넘게 진행된 치매에도 몸은 큰 이상이 없으셨는데 뒤늦게 코로나에 걸리신 것이다. 코로나에서도 기적적으로 회복은 되셨지만 집에 다시 돌아오지 못하고 2023년 10월 9일, 88세를 일기로 요양원에서 세상을 떠나셨다.

2011년 1월 5일
나는 죽어 화장한 뒤 바다 위에 뿌려져 고기들 먹이를 보태줄 것이다. 바다가 나에게

준 잊을 수 없는 꿈과 희망과 즐거움에 대한 귀결이다.

우리는 어머니의 일기를 기억하고 어머니를 평소의 바람대로 화장해서 고향인 부산 해운대 앞바다에 뿌려드렸다. 장례를 마치고 집에 돌아와 유품을 정리하던 나는 평소 신경 쓰지 않았던 계단 밑 비밀 공간에서 오래된 어머니의 일기장과 공책들을 발견했다. 그 중에는 어머니가 이화여대에 입학하신 해인 1954년에 쓴 일기도 있었다.

1954년 6월 16일 화요일
저녁 일곱 시. 예배 종과 함께 방석을 가지고 예배 준비를 하여 앞마당으로 모이라는 마이크 소리에 모두들 깨끗한 옷을 입고 마당으로 나갔다. 미스 다니엘 목사님이 야외 예배를 봐주시겠다고 했다. 물론 나로서는 처음 갖는 기회이기도 하고 다시 없이 감명 깊은 밤이었다. 찬송가 합창이 있고 특별찬송과 부사감 선생님의 기도 인도가 있은 다음 미스 다니엘은 요한복음 4장 1절을 봉독한 것을 설명하셨다.
기숙사 앞마당을 동쪽으로 지나 앞에 우뚝 나타나는 산으로 뚫린 계단을 약 20개쯤 올라가면 거기에는 등나무와 아름다운 숲으로 둘러싸인 네모난 돌숲밭이 있다. 기숙사 뒷산을 배경으로 황혼이 깃드는 붉고 푸른 하늘에 서 있는 듯, 조금 높은 곳에 선 목사님의 붉은 자켓은 주위 환경에 어우러지고 무수한 학생은 땅에 앉은 채 조금의 움직임도 없이 목사님에게 시선을 집중하고 있었다.
고향! 고향이 어디 따로 있으랴. 내 마음의 고향은 영원히 이 아름다운 이화동산일 것이다. 행복스럽게 내 영혼은 이화동산에서 재생되기를 나는 빌고 싶다.

어머니의 몸은 고향인 부산의 바다로 돌아갔지만, 대학 시절 일기처럼 어머니의 마음의 고향은 영원히 이화동산일 것이다. 이화동산에서 엄마의 영혼이 재생되기를 바라는 마음으로 나는 이 글을 쓴다.

* 황지숙 님은 이화여자대학교 독어독문학과 1992년 졸업생이며, 어머니 이영복 동문께서는 1958년 영어영문학과를 졸업하셨습니다.

1 1958년 이영복 동문 졸업사진
2 대학 시절 이화 영문과생들과 함께
3 1958년 영문과 졸업반 사진
4 2020년 생전의 모습

# 식탁에 놓인 책들이 내게 건넨 것들

**성기헌***
(천주교 서울대교구, 현재 가톨릭대학교 교수)

어머니의 수필 선집 『나그네 삼부작』을 읽으려 책상에 앉으니 자연스레 옛 기억이 떠오른다. 돌아가신 내 아버지는 예술과 문학에 인생을 건 분이셨고, 그런 아버지가 좋아하던 사람이 바로 나의 어머니다. 돌이켜보면 집 안 곳곳에 문학의 기운이 어려 있었다. 묵직한 책들이 뿜어내는 문자의 위엄(?)만 있었던 건 아니었다. 어머니와 아버지가 들려주시던 이야기 속에서 문학은 경쾌한 위트이자 생동감 있는 향연이었으며, 세상의 비밀을 알려주는, 끝까지 남을 지혜와도 같은 것이었다.

어머니가 앉으셨던 자리에 앉아 어머니가 읽던 책들을 펴보던 기억 또한 생생하다. 오남매 아이들 포함 여덟 식구의 살림을 도맡아 하시느라 늘 분주하신 중에도 어머니는 틈틈이 문학책을 읽으셨다. 그러나 한창 호기심 넘치는 다섯 아이들이 어머니의 한가로운 독서 시간을 허락할 리 있겠는가. 책 읽기에 몰입하시려는 그 순간에도 꼭 다섯 중 하나는 별일 아닌 일에도 어머니를 찾았다. 우르르 몰려다니던 아이들에게 할머니는 "너희들은 왜 이렇게 집안에서 장을 서냐!"며 한소리를 하시곤 했다. 정신을 쏙 빼놓는 아이들 때문인지, 어떤 때는 식탁 위에, 아니면 티브이 앞 탁자 위에, 때론 전혀 예상하지 못한 장소에 어머니의 책들이 읽던 채로 놓여 있었다. 굵고 커다란 한자로 쓰인 책 제목들은 마치 영을 지닌 지혜로운 그림 같아 보여 내 호기심을 끌었으니, 어린 나는 이리저리 앞으로 뒤로 돌려보며 그 그림의 뜻을 제멋대로 상상하곤 했다. 학교에서 돌아와 탁자 위에 놓인 어머니의 책들을 조심스럽게 펼쳐볼 때면 마치 신비로운 문자의 숲길에 들어선 기분이었다. 나보다 훨씬 오랜 세월을 살아온, 세월에 바래 누렇게 변한 책장으로 살고 있는 초연한 종이가 안내하는 뜻깊은 숲길 말이다. 사실 초등학생 어린이가 어머니의 책을 들춰본들 무얼 이해할 수 있겠는가. 그러다 고등학생이 되어 문자에 대한 해독력을 조금이나마 갖추고 나서 어머니의 책들을 조심스레 읽어나가는 일은 내게 더 큰 즐거움이 되었다.

어머니께서 아실지 모르겠지만, 당신이 이런 식으로 여기저기 놓아두셨던 문학책을

1999년 사제서품식에서 어머니 이명환 동문과 아버지 성찬경 시인(성균관대 영문과 교수)과 함께

읽던 일은 내 삶의 방향을 결정지은 여러 일들 가운데 하나였다. 어머니의 손길이 닿은 바로 그 책장을 넘기는 일은 은근히 재미있는 놀이이자 교류였고, 어머니가 행간에 그어 놓으신 밑줄이나 메모들은 곧장 내 뇌리에 그어진 밑줄이나 메모가 되는 듯했다. 감성 예민한 소년에게 소설이 주는 생동감은 대단한 것이었다. 문학 작품이 자아내는 생동감은 아마도, (지금 와서 생각해보면) 인간성(humanity)의 원형과 그 개별적 변주가 자아내는, 인간의 실존 현실을 극적으로 확인하는 데서 오는 어떤 카타르시스쯤이 아니었나 싶다.

문학 작품을 통해 인간성의 다양하고 폭넓은 현실을 느끼는 것이 가톨릭 성직자에게는 필수인데, 그것은 바로 그러한 이해를 통해 신의 은총이 사람에게 얼마나 필요하며 적절한 것인가를 체험할 수 있기 때문이다. 인간성을 이해하는 깊이가 곧 부활의 높이인 것이다. 돌이켜보면, 하느님 섭리의 손길이 어머니께서 놓아두신 그 책에도 닿아 있던 듯하다. 그 손길 속에서, 어머니는 하느님을 향한 내 여정에 필요한 채비를 차려주셨다.

우연인지 필연인지 분간하기 쉽지 않은 계기들이 교차하고 발현하며 내 삶의 많은 일들이 결정되었다. 어머니가 시간의 한 지층에 무심코 놓아두신 소설책들을 읽게 된 것도, 그래서 어머니의 밑줄과 메모를 보게 된 것도 알고 보면 명확치 않은 계기들의 발현이었다. 그 중첩의 마디들을 따라 올라가니 어머니의 독서 이력이 있고, 그 이력의 뿌리에서 나는 '이화 영문'을 발견한다. 때론 들여다보기도 싫은 인간의 본모습을 용기 있고 아름답게 그린 문학. 이화 영문은 그 뿌리에 이러한 문학에 대한 깊이 있는 지향을 간직하고 있다고 생각한다. 그 지향과 함께하며 어머니는 이화 영문의 숲에서 문학을 배우셨고, 그렇게 책을 읽으셨고, 그렇게 살림을 하셨고, 그렇게 조용히 책을 놓아두셨다. 내가 앉아 책을 보던 그 탁자에 어려 있던 기운은, 사실은 이화 영문의 기운이었던 건지도 모르겠다. 그러고 보니 내게 이화 영문은 마치 살아 걸어다니는 한 인격체로 느껴진다. 이화 영문이 다가와, 탁자에 앉은 내게 많은 것들을 건넸다. 돌이켜 보면 그것은 내 삶의 궤적에 영향을 준 미세하지만 결정적인 힘이었으며, 관성을 지닌 내 과거의 중요한 일부이자 어쩌면 내 미래의 한 요소일지도 모른다는 생각이 든다. 이화 영문과와 어머니께 감사드린다.

* 성기헌 신부님의 어머니 이명환 동문께서는 1964년에 영어영문학과를 졸업하셨습니다.

# 100 Years and More of English at Ewha

**최주리**
(이화여자대학교 영어영문학부 교수)

I have spent the past three years working on transcribing and editing the letters written by Lulu E. Frey (1868-1921), the fourth Principal of Ewha (1907-1921), to her family in America after her first arrival in Korea in 1893. The Ewha University Archive received 125 letters and a short journal of her last months from Frey's grand-niece in 1970. As a collection, they cover small events and big ones, a child's fall and the fall of a nation.

Even as Frey studied hard to learn the Korean language, the young teacher spent most of her time teaching her young students English. English was the gateway not only to the new language of prestige and power, but the language of a new culture and new religion. Many of the girls at Ewha were baptized and christened with "English" names and so there are Marys and Lucys and Maggies in her letters. Often these girls were named after some of the many female donors who sent what they could to the Women's Foreign Missionary Society, the organization that sent out the unmarried Methodist women who founded and ran Ewha.

Some might say that the encounter between Western missionaries and Korean girls was an imperialistic enterprise, but of course that would not begin to describe the complex nature of the relationship. There was an American flag hoisted on the campus during the riots following the demands put out by the Independence Club (독립협회) in 1898 to mark the school as neutral territory to be kept out of the fray. 5 leaders of the Club were kept safe in hiding in the gate house of the school. Amidst Japanese Annexation, the Christian religion allowed Ewha girls to feel that it was their God-given task to fight for national independence even when their missionary teachers forbade them to join the protests of March 1919.

Frey founded Ewha College in 1910 when such a move was considered premature by Koreans and missionaries alike. An early Ewha student who entered the college program in 1915, Helen Kim (김활란), writes in *Grace Sufficient: The Life of Helen Kim* (1964):

> We had a little bit of many things, but our major course was English language and literature taught by American teachers. The language was hard but not impossible to learn. The literature was difficult to understand because our historical background and social customs were so different from those depicted in the English classics, both prose and poetry. (30-31)

Kim describes the emotion felt by many who attended the first college graduation ceremony held in 1914 as a fervent and shared "unexpressed nationalistic aspiration that all the youth of Korea, girls and boys, would receive higher education and someday throw off the burden of colonial power" (31). Although her historical reputation is under much dispute, Helen Kim would go on to become the first Korean Principal and President of Ewha Womans University.

The teaching of English language and literature was not only a lesson in acquiring the language of a different culture, but embracing a new realm of possibility through a new language of rights, equality and justice. Ha Ransa (하란사) became the first Ewha student to go to America and receive a bachelor's degree in literature from Ohio Wesleyan University, Frey's own alma mater, in 1906 before returning to Ewha to become the first Korean professor of English and Religion when the college opened in 1910. She trained many of the first female nationalists and died herself while travelling to Paris as an envoy to the Paris Peace Conference in 1919.

Ransa was a transliteration of Nancy and Hwallan of Helen. Girls in the period were often not given proper names and so their English names became their "true" Korean names. The missionaries trained Korean women in their values, creating a new kind of kinship that went beyond the reproduction of traditional bonds that subjugated women. The reproduction of new values exceeded a merely one-way osmosis of Western values into Korean lives. Many of the missionaries devoted their lives to the nation and were buried in Korean ground. Frey's greatest desire was to come back to her students during her last furlough but was never able to return due to illness and death in March 1921.

The teaching of English at Ewha allowed our forbearers not only to become proficient in a new language but to become full citizens able to serve society. Lulu Frey wrote in "Higher Education for Korean Girls" (1914):

> Just how much of an education should be given the Korean woman is still a matter of debate··· In coveting for the Korean women lives of rich service, dare we offer them any less preparation than we considered necessary for ourselves? (308)

Ewha English transformed the lives of individual women as modern wife and pioneering professionals, but also transformed the path of the nation as it emerged from colonial oppression to become the economic and cultural powerhouse it is today.

# 도전하는 이화 영문을 기다리며

**김혜영***
(대한민국 육군중령)

2001년 봄, 나는 이화의 인문학부 신입생이었다. 입학과 함께 전공이 정해졌던 선배들과 달리 우리는 '학부세'로 입학해 1학년 때는 전공이 정해져 있지 않았다. 마치 고등학교 4학년생쯤? 그래서인지 내게 대학은 정확히 어떤 곳인지, 이곳에서 무엇을 할 수 있는지, 또 무엇을 해야 하는지 불명확했다. 다만 그런 내게도 한 가지 분명한 건, 어쩌면 여전히 모두에게 그럴 거라고 생각하지만 신입생은 신입생다운 모습이었고 선배는 선배다운 모습이었다는 것. 아직 쌀쌀한 날씨였지만 적당한 봄 빛깔로 예쁜 치마에 얇은 외투를 걸친 우리끼리는 한눈에 풋내나는 서로를 알아볼 수 있었다. 하지만 적응이 쉽진 않았다. 사실 남녀공학에서 12년간 학창시절을 보냈던 내게 이화의 첫 이미지는 다소 충격에 가깝기도 했다. 동시간대에 그렇게나 많은 수의 또래 여성을 마주할 수 있다니… 어쨌든 신입생을 위한 세미나 소조 모임과 동아리를 통해 인문학부 친구들을 만났고 그중에는 어린 시절부터 '이대 영문과'를 목표로 이화의 문을 두드렸던 친구도 있었다.

내가 기억하는 당시 그 친구의 목표는 명확했다. 이대 영문과만 생각했던 터라 다른 건 생각해보지 않았다고. 이유를 묻지는 않았던 것 같다. 그만큼 너무 확고해 보였으니까. 그리고 당시 '그렇구나!' 하고 쉽게 받아들일 수 있을 만한 이미지를 영문과가 갖고 있었다는 생각이 든다. 예나 지금이나 '자신감 넘치고 당당한 여대생의 대표 이미지'를 이화가 가지고 있다면 영문과는 거기에 '이지적인 매력'을 더했다고 해야 할까. 적어도 내게는 영문과가 가지고 있는 특유의 이지적인 이미지가 있었던 것 같다. 그 출발은 이화를 졸업한 친척 언니들과 맞닿아 있다. 그중에서도 영문과를 졸업한 큰언니는 특히 그랬다. 당숙부님께서 말씀해주신 언니는 늘 책을 가까이하고 항상 공부하는 사람이었으니까. 어쨌거나 이화는 내게 운명이었던 게다. 언니들을 보면서도 단 한 번도 생각하지 못했지만 결국은 내게 쥐어진 합격증처럼.

2005년 코스모스 졸업을 하고 이듬해 '군(軍)'이라는 조금 특별한 사회로 들어선 지

어느새 18년이라는 시간이 흘렀다. 이곳에서 내게 이화는 하나의 보증수표이자 인증서였다. 영화 속 대사로 너무나도 유명해진 '이대 나온 여자'. 관련 영화가 개봉한 이래 아마도 사회생활을 하는 모든 이화인이 한 번쯤은 들어봤을 수식어. 주위에서는 늘 그만큼의 기대치가 있다고 말씀하셨다.

현역 군인을 비롯해 군에서 근무하는 여성의 비율이 많이 늘었다고 하지만 여전히 이곳은 남성이 다수를 차지하는 조직이다. 여군은 자체만으로도 희소성을 갖는데 그중 이화를 졸업하고 입대한 여군은, 특히나 인문대 졸업생은 만나기가 어려웠다. 누구도 그렇게 해야 한다고 말하지 않지만 어디든 소수인 이들이 스스로 대표성을 갖는다고 생각하게 되는 것처럼, 한동안 나 역시 자연스레 내가 여군과 이화를 대표한다는 생각을 지녔다. 그런 생각은 체격과 체력적인 측면에서는 부족할 수 있지만 부여받은 임무와 업무만큼은 당차게 성과로 보여준다는 마음으로 이어졌고, 결과적으로 그렇게 할 수 있었다고 자부한다. 지금은 달라진 세상의 시각을 따라 여군이자 이화를 대표한다는 생각보다는 군인으로서 나의 계급과 직책을 늘 생각의 앞머리에 두려 한다. 하지만 당시의 생각과 마음이 오늘의 나를 만들어주고 앞으로의 나를 이끌어줄 에너지의 근저에 있음은 변함이 없을 것이다.

최근 군에서는 입대 자원의 감소와 더불어 직업군인으로 복무를 희망하는 이들이 큰 폭으로 줄었다는 사실을 중요 사안으로 다루고 있다. 어느 조직이나 우수 인재를 영입하는 일은 미래를 좌우하는 중대 사안이기 마련이다. 하물며 대한민국의 안보를 제일선에서 책임지는 국군이 아닌가. 개인적으로는 어느 곳보다 우수한 인적자원이 특히나 필요한 곳이라 생각한다. 이러한 시기에 이화의 학군단에서도 정원을 다 채우지 못했다는 소식을 접했다. 큰 아쉬움을 감출 수 없었다. 그리고 운.명.처.럼. '100년에 한 번 얻을 수 있는 기회'로 이화 영어영문학과의 100년을 담는 이곳에 나의 목소리를 전하게 됐다. 조금은 특별한 조건 아래 다양한 사람들을 만나고 국가안보를 위해 도전적인 과업을 해결해가며, 또 그만큼 나를 성장시킬 수 있는 곳. 미래 국방·군사 분야에 있어 누구보다 당차게 나아갈 이화 영문의 도전을 기대해본다.

* 김혜영 중령님은 이화여자대학교 국어국문학과 2005년 졸업생입니다.

# 나의 장모님과 이대 영문과

**김종환***
(삼성화재 재직)

와이프와 연애할 당시, 장모님은 영국에서 일하고 계셨습니다. 여느 어머님들과는 다른 느낌이었습니다. 결혼한 지 10년이 넘은 지금까지도 여전히 일하고 계신 모습은 장모님의 활동적이고 자립적인 성격, 그리고 일과 가정을 완벽하게 조화시키시는 능력을 보여줍니다. 처갓집에 갈 때면 맛있는 음식을 차려주시는 모습은 여느 '장모님'과 비슷하지만, 저희 장모님은 일상에서 경험하는 정치, 사회, 문화 등 다양한 분야에 대한 깊이 있는 식견을 지니셨습니다. 그런 장모님과의 대화는 늘 배울 점이 많아 흥미롭고 즐겁습니다.

장모님은 이화여자대학교 영어영문학과 78학번이십니다. 저희 부모님과 비교해보자면, 장모님은 당시의 시대 상황 속에서 우수한 교육을 받고 대학에 진학하신 것으로 보입니다. 1970년대 후반 '이화여대'라는 이름이 지니는 위상은 제가 대학을 진학할 때와는 많이 달랐다고 생각합니다. 그 당시의 이화여대는 국내에서도 권위 있는 대학으로, 특히 영어영문학과는 역사와 전통이 깊은 학과로 알려져 있었습니다. 그 세대의 여성들은 저마다 품어온 소중한 꿈을 이루기 위해 이화여대 진학을 꿈꾸었을 것입니다.

이화여자대학교는 여성이 다니는 학교임에도 불구하고, 단지 여성성만을 강조하는 것이 아니라 성별에 관계없이 누구나 교육받을 권리를 주장하고, 실제로 실현하고자 하는 곳이라고 들었습니다. 이러한 교육 철학과 방향은 당연히 여성의 사회적 활동을 적극적으로 지원하는 쪽으로 이어졌을 것입니다. 지금 장모님의 모습도 그러한 학교의 교육 철학과 방향을 따르고 계신 것으로 보입니다.

저도 직장생활을 하지만 즐겁지 않을 때가 더 많은데, 장모님은 오히려 일을 하실 때 더 큰 에너지를 얻으시는 것 같습니다. 장모님이 대단하시다고 느껴지는 지점은, 단순히 일을 하신다는 것뿐만이 아니라 일을 하면서 자아를 실현하신다는 점, 그리고 계속 공부하고 배우려고 하신다는 점입니다. 체력 관리를 위해 요가도 꾸준히 하시고, 더 활발한 해외 활동을 위해 중국어도 배우고 계십니다. 그런 장모님의 열정과 끈기는 저에게도 큰 영감을 줍니다. 직장에서 성과를 내신다는 것도 그렇지만, 그 과정에서 자아실현과 지속적인 성장을 추구하시는 모습은 정말 멋지다고 생각합니다. 또한, 끊임없이 배우고 발전하시는 모습을 보며 저도 평생학습자가 되어야겠다는 다짐을 하곤 합니다.

장모님은 당신의 일에 대한 열정과 끈기를 유지하시면서 주변 사람들과의 관계도 소중히 여기십니다. 한 해 동안 수고한 부하 직원들을 위해 사비로 선물을 마련하시기도 하고, 가족과 친척들의 생일, 기념일도 챙기십니다. 명절이면 친척 집에 가기 싫어하는 십대 조카 손주들조차, 장모님 댁이라면 할머니의 음식을 먹고 싶다며 기꺼이 방문하기도 합니다. 회사 일로 바쁘신 와중에 때마다 김장을 하셔서 주변 분들에게 나눠주기도 하십니다. 이렇게 일과 가정을 완벽하게 조화시키시는 모습은 놀라울 뿐만 아니라 존경스럽기까지 합니다.

장모님의 성취와 활약은 단순히 사회적인 성공이나 지위만을 의미한다고 생각하지 않습니다. 사회적으로 자신의 역량을 최대한 발휘하면서 가정적으로는 가족과 주변 사람들을 잘 돌보는 것. 그런 장모님의 모습은 저와 와이프에게 무한한 자극을 주며, 더 나은 사람으로 성장할 수 있도록 끊임없이 동기를 부여해줍니다. 주변의 많은 분들이 이미 은퇴를 하신 나이에도 여전히 현역으로 일하시며 발전을 게을리하지 않으시는 모습 또한 저희에게 많은 가르침을 줍니다. 이렇게 다음 세대로 이어지는 긍정적인 가치를 만들어내는 것이 가장 큰 성공이 아닐까 생각합니다.

장모님을 뵙기 전까지는 이화여자대학교에 대해, '이대 영문과'라는 타이틀에 대해 선입견이 있었습니다. 여성 중심의 대학이기에 관심 분야가 제한적이고, 사회적으로도 기회가 좁을 것이라는 편견이었죠. 하지만 장모님을 만나뵌 후 그런 생각은 완전히 달라졌습니다. 이화여자대학교가 가진 교육적 가치와 강점을 직접 깨닫게 되었고, 이제는 그 전통과 정신이 특별한 이유를 자연스럽게 이해하게 되었습니다.

재학 시절 조무경 동문

조무경 동문과 부군, 딸 이정은 님과 사위 김종환 님, 손주들과 함께

* 김종환 님의 장모님이신 조무경 동문께서는 1982년 영어영문학과를 졸업하셨습니다.

# 이대 영문과의 숲에서 자란 나무, 나의 어머니

**변성수***
(서울대학교 수리과학부 교수)

어머니가 어떤 학교에서 어떤 공부를 하셨는지 궁금했던 적은 없었다. 하지만 10대가 되어 어머니의 대학 이야기를 듣게 되면서, 어머니가 이화여대 영문과를 졸업하셨다는 사실을 알게 되었다. 어머니의 어떤 점이 '이화'롭고 '영문'스러운지 단언할 순 없지만, 그분의 성품과 특질 중 많은 부분이 이대 영문과에서 학습하며, 그 문화적 토양 속에서 자연스럽게 길러진 것이 아닐까 한다.

이대 영문과에 대한 첫 평가는 초등학교 때 담임 선생님께 들었던 것 같다. 아마 학부모 교육인지 봉사활동에 어머니 이력서를 낸 적이 있었는데, 담임 선생님께서 대뜸 훌륭하다고 하셨다. 어린 나는 훌륭함이란 '요구되는 일을 모자람 없이 성취하거나 소망하는 바를 구족하고 있을 때 쓰는 말'로 이해하고 있어서 내심 기뻤다. 과연 어머니는 삶에서 맞닥뜨리는 어떤 불행이나 역경에도 질기고 씩씩하셨다.

어머니는 삶이 주는 힘든 과제를 팽개치고 도망가지 않으셨다. 삶의 불운과 맞짱을 뜨는 것이 어머니의 자존감이었을 것이다. 나는 종종 어머니에게서 강인함과 성실성을 보는데, 이것은 대학 시절 단련된 것이 아닌가 한다. 어머니 인생 최초의 역경이 대학 시절 외할아버지가 돌아가시면서 시작되었다고 들었기 때문이다. 어머니는 휴학까지 해가며 집안의 가장으로서 외할아버지의 사업을 수습해내셨다. 또한 결혼 이후 혹독한 산후우울증과 갱년기우울증을 겪으며 자궁을 가진 대가를 톡톡히 치루어내셨고, 근래에는 갑상선암으로 투병 생활을 하시면서 오염된 장기와는 의연하게 이별하시되 허락된 몸의 기능에는 더욱 깊은 감사함을 느끼게 되셨다.

또한 어머니는 남녀공학에서 이루기 힘든 리더십을 이화에서 기르신 것으로 보인다. 어머니는 가정생활에서나 비즈니스에서나 남자가 할 일이라고 따로 제쳐놓으신 적 없이 주체적인 모습을 보이시며, 늘 화이부동(和而不同)하여 나도 살리고 상대방도 살 수 있는 윈윈게임을 모색하셨다. 우리 삼남매에게도 아주 어려서부터 자율적이고 자기주도적인 과제 수행을 요구하셨다. 우리는 유년 시절부터 빨랫대에 널린 각자의 빨랫감을 걷어야 했고, 소풍 가방도 각자 필요한대로 모두 엉성하게 직접 싸야 했다.

어머니는 이미 그 시대에 여성이라는 비기득권층이셨던지라 사회적 약자에 대한 예민한 인권 감수성을 가지고 편견 없는 개방성을 보이셨다. 이 역시 여성을 위한 대학인 이화에서 지배계층의 논리에 저항하는 영문학을 공부하며 길러진 감수성이 아닐까 한다. 나는 어머니가 젊은 시절 친하게 지낸 게이 이탈리아인 친구의 이야기를 들은 적이 있다. 또 어머니는 학창시절 찬송가 반주를 도맡아 하셨지만 지금은 불교 유튜브 법문의 번역 봉사를 하시는 것으로 안다. 모든 인연을 소중히 여기시는 어머니는 우리가 어렸을 적 보육을 도와주신 분들과 지금도 서로의 경조사를 챙기며 교류하고 계시고, 외할머니를 도와 어머니 당신을 길러주신 분의 노후를 정성껏 챙기고 장례까지 치러드리신 것도 알고 있다.

외할아버지의 기일마다 딸이신 어머니가 매년 지방을 쓰고 제사를 지내는 멋진 모습을 본 것은 내게 개인적인 행운이었다. 어머니는 그 시절 남자 형제를 위해 희생하고 집안의 살림 밑천 역할을 한 전통적인 K-장녀도 아니었고, 아류 인간 취급받던 전통적인 며느리도 아니셨다. 혼인으로 인한 인척 관계가 아닌 세월이 다져준 우정 덕에, 어머니는 최근 고모와 단둘이 여행도 다녀오셨는데, 이것은 아름다운 풍경이었다. 어머니의 사회적 정체성 역시 아버지와는 독립적으로 형성된 듯하다. 어머니가 아버지의 사회적 신분이나 성취에 동반한 대접이나 특혜를 받아보신 적도 없고, 푸대접이나 홀대를 받으신 적도 없기 때문이다. 어머니는 자녀들의 교육도 그랬지만 상속 등에 있어서도 성별이나 서열, 기혼 여부, 자식 유무, 성적 지향, 종교, 정치관에 따라 차별하지 않으실 것이다. 과연 이대 영문과는 과거나 지금이나 시대의 신여성을 길러온 것이다.

무엇보다도, 문학을 하신 어머니에게는 아름다움이 구원이었다. 종교나 사상, 윤리보다도 아름다움이야말로 최고의 가치였다. 어머니는 도덕적 해이(moral hazard)를 추하게 보시며 지극한 미를 좇는 분이어서 각 분야의 전문가나 장인을 아름답게 보신다. 어머니는 아름답고 푸른 지구를 아끼시기에 화석연료 사용에 죄책감을 느끼고, 생수병을 대신해 번거롭더라도 정수기와 텀블러를 쓰며 탄소발자국을 줄이려 애쓰신다. 이러한 어머니의 삶은 검이불루 화이불치(儉而不陋 華而不侈, 검소하되 누추하지 않고, 화려하되 사치스럽지 않다)라는 말을 빌려 요약할 수 있을 것이다. 이제 어머니는 과거 자신을 옥죄던 운명과도 화해하신 듯하다. 인생의 신산함이 청금석의 터키 블루처럼 깊고 우아한 색채로 어머니를 물들이고 있다. 일일시호일(日日是好日), 어머니께는 맑은 날도, 구름 낀 날도, 진눈깨비가 내리는 날조차도 이제는 모두 아름다워 보이실 것이다.

* 변성수 교수님의 어머니 홍의경 동문께서는 1985년 영문과를 졸업하셨습니다.

# 2장 나와 이화 영문

## 나의 학창시절 1930년대[1]

**김갑순**
(1935년 졸업, 2005년 작고)

내가 이화에 입학한 건 반세기 전인 1931년이다. 십 년이면 강산도 한 번씩 변한다는데 벌써 다섯 번이나 바뀌었을 세월인 것이다. 개화기를 거쳐 새로운 문화가 정착되어가던 때였지만, 당시만 해도 여성이 고등교육을 받는 것은 대단히 귀하게 여겨지던 때였다. 따라서 나의 학창시절은 지금의 대학 생활과는 아주 대조적이라고 할 수 있을 것 같다.

우선 차림새부터 살펴보자면 교복은 아니로되 한복의 수수한 색(검정색이나 수박색, 자주색, 곤색 등)으로 제한되었으며, 치마는 주름을 넓게 잡아 단까지 쪽 고르게 눌러 다

1 이 글은 1983년 4월호 『主婦生活』 중 「새기획: 우리는 동창이화여대 영문과」 "학생수도 많지만 인재도 많아요" 편에 실린 박스 기사로 故 김갑순 교수님의 글입니다. 띄어쓰기와 맞춤법은 모두 원문을 그대로 따랐습니다.

려서 입었다. 머리 모양은 저학년의 경우는 땋아 늘였으며 삼학년이 되면 누구나 틀어 얹은 머리를 했다.

1979년 퇴임식을 마치고 당시 재직 교수들과 함께(중앙에 한복 입은 필자)

학생 수에 있어서도 전교생을 다 합쳐야 겨우 5백 명이 못 되었기 때문에, 지금의 한 학년 2~3천 명에 비해 5분의 1 정도인 오붓한 숫자였다. 학과도 '영문과'와 '음악과', '가사과', '보육과' 단 네 학과뿐이었고, 한 과의 학생은 백 명 내외, 그러니까 1학년부터 4학년까지 서로가 얼굴을 익히 알고 지낸 것은 물론 다른 학과의 학생들끼리도 서로 알고 있는, 한마디로 가족적이며 단란한 분위기였다. 이에 따라 하급생들은 상급생들에게 꼭 '언니'라고 호칭했다.

교수진은 김활란 박사(철학)를 위시해 이희성 선생(작문), 정인보 선생(한문), 최현배 선생(국문법), 김상용 선생(시와 문법), 김신실 선생(체육)과 같은 분들로, 모두들 우리나라의 학문 및 예술계를 자리 잡아 주신 대학자여서 여간 자랑스럽지 않았다.

물론 지금의 대학 생활처럼 다양한 멋은 없었지만 그 나름대로 대학이라는 특수한 사회의 자유롭고 낭만적인 생활을 마음껏 즐겼다고 하겠다. 때로는 등산이나 여행을 즐기기도 했고, 영화나 연극, 음악도 기회가 있는 대로 즐겼다.

학생 시절 중 지금도 잊지 못할 것은 기숙사 생활이다. 내게 있어서 이화의 기숙사는 젊음을 마음껏 발휘할 수 있는 곳이었다. 많은 제약이 있긴 했지만 규칙을 어겨보는 스릴을 맛봄으로써, 그로 인해 요즘도 젊은이들의 애교 있는 탈선 행위를 눈감아주는 관용이 생겨난 것이다.

그 외 영문과의 생활관이었던 '영학관"에서의 일도 결코 잊을 수 없다. 영학관의 생활을 우리들이 충분히 이용하지 못해 지금도 유감스럽게 생각된다. 왜냐하면 선교사들에 대한 이상한 감정 때문에 반발한 학년까지도 있었으니까. 또한 '영어연극'의 공연도 좋은 경험이었다. 지금 생각해보면 영원히 추억 속에 담겨진 젊은 시절의 아름다웠던 일들뿐이다.

다만 요즘의 학생들과 다른 게 있다면 심각하게 생각하고 행동해야 한다고 느낀 것이라고나 할까…. 나라를 위한 것, 사회를 위한 것, 그러니까 고등교육을 받은 만큼 국가와 사회를 위해 봉사해야 한다는 마음이 강했었다. 바꾸어 말하자면 일종의 사명감과도 같은 것이었다.

# 이화여대 영문과와 나[2]

김세영
(1950년 졸업, 이화여자대학교
영어영문학과 명예교수)

김소임
(1984년 졸업)

이화동산에서의 4년은 즐거운 시간이었다. 대학 시절 스승님들을 회고해본다. 먼저 김갑순 선생님은 선(善)반 담임이셨는데 늘 한복을 입으시는 동양적인 교수님이셨다. 선생님의 영어연극에 대한 열정과 학생들의 추억은 『영어연극공연사: 이대 영문과 연극 70년을 돌아보며』(이화여자대학교출판문화원, 2000)에 잘 기록되어 있다. 진(眞)반 담임을 맡으셨던 장영숙 선생님은 서양적 스타일의 교수님이셨다. 초창기에는 영문학 관련 여러 과목을 가르치셨는데 나중에는 희곡을 가르치셨다. 선생님들 중 제일 멋쟁이이셔서 학생들의 동경의 대상이 되었다. 내가 졸업을 하기 전에 미국에 가셨는데, 거기서 후에 서울대 총장이 되신 영문학자를 만나 결혼하셨다. 이기붕 부통령의 아내였던 박마리아 선생님도 계셨다. 박마리아 선생님은 이화여전을 졸업하시고 미국에서 공부를 하셨는데 영문과 학과장을 맡기도 하셨다. 김상용 선생님은 영시를 가르치셨다. 방용구 선생님은 서울대 영문과 출신으로 충청도의 부잣집 아드님이셨다. 6·25 전까지는 학무처장 등 이화여대의 중요 보직을 맡으시며 이화여대를 이끄신 분으로 김활란 박사님의 신뢰가 깊었다. 이석곤 선생님은 소설을 강의하셨는데, 만주에서 공무원으로 일하시다가 방용구 선생님의 초청으로 이화에 오시게 되었다. 방용구 선생님의 집 한편에서 온 가족이 같이 사셨다. 미스 칸로(Miss Conrow)는 내가 3학년이었던 1948년에 나타나셨다. 캔자스의 위치타대학을 졸업한 선교사이신데 태평양전쟁 중 일본으로 피신해 계시다가 돌아오셔서 영어, 영작문 등을 가르쳐주셨다.

내가 희곡을 전공하게 된 데는 대학교 3학년 때 영어연극을 하게 된 것이 계기가 되었다. 김갑순 선생님의 지도로 모든 학생들이 영어연극에 참여하던 때였다. 우리 때는 학생 수가 많아서 진반, 선반 두 반으로 나뉘어 공연을 진행했다. 손턴 와일더 작의 『아워

2 이 글은 김세영 동문(1950)의 딸 김소임(1984) 동문이 모은 어머니 회고록의 일부입니다.

타운(*Our Town*)』을 공연했는데, 주인공 에밀리를 누가 맡느냐가 관심의 대상이었다. 진반의 주연은 유명 의사이셨던 백내과 집 딸 백형숙이었고, 선반의 주연은 나 김세영이었다. 그때 두 반 중 공연을 잘한 반이 외부 인사들을 초청해 공연을 선보였고, 다른 반은 교내 식구들만 초대해 공연을 하게 했다. 내 생각에는 우리 반인 선반이 더 잘한 것 같았는데 선발된 것은 진반이었다. 우리들은 활발한 백형숙이 지도 교수님께 영향력을 행사한 것 같다고 수근거렸다. 그래도 칸로 선생님이 영어연극을 하는 나를 기특하게 보시고 유학 갈 수 있는 길을 만들어주셨으니, 영어연극은 내게 더할 나위 없이 소중한 경험이 되었다.

무사히 4년간의 대학 생활을 마치고 1950년 5월 졸업을 하게 되었다. 졸업식은 5월 30일 또는 31일로 기억한다. 학제가 바뀌기 전이어서 중·고등학교 과정을 4년에 마친 후 입학한 우리는 대학 4년 동안 6년 치 학점을 따야 해서 매일 도시락과 무거운 책가방을 들고 가 6교시 이상 수업을 들어야만 했다. 그러니 졸업은 더 기쁘고 영광스러운 자리였다. 졸업식에 얽힌 에피소드가 있다. 모범생이었던 나는 야단을 거의 맞지 않고 컸는데 이화여대 졸업식에 신고 갈 신발이 화근이었다. 앞 코가 1cm 정도 뚫려 있는 굽 높은 샌들을 보신 아버지는 그대로 마당에 던져버리셨다. 하지만 나는 그 샌들을 신고 졸업식에 참석했다. 1950년의 이화여대 졸업식은 너무나 큰 행사였기에 샌들을 포기할 수는 없었다. 해방 후 처음으로 거행된 졸업식에서 졸업생들은 흰색의 긴 한복 치마를 입고 그 위에 가운을 걸친 채 졸업모를 쓰고 교정을 행진해 식장에 들어갔다. 일가친척뿐 아니라 동생 친구들, 엄마 친구들까지 서른 명이 넘는 인원이 내 졸업식에 참석했다. 그날 내가 받은 꽃다발이 열 개가 넘었다. 진관 앞에서 친척들과 찍은 사진은 아직도 남아 있다. 신문 기자들뿐 아니라 동네 주민들도 다 구경하러 온 기억이 난다.

졸업하고 대학원에 입학한 며칠 후 6·25가 터져 가족과 학교 모두 부산으로 피난을 가게 되었다. 부산에 피난 간 지 만 2년 되는 1953년 초 어느 날, 김활란 박사님 덕에 『코리아 타임즈』에서 근무하고 있던 나는 용감하게 칸로 선생님의 숙소를 찾아갔다. 이화여대는 전시 캠퍼스로 부산에 가건물을 세웠는데, 텐트하우스라고 불리던 선교사들 숙소도 함께 있었다. 다짜고짜로 선생님께 "저 미국에 유학 가고 싶은데 선생님이 좀 도와주세요"라고 했다. 두세 과목 선생님 수업을 들을 때 좋은 인상을 남겼던지 선생님의 반응은 매우 긍정적이셨다. 내가 그렇게 유학을 가고 싶었던 이유는 이미 1952년에 진반 주인공이었던 백형숙, 이경숙(전 동원학원 이사장), 조정자(전 이대 법대 교수) 등 나의 동기들이 미국 유학을 떠났기 때문이다. 칸로 선생님께서는 캔자스 소재 위치타대학에서 근무하는 동기 동창 그레이스 윌키 홀(Grace Wilky Hall?) 교수를 통해 '전액장학금'을 받을 수 있도록 도와주셨다. 아마도 선생님은 이화여대 총장, 학장, 과장 선생님들과 상의를 하시고 학교 당국의 승인을 받은 후에 내게 알려주셨을 것이다.

당시 이화대학에서는 갑자기 기구가 확대되는 바람에 새로운 인력이 많이 부족했다. 우리 학교뿐 아니라 많은 대학들이 당면한 과제였다. 우리 학교는 미국과의 채널이 있기 때문에 김활란 총장님께서 인재 육성을 체계적으로 기획하고 계셨다. 즉 앞으로 신설할 여러 분야, 계열, 학과에 따라 졸업생들을 양성하겠다는 구체적인 계획을 갖고 계셨다. 김활란 총장님은, 너는 '도서관학,' 너는 '정치학,' 그리고 너는 '외교학,' 얘는 신문학,' 얘는 '역사학' … 이런 식으로 미래를 위한 원대한 매스터 플랜을 갖고 계셨던 것이다. 별 볼 일 없는 '김세영'이 그 플랜의 한끝에 들어가게 되어 이화여대 영문과에서 40년 가까이 봉직할 수 있었으니, 그 하해와 같은 스승의 사랑을 어떻게 갚을 수 있을까?

* * *

### 어머니와 함께

어머니께서 자전적 글을 쓰다가 중단하고, 또 몇 년 후 다시 시작하고 하시기를 20년, 스스로 컴퓨터 자판을 치시던 어머니는 어느 날부턴가 손이 떨린다면서 손으로 쓰기 시작하셨다. 때로는 힘들다 하시며 구술을 하기도 하셨다. 앞의 글은 그렇게 써놓으신 원고 중에서 이화여대 영문과 관련 부분을 모은 것이다. 어머니가 대학 진학을 당연히 여기셨던 것처럼 나 또한 이화여대 영문과로 진학하는 것을 당연하게 여기면서 성장했다. 그래도 진로를 영문학으로 선택한 것은 나의 결정이었다. 『베오울프』부터 20세기 문학까지, 모든 영문학 작품들은 인간이 어디에서 와서 어디로 가는지를 묻고 있었다. 사회학도 공부하고 싶고 신학에도 관심이 있었던 나는, 이화에서의 영문학 수업을 통해 인간의 진면목을 보여주는 학문은 문학이라고 판단하게 되었다. 그 생각은 지금도 변함이 없다. 한 분 한 분 열정적으로 수업을 해주셨던 선생님들에게서 배운 것은 문학만이 아니라 삶을 대하는 태도였다. 그분들에게서는 요즘은 보기 힘든 'honour'가 있었다. 질이 다른 삶이 있음을, 질이 다른 말이 있음을 보여주신 선생님들 덕에 한 과목, 한 과목 수강할 때마다 나의 성장을 확인할 수 있었다. 돌아보면 에덴동산 같은 시절이었다. 그래서 그 길로 죽 가는 것이 두렵지만 무섭지는 않았다.

영문과 교수로 30년 넘게 직장 생활을 한 것도 감사하지만, 읽으면서 삶이 확장된 경험, 그리고 때로는 뜨겁게, 때로는 서늘하게 인생을 대하셨던 선생님들을 통해 배운 삶의 자세는 더 고마운 일이다. 모든 것이 정량화되어버린 작금의 현실과 달리 한 줄의 문장과 한 마디의 말씀 뒤에 담겨 있는 보물찾기가 가능했던 대학 시절, 답을 얻지 못해도 질문을 멈추지 않던 시절, 그 중심에는 영어영문학과가 있었다. 지금도 답을 찾고 있는 성찰의 시간들, 나는 그 시작이 영문과라고 감히 고백한다.

1 1948년 3학년 2학기, 중강당에서 영어연극을 마치고 (앞줄 왼쪽에서 네 번째가 김세영 동문)
2 1950년 졸업식에서
3 김활란 박사 환갑잔치(앞줄 중앙이 김활란 박사)
4 김세영 동문의 전임강사 시절, 미스 칸로 교수님과 함께
5 1995년 이대 경영관홀에서 열린 김세영 동문의 교수 정년퇴임기념식(가운데 흰색 정장)
6 어머니 김세영 동문의 미수 축하연에서 함께한 필자 김소임 동문(1984)

# 어머니와 나, 그리고 이대 영문과[3]

**조정호**
(1953년 졸업, 이화여자대학교
영어영문학과 명예교수)

**양옥경**
(1982년 졸업)

지난 연말 '이화 영어영문학과 100년' 준비팀으로부터 원고 의뢰를 받았다. '모녀가 영문과 동문이고, 같은 학교에서 재직'하면서 '어머니를 통해 바라본 영문과와 타 학과에서 재직하면서 바라보는 영문과'에 관해 원고를 부탁한 것이었다. 거기에 나의 '재학 시절의 영문과 경험'을 곁들여달라고 했다. 집필 방향이 뚜렷하여 선뜻 수락을 했으나 글로 옮기는 일이 그리 쉬운 일은 아니었다.

유난히 이대 캠퍼스를 좋아해서 자주 놀러가고, 초록색 이대 수첩 뒷부분에 실려 있던 찬송가들을 엄마와 자매들과 즐겨 부르던 아이였던 나는 1978년 이대 문리대에 입학했다. 실험대학 체제였던 시절이라 계열별 모집으로 문리대 인문사회계열에 속해 있다가 3학년이 되어서야 영문과를 전공으로 정할 수 있었다. 하늘을 찌를 듯 높았던 사회적 인지도로 인해 그해 영어영문학과를 전공으로 선택한 학생들이 300명이 넘어, 그야말로 초대형 학과가 되었다. '이대' 하면 '영문과' 하던 시절이었다. 나도 그 일원이 되어 흰색 문리대 배지를 달고 두껍디두꺼운 『노튼 앤솔로지(*Norton Anthology*)』를 팔에 끼고 영문과 학생으로 즐기며 다녔다. 오늘의 내가 있는 뿌리이자 토대이다.

긴 유학 생활을 마치고 돌아온 곳도, 나를 반겨준 곳도 이화였다. 1990년 사회복지학과(구 사회사업학과) 교수가 되어 35년째 후배들을 가르치고 있다. 8년 만에 돌아온 이화 교정은 떠날 때 그대로였고 나를 가르치시던 교수님들도 대부분 다 계셨다. 그 가운데 영어영문학과 조정호 교수님도 계셨는데, 어머니이자 동료 교수로 이화 교정에서 6년 동안 모녀가 함께 재직했다. 학창시절까지 치자면 10년간 어머니와 함께 이대를 다닌 셈이다.

학생 때는 마주치면 다른 학생들과 같이 고개 숙여 인사하고 모른 척 지나갈 수 있었지만 동료 교수가 되니 교수 사회에서는 그게 통하지 않았다. 학생 때는 수업을 피하고

3 이 글은 조정호 동문(1953)의 딸 양옥경 동문(1982)이 영문과와 모녀의 오랜 인연을 기술한 글입니다.

수강하지 않으면 되었지만 교수식당에서도 복도에서도 교정에서도 자꾸 마주치게 되니 어정쩡해지기 일쑤였고, 문리대 교수회의나 이대 전체 교수회의 때는 맨 뒤 구석자리로 피해 앉아야 했다. 어디를 가나 누구의 딸이라는 꼬리표를 달고 다녔고 그것은 그다지 유쾌한 경험은 아니었다. 누가 대놓고 뭐라고 하지 않았어도 의식할 수밖에 없었다. 우리는 공과 사를 확실히 하여 학교 밖에서는 학교 일을 이야기하지 않았지만 다른 동료 교수들은 우리 모녀를 일심동체 하나로 보곤 했다. 대학원에서 타 전공을 하고 다른 학과 교수가 되고 보니 소속 학과와 일체가 되는 데는 학부 전공이었던 영문과로부터의 독립이 필수인데, 어머니까지 계시다 보니 그렇게 보이지 않은 것이다. 이제는 제자들도 많이 배출하고 사회복지계에서 일가를 이루었다는 평을 받지만 그 눈총으로부터 독립하고 사회복지학과에 안착하는 데에 상당한 노력과 꽤 오랜 시간이 걸렸다.

어머니는 내가 교수가 되자 교수로서 인정받고 싶으면 두 가지를 꼭 명심하라고 하셨다. 하나는 언제든지 학생만을 생각하라는 것이었고, 다른 하나는 항상 연구하는 자세를 가지라는 것이었다. 교육과 연구에 몰두하여 다른 생각을 할 틈을 주지 말라고 하셨다. 말하지 않아도 느껴지는 교수 사회에서의 어려움을 감지하신 것이다. "교수 없는 학생은 있을 수 있지만 학생 없는 교수는 없다"고 하시면서 학생 어려운 줄 알아야 한다고 하셨다. 학생들과 함께 있을 때 가장 행복하다는 것을 경험할 수 있어야 한다고 하셨다. 원고를 의뢰한 동문은 조정호 교수님이 보직으로 바쁜 가운데에서도 학생들을 만나는 것을 좋아하고 시원시원하게 대하셨던 분이라고 추억했다. 1980년대 초 서슬 퍼런 군부의 학생 탄압 정권에서 학생처장을 하시던 때의 기억이다. 경찰을 온몸으로 막아 학생들을 피신시켰으며, 서대문경찰서에서 지내다시피 하면서 경찰서장과 담판을 지어 학생들을 대변하고 구해오던 분이었다. 어떤 상황에 처하더라도 항상 학생만을 생각하고 학생의 입장에서 행동해야 한다는 것을 몸소 실천하신 것이다.

나는 지금도 수업이 있는 날에는 어김없이 재킷을 챙겨 입고 굽이 높은 구두를 챙겨 신는다. "오늘 수업 있으신가 봐요~"라며 대학원생들이 인사하고 지나간다. 학생들 앞에 설 때는 복장부터 예의를 갖추어야 한다는 어머니의 말씀으로 시작된 의관정제가 몸에 밴 것이다. 학생에 대한 예의는 복장만이 아니라 경어 사용에서도 나타나는데, 간혹 대학원생들로부터 친밀함이 느껴지지 않는다는 피드백을 받기도 하지만 여전히 나름 고수하고 있는 나의 학생 존중 차원의 철학이 되었다. 어린 내가 보기에도 매번 똑같은 책을 읽는다고 느껴질 정도로 수업 전 예습을 하시던 어머니는 "교수가 더 철저히 예습하고 수업에 임해야 한다"고 말씀하셨다. 지금의 나의 수업 준비 태도에 그대로 반영되어 있다. 이렇게 학생에 진심이고 교육에 열심이며 학교에 충실하셨던 어머니의 모습은, 비록 다른 학과 소속이긴 하지만 이대 영문과 출신의 교수로서 나의 자존심을 지켜나가는 견인차였다.

지난여름 외손녀가 교수가 되었다고 하니 어머니는 "교수 된 것도 좋지만 사회에서 좋은 일 하라는 거니 더 좋은 것"이라며 축하한다고 하신다. 교수의 역할, 대학의 역할이 사회가 필요로 하며, 사회에 임팩트를 줄 수 있는 교육과 활동을 하는 것이어야 한다는 의미일 것이다. 예나 지금이나 나의 어머니 조정호는 영원한 교수이다. 은퇴한 지 30년이 다 되었지만 '이대 영문과=조정호 교수'였던 등식은 나의 '선배 교수'라는 이미지로 그대로 남아 있어 캠퍼스 곳곳에서 그 흔적이 느껴진다.

2024년 여름, 나의 은퇴를 앞둔 시점에서 이화에서의 시간을 돌아본다. 어머니께서는 이대 영문과 학생들이 전쟁 중 피난을 가서도 부산 광복동 네거리를 잘난 척 활보하고 다녔다는 이야기를 전해주시면서 그 속에 담긴 선배 영문과의 힘도 알려주셨다. 언제 어디서나 성실하고 바른 태도로 당당하게 도전할 수 있도록 나에게 자긍심과 자존심을 심어준 영문과. 시시각각 변하는 초격차 경쟁사회에서 새 역사를 써나갈 무궁무진한 창조적 스토리를 상상해본다.

100년 거목의 이대 영문과, 이화의 굳건한 뿌리로 자리 잡은 미래의 힘이다.

1 1960년대 초 미국 유학 당시의 조정호 교수
2 1989년, 영문과 1969년 졸업생들의 졸업 20주년 기념 모교 방문일 당시 영문과 재직 교수님들과 함께(앞줄 중앙에 당시 학과장이었던 조정호 교수)

# 김활란 총장님이 웃지 않으신 이유[4]

**유니스 윤경남**
(Yunice K. Min, 1958년 졸업)

이화대학 영어영문학과 3학년이 되던 1956년 봄, 본관 파이퍼홀에서 영학회 행사가 열렸다. 나는 오 헨리의 단편 소설 「백작과 결혼식 손님」을 우리말로 번역해서 발표하게 되었다. 나영균 교수님께 작품 선정과 번역문 감수도 받은 터라 자신 있었다. 아담한 소강당은 영문과뿐만 아니라 다른 과의 학생들도 참석해서 빼곡하게 붐비었다. 내 차례가 되어 가벼운 마음으로 낭독을 시작했다.

> 검은 상복 차림에 한껏 우수에 잠긴 듯한 아름다운 여인에게 앤디가 말을 걸었다.
> “콘웨이 양, 아주 맑고 아름다운 밤이지요?” 기상청에서 그가 터무니없이 지껄이는 날씨 이야기를 들었더라면, 네모난 하얀 비상 깃발을 깃대에 잡아매어 끌어 올렸으리라.
> “그런 밤을 즐기고 싶은 애인들이나 좋아하라지요, 뭐.” 매기 콘웨이 양이 한숨을 내쉬며 말했다.
> 앤디는 마음속으로 이 좋은 날씨에 대고 타박을 했다. 눈치도 없는 날씨 같으니라구! 매기의 기분을 풀어줄 만큼 우박이 쏟아지든지, 찬바람이 불고 눈이 내리거나 할 일이지.
> (매기의 약혼자는 이탈리아 부호 백작인데 얼마 전 결혼 직전에 곤돌라 사고로 익사했다고 털어놓는다. 그러고는 목에 건 라켓을 열어 죽은 약혼자의 사진을 보여준다.)
>
> … (중략) …
>
> (급속도로 가까워진 두 사람은 약혼을 하고 결혼 청첩장을 돌린다. 그러나 라켓 속의 약혼자가 가공인물임이 들통난다. 매기의 검은 상복 연극이 끝날 무렵 매기가 앤디에게 말한다.)
> “앤디,” 매기는 충분히 용서를 다 받았다는 안도감으로 계면쩍은 미소를 지으며 그를

4 이 글은 2014년 5월 3일자 『캐나다 한국일보』 ‘오피니언’에 실린 윤경남 동문(1958)의 글입니다.

불렀다. "그 백작 이야기를 전부 곧이 들으셨나요?"

"글쎄요, 전적으로 믿진 않았지요." 앤디가 담뱃갑을 열면서 말했다. "왜냐하면 당신이 목에 걸고 다니는 라켓 속에 든 사진은 바로 우리 결혼식에 꼭 초대하려고 한 우리 마을의 명사, 빅 마이크 설리반의 사진이었단 말씀이에요."

오 헨리의 특성인 반전기법(反轉技法)이 거듭되는 이 마지막 대목을 읽었을 때 학생들은 내가 자리에 돌아와 앉을 때까지 깔깔거리며 박수를 쳤다.

다음 날은 교수님들과 임직원들 앞에서 같은 프로그램을 진행했다. 김활란 총장님이 제일 앞자리 가운데에 앉으셨다. 어제보다 좀 긴장이 되었지만, 내가 낭독한 오 헨리의 이야기를 대견하게 여기며 미소라도 지으실 줄 알았다. 그런데 그 재미있는 이야기를 다 읽도록 내 얼굴만 물끄러미 쳐다보고 계셨다. 아니면 한심하다는 듯 뜻 모를 미묘한 표정에 박수나 해주셨는지, 잘 기억도 나지 않는다. 그날 이후로 당혹감과 낭패감마저 느끼며 지내왔다.

그런데 오늘에서야 그 이유를 너무나 늦게 깨달았다.

최근 남편 민석홍 장로와 나는 국사편찬위원회가 펴낸 『윤치호영문일기』(총 11권) 읽기 삼매경에 빠져 있었다. 나는 그중 제4권을 '민영환과 윤치호, 러시아에 가다'라는 제목으로 번역 출판하기 위해 준비 중이다. 그런데 남편이 읽고 있던 마지막 제11권(1938~1943년)에, 절박한 위기에 몰린 이화여전을 살리기 위해 김활란 총장이 재단 이사인 윤치호 선생을 친정아버지 같이 여기며 자주 만나 도움을 청하는 이야기가 생생하게 나왔다.

1938년 당시 일본은 연희전문학교와 이화여전 등 기독교 학교를 없애려고 혈안이 되어 연희전문 학감이던 유억겸 외에 이춘호, 정광현, 홍병선, 정춘수 등 교육계, 그리고 YMCA 인사 30여 명을 구속하는 한편 윤치호 선생을 협박하며 회유하고 있었다. 그러던 중 드디어 윤치호 선생은 '흥업구락부 건으로 구속된 이들을 석방하고 학교들을 살리는 조건'으로 일본 정부에 협력하기로 약속하게 된다.

누가 그 당시의 급박한 상황, 민주 독립의 한 방편이며 일루의 희망이던 교육의 운명을 좌우하는 상황에서 자신의 안위를 위해서가 아닌 민족을 위해 결단한 일들을 가지고 친일파로만 몰아붙일 수 있는지 자성해봐야 한다. 그 당시 민주교육의 체제와 역사가 일제에 함몰되었다면, 지금의 이화여자대학이나 연세대학은 존재하지도 않았을 것임을 이해해야 할 것이다.

미나미 총독이 직접 제안한 중추의원 자리도 거부했던 윤치호 선생이 일제에 굴복하도록 공작을 꾸민 가롯 유다와 같은 측근의 이야기도 '윤치호일기'에는 자세하게 기록되어 있다. 그 인물에 대하여는 언젠가 역사가 밝혀줄 날이 있으리라 믿는다.

그로부터 20여 년의 세월이 흘렀다. 이화대학 영학회에서 윤치호 선생의 후손이 발표하고 있는 자리에 참석한 김활란 총장님은 그 당시를 회상하며 착잡한 표정만 띄운 채 웃지 않고 앉아 계셨던 것이란 생각이 이제야 마음에 짚여왔다.

지금쯤 우리 이화여자대학교 앞마당·뒷마당에 지천으로 피어 있을 하얀 목련화의 고고한 모습이 우리 이화를 희생적으로 사랑하시던 김활란 총장님의 청초한 모습처럼 아련히 떠오른다. 그때 총장님께 서운했던 내 마음도 많이 가시고 있다.

1 1976년 Ewha Homecoming Queen(앞줄 오른쪽부터 열두 번째가 필자)
2 1957년 가을 본관 앞에서(왼쪽부터 김주희, 필자, 허버트 교수님, 사관선)
3 크레인 선생님, 김연옥[김옥자] 선생님과 필자가 함께 진행을 본 1955년 영문과 야유회
4 1998년 서울에서 영문과 졸업 동기 모임(가운뎃줄 왼쪽에서 두 번째가 필자)

# 50년의 우정, 소중한 추억

**채진욱**
(1961년 졸업)

시간은 내 손 안에 쥔 모래알처럼 쉬지 않고 빠져나간다. 꼭 움켜쥘수록 더욱 가속이 붙는다. 대학교를 졸업한 후 20명으로 시작하여 반백 년 이상 매달 만나왔던 대학 동창들인데 자식들 출가시키고 남편들도 서슬 푸르던 현역에서 은퇴를 시작할 무렵 참가자가 조금 줄었고, 모임 횟수도 두 달에 한번이 되었다. 몇 명은 이미 유명을 달리했고 더러는 시설 좋은 병원을 겸비한 노인 복지원으로 옮겼다. 모임에 나오다가 길을 잃은 한 친구는 집으로 연락이 닿아 부랴부랴 남편이 찾아 나선 사건이 있은 후 자동 탈퇴했다. 이미 알츠하이머가 진행되고 있었으며 주위의 친구들은 물론 본인조차도 증상을 정확히 인지하지 못하고 있었다. 남편이 보건대학교 학장이었는데도 부인의 증상을 몰랐다니, 언제 어떤 경로로 우리를 조용히 습격할지 모르는 무서운 병은 이미 우리 근처까지 왔다.

아직도 기억 속에 뚜렷이 남아 있는 한 친구의 죽음은 한없이 우리를 슬프게 했다. 모든 친구들의 가족사며 연애사까지 꿰어 차고서 온갖 훈수를 두던 마당발이었던 친구가 죽던 날 영안실은 울음바다가 되었다. 모두가 꼽은 제일 친한 친구였던 그는 오지랖만큼 통도 컸고 함경도 또순이 기질도 뚜렷하여, 절제도 잘하지만 친구들의 궂은일에 앞장섰고 동창을 위해 무던히 애썼으며 화끈하게 돈도 잘 썼다. 우리들의 해피 바이러스가 떠나던 날 그 아쉬운 죽음을 엉엉 울며 슬퍼했다.

작년 봄 미국에 오래 머물던 친구들 몇 명이 모임에 참석했을 때 모임을 끝내자는 쪽으로 의견을 모았으나, 이 모임이 없어지면 고국을 찾을 명분이 없어진다는 해외파들과 반수 이상의 반대로 모임을 지속하기로 했다. 늙어가는 모습을 확인하면서도 추억은 새록새록 영글어가는 곳이 동창 모임이다. 병원에 입원하여 수많은 검사로 온 기력을 탕진한 친구는 말했다. "건강해서 친구들을 만나는 너희들이 참 부럽다. 내 발로 그 모임에 참석할 수 있으면 더 바랄 것이 없겠다." 모임이 간절한 이 친구를 위해 하나님께 꼭 고쳐달라며 간절히 기도했다. 친구는 남편과 함께 일본 선교를 위해 온누리교회가 파견한 선교사들 가운데 하나이다. 그 당시 대통령과 동기동창인 친구의 남편은 일찌감치 별 두 개를 달았으나 전역한 후 곧장 선교의 불모지 같은 일본에서 오랫동안 선교 활동을 해오고 있었다. 하지만 부부는 모두 지쳤고, 이후 남편을 먼저 보낸 친구는 아직 기력을 회복하지 못하고 있다.

"오, 하나님! 병석에서도 쉬지 않고 선교의 끈을 놓지 않고 있는 친구를 고쳐주시옵소서." 몇 년 전 겨울 아주 추웠던 날, 평생을 교직에 몸담아온 우리들의 자랑스러운 최은경 교수는 따르던 제자들을 두고 세상을 떠났다. 옥스퍼드에서 교환교수를 했으며 전 생애를 바쳐 배운 것을 가르치는 일에 혼신을 쏟았다.

재학 시절 등단한 소설가도 있었다. 신희수는 서울신문 신춘문예에 당선되어 한국에선 처음으로 500만원의 상금을 받았다. 우리가 재잘거리며 쏟아냈던 추운 시절의 꿈과 좌절도 고스란히 담겨 있던 졸업반 여대생의 이야기는 당시 큰 화제가 되었다 그 친구는 이후 미국으로 건너가 한국문화를 소개하고 알리는 일에 열심이며 몇 년 전에는 한국도 다녀갔다.

몇 년 전 딸이 사는 로스앤젤레스에 방문했을 때 이화여대 동창 모임에 참석했는데, 활발하게 운영되고 있던 그 모임의 중심에서 자랑스런 친구들이 큰 역할을 하고 있었다. 그들은 어느 곳에 있든 이화의 딸로 모교를 위해 헌신하고 있었다.

우리의 삶에는 언제나 예상할 수 없는 복병이 숨어 있다. 어떤 변수가 나올지는 아무도 모른다. 2년 전 여름, 기록적인 폭염으로 가을 만남을 기약했지만 가을은 나뭇잎이 색깔을 바꾸듯 순식간에 지나가 버렸고, 겨울의 문턱에서는 이상 기온으로 폭설이 내려 우리 모임은 다시 후년 봄으로 연기되었다. 그렇게 50년간 이어져온 만남은 봄이 두 번 지나도록 이루어지지 못하다가 코로나19로 인해 온 지구와 인류가 공포의 도가니에 휩싸인 상황이 되었고, 그 여파는 아직도 남아 있다. 그 외에도 기후 온난화로 지구가 보내는 여러 사인에 덥다고, 춥다고 만남이 미뤄지다 보니 이젠 마음 놓고 만나 웃고 떠들던 친구들이 너무 그립다. 우리가 가장 빛났던 시절에 아름다운 교정에서 꽃피웠던 이상향은 지금과 같은 세상은 아니다.

나는 50년간의 동창회 기록이 빼곡하게 적힌 두꺼운 노트를 보관하고 있다. 후임자를 못 찾고 보관 중인데, 여러 가지 사연도 너무 많다. 동기 중에 유난히 박사가 많이 배출되면서 모교를 비롯한 여러 대학에서 가르치는 친구들이 많았다. 또한 남편들은 국무총리, 대학 총장, 국정원장 등 굵직굵직한 지도자들로 포진했다. 세월은 그들의 영광도 앗아갔다. 훌륭한 행정가들은 후대에도 존경받고 있지만 모두가 주역이었던 시절은 끝났다.

인간은 연령의 숫자만으로 늙지 않는다. 아직도 창조를 꿈꾼다면 약동하는 생각을 늙어가는 육체 속에 가두지 말자. 친구들아, 보고 싶구나! 만나서 기쁘게 얼싸안을 날이여, 어서 오너라!

2024년 초 유난스런 한파 속의 어느 날에…

1 1956년 1학년 때 교정에서 개교 80주년 마스게임에 참가한 후 (오른쪽 끝이 필자, 짧은 한복에 배꽃이 그려져 있었다.)

2 1960년 1월 경 사은회

# 나의 영문과 시절

**정기호**
(1962년 졸업)

1958년 이화여자대학교 영어영문학과 입학생입니다. 4년간 이화 캠퍼스의 낭만 속에서 영미소설을 읽으며 학업을 즐기던 시절을 되돌아봅니다.

고인이 되신 김활란 총장님께서 입학식에서 들려주신 축하의 말씀과 당부의 말씀이 떠오릅니다. 대한민국에서 여성으로서 살아가야 하는 본분을 설명해주셨습니다. 여성으로서 가정과 직장에 동시에 충실하기에는 사회적으로나 가정적으로 많은 어려움이 있다고 지적하셨습니다. 언제 어느 곳에서든 최선을 다하면서 살아가라고 하셨습니다. 당시의 시대 상황에서 여성은 직장 생활을 하다가 결혼을 하게 되면 직장을 그만두는 것이 일반적이었습니다. 정말로 호랑이 담배 피던 시절 이야기입니다.

개인적으로는, 직장인으로서의 생활은 잠시 지방의 모 방송 내레이터로 장편 소설을 낭독한 경험이 전부이고, 2녀 1남의 어머니로서 평범하게 착한 며느리, 아내의 역할에만 성실하게 임하며 60년의 결혼 생활을 누리고 있을 뿐입니다. 이화여자대학교의 정서가 그리스도교 정신을 그 바탕으로 하고 있기에, 겸손하게 사랑의 마음으로 나눌 수 있다는 것에 감사하며 살아오고 있습니다.

이제는 세상을 떠나신 김갑순 선생님께서 많은 영시를 외우게 해주셔서 얼마나 귀한 추억으로 곱씹으며 살아가고 있는지, 그 시절 추억이 새로워집니다. 영국의 18세기 여성 시인 크리스티나 로제티(Christina Rossetti, 1830~1894)의 'When I am dead my dearest'를 아직도 기억하고 있습니다. 많은 세월이 흘렀는데도 지금까지 기억하며, 요즘 이 나이에 가장 바라는 바 심정이 표현되어 있어 생각나면 천장을 바라보며 큰소리로 외우고 있습니다.

당시 *Ewha Voice*의 picture editor로서의 활동도 좋은 추억으로 남아 있습니다. 영문과 졸업 앨범 편집에 열중하던 모습도 그립습니다. 2023년 11월 현재 그 경험으로 SNS 시대에 걸맞게 살아가고 있습니다. 매일 3분 이내의 동영상을 편집하고 있습니다.

아침에 일어나면 기도 후에 귀감이 될 만한 좋은 메시지들을 찾아서 아름다운 이미지를 바탕으로 음악과 더불어 동영상을 편집합니다. 그러고 나서 감사한 마음으로 새날을 시작합니다.

어느 학번이든 당대의 영어영문학과 졸업생이라면 지금까지도 가장 기억에 남을 학창시절 추억은 바로 영학관 생활일 테지만, 아쉽게도 저희 그룹만 영학관 생활 체험을 하지 못하고 졸업하게 되었습니다. 1961년에 갑자기 학사시험 제도가 실시되면서 당년 12월에 한 달간 실시되어야 할 영학관 생활이 취소되었기 때문입니다. 우리는 졸업식도 1962년 2월 예정이던 것이 1961년 12월로 당겨진 학번입니다. 일생일대의 커다란 아쉬움이요 유감입니다. 2023년 11월 현재, 그때 같은 영학관 그룹이었던 친구 열두 명 중 일곱 명만이 살아남아 지금까지 매달 영학관 친구 그룹으로 소통하고 즐기면서 만남을 이어나가고 있습니다.

1939년생으로서 숭고한 이화여자대학의 정신을 저의 삶에 담으며 살아가려고 노력합니다. 자손들 중 두 딸이 동문이며, 그중 한 딸과 아들이 교직자로서 이화 캠퍼스에서 이화의 정신으로 지도하고 있음도 감사합니다. 이화 영문 100주년이 되는 해에 영문과 졸업생으로서 지난날 추억이 담긴 글을 써보는 기회가 주어짐에 주님께 감사 찬미 올리는 바입니다.

1 1961년 12월 졸업식을 마치고 배우자와 함께(배경으로 지금은 사라진 운동장과 그 주변 계단이 보인다.)

2 1961년 12월 27일 광화문 시민회관에서 있었던 영문과 졸업 사은회

# 롤모델의 집합처, 이화 영문

**김정매**
(1963년 졸업)

이화대학교를 진학하면서 제게 가장 인상적인 장면은 입학 시험의 한 과정인 면접이었습니다. 당시 영문과 면접은 우리말과 영어 두 가지로 치렀습니다. 영어 면접은 당시 선교사로서 영문과 회화 교수로 봉직하신 미스 칸로께서 맡으셨는데, 그의 환히 미소 띈 친절한 질문은 잔뜩 겁먹고 긴장한 나를 편안하게 해주었습니다. 서양 여자의 그러한 친절은 난생 처음 대했습니다.

그러나 우리말 면접은 이와 달랐습니다. 총장실이 있는 본관 건물의 한 연구실에 들어서니 세 분의 선생님이 앉아 계셨는데, 그 모습이 지금까지 생생합니다. 가운데는 남자 교수님(이석곤), 왼쪽엔 무섭고 위엄 있는 분위기의 여교수님(김갑순), 또 오른쪽엔 얼굴이 유난히 환하시고 멋진 올백 숏 커트를 하신 여교수님(홍복유)이 앉아 계셨습니다. 양쪽 여자 두 분은 한복 차림으로 당당하고 위엄이 있는데 반해서 가운데 남자 선생님은 얼굴이 샛노랗고 앉은 키도 작아 두 여자 사이에서 완전히 맥을 못 추는 듯 보였습니다. 그때까지 저는 남자가 여성들 사이에서 그토록 왜소해 보이는 모습을 본 적이 없었습니다. 제가 앉자마자 김갑순 교수님이 아주 위엄 있는 남성 같은 목소리로, “성적을 보니 남녀공학에 갈 학생인데 왜 이대를 지원했는가?”라고 저의 마음을 꿰뚫는 질문을 하셨습니다. 홍복유 교수님도 아주 쨍쨍한 목소리로 비슷한 질문을 하셨습니다. 이 장면은 제 일생 내내 이화대학교의 한 메타포로 남아 있습니다.

저는 그때까지도 집 안에서는 여자 웃음소리가 우산 밖으로 나가면 안 되고, 여자는 남의 집에 오전 중엔 방문하지 않아야 하고, 여자는 절대로 문턱을 밟으면 안 된다는 등의, 여자이기 때문에 해서는 안 되는 조건만 들어왔습니다. 또한 저의 형제는 6남매로 제가 맏이이고 아래로 남동생 둘, 여동생 셋이 있는데, 제 부모님의 목표는 네 딸들을 모범규수 감으로 기르는 것이었습니다. 전형적인 가정주부였던 어머니 밑에서 자라온 제게 이 면접 장면은 파격적인 것이었습니다. 당시 대학생들은 일단 입학하면 즐겨 학교 배지를 달고 다녔는데—서울대, 연세대, 이대생은 거의 모두가—, 나는 자존심이 상해서 문리대 배지를 차마 달고 다닐 수가 없었습니다.

그러나 이러한 실망과 실의는 한 달여가 지난 어느 날 180도로 바뀌었습니다. 정작 반에 들어가 공부를 해보니 이화대학은 공부하고 싶은 학생이라면 누구든 얼마든지 공부할 수 있는 시설을 갖춘 곳임을 깨달았기 때문입니다. 더구나 저와 단짝이던 친구가 서울대 공과대학에 진학했는데, 그 친구에게서 듣는 생활이 너무 재미없게 느껴졌고, 또 같은 반 남학생들이 유일한 여학생을 배려해주기보다는 정원이 20명뿐인 화공과에 들어와 다른 남학생의 기회를 빼앗았다는 이유를 들어 따돌린다는 말을 듣고 나니 그와 정반대로 여성천국이며 마음껏 웃고 공부할 수 있는 이화대학에 오도록 하신 아버지에게 감사한 마음마저 들어 눈물을 왈칵 쏟았습니다. 조용한 외진 교정에서 황혼녘 현현처럼 겪은 순간적 깨달음이었습니다. 저는 당시 김활란 총장을 비롯한 수많은 여자 교수들이 나에게 인생의 롤모델이 됨을 절감하며 학문에 전념하기로 작정했습니다.

그다음부터는 이화대학의 모든 것이 좋았습니다. 배지도 자랑스레 달고 다녔습니다. 요사이 졸업 학점이 상당히 줄어들었지만 당시에는 160학점을 따야 졸업할 수 있었는데, 저는 필수 교양 과목을 제외하고는 모두 영문학을 위한 과목을 택했습니다. 영문과 학생들은 속기반, 영학관 생활반, 영자신문반, 영어연극반 중에서 택일할 수 있는 기회가 있었는데, 우리 학년은 인원이 갑자기 두 배로 늘어 영학관 생활반을 택하면 다른 한 가지를 포기해야 했습니다. 저는 영학관 한 달 생활을 포기하고, 대신 친한 친구가 영학관에 들어갔을 때 하룻밤 따라 들어가 같이 자면서 그 분위기를 조금이나마 느껴보려 했습니다.

2학년이 되고 제가 택한 강의 중 네 과목이 소위 원어민 교수(native speakers)의 영어로 진행되는 강의였습니다. 미스 허드(Hurd)의 영어회화, 로스앤젤레스의 한 대학교수였던 미스 범가드너(Baumgardner)의 미국문학, 미스 크레인(Crane)의 영문창작, 미스 에이브러햄(Abraham)의 문학 강의는 시험도 자주 보고 숙제도 많았습니다. 저는 늘 도서관에서 밤 10시까지 남아 공부했고, 그것도 모자라면 해당 참고서를 빌려 무거운 책을 힘들게 들고 북아현동 고개를 넘어다니곤 했습니다. 당시 미스 범가드너는 어찌나 진도를 빠르게 나가고 열강을 하셨는지 당시 배운 작품이 지금까지도 생생하게 기억됩니다. 강의를 열심히 들으려고 얼마나 선생님의 얼굴과 입만 쳐다보았는지, 한 학기가 지나도록 다른 학생들이 다 알고 있던 사실, 즉 그 선생님은 손가락이 정상적인 다섯 개가 아닌 여섯 개라는 것도 몰랐습니다.

당시에 우리의 울분을 자아낸 강의는 미스 에이브러햄이라는 인도 교수의 강의였습니다. 과거 미국 감리교단에서는 같은 날 선교사를 각기 한국과 인도로 보내 여자들을 위한 대학을 설립케 했는데, 그 결과 한국에는 이화대학이, 인도에는 이사벨라토번대학이 설립되었다고 합니다. 연륜이 같고 역사가 비슷한 두 대학은 교환교수 제도를 실시했고,

그 결과 그 대학에서 오신 교수가 미스 에이브러햄이었습니다. 그녀는 매우 도도했고, 우리에게 영어를 못 한다고 면박을 주면서 인도는 간디와 타고르 같은 인물을 배출했다는 점을 강조했습니다. 영문과 2학년이었던 우리는 더 이상 참을 수 없다고 느꼈는데, 하루는 한 학생이 일어나 당신네 나라는 과거에 영국의 식민지였고 현재 영어가 공용어로 계속 사용되지만 우리는 엄연히 우리말을 쓰고 있다고 맞섰습니다.

내가 이대를 다니던 4년은 우리 역사의 커다란 격동기였습니다. 제가 2학년이던 1960년엔 4·19학생혁명이 일어나 이승만 정권이 무너졌고, 부통령이던 이기붕 일가도 사망했으며, 윤보선 씨가 대통령으로 취임하면서 장면 박사가 국무총리로 내각을 이끌었습니다. 진정한 민주주의 정부에 대한 국민들의 기대는 대단했습니다. 그러나 좌파 세력의 대대적인 데모로 당시 사회는 혼란의 정도가 위험스러울 정도였습니다. 그래 그 이듬해인 1961년에는 5·16군사혁명이 일어났고 박정희 소장이 정권을 장악한 얼마 후 대통령의 자리에 올랐습니다.

이러한 역사적 격변 가운데 이화대학도 많은 부침을 겪었습니다. 우리가 입학했을 때는 김활란 박사께서 총장으로 계시며 채플 시간에 많은 말씀을 해주시곤 했는데 이사장으로 물러나셨고, 기독교학과의 김옥길 선생님이 총장으로 임명되셨습니다. 김활란 박사는 당신이 고학생으로 미국에서 공부하며 세탁소 알바를 했는데, 하루 종일 몸집 큰 미국인들의 홑이불을 세탁기에서 꺼내 털고 다림질하는 일을 하는 통에 체구가 작은 그 분이 몸살을 앓으셨다는 말씀도 해주셨습니다.

당시 한국의 경제 사정은 매우 핍박해서 좀도둑이 들끓었습니다. 당시 기독교문학을 강의하신 장원 교수님은 매일 아침 일어나보면 장광에서 연탄이 한 장씩 없어져 있었다고 말씀하셨습니다. 교수님은 그것을 보시고는 담을 넘어와 연탄을 가져가기 힘들겠다는 생각이 들어 잠자리에 들기 전에 대문 밖에 연탄을 한 장씩 내놓으셨다고 합니다. 제게는 그 말씀이 이대의 창립 정신인 기독교 사랑의 실천으로 비쳤습니다.

영문과엔 여자 마피아단 같이 쟁쟁한 여교수들이 줄지어 계셨습니다. 앞서 언급한 김갑순, 홍복유, 장영숙 선생님 외에 이혜숙, 김선숙, 나영균, 김연옥[김옥자], 김세영, 윤정옥, 윤정은, 김승숙, 조정호 등의 선생님이 계셨는데, 대부분이 30대이고 상당수가 미혼이라는 점이 학생들 간에 큰 화젯거리였습니다. 그런데 우리가 2학년 때인가, 김세영 선생님이 놀랍게도 올드미스의 진영을 벗어났을 뿐 아니라 결혼 후 매년 연속으로 출산을 하셔서 네 자녀를 두시게 되었습니다. 본래 멋쟁이셨지만 임부복까지 거의 매일 새 옷으로 치장하고 나타나셔서 큰 관심거리였습니다.

어느 가을 학기에는 늘 멋진 양장을 하시던 나영균 선생님이 한복을 곱게 차려 입고 강의실에 들어오신 일이 있습니다. 찰스 디킨스의 『올리버 트위스트』를 가르치시던 교수님이 갑자기 크게 한숨을 쉬셨는데, 저는 우리가 심한 둔치로 보여서 실망하신 건가 염려

1 1962년 12월 재학 시절 동문들과 함께한 백령도 주둔 해병대 위문 공연과 군사기지 탐방
2 2023년 5월 4일 세일아트홀에서 열린 영문과 졸업 60주년 기념 행사에서 동기들과 함께

했습니다. 그런데 바로 그다음 시간에 뜻밖의 소식을 들었는데, 선생님이 출산을 하셨다는 것입니다. 이렇게 당시 여자 선생님들은 강의에서뿐 아니라 몸가짐 등에서도 모범적이셨습니다.

미스 크레인 교수님의 시간엔 영어로 일기를 써서 제출하곤 했는데, 그러면 교수님께서 일일이 고쳐주시고 좋은 점을 짚어주셨습니다. 영어로 단편 소설을 짓기도 했고, 논문 작성법도 가르쳐주셨습니다. 저는 그 덕에 로버트 브라우닝에 대한 논문을 영문과 저널이었던 『미네르바(*Minerva*)』에 게재할 수 있었습니다. 당시 학부생이 영어로 학구적인 논문을 발표하게끔 지도한 대학은 매우 드물었을 겁니다. 이화는 젊은 여교수님들의 가르치고자 하는 열의가 대단해서 방학 동안에도 영소설반, 영시반, 영희곡반 등으로 나누어 학생들을 지도해주셨습니다. 특히 영소설반은 학생들이 나영균 선생님 댁에 모여 여러 가지 소설을 원서로 읽고 발표하고 토론했습니다. 당시 제가 소설반장을 맡고 있었는데, 거의 30여 명이 정규적으로 모였고 나 선생님은 당시로서는 귀한 커피를 매번 우리에게 대접해주셨습니다.

1960년대 이화대학에서의 학창시절을 회상하며, 당시 궁핍하고 보수적이었던 한국 사회에서 이화는 여학생들이 기죽지 않고 공부할 수 있도록 열린 공간이었다는 생각을 해봅니다. 이화 안에서 무엇이든 한껏 할 수 있다는 확신을 갖도록 생활과 학문 면에서 롤 모델을 보여주신 은사님들께 다시 한번 감사드립니다.

# '이화 영문' 역사의 회고와 전망

**권경수**
(1963년 졸업, 이화여자대학교 영어영문학과 명예교수)

지난 100년 동안 '이화 영문'은 여성고등교육의 긴 역사를 이어오면서 이화여자대학 내에서는 중추적 역할을 해왔고, 우리 사회와 나라, 더 나아가서는 나라 밖에까지 그 명성을 알리는 큰 역할을 했다고 생각합니다. 대학은 학문하는 곳, 연구하는 곳, 그리고 다목적으로 인간을 폭넓고 깊은 지성인으로 교육하는 곳입니다. 미래의 꿈과 이상을 실현하도록 지식과 에너지를 전달해주는 지성의 산실입니다.

제가 이대 영문인으로 인연을 맺게 된 것은, 부친께서 여성 존중의 정신을 지니고 여성의 꿈을 펼칠 수 있게 하는 이대 영문과의 문을 두드리라고 권유하셨기 때문입니다. 부친의 그와 같은 교육적 감각과 판단은 제게 주신 아름다운 선물이었습니다.

돌이켜 보면 저의 학창시절은 은혜롭고 따뜻한 추억을 가지고 학업에 열중한 즐거운 삶이었습니다. 당시 저희를 가르친 선생님들은 매우 격조가 높으셨고 시대를 앞서 가는 명성을 가지신 스승님이었습니다. 열정과 능력의 소유자이신 스승님들의 가르침은 제가 영문인으로 보람찬 교육자의 길을 갈 수 있도록 인도했습니다. 김갑순 선생님께서는 'Speech and Drama'를 가르치면서 연극 공연 준비를 하셨고, 공연 작품으로는 Shakespeare의 네 작품 중에서 네 개의 장면을 선정하셨지요. 저는 *Romeo and Juliet*에서 Romeo의 역할을 맡았습니다. 참 행복한 시간이었습니다.

이화에 재직하면서 저는 영문과 강의와 중앙의 행정 보직을 맡아 교육 봉사를 병행했습니다. 당시 정의숙 총장님의 강력한 권유로 일을 시작했고, 여러 해 후에는 윤후정 총장님 수하에서도 행정 보직을 맡았습니다. 21세기 변화의 큰 물결을 마주하며 글로벌 이화를 이루기 위해 오로지 대학 발전에 헌신하신 선생님들을 우러러보면서 많은 것을 배웠고 큰 보람이었습니다. 또 다른 경험은 대외협력처장으로 임명되면서 이화여대의 더 큰 미래를 위해 모금을 책임지는 직책을 맡은 것입니다. 참으로 어려운 소임이었지만 많은 동창님과 은혜로운 후원자들을 만나 진심으로 호소함으로써 건축 기금을 마련할 수 있었습니다. 큰 결실을 주신 하나님께 저는 감사의 기도를 올렸습니다.

저는 강단에서 현대 영미 희곡을 가르쳤습니다. Shakespeare의 *King Lear*를 가르치면서는 위대한 왕이 비극을 통해 인간의 약점과 고난을 극복하는 영혼의 승화에 대해 가르쳤습니다. 현대 희곡 중에서는 William Butler Yeats의 작품을 비롯하여 여러 작가들의 작품을 소개하며, 신화를 통해 인간을 더 깊게 존중하고 겸허하게 살아갈 것을 가르쳤습니다.

앞으로 우리 영문인이 부득이 맞게 될 큰 도전이 있습니다. 그것은 AI의 발전과 환경 변화 등의 과학기술에 의한 무한한 변화가 올 것이라는 예측입니다. AI가 인류에게 새로운 문명의 힘을 지나치게 과시하는 존재가 된다면 혼란의 역사가 초래될 우려가 있습니다. AI는 이미 우리 사회에 깊숙이 들어와 있지만, 그러한 기술이 인간을 존중하고 인간의 공동선을 위한 윤리적 규범을 소중하게 다루도록 해야 할 것입니다. 그리고 그 목적을 위하여 우리 영문인도 동반자로서, 인류애에 대한 공동의 역할을 수행해야 할 것으로 생각합니다.

자랑스러운 이화 영문인 여러분, '이화 영문'은 저의 삶을 풍요롭고 빛나게 한 '빛'입니다.

'이화 영문'이여 영원하리라!

1 1990년 박사학위 수여식을 마치고 정의숙 총장님과 함께

2 1996년 8월 이화·한국이동통신관 기공식 기념사진(외빈들과 함께 장상 신임 총장, 정의숙 이사장, 윤후정 전임 총장의 모습이 보인다. 왼쪽에서 다섯 번째가 필자)

3 2021년 3월 21일 '윤후정홀(Yoon Hoo Jung Hall)' 동판 제막식에서 윤후정 명예총장님(중앙 은색 정장 차림)과 함께(오른쪽에서 다섯 번째가 필자)

# 나영균 선생님과의 추억

**이명환**
(1964년 졸업)

2024년 초 76학번 김인성 후배가 60학번인 나에게 『이화 영어영문학과 100년』에 실릴 원고 청탁서를 보내왔다. 몇몇 동창이 나를 추천해 뒤늦게 마감을 연장하며 청탁한다는 내용이다. 새로 쓸 시간은 촉박하여 나영균 명예교수님과 나의 각별한 인연이 떠올라 전에 쓴 글을 발췌해 엮어보려 한다.

나는 충남 예산여고 출신으로 당진군 송산면 삼월리 벽촌에서 유년기를 보낸 재수생이다. 4·19 사태의 여파로 대학가가 흉흉하던 1962년, 『이대학보』에 한 학기 등록금을 내고도 조금 남는 액수의 상금이 걸린 '중편 소설과 논문' 모집 광고가 실렸다. 나는 작심하고 여러 날 밤을 새워 『디오니소스의 후예』라는 제목의 300여 매 되는 중편 소설을 써서 제출했다. 운이 좋았던지 이게 당선이 돼, 암울하던 나의 학창시절에 큰 위로가 됐다.

3학년이 됐어도 나를 모르던 김옥자(후에 연옥으로 개명) 선생님이 미국문학 수업에 들어와서 "디오니소스가 누구냐?" 하고 물으셨다. 친구들이 나를 가리키자, "너 머리 꼴이 왜 그래?" 해서 "와!" 하고 모두 웃었다. 그 무렵 이대생들은 파마 머리에 살짝 '후까시'를 넣고 화장도 예쁘게 해 멋을 내는 게 유행이던 시절로, 하이힐에 정장 차림도 드물지 않을 때였다. 하지만 나는 자그마한 미제 면도칼로 혼자서 머리를 커트하고 단벌 바지에 표정도 어두운 썡얼이었으니. 김옥자 선생님으로 말할 것 같으면 학기 중에 부모님 상을 당했을 때 상복인 깃광목 소복(素服) 차림으로 태연히 출퇴근하신 분인데, 이런 마인드의 선생님 눈에도 내 꼴이 거슬렸던 모양이다.

1966년에 혼인한 나는 1994년 다섯째 막내가 대학생이 된 뒤부터 조금씩 글을 쓰기 시작했다. 이것이 분량이 꽤 되어 2005년에 『지상의 나그네』라는 제목으로 수필집을 냈는데, 이때 나영균 선생님께서 추천사를 써주셨다.

## 문학을 살아온 이의 글

우선『지상의 나그네』출간을 진심으로 축하한다.

나는 이명환 씨가 이대 영문과에 다닐 때 그를 알게 되었다. 당시 이대학보의 '중편 소설과 논문 현상 모집'에 그가 소설 부문에서 당선이 된 것이 계기였다. 심사를 맡았던 나는 그가 어떤 학생인지 잘 알지 못했다. 다만『디오니소스의 후예(後裔)』라는 그의 응모작을 읽으면서 느낀 것은 작가가 할 이야기가 아주 많다는 것, 문장력이 좋다는 것, 한자의 지식이 정확하다는 것, 언어 감각이 뛰어나다는 것, 억제할 수 없이 속에서 마구 솟구치는 욕구가 있다는 것이었다. 당선이 되고 나서 만나본 그는 아주 소박한 시골 처녀였다.

그는 졸업한 지 얼마 안 되어 결혼했다. 상대는 우리나라 최고 시인의 한 분인 성찬경 씨였다. 일찍 어머니를 여윈 그였기에 나는 그의 결혼을 반겼다. 시부모님 모시고 4남 1녀를 낳아 기르며 살림을 꾸려 가는 그의 생활은 그 이상 더 현실적이랄 수 없이 살림에 얽매인 것이었다. 더러 도와주는 사람이 있다 해도 밥하랴 청소하랴 애 보랴, 수도도 없는 집에 살면서 그 많은 빨래하랴 시어른과 남편 시중들랴 눈코 뜰 새 없이 종일 줄달음치는 매일이었다.

그런 동안에도 억누를 수 없는 문학에의 갈망을 그는 가슴에 품고 살아갔다. 그 갈망은 생활의 현실 속에서 이따금 튀어나오는 비현실적인 말과 사고에 나타나곤 했다. 그것은 문학을 하는 사람이 아니라 문학을 사는 사람의 말이요 사고였다. 재에 묻힌 불똥처럼 살아 있던 갈망은 세월이 흘러 생활이 조금씩 정리되면서부터 불꽃을 일렁이기 시작했다. 긴긴 세월 동안 말없이 간직해온 문학사랑은 수필이 되어 조금씩 터져 나오기 시작한 것이다. 그러기에 그의 수필엔 다른 이의 글에서 볼 수 없는 어떤 간절함이 있다.

애초에 소설 쓰기로 문학에 들어선 그의 글은 소설적 색채가 짙다. 상세한 묘사가 그렇고 여기저기 묻혀 있는 이야기가 그렇고 심층에 파고들려는 탐색이 그렇고 자연스럽게 펼쳐지는 대화가 그렇다. 그러한 그의 글은 구수하고 순박하고 어찌 보면 어눌한 그의 인품을 그대로 나타내고 있다.

기교를 부리지 않는 글 속에 엿보이는 그의 시선은 어린이처럼 솔직하다. 남이 감지 못하는 것을 감지하는 섬세함과 함께 현대가 잃어가는 따뜻한 피의 온기가 느껴진다. 어린 시절의 추억, 대학 시절, 자연, 계절, 문학, 음악, 종교, 가족을 통한 경험을 엮은 글들은 통틀어 볼 때 그의 정신적 자서전이기도 하다. 좀 숨이 긴 문장에서 배어 나오는 그의 말투가 그대로 그를 보여주고 있다.

지금도 그는 할 이야기가 많고 속에서 솟구치는 욕구가 뜨겁다. 이 책은 그러한 그의 마음의 극히 작은 부분의 돌출이라 하겠다. 앞으로도 그 욕구는 다양한 형식을 빌려 계속 터져 나올 것이다. 그는 문학을 사는 사람이요 문학의 갈망을 운명처럼 지니고 사는 사람이기 때문이다. (나영균, 2005)

근래 쓴 짧은 수필 한 편을 소개하면서 청탁 글을 마치련다.



### 님이 언제 오시려는지

미명(微明)이라는 어휘에 관심을 둔다. 사전에 '희미하게 밝음' 딱 한 가지로 풀이가 나와 있다. 어둠은 아니나 밝은 정도가 약해 새벽이 가까운지 어쩐지 잘 모르겠는 상태인가보다. 비슷한 단어이기는 하지만 여명(黎明) 하면 '희망의 빛, 광명, 첫새벽' 이런 확실한 여운이 있다. 그러나 왠지 여명보다는 미명 쪽이 내게 친근한 듯하다.

73세 되던 2월, 나는 창졸간에 과부가 됐다. 나이만 먹었지 흔한 말로 홀로서기가 전혀 안 돼 있는 마음 상태에서다. 그 뒤 5년을 그냥 손 놓고 지내고 나서야 망망한 어둠에 둘러싸여 무기력하게 가라앉아 있는 나를 바라보게 됐다. 고비마다 힘이 돼주신 은사 여정(如庭) 나영균 선생님께 미명헌(微明軒)이라는 당호를 써줍시사 부탁드렸다. 미명을 알리는 현판으로나마 그 첩첩한 어둠을 조금씩 걷히게 해보고 싶었는지도 모르겠다. 서예를 좋아해 붓글씨에 입문한 지는 수십 년 됐으나 누구에게 축필이나 당호를 의뢰받아 건넨 적이 없는데, 애제자의 청이니 한번 써보겠다 하셨다.

2005년 첫 수필집을 낼 때 아주 어렵게 추천사를 부탁드린 적이 있다. 며칠 뒤 앉은 자리에서 써졌다고 곧바로 애정 넘치는 글을 보내주셔서 오히려 내가 놀랐는데, 이번에도 득달같이 써서 보내주셨다. 아담한 크기의 왕희지 행서체로 글씨도 아주 탈속하면서 내 마음에 쏙 들었다. 화선지에 쓴 원본은 액자로 표구하고, 그것을 복사해서 양각(陽刻)해 같은 크기로 현판을 만들어 책상을 중심하여 좌우 방 벽에 부적처럼 걸어놨다. 이제 남편이 떠난 고립무원의 이 처지에서 벗어나 홀로 내 길을 가야 할 때가 되지 않았나 하는 생각도 들었다. 그해(2018년) 가을 어느 날 점심에 선생님 내외분과 막내 따님 송미를 초대해서 두 개의 액자가 걸려 있는 내 방을 보여드렸더니, 나더러 이제는 미명헌에서 소설을 쓰라고 한마디 당부를 하셨다. 그 자리에서 그러겠노라 할 때는 내심 학생 때부터 쓰려고 벼르던 테마가 떠올라 때가 되면 쓰리라 다짐했었는데, 2020년에 세 번째 수필집 『겨울 나그네』를 펴낸 이후로는 아직 손도 못 대고 있다.

모후이시며 사랑이 넘치는 어머니, 이십 대부터 마음에 담고 있던 그 이야기를 제 생전에 써낼 수 있도록 도와주소서. 당신은 제 허영심과 부족함을 두루 알고 계시오니 온전한 나로 하여금 성모님의 겸손과 아픔을 기억하며, 이승에서 완성할 수 있는 기쁨을 누리게 하소서.

나영균 선생님의 소설 강독 시간에 조셉 콘라드의 『로드 짐(*Lord Jim*)』을 배우면서 나는 내 안에 글을 쓰고자 하는 강한 의지가 있음을 발견했다. 사랑해 마지않는 우리 '짐'의 한을 풀어주려면 내가 소설가가 되는 길밖에 없겠다는 다소 엉뚱한 생각을 진심으로 하게 됐다 할까. 살면서 본의 아니게 맞닥뜨리게 되는 안타까운 운명의 장난, 속수무책으로 걸려 넘어지게 되는 쓰라린 시련 속에서 고통을 견뎌내는 인간의 처절한 삶의 현장을 심층적으로 다뤄보고 싶었다.

남편을 떠나보낸 지도 10년이 지나간다. 60이 다 돼 우연한 기회에 수필과 인연을 맺게 됐다. 나는 내가 수필가가 될 것이라고는 전혀 생각지 못했는데 쓰다 보니 소설이나 평론, 시보다도 운신의 폭이 넓어 매력이 있는 장르라는 것을 알게 됐다. 매수나 형식에 구애됨이 없이 평론 같은 수필, 소설 같은 수필, 시 같은 수필 등이 모두 다 가능해 보인다. 요즘은 1960년대 초 그가 학교로 보낸 빛 바랜 연애편지들을 읽는 재미가 쏠쏠하다. 이것도 언젠가 흥미 있는 수필거리가 될 수 있을 것 같은 예감이다. 반은 없어졌으나 이제와 보니 그가 나를 꽤 좋아해 많이 애가 닳아 했던 모양인데, 혼인하자 일 년 뒤부터 줄줄이 5남매와 씨름하느라 아뿔싸! 목에 힘 한 번 못 줘보고 기죽어 살고 말았네. 허허.

나영균 선생님의 붉은 낙관이 있는 액자 「微明軒」 방에서, 언제 성령님과 성찬경 사도 요한의 영감(靈感)이 내게 내리려나 청정한 몸과 마음으로 깨어 기다려보련다. (2024년 2월)

1 1962년 이대학보 주최 '중편 소설 및 논문' 현상 모집 수상자와 심사위원들과 함께(뒷줄 왼쪽부터 시계 방향으로 이종선[이대학보 6기 주간, 이대 기획처 홍보차장], 마경일[교목], 안수길[소설가], 정연희[소설가], 김영덕[국문과 교수], 이헌구[이화여자대학교 문리대 학장], 나영균[영문과 교수], 양명문[시인], 김짐자[국문 3학년], 필자 이명환[영문 3학년], 장명수[신방 3학년], 홍휘자[국문 3학년])[5]

2 2006년 11월 30일 이대 동창 문인회가 주최한 제10회 이화문학상 시상식에서 나영균 선생님, 필자의 손녀와 함께

3 2024년 가을, 영어영문학부에서 마련한 리마인드 졸업사진 촬영 행사에 참여한 필자

5 이후 수상자들은 명망 있는 일간지의 기자로 활동했고, 장명수 선생님은 현재 이화학당 이사장으로 재직 중입니다. 이 자리를 빌려 편집진은 60년이 넘는 세월이 지났음에도 정확하게 사진 속 인물들을 기억하고 계시는 이종선 선생님(국문과)께 경의를 표하지 않을 수 없습니다. 도움 주신 선생님께 깊은 감사를 드립니다.

# 나는 이대 영문과생

**민혜성**
(1965년 졸업)

1961년 봄은 내 청춘의 시작이었다. 정해진 시간에 똑같은 교복만을 입고 정해진 수업만을 받아야 했던 여고 시절이 끝나고 하루아침에 자유의 몸이 되었다. 하지만 당시의 나는 주어진 자유가 부담스럽기만 했다. 무엇을 선택해야 할지 당황스럽고 두려웠다. 그래서 외롭고 괴롭기까지 했다.

주위에 이대생이 없었기 때문에 학점은 어떻게 얼마나 따야 하고 무슨 과목을 선택해야 하는 건지 너무나 생소하고 불안하기만 했다. 학교만 가면 자상하고 친절하게 안내문이 나와 있으리라 믿었는데, 아니었다. 갑자기 주어진 자유는 무서웠다. 하는 수 없이 언니가 있어 예비 지식이 많았던 고등학교 동창의 꽁무니를 따라다니며 간신히 시간표를 짰다. 그러다 보니 나와 처지가 비슷했던 같은 고교 동창 넷과 똘똘 뭉쳐 4년을 붙어 다니게 되었다. 훗날 돌이켜보니 영문과에 입학하여 처음 만나게 된 친구들, 특히 지방에서 올라온 친구들과 다양하게 만날 수 있었더라면 내 사람됨이 성장하는 데 조금이라도 도움이 되지 않았을까 후회와 아쉬움을 느꼈다.

그 시절, 하고 싶은 일은 너무 많았다. 공부에 집중하지 못하고 소설책이나 읽으며 허송세월한 십 대 시절을 반복하지 않으리라 거듭 다짐했고, 청춘이기에 누릴 수 있는 여러 가지를 해보리라 욕심냈다. 남학생과 사귀어도 보고 싶고, 교복을 벗었으니 멋도 부려보고 싶었다. 하지만 뜻대로 되는 건 없이 그야말로 '아프니까 청춘'이었다. 대학 시절의 골든타임이라는 1학년 시절을 미팅도 제대로 못 해보고 공부에 집중도 못한 채 방황하다 끝낸 것 같다. 일주일에 세 번 출석해야 했던 대강당 채플 시간에 늦지 않기 위해 버스 정류장에서부터 대강당 아래 높은 층계 끝까지 숨을 헐떡이며 뛰어 올라갔던 기억만 어제 일처럼 생생하다.

그런 가운데에서도 영문과생이라는 자부심은 누구 못지않아 2학년이 되자 영문과생 모두의 교과서였던 그 두껍고 크고 무거운 *The College Survey of English Literature*

를 보란 듯이 끼고 다녔다. '나 영문과 다녀'라고 무언의 과시를 했다고 할 수 있다.

졸업 후 세월이 꽤 흐르고 영문과 친구들끼리 친목 모임을 만들었을 때, 더러는 직장인이기도 했지만 대부분 전업주부로 맹렬히 살던 30대 초반, 우리는 '영문도 모르고 영문과를 갔다'는 고백을 스스럼없이 털어놓기도 했다. 딱히 하고 싶은 공부가 따로 있었던 것은 아니지만, 대학은 가고 싶고 대졸 이력은 있어야 취직도 하고 결혼 조건도 충족시킬 수 있지 않겠는가. 대학 입시에서 전공을 선택할 때 자신이 좋아하고 공부하고 싶은 분야가 있어 망설임 없이 결정하는 학생들도 있겠지만 대개는 성적에 맞춰 일반적인 인기학과나 부모님 의견에 따라 결정한 학생들이 더 많았던 것 같다.

나 역시 처음부터 영문과를 지망할 생각은 아니었다. 막연히 문학 쪽을 전공하고 싶다 생각하고 있었는데 고3 때 친구들이 영문과에 진학한다고 하는 바람에 마지막 순간 마음먹고 있던 학과를 바꿔버렸다. 그래도 나는 원래 문학 쪽에 관심이 많았기 때문에 영문학 수업 자체는 적성에 맞았다. 그리고 정원이 많다 보니 전공 과목 외에 다양한 활동을 할 수 있었던 것도 영문과의 장점이었다. 리틀 코러스(Little Chorus)반, 『이화 보이스(*Ewha Voice*)』 영자 신문, 영어연극 등 다양한 활동에 참여했다.

리틀 코러스는 꽤 역사가 깊은 영문과의 과외 활동으로, 순전히 노래를 좋아하는 동기들끼리 모여 노래를 부르다가 영문과 채플 시간에 찬양을 부르기도 했고, 문리대에서 개최하는 학과 대항 합창 경연대회에 나가기도 했다. 교수님을 모시고 어느 공군 부대에 위문 공연을 간 적도 있었다. 그때 공군 장교들의 제복 입은 모습이 어찌나 멋있게 보였던지!

코러스 지휘자 친구의 형부가 당시 유명한 이남수 서울대 음대 교수였다. 문리대 콩쿠르 때였는지 기억이 가물가물한데, 어느 이른 아침 교수님을 모시고 가서 우리 합창을 지도해달라고 부탁했다. 우리 스스로 노래 실력이 보잘것없다는 것을 잘 알고 있었기 때문에 교수님이 등장하시자 가슴이 두근두근했다. 예술가답게 예민하고 눈빛이 날카로운데다 잘생기기까지 해서 더욱 긴장했었다. 모두가 쌀쌀한 그날 아침 공기마냥 움츠러들었다.

셰익스피어가 1564년생이어서 우리가 4학년이던 1964년이 탄생 400주년이었다. 영문과에서 기념행사를 했고, 스피치 과목을 가르치시던 김갑순 교수님이 클래스에서 네 명을 뽑아 셰익스피어 극의 독백을 발표하게 했던 기억이 난다. 나는 『줄리어스 시저』 중 안토니오의 유명한 연설을 하게 되었다. 그러고 보니 세 명은 여자 역할이었고 나만 남자 역이었다. 안토니오가 시저의 장례식장에서 시저를 죽인 브루투스를 맹렬히 비난하는 연설이었다. 교수님은 아침 일찍 학관 소강당으로 나를 불러 따로 연습을 시키셨다. 똑같은 문장을 거듭 반복했지만 좀처럼 내 연기는 나아지지 않았다. 교수님이 때때로 무척 화를 내셨지만 어쩔 수가 없었다.

잊지 못할 추억이 또 있다. 미8군으로부터 미군과 그 가족들에게 한국의 풍습을 소개해달라는 요청이 영문과로 들어왔다. 그때가 3학년 겨울방학 때였던 것 같다. 양력 설 즈음이 아니었나 싶다. 네 사람이 뽑혔는데 내가 맡은 주제는 '미신'이었다. 마침 해가 바뀌는 철이었기 때문에 나는 새해를 맞으면 신년 운(運)을 알기 위해 점을 보러 가는 사람들이 꽤 많다는 얘기를 했다. 참고 서적을 공부하고 취재도 했어야 하는데, 평소에 보고 들어 상식적으로 아는 선에서만 문장을 꾸몄다. 용산 미8군에서 시작된 이 프로젝트는 여러 미군 부대의 행사로 이어졌고, 나중에는 대구까지 가기도 했다. 학교와 집밖에 모르던 촌뜨기가 여의도에서 헬리콥터를 타고 대구에 갔으니 당시로선 대단한 경험이었다. 나는 기억이 없으나 같이 참여했던 친구의 증언에 의하면 후일 미8군에서 한국을 소개해준 공로에 감사한다며 영문과를 방문하여 감사장을 수여했다고 한다.

영어연극, 리틀 코러스, 영자 신문 등 여러 활동에 참여했던 추억은 살아오면서 은근한 힘이 되었다. 나날의 삶이 무미건조해서 왜 이렇게밖에 못 사나 싶을 때, 영문과 시절을 소환하여 현재의 삶을 반성하며 자신을 격려하기도 했다.

영문과 정원이 많다 보니 4년을 같이 다녔어도 같은 고교 출신들과만 주로 만나고 타교 졸업생들과는 잘 어울릴 기회가 없었던 것이 훗날 아쉬움으로 남아 있다. 특히 지방에서 온 친구들은 가족과 친구들을 떠나 객지에서 얼마나 외롭고 힘들었을까? 나이 들어 돌이켜보니, 나는 나밖에 모르는 철딱서니였다.

졸업 후 취직, 결혼, 유학 등으로 뿔뿔이 헤어졌던 영문과 친구들이 다시 만나 친목회를 정기적으로 갖게 된 것은 한 가정의 주부로 두세 명씩의 자녀를 둔, 책임이 막중한 30대 초반 무렵이었다. 더러는 직장을 갖고 있었지만 대개는 전업주부로 살았다. 일찍 결혼한 친구는 초보 주부들에게 유익한 정보를 주는 멘토가 되어주었다. 졸업한 지도 어언 60년이 흘렀다. 모임을 갖고 정기적으로 만나왔기 때문에 모교에서 강사로 일하며 동창회에 관여했던 친구들을 알고 있어 영문과 동창회와도 소통할 수 있었고 학교 소식도 접할 수 있었던 것이지, 만일 소모임이 없었더라면 모교와는 별다른 인연 없이 살아왔을지도 모른다.

돌이켜보니 이대 영문과 졸업생이라는 간판으로 퍽이나 대우받고 산 것 같다. 그리고 한국의 많은 여성들이 가고 싶어 하던 대학을 다닐 수 있었던 행운에도 평생 책임감을 느끼며 살아왔다. 다시는 돌아갈 수 없는 그 아름답고 귀중한 시절을 귀중하게 살지 못했다는 반성도 든다. 그래도 이대 영문과를 같이 다닌 좋은 친구들을 만나 오늘날까지 우정을 나눌 수 있으니 행복하다.

# 언제 어디서 무엇이 되어 다시 만나랴

**최청규**
(1965년 졸업)

인생을 살아가다 보면 뜻하지 않은 곳에서 우연히 뜻밖의 만남을 갖게 되는 경우가 종종 있다. 이화 영어영문학과 100주년 기념 행사를 준비하는 역대 영학회 회장단에서 김인성 후배를 30여 년 만에 만나게 된 것도 그런 경우의 하나이다. 교양영어실의 조교와 선생으로 함께 지내던 시절 이후 서로 외국에서 떨어져 살다가 처음 만난 셈인데, 어찌나 반갑던지 그날 밤 잠을 다 설칠 지경이었다.

교양영어실은 우리가 학교에서 강의할 때인 1970년대부터 후문 바로 옆, 주로 인문대학이 강의동으로 쓰던 C관(현 학관)에 자리 잡고 있었다. '교양영어'란 이대 신입생이면 누구든 필수로 이수해야 하는 과목으로 전교생을 대상으로 교과과정을 짜서 여러 등급으로 나누어 수업해야 했기에 영문과 정교수님들 이외에도 젊은 선생님들을 많이 기용했다. 강의하는 선생님들 입장에서도 다른 도약을 위한 관문 같은 역할을 했기 때문에 그 방은 늘 화기애애하고 활기찬 분위기였다. 거기다가 영어 수업이 일주일에 세 번씩은 있어서 학기마다 '월수금' 팀이나 '화목토' 팀으로 나뉘어 자주 만나다 보니, 교양영어실은 늘 왁자지껄, 토론도 하면서 즐겁고 한 식구 같은 분위기였다. 당시 교양영어를 강의하는 선생님들은 젊기는 하지만 다양한 교육 환경과 가정 배경을 가진 좀 유별난 집단이었다. 부모나 부군이 재계, 관계, 학계, 법조계 등 그 당시 지도층에 계신 선생님들인 경우도 많았고, 유종호, 김우창 교수님처럼 후에 훌륭한 교수님이 되신 분들도 있었다.

교양영어 교과서는 미국 대학 교과서를 참고하여 만들었다. '교양영어'라는 이름 그대로 학생들의 교양을 쌓는 데 도움이 되도록 만든 교과서로, 그 당시 우리가 선망하던 케네디 대통령 취임사나 마틴 루터 킹 목사의 연설문, 'baby M'의 경우처럼 대리모에 의한 출산 이슈나 부모의 권리 문제 등 시사성 있는 글들을 많이 다루었다. 교양영어가 학생들의 교양 증진에 얼마나 기여했는지는 모르겠지만, 분명 가르치는 입장에서는 늘 새로운 글로 강의 준비를 하면서 저절로 교양을 쌓게 된 이점이 있었다.

또 우리가 접하는 학생들도 영문과에만 국한된 것이 아니라 전교의 모든 학과 신입생들이니 학과별 특성도 느끼게 되고 다양한 체험도 하게 되었다. 교양영어 성적은 전체 학생 기준으로 정확하게 내야 했는데, 필수 과목이라 과락이면 졸업을 못 하기 때문에 거기에 얽힌 에피소드도 많았다. 졸업과 동시에 결혼하기로 다 정해져 있는데 교양영어 과목에서 과락해 졸업을 못 하게 되면 어떻게 하느냐고 학생의 어머님이 찾아오는 경우도 있었다. 그래도 우리는 원칙에 따라 한 치의 타협도 없이 학생들의 성적을 처리했다.

또 우리 시대의 교양영어실이 좋았던 점은, 우리가 대학 때 직접 수업을 들은 선생님들과 늘 가까이에서 지내며 선생님들의 회갑연이나 은퇴식 같은 행사에 열심히 참석할 수 있었던 것이다. 역대 영학회장도 초대부터 1980년대 후반 14대까지는 영문과 교수님들이 맡으셨고, 그 후 19대까지는 교양영어실의 동문들이, 20대부터 현재 31대까지의 회장은 모교 재직 여부와 관계없이 사회에서 열심히 활동하는 동문들이 맡아서 봉사했다.

교양영어를 오래 가르치다 보니 사회 도처에서 제자였다는 사람을 만나는 경우가 많아 이 또한 감사한 일 중 하나이다. 1980년대에 남편이 튀르키예에서 국제 강연을 하게 되어 함께 갈 기회가 있었다. 당시 튀르키예는 별로 접촉도 없는 먼 나라로만 여겨지던 때였는데, 영사 댁에 저녁 초대를 받아 갔더니 그 부인이 나에게 교양영어를 배운 학생이라고 인사를 하여 얼마나 반가웠는지 모른다.

언젠가 아주 젊은 시절에 김연옥[김옥자] 선생님이 손금을 봐주신 일이 있었다. 나는 나 자신을 늘 조용히 책 읽는 것을 좋아하는 사람이라고만 생각하며 살고 있었는데, 선생님은 '너는 사람을 많이 대하고 만날 팔자'의 손금을 가졌다고 하셨다. 그 말씀대로 이제까지 살아오며 뜻하지 않은 장소에서 좋은 인연의 사람들을 만나는 일이 많은 것 역시 교양영어를 오래 가르친 덕인가 하는 생각이 들기도 한다.

요즘은 누구나 영어 실력을 기본으로 갖추고 자기에게 맞는 전공을 택하니, 이대 영문과에 대한 선호도가 1960~1970년대에 비해 많이 떨어진 것 같다. 심지어 '교양영어'라는 과목도 지금은 사라졌다고 하는데, 그래도 우리 시대 교양영어실의 분위기와 교양영어를 가르치던 특이한 경험은 우리 영문과 역사의 한 장으로 꼭 짚고 넘어갈 가치가 있다고 본다.

1 1970년대, 은사님들을 모시고 동기들과 함께(앞줄 왼쪽부터 김세영, 크레인, 김갑순, 김연옥 교수님. 그리고 뒷줄 왼쪽 끝이 필자)

2 1995년 졸업 30주년 동문 모임(앞줄 왼쪽에서 네 번째가 필자)

3 1997년도 필자가 회장 임기 중 치른 '영학회의 밤' 행사(왼쪽부터 김세영, 조정호, 김갑순 교수님, 필자, 영학회 전임 회장인 고영자 선생님)

4 2000년대에 동기 동문인 전신애(1943~2013) 당시 미 연방 노동부 여성국 담당 차관보와 함께 그의 사무실에서(전신애 동문은 당시 한국 여성으로는 미 정부 최고위직에 있었으며 2001년부터 2009년까지 재직했다.)

5 2024년 3월 100주년 행사를 논의하기 위해 모인 영학회 전체 임원단(앞줄 왼쪽 네 번째가 필자)

# 60년대 영문과생의 회고

**손선혜**
(1966년 졸업)

2025년은 이화여자대학교 영어영문학과가 생긴지 100년이 되는 해다. 100년이라는 숫자만 들어도 감격스럽다. 100년 전의 여자전문학교에 영문과가 생겼다는 사실, 또 바로 그 학교에서 많은 젊은 처자들이 4년간 영문학을 공부했다는 사실, 거기에 나도 그 여자대학에서 영문학을 공부했다는 사실은 내 인생에서 더할 수 없는 기쁨과 자부심이다. 이 기회에 1962년부터 1966년까지 이대에서 영어영문학을 공부한 나의 학창시절을 회고해 본다. 벌써 62년 전의 일이다.

1962년 처음 본 대학교의 교정은 교정이라 하기에는 정말로 크고 넓은, 나무가 울창한 동산이었다. 교정에는 봄을 알리는 첫 소식인 샛노란 개나리가 만발했는데, 내게는 그 모습이 아주 인상적이었다. 지금도 이곳 영국에서 겨울의 회색 하늘이 열리는 시기에는 1962년 이화 교정에 만발했던 샛노란 개나리의 기억으로 한국의 봄을 그리워하게 한다.

초록색의 '이화여자대학교'라는 교문패가 걸려 있는 정문을 지나면 다리를 건너게 된다. 이윽고 눈앞에 보이는 언덕 위의 층계를 오르면 웅장하게 우뚝 선, 화강암으로 지어진 대강당이 보인다. 지방에서 오는 학생들이 묵는 기숙사, 그토록 커다랗고 고풍이 창연한 건물들을 보기는 처음인 도서관, 그 옆에는 서구의 일반 가정집 같아 보이는 영학관, 학생관, 새로 건축되고 있는, 아직은 미완성이던 문리대를 비롯해 여러 단과대학들이 있었다. 그렇게 교정의 여기저기에 있는, 중·고등학교 시절에는 보지 못했던 고풍이 창연하고 웅장한 대형의 석조 건물들이 이화의 오랜 역사를 말해주는 듯했다. 그 광경은 마치 어느 외국대학에 온 것 같은 기분마저 들게 해 깊은 감동과 함께 자부심을 갖게 만들었다.

첫 수업에서 한 미국인 여자 교수님이 1962년도 영문과 신입생 전부인 80명의 학생들에게 영어 이름이 가득히 쓰여 있는 종이 한 장을 내주며 그중 각자 좋아하는 이름을 선택하라고 했다. 교수님이 학생들의 출석을 확인하기 쉽게 하기 위해서였다. 비록 내가 선택한 영어 이름이지만 그 영어 이름으로 불리고 거기에 익숙해지는 데는 시간이 꽤 걸렸다.

그 경험은, 옛날과 달리 부모님이 주신 이름 대신 영어 이름을 선호하는 요즘의 젊은 이들을 생각하게 한다. 누구를 위하여 내 얼굴과 어울리지도 않는 외국어 이름을 쓰는지…. 아, 우리는 어디로 가고 있나? 나라가 힘없을 땐 중국에 엎드리고, 빼앗긴 우리 이름을 피 흘려 찾았는데 어느새 거리엔 뜻 모를 외국어 홍수. 우리는 누구인지…. 한편 이제는 순수한 우리말로 된 예쁘고 아름다운 이름을 쓰는 사람들이 많아지는 풍조가 서서히 생기고 있으니 참으로 다행이다.

2학년이 되었을 때 4·19혁명과 5·16군사정변이 일어났고, 이후 우리나라의 정치 상황은 아주 불안하고 매우 어수선했다. 국가 안전에 위험을 느낄 만큼 대학생들의 반정부 데모가 전국적으로 퍼졌다. 그리하여 박정희 정부는 대한민국 전체에 있는 대학교들의 문을 무기한으로 폐쇄했다. 갑작스러운 정부의 조치에 나는 배우기 시작한 지 얼마 되지 않은 가야금을 집중적으로 열심히 배우기로 했다. 1960년대는 우리의 고유 문화를 자랑스럽게 생각하지 않는 시기였다. 우리의 전통음악을 그리 높이 평가하지도 않던 시대였기에 비원 건너편의 국립국악원에 다니는 것이 그리 자랑스러운 건 아니어서 조용히 다녀야만 했다. 그러나 나는 불행 중 다행으로 국립국악원에서 지내는 시간을 늘릴 수 있었고, 레슨도 계속 이어갈 수 있었다. 큰 행운은 다른 곳에서 들을 수 없던 각종 국악 연주회를 많이 보고 들을 수 있었다는 것이다.

이제 우리나라가 놀라운 속도로 경제 발전을 이루고 있으니 그에 따라 같은 속도로 우리의 고유 문화에 대한 관심도 많아지고 존중감도 커지고 있다. 국가가 경제적 부를 이루니 사람들의 인식 수준 또한 월등히 높아졌다. 경제적인 발전은 국력을 높이는 데 크게 기여하여 정치적인 면에서도 큰 발전을 이루었고, 이제 우리나라는 열강에 들어가는 쾌거를 이루었다. 1948년 임시정부를 세울 때 김구 선생님은 우리나라를 '문화를 사랑하는 나라'로 만들자고 주창하셨을 만큼 문화를 중요시했다.

나는 희곡을 담당하셨던 김세영 교수님에게 감사한다. 내가 연극에 관심을 갖게 된 계기가 바로 교수님의 희곡 수업이기 때문이다. 1960년대 초는 연극이 그리 많이 공연되고 발전되지 않은 때였다. 그러나 교수님은 서울 시내에서 연극들을 보고 감상문을 써오라는 숙제를 많이 내주셨다. 감상문을 쓰려면 연극을 봐야 했기에 싫든 좋든 열심히 연극 구경을 다녔다. 덕분에 이제는 연극을 많이 좋아하게 되어 영국에서도 수준 높은 연극들을 많이 접하고 있다. 특히 영국에서 53년간 살아오며 이곳에서 사귄 친구들과 연극을 함께 보는 즐거움도 더 알게 되었다.

영문과에서는 정기적으로 *Minerva*라는 학술지를 냈다. 주로 졸업생들의 논문을 모은 것이었다. 나의 과외 활동을 돌봐주시던 미국에서 갓 돌아오신 윤정옥 교수님이 1학년 학생이던 나에게 학지에 글을 써보라고 제안하셨다. 나는 성경에 나오는 이름들을 모아 그 유래와 의미를 찾아 정리했다. 이름에도 유행이 있다. 예를 들면, 영국에서는 Anne이란 이름을 가진 사람들을 보면 그들의 태어난 시기를 대강 짐작할 수 있다. Princess Anne이 태어나던 시기에 많은 사람들이 딸 이름을 Anne이라고 지었다. 성경에 나오는 이름들에 대한 약간의 지식은, 영국에서 53년을 살아오며 영국인들을 처음 만나 첫 대화의 물꼬를 터야 하는 조금은 멋쩍은 상황에서 자연스럽게 대화를 시작할 수 있게 하는 윤활제가 되어 퍽 유용했다.

1960년대에 '이화여대 영어영문학과'는 입학하기가 매우 힘든 학과였다. 그럼에도 불구하고 대학교 1학년 때 영어로 쓰인 소설 책을 짧은 기간 안에 읽고 요약하는 과제는 여간 힘든 것이 아니었다. 작가 Laura Ingalls Wilder가 쓴, 1870~1890년대 미국 미네소타주 Walnut Grove에서의 삶을 그린 작품 *The Little House on the Prairie*를 읽고 다섯 줄로 요약하라는 과제를 받았다. 80명이 도서관에 있는 5질의 소설책을 나누어 짧은 시간 안에 읽어야 했다. '장편 소설 한 권을 다섯 줄로 요약하기' 훈련에서 많은 것을 배웠다. 이 덕분에 영국 사람들과 의사소통을 할 때 간결하고도 정확하게 하는 요령을 터득할 수 있게 되었고, 장기간 영국에서 사는 데 큰 도움이 되고 있다고 믿는다.

도서관 옆에는 외국에서 흔히 볼 수 있는 서양식 단독주택이 있다. 영학관이라 불리는데, 영문과 학생은 졸업하기 전에 서너 명씩 함께 입주해 3박 4일을 이곳에서 지낸다. 서양 문화를 접해보는 경험을 하는 것이다. 식탁 세팅하는 법, 음식 먹는 매너 등등 졸업 후 서양 사람들과 함께 사회생활을 하기 위해 알아야 할 모든 매너를 배우고 실천해보는 것이다. 당시에는 그 경험이 그다지 유용하리라고 생각하지 않았지만, 졸업 후 미국인들과 함께 직장 생활을 하면서 사무실 안에서나 밖에서 자신감을 지닐 수 있었던 것은 순전히 그때의 실습 덕분이라고 생각한다.

내가 영국에 와서 살게 된 것은 남편이 일하는 미국계 회사의 본점에서 남편을 영국 지점으로 발령을 냈기 때문이다. 1970, 1971년에는 한국의 정치 상황이 불안했고, 이북의 은근한 전쟁 위협에 사회가 불안했다. 남편은 한 번도 해외 발령을 요청한 적이 없었다. 처음에는 호주로 발령을 내며 그 대륙을 맡아 사업을 일으키라고 해서 호주 정부에 영주권을 신청했으나 'non-European'에게는 영주권을 발부하지 않는다는 대답이 왔다. 회사는 다시 생각을 바꾸어 영국으로 발령을 냈다. 우리가 서울을 떠나기 전에 미국 본점의 부사장이 동남아시아의 세일즈 망을 새로 구축하기 위해 한국에 왔다. 그는 나에게, '회사 안에서 당신 남편의 역할은 한국보다 영국에서 더 필요하다'고 말하며 '당신이 영문학을 공부했다니 영국 생활에 적응하는 데에 문제없을 것으로 안다'고 말해주어, 그 배려와 자상함을 알게 되었다. 이렇게 이대에서 영문학을 공부했다는 사실 하나만으로 지금까지도 많은 친절과 배려와 호의를 받고 있다.

1 학교 교문을 배경으로 친구들과 함께(왼쪽 맨 끝이 필자, 멀리 교정이 보인다.)

2 영학관을 배경으로 친구들과 함께(왼쪽 맨 끝이 필자)

3 영학관 앞에서(오른쪽 맨 끝이 필자)

4 윤정은 교수님(뒷줄 책을 드신 분), 최선화 교수님(뒷줄 한복 입으신 분), 동기들과 함께(뒷줄 오른쪽 두 번째가 필자)

5 1964년 10월 3학년 때 충북 속리산 수학여행 길에 대전역 앞에서. 윤정은 교수님(뒷줄 왼쪽 네 번째 안경 쓴 분)이 지도교수로 함께 가셨고, 영어책 전문 수입 서점이었던 범문사 사장님(뒷줄 오른쪽 여섯 번째 검은색 안경 쓴 분)이 동행했다.

6 수학여행 중 법주사 미륵불 앞에서 교수님과 동기들과 함께

# 한 노병(老兵)[6] 영문학도의 단상(斷想)

**강숙자**
(1967년 졸업)

'이화 영어영문학과 100년' 간행위원회에서 원고를 모집한다는 공고 문안을 접하고 꿈 많았던, 그리고 순수했던 그때 그 시절로 돌아가 잠시 회상에 잠겨본다. 영문과를 지원한 동기 가운데 하나가 당시 신문 문화 면에 소개된 내용을 본 것이었다. 영문과 재학생들이 영국 여성작가 샬럿 브론테(Chalotte Bronte, 1816~1855)의 『제인 에어』를 한글로 번역하여 책으로 펴냈다는 기사였다. 나도 영문과에 들어가서 영국 소설을 한글로 번역하는 일에 동참하고 싶다는 꿈을 갖게 됐다. 비록 그 꿈은 재학 시절에 이루지 못했지만, 아직 그 꿈을 버릴 마음은 없다.

학관에서 배움을 닦던 어느 날, 나영균 선생님은 수업 시간[7]에 "영문학 공부를 잘 하려면 먼저 모국의 국문학을 잘 섭렵해야 한다. 국문학의 바탕 위에서 영문학을 쌓아 올려야 한다"고 강조하셨다. 그 가르침에 깊이 공감하면서 나는 국문학과 윤원호 선생님의 '국문학사' 과목을 선택으로 수강했다. 그 시간에 배운 고려속요의 단편 시가 지금도 내 마음에 '알알이 들어와 박혀'[8] 있다.

얼음 위에 댓닢[9] 자리 보아;
얼음 위에 댓닢 자리 보아,
님과 나와 얼어 죽을망정;
님과 나와 얼어 죽을망정,
이 밤 더디 새오시라;

6 '노병은 결코 죽지 않는다. 다만 사라질 뿐이다'라는 맥아더 장군의 명언을 은유로 빌려왔다.
7 나영균 선생님은 셰익스피어와 영국 소설 강독 수업을 맡았다.
8 이육사 시인의 시 「청포도」의 표현 한 부분을 빌렸다.
9 대나무 잎사귀.

이 밤 더디 새오시라.

이 가난한 연인들의 처연하고 애틋하고 아름다운 사랑을 그려보노라면 가슴이 절로 먹먹해진다. 무슨 언어로 여기에다 덕지덕지 사족을 덧붙일 수 있으리오!

우리 세대는 고려의 여성들처럼 애절한 사랑을 거의 경험하지 못했다. 4학년 2학기에 이대학보사가 졸업생을 대상으로 결혼관을 묻는 설문지를 돌렸다. 졸업생들 가운데 겨우 3% 미만이 연애결혼에 표를 던졌고, 대다수는 중매 반 연애 반의 절충형을 지지했으며, 나머지는 순수 중매결혼을 선호했다. 절충형이란, 즉 맞선부터 보고 마음에 들면 얼마간의 교제 기간을 거쳐서 결혼하겠다는 뜻이었다. 그런데 용감하게도 연애결혼을 감행한 친구가 있었다. 그 친구는 아버지의 강력한 반대에 부닥쳐서, 결혼식을 앞둔 전날 몰래 집을 빠져나와 다른 친구의 집에서 하루를 묵고, 다음 날 미용실로 직행했다. 결혼식 날에 신부 아버지가 '결혼 무효 선언'을 하러 예식장에 당도했으나, 신랑 친구들이 빽빽이 도열, 인간 바리케이드(barricade)를 치며 막아서서 아버지의 입장을 저지했다. 결국 그 친구는 친정 쪽 혼주 없이 예식을 치렀다. 신부 아버지의 에스코트를 받지 못한 친구는 신랑과 손을 맞잡고 식장에 동시 입장했다. 1970년 10월, 이 친구의 결혼식이야말로 이제까지의 관례를 깨고, '신랑 신부 동시 입장'이란 새로운 장(場)을 연, 획기적인 전범의 첫 사례가 아닌가 한다. 이후 그 친구는 모범적인 가정을 꾸려왔고, 지금은 그 사건이 아름다운 추억거리로 회자되고 있다.

스테이플즈 선생님(Mr. Staples)의 'Figures of Speech' 수업도 기억에 남는다. Hyperbole(과장) · Symbol(상징) · Allegory(비유) Metaphor(은유) 등의 개념과 쓰임새를 배웠다. 그리고 김소월의 진달래(azaleas) 시를 동기들과 함께 번역했다. 우리 시대에는 소월의 시집을 크리스마스 선물로 많이 교환했고, 문학도가 아니더라도 그의 주옥같은 시들 -초혼, 산유화, 진달래, 못 잊어, 먼 훗날, 예전엔 미처 몰랐어요 등- 가운데 한 두어 편 정도는 줄줄 낭송해야만 교양인으로 대접받았다.

Azaleas by Kim Sowol

When you leave from me;
Because you are weary of me,
I will let you go freely without words.

Azaleas on the Yaksan Mountain in Youngbyun;
Plucking them plentiful in my arms,

Will spread azaleas on the road you tread.

In every footstep as you leave;
Azaleas laying before you,
Please tread them on softly and swiftly!

When you leave from me;
Because you are weary of me,
Never will I cry in tears,
Even though I shall die for missing you.[10]

요즘 세태를 보면서 '사랑의 본질이 무엇인가'라는 진부(陳腐)한, 그러나 근본적인 물음을 또 묻지 않을 수 없다. 특히 언론 매체를 통해 떠들썩한 '스토킹(stalking)' 범죄를 마주할 때마다 드는 생각이다. 심지어는 상대방의 출퇴근길을 지키면서까지 뒤쫓아 가서 목숨을 빼앗는 보복 사태를 보면 세상이 길을 잘못 들어도 너무 잘못 들었다는 자탄을 금할 수 없다.

문득 이형기(1933~2005) 시인의 「낙화」가 나도 모르게 저절로 읊어짐은 무슨 까닭일까?

가야 할 때가 언제인가를
분명히 알고 가는 이의
뒷모습은 얼마나 아름다운가.
…
분분한 낙화.
결별이 이룩하는 축복에 싸여
지금은 가야 할 때.
…

헤어지자
섬세한 손길을 흔들며
하롱하롱 꽃잎이 지는 어느 날.

나의 사랑, 나의 결별
샘터에 물 고이듯 성숙하는
내 영혼의 슬픈 눈.

요즘 주류 젊은 세대는 어찌하여 시 읽기와 낭송을 외면하는가? 서글픔이 밀려온다.

10 기억나는 문구는 'You are weary of me'뿐이어서 새로이 구성했다.

1 재학 시절 진관으로 올라가는 길 그늘에서 동기들과 함께

2 이화교 위에서 동기들과 함께(뒤편으로 대강당 건물이 보이고, 대강당 건물과 인물들 사이로 사범대학 건물이 보인다.)

3 1966년 4학년 1학기에 영학관에서 함께 생활했던 친구들과 사감 선생님들과 함께 영학관 앞에서(1학기에 영학관에서 생활할 때는 젊은 미국인 여성 선생님 두 분이 사감을 맡으셨는데, 아쉽게도 그분들 이름은 기억나지 않는다.)

4 1966년 4학년 2학기에 영학관에서 함께 생활했던 친구들과 사감 선생님들과 함께 영학관 앞 나무 그늘에서(2학기에 영학관에서 생활할 때는 크레인 선생님, 김연옥[김옥자] 선생님이 사감을 맡으셨다.)

5 1966년 4학년 2학기에 영학관에서 함께 생활했던 친구들과 학관 동쪽 건물 앞 비탈잔디에서

# 아주 짧은 편지

**서숙**
(1968년 졸업, 이화여자대학교 영어영문학과 명예교수)

여러분 안녕하세요.

정말 오랜만입니다.

오늘이 개학날이군요. 내가 오랫동안 살고 있는 동네. 초등학교 앞입니다.

아침부터 분홍색 하늘색 알록달록 새 옷을 입은 어린이들과 설레는 엄마 아빠들이 꽃다발을 들고 모여 있어요. 그들을 보면서 그 옛날 우리들의 그때 그곳의 장면들이 떠올라요. 대강당 층계를 오르는 생기 있는 모습들, 채플 끝나고 바쁘게 걸어가는 모습들. 인문관 구름다리를 지나 학관으로 가는 나의 모습.

첫 수업 시간. 심호흡을 하고. 강의실 문을 열고 들어가요. 일제히 여러분과 나는 긴장과 기대 속에서 마주 봐요. 그리고 그 순간 여러분은 이 강의를 들을 건지 나갈 건지 결정해요. 그렇게 늘 우리들의 학기는 시작되었지요.

그리고 우리가 읽은 소설들.

헤스터는 정말 그 목사를 사랑했나요? 개츠비는 바보 아닌가요? 개구쟁이 허클베리 핀은 사랑스러워요. 그런데 왜 이리 슬픈 생각이 들지요? 그러면서 우리는 우리 안의 선과 악, 존엄성 그리고 삶에 대한 가능성을 마주하기도 했어요. 이들을 통해 흡수한 가치들이 몸과 마음과 두뇌에 입력되어, 우리의 삶 속에 불쑥불쑥 나타나기도 했어요.

가끔 연말이면 졸업생들에게서 연하장이 와요. 그들은 결혼할 때도 이민 갈 때도 우리가 함께 읽었던 소설들을 챙겨갑니다. 식탁 옆 작은 책꽂이에 모아 놓고 가족들이 잠든 뒤, 또는 직장에서 늦게 돌아온 뒤 그 책들을 열어요. 밑줄 쳐진 문장들을 다시 읽어요. 강의실에서 책 속에 코를 박고 있던 친구들의 모습이, 무슨 이유였는지 다 잊혔지만 일제히 웃음을 터뜨리던 광경들이 떠오르기도 해요. 그러면서 자신의 옛날 모습과 다짐들을 되살리며 내일을 준비해요. 우리 안에 묻혀 있던 그 기억들이 우리를 일으켜 세우는 것이지요.

그래요. 우리들이 공유하는 것. 그 옛날, 도무지 뭘 몰라서, 대책 없이 열정적이던 그 때, 반짝이는 여러분과 함께 좋아하는 책을 읽으며 고뇌하고 감동했던 시간들, 소중한 기억들입니다. 내 오래된 책꽂이에 작은 흰색 쟁반이 서 있는데, 그 위에 검정 글씨로 이렇게 새겨져 있어요.

< 사랑합니다. 힘내세요! >

내가 힘들었을 때 말하지 않아도 여러분은 알고 이렇게 나를 응원했어요.

이 편지를 마무리할게요.

은퇴한 지 한참이 되었어요. 요즘 나는 스스로에게 묻기도 해요.

지금 어떻게 살고 있는데? 무슨 생각을 하고, 뭘 원하는데?

여러분. 건강하세요.

안녕.

## 존경하는 이화 가족 여러분께(梨花女大 英文科 同窓 前上書)

**이영숙**
(1968년 졸업)

안녕하세요.

참 반가워요~♡

코로나19로 지구촌 모든 사람들이 어려움을 겪고 있지만, 이런 때일수록 우리는 더욱더 용기를 갖고 가슴엔 푸르른 희망을 품고 우리의 미래를 개척해나가야겠지요. 금년 초 즈음 모교의 C학관 리모델링 소식을 듣고 가슴이 설레었지요!

세상에는 모두 때가 있음을 알았습니다. 부모님이 돌아가신 후 깨달았습니다. 농사를 잘 짓는 사람은 씨 뿌릴 때, 꽃샘추위 때와 수확할 때 등 농사를 위한 적절한 시절을 잘 아는 사람이라고 합니다. 저는 비록 생전에 효도를 잘하지 못했지만, 늦었다고 생각하는 때가 빠른 때라 생각하면서 부모님의 은혜를 기리며 감사하는 마음으로 교육 사업에 헌신하고 있습니다. 세상의 수많은 사업 중에 교육 사업이 으뜸이라고 생각하고, 기쁘게 보은할 때 저는 참 행복하고 가슴이 설렙니다. 저는 남편과 함께 늘 근면성실하게 열심히 교육 사업을 위해 저축하는 재미로 살며, 친정 부모님과 시댁 부모님 모두 마음으로 모시며 보은행을 실천합니다.

모교 이화학당에서 꾸린 저의 장학 사업으로는, 규모는 작지만 '영문학과 장학사업회(이영숙 장학금)'가 있지요. 그 외 저의 가족 장학회로는 '원불교 성직자 등을 위한 대성장학재단', '중·고등학교장학회(2)', '우주과학장학회(미래의 꿈)'가 있습니다. 장학회가 모두 꾸준히 발전하기를 소망하며, 장차 여력이 닿으면 동남아 지역의 어려운 이웃 나라에도 장학사업으로 도움을 주고 싶습니다. 그 옛날 미국에 사셨던 참되시고(眞), 선하시고(善), 마음씨가 고우셨던(美) 한 분 한 분 후원자님들의 성실하신 삶에서 건져 올린 이화학당 창립의 교육정신! 그 크신 은혜에 깊이 감사하며, 저도 보은하면서 기쁘게 노력 정진하며 살고 싶습니다.

돌이켜보면 C학관에 대한 추억이 있습니다. 사랑하는 제 부모님은 참 훌륭하신 분들이셨습니다. 이화학당을 자랑스럽게 생각하셨고, 또 사랑하셨으리라고 봅니다. 내가 고등학교(淑明여고) 시절 열심히 공부하여 이화여대 영문과 학생이 된 것을 그 당시 주위 친지분들에게 알리시고 자랑스러워하셨습니다. 아버지께서는 조선 왕가의 직계 후손이시며, 어머니께서는 유학자 이퇴계 선생님의 후손이신데, 두 분은 여러 연고로 학문이 짧으셨습니다. 아버지는 농업중학교 졸업 후 자수성가를 이룩한 지혜로운 사업가로, 매우 가정적이셨지요. 어머니는 무학이시지만 총명하시고 무척 고우신 현모양처이셨습니다.

공부에 대한 포부가 크셨던 두 분은 많이 배우지 못한 것이 늘 한이 되어 생전에 각각 장학재단을 창립하셨습니다. 입학 시험 날 모처럼 8남매 중 오빠 다음으로 맏이인 저를 그 당시 운전수가 있는 자가용차로 이대 시험장까지 태워주셨지요. 알뜰하신 어머니는 손수 간식거리를 장만해주셨는데, 여러 어린 동생들 틈에서 늘 양보할 수밖에 없는 저를 생각하시며 제과점에 들러 처음으로 파운드케이크 한 줄을 사서 챙겨주셨습니다. 그리고 "숙아, 시험 잘 보거라" 하고 격려하셨지요. 지금도 가끔 궁금하지요. 입학 시험을 그냥 잘 본 것이 아니라 너무나 잘 보았는데, 내가 평소에 공부를 열심히 해서 실력을 쌓았기 때문인가, 아니면 C학관에서 아버지의 맛난 케이크 점심을 먹고 수험생 신분으로 그렇게 평온하게 바깥 경치를 감상하며 즐겼기 때문일까 하는 것이요.

또 하나의 C학관에 얽힌 추억은, 너무나 빨리 지나가버린 4년이지만 그동안 그곳에서 한국인으로서 영국의 문학을 존중하고, 아끼고, 깊이 이해하려고 노력하며 보낸 시간들입니다. 저는 그곳에서 영국의 문학에 대해, 나의 미래에 대해 종종 생각하곤 했습니다. 그 생각은 저의 가슴속에 영원한 청운의 꿈으로 새겨져 지금까지도 저를 설레게 합니다. 아마도 C학관이 품고 있는 그 기운은 이화학당의 거룩한 교육 이념에서 비롯된 것이 아닐까 생각합니다. 거슬러 올라가면 미국에 계신 한 분 한 분 후원자님의 진·선·미로 융합된 박애정신이 C학관을 품어주셨기에 저의 C학관에서의 4년 시절이 꿈의 고향과 같은 추억이 되어 지금까지 제 마음을 설레게 하는 것이 아닐까요?

원컨대, 사랑하는 이화 영어영문학과 후배들이시여!

리모델링을 마친 C학관에서 여러분의 꿈과 희망을 펼치시길 바랍니다.

더 나아가서 새로운 이화, 새로운 세계, 머지않아 도래할 우주 시대를 준비하며 세계의 젊은이들과 하나가 되기를, 그리고 교육의 균등, 세계 평화, 인류의 행복을 향해 꾸준히 비약하여 우리 이화학당의 빛과 희망이 되기를 간절히 바랍니다.

# 이화, 아련한 그 추억

**안순희**
(1968년 졸업)

이화 영문과를 1968년에 졸업하고 교정을 떠나온 지 어언 55년이 되어간다. 그러니 강산이 변해도 여러 번. 내 기억도 가물가물 얼마나 그 시절을 따라와 있을까.

우선 내 주변의 동문을 둘러보기로 하자. 내 조카이자 후배인 S는 미국 TEXAS A&M 대학에서 영문학 박사학위 받았다. 지금 부산대학교 교수로 재직하고 있으며 결혼도 했다. 또 오촌 조카인 A는 MBA 학위를 받고 아들을 둔 엄마이다. 4년 후배인 사촌 시누이는 이대학보에서 공모한 단편 소설에 당선된 작가요, 그의 남편은 인권 변호사로 활약 중이다. 사촌 시올케도 아들 둘 둔 후배. 이렇게 네 명의 후배가 동문이다. 우리들은 서로 마주 앉아 얘기 나눈 적은 없으나 난 이화 영문과를 떠올릴 때마다 이들 생각에 흐뭇한 미소가 지어지곤 한다. 하나도 쉽지 않은데 넷이라니… 나까지 모두 5명. 어찌 보면 감사한 행운이라 할 수 있겠다.

지금 내 머릿속으로 영문과 교실과 교수님들 모습이 그림처럼 흘러가며 그리워진다. 미소설 가르치시던 나영균 선생님, 고교 동기의 어머님이시던 김갑순 선생님, 희곡을 가르치시던 김세영 선생님, 아버지를 잘 아신다던 영문학개론의 이석곤 선생님, 그립습니다. 아직 생존하고 계신지…

나 교수님은 헤밍웨이의 『킬리만자로의 눈』을 백 번 읽으셨다고 말씀하셔서 참으로 놀라웠다. 우리를 가르치시려던 성의 또한 잊히지 않는다. 김갑순 선생님은 여러 사람 앞에서 스피치 하는 실제 연습을 시켜주셨고 김세영 선생님은 희곡에 여러 번 등장하는 아이러니에 대해 설명해주셨다. 무대에서 남자는 한 손을 주머니에 넣으면 되는데 여자들에겐 핸드백을 들게 한다는 재미있는 설명도 하셨다. 그래서 그 모습을 그려보며 웃음 짓는다. 그때의 교실 모습까지 오래도록 눈에 선하다. 영시엔 연세대를 나오신 이근섭 선생님. 내가 제일 힘들어 했던 과목은 우리 동기 어머님이셨던 이혜숙 선생님의 언어학개론이 아니었나 싶다.

국문학개론을 강의하시던 이헌구 선생님은 우리의 교양 과목 교수이셨고, 아버지와도 절친한 사이였다. 내가 직장에 다니면서 사회에 적응하고, 결혼하여 아이들을 키우는 동안 이런 선생님들의 가르침이 알게 모르게 나를 붙들어 삶의 원동력이 되어주었다. 이화는 영원한 나의 젖줄. 지식과 지혜의 샘물이어라… 돈으로 살 수 없는 귀한 보석이다. 내 생애 끝날 때까지…

하지만 이화를 떠올릴 때마다 가슴 한구석에 후회와 회한이 스며든다. 4학년에 올라가면 자동적으로 우리는 수학여행을 가기로 되어 있었다. 하지만 나는 2학기에 모 출판사 취직이 결정된 상황이라 가지 못했다. 지금 생각해보면 상사로 모시는 분께 양해를 구하면 얼마든지 갈 수 있었는데… 주변머리 없는 난 그만…. 가까이 지내던 친구 둘로부터 내가 없어 서운했다는 엽서도 받았다. 그 값진 기회를 놓치다니. 학창시절 마지막 추억으로 친구들과 함께할 수 있는 시간이었는데… 졸업한 후에도 가슴 찡하니 남아 있다. 지금도 그들과는 서로 소식을 주고받으며 지낸다.

또 하나. 영학관 이야기. 4학년이 되면 우린 선택과목으로 영학관에서 일주일간 생활하며, 외국 생활을 익히기 위해 영어만 사용했다. 아마도 담당 교수님은 크레인 선생님이었던 것 같다. 그 값진 순간들을 놓치고 말았으니. 참. 다시 가질 수 없는…. 지금 같아선 어떻게든 들어갔을 텐데. 젊고 경험이 없어 몰라서 그랬던가 보다.

공부를 좀 더 할 걸. 책을 더 많이 읽었으면 좋았을걸. 그랬다면 가끔 꾸는 졸업하지 못하는 꿈도 덜 꾸었을 것이다. 그래서일까. 미국으로 이민 온 후, 아들의 예방접종을 마치고 근처 책방에서 몇 권의 책을 샀다. 『댈러웨이 부인』, 『젊은 예술가의 초상』 그리고 헤밍웨이의 책 몇 권. 이 책들을 손에 들고 나왔을 때의 흐뭇함은 지금도 생생하다. 짬짬이 시간 나는 대로 펼쳐 볼 때마다 학창시절로 돌아간 느낌이었다고 할까.

그런 가운데 은근히 자랑스러운 일도 있었다. 서울에서 발간되는 월간 문예지 『문학저널』의 신인상을 받으며 늦깎이 수필가로 등단하게 된 점이다. 「감잎 단풍」, 「분꽃」, 「킬리만자로에서 온 엽서」 세 작품을 응모했는데, 때마침 『북간도』를 집필하셨던 선친 고(故) 안수길 선생님의 탄신 100주년 기념으로 출간된 전집을 보며 '난 그동안 무얼 하고 살았을까' 돌아보고 싶어 도전한 결과였다. 지금도 꾸준히 조금씩 글을 쓰고 소재를 찾으며 만년 학생처럼 살아간다.

옛 고전을 찾아 그 발자취를 따르고픈 심정은 여전하다. 인생이란 다 그런 것이려니. 오랫동안 훌륭한 작가들의 작품을 탐독하다 보면 결국 우린 같은 결론에 도달하게 되고, 같이 공감하며 고개를 끄떡이게 될 터이다.

그것이 바로 문학의 힘, 작가들이 바라는 바가 아닐까.

1 문리대 교정에서 절친 이명혜(오른쪽)와 함께
2 1968년 졸업식 후 교정에서 가족과 함께
3 2023년 봄, 남가주 영문과 동기 모임

# 이화라는 '배움의 길'을 통한 성장의 추억들

**심정순**
(1972년 졸업)

나는 1972년에 이화여대 영문과를 졸업하고 1974년에 동대학원을 졸업했다. 지금 돌아보면 까마득한 반세기 전의 일들이다. 1968년 입학 시절로 플래쉬백하여 기억을 돌려보자. 당시에는 영문과의 위상이 대단했었다. 입학의 기쁨, 새로운 친구들과의 만남, 훌륭하고 멋있는 교수님들, 넓고 아름다운 캠퍼스 등 즐겁고 행복했던 장면들로 가득하다. 기라성 같은 선배님들의 전통을 가진 영문과의 일원이 됐다는 자부심으로 대부분의 학생들이 열심히 학업에 전념했던 것 같다. 커다란 영문학사 책을 가슴에 끼어들고, 자랑스럽게 다니던 젊음과 패기의 추억이 생생하다.

나중에 사회에 나가서 깨달은 일이지만, 학부 때의 탄탄한 교육이 여러 면에서 나의 전문직 생활을 이루어나가는 데 건전한 바탕이 되었다는 생각이 든다. 학부 3학년 때였나. 대학에서 대천 해수욕장 근처, '비인'이라는 곳에 학교 수련원(명칭은 확실치 않음) 시설을 마련했다. 여름방학 때 이곳으로 학생들이 교수님들을 모시고 몇 박 수련 모임을 다녀왔는데, 당시 초청 강사로 오신 분이 예전에 교육부 장관을 하신 유명하신 분이었다. 그분이 특강에서 하신 말씀 중 오래 기억에 남는 말이 있다. 우리들에게 앞으로 인생길에서 세 개의 단어를 기억하라고 추천하셨는데, 자존(self-respect), 자신(self-confidence), 자율(self-discipline)이었다. 요즘 어휘로 바꾸면 '자기주도' 개념과 비슷하지 않나 싶다. 이 단어들은 당시 나에게는 신선한 충격으로 다가왔고, 그 후 늘 기억해온 단어들로 남아 있다.

이제, 다시 반세기가 지난 현금의 세상으로 생각을 돌려본다. 50여 년 전 대학 시절의 삶의 스타일은 이제는 아련한 추억이 되었다. 글로벌 시대를 맞아 국경이 오픈되고, 사회, 정치, 경제, 교육, 문화 등 우리 삶 전반에 걸친 모든 분야가 글로벌 상호문화주의적 변화의 시대를 맞고 있다. 점점 더 빨라지는 변화의 속도는, 우리 시대에는 너무도 당연했던 대학과 대학교육의 존속 가능성마저 근본적으로 위협하고 있다.

가속되어온 학령 인구의 축소라는 중요 원인과 더불어, AI, ChatGPT, 휴머노이드 로보틱스, cyborg 등으로 대표되는 테크놀로지의 발달로 세계는 탈-휴먼(post-human) 사회를 향해 질주하고 있다. 이제 대학 산업의 위기는 전 세계적인 현상이 되고 있다. 우리나라에서는 앞으로 25년 내에 대학의 절반 이상이 사라질 것이라는 예측도 나온다. 앞으로는 구글의 경력 인증서가 4년제 대학 학위와 동등한 대우를 받게 될 것이라고도 한다. 바로 어제자(2024. 1. 12.) 한 신문기사는, "앱처럼 사고 파는 GPT 스토어 오픈"이라는 제목하에 20달러만 내면 등산, 수학 수업, 논문 등 '나만의 AI'를 가질 수 있게 될 것이라고 보도했다. 추측건대 미래에는 강의실과 교수의 존재가 사라지거나, 다른 형태로 대치되지 않나 싶다. 이런 제4혁명의 전면적인 도래가 유토피아가 될지 디스토피아가 될지는 아무도 모른다.

이화여대 영어영문학과 100년을 맞아서, 졸업생으로서 당연히 모교의 무궁한 발전을 기원한다. 모교가 변화하는 시대의 도전에 효율적으로 대처할 것을 기대한다. 나는 지난 세월 동안 모교가 앞장서서 기독교 전통을 바탕으로 여성 교육, 여성 리더십 훈련, 여성 리더 배출을 통해 국가와 사회 발전에 기여했음에 감사한다. 이제는 AI 시대를 맞아, 이화가 기독교적 건학 정신과 고귀한 교육 비전을 바탕으로 전인적 리더십을 길러내며 더 넓은 글로벌 교육 현장으로 도약·확장해 나아가기를 바란다.

# 나의 영문과 시절 이야기

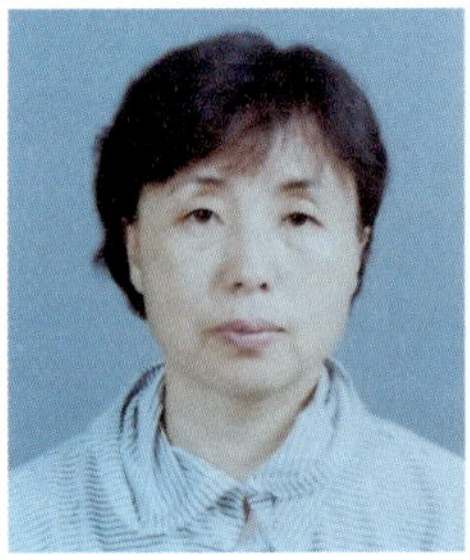

**김경희B**
(1972년 졸업)

1971년 가을 영문과 3학년 시절, 나는 단편 「無」를 제2회 추계 현상문예에 응모했고, 내 글은 가작으로 선정되었다. 지금 생각해보면 그해 봄 학기 미국 소설 시간에 읽은 윌리엄 포크너의 『음향과 분노』에 나타난, 짧은 문장과 단어의 상징성, 희망과 생명의 카이로스, 시간 속에서 살아남은 인물 설정 등이 내 작품에 큰 영향을 주었다.

무엇보다도 Y 교수님께서 강의 시간에 영문학도들은 소설을 읽는 것에 그치지 말고 뭔가를 해야 한다고 강조하신 말씀이 깊은 감동으로 다가왔다. 그해 가을, 마침 이대학보에서 모집하는 추계현상문예에 단편 소설 「無」를 응모했다. 사흘 밤을 새워 완성한 작품이었다.

그 소설이 이대학보에 실리던 날, 채플 시간 대강당에 모인 많은 학생들이 그 소설을 읽는 모습을 보면서 얼마나 가슴이 떨리고 부끄럽고 벅찼던지, 지금도 그 기억이 생생하다. 영문과 친구들도 멋있다고 하면서 응원해주었다. 시상식 날에는 어머니와 어머니 친구 분까지 오셔서 축하해주셨고 상금도 받았다. 최초의 원고료였다.

시상식에서 "여러분들은 이제 문인의 길을 가야 할 분들입니다. 글 쓰는 사람의 첫째는 진실해야 합니다"라고 말씀해주신 교수님의 축사가 지금도 생생하다. 그날 정문을 나오면서 어머니 친구 분이 '이 많은 학생들 중에서 네가 뽑힌 거냐'며 칭찬해주셨고, 어머니도 '네 아버지의 꿈이 원래 소설가였는데, 그 피는 속일 수가 없다'고 고백하셨다. 아버지는 해방 후 대한민국 판사로 재직하시다가 6.25사변 때 서울에서 공산당에 의해 납북되었고, 그 후로 소식을 알 수 없었다.

나는 영문과 졸업 후 서울대학교 대학원 국문과로 진학했다. 학부 시절 발표한 단편소설 「無」가 계기가 된 것이다. 나는 한국문학에서도 현대소설을 전공했다. 서울대 대학원은 본교 학생들도 재수를 하면서 어렵게 들어가는 곳인데 타 대학에서 바로 석사과정으로 입학했다고 주변에서 수근거렸다. 나는 이방인의 뜰에 갑자기 던져져 혼자서 마로니에 나무 아래 서 있곤 했다.

어느 날 석사과정 지도교수님이 나에게 물으셨다.

"이대 영문과 N 교수가 자네 어머니 친구인가?"

나는 지도교수님의 의외의 질문에 놀랐지만 담담하게 대답했다.

"아니요. 한 번도 만난 적이 없는 사이입니다. N 교수님은 현재 학과장이십니다."

잠시 침묵을 지키시던 교수님께서는 N 교수님이 전화로 내가 잘 지내고 있는지 물어오셨다고 전해주셨다.

마로니에가 있는 동숭동 문리대 교정을 나오며, 나는 이곳에서 혼자가 아님을 알았다. 어두운 바닷길을 가는 작은 돛단배의 앞길을 밝혀주는 등대가 있었던 것이다. 이대 학과장 N 교수님은 내가 제출한 타 대학원 지원서에 도장만 찍은 것이 아니라, 깊은 사랑의 마음으로 제자를 지켜보셨던 것이다.

석사학위를 받은 후에 나는 한양대학교 강사, 전주대학교 교수로 재직했다. 전임교수로 임명된 어느 가을날, 제자의 앞길을 염려하며 낯선 대학원 교수에게 전화해주셨던 N 교수님에게 감나무 그림을 보내드렸다. 예향의 도시인 전주 시내에 나가면 골목마다 그림이 가득했다. 나는 주홍빛 감들이 잎이 떨어진 가지에 소담스럽게 열려 있는 그림을 택했다. 내게 N 교수님은 주홍빛의 아름답고 풍성한 감나무의 모습이었다.

그리고 세월이 흘렀다. 남편의 서울 전근으로 나는 본의 아니게 전주대학교 조교수 자리를 의원면직하고 서울의 한양대학교에 강사로 나가게 되었다. 그러던 어느 해인가, 영학회 추계강좌에 참석하게 되었는데 그날 나는 N 교수님을 만났다. 교수님은 나를 기억하지 못할 것이라고 생각하면서 인사를 드렸다. 그리고 용기를 내서 말했다.

"교수님, 혹시 예전에 감나무 그림 받으신 것 기억하시나요?"
"그럼, 그 그림 우리 집 거실에 걸려 있어. 전주에서 보내왔었지."

교수님은 나를 응시하셨다. 잠시 침묵이 흘렀다.

"그때 자네를 찾기 위해 애썼지만 연락이 되지 않았어."
"네…."

1　1970년 영문과 3학년 영학관 친구들(김유명, 윤석영, 김경희A, 김정숙과 함께)
2　1971년 영문과 축제(이명숙, 박혜자, 한영희, 박현숙, 장아란, 김숙경 등 동문들과 함께 공연)
3　1972년 졸업앨범 사진

그해 연말 남편이 교환교수 자격으로 뉴욕 컬럼비아대학에 1년간 연수를 가게 되어 세 아들과 나도 함께 갔었다. 전주에도 서울에도 없었기에 N 교수님과 나는 더 이상 연락이 닿지 않았던 것이다.

교수님의 따뜻한 마음이 다시 감동으로 느껴졌다. N 교수님과의 만남은 영문과 시절의 가장 귀중한 추억이 되었다.

# 감사로 행복을 선택하자

**엄정희**
(1973년 졸업)

반세기 전, 영문과 다니던 대학 시절은 제 생애 가장 빛나던 계절이었습니다. 모든 가능성을 품었던 희망의 계절이었습니다. 빛나던 계절에 벗들과 나누던 사랑, 이제 그 사랑은 초록빛 사랑, 푸른빛 사랑이 되어 곱디고운 향 가득한 무지갯빛 꽃등으로 제 가슴속에서 빛나고 있습니다. 이제 노을빛 맞으며 언덕을 내려갑니다. 사랑하는 후배들에게 부탁하고 싶은 것은 우리 함께 감사로 행복을 선택하며 행복을 향하여 함께 달려가자는 제안입니다.

매일 다섯 가지씩 감사한 일을 쓴다는 오프라 윈프리는 스스로 16년 동안 가장 잘한 일이 감사 일기를 쓴 것이라고 말하고 있습니다. 그렇습니다. 오늘 하루 내 삶의 성공 여부를 결정하는 유일한 바로미터는 그날 내 삶에 감사가 얼마나 있었느냐입니다.

웨스트민스터 사원 지하묘지의 어느 성공회 대주교 묘비에는 다음의 글이 적혀 있습니다. “젊었을 때에는 세상을 변화시키고 싶었고, 중년일 때에는 나라를 변화시키고 싶었고, 노년일 때에는 가족을 변화시키고 싶었는데 다 잘 안 되더라. 지금 죽음을 앞두고 깨달았다. 만약 내가 나 자신을 먼저 변화시켰더라면 그것을 보고 가족이 변화되었을 것을, 가족이 변하면 나라도 변화시킬 수 있었을 것이고 마침내 세상까지도 변화시킬 수 있었을 것을.”

그렇다면 자신을 변화시킬 수 있는 가장 최선의 방법은 무엇일까요? 바로 감사 습관입니다. 감사하면 내가 행복해지고, 내가 행복해지면 긍정적이게 되고, 관계가 좋아지고, 가정이 변합니다. 사회가 변합니다. 세상이 변합니다.

저는 가족상담소에서 아침부터 저녁까지, 6세부터 80세까지의 마음이 아픈 내담자를 만나고 있습니다. 사면초가의 상황에 놓였다고 느끼는 내담자에게는 아무것도 먹히지 않는데, 유일하게 먹히는 게 하나 있습니다. 그것은 감사 테라피였습니다. 감사의 빛만이 그 캄캄한 마음속 어둠을 몰아내는 능력이 있음을 보았습니다.

이혼을 바로 앞둔 위태위태한 가정이었습니다. 6세 딸이 하나 있었습니다. 알고 보니 이혼할 수밖에 없는 상황이었습니다. 그러나 감사 테라피로 회복되어 훌륭한 가정으로 거듭나 알콩달콩 행복하게 살고 있답니다.

최고의 항암제, 방부제가 되는 감사는 자존감을 회복시켜 회복탄력성을 높여줍니다. 실패했을 때라도 감사하게 되면 오뚝이처럼 다시 일어설 수 있습니다. 또한 감사는 장수 비결입니다. 국제 100세 연구단 연구에 의하면 감사는 균형 잡힌 식사, 적당한 운동, 일과 봉사, 지속적 배움, 좋은 친구와 더불어 장수의 필요충분 요건입니다.

감사는 국가 경쟁력입니다. 우리나라가 산업화를 거쳐 민주화로 진행하면서도 선진화로 가지 못하고 비틀거리는 이유는 사회에 정신문화가 부재하기 때문입니다. 일본은 1964년 동경올림픽 이후 50년 동안 오아시스 운동으로 감사 문화를 퍼뜨리고 있습니다. 우리도 감사미소 운동으로 정신문화를 일구어가고 행복한 가정, 행복한 나라를 세워가야 하겠습니다.

감사는 실천입니다. 어제부터 남편에게 감사제목을 매일 다섯 개씩 카톡으로 보내기 시작했습니다. 내친 김에 미국에 사는 딸에게도 똑같이 보내기 시작했습니다. 감사 습관이 체질화되는 데에는 3주가 소요된다 합니다. 3주 후 내 삶에, 내 가정에 어떤 기적이 나타날까 기대됩니다.

감사 방법으로는 3단계 기법이 있습니다. 첫 단계는 'if' 감사입니다. 둘째 단계는 'because' 감사입니다. 셋째 단계는 'in spite of' 감사입니다. 감사는 나부터 해야 합니다. 작은 일부터 해야 합니다. 지금부터 해야 합니다. 감사는 일상에서 해야 합니다. 장미꽃뿐 아니라 가시에도 감사해야 합니다. 감사는 기도하는 것이 이루어지리라 믿으며 미리 해야 합니다.

로마의 황제이자 철학자인 마르쿠스 아우렐리우스는 우리의 일생이 스스로의 생각에 따라 만들어진다고 말합니다. 내 삶에 무슨 일이 일어났느냐는 중요치 않고, 그것을 어떻게 해석하느냐가 중요합니다. 역경 속에서도 감사를 선택할 수 있습니다.

희랍의 노예철학자 에픽테토스는 인간은 사건이 아니라 그 사건을 바라보는 관점 때문에 고통당한다고 설파하며, '인생은 고해(苦海)다. 그러나 그것을 쓴 바다로 받아들이느냐 아니냐는 나의 선택에 달려 있다'고 역설했습니다. 그렇습니다. 인생은 선택입니다. 감사하기로 선택하십시오. 우리 함께 감사로 오늘 행복을 선택합시다. 내가 행복할 때 내 가정이 행복하고, 또 세상이 행복할 것입니다.

# 영문과와 나: 자신의 최고의 가능성에 가까워지려는 몸부림

**정채원**
(1973년 졸업)

완전히 잠이 들지도 않았지만 완전히 깨어난 것도 아닌 상태는 어떤 것일까? 꿈을 꾸는 것도 아니고 꿈에서 깨어난 것도 아닌 사람들이 쓰는 글을 시(詩)라고 부르면 어떨까? 일상적인 감각으로는 포착할 수 없는 부재하는 것들, 설명되지 않지만 거부할 수 없는 것들에 대한 매혹이 거기에 있다.

1969년 신입생 시절을 돌이켜보려니 아득하기만 하다. 한쪽 눈이 고도근시인 나는 햇빛이 강한 날에는 늘 찡그리고 다녔다. 어느 날 김세영 교수님이 개인 면담을 하는 자리에서 하신 말씀이 지금도 생생하다. "너는 왜 늘 그렇게 찡그리고 다니지? 세상 고민을 모두 짊어진 사람처럼 말이야." 그때는 교수님도 나도 그냥 가볍게 넘긴 말이었지만, 나중에 생각하니 꼭 시력 때문만이 아니라, 내면에 실존적인 고민이 늘 들끓고 있던 사람이어서 결국에는 내가 시인이 되지 않았나 싶기도 하다. 한국 문단에는 문예창작이나 국어국문학을 전공한 문인들이 대다수이다. 그러나 영문학을 전공한 내게도 학창시절 들었던 영시나 영소설 수업은 적지 않은 밑거름이 되었다고 생각한다. T. S. Eliot이나 Matthew Arnold의 시와, William Faulkner의 소설 *The Sound and the Fury*를 나영균 교수님의 지도로 꼼꼼히 읽던 시절이 지금의 내 안에 녹아 흐르고 있으리라.

몇 년 전 본 영화 <82년생 김지영>에서 김지영은 아주 평범한 아내이자 아기 엄마다. 그 또래의 보편적인 삶을 사는 대한민국의 여자다. 남편의 사랑을 못 받는 것도 아니고 아기는 건강하게 무럭무럭 자라고 있다. 얼핏 보아 별다른 결핍이 없어 보이는 그녀가 어쩌다가 친정엄마의 목소리로, 혹은 외할머니의 목소리로 속마음을 발설하게 되었는가. 영화를 보는 내내 마치 그 나이 때의 내 모습을 보는 것 같아 눈을 뗄 수가 없었다. 대학에서 인문학을 공부하고 직장 생활을 하다가 경력이 단절된 채 육아와 가사노동에만 전념해야 했던 30대의 나는, 칭얼대는 아이들을 씻겨 간신히 재우고 나면 몸은 젖은 솜뭉치처럼 피곤했지만 빨리 잠들지 못하고 뒤척이곤 했다. 이게 삶의 전부일까? 그냥 매일매일 이렇게만 시간을 보내야 할까? 고개를 드는 허전함과 회의를 무엇으로도 잠재우지 못한 채 늘 수면 부족에 시달렸다. 그러다 그 주인공처럼 나도 글을 쓰며 들끓는 내면을 다스리게 되었고 45세라는 늦은 나이에 『문학사상』이라는 문예지로 등단했다. 누구도 인정해주지 않는 무명 시인으로서 자괴감에 글 쓰는 일을 그만두려는 생각도 여러 번 했다. 그러나 청탁이 오면 혼신을 다해 마감 날까지 퇴고했고, 그러다 보니 시집을 다섯 권 출간했고 과분한 문학상도 수상하게 되었다. 늘 미완의 두려움으로 백지 앞에서 사투를 벌이다 보니 27년이 휘리릭 흘러갔지만, 지금껏 시를 쓰는 삶을 후회해본 적은 없다.

인간은 보이는 것만 추구하는 삶에 만족할 수 없다. 우리는 현실세계의 법과 도덕의 보호를 받으며 동시에 구속당하며 살아간다. 그러나 그 안전한 일상적인 감각으로는 감지할 수 없는 세계를 흘낏 엿보고, 의식의 수면 아래 깊이 가라앉은 진정한 자신을 만나 보살피며, 자신의 최고의 가능성에 가까워지려 몸부림친다. 현실세계의 보수적인 질서를 깨고, 우리 안에 갇혀 있다가 불현듯 튀어나오는 목소리를 받아 적는 자들이 시인이며 그런 시가 울림을 줄 수 있는 좋은 시가 아닐까 생각한다. 시인은 말할 수 없는 것을 말하려 애쓰는 자다. 모두가 현실에 순응하며 무사안일을 지향할 때 분연히 그 벽에 균열을 내고 그 작은 틈으로나마 가려진 진실, 가려진 공허를 정면으로 마주하는 자다.

인공지능, 사물인터넷, 빅데이터 등 정보통신기술의 융합을 통한 경제, 사회 전반의 혁신적인 변화 속에서 우리는 살아간다. 디지털 기기와 인간의 융합으로 경계가 사라지고 가짜가 더 진짜 같이 보이는 삶 속에서 우리를 구원할 수 있는 것은 무엇일까? 이 세계의 허무를 극복하는 길은 창조적인 예술 작업을 통해서만 이루어질 수 있다고 니체도 말했다. 그러니 어쩌겠는가. 희생 없이 얻을 수 있는 값진 것은 없겠으나, 꿈과 현실의 경계가 모호한 삶에서 가능하면 시를 쓰는 고통도 즐기는 사람이 되고 싶다. 한국문학의 발전과 세계화를 위한 지원 기관으로서 '한국문학번역원'은 다양한 언어권 국가와의 교류를 위해 노력하고 있다. 한국 문학작품의 국제교류 전문성 향상을 위해 번역, 홍보, 해외 진출 사업 쪽에서도 후배들의 약진을 기대해본다.

1 1972년 교정에서(왼쪽에서 두 번째가 필자)
2 2023년 5월 31일 동창의 날(왼쪽에서 여섯 번째가 필자)

# 이대 영문과 졸업생입니다

**김옥희**
(1974년 졸업)

나는 1970년에 梨大 영문과에 입학했다. 올해(2023) 영학회에서 만난 후배가 허리가 아파서 병원에 갔는데, 본인이 梨大 졸업생임을 아는 의사 선생님이 梨大 졸업생이 허리를 굽히고 다니면 되겠느냐고 허리 펴고 다니라는 말을 했다고 한다. "梨大라니요, 저는 梨大 영문과입니다"라고 대답했다는 그녀의 말에 함께 자리했던 우리들은 모두 공감하며 웃었다.

명문 학교 중의 명문 학교인 부산 경남여중, 경남여고에서 공부 잘하는 학생으로 이름났던 나는 수학을 제일 재미있어했고 잘했다. 그러나 고3 때 담임 선생님은 나의 적성은 고려하지 않고, '너는 공부를 잘하니 무조건 梨大 영문과를 가야 한다'고 하셨다. 그 당시는 예비고사를 통과한 학생이 대학에 가서 본고사를 보던 시절이었다. 본고사를 보기 위해 경남여고 교복 차림으로 기차를 타고 내 인생 처음 서울로 왔던 기억이 지금도 생생하다. 입학 후 다른 학교 출신 친구들이 교복 입고 시험 보는 나를 매우 이상하게 느꼈다고 말했다. 그만큼 나는 중·고등학교에 대한 자부심이 강했다.

무난히 합격을 하고 서울로 와서 친척 집에서 학교를 다녔다. 입학만 하면 날아갈 듯이 행복할 줄 알았는데 정반대였다. 입학생 90명 중 50명은 경기여고와 이화여고 출신이었고, 나머지 40명이 전국 각지의 명문 학교에서 한두 명씩 입학했다. 수업 시간은 물론이고 쉬는 시간에도 출신 학교별로 모여서 다녔다. 나는 그야말로 시골에서 올라온 스스로 왕따 학생이었다. 여고 시절 그 많았던 웃음은 사라졌고 학교 가는 시간이 결코 행복하지 않았다. 1학년 때 김갑순 선생님의 수업 시간에는 선생님과 반 친구들 앞에서 영시를 암송하는 시간이 있었다. 나는 열심히 외워 갔지만, 긴장한 탓에 다 외울 수가 없었고, 그 이후로 나의 자존감은 바닥이 났다.

그런데 영문과 과대표였으면서 모든 것이 완벽했던 김○○ 친구가 나와 함께 C관에서 대강당으로 채플에 가기 시작했다. 채플은 조교들이 출석 체크를 해서 번호대로 지정석에 앉아야 했는데, 내 번호가 그 친구의 바로 뒤 번호여서 우리는 나란히 앉아 참석했다. 그 친구 덕분에 학교에 가고 싶어지면서 나는 서서히 스스로 왕따에서 벗어나게 되었다. 그러나 그 친구가 2학년 여름에 결혼을 하게 되면서 우리는 헤어지게 되었다. 헤어진 후 50년이 훌쩍 지난 올해 10월 어느 날, 조간신문에서 민화 작가가 된 그녀가 우리의 색채로 그려낸 'LOVE' 민화 첫 개인전을 한다는 광고를 보았다. 나는 인사동 미술관으로 한걸음에 달려갔다. 내가 그동안 간직하고 있었던, 둘이 함께 찍은 사진을 보여주었더니 친구도 아직 그 사진을 갖고 있다고 해서 눈가가 촉촉해졌다. 영문과에서 만난 가장 좋은 친구였다. 내가 유달리 혼자 있는 사람들에게 다가가는 성향을 가지게 된 것은 바로 그 친구의 영향이 컸다고 생각한다.

유신 체제의 등장으로 학교에 가면 교문이 닫혀 있기가 일쑤였다. 김옥길 총장님은 우리가 다칠까 염려하셨고, 교문에서 우리와 함께 스크럼을 짜기도 하셨던 것 같다. 몇 페이지나 읽었는지 기억도 없지만 English Literature 책이 두껍고 무거운데도 가방에 넣지 않고 손에 들고 영문과 학생임을 드러내며 다녔다. 도서관 옆에는 벽돌집 영학관이 있었는데, 한번에 열 명씩 들어가 영어만 쓰면서 생활하는 프로그램이 있었다. 아쉽게도 우리 그룹이 들어갔을 때는 하룻밤 자고 나니 계엄령이 떨어져 학교에서 나와야만 했다. 그 덕분에 근처에 있는 친구 집으로 가서 실컷 놀았다. 영어 듣기, 말하기 교육이 부실했던 시절이었지만 이렇게 일찍이 영어로 생활하는 프로그램을 실천했던 梨大 영문과였다. 더구나 미국에서 오신 크레인 선생님이 계셨기에 외국인과 말하는 것에 대한 두려움을 극복할 수 있었다. 졸업할 즈음에는 나영균 교수님께서 열 명씩 번역반의 그룹을 나누어주셨고, 나는 번역반 리더가 되어 친구들과 김만중의 「사씨남정기」를 번역하기도 했다.

나는 졸업 후의 진로를 고민하다가 비서학과에서 배우는 영어 타자와 속기를 배웠고 호남정유 사장 비서로 추천을 받았다. 하지만 졸업할 즈음 '순위고사'라는 제도가 생겨 시험을 보게 되었고, 당시는 1974년 공·사립학교 평준화 조치가 시행된 후였기에 합격자 중 사립학교 교사로 우선 채용될 수 있었다. 그 결과 합격자 중 제일 먼저 서울 □□학교 영어 선생으로 취업이 되었다. 공·사립이 무엇인지도 모르고 제일 먼저 합격된 것이 그저 좋았지만, 20년 뒤에 다시 공립학교로 옮기는 시험을 보아야만 했다.

20년 사립에 근무한 후 공립으로 가는 시험에서는 서울시 전체에서 1등을 했고, 학기 중간에 여의도중학교로 발령을 받았다. 여의도중학교에서 근무하던 중에는 지역청별로 한 명씩 해외에서 공부하는 특혜를 주는 시험에 합격했다. 홈스테이를 하면서 영국 랭커스터대학에서 공부하게 되어 참으로 많이 감격하고 감사했다. 또한 한국교육과정평가원에 추천되어서 영어 교과의 평가 기준도 만들었다. 그 이후 만나는 교장 선생님들께서 진급을 권유하셨고, 최선을 다해 노력한 결과 서울 상암중학교 교장이 되었다. 학교 경

1 1971년 채플에 같이 간 친구와 함께
2 1973년 졸업 여행 중 크레인 교수님과 함께

영관을 Dream(학생은 dream을 갖고, 교사는 respect 받도록, 학부모가 expect 하도록, and moving을 주는 학교)으로 정하고, 명문 학교로 만들기 위해 힘썼다. 교장으로 정년퇴직한 지 10년이 지난 지금도 군부대 용사, 학부모, 학생들을 대상으로 꾸준히 강의를 이어가고 있다.

梨大 교우회에서는 梨大를 졸업한 70여 명의 전현직 교장들을 해마다 학교로 초청하여 맛난 식사와 함께 梨大 발전을 위해 토론하는 시간을 마련했다. 梨大 출신 교장들은 梨大 졸업생으로서의 자긍심으로 학교를 경영했고, 우수한 인재들을 梨大로 보내야 한다는 사명감을 다지곤 했다.

돌아보니 梨大 영문과 졸업생이 아니었다면 오늘의 나는 없었을 것이다. 어디에서 근무하든, 무엇을 하든, 梨大 영문과 출신이라는 긍지를 가지고 임했다. 놀랍게도 이화대학의 교훈 眞善美는 어느덧 나의 가치관이 되었다. 나의 큰딸도 이화 출신으로 나처럼 교사의 길을 걷고 있는데, 우리가 서로 같은 가치관을 공유하고 있음을 발견할 때마다 신기하고 뿌듯하다. 지금까지 걸어온 모든 길이 주님의 은혜였음을 고백하며, 梨大 영문과 졸업생답게 허리를 펴고 다녀야겠다고 다짐한다.

# 또 하나의 빛을 바라보며

**오정화**
(1976년 졸업, 이화여자대학교 영어영문학부 명예교수)

그때 우리는 1학년 2학기 중간고사를 준비하고 있었다. 우리 때 대학교 1학년 1학기는 고3의 때도 벗고 스트레스도 벗기 위해 공부는 하면 안 되는 시기였다. 그런 1학기를 끝내고 이제 막 2학기가 되었으니 대학 공부의 맛을 즐기기 시작하는 때였고, 그런 의미에서 첫 중간고사라고 해도 과언이 아니었다. 그리고 중간고사가 끝나면 대학 생활 최초의 축제가 예정되어 있었다. 봄에 열리는 메이데이는 선배 언니들만 참석할 수 있고 1학년들은 참석할 수 없었기 때문에, 가을의 대학별 축제인 기린제가 우리가 대학생이 되어 참석하는 첫 축제였다. 당시 우리의 마음은 첫 축제에 대한 기대로 한껏 부풀어 있었다.

하지만 1972년 10월 27일, 갑자기 유신헌법이 공포되며 대학에 휴교령이 내려졌고, 우리의 모든 기대는 한순간에 물거품이 되었다. 울분과 의분에 휩싸였고 절망감과 허망함에 굳이 학교에 갔지만, 닫혀 있는 문 앞에서 발길을 돌릴 수밖에 없었다. 우리의 대학 생활 4년은 한 해도 휴교령이 내리지 않은 해가 없었다. 그래도 모든 일엔 양면성이 있어서, 학교가 닫히고 수업을 듣지 못하던 시기에는 마음껏 책을 읽을 수 있어서 좋았다. 고등학교 때는 책상 서랍에 소설책을 넣어놓고 수업 시간에 몰래몰래 읽었는데, 이제 대학이 학교까지 닫아주며 책 읽을 시간을 제공해주었다.

영문과에 들어온 후 주위 사람들에게 많이 들었던 말은 “영어 잘하겠네요?” 내 대답은 항상 “문학을 좋아해서 온 거예요.” 그렇게 문학은 내가 정말 좋아하는 것이었지만, 학년이 올라갈수록 과연 내가 외국인으로서 한계가 있을 수밖에 없는 영문학을 계속하는 게 맞을까 회의에 빠졌다. 마침 3학년 2학기에 ‘사회심리학’을 듣게 되었을 때 새 길이 열리는 것만 같았다. 심리학에 매료되어 4학년 1학기에는 주로 심리학 과목을 들었다. 그런데 당시 학교 시스템에 의하면 어떤 학과의 전공 과목 중 타 학과 학생에게도 수강이 허용된 과목은 극히 제한적이었다. 복수전공, 부전공 등이 허용되지 않던 시기였던 것이다. 그래서 교직과목인 ‘교육심리’, ‘발달심리’ 등의 교육심리학 과목들이 내가 들을 수 있는 전부였다. 사회심리학에서 느낀 매력을 더 이상은 느낄 수 없었고, 특히 프로이트는 너무 많은 거부감을 주어서, 심리학에 대한 나의 탐색은 그렇게 한 학기만에 끝나고 말았다. 나는 역시 문학을 제일 좋아하고 있었다.

그러나 그 방황은 내가 앞으로 나아가는 데 많은 도움을 주었다. 대학원에서 윤정옥 지도교수님으로부터 페미니즘에 대해 소개받은 것은 나의 길에 큰 영향을 주었는데, 여기에는 프로이트에 대해 느꼈던 반감도 작용했다. 페미니즘은 영문학을 연구함에 있어서 정신분석학, 문화연구, 철학, 종교 등으로 넓혀갈 길을 열어주었고, 내 마음속에서 끓고 있던 회의와 방황에도 새로운 방향을 제시해주었다. 1980년대 유학 시절, 미국 대학에서 페미니즘은 가장 활발히 연구되는 분야의 하나였다. 그리고 1990년대에 귀국했을 때, 한국 영문학계에서도 유학하고 돌아온 학자들을 중심으로 핵심 분야가 되었다. 페미니즘은 사회활동과도 연계되며 우리 사회가 가부장제에서 벗어나게 하는 데 힘을 보탰다.

1994년에 영문과 교수가 될 수 있었던 것은 내게는 너무나 감사한 일이었다. 지적 호기심과 삶에 대한 열정, 그리고 젊음이 주는 희망과 두려움이 공존하는 반짝반짝 빛나는 우리 영문과 학생들과 함께할 수 있었던 것은 정말 큰 영광이었다. 1학년 학생들에게 '영문학 입문'을 가르칠 때는 영문학을 처음 접하는 학생들의 호기심에 나 또한 자극을 받았고, '여성과 문학'을 가르칠 때는 19세기 영국 소설에 나타나 있는 여성 문제들을 오늘날 한국 사회에서 여성이 직면한 현실과 연결 지으며 학생들과 함께 고민했다. 입학할 때만 해도 영문학이 무엇인지 모른 채 호기심 속에서 출발했던 학생들이, 졸업반이 되면 의젓한 영문학 분석가들이 되어 발표와 토론에 적극 참여하는 모습을 보며, 교수인 나 역시 많은 것을 배울 수 있었다.

이제 은퇴하여 이화 영문과 100년을 돌아보며, 선교사 선생님들이 이 나라에 여성을 위한 대학을 세우면서 영문과를 개설한 그 뜻을 다시금 되새긴다. 요즈음 앨리스 아펜젤러 선생님의 편지를 번역하고 있는데, 항상 자신을 "이화대학(Ewha College) 총장(president)"이라고 칭하셨지, "이화여자전문학교 교장"이라고 칭하지 않으셨던 깊은 뜻을 깨닫는다. 일제가 인가해준 "이화여자전문학교"는 세우시고자 했던 학교가 아니었다. 미국의 명문 여자대학인 웰즐리대학과 같은 대학을 만드시기를 원하셨다. 이를 위해 갖가지 어려움 속에서도 믿음으로 기도하며 그 이상을 실현하기 위해 헌신하신 평생에 감격하고 있다.

이제 100주년을 맞은 이화 영문인들은, 시대마다 새로운 길을 개척해온 선배들의 발자취를 돌아보며, 어떤 시기든 멈추어 있지 않고 발전을 거듭해온 그대로, 앞으로도 발전을 거듭하며 새로운 시대를 열어갈 것이라 믿는다. 그 빛나는 역사 속에서 한 시대를 살아갈 수 있었음에 감사하며, 그 빛나는 역사가 계속될 것을 믿는다. 그리고 또 하나의 새로운 빛을 바라본다.

# 그리운 시절, 이대 영문과

**김혜숙**
(1976년 졸업, 제16대 이화여자대학교 총장, 이화여자대학교 철학과 명예교수)

이화여자대학교 영어영문학과, 아니 이대 영문과. 이 이름은 우리 시대 많은 여고생들에게 꿈을 품게 한 이름이었다(고 생각한다). 교수가 되고 나서 수업 중에 '나는 72학번'이라고 말하면 학생들이 "와~" 하고 웃음을 터뜨렸는데, 처음에는 그 이유를 몰랐다. 자신들은 태어나지도 않았던 때의 학번이라니… 아마도 그런 비현실감 때문에 웃었던 듯하다. 함께 영문과에 입학하여 다녔던 동기들 모임에 가면 50여 년 전에 만난 사이라는 것이 실감이 나지 않는다. 서로 주고받는 '너는 하나도 안 변했다'는 말이 하나도 우습게 느껴지지 않는다.

어떤 기억들은 머릿속에 박제된 듯이 또렷이 남아 떠나지 않는다. 1972년 처음 입학했을 때의 학교 풍경이 아직도 생생하다. 학교 앞을 지나던 기찻길과 그 위의 다리, 비가 오면 진흙탕이 되던 대강당에서 학관으로 이어지는 길, 날씨 좋은 날 사진 찍기 좋았던 사범대 앞 작은 숲, 늦게 온 파트너를 겨우 만나 찾아갔던 창경원 수정궁에서의 첫 미팅, 도서관이었던 헬렌관 2층 세미나실의 오후, 학관 교실 창문의 독특한 여닫이 걸쇠까지…. 모두 사진첩 속 한 장면처럼 각인된 아련한 기억들이다. 당시 영문과에는 독특한 개성과 멋이 넘치는 여교수님들이 계셨다. 장영숙 교수님은 특히 기억에 남는다. 또한 김연옥[김옥자], 이혜숙 교수님께서 수업 시간에 우리를 '당신들'이란 표현으로 지칭하셨던 것도, 학교에서 '너희들'이란 소리만 듣던 내게는 신선한 문화적 충격이었다.

고등학교 때까지 주입식 교육에 길들여졌던 우리는 사춘기를 대학에 와서야 겪었던 것 같다. 1학년 내내 대학 생활이 참 힘들었다. 목표가 사라진 듯한 정처 없는 느낌, 고등학교 때와 별반 다르지 않은 듯한 지루한 교양과목들. 무엇인가를 간절히 원하는 것 같은데, 정작 그것이 무엇인지 알 수가 없었다. 내 안에서 와글와글 소용돌이치던 감정의 실체를 알지 못했다. 소설 읽기를 좋아했지만, 딱히 전공을 알고 선택한 것이 아니었기에 학과 공부에도 그다지 끌리지 않았다. 당시 영문과 학과사무실은 문을 열고 들어서면 숨도 함부로 쉴 수 없을 듯한 고요함과 고급스러운 분위기가 감돌았다. 나는 초등학교 시절부터 교무실은 피해 다니던 습성이 있었던지라 학과사무실은 불가피한 경우가 아니면 가지 않았다. 교수님들 또한 내게는 가까이 하기에는 너무 고고한 존재처럼 느껴졌다. 집안의 경제 사정도 좋지 않아 점점 무기력해졌고, 그렇게 1학년을 마쳤다.

그러던 어느 날, 학관 벽에 붙은 포스터가 눈에 들어왔다. 써클 독서회에서 신입생을 모집하는 포스터였다. '우리가 지금 어디에 있는지 같이 책을 읽고 공부해보자'는 취지였던 것으로 기억하는데, 왠지 한번 가보고 싶었다. '새얼'이라는 써클이었다. 가보니 다른 영문과 친구도 하나 와 있었고, 대학원생 언니들도 와서 신입생들을 환영해주었다. 함께 사회과학 서적을 읽고 토론하며 논쟁하는 경험은 새롭고도 흥미로웠다. 대학 2학년짜리 여학생이 사회와 역사와 시국에 관해 생각하고 논한다는 사실만으로도 어른이 된 듯하여 뿌듯했다. 막연한 혼돈으로 나를 둘러싸고 있던 세상이 드디어 밝아지는 것 같았다. 내가 모르고 있었던 것들이 너무 많았고, 많은 것들이 나의 지적 호기심을 자극했다. 당시 내 머릿속에는 질문이 너무 많았다. 그렇게 나는 무기력감으로부터 벗어날 수 있었다. 진덕규 선생님이 만드신 '화요회'라는 독서 모임에도 친구를 따라 갔고, 영문과 선배를 따라 UB 성경 모임에도 나가보았다. 이런 경험들을 통해, 감사하게도 나는 내 관점에서 사물을 바라보고, 질문하고, 글을 쓰는 법을 배웠다. 지루하게만 느껴지던 영문과 수업도 점점 흥미로워졌고, 특히 크레인 선생님의 영작 과목은 잘하기까지 했다.

이대 영문과를 다니며 자긍심을 키웠고, 이후 내 공부의 바탕이 되어준 영어 실력의 기초를 쌓을 수 있었다. 졸업 후 여러 방면에서 수없이 많은 뛰어난 영문과 졸업생들을 만났다. 심지어는 유학을 갔을 때 같은 과에 존이라는 교포 남학생이 있었는데, 그 친구의 어머니가 이대 영문과 졸업생이라는 이유로 나를 잘 대해주었던 기억도 있다. 영문과는 늘 흠모와 질시를 동시에 받는 과였다. 처음 철학과 교수로 임용되었을 때, 다른 과 원로 교수님께서 내가 영문과를 졸업했다는 이야기를 듣고는 혼잣말처럼 말씀하셨다. "하여간 영문과의 확장력은 대단해." 그래서 좋다는 것인지, 안 좋다는 것인지 잘 알 수 없었지만 어째 느낌이 후자에 가까웠다. 왠지 내가 뭔가 잘못한 것 같았다.

50년 동안 많은 것들이 변했고, 앞으로 더욱 많은 것들이 변할 것이다. 이제 영문과는 100주년을 맞이했다. 그렇다면 앞으로의 100년을 생각해보는 것이 우리에게 주어진 소명일 것이다. 유치원 때부터 영어를 배우는 요즘 학생들에게 영어영문학은 어떤 의미일까를 생각해본다. 지금까지 쌓아온 성취와 각 분야에서 활약하는 영문과 동문들의 힘을 발판 삼아 힘껏 뛰어오르기를, 그러면 앞으로 더욱더 높이 날아오를 수 있으리라 믿는다.

1 1973년 2학년 때 친구들과 학교 사범대 숲에서 (뒷줄 중앙에 서 있는 인물이 필자)

2 1976년 졸업생 사은회에 참석한 친구들과 함께

3 1976년 졸업식 후 교정에서 친구와 함께(오른쪽 이 필자)

# 계열별 모집 1기의 희로애락

**민경숙**
(1977년 졸업)

1973년 입학한 우리에게 이화여대 입시는 학과별 모집이 아니라 계열별 모집이었다. 덕분에 우리는 그다지 어렵지 않은 입시를 치루며 무난히 합격했다. 문제는 입학 후였다.

6년간의 치열한 학업을 이어온 우리는 수많은 과목의 수많은 시험을 거쳐 단련된 상태였지만, 계열별 모집의 성근 시간표는 종종 우리를 길을 잃고 헤매게 하곤 했다. 학과라는 울타리 속에서 선배들의 엄격한 지도를 받으며 꽁꽁 뭉쳤어야 할 우리에게 유대관계란 전혀 없었다. 대학 1학년 때부터 학과가 아니라 반에 속해 있었고, 선배들의 얼굴은 볼 수도 없었으며, 학과 교수가 아닌 담임 교수가 있었을 뿐이다. 담임 교수와 조교 입장에서도 자신에게 맡겨진 학생들이 자기 학과 학생이 될 가능성은 반반이었기에 딱히 마음이 가지 않았을 것이고, 그들 자신도 계열별 모집이 처음이라 '거리를 두고 지켜보자'는 생각인 듯싶었다.

반면 우리는 또다시 영어영문학과에 들어가야 한다는 부담을 느끼며 2년 더 입시 생활이 연장되었다. 결국 원하는 학생을 거의 다 받아들인 영어영문학과는 수업마다 인산인해였다. 강의 신청 자체가 어려웠고, 대강의실을 가득 메운 학생들 때문에 교수님들과 조교들이 힘들었던 건 말할 것도 없었다. 그렇지만 수업이 어렵기로 정평이 나 있는 교수님의 강의실은 텅텅 비는 아이러니도 연출되었다. 졸업 후 우연히 동기 중 한 명이 "영문도 모르고 영문과에 다녔다"라고 말하는 것을 듣고 엄청 웃었던 기억이 난다.

왜 이런 일이 벌어졌을까? 우리 큰아들이 대학생일 때, 하루는 "엄마, 엄마가 이대 영문과에 다니던 시절에는 그 학과 졸업생들이 결혼 시장에서 가장 잘 팔려나갔다면서요?"라고 말하며 싱글싱글 웃던 생각이 난다. 졸업 후의 진로를 결정해놓지 않고 있었던 당시, 내가 영어영문학과에 들어가겠다고 그렇게 기를 썼던 이유가 정말 그래서인가? 우리가 대학을 졸업하던 1977년까지만 해도 여자가 대학을 졸업하면 결혼하는 것이 가장 일반적인 진로였다. 나도 대학교 4학년이 되면서부터 가족의 성화에 못 이겨 몇 번 선을 보기도 했다. 대학원에 진학하겠다고 했을 때에는 '여자가 대학원에 들어가면 상대 남자의 학벌은 그보다 더 높아야 하는데, 어떻게 결혼이 가능하겠냐'며 반대에 부딪혔다. 그러던 1976년 가을, 졸업을 앞두고 있을 때 C학관 게시판에 대한항공에서 여승무원을 뽑는다는 공고가 나붙었다. 상당수의 동기들이 지원해 합격했던 것으로 기억한다. 영어영문학과 졸업이라는 타이틀이 결혼 시장이 아닌 직업 시장에서 빛을 발하기 시작한 것이다.

계열별 모집의 장점을 꼽으라면, 주전공 외에 부전공을 선택하도록 되어 있었다는 점이다. 많은 친구들이 영어영문학을 전공의 개념보다는 '영어 학습'의 수단으로 선택하고, 오히려 부전공을 진짜 전공처럼 삼았던 것으로 기억한다. 당시는 영어만 잘해도 여성이 사회로 진출할 수 있는 기회의 폭이 넓었다. 또 많은 친구들이 미국 등 해외로 유학을 가거나 이민을 떠났으니, 다들 기를 쓰고 영어영문학을 전공하려고 했던 이유가 납득이 간다. 당시 한국에 진출한 외국계 기업들도 영문과 졸업생들을 선호했다.

애초에 취업에는 관심도 없던 나는 주전공을 영어영문학으로, 부전공을 불어불문학으로 선택하여 문학을 주 타깃으로 삼았다. 대학원에 진학할 생각도 없었다. 그저 문학이 좋았을 뿐이다. 고등학교 3학년 때 이과에 속해 있던 나는, '여자가 직장을 가지면 남자는 놀고먹는다'는 당시의 속설을 내세우는 어머니의 은근한 협박에 못이겨 3학년 여름 영문과에 지원하기로 마음을 바꾸었다. 애초부터 영문과를 목표로 대학에 들어왔으니 그 목표를 향해 정진했고, 그러다 보니 영어영문학을 학부뿐 아니라 대학원 전공으로까지 선택하게 된 것 같다. 그러나 대학원 1학년이 거의 끝날 무렵, 계속되던 선 자리가 결실을 맺으며 결혼을 하게 되었다.

이제 70세가 다 되어 돌이켜보니 사람의 운명은 정해져 있는 것이 아닐까 하는 생각이 든다. 계열별로 입학한 지 10년 만에 두 아이의 엄마가 되어 프랑스 장학금을 받은 남편을 따라 프랑스로 가게 되었고, 그곳에서 영어영문학과 불어불문학을 비교하는 비교문학을 공부하여 1987년 박사학위를 받게 되었으니 말이다. 대학에 입학하던 14년 전에도, 대학을 졸업하던 10년 전에도 꿈도 꾸지 못한 일이었다. 한국에 돌아와 본교와 타교에서 후배를 양성하며, '영어영문학만이 아니라 불어불문학을 함께 공부한 것이 나에게 얼마나 도움이 되었나' 가끔 생각하게 된다. 특히 1066년 노르망디의 윌리엄 공이 영국 본토를 점령한 후 약 300년간 영국에서 상류층은 프랑스어를, 일반 대중은 영어를 사용했으며, 그 결과 영어 어휘의 상당 부분이 프랑스어에서 유래했다는 사실을 알았을 때, 프랑스어를 배운 것이 얼마나 값진 일이었는지 새삼 깨달았다.

요즘은 고등학교 동창들과 북클럽을 하며 한국을 포함한 다양한 국가의 책들을 읽고 있다. 문학에만 포커스를 맞추지 않고 과학을 포함한 다양한 주제의 책들을 읽고 토론한다. 아마도 젊은 시절 문학을 공부하며 열린 마음으로 폭넓게 독서를 한 덕분이리라.

# An Ode to My Ewha

**김춘희**
(1978년 졸업)

이화를 향기로 호흡하던 풋풋한 학창 시절, 유학 후 강단에서 교육자로서의 열망을 펼치던 시절, 영어연극 공연사 최초의 중세극 공연(<The Second Shepherd's Play>, 1997년)을 실험적으로 기획·연출하며 영문과 영어연극반 '빙즈(Beings)' 단원들과 함께한 미학적 작업들, 그리고 그 모든 것을 응시하고 응원을 보내시던 영문과 선생님들과 지금의 나를 여전히 함께 품고 있는 이화 영문 100년의 향기로 이 글을 바친다. 이 제한된 지면에서는 특히 지금도 은연중 내게 다가오곤 하시는 몇몇 은사들과 공유한 독특한 지성의 향기를 기억하고자 한다.

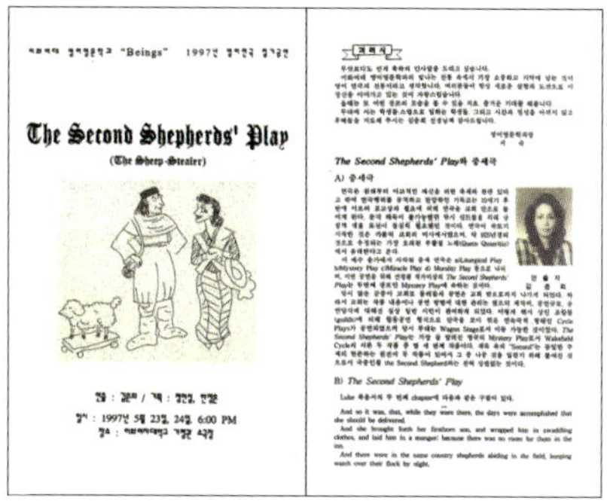


이화 빙즈(Beings) 영어연극 공연사 최초의 중세극 <The Second Shepherds' Play> 공연 포스터 1997

## 이화의 향기

1974년 3월, 우이동-신촌 버스를 타고 이대 앞에서 내려 정문까지, 거기서 다시 대강당 앞까지 총총 걸어가 계단을 올라서면, 시원한 바람이 일어 이마의 송송 맺힌 땀을 식혀가며 학관으로 향하는, 학교 수업 있는 날 캠퍼스 내 노정이다. 어느 날 대강당 앞 맨 위 계단을 올라서서 중강당 쪽으로 방향을 돌리며 학관으로 내려갈 때—그 길은 정확히 메리 스크랜튼(Mary F. B. Scranton) 여사의 흉상과 대강당 측면 사이의 길로서—나는 우연히 대강당 쪽에서 나오시던 김옥길 총장님과 스크랜튼 흉상 사이에 위치하게 되었다. 이 순간은 마치 세 사람이 나란히 걷고 있다는 느낌을 지울 수 없을 만큼, 동행하듯 일체가 된 순간이었다. 50여 년이 지난 지금에도 내 의식 속에서 그 순간은 조각처럼 새겨져

'이화'라는 말과 동시에 내게 작동하는, 추억 속 이화의 첫 기억이자 이화의 향기이다.

**영문과의 향기: 홍복유 선생님과 윤정옥 선생님, 그리고 크레인 선생님**

나의 개성보다는 이화를 그 특유의 향기로 마냥 호흡하던 학부 시절, 홍복유 선생님의 헨리 제임스(Henry James) 강독은 말 그대로 '강독(講讀·Reading)' 수업이었다. 교재로 사용된 작품 *The Portrait of a Lady*의 첫 챕터를 수강생들로 하여금 돌아가면서 읽도록 하셨는데, 분명한 기억은 작가 특유의 문장 구사 방식이었다. 그것은 자연히 작품의 창작적 구조와 연결되면서 구성적 측면에 호기심을 갖게 만들었다. 작가 생활 말년에 헨리 제임스가 자신의 글을 소리 내어 읊으며, 또 동시에 그것을 들으며 비서로 하여금 기록하게 한 집필 방식을 상기해보면, 그의 글을 우리가 소리 내어 읽을 때 자연스러우면서도 특별한 묘미를 느끼게 되는 것은 어쩌면 당연한 것일지 모른다.

이 경험으로 나는 크레인(Kathleen Crane) 선생님 지도하에 "제임스의 작품 속 여주인공들(Jamesian Heroines in *Daisy Miller, Washington Square and The Portrait of a Lady*)"이라는 주제로 당시 학부 졸업논문(1978년)을 제출하기에 이르렀다. 제출 당시 크레인 선생님은 그것을 읽어보시곤 "It's beautiful!"이라고 하셨는데, 당시 내 머릿속엔 '무엇이 어떻게 beautiful하다는 것일까?'라는 생각이 스쳐 지나갔으나 그냥 흘려보내며, 그저 '논문이 beautiful할 수도 있구나' 하고 정리해버렸다. 생존해계시면 그 시간으로 돌아가 여쭙고 싶은 질문 중 하나다. 이렇게 나의 삶 속에서 헨리 제임스라는 작가는 '논문'의 형태로 자리 잡게 되었다.

학부 때의 소설 강독 수업과는 달리, 대학원에서 접한 윤정옥 선생님의 소설 강독은 해석적 차원의 세미나 형식으로 진행되었다. 두 분의 차이는 작가에 대한 접근 방식에서도 드러난다. 학부에서의 강독 경험이 대학원 세미나에서 해석학적 차원으로 발돋움할 수 있도록 나 자신이 성장했다고 느끼게 된 것은 윤정옥 선생님 덕택이다. 당시 학기말 종강 시간에 기말 리포트를 제출해야 했는데, 글이 잘 풀리지 않아 기한을 넘겨 제출했다. 선생님께서, "아무리 최고점의 평가를 받더라도 춘희가 받게 될 실제 점수는 한 단계 아래야. 기한을 어겼으니…"라고 말씀하셨고, 나는 기꺼이 괜찮다고 했다. 내게는 어려운 과제를 마무리한다는 것 자체가 더욱 중요했기 때문에 점수엔 아예 관심이 없었다. 그런데 결과는 평점이 최고로 나온 것뿐 아니라, 내 논문을 『대학원논집』에 추천하시고 나도 모르게 이화여대출판부로 원고까지 넘기셨다. 내 인생 최초의 논문이 출판 형태로 나온 것은, 이처럼 교수님의 '정당한 으름장'과 동시에 '의외의 평가' 결과로 형성된 것이라고 볼 수 있다. 당시 나는 놀라운 패러독스적 감정에 휩싸였다. 이후 인생에서 이러한 상황이 생길 때면 나는 거의 무의식적으로 이 '윤정옥 패러독스'를 회상하게 된다.

### 초대와 방문, 그리고 그리움

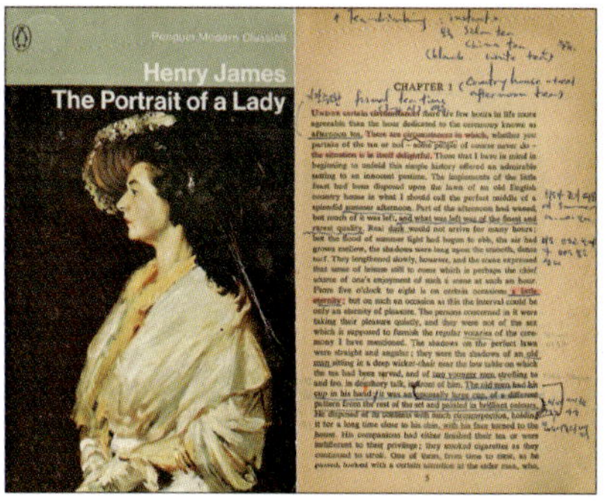


1976년 헨리 제임스 강독 수업에서 사용된 소설 *The Portrait of a Lady*의 표지와 Chapter 1의 첫 페이지

홍복유 선생님과 윤정옥 선생님 두 분은 헨리 제임스를 알아가는 나의 긴 학문적 노정에서 서로 다른 방향을 알려주는 동일한 이정표였다고 할 수 있다. 학부 3학년 가을의 어느 날, 홍복유 선생님께서 나를 성북동 집으로 초대하셨다. 도착하니 대문은 열려 있었고, 나는 조심스레 정원으로 발을 내딛으며 둘러보았다. 지면이 평지보다 높은 위치에 있는 정원에서 나뭇가지를 다듬는 사그락 소리가 들려 그쪽으로 향하니, 나뭇가지들 틈새에 숨겨진 선생님을 만날 수 있었다. 선생님은 정원을 돌아 내려와 거실 쪽으로 향해 가면서 "우리 학생이 왔어요!"라고 우렁찬 음성으로 외치셨고, 서재 쪽에서 신태환 선생님이 나오시며 제자인 나를 맞아주셨다. 이렇게 우리 세 사람은 자연스레, 마치 헨리 제임스의 The Portrait of a Lady의 첫 번째 챕터 속으로 들어가 영국의 오후 Tea Time에 자리 잡고 있는 듯한 착각을 불러일으킬 만큼 작품 속 장면과 유사한 시공간을 공유했다.

대학원 시절 나는 Cambridge Seminar 참석차 한 학기(Easter Term) 동안 영국에서 체류했는데, 당시 윤정옥 선생님께서 안식년으로 영국에 계셨다. Exeter에 계시던 선생님은 나를 보러 Cambridge까지 와주셨고, 그날 앞선 London 일정에 무리가 있으셨던지 도착하시자마자 곧 늦은 오후 낮잠에 떨어지셨다. 선생님께서 조용히 쉬실 수 있도록 나는 홀로 방을 나와 정원을 거닐며 선생님이 깨시기를 기다렸다. 그 후 시간이 지나 어느 날 선생님이 London에 들르셨을 때, 나는 선생님을 찾아뵙고 그곳에서 하루를 지내다 온 적이 있다. 먼 타국에서 반갑고도 소중한 시간들을 놓치지 않으려 했던 그 부지런한 긴장에 나 스스로 대견한 생각이 든다.

1980년 케임브리지에서
(연못 오른쪽 2층 창문이 살짝 보이는 방이 윤정옥 선생님이 잠깐 머무셨던 곳이다.)

그렇게 선생님을 뵐 수 있었던 시간들도 이제는 그리움이 되었다. 작년에 찾아가 뵈었는데 많이 수척하시어 가슴이 아프다. 그래도 음성은 여전히 쩌렁쩌렁하시다. 이 글을 준비하던 2023년 가을 즈음 선생님 댁에서 함께하는 사진을 찍는 순간,

'어쩌면 이 사진을 내 글에 담을 수도 있겠다'는 생각이 들어 선생님께 "제 글에 혹시 이 사진이 필요한 상황이 생기면 허락받으러 다시 올게요"라고 말씀을 드렸다. 그러자 선생님께서는, "내게 묻지 말고 네가 필요할 때 그냥 사용해"라고 하셨다. 노쇠하신 자신의 모습에 대해 어떠한 거리낌이나 부정적 생각도 없으셨고, 언제나처럼 그렇게 당당하게, 상대방의 생각에 자유를 허용하셨다. 이 사진은 그렇게 자유롭게 허락받은 귀한 사진이다. 나는 사진 속 선생님을 노쇠한 모습이라기보다, 마치 어느 특별한 순간, 하회탈 같은 모습으로 연극 분장을 하신 것이라고 기억하고 싶다.

2023년 가을 윤정옥 선생님 댁에서

헨리 제임스가 유럽의 신화를 극복하고 그 실체를 파악하기 위해 미국인으로서 유럽 속으로 들어갔다면, 한국인으로서 나의 제임스에 대한 인문학적 고뇌는 유럽과 미국 양 대륙을 객관적으로 볼 수 있는 방법론적 틀을 찾는 것이었다. 그렇게 해서 오랜 탐색 끝에 결정한 것이 소르본느 대학에서 비교문학 연구를 통한 제임스의 창작적·비평적 위치를 규정하고자 한 것이다.

학문하는 방식 자체에 대해 오랜 시간 고민하던 나를 당시 영문과 은사님들은 귀하게 생각하시기도 했지만, 그 어려운 길을 택한 제자에 대한 염려도 크셨다고 익히 들어 알고 있었다. 이 선택이 유럽에서 오롯이 10여 년간 나를 붙들어 매고 있을 때, 나에 대한 선생님들의 애틋하고 안쓰러워하는 마음들이 따스한 그림자로, 또 그리움으로 펼쳐지며 그 속에 내가 담긴 느낌을 스스로 가질 수 있었던 것 역시 이화의 향기가 아닐까. 이화의 울타리 속에서 내가 '문학을 학문으로' 도전하기 위해 선택한 것이 영문학이었다고 한다면, 그중 특히 내 인생을 송두리째 점유한 헨리 제임스라는 작가가 있다는 사실에 스스로 놀라움을 금할 수 없다.

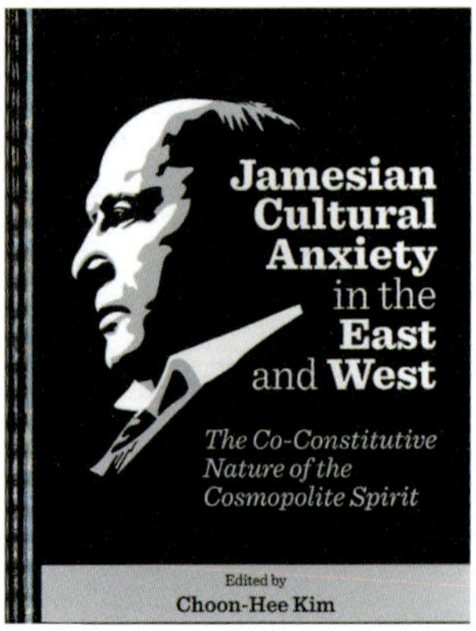


2020년 영국에서 출간된 필자의 편저서 (작가 Henry James의 친형 William James의 후손인 북디자이너 Henry가 표지에 들어간 작가 Henry의 이미지를 디자인했다.)

이화의 향기는 그렇게 한 학생의 삶에 스며들어 다시 피어오르기를 반복하면서 그 특유의 향기를 '이화인'으로 규정하고야 마는 유난한 힘으로 작용하고 있음을, '이화 영어영문학과 100년'의 시점인 지금도 느낀다.

# 70년대 '이화여대 영문과' 시절

**박은숙**
(1979년 졸업)

1970년대 당시, 이화여대 영문과는 여성들에게 가장 선망받는 최고의 학과로, 자타가 공인하는 곳이었다. 나와 이화여대 영문과 사이에는 특별한 사연이 있다. 대구에서 경북여고에 다니던 나는 방학이 되어 고향인 포항에 다니러 갔다. 포항은 지금도 그렇지만 해병대가 상주하고 있는 곳이다. 어머니가 말씀하시길, "건너 앞집에 하숙하고 있는 해병대 군의관 둘이 있는데, 한 사람은 서울의대 출신이고, 또 한 사람은 연세의대 출신이야. 그런데 연세의대 출신 군의관 여동생이 친구들과 포항에 놀러 왔다가 들렀다더라"는 것이었다. 그리고 덧붙여 그 여동생과 친구들이 이화여대 영문과에 다니고 있다고 전하시며 '이화여대 영문과' 부분에서 엄청 톤을 높여 말씀하셨다. 그 목소리에는 '이화여대 영문과'에 대한 기대감과 선망이 가득 차 있었다.

나는 그때 '이화여대 영문과'가 사람들에게 얼마나 인정받는 곳인지, 얼마나 사람들의 선망의 대상인지를 어머니의 눈빛과 억양, 그리고 동네에서 회자되는 이야기를 통해 느꼈다. 그 여대생들은 동네에서 그만큼 관심의 대상이 되었다. 나도 모르게 이화여대 영문과에 대한 각인이 처음 이루어지게 되었다.

우리 학번은 서울을 제외하고 중학교, 고등학교, 대학교까지 모두 선발 시험을 통해 진학한 마지막 세대이기도 하다. 그 많은 시험을 치르느라고 초등학교 때부터 새벽부터 일어나 참 열심히 공부했다. 그렇게 노력한 끝에 소위 명문이라는 중·고등학교에 입학할 수 있었다.

그리고 어느덧 대학 입시를 준비하는 고등학교 3학년이 되었다. 평소 공부도 했지만 학생회장으로 당선되어 학교 일도 맡게 되었다. 3학년 1학기 초기에는 성적이 괜찮았는데, 2학기에 들어가면서 공부만 열심히 하는 친구들에 비해 학생회 활동을 병행하는 나는 입시를 준비할 시간이 턱없이 부족했고, 점차 성적이 떨어지기 시작했다. 성적에 대해 고민을 하게 되면서도, 이미 맡은 학생회장직을 그만둘 수도 없어 가슴이 갑갑하고 남몰래 애가 탔다.

다행히 대학 입시의 첫 관문이었던 예비고사는 잘 치렀고, 당시는 대학별 본고사가 있던 시절이라 논술형으로 치러지던 이대 본고사 시험을 준비하기 위해 한 달 일찍 서울로 올라왔다. 시험을 치는 과정에서 보니, 평소 고등학교 때 서클 활동을 하며 독서 토론도 많이 했던 터라 논술 시험은 나에게 오히려 수월했다. 수학 시험도 논술형으로 출제되었는데, 교집합을 통해 문제를 풀어 답이 나오는 유형이었고, 다행히 무난하게 풀어낼 수 있었다. 마음 졸이며 결과를 기다렸고, 마침내 합격 소식을 들을 수 있었다. 당시 학생회장이다 보니 교장 선생님이 무척 관심을 가지고 학년 주임 선생님께 결과를 물어보셨다고 나중에 친구에게 전해들었다. 불합격했더라면 참 민망할 뻔했다. 이화여대 인문사회계열에 입학하게 되어 너무 감사했다. 누구도 모르는 나만의 고민과 압박감에서 벗어나게 되었다.

당시 추세가 대학들이 학생들에게 학과 선택권을 주기 위해 계열별 모집을 했고, 이화여대도 계열별 모십이었다. 다른 대학과 달리 이대는 3학년 때 학생들이 원하는 학과를 자율적으로 선택하는 방식이었다. 그런 연유로 우리 학번에는 다른 학번에 비해 영문과 학생이 상당히 많았고, 나 역시 영문과를 지망하게 되었다.

영문과는 오랜 전통과 학문에 대한 자부심이 강한 곳으로, 학기마다 다양한 행사가 있었다. 축제 때는 단과대학별로 행사 프로그램이 운영되었는데, 영문과는 예전부터 영어연극을 학관(당시 C관)에서 개최해왔고, 그 행사에 대한 호응이 아주 높았다. 특히 교수님들의 명성과 실력이 대단했다. 윤정옥, 윤정은 자매 교수님, 나영균 교수님 등 훌륭한 교수님들이 많이 계셨다.

영문과 수업은 어렵지만 참 재미있었다. 수업 시간에 영시를 읽을 때의 감동, 영어 희곡 「세일즈맨의 죽음」이나 셰익스피어의 작품들을 접할 때의 몰입감은 이루 말할 수 없었다. 지금도 그때 읽었던 영시들이나 희곡 작품들을 대할 때면 감회에 젖어들게 된다. 그때 그 작품들이 마음 깊이 자리 잡고 있기 때문이리라.

그리고 당시 교양과목이었지만 철학 수업으로 들은 신옥희 교수님의 '실존주의 철학'도 참 감명 깊었다. 따끈따끈한 연구를 하고 막 외국에서 돌아오신 신옥희 교수님의 철학 강의는 대인기였다. 당시는 박정희 대통령 집권 시기라 데모도 많이 있었고, 총학생회 대신 학도호국단이 구성되어 학생 활동에도 많은 제약이 있었다. 따라서 특별히 영문과 친구들과 함께할 수 있는 시간은 많지 않았고, 오히려 처음 계열별로 들어와 사귄 같은 과 유희정, 그리고 사회학과로 진학한 다른 친구와 참 친하게 지냈다. 셋이 모두 고등학교 때 학생회장을 했던 경험이 있어 잘 통했다. 사회학과 친구는 데모와 관련되어 어려움과 고초를 겪기도 했다. 아픔이 있었던 시절이었다.

당시 학장이었던 서광선 교수님은 문리대 합창단을 적극적으로 지원해주셨다. 나는 문리대 합창단 지휘자를 맡아 단원들과 열심히 활동했다. 우리 합창단은 전국 대학생 합창경연대회에 나가 테너 엄정행 님이 부르신 '목련화'와 미사곡인 '상투스(Sanctus)' 두 곡을 불러 전체 2위를 차지했다. 모두가 기쁨을 감추지 못한 순간이었다.

돌아보면 '메이데이' 축제의 들뜬 분위기, 중강당에서 개최된 문리대 합창단의 '추계 합창발표회' 준비로 바빴던 나날들이 아름다운 추억으로 남아 있다. 모두 너무 아름답고 소중한 기억으로, 빛나는 시간들이었다. 나에게 있어 이화여대 영문과는 평생의 훈장처럼 내생애에 당당하게 드러낼 수 있는 자랑스럽고 소중한 모태이다. 이화여대는 직장을 구할 때나 다른 사회활동을 위해 이력서를 쓸 때마다 너무나 자랑스럽게 적을 수 있는 나의 출신 학교이다.

이화여대 영문과, 정말 사랑한다. 그 명성이 영원히 빛나기를 간절히 기도한다.

1

2

3

1 재학 시절 교정에서 친구들과 함께
2 재학 시절 합창단원들과 함께
3 재학 시절 합창단 동문들과 함께한 야외 모임
(모두 학교 배지를 착용하고 있다.)

# 영문과 출신 대사 부인

**우선애**
(1979년 졸업)

“아이고, 미국에 대사로 가야 한다고요? 난 안 가요. 당신 혼자 가시구려.”

미국 대사로 간다는 남편에게 내가 쏘아붙인 말이었다. 벌써 칠 년 전의 일이다. 남들이 들으면 이상하게 생각하겠지만 내 딴에는 그럴만한 이유가 있었다. 50대 초, 남편이 영국 대사로 나가게 되었을 때는 그저 멋모르고 신나서 따라나섰었다. 하지만 대사 부인 자리라는 것이 한 번 해보니 결코 쉽지가 않았다. 그런데 60이 넘어 다시 대사 부인 생활을 해야 한다니, 그것도 행사가 몹시 많다는 미국에서 말이다.

나의 결혼 생활은 유학생 부인으로 시작되었다. 그때부터 경제학을 해온 남편이 왜 한 번도 아니고 두 번이나 외교관인 대사를 한다고 하는 것인지, 처음에는 알 수가 없었다. 그러나 어쩌겠는가. 여태껏 묵묵히 남편의 옆에서 그 복잡한 인생 여정을 함께했는데, 이제 와서 가지 않을 수는 없는 일이다. 결국 ‘피할 수 없다면 최선을 다하자’는 마음이 들었다.

나는 막상 문제가 닥치면 적극적으로 해결책을 모색하고 대처하려 한다. 아무리 힘든 일도 닥치면 해낼 수 있다는 나의 이 근거 없는 자신감은 도대체 어디서 나온 것일까. 아니, 근거는 있다. 나는 이화여대 영문과를 졸업했기 때문이다. 대학을 다닐 때 그리 대단한 모범생은 아니었지만, 푸른 풀잎 같았던 대학 시절을 더없이 좋은 친구들과 훌륭하신 교수님들과 같이 지낼 수 있었다는 것만으로도 내 마음속에는 늘 어떤 자부심이 있었던 것 같다.

이제는 지나가버린 대사 부인 시절을 회상해보면 웃음도 나고 보람도 느껴지며, 많은 생각이 교차한다. 결혼하고 15년간 미국에서 생활한 경험이 있어 영국에 가면 금세 적응할 수 있을 것 같았지만, 막상 살아보니 그곳에서의 생활은 18세기로 돌아간 듯 불편한 게 한두 가지가 아니었다. 찬란한 문화와 오랜 역사를 지닌 아름다운 건물들은 멋있었으나 나는 관저에 찾아오는 손님들 접대에 정신없는 나날을 보냈다. 특히 그 독특하게 강한 영국식 발음은 적응하는 데 시간이 걸렸고, 스코틀랜드 사투리라도 겹치면 마치 외계인들의 말 같이 들리기도 했다.

영국 사람들과 식사를 하다가 가끔 대학 전공 얘기가 나오면 난감할 때가 있었다. '내가 지리학이나 도서관학 같은 것을 전공했다면 얼마나 좋았을까'라고 생각해본 적도 있었다. 영국인들과 식탁 위에서 영문학과 영국 작가들에 대한 대화를 해야 하다니, 어쨌든 그래도 적당히 넘어갈 수 있었던 것은 나의 영문과에서 배운 풍월 덕분이었다.

미국에서 대사 부인으로 지내던 시절에는 참 몹시도 많은 행사와 손님을 치렀다. 마치 큰 호텔의 매니저로 취직이라도 한 기분이었다. 교민들도 많았고, 우리나라와 미국의 관계가 민감한 시기였기 때문에 서울에서 많은 고위직 공무원들과 국회의원들이 방문했다. 지금도 텔레비전에서 국회에 계신 분들이 비치면 대개 한 번씩은 관저를 다녀간 기억이 떠오른다.

한번은 국회의원님들이 스무 명쯤 단체로 오셔서 며칠간 워싱턴에 계셨는데, 관저에서 몇 번 식사 대접을 해야 했다. 비슷한 메뉴를 또 대접하기가 뭣해서 궁리를 하다가 꼬리곰탕을 푹 고아 대접한 적이 있다. 시차도 힘들고 미국 음식도 느끼해 힘들어하시던 차에 모두들 환성을 지르셨다. "먹어본 관저 음식 중 최고!"라느니, "환상적인 국물 맛"이라느니 격찬을 하시면서 국물을 남김없이 다 비우셨다. 회상해보면 참 재미있고도 보람된 순간이었다.

음식 얘기를 하니 또 떠오르는 기억이 있다. 나이 많으신 교민분들을 많이 모시고 뷔페로 잔치를 했는데, 어느 할머니 한 분이 내가 만들어낸 김치를 드시다가 눈을 스르르 감으시면서 "옛날 서울에서 살 때 친정어머니께서 해주시던 바로 그 김치 맛"이라고 칭찬을 해주셨다. 난 사실 그 순간이 지금까지도 가장 잊히지 않는다. 남해안에서 사 가져간 젓갈을 넣고 주부 생활 40년의 비법을 발휘하여 내심 노력해 열심히 담근 김치였기 때문이다. 나의 마음 깊은 곳부터 어떤 뿌듯함이 올라오면서 몹시 행복했다. 우리의 대학 시절에는 공부도 중요했지만, 친구들과 맛있는 음식을 먹으러 다니는 일에도 얼마나 최선을 다했는지 모른다. 그 덕분에 내가 지금도 항상 최고의 맛을 내보려고 노력하나 보다.

우리 모교의 덕을 본 게 또 하나 있다. 여자 친구들과 재잘재잘 즐거운 대학 시절을 보내고 여자들끼리 잘 지내는 성품이 되어버린 덕분에 워싱턴에서는 유명 여류인사와 고위 인사 부인들, 그리고 주요국 대사 부인들이 회원인 인터내셔널 클럽에서 자연스럽게 어울릴 수 있었다. 지금 생각해보니 그 모임에는 제롬 파월 미국 연준 의장의 부인도 있었고 케네디 대법관을 비롯한 여러 명의 대법관 부인들도 있었다. 부부 동반 파티가 많아서 고위 인사들을 만나볼 수 있는 기회도 많았는데, 그곳에서 주최하는 여러 행사에 빠지지 않고 참석하며 많은 것을 느끼고 배울 수 있었다. 심지어 워싱턴을 떠날 때는 자청해서 작별 인사로 영어 스피치까지 했으니, 지금 생각해보면 정말 간이 배 밖으로 나왔었나 보다.

내 간이 밖으로 나오게 해준 나의 이화여대 영문과, 만세다.

나는 지금도 이화여대 북아현문 근처에 살고 있어서 종종 꽃이 피고 낙엽이 지는 아름다운 대학교 교정에서의 산보를 즐긴다. 게다가 심심하면 ECC의 극장에서 작품성 높은 영화까지 즐길 수 있으니, 나야말로 우리 모교 덕분에 가장 행복한 사람인 듯싶다.

1 영국 대사 부인으로 활동하던 시절, 당시 영국 황태자였던 현 찰스 국왕이 참석한 행사에서

2 미국 대사 부인으로 미대통령 집무실에서 당시 트럼프 대통령과 함께

# "혼자 가면 빨리 가지만, 같이 가면 멀리 간다."

**한애경**
(1980년 졸업)

이대 영문과의 100주년을 축하드립니다. 이화여대는 최초의 여학교이자 종합대학으로서 1886년 이화학당 이래 우리나라에서 다섯 번째로 오래된 고등교육기관입니다. 그 중에서도 이대 영문과에서 긴 세월, 우리 사회 곳곳에서 활약하고 있는 많은 훌륭한 여성 인재를 길러냈다는 것은 누구도 부인 못할 크나큰 업적이자 성취입니다.

재학 시절의 추억이라면, 영문과 친구들과의 국내 여행이 떠오릅니다. 여행을 다녀보면 인격을 안다고 하는데… 우리 넷은 마음이 잘 맞았고 누구 하나 까다로운 사람이 없었습니다. 그래서 방학마다 우리는 가슴에 배지를 달고 제주도(한라산 등반)와 울릉도(성인봉 등반), 남해안과 부산 등을 겁도 없이(?) 다녔습니다. 돌아보니 이대 배지가 우리를 보호하는 방패이자 무기 역할을 해준 것 같습니다. 한번은 여수에서 밥을 먹으러 갔는데, 아침부터 여자 다섯 명이 왔으니 재수가 없다며 식당 주인이 밥은커녕 우리 뒤에 소금을 뿌렸던 일도 있었습니다. 지금 들으면 기막힌 일이지만, 당시는 그런 시절이었습니다. 하지만 여행을 다니면서 즐거운 추억이 훨씬 더 많았습니다.

이대의 장점이라면 첫째, 끈끈한 후배 사랑을 들 수 있습니다. 어느 학교나 선배의 후배 사랑은 각별하지만, 이대 영문과의 후배 사랑은 정말 끈끈합니다. 졸업 후 학회와 외국의 동창 모임 등에서 단지 후배라는 이유로 선배님들의 따뜻한 사랑을 넘치게 받았습니다. 가령 제가 교수로 학회 임원 활동을 할 때는 똑똑하고 적극적이며 인품도 훌륭한 이대 영문과 선배들이 이미 길을 잘 닦아놓았기에 수월하게 그 길을 걸어갈 수 있었습니다. 또한 노스캐롤라이나대학교(채플힐)에 연구년(2006~2007)을 1년간 갔을 때도 각고의 노력으로 교민 사회에 정착한 선배님들에게 뜻밖의(?) 환대를 받았습니다. 한번은 지역사회에서 꾸준히 봉사하는 선배님들과 같이 노숙자 배식 봉사에 참여하기도 했습니다. 약 반년 후 다시 노스캐롤라이나대학교에 출장을 갔을 때, 까마득한 후배를 위해 동창들을 집으로 초대해 일부러 동창 모임을 열어준 선배님도 계셨습니다.

1 재학 시절 교정에서 김연옥[김옥자] 교수님, 크레인 교수님과 친구들과 함께 (앞줄 왼쪽이 필자)
2 재학 시절 친구들과 농촌봉사활동(농활)

둘째, 독립심을 들 수 있습니다. 이화인들은 남학생 없이 일하려니 책상도 번쩍번쩍 들어 올릴 정도로 독립심이 강합니다. 이는 졸업 후 사회에 진출했을 때 매우 큰 자산이 됩니다.

한편 이화인의 단점이라면 사회적 연대의 필요성을 굳이 느끼지 않기에 혼자서 너무 열심히 일하고 매사 본인이 다 처리하려는 경향이 있다는 점입니다. 이 단점은 앞에서 언급한 독립심과 일맥상통합니다. "혼자 가면 빨리 가지만, 같이 가면 멀리 간다"는 아프리카 속담처럼, 사회생활에서 연대는 필수입니다. 지위가 높아질수록 주변에 도움을 주는 사람들이 많아야 합니다. 따라서 기존의 독사적 노력에 사회적 연대까지 갖춘다면 훨씬 더 탁월한 성과를 낼 것입니다. 결국 어디서나 커뮤니티의 도움과 협조가 필요하기 때문이죠.

나를 돕는 아군 커뮤니티를 만들려면 기회가 있는 대로 먼저 그들을 도와야 합니다. 그래야 나를 돕는 사람도 많아집니다. 또한 혼자 다 하려 들지 말고 가끔 부탁도 해야 합니다. 그러면 부탁받은 사람도 후일 제게 부탁하게 될 것입니다. 나이와 관계없이 돈 부자보다는 관계 부자가 행복하다는 것, 다 아시죠? 저는 잘하지 못해서 아쉽지만, 사랑하는 후배들은 이런 전철을 밟지 않았으면 하는 마음에 드리는 말씀입니다.

진정한 성공은 "너라는 존재로 말미암아 세상을 더 좋은 곳으로 만드는 것"이라는 랄프 월도 에머슨(Ralph Waldo Emerson, 1803~1882)의 말처럼, 세상을 더 좋은 곳으로 만들기 위해서는 나 혼자가 아닌 다수의 노력이 필요합니다. 제가 받은 선배님들의 사랑을 후배들에게 나눠야겠다고 생각은 했는데… 얼마나 실천했는지는 잘 모르겠습니다. 같은 과는 아니지만, 후배인 딸에게 물어보면 어떤 대답이 나올지 궁금합니다. 이화 영문과 100주년을 거듭 축하드리며, 앞으로도 이대 영문과의 무궁한 발전을 기원하고 응원합니다!

# 나의 영문과 시절

**박정희**
(1980년 졸업)

영문과 시절 이야기를 쓰려고 하니 타임머신을 타고 훌쩍 40~50년 전으로 돌아가야 했다. 시행착오와 불확실성 가득했던 젊은 시절을 다시 반복하고 싶지는 않지만, 한때 찬란했던 젊음을 되새기는 건 기분 좋은 일이다.

나의 이대 영문과 선택은 자의 반 타의 반이었다. 우리는 고교 입시를 치른 마지막 학년으로, 입시를 거쳐 부산여고에 진학했는데 그곳에서 어머니 친구의 딸이 가정 선생님으로 재직하고 있었다. 선생님은 부산여고를 나와 이대에 진학했고, 가정대 메이퀸으로 뽑힐 만큼 출중한 미모를 지닌 분이셨는데, 우리에게 가끔 대학 시절 이야기를 들려주셨다. 5월 축제 풍경, 기숙사 생활 등. 그중에서도 김옥길 총장님에 대한 이야기가 가장 솔깃했다. 김옥길 총장님과 함께 대학 생활을 하는 것만으로도 충분히 이대는 갈 만한 학교라는 것이었다. 어차피 부산을 떠나 서울로 진학할 생각이었고, 막내 고명딸인 나를 남녀공학으로 보낼 리 없는 부모님 덕분에 자연스럽게 이화여대로 진학하게 되었다.

따뜻한 남쪽 지방에서 살다가 영하권을 오르내리는 서울로 시험을 보러 오고, 합격 후에는 서류를 내러 오는 등 몇 번 부산-서울을 홀로 오갔다. 그리고 드디어 입학식을 할 때는 부모님이랑 친지들이 총출동했다. 불심 가득한 친정어머니는 기도와 찬송으로 이어지는 입학식이 내심 못마땅하셨으나, 모태 신앙으로 무장한 큰올케는 찬송가를 크게 불러 제꼈다는 이야기를 전해 들었다.

1970년대 중반에는 계열별 모집 제도 때문에 인문사회 계열로 입학하여 3학년 때 전공을 선택하게 되었다. 딱히 본인이 무엇을 잘하는지도 몰랐던 시절, 소설 읽기를 좋아했던 나는 원서로 책이나 실컷 읽을 수 있으리라는 막연한 생각에 영문과를 지원했다. 나와 비슷한 생각을 한 친구들이 많았던지 인문 계열 중 거의 반이 영문과로 진학해서 깜짝 놀랐다.

한 해 입학생이 500명이 넘는 인문사회 계열은 마치 고등학교처럼 13반으로 나뉘었다. 우리 부산여고 출신들은 뿔뿔이 흩어져 같은 반에 한두 명 있을까 말까였다. 대부분이 경기, 이화 출신의 서울 애들이라 처음에는 입도 떼기 힘들었다. 동세대의 남학생들은 사투리에 크게 신경 쓰지 않았다고 하지만, 당시 나는 마치 노래하는 듯한 서울말에 투박한 부산 사투리 억양으로 대꾸하기가 부끄러웠다. 대구나 광주 쪽에서 온 친구들도 처음에는 나와 비슷했을 것이다. 시간이 가면서 서울말에 익숙해져 서울 친구들도 제법 사귀게 되었지만, 가끔 서울 억양을 이상하게 받아들여 우스꽝스러운 서울말을 쓰는 친구들도 생겨나 우리끼리 키득거리곤 했다.

교양 과정 2년이 끝나고 드디어 전공 과정이 시작되자 목침보다 두꺼운 영문학 책을 들고 다니게 되었다. 10cm 두께는 족히 되어 보이는 책이었지만 수업 시간에 공부한 것은 불과 일부분이었다. 남편이 유학을 끝내고 미국 대학에서 잠시 가르칠 때 나는 가족 신분으로 그 대학 강의를 1년간 수강할 수 있는 자격이 주어져 영문과에 등록한 적이 있다. 그때 역시 교재는 비슷한 두께의 미국 문학 책이었는데, 이 책 한 권을 한 학기에 거의 다 커버하여 놀라기도 하면서 무척 힘들었던 기억이 난다.

대학 시절에는 유일했던 원어민 교수님 수업을 용감하게 들었는데, 수업 때마다 교재를 읽히는 바람에 교포 학생들의 유창한 발음에 기가 죽어 속상했다. 자매 교수님 중 언니였던 윤정옥 교수님의 소설 수업 교재가 어릴 때 읽었던 『톰소여의 모험』, 『허클베리 핀』 등이어서 '대학에서 이런 소설을 읽나?' 생각하며 의아했는데, 이 책들이 단순한 동화가 아닌 신랄한 사회 풍자를 담고 있다는 사실에 놀라기도 했다. 단아하면서도 깐깐한 인상의 윤 교수님 이름을 다시 접한 것은 졸업 후 TV 뉴스를 통해서였다. 위안부 문제를 다루는 시민단체의 대표로 활발하게 활동하시는 모습이 의외였으나, 수업 중에 사회문제를 매섭게 파헤치시던 걸 생각하면 당연하다는 생각도 들었다. 후에 아이들과 미국을 여행하면서 마크 트웨인의 발자취를 더듬어 미시시피 강을 따라 배를 타보기도 했다. 가장 기억에 남는 교수님은 최영 교수님이었다. 갓 학위를 끝낸 젊은 여교수가 청바지를 멋지게 차려입고 강단에 서서 열강하는 모습에 우리 모두는 환성을 아끼지 않았다.

영국에도 두어 달 체류할 기회가 있었는데, 학창시절보다 더 학구열에 불타 시인들, 소설가들의 활동 지역이나 작품 배경이 된 곳들을 찾아다녔다. 호수 지방의 도브 하우스에서 낭만주의 시대를 연 워즈워드의 육필 원고를 읽으며 전율을 느꼈고, 웨스트민스터 사원에 묻힌 수많은 문학가들의 이름을 찾을 때는 저절로 탄성이 나왔다. 이런 걸 보면 영문학을 공부한 것이 허사는 아니었던 모양이다.

부전공으로 국문학을 선택한 나는 시간강사였던 소설가 이병주 선생님과 이어령 교수님이 가장 인상적이었다. 이병주 선생님은 남편의 고향인 하동 출신이어서 지금도 가끔 그쪽을 방문할 때면 이병주문학관에 들르곤 한다. 이어령 교수님은 명불허전, 수업마다 열강이어서 집중하지 않을 수 없었다. 그 해박하고도 논리정연한 강의는 누구도 따를 수 없을 것이다. 돌아가시기 전 마지막 인사를 유튜브를 통해 하신 것도 시대를 앞서가던 분의 참으로 적절한 선택이었다는 생각이다.

나를 이화여대로 이끈 강력한 동기였던 김옥길 총장님은 4학년 중반 쯤 정의숙 총장님께 바톤을 넘기고 학교를 떠나셨다. 내가 총장님을 보는 건 주로 채플 시간이었다. 어느 5월 축제 때, 대여섯 살짜리 꼬맹이 남자아이의 손을 잡고 강단에 올라오시며 "나도 축제 파트너가 있어요"라고 말해 학생들이 우레와 같은 박수를 보냈다. 흰 저고리에 짧은 옥색 치마로 기억되는 총장님과 개인적으로는 대화 한 번 안 해보았지만 따뜻함, 유쾌함, 그리고 단호함이 동시에 느껴지는 참으로 인간적인 분이었음을 아무도 부인하지 못할 것이다.

영문학 공부를 하면서 나의 적성이 아니라는 것을 알았지만, 이미 들어선 길이라 이후 계속 영어 관련 일을 하게 되었다. 한동안 강의와 통번역 일을 하다가 아이들이 모두 대학에 들어가자 일을 그만두고 주로 여행과 취미 생활을 하고 있다. 대학 시절, 그리고 이후 자유롭게 읽었던 많은 소설과 시들이 자양분이 되어 전 세계 어디를 다녀도, 누구를 만나도 대화에 막힘이 없었던 것은 이대 영문과의 가르침 덕분이다. 유학 중이던 남편과 결혼하여 신혼 시절을 미국에서 보냈는데, 당시 여기저기서 이대 영문과 선배들을 만날 수 있었다. 단지 후배라는 이유만으로 과분한 예쁨을 받으며 학연·지연의 혜택을 톡톡히 누리기도 했다. 이제는 눈이 아른거려 잔글씨의 소설을 읽기 어려운 나이가 되었지만, 학창시절 알게 되어 아직도 이어지는 친구들과의 인연은 이대 영문과가 내게 준 소중한 선물이다.

어느덧 딸의 친구들이 후배가 되고, 손녀가 이대 캠퍼스에서 개최하는 각종 대회에 참가하는 나이가 되었다. 지난 5월 들른 교정의 모습은 입구부터 많이 달랐다. 꽁꽁 언 겨울이면 몇 번씩 나동그라지던 비탈진 이대서점도, '카라얀'을 외치며 LP판을 팔던 파리 다방도, 헤어커트 기업 같던 은하미용실도 사라졌다. 여전히 영업 중인 튀김집, 주먹밥집, 분식집은 위치가 바뀌어 있었다. 그러나 위풍당당한 대강당은 여전히 제자리를 지키고 있었고, 소음과 싸워가며 수업을 듣던 C관은 리모델링이 한창이었다. 젊은 날 4년 동안 나를 품어준 교정은 그렇게 말없이 또 수많은 청춘을 보듬고 있었다.

1 1학년 때 친구들과 1박2일 여행지에서(제일 뒤가 필자)
2 부산여고 선배들과 도서관 입구에서 (뒤에서 세 번째가 필자)
3 개나리가 화사했던 봄, 교정에서

# 미완의 답안지

**백복현**
(1982년 졸업)

학기말 시험도 끝난 이맘때의 교정은 한가했다. 도서관 앞에서 마주친 서숙 선생님은 느닷없이, "근데 말이야, '다행스런 타락(fortunate fall)'이라고도 하지 않니?" 하시는 거였다. 그러고는 내가 미처 답을 할 시간도 주지 않고 휑하니 바람 속으로 사라지셨다. 내 미국 소설 학기말 시험 답안지를 두고 하시는 말씀이란 걸 바로 알 수 있었다. 당시 미국 문학을 가르치시던 선생님은, 오랜 유학 생활을 마치고 새로 부임한 사십 대 초반의 젊은 교수님이셨다. 화장기 없는 작은 얼굴은 표정이 풍부해, 수업 시간에 선생님의 얼굴을 볼 때면 영화배우 같단 생각도 들었다. 작고 마른 몸에 헐렁한 망토나 짙은 그린 색의 긴 코트를 걸치고, 빠른 걸음으로 교정을 가로질러 교수님 연구실이 있던 인터네셔널 하우스 쪽으로 거침없이 걸어가시곤 했다. 지금도 기억에 남는 건 단발머리에 잘 어울리던 초록빛 베레모다. 부임하신 첫 해에 꿈꾸는 듯한 선생님의 갈색 눈을 강의실에서 만날 수 있었던 건 내겐 특별한 행운이었다.

마크 트웨인의 『허클베리 핀의 모험』에 나타난 순수와 경험에 대한 생각을 적는 것이 학기말 고사 시험 문제였다. 현실의 악을 경험하지 않은 순수함(innocence)은 과연 선이라고 말할 수 있는가, 아니, '어둠의 눈'을 본 이후에도 인간은 과연 순수를 지킬 수 있는가 하는 화두를 놓고 답안지에 남긴 내 긴 고민의 흔적이 안타까우셨던지 바람처럼 한마디 던져놓고 지나치신 거였다. 정확하진 않지만, 그때 나는 '하나의 최선이 사라지면 그다음 차선을 만들어내고, 사람들은 그 차선을 최선이라 합리화하며 살아간다. 하지만 그렇게 말하지 말자'고 답지에 적었던 것 같다.

악으로 만연한 세상, 타락한 세상으로 나가야 할 젊은 제자가 순수만을 고집하다가 행여 절망하진 않을까, 선생님은 걱정이 되셨던 모양이다. 검증되지 않은 순수와 선은 그만큼 위험하다는 것을 알고 계셨기에, 혹여 내 고집스러운 이상주의가 세상과 만났을 때 불협화음을 낼까 하는 노파심도 있으셨으리라. 그래 툭 던지고 가신 두 마디가 바로 '다행스런 타락'이었다. 아마도 인간의 타락을 합리화하는 이면에는, '어쩔 수 없이 우린 에덴동산을 떠나 타락한 존재로 살아갈 수밖에 없는 한계를 인정해야 한다'는 깊은 뜻도 숨어 있었을까.

사십에 고국을 떠나 낯선 토론토에 정착하게 되었다. 토론토의 첫 인상은 색으로 치자면 파란색이었다. 조용하고(Calm), 깨끗하고(Clean) 추운(Cold). 세 개의 C로 이름 짓고 싶은 청정 구역을 찾아온 느낌이었다. 눈과 호수, 그리고 미국 사람들과는 달리 조용조용 이야기하는 사람들에게서 이질감과 함께 안도감이 들었다. 그러나 인간의 본질은 다른 시대, 다른 환경에도 불구하고 변하지 않는 걸까. 싫다고 비판하면서 뒤에 남기고 온 구습을 새 땅에서도 여전히 사랑하고 반복·답습하는 우리의 모습은 차라리 하나의 위대한 아이러니리라.

다리가 무너지고 백화점이 붕괴하는 총체적 날림공화국이 싫다면서, 형편없는 한국인의 시민의식을 욕하면서 선진국을 찾아왔다는 사람들이 사는 이곳 교민 사회 역시 우리가 두고 온 세상과 크게 다르지 않았다. 도덕적이고 더 투명하며 깨끗한 세상을 찾아왔다는 사람들이 여전히 월급도 없는 장 자리에 연연한다. 나라를 지킨다는 애국단체장에서부터 여러 크고 작은 단체, 심지어는 교회 장로 자리까지 그 높은 자리를 유지하기 위해 우르르 세몰이를 하고, 쥐들처럼 모여 밀실 정치를 하며, 힘없는 소수의 정의를 다수결로 밀어붙이기도 한다. 마크 트웨인의 『허클베리 핀의 모험』에 등장하는 인물들이 구대륙의 거짓과 비리와 사기와 위선 등 온갖 악행을 그대로 신대륙에 가져와 반복하는 모습을 다시 보는 듯하다.

인간의 비리와 악행을 새로운 땅에 와서도 여전히 답습하는 것은 비단 우리 교민 사회만이 아니다. 이곳의 주류 사회도 팔이 안으로 굽기는 마찬가지다. 사십이 넘은 나이에 어쩌다가 나는 간호학을 전공하게 되었고, 토론토에서 간호사로 일하고 있다. 병원에서 일을 하다 보면 좀 더 힘든 환자를 배정받는 간호사도 있고, 좀 더 쉬운 환자를 배정받는 사람도 있다. 필리핀은 간호사를 많이 배출하여 전 세계 어느 병원에서나 필리핀 출신 간호사가 다수를 차지한다. 개인적으로 만나보면 대부분의 필리핀 여성들은 근면하고 성실하며 가족을 위해 희생하는 가톨릭 정신으로 무장한 사람들이다. 그들은 누군가의 자랑스러운 딸이며, 헌신적인 아내이자 어머니들이다. 그러나 많은 미덕을 가진 그녀들도 다수가 되었을 때는 분위기가 달라지는 경우를 종종 경험했다. 팔은 안으로 굽는다고, 그들 또한 끼리끼리 문화로 소수민족에 준하는 나 같은 사람에게 불이익을 주곤 한다. 한마디로 자기들끼리는 감싸주고, 잘못도 적당히 눈감아주고, 정보도 공유하면서 편한 자리를 차지한다. 우리 같은 소수를 배제하면서 말이다.

서숙 선생님은 벌써 여러 해 전에 우리가 만났던 그 교정에서 은퇴를 하셨다고 들었다. 그렇다면 이제 나는 선생님이 내주신 시험지에 답할 의무에서 벗어난 걸까. 그럼에도 나는 여전히 학생으로 남아 스무 살 때 작성했던 답안지를 지우고 다시 작성하고 있다.

오십 대의 나는 답안지에 이렇게 적었다.

> 그런 문화가 싫어서, 보다 정직하고 상식이 통하는 세상을 찾아 고국을 떠나온 이곳 동포 사회는 어떤가. 한두 사람만 거치면 다 알게 된다는 이 좁은 바닥에서 온정주의, 인맥 그리고 자신이 속한 집단을 감싸주는 문화는 더하면 더했지, 절대로 덜하지 않을 것이다. 옳고 그름보다는 인정이 앞선다. 원만한 인간관계를 맺는 것이 자신을 보호해주는 가장 큰 처세술이라고 인식하는 사람들을 확대 재생산하는 문화를 만들게 된다.

그 시절 나는 얼굴을 붉히면서 불의에 분개했고, 그들을 신랄하게 비판했다. 나 역시 그들 중의 하나라는 걸 깨닫지 못했기 때문이리라.

이제 육십 고개를 넘은 나는 다시 한번 오십 대의 내가 작성한 분노의 답지를 고쳐 적는다.

> '나 하나 꽃피어 세상이 달라지겠냐'고 묻던 한 시인의 노랫말이 생각난다. 내가 이화동산을 떠나던 사십여 년 전 졸업식장에서, 총장님은 당시 교문을 나서 세상으로 나아가는 우리들에게 세상의 '빛'과 '소금'으로 살아가라고 당부하셨다. 나 하나 어둠을 밝히는 작은 등불이 될 수 있다면, 그런 '등불들'이 모여 세상은 좀 더 환해지지 않을까. 나 하나 한 줌의 소금이 되어 작은 부패라도 막을 수 있다면, 그런 '소금들'이 모여 내가 속한 공동체는 조금 덜 썩은 곳이 되지 않을까.

십 년 후쯤, 나는 또다시 이 답안지를 고쳐 쓰리라. 이십 년 후에도, 삼십 년 후에도, 앞으로 몇 번이고 고쳐 쓸 나의 답안지는, 그래서 '미완의 답안지'이다. 서숙 선생님과 C관 앞이나 도서관 앞에서 마주쳤던 시간은 짧았지만, 선생님이 대학 3학년 미국 소설 시간에 학기말 시험 문제로 내주셨던 '순수와 타락'이라는 화두는, 내가 평생 지우고 고쳐 답해야 하는 길고도 무거운 물음이 되고 말았다.

# 영어영문과 졸업 후 다시 영어영문학부로

**강명옥**
(1982년 졸업)

2025년 100주년을 맞아 『이화 영어영문학과 100년』에 들어갈 원고를 쓰며, 새삼 학교에 입학했던 46년 전, 그러니까 1978년 이후의 삶을 돌아보았습니다.

당시는 계열별 입학 제도로 인해 2학년까지 다양한 과목을 수강할 수 있었고, 3학년이 되어 전공을 정할 때는 학생 스스로 원하는 학과를 선택할 수 있었습니다. 인문사회계열 520명 중 300명 가까이 영문과를 지원했고, 학과 학생들은 A, B, C, D, E반까지 나뉘어 수업을 들었습니다.

1학년 때부터 이어진 시위로 휴강이 반복되었고, 10·26을 거쳐 5·17 등 그야말로 격동의 세월을 보냈습니다. 1학년부터 반대표로 활동을 하다가 3학년이 되어서는 인문대 홍보부장을 맡게 되었는데, 당시 교수님들과 함께 온 학교가 시위에 나서 학교에서 밤을 새우기도 했습니다. 그리고 4학년이 되어서는 학과장님의 추천으로 영문과 정화위원이 되어, 졸업할 때까지 감투를 쓰고 졸업했습니다.

졸업 후 기업(현대중공업), 공공기관(한국국제협력단, 국민건강보험공단, 대한적십자사), 정부(국가인권위원회), 국제기구(유네스코 아시아태평양 국제이해교육원, 2011 대구 세계육상선수권대회 유치외원회) 등에서 국제협력 및 국제개발협력 업무를 했고, 한국국제개발연구소를 설립하여 정부 및 공공기관의 국제협력 프로젝트들을 수행했습니다. 더불어 여러 대학에서 강의하며 다양한 정부 부처 및 공공기관의 사업, 인사 심의 등에 참여해왔습니다.

30년이 넘도록 사회활동을 계속해올 수 있었던 것은, '사회에 나가 眞, 善, 美를 실천하라'는 이대에서의 가르침과, 영문과에서 배운 문학과 영어가 든든한 기반이 되어주었기 때문입니다. 긴 이력서의 첫 줄에 적히는 '이화여대 영어영문학과 졸업'이라는 한 줄이 이후의 모든 경력과 경험의 출발점인 것이 감사합니다. 42년간의 우정을 쌓아온 영문과 친구들과는 졸업한 해부터 매달 보다가 최근에는 두 달에 한 번씩 보며 긴 만남을 이어오고 있습니다.

1, 2, 3　1978년 입학 후 인문사회 계열 대표 수련회

이제 60 중반이 되어 다시 영어영문학부로 돌아왔습니다. 면면히 이어져온 영문과 동문회인 영학회에서 봉사하기로 했고, 올해부터 2년간 부회장을, 2026년부터 2년간 회장을 맡아 활동할 예정입니다. 돌아보니 1978년 학교에 입학한 순간부터 지금까지 모든 활동의 출발점은 영어영문학과였습니다. 이제 영어영문학부라는 새로운 이름에 더 익숙해지면서 그 일원이라는 것이 자랑스럽고 감사하게 느껴집니다.

# 나의 자양분, 영어영문과

김미원
(1982년 졸업)

나는 좀처럼 이화대학 영어영문과 졸업생이라는 말을 내세우지 않는다. 자랑스러운 이화에 입학했지만 시대적 상황 때문에 제대로 공부하지 못해, 이화 최고의 지성과 우수한 성적을 자랑하는 선후배들에게 미안한 마음이 들기 때문이다. 시국이 한창 시끄러웠던 1978년 대학에 들어가, 10·26과 12·12, 5·18로 매일 데모가 이어졌고, 학교 곳곳에는 기관원들이 숨죽이며 음습하게 움직였다. 우울한 회색빛의 시대였지만 교정을 거닐던 청춘들은 찬란했고, 눈부시게 아름다웠다. 봄이면 목련꽃 그늘 아래에서 친구들과 사진을 찍었고, 가을이면 음악대학과 중앙도서관을 연결하는 동산에 발목이 빠질 정도로 쌓인 낙엽 위를 거닐었다. 인문사회 계열로 입학해 전공도 없이 1, 2학년을 보내고, 3학년이 되어서야 영어영문과 학생이 되었다. 비로소 전공이 생겼지만 영문과의 인기는 하늘을 찔렀고, 300명에 육박한 학생들은 A, B, C, D 반으로 나뉘어 공부해야 했다.

우리들과 거의 비슷한 시기에 오신 서숙 교수님과 최영 교수님이 기억난다. 서숙 교수님께 마크 트웨인의 『허클베리 핀의 모험』 강독 수업을 들었는데, 커다란 팔찌를 낀 가는 손목을 올리며 열강하시는 모습이 마치 순수한 허크와 톰 소여 같았다. 한번은 수업 시간에 제출하지 못한 리포트를 부재중인 교수님 연구실 문 아래로 밀어 넣고 돌아서는데, 삐꺽거리는 어두운 복도에서 "김미원~" 하고 나를 부르는 교수님의 목소리가 들렸다. 교수님이 나를 기억하셨다는 사실이, 아니 내 이름을 불러주셨다는 사실이 감격스러웠다. 지금도 가끔 어두운 복도 속에서 울리던 낭랑했던 그 목소리를 떠올린다.

최영 교수님께는 『맥베스』 강의를 들었는데, 권력과 인간의 본성에 대해 열강을 하셨다. 나는 적어도 맥베스 부인 같은 아내는 되지 말아야지 하고 다짐했던 것 같다. 특히 맥베스가 왕을 죽이고 스스로 왕이 된 후 더 이상 달콤하고 깊은 잠을 이루지 못하는 장면에서는 과분한 욕심이 사소한 행복조차 앗아간다는 진리를 깨닫고 무릎을 치기도 했다.

나중에 연세대학으로 가신 유종호 교수님의 평론 수업 시간에는 'pleasant agony'라

1　졸업생 사은회에서 서숙 교수님과 함께 (앞줄 왼쪽에서 두 번째 한복 입은 이가 필자)
2　동창 문진효(앞줄 왼쪽에서 두 번째)의 전시회에서(앞줄 왼쪽 끝이 필자)



는 표현을 접했다. 즐거운 고통이라니? 어떻게 고통이 즐거울 수 있을까? 이 표현에서 인생의 아이러니와 패러독스를 읽었다. 그리고 그 역설은 내 안에 깊이 자리 잡아, 『즐거운 고통』, 『달콤한 슬픔』, 『불안한 행복』이라는 제목의 수필집을 내게 만들었다.

영문학 공부를 열심히 하지는 않았어도 작가들에 대한 갈증과 향수가 있어, 20여 년 전 영국과 아일랜드를 2주간 여행했다. 『제인 에어』와 『폭풍의 언덕』을 쓴 브론테 자매가 살았던 요크셔 하워스, 워즈워드의 생가가 있는 그래스미어를 돌며 대학 시절 수업을 듣던 C관의 교실과 교수님들을 떠올렸다. 참으로 행복한 시간이었다.

영문과 선배나 후배를 만나면 그들과 시대를 함께하지 않았더라도 왠지 끌어안고 싶어진다. 동시대는 아닐지라도 같은 공간과 분위기 속에 공부하고 생활했다는 공통분모 때문이리라. 영문과 졸업생이라고 말하기도 민망할 정도로 영어 단어조차 희미해진 지금이지만, 그래도 이화대학 영어영문과 졸업생이라고 하면 상대의 눈빛이 달라진다. 그런 의미에서 나는 이화대학과 영어영문과에 빚을 졌다.

졸업 후 동기 스무 명이 근사한 영어 이름 대신 장자의 '소요유(逍遙遊)'에서 이름을 따 '소요회'라는 이름으로 모임을 만들었다. 그리고 거의 40년간 만남을 이어오고 있다. 지금은 아이들 키울 때보다 출석률이 높아 일단 모이면 마음을 풀어놓고 이야기를 나눈다. 서로의 얼굴에서 주름을 확인하며 세월을 나눈다. 서로 그동안 살아온 세월을 알고 있기에 언제 만나도 반가운 친구들, 이화대학 영어영문과가 맺어준 귀한 인연이다.

이화에서 보낸 4년은, 특히 영어영문과에서 보낸 2년은 진한 농도의 시간이었다. 졸업 후 40년간 나의 아이덴티티는 수없이 변화해왔지만, 영어영문과 졸업생이라는 아이덴티티는 여전히 내 안에 깊이 잠재해 있다. 나는 그 자양분으로 지금까지 살아왔다. 이것이야말로, 이화대학 영어영문과에 내가 진 가장 커다란 빚이 아닐까.

# 병상에서 다시 마주한 스승

**최문영**
(1983년 졸업)

몇 달 전, 원목실 병동 심방 차트에서 한 은사님의 성함을 발견하고는 가슴이 두근거렸습니다. 졸업 후 40여 년만에 이렇게 뵙게 되다니, 얼마나 연로하셨을까, 많이 편찮으신 건 아닌지… 여러 생각이 스쳐가며 옛 추억들이 떠올랐습니다.

1979년 '이대 영문과' 학생이 되고 싶어서 이화에 입학했을 때, 당시 인문 계열로 모집해 3학년이 되어야 전공을 결정할 수 있었습니다. 전공 선택은 망설임이 없었으나, 졸업 필수였던 부전공은 고민하다가, '기독교 4대째 집안'에서 할머니와 어머니가 매일 새벽기도 나가시던 모습을 보며 자라온지라 성서와 신앙을 더 체계적으로 이해하고 싶다는 마음으로 '기독교학과'를 선택했습니다.

1980년대는 한국 사회가 총체적으로 매우 혼란한 시기여서 학교생활에도 많은 영향을 미쳤습니다. 채플을 막 끝내고 나오던 학생들이 후문을 통해 몰려온 엄청난 규모의 연대생 데모 군중에 합류해 서울역 광장까지 행진하곤 했습니다. 결국 1학기 수업은 5월에 중단되었고, 학기말 과제물은 교문 경비실에 제출하라는 지시가 내려졌습니다. 한창 꿈을 좇아 캠퍼스에서 미래를 준비할 나이의 젊음들이 거리와 광장으로 나섰습니다. 사회에 대한 책임의식 때문이었겠지요. 동시에, 기독 청년들은 불안하고 어려운 시대를 지나며 하늘에 질문을 던지고 그 섭리를 구하려 했습니다.

그래서였을까요, 현재의 남편을 만나 따라나선 미국 유학 생활 중 신학과 목회상담심리학을 전공하게 되었습니다. 1980년대 한국 대부분의 교단에는 여성 목사 제도가 없었지만, 미국장로교(PC USA) 소속 학교를 다니며 여성인 저도 목사가 될 수 있다는 가능성에 처음 눈을 떴고, 마침내 졸업 후 목사 안수를 받았습니다. 그 후 2006년에는 미국장로교 여성 목사 안수 50주년 기념 책에 아시아 여성 대표로 원고를 써달라는 놀라운 제안도 받았습니다. 미국에서도 여성 목사 안수의 역사가 그리 길지 않다는 사실을 새삼 깨닫게 되었습니다.

귀국 후, 2019년 이화의료원 원목으로 청빙을 받았습니다. "사랑의 기독교 정신으로 인류를 질병으로부터 보호하고 구한다"는 미션을 가진 이화의료원은 1887년 정동에 세워진 조선 최초의 근대식 여성병원 '보구녀관(普救女館)'이 모태입니다. 저는 해방 후 세워진 이대동대문병원에서 태어났는데, 자그마한 체구의 어머니에게서 4kg에 가까운 제가 나오려 하니 산모와 아이가 모두 위험한 상황이었습니다. 결국 저는 겸자 분만을 통해 힘겹게 세상에 나왔습니다. 어릴 적 병원 근처를 지나가게 되면 친정어머니께서 늘 하시던 말씀이 있습니다. "네가 저 대학병원에서 태어났으니 이렇게 건강하게 살아 있지, 그렇지 않았더라면…" 유아 사망률이 높았던 시절이었기에, 저는 어린 나이에도 막연히 그 병원에 고마움을 느끼곤 했었습니다.

그런데 이화의료원 소속 병원에, 132년 역사상 직제로서는 첫 번째 원목으로 초청됐으니 날마다 어찌나 감사하고 보람되게 목회를 하게 되던지요. 그리고 그러던 중에 옛 스승님께서 입원하신 걸 알게 된 것입니다. 병실 문을 열고 들어가, 영문과 제자인데 원목으로서 병동 심방을 왔다고 제 소개를 하니 스승님께서는 아주 반가워하시며 잘 성장해 주었다고 기뻐하셨습니다. 간병인에 따르면 단기기억장애가 조금 있으시지만 특별한 중병은 없으시고, 99세의 연세를 감안하면 대단하신 건강 상태라고 했습니다. 이 스승님은 바로 제가 속해 있던 E반의 담당 교수님이셨던 윤정옥 교수님이십니다. 제 우려와는 달리, 온화한 미소와 함께 또렷한 눈빛에서 지성과 예리함이 여전히 빛나고 있었습니다. 비록 병상에서 환자복을 입고 계셨지만, 강단에 서 계셨던 모습 그대로 여전하셨습니다. 창가에 놓인 선생님의 성경책은 평생 간직해오신 신앙과 신념을 보여주는 증거물 같아 보였습니다.

선생님은 영문학사 수업에서 한국문학사도 함께 시대별로 병행해 가르치셨습니다. 왜 한국문학사 연대까지 외워야 하냐고 불평했던 적도 있었으나, 한국인으로서의 정체성과 역사의식을 심어주려고 하셨던 건 아닐까 하고 후에 깊은 뜻을 가늠해보았습니다. 제가 미국에서 공부하던 1990년대, 학계에서 가장 활발히 연구되던 주제 중 하나는 'Comfort Women'에 관한 문제였습니다. 저도 논문을 쓰던 중, 정신대 문제를 최초로 세상에 알린 중심에 윤정옥 교수님이 계심을 알게 되었습니다. 선생님 자신도 정신대 모집 대상이었지만, 휴학 후 금강산으로 피신해 가셨고, 해방 후 재입학하여 미국 유학을 마치고 모교의 강단에 서시게 되셨다고 합니다. 자신은 성공적인 커리어 우먼의 삶을 사셨지만, 학창시절 정신대에 끌려간 동시대 여성들에 대한 어떤 부채의식, 마음의 빚이 있었기에 아무도 가지 않았던 길을 만들어 가신 것이 아닐까 싶습니다. 재직 중에는 방학 때마다 사비를 들여 국내외를 다니며 정신대 피해 여성들을 인터뷰하기 시작하셨고, 1980년대 말에 사건을 공론화하셨습니다. 은퇴 후에는 더욱 활발하게 활동하시며 그 시대적 소명을 다하셨고, 이제 병상에서 하늘나라 가실 준비를 차분히 하고 계시는구나, 이런 느낌을 받았습니다. “남겨진 시간, 하나님의 은총 속에서 평온하게 지내시기를” 기도해드리고 마음 속 깊이 존경과 감사를 담아 박수갈채를 보내드리며 병실을 나왔습니다.

‘섬김과 나눔’의 이화정신은 자신이 살아가는 시대의 의미를 깨닫고, 이에 부응하는 소명의식과 연결된다고 생각합니다. 영문과 선배님들 중에는 사회 각 분야에 진출해 각자에게 주어진 시대적 소명과 역할을 다하신 자랑스러운 분들이 많이 계십니다. 빛의 속도로 급변하는 사회에서 살아가는 후배들은 더 진취적으로 미래를 개척하면서도, 자신이 속한 시대라는 더 큰 그림 속에서 스스로를 이해하며 복된 삶을 이루어가길 바랍니다. “May God Bless You!”

1

2

3

1 1983년 졸업생 사은회(두 번째 열은 양쪽 끝의 두 학생을 제외하면 당시 재직하시던 여덟 분의 교수님으로, 왼쪽부터 윤정은, 김연옥[김옥자], 크레인, 윤정옥, 김승숙, 김영일, 이근섭, 유종호 교수님)
2 졸업생 사은회에서 윤정옥 교수님과 함께
3 2024년 친구들과 윤정옥 교수님을 방문하여

# 이화 시절이 내게 가르쳐준 것

**홍의경**
(1985년 졸업)

찬물로 세수한 갓 스물의 얼굴을 갖고 이화의 오월 교정에 서 있던 날을 어떻게 잊을 수 있을까? 성년이 되어 온갖 신산고초를 겪었다 하더라도 사랑받고 유복한 유년기를 보낸 사람들은 함부로 인간과 세상에 대한 신뢰를 버리지 않고 자신을 망가뜨리지 않는 것처럼, 나의 이화 시절을 생각해보면 난 결코 비루해지거나 타락할 수 없을 것이다.

그 시절 우리는 가난했지만 다 같이 가난해서 가난한 줄도 몰랐고, 성장 과정에서 독재 체제를 하도 오래 겪어 그걸 그저 잘 맞는 옷인 양 편안하게 느끼며 동굴 속에 있던 불우한 시절을 보냈다. 당시 우리나라 사람들은 러시아 사람들처럼 잘 웃지 않고 무표정하거나 심지어 화난 표정을 많이 갖고 있었다. 또한 식구들이 남긴 보리밥 한 덩이에 장국을 찔끔 부어 먹인 개들을 풀어 기르던 시절이라 거리에서 사나운 개를 만나면 오금이 저려왔다. 한 달에 한 번씩 민방공 훈련 사이렌이 울리면 공습 대비를 해야 했고, 버스에서 버젓이 담배를 피우기도 하던 야만의 시대였다. 2호선 전철 이대역을 나오면 군인들이 가방 안을 검사하고, 툭하면 화염병과 최루탄의 시가전으로 버스가 한없이 막히기도 해 허위허위 대강당 계단을 올라가서도 후문 옆 학관까지 가는 게 아득히 느껴지곤 했다. 아들을 원하는 집안에서 지어 붙인 득남의 비법을 가진 마법 이름을 가진 친구들도 있었다. 나영균 선생님은 힘겹게 시험 일자를 택일하시고, 그날이 장 담그는 날이라거나 김장하는 날이라는 이유로 바꿔달라는 소리를 하면 절대 안 된다고 못 박으셨다. 그 시절은 사회적 연령이 지금보다 높았던 때라 김영일 선생님이 '요즘은 대학교 4학년이 되어도 나이에 맞지 않게 청바지를 입는 처자들이 많다'고 말씀하곤 하셨는데, 나는 환갑이 지난 지금까지도 청바지를 입고 있다. 이렇게 우리들은 큰오빠 도시락에만 계란부침이 올라가는 걸 보고, 집안에 중요한 음식 장만 행사가 있을 때면 딸이라는 이유로 당연히 그 행사에 동원되어야 하는 세상에서 자랐다. 심지어 공공교육기관인 학교에서도 전교 회장은 남학생을 뽑고 부회장은 여학생을 뽑던 시대였다.

그러나 이화는 마치 솟대 아래 공간처럼 여자로 태어난 죄가 씻어지는 성역이었다. 우리는 여학생이 모두 과대표가 되고 부과대표도 되었다. 'Ewha Womans University'는 문법적 오류가 있는 표기가 아니라 개개인이 모두 존중되어 집단에 익몰되지 않는다는 상징의 표기였다. 우리는 모두 자기 자신이 이제부터 잘난 존재라는 것을 배워야 했다. 여전히 사회에는 이대 출신이 결혼 시장에서 유리하다는 이미지가 있었지만, 스승들은 우리들의 남편감보다는 우리들의 성취에 대한 간곡한 소망을 갖고 우리를 키우셨다. 그렇게 잘 자란 우리들은 IBM에도 들어가고, 삼성에도 들어가고, 동아일보 기자가 되기도 하고, 선생님이 되기도 했다.

이대 영문과 출신의 눈부신 특징은 전업주부 무리에서도 자주 보였다. 부자로 살아도 자기가 속한 사회의 일반적인 수준과 조화를 이루며 살아갔고, 가난하게 살아도 검소한 생활을 부끄러워하지 않을 뿐 아니라 인색하지도 않게 살아갔다. 결혼 생활에 주어지는 지난한 역할을 다하며 누구에게라도 책잡히지 않게 살아냈지만, 한편으로는 삼종지도를 따르는 희생과 헌신 속에서 뭉개지지 않게, 고요한 존재감을 내뿜으며 살았다.

이화를 떠올리면 곧바로 갓 잡아 올린 싱싱한 숭어처럼 햇살에 파닥파닥 춤추는 은빛 비늘 같은 추억의 편린들이 눈부시게 반짝인다. 교실 창문 밖으로 민들레 꽃씨가 흩날리던 계절, 나는 김선숙 선생님의 존 밀턴작 『실낙원(*Paradise Lost*)』 수업을 인상 깊게 들었다. 선생님의 강의 방식은 선승의 가르침처럼, 한 말씀도 안 하시고 그저 우리들이 소리 내어 그 대서사시를 송독하게 하는 것이었다. 우리들은 고어로 된 영어도 모르고 라틴어도 모르고, 17세기의 기독교 문화도 모르고 아무것도 몰랐지만 계속 읽어 내려갔다. 계속해서 봄 한철이 다 지나가도록 읽어 내려가다 보니, 크롬웰의 비서로 일하다가 왕정복고 후 모든 입지를 잃고 유폐되다시피 살며 눈까지 멀어 결국 딸에게 이 대서사시를 구술시키면서 자신의 인생을 돌아보던 밀턴의 서재로 다가가는 것 같았다. 무릇 인간으로 태어난 자체로 죄성을 갖게 되는 인간, 그리고 그 인간의 슬픈 운명에 대해 읽어 내려갔던 수업이다.

나는 이화교를 지나면서 늘 밑으로 지나가는 기차 꼬리를 밟으려 노력했고, 마침내 이화교에 얽힌 전설처럼 사랑이 이루어지는 쾌거를 이루었다. 재학 시절 매일 500원 하는 '가미'의 우동과 주먹밥을 먹었는데, 임신했을 때도 그때의 그 가미 우동이 생각났을 정도였다.

김세영 선생님이 졸업식에서 말씀하신 대로, 우리는 이대생으로는 겨우 4년을 보냈지만 평생을 이대 졸업생이라는, 소위 2006년 영화 <타짜> 속 정마담의 대사처럼 '이대 나온 여자'라는 빛바래지 않는 스펙을 갖게 되었다. 그렇지만 이대생이 된 것은 나의 노력보다는 행운이 더 발휘된 결과였다. 그때는 몰랐지만 당시로선 부장님 한 달 치 월급인 매 학기 등록금 30만원을 마련하기 위해 부모님은 등골이 휘었으며, 고향의 소는 팔

1 대학교 3학년 4월, 중강당 가는 계단에서
2 대학교 4학년 5월경, 교정에 남아 있는 한옥 건물인 아령당 앞에서
3 1986년 4월, 대학원 1학기 때 현재 법대 건물로 쓰이는 당시의 본관 앞에서 봄을 기리며
4 대학원 영문과 동창(유정화, 이승은)과 함께한 부산 여행지에서(가운데가 필자)

려나갔고, 달동네 옥탑방이나 반지하에 살아도 서울살이의 비용은 호되었다. 우리가 공부할 때 창신동 청계천 거리에서는 수많은 전태일의 누이들이 우리를 뒷바라지하고 있었다. '이화의 딸로 성장한 것 자체가 시대적 특혜였으니 사회적 부채감을 놓치지 않고 살아야 한다'는 생각은 사회적 생산 현장을 떠났을지라도 우리 동기들이 죽을 때까지 가져가야 할 마음가짐이라고 생각한다.

환갑 언저리의 우리들이 모여서 하는 이야기가 그저, 절세해서 자손에게 재산을 증여하고, 겨울에 따뜻한 나라로 가서 저렴하게 골프를 치는 겨울나기 계획을 공유하고, 끊임없는 장수 욕심에 건강염려증까지 더해서 좋다는 것마다 찾아 먹는 정보에만 그쳐서는 안 된다. 호화로운 시니어 시설의 멤버가 되어 그곳에서 인사이더로 등극해 이대 모임을 하는 것이 노후의 로망으로 남는다면, 그건 왠지 함량 미달의 초라한 노후로 보이지 않을까. 나는 기후 변화를 염려하고, 사회 양극화를 걱정하며, 내 주변의 취약 계층에 관심을 기울이는 '이대 나온 할머니'가 되고 싶다. 힘이 닿는 한 어린 세대를 기르고, 변화하는 우리 사회의 정책에 관심을 갖고 목소리를 내며, 끊임없이 일하고 공부하고 봉사하는 할머니가 되고 싶다. 후배와 자손들에게 봄꽃보다 아름다운 가을 단풍을 보여주고 싶다.

# 나와 함께했던 영문과

**김영미**
(1986년 졸업)

나는 1982년 영문과에 입학했다. 그때는 몰랐는데 돌이켜보니 학교와 학과가 새로운 변화를 도모하면서 한창 발전하던 시기였다. 영문과 출신 선배들이 이미 사회 각 분야에서 활발하게 활동하고 있어 영문과의 위상이 높았다. 우리 82학번은 계열별 모집에서 학과별 모집으로 바뀐 제도를 통해 입학했지만, 학생 수가 여전히 백 명이 훌쩍 넘었다. 하지만 나는 지방 출신 학생이라 학과에 아는 얼굴이 없었다. 담쟁이넝쿨이 타고 올라가는 고풍스런 돌담 벽이 아니라 무미건조한 시멘트 회색 벽에, 안은 미로처럼 설계된 당시 학관 건물에서 수업을 받았는데, 3월의 건물 안이 얼마나 춥던지 대학생 티를 내느라 멋낸 옷 사이로 찬 기운이 들어와 무척 추웠던 기억이 있다.

첫 번째 경험이 모두 그러하듯이 대학교에서의 1학년 1학기 수업들은 내 기억에 더욱 생생히 각인되어 있다. 특히 1학년 1학기 때 교양 영어를 가르치셨던 서숙 교수님의 수업 스타일은 나도 모르게 내 속에 깊이 각인되어, 내가 이후 대학에서 강의할 때 스스로 그 영향을 느낄 정도였다(당시 영어 어학교육의 기초를 다잡기 위해 1학년 교양 영어 수업을 전임 교수가 담당한 것으로 알고 있다). 흘러내리는 단발머리, 슬림한 몸을 넉넉히 감싸고 있던 무채색의 옷, 군화 같이 보이는 구두, 약간 저음이지만 무척 뚜렷한 목소리, 따뜻함을 감추고 있는 예리한 눈빛, 가끔 학생들의 대답에 어이없다는 듯, 혹은 기특하다는 듯 활짝 웃으시던 모습이 눈앞에 선하다. 고학년이 되면 서숙 교수님의 미국 소설 수업을 들을 수 있는데, 교수님은 시종일관 우리의 의식을 확장하고 개성적인 시각과 삶의 태도를 가질 수 있도록 자극하셨다. 우리가 다른 사람의 기대에 맞추어 영문과를 선택한 것은 아닌지, 사회 혹은 부모가 주입하는 시나리오에 순응하는 태도를 가진 것은 아닌지, 자신에 대해, 사회 현실에 대해 정직하게 대면하고 있는지 우리 스스로 묻게 만드셨다. 장황하게 말씀하시기보다 간명하게 핵심만을 말하시는 교수님의 스타일상 우리에게 직설적으로 말하신 건 아니지만, 우리는 선생님의 작품 해석을 통해 이런 점을 충분히 느낄 수 있었다. 그리고 직접적으로 내색하지 않으셨지만, 학생들이 정말 어려운 처지에 있는 것을 알면 손을 내밀어 잡아주시고 도와주셨다. 나 역시 박사과정에서 비평을 전공하다가 지도교수님이 다른 학교로 옮기시면서 곤란한 처지에 빠졌을 때 서숙 교수님이 기꺼이 내 손을 잡아주셔서 무사히 학위를 끝낼 수 있었다.

제임스 조이스와 D. H. 로렌스 같은 현대 영국 소설뿐 아니라 셰익스피어 등 고전 작품들을 가르쳐주신 나영균 교수님의 수업은 영어 문장의 아름다움과 인생에 대한 작가들의 깊은 통찰을 익히게 한 수업이었다. 그 수업들이 없었다면 고어로 가득한 셰익스피어의 작품을 원서로 한 단어 한 단어 정성스럽게 읽지 못했을 것이며, 조이스의 섬세한 영어 문장과 문학적 감수성, 로렌스의 개성적인 통찰을 알지 못했을 것이다. 독보적으로 세련되셨던 나영균 교수님의 아우라와 카랑카랑한 음성, 초록빛 이파리가 창밖에 일렁이던 풍경은 내가 소중히 간직하는 장면 중 하나다.

인물들이 자기가 놓인 상황 속에서 하는 선택의 의미와 그 결과를 받아들이는 태도의 중요성을 알게 해주신 윤정옥 교수님의 수업, 폭넓은 문학적·문화적 지식과 명쾌한 비평 개념, 문학에 대한 감식안과 유머로 우리를 매료시켰던 유종호 교수님의 수업, 사실주의 연극부터 베케트와 이오네스코 같은 현대 부조리극 작가, 베르톨트 브레히트 같은 서사극 작가의 작품들을 이론적 고찰과 함께 접할 수 있게 해준 김세영 교수님의 수업, 에드워드 본드와 아놀드 웨스커 등의 현대 영미 희곡 작품과 셰익스피어를 강의하신 최영 교수님의 수업은 나를 영문학의 세계로 깊이 이끌었다.

당시엔 영문과 대학원 석·박사과정에 지원하는 학생들이 많아서 박사과정 입학 시험이나 박사과정 자격 시험(일명 종합 시험)의 문턱이 높았다. 온전히 시간과 에너지를 바쳐야 겨우 합격할 수 있었다. 영문학은 영어 어학 능력과 문학적 감수성과 안목, 문학 비평 및 이론에 대한 이해에 더하여, 자기가 사는 세계에 대한 관점과 문제의식을 필요로 한다. 나는 능통한 어학 실력도, 해박한 이론적 지식도, 폭넓은 독서량도 부족한 상태라고 느껴 마음이 부대낄 때가 많았다. 대학원 과정에서 국문과 수업과 철학과 수업을 수강하고, 당시 학점 교환이 이뤄지던 연세대학교와 서강대학교의 영문과 수업도 수강하는 한편, 외부 연구소의 세미나에도 참여하며 학문의 폭을 넓혀보려 애를 썼다. 공부에만 매진해도 힘들 상황에 결혼과 육아, 경제적인 상황의 부침 등의 변수가 첨가되니 공부를 이어가는 것이 참 쉽지 않았다. 하지만 동기와 선배, 그리고 교수님의 지지와 지원으로 박사학위까지 매듭을 지을 수 있었다. 나 혼자 끙끙대고 있었다면 중도에 포기했을지도 모른다.

박사학위 취득 후 연구원, 연구교수 생활을 거의 십여 년간 한 후, 나는 인천에 소재한 전문대학 간호학과에 소속되어 간호 영어를 가르치고 있다. 연구교수 위치는 계약직이어서 안정적인 지위를 보장받지 못하므로 좀 더 안정적인 영어 담당 교수직의 자리를 선택했다. 내가 있는 대학에서 영어 전공자인 내게 기대하는 역할은, 첫째, 간호학과 대상 영어 교육, 둘째, 전체 학생 대상 어학교육, 셋째, 국제 관련 일 담당이다. 나는 학교 글로벌커리어센터장 보직을 5년간 맡으며 학생들의 해외 어학 연수, 해외 전공 연수 및 해외 취업 프로그램을 진행했다.

지금 대학은 엄청난 변화의 소용돌이 속에 있다. 학령인구 감소, 4차산업혁명, AI 기술의 발전으로 대학에 변화가 밀려오고 있다. AI 통번역 앱이 전화기에 장착되어 나오고, 잘 만들어진 질문을 챗지피티(ChatGPT)에게 내리면 논문도 뚝딱 써내는 현실에서 영미문학 교육, 어학 교육은 어떤 가치를 지니고 있는지 질문하게 된다. 어디선가 이런 글귀를 읽은 적이 있다. “온 힘을 다해 뛰어도 우리는 여전히 자기 자신밖에 되지 못한다. 그럼에도 불구하고 숨이 턱까지 차도록 뛰어볼 필요가 있다.” 그렇게 힘껏 뛰어야 자신의 임계치를 알 수 있고, 임계치를 알면 어느 순간 그것을 넘어서는 순간이 올지 모른다. 힘껏 뛰되, 대학 시절 우리 손을 잡아주던 교수님들과 학우들처럼 혼자 높이 뛰는 데만 집중하지 말고, 앞과 옆과 뒤를 생각하고 소통과 나눔의 미덕을 발휘하면서 영문과가 시대의 과제를 감당하고 도약하리라 믿는다.

# 40년만의 재회

**이명화**
(1988년 졸업)

"어떤 책이 가장 마음에 들었나? 나도 대학에선 영문학을 전공했거든!"

남편의 동창회 모임에서 만난 김 모 선배님이 큰 관심을 두고 물었다. 그의 입에서 셰익스피어, 찰스 디킨스, 제인 오스틴 등의 작가 이름이 줄줄 나오자, 나도 모르는 사이 "조지 엘리엇의 『미들마치(*Middlemarch*)』요"라는 대답이 툭 튀어나왔다.

영문과 전공필수 교재라 읽을 수밖에 없었던 『미들마치』가 가장 마음에 들었다고? 40년 전 읽은 후 한 번도 들여다보지 않았던 책이라 기억조차 가물가물한데. 영국 시골 마을에서 벌어지는 사랑과 결혼과 야망의 이야기, '도로시아'라는 여주인공을 포함한 네 쌍의 남녀 이야기. 19세기 사회적 조건에 구속되는 현실, '조지'라는 남성 필명을 사용했던 여성 작가, 두꺼운 책. 이게 『미들마치』에 관한 내 기억의 전부였다.

기억을 더듬다 보니 『미들마치』를 처음 읽었던 84학번 새내기 대학생 시절을 소환하고 있었다. 파마를 하고, 절뚝거리면서도 힐을 신고 미팅에 나가고, 데모에 참여하지 않은 학생들에게까지 쏟아지는 최루가스에 눈물 콧물을 쏟는 웃픈 경험을 하면서도, 여고 때 공부만 한 나는 대학 첫해 공부를 열심히 하지 않아도 되는 자유를 만끽했다.

문제는 매주 영문 소설 시간에 주요 문단을 해석하고 분석해야 하는 과제였다. 19세기의 영어로 쓰인 데다 호흡이 긴 조지 엘리엇의 문체를 이해하기란 쉽지 않았다. 제대로 예습하지 않았기에 교수님과 눈이 마주칠까 봐 다들 겁이 나서 고개를 푹 숙이던 모습이 눈에 선하다. 여러 학생이 그러다 보니, 다가갈 수 없는 차가운 눈매를 가진 A 교수님은 출석부를 보고 무작위로 이름을 부르곤 했다. 호명된 학생이 대답을 못하고 버벅거리면 교수님은 하이톤의 차가운 목소리로 '엘리트만 온다는 영문과 학생 맞냐'고 무섭게 꾸중하셨다.

나의 상념은 어느새 지나온 내 삶의 궤적을 따라 빠르게 흐르기 시작했다. 취업, 결혼, 출산, 직장 일과 가사를 병행하느라 허덕이며 부지런히 살아냈지만 아쉬움이 남는 것

1 재학 시절 교정에서 영문과 친구들과 함께(뒷줄 오른쪽 끝에 흰색 원피스 차림의 필자)
2 1988년 졸업식 때 영문과 친구들과 함께(왼쪽에서 두 번째 학사모 쓴 학생이 필자)

을 부정할 수 없다. 유학을 가고 싶었지만, 남편이 박사과정을 밟거나 좋은 미국 직장에서 승진할 기회를 얻었을 때 자녀를 돌볼 시간이 턱없이 줄어 찾아온 기회를 거절한 후 징징 울기도 했다. 그 먼 길을 돌아 이제는 거울 앞에선 자신을 바라보니 자본주의의 심장인 미국에서 엄청난 돈을 번 것도 아니요, 조기 은퇴해 당장 내로라할 사회적 지위도 없고, 대단한 업적을 남기지도 못했다는 생각에 서서히 기분이 허전해졌다.

그러다 혹 『미들마치』가 있나 해서 집 안을 다 뒤졌다. 미국에 온 후 몇 차례 이사하는 과정에서 없어진 모양이라 아마존에서 책을 주문했다. 800페이지 가까운 책을 읽어 내려가니, 보통 사람들의 삶 속에 담긴 크고 작은 성패를 깊은 통찰력으로 묘사한 여러 문장이 마음에 잔잔한 울림을 준다. 맨 마지막 문장을 읽는 순간엔 눈물 한 방울이 또르르 떨어졌다. 이 작품이 10대 후반 대학생의 무의식 깊은 곳에 가라앉아 20대부터 50대에 이르는 거친 세상의 바람 속에서 뼈와 살이 됐고, 내일모레면 60을 바라보는 문턱에서 그 완전한 모습을 드러내며 내게 말하고 있다는 사실을 깨달아서였다.

“세상에 선을 자라나게 하는 일은 역사에 남지 않는 보편적인 행위들에 달렸다. 우리가 나쁜 일을 겪지 않을 수 있었던 이유 절반은 드러나지 않는 삶을 충실하게 살아낸 사람들 덕분이고, 나머지 절반은 아무도 찾지 않는 무덤에 묻힌 사람들 덕분이다.”

언젠가 교수님을 만나게 되면 눈을 지그시 맞춘 후 뒤늦은 감사의 인사를 전하고 싶다. 철없던 신입생에게 『미들마치』를 읽으라고 다그쳐주셔서 고맙다고. 남은 삶의 여정에서 세상이 알아주지 않아도 작은 일에 최선을 다할 마음을 먹게 해주셔서 정말 고맙다고.

# 80년대, 이대 영문과 그리고 나

**이혜지**
(1989년 졸업)

"여러분은 '미국' 하면 떠오르는 것이 무엇입니까?"

'19세기 미국 문학' 첫 수업에서 서숙 선생님은 학생들에게 질문을 던지며 강의를 시작하셨다. 미국… 미국이라…? 학생들은 저마다 자신이 가지고 있는 미국에 대한 생각을 말로 쏟아냈다. 1980년대 중반 당시 미국은 우리들에겐 여전히 풍요와 부의 상징이었고, 모든 표준화된 문물이 존재하는 곳이었으며, 공부를 더 하려는 학생에겐 유학을 다녀와야 하는 학문의 장소, 그리고 무엇보다도 '성공'을 이룰 수 있는 기회의 장소였다. 한국의 모든 생활 수준과 환경이 세계적인 수준으로 올라온 지금, 미국이 더 이상 'American Dream'의 대상이 아니게 된 현재로서는 정말 격세지감이 아닐 수 없다.

아무튼 호돈(N. Hawthorne)의 『주홍 글자(*The Scarlet Letter*)』 수업은 그렇게 시작되었고, 17세기 미국 뉴잉글랜드의 엄격한 청교도 사회를 배경으로 한 이 소설에서 'redemption'이니, 'atonement'니 'Reverend'니 하는 종교적 색채가 짙은 영어 단어들을 처음 익혔던 듯 하다. '리뎀션 바이 러~어브(redemption by love)', '더. 스칼렛. 레터(The Scarlet Letter)'…. 낮고 정확한 발음으로 천천히 또박또박 끊어서 읽어주시던 서숙 선생님의 음성이 아직도 귓가에 쟁쟁하다.

1980년대 중반의 이대 재학 시절을 떠올릴 때 빼놓을 수 없는 것이 바로 '채플'에 대한 기억이다. 졸업 필수 학점인 채플 시간이 있는 날 이른 아침이면 하이힐을 신고 대강당 앞 계단을 뛰어 올라가던, 아니 그전에 이미 버스 정류장에서 내리자마자 이대 정문을 향해 내달리던 여학생들의 무리를 흔히 볼 수 있었다. 예배가 진행되던 대강당의 그 큰 문이 닫히기 일보 직전에 헉헉거리며라도 들어갈 수 있으면 다행이었지만, 때로는 야속하게도 바로 눈앞에서 대강당의 육중한 문이 닫히는 것을 봐야 했고, 그런 경우 보강 등 다른 수단과 방법을 강구해야만 했다. 오랜 시간이 흘러 현재 몸담고 있는 직장에서, 늦으면 안 되는 세미나 시간이 임박해 급하게 뛰어 들어가던 젊은 여교수를 가리켜 이대 동문인 동료

재학 시절 벚꽃이 화려했던 교정에서 친구들과
(오른쪽 끝이 필자)

와 '채플'이라는 별명을 붙여가며 키득거린 적이 있다. 아무래도 동시대에 이대를 다녔다는 것만으로도 '채플' 두 글자를 떠올릴 때 가장 먼저 생각나는 공유된 기억이었으니까 말이다.

이렇듯 대다수 학생들에게는 주 1회 아침 일찍 참여해야 했던 채플이 때로는 버거운 의무 과목이었음에도 난 채플 시간이 좋았다. 강단에 앉아 계시던 온화하고 정돈된 이미지의 교수님들을 보며 정말 닮고 싶다는 생각도 했었고, 때때로 이대 동문 선배들이 초청 강사로 설교단에 설 때면 나도 먼 훗날 언젠가는 후배들의 채플 시간에 저 위에 설 수 있을까 하는 상상도 했던 것 같다.

당시 채플에서 부르던 찬송가도 너무 좋았다. 다른 대학에 갈 수 있음에도 굳이 이화여대 영문과로 진학한 것 자체가 유구한 학과 역사와 더불어, 졸업한 선배들의 전통을 따라 나도 뭔가 이룰 수 있을 것 같다는 막연한 바람 때문이었다. 당시 채플에서 즐겨 부르던, 찬송가 515장 '눈을 들어 하늘 보라 / 어지러운 세상 중에… 믿는 자여 어이할꼬', 582장 '어둔 밤 마음에 잠겨 / 역사에 어둠 짙었을 때에… 고요한 아침의 나라 / 일꾼을 부른다…' 등의 가사도 이런 견지에서 내 마음대로 해석했던 것 같다. 개화기에 기독교 복음을 바탕으로 교육받은 여성 일꾼을 양성하려 했던 초기 이화여전의 정신처럼, 나도 이 땅에서 뭔가를 이루고 사회에도 공헌할 수 있으리라는, 막연하지만 큰 꿈을 품었던 것 같다.

이대 영문과에 입학한 지 40년이 다 되어가는 지금, 내가 다니던 1980년대 중반과는 사회와 주변 환경의 많은 것이 변했다. 돌이켜보건대, 나는 20대 초반 그 철없는 나이에 꿈꿨던 소위 '사회적 성공'이라는 것은 못 이룬 것 같다. 그러나 사회가 다변화할수록, 삶이 성숙될수록 '성공'에 대한 개념 자체도 변하는 것 같다. 인간 수명 100세 시대, 나는 또 무엇을 하며 이 사회에서 주어진 역할을 할 수 있을까? 가능성은 여전히 무한대로 다양한 분야에서 열려 있다고 생각한다. 그리고 분명한 것은, 이대 영문과에 재학하면서 수강한 여러 문학 수업들, 여성학 관련 강의들, 그리고 동기들, 선후배들과 교류하며 얻은 대학 생활의 경험들이 내 평생의 가치관과 자산이 되어 오늘의 나를 만들어왔고 앞으로도 그러할 것이라는 믿음이다. 여성 지도자의 산실이자 여성의 사회적 역할을 강조하는 이화여대, 그리고 수많은 실용학문의 부침 가운데서도 인문학의 기초를 닦는 이대 영문과의 위상을 앞으로도 유지해주길 간절히 바라본다.

# 머물러주오

**차미영**
(1991년 졸업)

1987년 6월 캠퍼스는 초여름의 햇살만큼 민주화를 열망하는 움직임으로 뜨거웠다. 그땐 정치와 사회적 이슈에 특별히 관심이 없더라도 뻔히 드러날 거짓말 같은 세상에 다 함께 분개하며 불의에 맞서던 시절이었다. '독재타도, 호헌철폐'가 새겨진 리본을 가슴에 달고 다녀도 전혀 어색하지 않았다. 연일 토론과 집회가 열렸다. 젊은 열기가 내뿜는 결연한 의지와 용기가 목청껏 외치는 구호에 스며들었다. 오월의 연둣빛이 초록으로 짙어가는 유월의 캠퍼스는 첩보 드라마가 펼쳐지듯 긴장감이 맴돌았다. 가끔 관객이 빠져나간 텅 빈 연극 무대처럼 긴 적막이 교정을 감싸곤 했다.

6월 9일 '20세기 이전 영문학' 수업이 있는 날이었다. 교양수업은 거의 휴강이지만 전공수업은 어떻게 될지 몰라 강의실이 있는 학관으로 향했다. 우거진 등나무 그늘 아래 벤치만이 덩그렇게 눈에 띄었다. 친구들과 재잘거리며 거닐던 캠퍼스가 쥐 죽은 듯 고요했다. 두리번거리며 열려진 강의실로 들어갔다. 창가 자리에 앉아 텍스트를 펼쳐 놓고선 창밖을 넋 놓고 바라보았다. 매미 울음소리가 처연하게 들려왔다. 수업도 거부한 채 투쟁에 나선 학우들이 하나둘 눈앞에 아른거렸다. 심장이 거칠게 뛰며 숨이 가빠왔다. 얼른 여길 벗어나야지. 오 분쯤 흘렀을까. 힘없이 들어선 교수님과 눈이 마주쳤다. "학생 혼자인가. 수업이 안 되겠군." 돌아서는 교수님의 뒷모습 그림자가 더없이 쓸쓸해 보였다.

도망치듯 급하게 후문으로 발길을 돌리다 들려오는 함성 소리에 움찔했다. 이미 텅 빈 차도와 셔터 문이 굳게 내려진 가게들, 매캐한 최루탄 연기가 자욱한 거리, 어디로 가야할지 머리가 하얘졌다. 그 순간 연이어 터진 최루탄에 누군가 머리를 맞아 쓰러졌다는 걸 이튿날 뉴스를 보고선 알았다. 바로 이한열 열사이다. 그도 나처럼 평범한 대학생일 텐데 군부독재에 항거하다 기꺼이 목숨을 바쳤다. 그에 비해 홀로 강의실로 향하던 난 얼마나 비겁한가. 유월이면 어김없이 스치는 내 못난 청춘의 한 컷이다. 이한열 열사가 사경을 헤매던 그해 여름, 우린 보란 듯 하나로 뭉쳤다. 1987년 6월항쟁을 돌아볼 때, 또렷이 떠오르는 아름다운 그의 이름 옆에 참회하는 내 민낯도 지울 수 없이 섞여 있다.

삼십여 년이란 세월이 쏜살같이 흐른 어느 날, 낯익은 이름과 얼굴을 신문에서 마주했다. 대학 4학년 때 영문학 비평을 가르친 유종호 교수님이시다. 존경받는 문학 비평가로 건재하신 은발의 교수님을 지면으로 뵈면서 뭐라 말할 수 없는 그리움이 물밀 듯 밀려왔다. 기사를 읽어 내려가다 또 한 번 가슴을 쓸었다. 교수님께서 평생 읽고 계신 고전 작품 다섯을 소개하는데, 그즈음 내가 읽고 있던 제임스 조이스의 『젊은 예술가의 초상』이 적혀 있지 않은가. 오래전 읽은 그 책을 다시 찾아든 건 어쩌면 교수님과의 재회를 예감했기 때문이었을까. 신문을 펼쳐든 내 손이 파르르 떨렸다. 예술가로 새 출발을 내딛기까지 불안과 고독 속에서 방황하던 주인공 스티븐 디덜러스의 삶은 젊은 날의 우리와 닮아 있어 더욱 애틋하게 다가왔다.

대학 사 년 동안 읽고 배운 영문학 작품 중 가장 기억에 남는 것은 셰익스피어의 비극이다. 그 가운데 『맥베스』의 5막 5장에서 흐르는 주인공 맥베스의 독백이 희미하게 떠오른다.

"인생이란 단지 걸어다니는 그림자에 지나지 않을 뿐(Life's but a walking shadow)."

덧없는 인생과 인간 내면의 파토스를 셰익스피어보다 더 절절하고 치밀하게 다룬 작가가 있을까. 셰익스피어의 작품은 이십 대 메마른 내 영혼에 스며든 숨결 같았다.

『젊은 예술가의 초상』 외에도 교수님은 그리스 비극 『테베 3부작』, 괴테의 『파우스트』, 니체의 『즐거운 학문』, 공자의 『논어』를 추천하셨다. 소포클레스의 『오이디푸스 왕』부터 읽기 시작했다. 오이디푸스 왕은 셰익스피어가 그리는 인물들이 스스로의 선택으로 비극을 맞이하는 것과 달리, 타고난 운명에 의해 피할 수 없는 고통을 겪는다.

내 인생의 터닝 포인트가 되어준 괴테와 니체. 그들은 돌이킬 수 없는 거대한 운명처럼 다가왔다. 머릿속 관념과 지식이 얼마나 공허한지 『파우스트』를 읽으며 깨달았다. 파우스트가 그토록 찾아 헤매던 전율은 영혼의 떨림 아닐까. 니체를 읽으며 그 떨림이 뭔지 느껴보고 싶었다. 가슴을 뛰게 했던 니체의 문장들로 잠 못 이루던 날들, 손때 묻은 니체의 책과 함께 행복했던 나날이 아득하게 떠오른다. 니체는 전통 철학을 비판하며 모든 사상을 새롭게 사유한 철학자이다. 심리학자처럼 인간의 심연을 응시하는 니체에게 철학은 있는 그대로 주어진 삶을 긍정하는 마인드에서 출발하는 것이었다.

이화를 떠난 지 오랜 세월이 흘렀지만 내 마음은 여전히 이화에 머문다. ECC(Ewha Campus Complex)가 조성된 그 자리 너머 대동제 한마당이 열리던 운동장이 펼쳐진다. 도서관으로 향하는 돌계단을 오르고, 사라진 서점 근처 숲에서 잠시 숨을 고른다. 옛 사랑을 떠올리듯 발길 닿는 곳마다 그리움이 짙게 배어난다. 아침 등굣길 이화교 밑으로 지나는 기차 꼬리 밟기는 더 이상 할 수 없지만, 그럼에도 이화는 변함없이 내 가슴 속에 살아 있다. 1987년, 뜨거웠던 그 시절의 열기는 지금 돌아봐도 감동 그 자체이다. 유종호 교

1, 2 졸업을 앞두고 영문과 친구들과 함께

3 졸업식 날. 지금은 고인이 되신 아버지와 함께

4 유종호 교수님 기사 (신문에서 스크랩하여 아직까지 간직하고 있다.)

| | 제목 | 작가 |
|---|---|---|
| 1 | 테베 3부작 | 소포클레스 |
| 2 | 논어 | 공자 |
| 3 | 파우스트 | 괴테 |
| 4 | 즐거운 지식 | 니체 |
| 5 | 젊은 예술가의 초상 | 제임스 조이스 |

오이디푸스왕, 안티고네, 콜로누스의 오이디푸스 등 테베 3부작. 프로이트를 매개로 학생 때 처음 읽었다. 또 가르치기 위해 혹은 글을 쓰기 위해 읽었다. 새 해석, 새 비극론을 접할 때 다시 보게 되니 되풀이 읽은 셈이다. 뺄 것도 더 할 것도 없이 빈 틈 없는 고전주의적 구성의 전범이다. 주제의 성격상 물리지 않는 압도적 힘이 있다.

수님의 고전 리스트는 실의에 빠지거나 허기질 때마다 내 삶을 단단하게 보듬어준다. 이화와 함께한 빛나는 젊음이 언제나 내 곁에 머물러주길.

# 다시 읽는 이니스프리의 호도(湖島)

**이난희**
(1991년 졸업)

지금 생각해도 신기하지만, 중학교 1학년 때 나는 '시인'이라는 제목의 시를 썼다. 그리고 그 시를 빨간 바탕의 나무 판넬에 초록색 그림과 함께 적어서 시화전에 냈다. "숲속 오솔길을 홀로 걷는 한 사람/…/ 자연과 함께하고/자연을 노래하는/그런 시인이 되고 싶다." 대략 이런 내용의 시였다. 중학교 때 영어 참고서 맨 앞장에 있던 예이츠의 「이니스프리의 호도(호수 섬)」라는 시도 좋아했다. "나, 이제 가련다. 이니스프리로 가련다./그곳에 진흙과 나뭇가지 엮어 작은 집 짓고/아홉 이랑 콩밭 갈며 꿀벌도 치며/꿀벌 윙윙대는…" 그 시는 연한 붉은 노을이 지는 하늘과 파란 호수와 작고 푸른 풀들의 그림자가 비치는 사진을 배경으로 하고 있었다.

시와 소설 등 문학을 좋아하던 나는 자연스럽게 이화여대 영어영문학과에 입학하게 되었다. 1987년 추운 겨울이었다. 수원에서 올라와 광화문 교보문고에 오빠와 함께 들렀고, 내 생애 첫 영어 책인 『프랑켄슈타인』을 샀다. 회색빛 겨울 바람 속에서 하얗고 세모난 빙하 꼭대기에 검은 옷자락을 휘날리며 서 있는 한 남자의 뒷모습이 표지에 그려져 있었다. 춥고 낯설고 모든 것이 새롭기만 했던 나의 마음속에 그 남자의 뒷모습이 호기심으로 다가왔던 것 같다.

1987년 대학 1학년 때엔 박종철 군 고문 사망 사건이 벌어졌다. 대규모 시위가 대학가와 서울 시내 곳곳에서 일어났다. 이어서 6월항쟁과 노태우의 6·29선언, 대통령 직선제 등 민주화 바람이 불었다. 민주와 진보를 표방한 신문도 창간되었고 나도 그 신문을 구독해서 읽었다. 어느 날인가 그 신문에서 1면 하단에 상당히 큰 광고를 냈다. 아마 신문 후원 요청 광고였던 것 같다. '그 어려운 시절 아빠는 무엇을 했는지, 훗날 우리의 자녀가 묻습니다'라는 문구로 시작하는 광고였다. 그것을 읽자 곧 여성학 강의 시간에 배운 내용이 떠올랐다. 남성과 여성을 公私 영역으로 분리하고 여성을 사적인 가정의 영역에 매어놓는 가부장적 성별 분업에 근거한 문구라고 생각되었다. 화가 나 신문사에 항의하듯이 글을 써서 보냈다. 독자 투고였다. 며칠 후, 그 신문의 같은 광고 코너에 문구가 바뀌어 실렸다. '그 어려운 시절 아빠 엄마는 무엇을 했는지, 훗날 우리의 자녀가 묻습니다.' 아울러 그 광고 상단에는, 어느 여대생 독자가 비판의 글을 보내와 광고 문구를 수정했다는 해명이 실려 있었다. 작은 일이지만, 나의 생각을 표현하여 신문사의 광고를 바꾸었다는 뿌듯함이 들었다.

그렇게 나는 여성학 강의에 관심이 많았고 관련된 책들도 많이 읽으려고 노력했다. 시몬느 보부아르의 『제2의 성』, 이우정 선생의 『깨어라 여성』, 양귀자의 『나는 욕망한다 내게 금지된 것을』, 이경자의 『절반의 실패』, 『맑스주의 여성해방론과 사회주의 여성해방론의 불가능한 결혼』(저자는 기억나지 않는다) 등이 지금도 떠오른다. 사회과학 책들도 많이 보려고 했다. 카를 마르크스의 『자본론』, 『경제학-철학 수고』 및 다른 철학 책들이 기억난다. 사회학개론, 정치학개론 수업도 재미있었고, 철학과의 칸트와 헤겔 수업, 기독교학과의 공관복음서 수업도 흥미로웠다. 젊고 호기심 가득했으며 정의감이 솟구쳤던 20대 초반의 나는 그런 다양한 책들과 강의들로 자유, 평등, 정의의 새로운 세계에 들어서고 있었다. 그러던 어느 날, 앞에서 언급한 그 신문에 '여생'이라는 제목의 사진이 실렸다. 나는 그 사진을 오려서 녹색의 학생수첩 한 면에 붙여놓았다. 주름지고 어두운 피부의 할머니가 회한이 묻어나오는 표정을 하고 있는 사진이었다. 나는 이런 할머니가 되기까지 내 삶의 단 한순간도 허투루 보내지 않겠다는 마음이었을 것이다.

영문학 수업 중에서도 인상 깊은 내용들이 있었다. 엄청나게 두꺼워서 갖고 다니기도 힘들었던 『노튼 앤솔로지』 책에서 메리 울스턴크래프트에 대해 배운 것이 지금도 생생하다. 서양 최초의 여성 해방 혹은 여성 권리 옹호론자로서 글을 남긴 그녀의 삶이 그리 평탄하지 않았던 것이 기억나고, 그녀의 딸 메리 셸리가 쓴 소설이 『프랑켄슈타인』이라는 것도 흥미로웠다. 3학년 때에는 19세기 영미 소설 수업에서 찰스 디킨스의 『위대한 유산』을 배우며, 산업혁명으로 급변하던 영국 사회를 배경으로 신분 갈등, 사랑과 배신, 복수, 허영과 가식 등의 주제들이 촘촘하게 짜여 인물과 이야기에 녹아 있는 작품을 통해 인간의 본성과 삶의 진리에 대해 깊이 생각하는 시간을 가졌다. 버지니아 울프의 『등대로』라는 작품도 기억에 남는다. 여성이 글을 쓰기 위해서는 자기만의 방이 필요하다고 한, 울프의 「자기만의 방」은 그 후로도 나의 여러 글에서 중요한 모티프로 쓰였다.

4학년 때는 현대 영미시를 배웠다. 내가 좋아했던 예이츠의 「이니스프리의 호도」도 원어로 읽을 수 있었다. 이름으로만 알고 있던 T. S. 엘리엇의, "4월은 가장 잔인한 달"로 시작하는 「황무지」도 배웠다. '죽은 땅, 둔한 뿌리들, 돌무더기의 쓰레기' 등등 황량한 표현들이 가득했다. 수업 시간에 "왜 이런 것을 배워야 하나요?"라고 용감하게 교수님께 질문했던 기억도 난다. 나는 여성학 분야에서 계속 공부하고 활동하고 싶었는데, 현실을 직접 바꾸고 개선하는 데에 영문학이 어떤 역할을 할 수 있을지에 대한 회의감이 들었기 때문이었다.

2023년 9월 서대문 근처 레스토랑에서 오랜만에 다시 만난 영문과 친구들과

나는 여성 지위 향상과 성평등 등 사회문제 해결에 기여하는 공부와 활동을 하고 싶었다. 그래서 대학원에 진학해 여성학을 공부했고, 이후에는 내 삶의 뿌리인 기독교 신앙의 입장에서 그러한 활동을 하고 싶어 신학을, 그중에서도 여성신학을 공부했다. 대학 졸업 후 30여 년이 흐르는 동안 나는 그렇게 공부하고 직장 생활을 하며, 글을 쓰고 영어 서적들을 번역하며 바쁘게 지내왔다.

이제 어느덧 55세가 되었다. 대학 시절, 슬프고 낙심할 때마다 곁에 계시는 것만으로도 위로가 되었던 분이 나의 어머니였다. 이제 내가 그 어머니의 나이가 되었다. 등이 굽고 살이 빠져서 키가 줄어드신 어머니의 노년을 보며, 내가 대학생 때 학생수첩에 붙여 놓았던 '여생'이라는 제목의 여인(할머니)의 사진이 떠오른다. 이제 나도 나의 여생을 생각할 때가 된 것일까? 여생이란 어쩌면 「이니스프리의 호도」와도 잘 어울린다. '나, 이제 가련다./…/아홉 이랑 콩밭 갈며 꿀벌도 치며/꿀벌 윙윙대는 숲속에서 홀로 살리라./…' 뒤를 돌아보며 고요히 삶에 감사하고 이제 영원히 돌아갈 곳을 준비하는 마음이다.

가끔씩 오랜 친구나 지인들이 세상을 떠났다는 소식을 듣는다. 언젠가 꼭 다시 만나고 싶던, 다시 보고 싶던 이들의 부고를 접할 때면 망연자실해진다. 그래, '나중'이란 없나 보다. 나중에 다시 만나, 나중에 내가 더 잘 할게, 나중에 내가 더 사랑할게… 이런 '나중에'는 없나보다. 지금 바로 여기서 나의 가족, 친구, 지인들에게 더 잘하고, 더 사랑해야 하나보다. 애꿎게 지난 과거를 두고 후회하거나 회한에 빠질 필요도 없다. 지금 더 잘하면 되니까…. 이 글을 쓰면서도 나는 나에게 말해주고 싶다. 괜찮아, 대단하지 않아도 괜찮아, 조금 힘들었고 조금 못했어도 괜찮아. 넌 그때 그게 너의 최선이었어, 넌 최선을 다했어 라고 말해주고 싶다.

# 88학번들의 이야기
# Pals of the Round Table

**참가자(가나다 순): 강효영, 곽상희, 권도희, 김선화, 김소정, 김정은, 김희선, 남경아, 남소영, 민은자**
(1992년 졸업, 사진은 2023년 Pals 모임, 우측 끝이 대담을 정리한 필자)

2024년 2월, Pals 친구들이 모였습니다. 1992년에 졸업을 했으니 34년째 되는 해네요. 우리는 88학번이라 Pals라는 멋진 이름을 지을 수 있었어요. 이대 영문과에 입학하고 졸업한 게 얼마 지나지 않은 것 같은데 어느새 34년이라니, 과거는 늘 화살처럼 빠른 것 같아요. 50대 중반이라는 나이와 주름진 얼굴을 애써 무시하고 언제나 그대로라며 칭찬해주는 친구들과, 영문과 설립 100주년을 맞이하여 학교에 대해 이야기하는 진지한 시간을 가졌습니다.

### ▶ 이대 영문과를 들어오게 된 동기와 배경은 무엇인가요?

**상희** 자칭 타칭 이화의 사위이신 아버지와 우리 과 선배이신 어머니의 은근한 압력, 그리고 나 자신의 안전 지원 성향이 합쳐져 이대 영문과에 들어오게 되었어. 또 외할머니께서 이화여전 가사과 출신이시라 집안에 이화 사랑이 넘쳤던 것도 하나의 이유가 되었지.

**소영** 이대를 나오신 어머니와 이대 영문과 선배인 친언니의 권유로 지원했어. 그리고 이대 부속 유치원과 부속 초등학교를 다니며 정들었던 이대 캠퍼스에 대한 그리움도 한몫했고.

**효영** 사실 난 고등학교 때에는 이대를 한 번도 생각해본 적이 없었어. 연대나 고대에 가서 응원단에 들어가는 게 꿈이었지. 그런데 대학 원서 쓸 때 아빠가 여자는 이대 영문과를 가는 게 제일 좋다고 강권하셔서 어쩔 수 없이 지원하고 너무 속상했어.

**선화** 나도 이대 나오신 어머니와 어머니 친구분들의 강력한 추천으로 왔어. 어머니가 남녀공학에서 남학생들이랑 앉아 수업 듣는 딸의 모습을 상상만 해도 머리가 어지럽다고 하셨지, 하하하. 영문과는 다른 모든 학문의 기초가 된다고 하시면서 그 후에 다른 과든 다른 학문이든 공부해도 좋다고 하셔서 최종 선택했고, 졸업 후에 헌법 전공으로 바꿔서 공부했어.

**▶ 대학 생활 동안 기억에 남는 일에 대해 말씀해주세요.**

**소영** 1988년에 서울올림픽이 열려서 대학 친구들과 VIP 통역 자원봉사를 했던 게 가장 기억에 남아. 그리고 평소에는 화장도 안 하다가 4학년 때 졸업사진 찍는다고 한껏 멋내고 머리에 힘 주고 왔었잖아. 누가 누가 성숙해 보이나 대결하듯이. 그때 너무 재미있었어.

**은자** 봄, 가을이면 학교 교정에서 친구들과 사진 찍으며 추억을 만들던 일이 기억에 남아. 학관 앞 잔디밭에 앉아 사진도 찍고 수다 떠는 게 너무 좋았어. 특히 캠퍼스에 사진사 아저씨께서 계셨잖아. 단풍 아래서 찍은 사진들이 아직도 있어서 가끔씩 보는데, 우리 너무 어리고 이쁘더라. 또 채플 시간에 지하철역부터 달려서 '이대오르기' 계단을 헉헉거리며 올라가던 기억은 아직도 생생해.

**경아** 난 특별한 이벤트보다는 학교 앞 가미, 웬디스, 그린하우스, 후문 쪽 딸기골 등 식당에서 친구들과 밥 먹고 이야기 나눈 일상의 추억이 그리워. 그 편안함이 당연한 건 줄 알았는데 살아보니 아니더라고.

**정은** 서울의 한 귀퉁이에서 이십 년 동안 우물 안 개구리로 살다가 전국 각지에서 모여든 다양한 배경의 친구들을 만난 게 새로운 경험이었어. 각자 뚜렷한 개성과 별개로 한결같이 자신의 삶에 진지하고 열정적이었던 공통점이 기억에 남아.

**희선** 4년 동안 나름 착실하게 수업에 참여했고, 시험 준비도 힘들었지만 열심히 했어. 운 좋게도 졸업할 때 인문대 수석을 해서 졸업생 대표로 상을 받았던 게 부끄럽지만 기억에 남고 보람된 일이었어. 가족들은 물론 친구들이 자랑스럽다고 해줘서 한편으로는 더 잘해야겠다는 책임감이 들었지.

**효영** 나는 대학생 때 여성학을 배우고 대학원 때 여성 문학을 배웠던 게 가장 기억에 남아. 80~90년대에 도리스 레싱, 토니 모리슨 같은 작가들을 배운 학교는 우리밖에 없을 거야. 나중에 다른 학교 박사들과 이야기할 때에도, 내가 석사 때 *The Mad Woman in the Attic*을 읽고 여성 문학 주제로 논문을 썼다고 하니까 깜짝 놀라더라고. 여성학의 산실이라고 자부심 가질 만해. 요즘은 커뮤니티를 통해서 잘못된 페미니즘이 만연한 것 같은데, 이대가 올바른 방향을 제시하는 역할을 해줬으면 좋겠어.

### ▶ 이대 영문과를 나와서 가장 좋았던 점 또는 안 좋았던 점이 있나요?

소영 어디서든 이대 영문과 출신이라면 성실성과 실력을 인정해주는 분위기라서 좋았어. 무엇보다 인생 여정을 함께할 Pals 친구들을 만난 게 가장 행운이라고 생각해. 안 좋은 점은 거의 못 느꼈어.

경아 동감!!! 내가 안 좋은 일로 암흑 같은 시간을 보낼 때 곁에서 묵묵히 응원해주며 힘이 되어준 친구들이 내 인생 최고의 자산이라고 생각해. 30년 이상 꾸준히 만나면서 기쁜 일과 슬픈 일을 스스럼없이 나누고 있는 친구들아! 앞으로도 오래오래 잘 부탁해!

소정 취업이 엄청나게 쉬웠어. 지금 대학생들의 취업난과 비교해보면 그냥 걸어 들어간 수준이라 미안할 정도야. 내 딸은 이대 영문과로 보내겠다고 외치시던 부모님들과 기업의 임원 분들은 같은 세대, 같은 마인드이셨던 걸 입학 땐 몰랐는데 취업하고서야 깨달았지.

은자 사회생활하면서 이대 영문과를 나왔다고 하면 모든 사람들이 기본적으로 인정해주는 부분이 있었어. 아버지께서 강추하셨던 이유가 있었더라고. 그리고 사회에서 만난 이대 영문과 선배들은 똑똑하고 자존감 높으며 우아하고 실력 있는 분들이 많아서 나도 덩달아 책임감을 가지고 더 열심히 일했던 것 같아. 안 좋았던 점은 이대 영문과 여자들이 기가 세다는 인식이 많았다는 건데, 이건 남자가 주류인 사회에서 우리가 독립적·주체적으로 일을 잘하고 자기 의견도 잘 표현하니까, 많은 남자들이 약간의 위협을 느껴서 그런 생각을 하지 않았을까 생각해.

희선 우리는 입학할 때에는 부모님께 순종적으로 들어왔는데, 졸업하고 사회에서는 재능과 성실함으로 (사자처럼) 일을 독보적으로 잘했구나.

### ▶ 대학 졸업 후 지난 30년 동안 가장 힘들었던 일, 즐거웠거나 보람 있었던 일은 무엇인가요?

선화 제일이라고 하기는 좀 그렇지만, 언뜻 생각나는 일은 국회에서 국제 컨퍼런스가 있었는데, 국회입법조사처 대표로 우리 헌정사에 대해 영어로 발표한 적이 있어. 당시 선배 조사관 분이 '왜들 그렇게 이대 영문과라고 하는지 알겠다'고 칭찬해주셨는데, 그때 어깨가 으쓱했지.

희선 Duke 대학에서 MBA를 마치고 삼성전자에 입사해서 브랜드 마케팅 상무로 일을 했던 게 가장 보람된 일이었어. 전 세계를 돌아다니며 대한민국 최고의 기업을 마케팅하면서 힘들 때도 있었지만 자부심도 많이 느꼈어.

**도희** 지나 보니 작은 실패와 다른 분야의 경험들은 지금의 나를 완성하기 위한 의미 있는 과정이 아니었나 싶어. 지금도 전공을 활용해 안정적인 직장 생활을 하고 있으니 그 자체가 보람 있는 일이라는 생각이 들어. 국제회의 통역사로 일할 때는 항상 공부하고 현장에서 긴장해야 해서 힘들었지만, 그 경험을 발판 삼아 지금 대한민국 최초의 '외국 대학 공동 글로벌 캠퍼스'에서 일할 수 있는 자산이 되었다고 생각해.

**효영** 나는 인생에서 가장 잘한 일은 아이 둘 낳고 키운 것. 그런데 가장 힘들었던 점도 가정에서 비롯됐어. 아이들이 아프거나 나와 갈등이 생겼을 때, 아니면 남편과 불화가 있을 때. 이처럼 가장 좋았던 일이 가장 힘든 일의 원인이 되기도 하고, 반면 가장 안 좋았다고 생각했던 일이 나를 더 강하게 만들어서 바닥을 지탱해주는 힘이 되기도 한 것 같아. 세상에 좋기만 하거나 안 좋기만 한 일은 없고, 모든 일이 희망과 절망의 양면을 가지고 있는 것 같아.

**정은** 졸업 후 선택한 직장 생활에서 다른 학교, 다른 학과 전공자들에 비해 내가 잘 해내고 있다는 느낌이 들 때 보람이 있었던 것 같아. 하지만 평생 직업으로 끌고 가지 못한 점, 새로운 도전을 멈춘 점이 아쉬워. 아이들이 다 성장한 지금이라도 새로운 도전을 해보고 싶어.

### ▸ 은퇴와 제3의 인생을 앞둔 지금, 미래 계획이나 새로운 꿈이 있나요?

**소정** 난 아직 아이들 입시가 안 끝나서 내 미래 계획이나 새로운 꿈을 생각하는 건 사치인 듯해. 우리 집 직장인과 학생들 뒷바라지하는 것만으로도 벅차서 잠이라도 푹 자고 싶어. 내 꿈은 잠시 미뤘다가 졸업 35주년 즈음에 다시 생각해보려고 해.

**상희** AI 시대를 맞아, 오히려 사람 손으로 더 잘할 수 있는 일이 무엇인지 열심히 찾아보고 있어. 사회가 빨리 변하기 때문에 스스로가 끊임없이 새로운 길을 찾아가야 할 것 같아.

**정은** 내가 잘할 수 있는 걸 찾다 보니 아이들을 잘 키운 경력을 활용하고 싶어. 교육 사각지대에 놓인 청소년들과 여전히 어른의 손길이 필요한 자립 준비 청년들에게 엄마의 마음으로 봉사할 수 있는 기회를 희망해.

**경아** 우선은 지금 CEO 역할에 최선을 다하고 싶어. 회사와 직원들에게, 그리고 무엇보다 나 자신에게 책임을 다해서 훌륭한 회사로 키우는 게 내 목표야. 그리고 은퇴 후에는 전 재산을 다 기부하고 깔끔하게 삶을 마무리하고 싶어.

**효영** 아버지가 돌아가시고 치매에 걸리신 어머니를 모시고 살면서 삶의 의미란 무엇일까 정말 많은 생각을 하고 있어. 어떻게 늙어갈지, 어떻게 삶을 마무리할지 늘 고민해. 인생이 생각한 대로 되는 건 아니지만 나 자신을 잃지 않고 건강하게 사는 게 바람이야. 한편으로는 오랫동안 일을 하고 싶기도 하고, 또 어떨 때에는 편히 쉬면서 놀러 다니고 싶기도 하고. 그냥 주어진 하루하루를 열심히 사는 게 최선이지 않을까.

**▶ 요즘 이대와 영문과의 위상이 예전과 같지 않은데, 이화 영문의 미래에 대해 조언 부탁드려요.**

희선 고등학생 때에는 여대를 싫어할 수도 있는데(나도 그랬으니까), 이대를 졸업한 학생들은 여전히 학교에 대한 자부심이 크더라고. 학교의 커리큘럼이나 분위기가 내가 안 하면 대신 해줄 사람이 없다는 책임감 있는 사람으로 만들어줘서 사회에서 아웃풋이 좋다고 인정하지.

효영 사실 문학이 예술의 영역이라 스무 살이 이해하기에는 깊고 어려운 학문이기는 해. 나도 그때에는 잘 이해하지 못하고 그냥 시험 준비하느라고 읽었던 책들이 나이 들면서 문득 생각나더라구. '아, 그 책이 이런 의미였구나' 하고… 인생 살아가는 데 도움이 되는 학문인 것 같아. 비유와 상징을 배우면서 문해력을 갈고 닦아서 세상도 더 잘 해석할 수 있게 되는 것 같고, 넓은 관점을 가지니까 취미로 책이나 영화를 볼 때도 도움이 돼.

선화 어느 대학에서 무엇을 공부하든, 그리고 어떤 미래를 펼치든, 지금 배울 수 있는 것을 최선을 다해 배우고 열린 마음으로 여러 가지 가능성을 다 타진해보는 게 중요하지, 남이 뭐라고 하는 말에 휘둘릴 필요는 없는 것 같아. 내가 사회에서 본 우리 후배들은 다들 모두 훌륭하게 자기 일을 똑 부러지게 잘 해나가는 것 같아서 그런 평가를 염려해본 일은 없었어.

도희 위상이 떨어졌다고 하는 사람도 있는데, 사실 나는 우리 송도 글로벌 캠퍼스에 있는 외국 대학 총장님들이나 해외 출장 시 외국 대학 관계자들과 대화하면서 이대 영문과의 위상을 해외에서도 느낄 수 있었거든. 우리나라 교육이 워낙 입시 위주이다 보니 시대니 유행이니 이런 것에 너무 휩쓸리지 않고 대학 본연의 역할에 충실하고자 한다면 그 명성은 쉽게 사라지지 않을 거라 믿어.

은자 나도 같은 생각이야. 자부심을 갖고 역사와 전통을 기억하며 지금까지처럼 자주적·독립적인 여성 인재를 배출했으면 좋겠어. 특히나 요즘 잘못된 페미니즘에 갇힌 우리 사회에서 이화여대가 올바른 페미니즘을 재확립해서 중추적인 역할을 해주길 바라. 페미니즘으로 포장한 남녀 대립이나 역차별 및 유치하고 저급한 갈등을 조장하는 것이 아닌, 올바른 평등과 사회정의를 구현하는 페미니즘을 위해서.

(대담 정리: 강효영)

1 1988년 신입생 시절
2 1988년 1학년 때 강의실에서
3 1988년 1학년 때 교정에서 처음 맞은 봄
4 1990년 3학년 때 제주도 수학여행지에서. 중앙에 고(故) 이근섭 교수님
5 1990년 수학여행지에서 이근섭, 윤정은, 최영 교수님과 함께
6 1991년 4학년 1학기, 신록이 우거졌던 교정에서
7 1991년 4학년 2학기, 낙엽이 가득했던 교정에서
8 2016년 Pals 모임

# 영어영문학과와 학관, 그 공간에 대한 추억

**이형숙**
(1994년 졸업)

나는 영어영문학과에 대학생으로 입학하여 이후 대학원생으로, 풀타임 행정 조교로, 그리고 유학 후 돌아와서는 시간강사를 거쳐, 교수로 지금에 이르렀다. 거의 인생의 절반에 이르는 시간을 이화의 캠퍼스에서 학관과 인문관을 오가며 살아온 셈이다. 그런 내게 '영문과' 하면 떠오르는 것은 수많은 선생님, 친구, 문학 작품들에 앞서, 내게 깊은 인상을 남긴 영문과의 추억이 담긴 공간들이다. 그중에서도 가장 기억에 남는 곳은 학관 110호이다. 학관 저층에 위치한 세 개의 거대한 계단식 교실 중 가장 위쪽에 있던 방으로, 이름이 110호인 데 반해 건물 우현의 2~3층에 걸쳐 자리했다. 때문에 대대로 인문대 학생들에게 우측 입구로 들어가면 2층이 없고, 좌측 입구로 들어가야 2층이 나온다는 착각을 일으켜온, 학관의 독특한 미로 구조의 원인이 된 교실이기도 하다.

영문과 소속 공간이 아니었음에도 내게 그 교실이 특별한 이유는 1989년 겨울, 그곳에서 이화여대 영문과에 입학하기 위한 대입 학력고사를 치렀기 때문이다. 당시에는 수험생들이 원하는 대학교와 학과를 미리 정해 그 학교에서 시험을 봤기에, 그 강의실은 내가 영문과를 처음 접한 곳이나 다름없다. 그리고 그곳에서 감독으로 들어오신 최영 교수님과 서숙 교수님을 처음 뵈었다. 사실 너무 오래전 일이라 두 분 다 계셨는지에 대해서는 친구들마다 기억이 엇갈린다. 하지만 신입생이 되어 학교에서 두 분을 뵙고 내심 반가운 마음이 들었던 느낌은 30년이 넘도록 생생하기에 나는 내 기억이 맞다고 생각하며 살고 있다. 한 분은 짧은 커트 머리, 다른 한 분은 깔끔한 단발머리를 하고 뭔가 남다른 카리스마를 내뿜으셨던 두 선생님은, 내가 막연히 상상하던 '이대 영문과 교수'의 모습이 비로소 생기를 띠며 살아난 느낌이었다. 지금보다 많이 보수적이었던 당시 사회 분위기에 굴하지 않는 듯 당당하고 명철한 여성이자 학자로서의 아우라가 참 멋있게 느껴졌다.

그렇게 종일 이어진 시험을 끝내고 나오니, 학관 입구 비탈진 잔디 앞에는 수험생 딸들을 기다리느라 노심초사했을 수많은 어머니들이 모여 계셨다. 쏟아져 나오는 무수한 딸내미들 속에서도 순식간에 나를 찾아낸 엄마의 품에 안기니 참 따뜻하고 안심이 되었다. 그날은 그렇게 잊혀져갔는데, 세월이 흘러 어느덧 내가 같은 곳에서 강의를 하게 되니 그날 학관 110호의 안팎에서 만난 선생님들과 엄마의 모습이 종종 남다른 감회와 함께 떠오르곤 한다. 한쪽은 냉철한 지성, 그리고 다른 한쪽은 사랑과 위로의 넓은 품. 그 두 줄기의 여성이자 어른의 이미지가 내가 앞으로 어떤 사람이 되고 싶은지를 보여주는 길잡이가 되어준 것이 아니었을까. 110호가 사라지기 전까지 인간으로서, 교수로서 질문이 생길 때마다 나는 가끔 열여덟 살의 나를 만나러 비어 있는 학관 110호의 위쪽 끝자리를 찾곤 했다.

내게 가슴 깊이 남아 있는 또 다른 공간은 과거 학관 412호, 영어영문학과 사무실이다. 1990년대 말까지만 해도 영문과는 단독 사무실이 있었고, 그 안에는 또 다른 문을 열고 들어가야 하는 학과장실이 자리했다. 석사를 마친 후 유학 가기 전, 나는 2년 정도 이 사무실에서 T.A.로 불리던 행정 조교로 근무했다. 당시 영문과 사무실에는 대학원을 졸업한 행정 조교와 대학원생 및 학부생 조교까지, 도합 서너 명의 조교가 상주했다. 날이 좋을 때는 사무실 안쪽까지 깊숙이 햇살이 드리웠고, 창가에는 소파와 테이블이 있어 공강 시간인 교수님들께서 삼삼오오 모여 커피를 마시며 담소를 나누셨다. 지금은 은퇴하신 교수님들의 멋스러운 중년의 모습도, 또 지금 학과에 함께 재직하시는 선배 교수님들의 푸릇푸릇했던 젊음도 모두 그 창가에 각인되어 있다. 때로 한가하게 조교들끼리만 있을 때에는 용케 알고 영문과 대학원생들이 모여들어 수다도 떨고, 구석에 있던 여분의 낡은 컴퓨터로 전자오락인 테트리스도 즐겼다. 그렇게 영문과 사무실은 교수님들부터 학생들까지 짬을 내어 오고 가며 짧지만 꿀맛 같은 여유를 즐길 수 있는 학과의 '안방'과 같은 곳이었다.

2000년대 들어 공간 효율화를 위해 인문대의 모든 학과 사무실은 커다란 공용 공간 한 곳으로 모이게 되었고, 이제 그곳에 특별한 사무가 없는 사람이 머무를 자리는 없다. 과거 영문과 사무실은 한동안 영미학연구소, 대학원생 전공 연구실로 나뉘어 그나마 영문과 소속으로서의 명맥을 유지했다. 이후 2020년의 시작과 더불어 발발한 코로나19로 3년이 넘는 시간 동안 학관은 폐쇄되었고, 때맞춰 리모델링이 시작되었다. 2023년 여름, 비로소 다시 전보다 화려한 모습으로 문을 연 학관에 나의 추억의 장소는 많이 사라졌다. 110호는 그 구조와 이름이 바뀌었고, 연구소와 전공 연구실마저 다른 층으로 재배치되어 과거 영문과 안방의 흔적은 더 이상 찾을 수 없다. 새로운 학관에는 야무진 기능들이 덧붙여진 방은 더 많아졌으나, 나를 키웠던 예전 학관 공간의 넉넉한 여유로움은 사라져 버린 듯하다. 아쉬움이 남는다. 하지만 지금을 사는 학생들에게는 이곳이 새로운 꿈을 꾸게 하는 시작점이 되겠지. 여기에서, 그들에 의해 새로운 영문과 100년의 역사가 아름답게 기록되기를 소망한다.

1 1990년대 초, 학관 110호 밖의 비탈잔디에서(사진제공: 90학번 명선영)

2, 3 2019년 11월 29일, 학관이 리모델링에 들어가기 전 마지막으로 찍은 110호의 안과 밖

# 영화감독으로 돌아본 영문과의 시간들

**황윤**
(1995년 졸업)

학교 다닐 땐, 졸업 후 영화감독이 될 줄은 꿈에도 몰랐다. 인생은 정말 '영문 모를' 일들 투성이다. 하긴, 이대 영문과를 가게 된 것부터가 '영문도 모르고' 간 것이었으니.

고등학교 때 나는 인류학과나 고고학과, 혹은 심리학과를 가고 싶었다. 사람들이 잘 안 가는 오지를 다니면서 뭔가를 찾아내거나, 인간의 근원을 탐구하는 일이 멋있어 보였고 내 적성에 맞을 것 같았다. 그런데 고3 때 나는 뜻밖에도 이대 영문과에 원서를 넣었다. 영문과를 나오면 영어를 잘하게 돼서 취업이 잘 될 거라는 엄마의 말에 승복하고 말았다. '적성'이나 '관심'보다는 엄마의 조언을 택했다. 소심한 선택이었다.

그렇게 입학하게 된 이대 영문과. 벽돌처럼 무거운 문학 전공 책을 들고 다니는 건 고역이었지만, 그래도 그 책을 가슴에 품고 다니는 우리 영문과생들의 자부심은 컸다. 낭만이 있는 시절이었다. 3학년 어느 날, 인문사회대 건물이었던 '학관' 5층 독서실. 나는 시험 공부를 하기 위해 사람들로 꽉 찬 방 한구석에 자리를 잡았다. 그리고 버지니아 울프의 『등대로(*To the Light house*)』를 펼치고 읽기 시작했다. 깨알 같은 글씨들. 모르는 단어는 사전을 찾아가며 읽어 내려가는데, 어느 순간부터 가슴이 뭉클하더니 뜨거운 눈물이 왈칵 쏟아졌다. 시험 공부를 하다가 눈물을 쏟다니… 생각지도 못했던 일이었다. 고백하건대 나는 중·고등학교 때 '문학소녀'가 아니었다.

책 속 주인공들이 마치 내 앞에 살아 숨 쉬는 사람처럼 나타나, 그들의 의식 속 외로움, 사랑, 슬픔 같은 것들을 생생하게 느끼는 체험은 정말 신비로웠다. 동시대 한국 문학도 아니고, 영국 작가가 쓴 작품이 수십 년 후 아시아의 한 여성을 울린다니. 내가 '예술의 힘'을 처음 강렬하게 느낀 순간이었다. 제임스 조이스의 『더블린 사람들(*Dubliners*)』를 읽으면서도 가슴이 쿵쾅거렸다. 작가가 작품을 통해 언어의 장벽, 시간과 공간과 문화의 장벽을 뛰어넘어 전혀 다른 시대와 다른 문화권에 살고 있는 누군가로 하여금 공명하게 하고, 그 독자를 다른 인식의 차원으로 인도할 수 있는 문학의 힘은 매혹적이었다.

그렇게 영미 현대문학을 읽으며 나는 내 안에 있었지만 잘 몰랐던 예술적 감수성, 혹은 '끼'를 발견했다. 졸업을 앞두고 나는 뭔가를 창작하는 분야로 가고 싶었다. 대학원에서 연극을 배워야겠다는 생각을 했다. 그런데 결국 용기를 내지 못했고, 나는 당시 잘나가던 통신회사에 들어가게 되었다. 또 한 번의 소심한 선택이었다. 월급도 괜찮았고, 정규직으로 평생 다닐 수 있는 기업이었다. 그런데 문제는, 재미가 없다는 것이었다. 입사 후부터 두통과 위염이 시작됐고 회사를 다니는 내내 통증이 계속됐다. 한 번뿐인 인생인데 이렇게 재미없게 살 수는 없다고 생각했다. 나는 입사한 지 1년이 채 안 되어 아무 대책 없이 사표를 던지고 나왔다.

망망대해에 몸을 던진 나는, 내가 진짜 하고 싶은 것이 뭔지 처음으로 스스로 찾기 시작했다. 부산국제영화제에 놀러 가 우연히 몇 편의 다큐멘터리 영화를 보았다. 일본군 '위안부'로 희생당한 여성들의 삶을 다룬 영화를 보고, 다큐멘터리 영화가 사회적 약자들의 목소리를 크게 들리게 하는 '스피커'가 될 수 있다는 것을 알게 됐다. 또 판에 박힌 형식이 아닌, 예술로서의 다큐멘터리가 있다는 것을 알게 됐다. 그렇게 나는 다큐멘터리 영화의 매력에 빠졌다.

어느 날엔가 동물원에 갔다. 그리고 그 안에서 비정상적인 행동을 하는 북극곰을 보았다. 수십 명의 관람객들이 북극곰을 에워싸고 있었는데, 북극곰의 이상행동을 보고 아무도 이상하다고 반응하지 않고 박수를 치며 즐거워하는 모습이 너무 이상했다. 그리고 북극곰의 명백한 고통을 알아보지 못하는 사람들의 태도는 어디에서 기인하는 걸까 생각해 보았다. 그동안 숱한 미디어에서 '꿈과 낭만의 동산'으로 그려졌던 동물원의 이미지 때문이라는 생각이 들었다. 나는 인간 구경꾼의 시선이 아닌 평생 감금된 채 살아가는 동물들의 입장에서 동물원이라는 공간을 바라보는 영화를 만들어야겠다고 생각했다. 운명처럼 새끼 호랑이 크레인을 만나게 되었고, 그 작고 사랑스러운 아기 호랑이가 전시장 뒤 어두운 내실에서 야생성을 박탈당한 채 외롭고 슬픈 삶을 살아가는 것을 보게 되었다. 크레인을 촬영하며 나는 약속하고 또 약속했다. "크레인, 미안해. 내가 너를 철창 밖으로 꺼내줄 수는 없지만 너의 슬픈 이야기를 영화로 만들어 세상에 꼭 전할게. 그리고 언제까지나 너희들의 편에서 영화를 만들게."

크레인은 내가 어떤 다큐멘터리를 만들어야 하는지, 어떤 삶을 살아야 하는지를 알려준 내 인생의 은인이고, 메신저였다. 크레인의 삶을 담은 다큐멘터리 영화 <작별>(2001)은 내 인생의 전환점이 되었다. 나는 크레인에게 했던 약속을 이후 20년이 넘도록 잊은 적이 없다. <작별>을 시작으로 지금까지 인간과 비인간 동물의 관계, 그리고 '생명'이라는 화두를 가지고 다큐멘터리 영화를 만들어오고 있다. "작가가 이야기의 주제를 정하는 것 같지만 사실은 이야기가 작가를 찾는다"고 했던 인도 작가 아룬다티 로이의 말에 깊이 공감하며 작품을 만들어왔다. 도로에서 헤아릴 수 없이 많은 야생동물들이 로드킬로 먼지처럼 사라지는 현실을 알고 <어느날 그 길에서>를 만들었고, 고기가 아닌 살아 있는 돼지를 만나러 아이 손을 잡고 농장에 가서 돼지들과 친구가 되는 여정을 <잡식가족의 딜레마>로 만들었다. 전북 군산에 살게 되면서, 새만금간척사업에서 살아남은 마지막 갯벌 '수라갯벌'이 있다는 것을 알게 되었고, 갯벌과 물새들의 아름다움을 잊지 못해 20년 동안 헌신적으로 조사하고 기록한 시민들을 만나 <수라>를 만들었다.

다큐멘터리 영화를 만드는 일은 지금도 내 가슴을 뛰게 한다. 작품을 만들 때마다 나는 마치 제단에 뼈를 하나씩 바치는 심정이다. 고단한 수년의 시간을 인내해야 하고(<수라>는 제작에 7년이 걸렸다), 월급도, 4대보험도 없고, 돈도 많이 못 번다. 그래도 계속하는 이유는, 내겐 이보다 더 행복한 일이 없기 때문이다. 고생 끝에 완성한 영화를 극장에서 커다란 스크린으로 상영할 때, 나의 영화를 보며 울고 웃는 관객들을 볼 때, 영화를 본 관객들이 새로운 눈으로 세상을 보게 됐다고 말할 때, 관객들이 현실에서 크고 작은 변화들을 만들어낼 때, 나는 커다란 보람과 힘을 얻고 무모하게 다음 작품으로 또 뛰어든다.

돌이켜보면, 영문도 모르고 영문과에 갔지만 그 덕분에 지금의 내가 있다. 위대한 작가들의 시, 소설, 희곡을 읽고 한참을 감동에 젖어 있던 경험이 지금의 나를 있게 한 시간들이었다. 문학 속 다양한 캐릭터들을 만난 경험은 현실 속 사람들의 심리를 이해하고 영화로 표현하는 데 큰 밑거름이 된다. 나는 고등학교 때의 희망대로 인류학자나 고고학자, 혹은 심리학자가 되지는 않았지만, 실은 문학이야말로 인간의 근원을 파고드는 일이고, 다큐멘터리 영화는 인간의 내면과 사회를 들여다보고 표현하는 일이라는 점에서, 어릴 적 막연히 품었던 '오지 탐험가'의 꿈을 이룬 셈이다.

문학은 사람의 마음을 움직인다. 영화 또한 마찬가지다. 현장에서 아름다운 사람들과 아름다운 순간을 발견할 때면 나는 여전히 가슴이 뛰고 눈물이 핑 돈다. 내 마음속엔 아직도 학관 독서실에서 책을 읽으며 눈물을 쏟던 스물한 살의 내가 있다.

1　재학 시절 교정에서 친구와 함께(왼쪽이 필자)
2　<어느날 그 길에서> 작품 포스터

# 나의 친구들 그리고 스승님

**강수진**
(2000년 졸업)

안녕하세요. 영어영문학과 96학번 강수진이라고 합니다. 이 글을 쓰기 시작하는 지금은 2024년 입춘을 막 지나 봄기운이 가득한데요, 저는 현재 이화여자대학교 조형예술대학 디자인학부 교수로 재직 중에 있습니다. 많은 분들께서 영문학도, 디자이너, 그리고 교수로의 제 변천사를 흥미롭게 들어주시곤 하는데, 재학 시절을 글로 적어보는 것은 처음이라 저도 오늘의 봄기운처럼 설렙니다.

28년 전 꼭 이맘때에 이화의 교정을 처음 밟았었네요. 이화여대 지하철역에서 하차하여 까마득하게 긴 에스컬레이터에 몸을 싣고 위를 바라보면 빼곡한 '여학생들' 가운데 서 있는 자신을 발견하던 충격(?)이 아직도 생생합니다. 대학생이 되면 높은 굽의 구두를 신고 예쁘게 화장하고 영문학 전공 서적을 멋있게 옆구리에 끼고 다닐 거라는 제 상상과는 달리, 다음해 전공 선택이 있다는 현실에 두꺼운 안경을 끼고 운동화를 신고 책가방을 들쳐 메고 캠퍼스를 뛰어다니며 공부했습니다.

가나다순으로 전공 수업반이 나뉘었는데, 그때 '강' 씨 성과 가까운 '김' 씨인 제 인생 친구들(김수완, 김혜진A, 김혜진B)을 만났습니다. 학관 앞 아펜젤러 동상이 자리한 언덕에 비스듬히 누워 애증의 *The Norton Anthology English Literature*를 펼치던 날들, 중앙도서관에서 함께 밤을 지새우며 뿌듯해했던 날들, 채플에 늦을까 봐 이대역에서 지금은 없어진 정문 기찻길을 지나 대강당까지 전속력으로 달려가던 날들 모두 아련한 추억으로 남았네요. 현재 수완이는 뉴욕의 Brooklyn College에서 Director of Composition & Professor of English가, 혜진A는 오타와 소재 주캐나다 대한민국 대사관에서 참사관이, 혜진B는 SC제일은행 자카르타 주재원을 거쳐 지금은 서울에서 기업 금융 담당자가 되어 있습니다. 세계 이곳저곳에서 지내는 친구들 덕에 눈뜰 때부터 잠들 때까지 언제든 소소한 이야기들을 허심탄회하게 나눌 수 있고, 서로 다른 직업과 성격 덕분에 다양한 시각으로 세상을 볼 수 있어 감사합니다. 『이화 영어영문학과 100년』에 그동안의 인생을 같이 나누어보자고 했는데 그 친구들의 이야기도 많이 궁금합니다.

영문 94 김미영 선배의 권유로 2학년 때 가입한 연합동아리 '한일학생포럼'의 인연들도 지금까지 끈끈한데요, 주말 아침이면 포럼 친구들과 산책을 하며 우리가 서로 노후보험이라고 웃으며 이야기하곤 합니다. 영문 93 서영주 선배는 조형예술대 행정실 팀장으로 재직 중인데, 우연히 학부 시절 동아리 이야기를 나누다 포럼 11기의 인연임을 알았습니다. 얼마나 신기한지요. 포럼 13기 동기로 붙어 다닌 영문 96 한유경은 지금 이화여대 호크마교양대학 전임으로 이어진 인연이 너무 감사하고, 영문 97 그리고 포럼 14기인 강나연, 나은채 후배는 동네 수퍼마켓에서 마주치면 함께 연로하신 부모님의 안부와 자녀 양육 등 인생 이야기를 나누기도 합니다. 영문 95 권은정, 권채란 선배도 소중한 이화영문의 추억을 함께한, 그리고 지금도 저희를 살뜰하게 챙겨주는 멋진 선배들입니다. 뿐만 아니라 귀한 시간 내어 일 년간 1:1 성경공부로 양육해주신 LDI 박혜원 교수님, 떨리는 임용 마지막 관문에서 뵈었던 김혜숙 총장님, 산학협력 캡스톤디자인 수업 팀티칭으로 만나 뵌 행정학과 강민아 교수님 등 영문과 대선배님들은 존재만으로도 반갑고 큰 힘이 됩니다. 저도 누군가에게 그런 선배가 되면 좋겠습니다.

또한, 공주님 캐릭터가 그려진 스와치 시계를 손목에 차고 등장하셔서 열정적으로 페미니즘과 여성 문학을 가르쳐주신 최주리 교수님. 비록 학점을 잘 받지는 못해도 교수님을 향한 팬심으로 매년 수강신청을 했습니다. 마지막 학기에 출간한 *EDELL(Ewha Division of English Language and Literature) Newsletter*를 아직도 기억하시고 고맙다 이야기해주시는 교수님, 감사합니다. 한 제자의 삶의 여정 가운데에서 함께 기쁨과 슬픔을 나눌 때마다 눈물을 글썽이며, 교수님이라기보다 인생 선배로 조언해주실 때 정말 따뜻했습니다. 저도 누군가에게 그런 스승이 된다면 좋겠습니다.

교수님께서 '제1회 호크마포럼'에 연사로 참여해달라 부르셨을 때는 기쁜 마음으로 한걸음에 달려갔고, 그때의 강연이 인터뷰 요청으로 이어져 '이화 DNA'에 소개된 적도 있습니다. 그리고 이 일을 계기로 영광스럽게도 2020년 이화 플래너에 '21세기 이화 Peer' 중 한 명으로 실리기도 했습니다(가보로 소중히 간직하고 있습니다). 이는 다시 영상인터뷰로 이어졌고, 생전 처음 스튜디오 촬영을 하기도 했답니다. 그리고 이 연결 고리들을 통해 이화여대 조형예술대학 디자인학부와 인연이 되었던 것이었습니다. 이 연속적 사건들은 우연이 아닌 하나님의 부르심이었겠지요.

결정을 해야 하는 그 시간, "주의 권능의 날에 주의 백성이 거룩한 옷을 입고 즐거이 헌신하니 새벽이슬 같은 주의 청년들이 주께 나오는도다"(시110:3)라는 말씀이 따스한 햇살과 함께 주어졌습니다. 이제 이화에 부임한 지 꼭 3년이 되어갑니다. 새 학기를 맞으며 이 부족한 종을 사용하여 이화의 땅에서 하실 일들을 기대하고, 기다리며, 기도합니다. 이화영어영문학과의 100년을, 그리고 앞으로의 100년 그 이상을 축복합니다.

# 여러분 '문송'하십니까? 새로운 르네상스 시대의 도래

**정수연**
(2001년 졸업)

동문 여러분 안녕하세요. 정수연입니다. 저는 이화에서 영어영문학과 법학을 공부했고, 이화여대 경영전문대학원에서 Big Data를 전공하여 MBA를 마쳤습니다. 지금은 스타트업 전문 '미래 신산업 전략 컨설팅 및 투자펌 테크앤로벤처스'의 대표로 일하고 있습니다.

이화영어영문학과의 100주년을 진심으로 축하하며, 이렇게 동문님들과 함께 역사의 한가운데에서 오롯이 목도할 수 있는 기회가 주어져 진심으로 기쁩니다. 그리고 기쁜 마음 한편으로 앞으로의 이화영어영문학과의 100년은 또 어떠할지 궁금합니다. 이 순간에도 초고속의 속도로 발전하고 있는 이 시대, 전공으로서의 문학은 무슨 의미가 있는가라는 문제와 맞물려 앞으로 어떻게 나아가야 할까 하는 생각이 듭니다.

산업 현장의 최전선에서 마주하는 기술 발전의 속도는 일상생활 속에서 느끼고 상상하는 것 이상입니다. 우리가 발 딛고 있는 지구가 자전하는 속도를 느끼실 수 있나요? 지구 자전을 당연하다고 알고 있지만 평범한 삶 속에서 절댓값으로 느끼지는 못합니다. 적도를 기준으로 무려 1,670km/h의 속도로 달리고 있다는 사실을 말입니다. 기술의 발전 속도도 다르지 않습니다. 이제 곧 대학의 존폐 여부가 논의될 것이고, 대학의 역할을 재정립해야 할 것이고, 전공의 경계는 무의미해질 것입니다. 기존 산업화에 맞춰 대량생산을 위해 필요했던 촘촘하고 배타적이고 엄격한 경계를 나눈 전공 구분은 불용할 것이고, 대다수 전공은 AI로 대변되는 기술 역량 안으로 치환될 것입니다. 이러한 시점에서 영문학을 전공했고, 전공하고 있고, 앞으로 전공할 동문들은 고민이 많으실 것입니다. 공공연히 '문송하다(문과라서 죄송하다)'는 자조적인 표현이 우스갯소리처럼 쓰이는 우리 현실에서, '난 기계치에 이공계도 아닌데, 나도 코딩을 배워야 하나?', '나와 같은 인문계는 기술기업에 취업이 어렵지 않을까?' 등의 고민을 하게 됩니다.

여러분 '문송'하십니까?

기술 패권과 경제 패권의 글로벌 패러다임이 바뀌는 시대의 과도기를 지금 막 지나고 계신 여러분, 전혀 문송하지 마시기 바랍니다. 지금처럼 시기적으로 기술을 상용화하고 이끌어내기까지는 잠시 영문학과 같은 인문학이 회의적으로 느껴지고 소외되는 구간이 있을 수 있습니다.

하지만 이제는 AI가 등장하면서 그 능선을 절대적으로 넘어섰습니다. 이것은 마치 윈도우즈가 나오기 이전에는 C언어를 다룰 수 있는 소수 프로그래머만이 컴퓨터를 다룰 줄 알았는데, 이제는 누구나 마우스 클릭만으로 그 많은 응용프로그램들을 사용할 수 있게 된 환경과 유사한 진화 프로세스입니다. 스마트폰에 구현되는 앱을 스스로 만들어내지 않더라도 수많은 앱을 활용하여 스마트폰의 파워 유저가 되면 모바일 생태계에서 경쟁력을 가지게 되는 것입니다. 이제는 오히려 AI 등의 최첨단 기술이 적용되고 또 하단에서 구현되고 있는 디바이스들을 윈도우즈처럼, 스마트폰 앱처럼 적극적으로 사용하여 전문 영역을 넘나들며 활용해야 하는, 곧 또 한 번의 점프를 해야 하는 시대가 왔습니다.

이 점에서 인문학이 갖는 큰 의미가 도출됩니다. 아무리 많은 데이터와 기술이 차고 넘치더라도, 그리고 그 데이터를 처리하고 기술을 다룰 수 있더라도, 바로 그러한 점 때문에 그 안에서 데이터를 기반으로 본질을 향해 "왜?"라는 질문을 던질 수 있는 자가 오히려 절대적으로 필요합니다. 같은 데이터 안에서도 의미를 부여하여 유의미한 방향성을 만들어내고, 스토리텔링을 하고, 공공의 선으로 재가공할 수 있는 넓은 스펙트럼의 인문학적 소양과 깊은 인사이트가 참으로 중요한 역할을 할 수밖에 없습니다.

바로 이 점에서 영문학과 같은 인문학은 기술의 가치와 활용이 높아질수록 하향 반비례하지 않고 오히려 상향 요구될 것입니다. 다시 말해 미래에는 새로운 르네상스의 시기가 다시 도래할 것이며, 거기에 넓고 단단한 바탕으로 인문학적 소양을 갖춘 인재들이 무경계의 융합 인재로서 지경을 넓혀 날아다닐 수 있을 것이라는 의미입니다. 다만 여기서 인문학의 영역이라면 토막토막 경계를 나누는 방식이 아니라 역사, 철학, 문학, 과학, 예술을 넘나들며 향유할 수 있는 내공이 필요하다는 이야기입니다. 그리고 기술의 발전을 놓치지 않고 능동적으로 임하는 호기심과 적극적으로 수용하는 포용력이 필수로 요구될 것입니다. 르네상스 시대의 레오나르도 다빈치 같은 천재가 역사부터 미술과 과학에 이르기까지 모든 영역을 아울렀다면, 이제는 AI를 기반으로 하는 기술 시대의 기기를 빌려 굳이 다빈치와 같은 천재가 아니더라도 그만큼의 활약을 꿈꿀 수 있다는 것입니다.

현재 글로벌 필드에서 활약하는 유망한 테크 기업들의 수장이 모두 컴퓨터 엔지니어 출신은 아닙니다. 오히려 문학, 역사, 철학 기반을 배경으로 하는 수장들이 다수 포진해 있습니다. 리더는 기업이 어디로 가야 하는지, 왜 가야 하는지, 종국적으로 어떠한 세상을 구현할 수 있는지를 제시하고, 그것을 비즈니스 모델(BM)과 서비스를 통해 구현해낼 수 있어야 합니다. 이는 조직의 크기가 크고 작다든지 구성원의 수가 많고 적다는 것과는 무관한 것입니다.

이화 영문인 여러분! 지나온 100년이 의미 있는 만큼 앞으로의 100년은 더욱 중요할 것입니다. 대학의 역할이 변화될 것이고, 전공의 경계는 흐려질 것입니다. 하지만 그렇더라도 인문학 자체의 역할과 중요성이 약해지는 것은 절대 아니며, 오히려 고양될 것입니다. 인간에 대한 고찰, 인간 심리에 대한 이해, 인간 본능의 발현, 삶의 의미 등 인문학을 통해 고뇌하고 통찰해왔던 인류의 역사는 기술 위에 건재할 것이고, 그 방향타가 될 것이기 때문입니다. 인간 본질에 대한 여러분의 흥미와 열망과 사랑을 간직하시고 나만의 무경계의 융합 능력으로 'A Territory of One's Own'을 구축하시기 바랍니다. 감사합니다.

# 이화의 가르침, 세상의 빛과 소금이 되는 법조인으로

**곽은정**
(2011년 졸업)

어느덧 10년 가까이 변호사로 일하며 학부 전공과는 거리가 먼 삶을 살아가고 있는 듯하지만, 돌이켜보면 지금의 경력을 가능케 한 건 모두 모교인 이화에 뿌리를 두고 있습니다.

먼저, 보통 '변호사'라고 하면 TV 드라마에 나오는 것처럼 법정에서 화려한 언변을 구사하며 변론하는 모습을 쉽게 생각합니다만, 실제로는 주로 서면으로 공방이 오가고 재판에서는 간략하게 변론이 진행됩니다. 저는 학부 시절 내내 과제와 시험을 통해 차분히 자신의 의견을 글로 써 내려가는 능력을 자연스럽게 체화했고, 다행히 지금도 의뢰인의 입장을 글로 정리하고 표현하는 데 큰 어려움 없이 편하게 일을 수행하고 있습니다. 제가 변호사로서의 삶에 만족하며 애정을 가지고 임하는 이유는 이화에서 배운 기독교적·인문학적 소양을 토대로 하는 사명감과 책임감 때문이 아닐까 싶습니다.

학부 졸업 후 존경하는 영문과 교수님께 로스쿨 합격 소식을 알리며 감사의 말씀을 드린 적이 있습니다. 그때 교수님께서 "이제부턴 배우는 것 하나하나가 칼과 망치가 되기도 하고 할머니의 약손이 되기도 할 터. 열심히 익혀 부디 아름다운 세상을 만드는 데 쓰임 받길 바란다"라고 말씀해주셨습니다. 이 말씀은 지금까지도 저에게 소중한 자양분이 되어, 초심을 잃지 않고 맡은 바 일을 해나갈 수 있게 작용하고 있습니다.

변호사 또한 사람 사는 이야기를 다루는 직업이라는 점에서, 문학작품 속 배경과 인물 등을 분석하고 작품의 의미를 파악해나가는 과정과 일맥상통한다고 생각합니다. 변호사로서 일을 하다 보면 억울한 사람, 가여운 사람 등 정말 다양한 사연을 가지고 있는 사람들을 만나게 됩니다. 이때 변호사로서 해야 할 일은 기계적으로 업무를 처리하는 것이 아니라, 그들이 처한 삶의 이야기에 귀 기울이고, 진심으로 공감하며, 해결책을 제시하는 것입니다.

비록 어려운 사건이지만 진행 과정에서 의뢰인과 꾸준히 소통하고, 의뢰인의 말을 경청해 새로운 방안을 찾아서 결국 재판에서 승소하는 좋은 결과를 얻기도 했습니다. 또한 국선 사건에서 피고인이 억울함이 없도록 최선을 다해, 결국 실형을 면하고 사회로 복귀하여 살아가는 기회를 얻는 데 도움을 드린 경험도 있습니다.

앞으로도 이화 영어영문학과 출신이라는 자부심을 가지고, 제가 변호사로서 수행하는 바가 누군가에게 양약과 같이 작용해 조금이나마 이로운 사회를 만드는 데 보탬이 되기를, 지혜롭게 갈등을 해결해나가는 법조인이 되기를 소망합니다.

1, 2, 3　재학 시절 사진
4　졸업식 사진

# 당신의 눈빛을 생각하며

김지선
(2014년 졸업)

이화여대 영문과 하면 가장 먼저 떠오르는 것은 그곳에서 만난 이들의 눈빛이다. 누군가의 눈이 깊은 내면의 꿈들을 내비치며 반짝, 빛날 때 그 순간이 내게는 진한 인상으로 남아 그 사람을 기억하는 방식이 되곤 한다. 누구나에게 그런 순간과 그런 눈빛이 있다. 어떤 순수한 아름다움에 매료되어 가장 순수한 자신이 드러나는 순간. 그 순간의 황홀함이 어느새 그리움으로 번져 눈빛에 차오르는 순간. 그 눈들을 보고 있으면 그들의 눈에 비친 아름다운 무언가를 나도 함께 목도하고 싶다는 마음이 든다.

이대 영문과에는 유독 그런 눈을 가진 사람들이 많았다. 문학에 대한 애정이 뚝뚝 묻어나는 교수님들의 눈빛이나 이국적인 언어 안에서 새로운 세계와 자아를 탐방해가는 학생들의 눈빛이나 다들 꿈을 꾸는 사람들 같아서 그 낭만적 느낌이 좋았다. 그러한 '낭만'의 경험이 그저 낭만 이상의 힘을 가지고 있다는 것은 나중에 가서야 깨달았지만, 처음에는 그저 문학을 사랑하는 순수한 마음이 좋았고, 그런 마음을 나눌 수 있는 이들이 곁에 있다는 사실이 즐거웠다.

대학원에 진학하면서부터는 문학을 공부하는 일의 의미에 대해 수도 없이 자문했다. 문학의 존재 의의는 무엇이고 그것을 공부하는 일을 업으로 삼겠다는 것은 또 무슨 의미가 있는 것일까. 그저 즐겁다는 이유만으로는 어딘가 부족했다. 그즈음의 나는 영문과에서 석사과정을 밟으며 영미 드라마를 주전공으로 삼고 싶다는 생각을 하고 있었고, 덕분에 교수님의 추천으로 영문과 영어연극 동아리인 빙즈(Beings)에서 활동하게 되었다. 처음에는 배우로, 이듬해에는 연출로 참여하며 다양한 학생들과 합심하여 공연을 올렸는데, 그때 함께 연극을 만들던 벗들의 눈빛 하나하나가 뇌리에 깊이 각인되어 내가 아직까지 공부를 지속할 수 있는 동력이 되어주고 있다. 수업이 끝나면 다들 학관에 모여, 해가 지고 경비 아저씨께 쫓겨날 때까지 리허설을 했고, 부족한 예산에도 그럴듯한 무대를 만들어보겠다며 밤샘 작업을 하고, 지하상가를 돌아다니며 공연 의상을 구하고, 학교 근처에서 홍보 전단을 돌리면서 누가 시킨 것도 아니고 흔히 말하는 '스펙'도 되지 않는 연극을 그렇게나 열심히 올렸다.

그때 벗들의 눈빛을 보며 깨달았다. 어릴 적 어렴풋이 느꼈던 낭만의 기분은 그저 대학의 낭만이 아니라 '아름다운 세계'에 대한 열망이었고, 문학은 그러한 세계를 보고, 느끼고, 상상할 수 있도록 창을 내주는 역할을 해왔으며, 그러한 세계를 한시적이나마 '함께' 만들어가는 연극의 경험은 낭만을 넘어 혁명적인 일이라는 사실을. 그래서 내가 기억하는 이들의 순수에 젖은 눈빛은 대학의 낭만이 아니라 문학과 예술이 지닌 혁명의 가능성을 상징한다. 지금의 우리가 각자 어디에 흩어져 있든 그때의 우리는 그 눈빛과 시간을 공유했고, 그때의 불씨가 아직도 가슴속에 남아 각자의 걸음걸음에 함께하고 있음을 안다. 그런 눈빛들을 공유하는 일이 아름다운 세상을 만들어가는 길이기도 하지 않을까.

스스로의 눈을 바라보는 일은 불가능하지만, 내가 타인의 눈빛에 젖어들었듯 영문과에서 만난 많은 인연들도 나의 눈빛을 세심히 들여다봐주었다. 그 안에 맺힌 많은 꿈들을 하나하나 응원해주고, 내가 보는 것들이 아름답다고 말해주고, 나조차도 알지 못했던 나의 가능성을 기꺼이 끌어내주고, 스스로에 대한 의구심에 사로잡힐 때마다 나보다 더 나를 믿어주었다. 그들의 눈을 통해 나는 내 눈빛이 무엇을 지니고 있는지 짐작해본다. 그렇게 나도 알지 못했던 나를 만나게 해준 곳, 함께 꾸는 꿈의 거대한 힘을 가르쳐준 곳, 그래서 마음속에 고향으로 자리 잡은 곳, 그게 나의 이화이고 또 영문과이다.

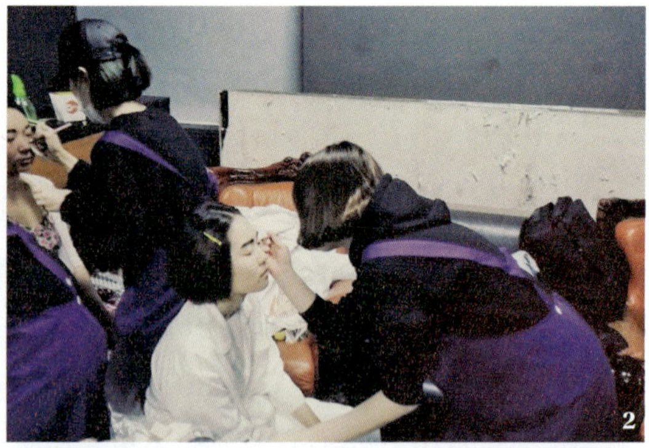

1 <The Clean House> 배우들
2 <The Clean House> 배우들 분장 중
3 <The Clean House> 공연
4 <The Clean House> 커튼콜
5 <Dead Man's Cell Phone> 단체 사진
6 <Dead Man's Cell Phone> 리허설
7 <Dead Man's Cell Phone> 소품 만들기

## “저는 영어교육과가 아니라 영어영문학과 출신 교사입니다.”

**허지원**
(2010년 입학, 2015년 졸업)

고등학교 영어 교사로서 맞이하는 학생들과의 첫 수업 시간, 그리고 동료 교사들과 처음 만나 인사를 나누는 자리에서 언제나 덧붙이는 내 자신에 대한 소개 문구이다. 그만큼 영어영문학을 전공했다는 것은 교직 생활에 있어 나를 차별화하는 가장 큰 부분이 아닐까 싶다. 2015년 말 본교(서울미술고등학교) 임용 직후, 나는 가장 먼저 가족과 영문과 교수님들께 영어 교사가 되었다는 소식을 전했고, 교수님들의 진심 어린 축하와 조언을 동력 삼아 2016년부터 교직 생활을 시작했다. 어느덧 9년 차 교사이자 본교 학생부장이 되어, 지난 이화여대 영문과 재학 시절을 회고하며 영문과 출신 영어 교사로서의 차별점에 대해 생각해본다.

### 내 인생의 가장 큰 자산, 2012년 영어영문학과 공동대표

2011년 말, 대학교 3학년을 앞둔 시기에 나는 내 친구(홍진희, 10학번, 2017년 졸)와 함께 영어영문학과 학생회 활동을 마친 후, 차기 학과 공동대표직을 제안받았다. 공동대표 업무를 하며 학업 생활을 무탈히 이어갈 수 있을지 약간의 걱정도 있었지만, 한편으로는 이화여대 대표 학과이자 가장 큰 학과인 영어영문학과를 이끌어간다는 자부심이 생겼고, 그렇게 2012년 공동대표 활동을 시작하게 되었다. 이 경험을 통해 내가 배우고 느끼게 된 두 가지의 덕목이 있다. 바로 ‘책임감의 중요성’과 ‘인연의 소중함’이다.

공동대표로서 학과 내 각종 사업들을 주관하며 책임감의 중요성을 가장 크게 배웠기에, 교사가 된 오늘날에도 학생을 가르칠 때 혹은 각종 업무를 할 때 매사 책임을 다하여 임하는 자세를 가지게 되었다. 또한, 함께 영문과 공동대표를 맡은 홍진희 동문과는 같은 학과 동기로 만난 시절부터 졸업 이후 지금까지 둘도 없이 친한 친구가 되었으며, 영문과의 동기들, 여러 선후배들과도 지금까지 소중한 인연을 이어오고 있다. 무엇보다, 공동대표 활동을 통해 교수님들과 더욱 가까이 소통하면서, 교수님들이 학과와 학생들에 대한 애정과 자부심이 남다르며, 학생들을 진심으로 대해주시는 따뜻한 교육자라는 것을 깊이 느낄 수 있었다. 나는 이런 교수님들의 애정을 기억하고 되새기며, 오늘날 교직 생활을 이어가고 있다.

### 배움의 깊이가 남다른 이화 영어영문학과의 수준 높은 강의

한 세기 동안 이화여대의 대표 학과로서 위상을 유지해온 영어영문학과이기에, 전공 수업이 다양하고 영어 강의가 많아 여러 강의를 이수하며 훨씬 더 깊이 있게 영어영문학을 배울 수 있었다. 2010년 인문과학대학 학부생 시절, 1학기에 개설되는 선수과목 '영문학 입문' 강의는 분반이 다섯 개나 있었을 정도로 인기가 많은 강의였다. 특히 국어국문학과나 불어불문학과 등 다른 전공을 전공한 인문대 학생들도 필수적으로 수강할 정도로 중요한 강의였다. 10여 년이 지난 오늘날에도 학부 시절에 수강한 이승아 교수님의 'Communicative English Grammar', 박승혁 교수님의 'English Syntax', 최혜원 교수님의 '영어사' 강의를 통해 영어학을 보다 더 깊이 있게 배웠다고 자부한다. 특히 고등학교 영어 수업을 연구할 때 당시 배웠던 전공 서적들과 유인물을 자주 참고하곤 한다. 교사의 생명은 수업과 전공에 대한 전문성이기에, 이것이 바로 영어영문학과 출신 영어 교사로서의 경쟁력이자 차별성이라 여기며 계속해서 심도 있게 영어학을 공부하고 전문성을 길러 나가기 위한 동기를 부여받고 있다.

### 100주년을 넘어, 이화여대 영어영문학과의 미래를 위하여

명실공히 이화여대 최고의 학과로 인정받고 있는 영어영문학과의 동문들은 각계각층에서 '여성 최초'라는 타이틀을 가장 많이 보유하고 있을 정도로, 우리 사회 여러 분야의 리더로서 활약하고 있다. 영문과 100주년을 앞둔 지금, 또 다시 맞이할 100주년을 위해 우리 동문들이 이화 영문인으로서의 자부심을 공유할 수 있도록 동문 네트워크가 조금 더 활성화될 필요성이 있다고 생각한다. 다가오는 2025년, 이화여대 영어영문학과의 100주년을 맞아 각계각층의 여러 동문들이 부담없이 교류하고, 특히 젊은 동문들이 활발히 참여할 수 있는 계기가 마련되기를 기대한다.

2023년, 졸업 후 다시 찾은 교정에서 ECC를 배경으로

# 2014년, 우리는 불멸의 사랑을 나누었다

**신희원**
(2016년 졸업)

안녕하세요? 저는 이화 영문과 소속 영어연극 동아리 Beings의 일원으로 활동했던 신희원이라고 합니다. 저와 저의 팀원들은 2014년에 제74회 정기공연 <로미오와 줄리엣(*Romeo and Juliet*)>을 무대에 올렸었습니다. 아쉽게도 벌써 10년이 지나 지금은 많은 기억이 수면 아래로 가라앉았네요. 미국의 여류 시인 엘리자베스 비숍(Elizabeth Bishop)이 적었듯, 우리가 가진 수많은 것들, 그리고 기억조차 '우리를 떠날 의지 내지는 가능성으로 가득 찬 존재들'[11]임을 느끼게 됩니다. 하지만 저는 이 글을 통해 아직 가라앉지 않은 파편을 건져, 제 인생에서 가장 밝고 뜨거웠던 날들 중 한때를 조금 되새기려 합니다. 비숍은 모든 것을 잃는다 해도 그렇게 큰 재앙은 아닐 것이라고 했지만, 저는 아직 너무 많은 것을 잃기엔 무섭기 때문입니다.

돌이켜보면, 처음 공연할 작품을 정하고 준비를 시작했던 2014년 봄부터 마지막 공연을 끝마친 9월의 두 번째 토요일까지의 기간은 짧았습니다. 학교 곳곳을 돌아다니며 홍보 포스터를 붙이고, 활동할 인원을 모집하고, 학관 108호 강의실과 연출 선생님이 마련하신 강남 한복판의 작은 공간을 오가며 연습에 몰두하고, 학교 주변 가게들에 연락해 후원을 요청하고….

숨 가빴던 그 시절을 돌이킬 때면 얼른 머릿속에 떠오르는 장면이 몇 개 있습니다.

처음 로미오와 줄리엣이 만나 사랑에 빠진 무도회 장면을 위해 군무를 추고 또 추던 우리의 경쾌하고 절도 있던 발걸음. 공연에 필요한 중세풍 의상을 빌리러 서울역 국립극단 건물에 갔을 때, 우리를 맞아주던 8월의 덥고 습한 공기와, 대여를 위해 들어간 의상실에서 마주한 수백 벌의 다채로운 옷, 옷, 옷들이 펼쳐졌던 장관. 학생문화관에서 최종 리허설을 하던 마지막 일주일, 한 장면을 마치자마자 다음 장면을 준비하기 위해 함께 분주히

11 Elizabeth Bishop, 「One Art」, *The New Yorker*, 1976.

오갔던 무대 뒤편, 분장실로 이어지는 비좁고 칠흑같이 깜깜했던 긴 통로. 그 외에도 수많은 순간들이 몽타주를 이루는 단편처럼 펼쳐지고, 개중에는 그때 더 나은 선택을 하지 못한 저 스스로의 미숙함에 한탄하게 되는 장면들도 있습니다.

그 미숙한 존재성을 품고 발바닥에 불이 나게 돌아다니며 제 머릿속에 내내 맴돌던 말은 김빠지게도 "이 짓 두 번은 못하겠다"였습니다. 세상에 처음 하는 일 치고 쉬운 게 없다지만, 태어나 처음으로 그런 대규모 공연을 준비하는 것은 저에게 정말 어려운 경험이었거든요. 그리고 그때나 지금이나 단언할 수 있는 것은, 부족한 저를 믿고 공연을 위한 열정만으로 똘똘 뭉쳐 저와 함께, 저보다도 더 열심히 달린 팀원들이 아니었다면, 저는 두 번이 아닌 단 한 번도 해내지 못했으리란 사실입니다.

더운 여름방학 기간, 하루의 대부분을 어렵고 긴 대본을 외우고 동작과 호흡을 맞추는 데 바치는 여정은 우리 모두에게 고되었고, 사람이 진행하는 모든 일이 그렇듯 수많은 문제가 발생했습니다. 여건이 되지 않아 제대로 매듭짓지 못한 문제도 있었지만, 대부분의 갈등은 모두가 열린 마음으로 시혜를 모은 딕에 해결될 수 있었습니다. 아마 저 혼자였다면 헤쳐나갈 수 없었겠지요.

그때의 제가 무대에 올라 어떤 표정을 짓고 어떤 대사를 읊었는지 지금의 저는 잊어버렸지만, 그 장면을 만들기 위해 대본을 들여다보고 서로의 연기를 피드백하던 배우들의 진지한 표정은 아직 기억하고 있습니다. 우리의 공연이 어떤 장면으로 시작해 어떤 장면으로 끝났는지는 다소 흐릿한 기억으로 남았지만, 묵묵히 자리를 지키며 무대를 빛내기 위해 무대 뒤에서 헌신했던 스텝들의 열정 어린 눈동자는 아주 선명히 떠올릴 수 있습니다.

그리고 저는 그 진지함과 열정의 순간에 함께했던 경험이 아직도 미숙하고 불안정한 저를 지탱해온 가장 굵고 튼튼한 안전줄 중 하나라고 믿습니다.

우리의 이야기가 과거의 한 페이지를 채운 지도 오랜 세월이 지났고, 지금은 젊은 후배님들이 이화 영문과와 Beings의 미래를 새로 써가고 있겠지요? 보잘것없는 선배는, '어떤 모습으로든 하고자 하는 일에 열정을 잃지 말아달라'고만 감히 말씀드리려 합니다. 싫증이 나거나 지치는 순간이 온다면, 치열하게 살다 보면 당연히 느껴지는 감정이니 잠시 쉬세요. 결과가 실망스러울 수 있고, 실제로 많은 일이 실망스럽게 끝나지만, 너무 힘들어하지 않으셨으면 해요. 무언가에 열정을 가지고 꾸준히 임했던 경험만큼은 남아 앞으로의 삶을 이어나갈 작은 등불 하나가 되어줄 것입니다.

다만 너무 무리하지는 마세요. 다 먹고 살자고 하는 일이잖아요.

마지막으로 이 자리를 빌려 각자의 자리에서 열정을 빛내주신 모든 팀원들,

그리고 우리의 공연에 도움을 주신 모든 분들에게 진심 어린 감사의 말씀을 전합니다.

1 Beings 공연 연습 중
2 Beings 공연
3 Beings 공연이 끝나고 커튼콜
4 공연을 마친 후 단원들과 함께
5 Weekly Poetry 모임
6 2016년 8월 졸업 사진 촬영(앞줄 왼쪽에서 세 번째가 필자)

# Shall I Compare Thee to a Summer's Day

**안혜성**
(2012년 입학, 2017년 졸업)

윌리엄 셰익스피어의 「소네트18(Sonnet No.18)」 첫 구절만큼 사람을 설레게 하는 문장이 있을까. 그 간결한 한 줄은 영문학입문 강의에서 처음 들었을 때부터 지금까지 내 마음 한켠에 자리 잡고 있다. 신입생이었던 나에게 소네트 구절들은 마치 누군가 건네는 고백 같았다. 여름 생인 내가 가장 좋아하는 '청량한 여름날'에 비유되는 듯한 느낌을 주는 동시에, 소중한 사람이 된 듯한 설렘을 안겨주었다. 셰익스피어의 사랑이 담긴 「소네트18」은 내가 사회에 나온 이후에도 나의 하루를 희망차게 시작할 수 있게 하는 힘이 되기도, 상처받은 날에는 조각난 마음을 모아주는 원동력이 되기도 했다. 다시 말하면, 이화에서 배운 단 하나의 영시만으로도 나는 삶을 살아가는 이유를 찾을 수 있었다. 글을 시작하기에 앞서 내 인생의 모토를 찾게 해준 이화여자대학교 영어영문학과에 고마움을 전한다.

대개 문학 수업을 듣다 보면 좋아하는 작가가 생기기 마련이고, 나도 그랬다. 어느 초여름 날 내가 유난히 좋아하던 교수님 수업에서 그 작가를 만났다. 스콧 피츠제럴드. 책을 꼭 한 손으로 들고 강의하시던 교수님의 모습이 얼마나 멋있던지, 그리고 그분의 중저음 목소리를 통해 들리는 피츠제럴드의 글이 또 얼마나 멋지던지. 그 이후로 문학 좀 배웠다고 뽐내고 싶던 나는, 위기에 봉착할 때마다 고민 컨셉에 맞춰 해당 작가의 글귀를 찾아보는 것이 일상이 되었다. 그리고 이를 통해 인생에서 꼭 지키고 싶은 행동 하나를 배웠다.

> *"It was only a sunny smile, and little it cost in the giving, but like morning light it scattered the night and made the day worth living."* / F. Scott Fitzgerald

이 구절은 나에게 두 가지 가르침을 주었다. 첫째, 나의 작은 행동이 누군가의 하루에 영향을 미칠 수 있다. 둘째, 선한 영향력은 크기에 상관없이 주변을 밝히는 힘이 될 수 있

2016년 봄 학기 개강을 맞아 교정에서

다. 이토피아(Ewha+Utopia)에서 벗들과 함께 지내던 일상을 졸업하고 마주친 사회는 차가웠고, 처음 짊어진 무게에 떠밀려 상대를 대할 마음의 여유가 없는 순간도 많았다. 그럼에도 내가 타인에 대한 친절과 배려를 최우선 가치로 삼았던 이유는, 나의 행동이 누군가에게 영향을 미칠 수 있음을 스콧으로부터 배웠기 때문이다. 이렇듯 이화에서의 영문학 수업은 나의 삶에 다양한 연계 고리를 만들어주어 사고의 틀을 넓히는 계기가 되었다. 세상을 바라보는 시야를 넓혀주었고, 실제 사회에 나가 구성원으로서 임할 때에도 편협하지 않은 사람이 될 수 있게 도와주었다. 바라보기만 해도 영감이 떠오르는 학관의 낡은 창틀 옆에 앉아 풍요로운 문학 지식을 배울 수 있어 참 행복했다고 말하고 싶다.

이화는 참 특별한 곳이다. 주변의 그 누구와 이야기를 나누어보아도, 이화만큼 벅찬 감동을 주는 모교를 가진 사람은 없다. 떠올리기만 해도 마음이 든든한 곳, 언제나 굳건하게 서 있는 나의 버팀목이 바로 EWHA다. 나는 여전히 무너질 것 같은 순간에 이화를 찾아간다. 탁 트인 정문을 지나 본교를 걷다 보면 절대 해결할 수 없을 것 같던 문제들도 어느 정도 실마리가 보이고는 한다. 자유가 일상인 이화 안에서, 그리고 인문학적 소양을 키워준 영어영문학과 안에서 나는 내면을 돌볼 줄 아는 사회인으로 성장했다. 책에서 만난 작가들과 강의에서 배운 내용들이 내 마음의 방을 넓혀줬듯이, 후배들에게도 이화 영문학과가 배움의 터전이 되기를 소망한다.

이화여자대학교 영어영문학과가 100주년을 순탄하게 맞이하도록 앞길을 터주신 선배님들께 감사 인사를 전하며 글을 마칩니다.

So long lives Ewha, and Ewha gives life to thee.

# My Story with the English Department at Ewha

**Xing Fan**
(2022년 영어영문학과 박사 졸업)

My name is 樊 (FAN) 星 (Xing), and I graduated from Ewha Womans University in 2022 with a PhD in Linguistics in the Department of English Language and Literature under the supervision of Prof. YoungEun Yoon. Before coming to Ewha Womans University to pursue my doctoral degree, I carefully researched the Department and found the curriculum of the Linguistics program to be both reasonable and engaging. Although I had expected a very challenging academic experience, I had no idea that my time at Ewha would be so fulfilling, vibrant, and enriching, and that I would be able to learn so much and view the world in a bigger and more exciting way.

In terms of academic research, Ewha Womans University's professors are always up-to-date with the latest research trends and topics in related fields. They uphold a rigorous standard in academic research. In terms of teaching, professors provide detailed lectures and feedback on students' research projects, as well as specific advice on how to improve their research. Every professor at the Department is highly attentive to each student's research interests and strives to improve students' analytical and research skills. regarding my classmates, they are very conscientious and motivated, which made my time at the University even more memorable.

The topic of my doctoral dissertation was inspired by Prof. Yoon's lectures. Due to my strong interest in this research area, I have continued my work on it after graduation. In addition, other professors such as Prof. Oh Eunjin, Prof. Choi Hye-Won, and Prof. Isaac Gould have been really supportive and have provided me with numerous insightful comments to further improve my doctoral thesis. I think the discussions with the professors about the content of the dissertation really helped me to broaden my perspective and clarify my dissertation content. Thanks to the systematic academic training at the Department, I was able to conduct research on a topic that greatly interested me, for which I am really grateful.

I have always believed that pursuing my doctoral degree at Ewha was one of the best decisions of my life. I have consistently received encouragement from the professors regarding particular research topics and methodologies. Whenever thinking of my days with the professors in the Department, I still feel a surge of warmth long after graduation. On the occasion of the centennial of the Department of English Language and Literature at Ewha Womans University, I sincerely hope that the Department will prosper thanks to its rich heritage and inspire and even more students.

# The Universe Next Door

**Tricia George**
(2024년 영어영문학과 박사 졸업)

I have never been very good at long-term planning. I do not find it particularly useful to consider my life as having a linear structure, or as a series of consecutive goals, and as a child I had a horrible time answering the question of what I wanted to be when I grew up. While this planless lifestyle necessarily involves a significant amount of precarity, the silver lining is that I am well-practiced at making life-altering decisions with minimal fuss.

So, in 2016, when I was approached by a stranger (who turned out to be Jong-Keyong Kim, currently a PhD candidate at Texas Christian University) who loved books as much as I did, I seriously considered his suggestion that I leave my well-paid but exhausting position as an English hagwon instructor in Goyang-si and apply to a graduate program in Seoul. I can recall thinking at the time that graduate school could not possibly be more exhausting than my current role (I was laughably wrong about this) and that it would be wonderful to spend my days surrounded by intellectuals and literature again (in this, I was significantly more correct). Either way, I told myself, if I made this move and found myself unhappy, I could always try something else. I began researching application packets for Yonsei, Seoul National, and Ewha Womans University, and when it became clear that Ewha's application process seemed the most a ccessible, I started there.

I may not be a very good planner, but I do believe I am exceptionally fortunate. I started asking around to find out whether my academic interests and I would be appropriately aligned with the specializations of Ewha's English Literature faculty. The first connection I made at Ewha, through and unsolicited email, was with Professor Julie Choi, who was nothing but supportive and provided me with my first impression of the English department as a welcoming community. In the many years since then, I have personally had no reason to reconsider this first impression.

In the end, the only application packet that I submitted was Ewha's. I was admitted, and was assigned student number 171EGG□□ in March of the following year. The co-workers and friends I left behind in Goyang-si christened me with the nickname First Egg, which I enjoyed, but soon after my first semester's classes began I received another appellation from my new friends and colleagues at Ewha: unnie (언니). I know that this is not a unique or even significant title, but it meant the world to this mature international student, the only one of her kind in the whole department, that the brilliant young women who surrounded me saw me, spoke with me, befriended me, and called me sister. A couple years later, during a debriefing meeting with several of these women and our faculty advisor Professor Min-Jung Kim after we all attended a talk on feminism given by Chimamanda Ngozi Adichie, Professor Kim made a point of reminding us how significant the relationships we formed with each other would become throughout the rest of our lives. Hearing this, I elbowed the person sitting beside me, who was my senior colleague Hyun Kyung Jo, and joked that she would be stuck with me forever. I am once again exceptionally fortunate that Hyun Kyung heard my joke and understood it for the love it contained. She, and many other Ewha sister-friends who I will not embarrass by name here, are indeed stuck with me forever. To paraphrase E.E. Cummings, I carry their hearts with me. I carry them in my heart.

Returning to Professor Kim and, in fact, the entirety of my experience with the academic coursework provided by Ewha's English Literature faculty, I find myself again turning to Cummings to help me describe my feelings: "Listen: there's a hell of a good universe next door; let's go." From the social politics of the novels of the long 18th century, to modern poetry from W. B. Yeats to Myung Mi Kim, to the literary applications and implications of finance capitalism and ocular science, each graduate seminar I attended provided a wealth of new ideas. I would not have been at all disappointed to have continued to attend classes for longer than the two years it took me to earn my necessary credits, simply for the enjoyment of learning. I felt that there was always a fresh universe just next door.

It was, however, in Professor Kim's Minority Literature seminar in the autumn semester of 2017 that I found my academic niche. Having completed both my BA and MA at the University of Ottawa in Canada, a country which generally prides itself on its multiculturalism, I was startled to realize, upon first reading Professor Kim's syllabus, that my education had until that point been seriously lacking African American representation. What is more, despite my undergraduate minor in philosophy, I had never before been asked to critically approach the concepts of biopolitics, discipline, or even ideology as a social mechanism. What else had I missed? Clearly there were significant gaps and blind spots in the way that I thought I understood how minoritized individuals and populations function both on and off the page. By our second week of reading Foucault, I was hooked.

The fruit of burning through Professor Kim's graduate seminars two years in a row led to two international conference presentations, as well as the groundwork for my doctoral dissertation. While not directly inspired by Professor Kim's teachings, the two additional conference presentations I gave, at McGill University in Montreal and at Yonsei University in Seoul, as well as four journal publications also never deviated too far from the themes her seminars centered around. When the time came to develop my qualifying exam reading list and prepare a dissertation proposal, I already had a very good idea of the topic I wanted to devote myself to. What began in Professor Kim's classroom as a close-reading and discussion of Madeleine Thien's *Dogs at the Perimeter* filtered through my final term paper on the question of acknowledgement for the novel's refugee protagonist, and finally solidified around the idea of how refugee representation might benefit from being read through successful and unsuccessful hospitable encounters.

Despite not directly engaged with refugee narratives specifically, I credit Professor Kim with trusting me to productively build upon her foundational theoretical and practical teachings in the larger sphere of minority literature. I feel that we were particularly well-matched as an advisor-advisee pairing during the difficult pandemic years while I worked to make progress on my dissertation drafts while also managing family obligations in Canada. Professor Kim kept my writing on track and provided precise, thoughtful feedback without imposing intermediary deadlines which, as a person who does not work well with long-term plans, I greatly appreciated.

Now that the finish line is behind me, I can look back even more fondly on my time at Ewha. I do not feel that I have come to the completion of a plan, or even particularly that I have achieved a goal, though completing a doctoral degree is doubtlessly a worthy and admirable goal. What I have had is an experience. I made significant decisions that I am satisfied with, that I am proud of, and that I would make again. I think I have learned what I needed to learn, and I hope I have written what I needed to write. Most importantly, I have met, and enjoyed, and loved, and continue to love the people I needed to meet and enjoy and love.

What is next? I hear there is a hell of a good universe next door. Let's go.

1 2019년 8월 치마만다 응고지 아디치에 (Chimamanda Ngozi Adichie) 작가의 초청 강연을 마치고 김민정 교수님(중앙 안경 쓴 분), 교우들과 함께(뒷줄 왼쪽에서 두 번째가 필자)

2 2019년 11월, 박사학위 과정 종합시험(qualifying exam) 합격 기원 모임

3 2020년 8월 친구들의 석사 졸업을 축하하며

4 2023년 12월 학우들과 크리스마스 모임

# 3장 영학회 회장단 간담회

## 이화 영문의 지난 100년을 기념하며

Our First 100 Years

**일 시**: 2024년 7월 23일 월요일 14~16시
**장 소**: 이화여자대학교 인문관 201호
**참석자**: 고영자(63), 최청규(65), 유중근(67), 박은경(68), 안미순(71), 김혜정(72), 이정숙 (77), 홍성미(78)
**진 행**: 정경숙(79, 33대 회장), 강명옥(82, 33대 부회장), 신정선(84, 총무), 홍의경(85, 서기)
(※ 괄호 안은 졸업연도. 소개 순서는 졸업연도순)

영문과 최혜원 교수와 이형숙 교수, 그리고 영학회 진행팀이 기다리는 동안 전임 회장님들이 속속 들어오시면서 분위기가 떠들썩하고 화기애애해졌다. 오랜만의 모교 방문, 그리고 동문들과의 상봉에 전임 회장님들은 반가움 가득한 인사를 나누며 자리에 앉기도 전부터 이야기를 이어갔다.

'언니들이 친정 나들이를 한 듯 유쾌하고 소란스러운 분위기가 반갑다'는 최혜원 교수의 환영사로 시작해 영문과 100주년 기념 사업의 진행 상황을 간단히 보고했다. 100주년 기념 사업회에서 2024년 6월부터 『이화 영어영문학과 100년』을 준비하고 있으며, 이화여자전문학교 영문과가 전공학부로서 출범한 1925년 4월 24일을 기념하여 2025년 4월 발간을 목표로 한다고 전했다. 2025년 5월 23일 생일날은 오전에 100주년 기념식, 오후에 기념 좌담회, 저녁에 영학회의 홈커밍 행사를 개최해 종일 축제가 될 것이며, 새로운 백년대계를 품는 거대한 비전의 날이 될 것이라고 인사말을 마쳤다.

이어 간담회 자리를 마련한 현 33대 정경숙 회장의 환영사가 있었다. 1954년에 시작

된 졸업생 모임인 영학회가 2024년 기준 70년이 되었음을 알리며 이 자리에 오기까지 전임 회장님들의 노고에 감사를 전했다. 또한 이 자리는 『이화 영어영문학과 100년』에 들어갈 콘텐츠로서 갑자기 기획하게 된 팝업 간담회였음에도 여러 분야의 동문이 선선히 응해주시고 만남을 반가워하셔서 이러한 자리를 마련하게 된 보람을 느낀다고 전했다. 이 소중한 만남들이 그냥 공중에 흩어지지 않고 또 하나의 역사가 될 수 있게 책으로 엮어볼까 하는 즐거운 구상을 하고 있다고도 했다.

곧이어 영학회의 33대 임원인 강명옥 부회장님의 사회로 간담회를 진행했다.

**영학회 전임회장단 간담회 참가자 1**

* 왼쪽부터 홍의경(85), 강명옥(82), 이정숙(77), 김혜정(72), 안미순(71), 최청규(65), 고영자(63), 유중근(67), 박은경(68), 홍성미(78), 정경숙(79), 신정선(84)

**영학회 전임회장단 간담회 참가자 2**

* 왼쪽부터 홍성미(78), 이정숙(77), 강명옥(82), 고영자(63), 최청규(65), 유중근(67), 박은경(68), 안미순(71), 김혜정(72), 정경숙(79), 홍의경(85), 신정선(84)

**▶ 영문과에서 배운 작품 중 기억에 남는 작품이나, '내 삶에 도움이 되었다'고 생각하시는 추억을 말씀해주십시오.**

**고영자(63)** 우리 땐 '영문도 모르고 영문과에 갔다'는 이야기를 많이 했어요. 지금처럼 대학 입시 정보가 소상했던 것도 아니고, 선생님이나 부모님의 입김이 세었으니 영문도 모르고 영문과에 갔으며, '묻지도 않고 불문과에 갔다'는 우스갯소리가 돌았지요.

**안미순(71)** 전 4학년 졸업반 때 셰익스피어 시간에 로미오와 줄리엣을 연습했던 것이 기억에 남아요. 2막 2장 발코니 장면 마지막 대사에서 줄리엣이 "Good night, good night! Parting is such sweet sorrow, that I shall say good night till it be morrow."라고 해요. '스위트(sweet)'와 '소로우(sorrow)'는 상반된 거라 '스위트 소로우(sweet sorrow)'는 대표적인 모순어법인데, 그때는 어려서 그런 어법의 깊이를 잘 감지하지 못했겠지만 살아가면서 자주 생각나는 구절이에요. 그거랑 비슷한 '비터 스위트(bitter sweet)'라는 말도 있고요. 인생이라는 것이 어떤 사건이든 감정이든 초래된 결과든 다 이렇게 섞여 있는 거지 하나만 획일적으로 백 프로라는 것은 없잖아요. 그래서 힘든 일이 있을 때도 막막한 절망이 백 프로, 이게 끝은 아니라고 생각하면서 힘을 내어 살아왔고, 그래서 늘 이 '스위트 소로우'라는 말이 굉장히 좋았어요.

**▶ '이대' 하면 떠오르는 장소나 어떤 기억이 있으실까요?**

**최청규(65)** 저는 61년에 입학했는데 당시 고등학교에서 대학 캠퍼스를 오니 얼마나 넓은지, 이대 교문에서 대강당 언덕을 올라 학관까지 걸어오는 게 얼마나 멀게 느껴지던지 즐겁게 힘들어했던 기억이 납니다. 당시 학관은 신식 건물이어서 거기서 공부하는 것이 즐거웠어요.

**김혜정(72)** 저는 오빠가 이대 대강당에서 여학생들이 쫙 내려오는 광경이 굉장히 압도적인 느낌이라고 했던 말이 기억에 남아요. 저는 기독교 신자가 아니라 그랬는지 C관(학관)에서 대강당까지 채플을 들으러 가는 것이 너무 멀리 느껴지고 까마득했어요. 채플을 들으러 올라가는 대강당을 우리끼리 폭풍의 언덕에 올라간다고 했어요. 옛날에는 정말 언덕 바람도 세차고 해서 저는 이대 대강당이 제일 생각납니다.

**고영자(63)** 저는 4년 동안 제일 생각나는 게 스피치 시간이에요. 그때 감갑순 선생님이 영시를 가르치시면서 일주일에 하나씩 시를 다 외우게 하셨어요. 그래서 그때 워즈워드부터 인구에 회자되는 많은 시를 외웠지요. 그게 제게 미친 영향이 참 커요. 영문학의 세례를 흠뻑 받은 축복받은 느낌이라 할까요.

**안미순(71)** 제가 생각나는 장소는 영학관이에요. 그때 잉글리시 하우스라는 생활관이 있었는데, 저희가 몇 명씩 들어가서 일주일 동안 생활을 같이하는 거예요. 크레인 선생님이라고 계셨는데, 그분은 아예 그곳에서 기거하셨어요.
그리고 지금 보면 우스워 보이겠지만 그땐 양식 먹을 기회가 많이 없을 때라 그곳에서 서양 음식 먹는 테이블 매너도 배웠어요. 또, 근처에 선교사님들이 사시는 곳이 있었는데, 기타를 잘 치는 친구를 데리고 선교사님 집 앞에 가서 찬송가를 부르면 마치 할로윈 트리트를 얻는 것처럼 선교사님이 나오셔서 과자도 주고 하셨어요. 전 지금도 속상한 게 영문과가 영학관을 잃게 된 거예요. 정말 속상해요. (일동 웃음)

**유중근(67)** 일주일 동안 학업은 물론 생활도 같이하면서 함께 산다는 것은 대단한 경험이에요. 진정한 공동체로 거듭나게 되죠.

**고영자(63)** 옛날엔 『이화 보이스(*Ewha Voice*)』도 아예 영문과에서 만들었어요. 그래서 학생들은 『이화 보이스』에서 영자신문을 제작하거나 연극반에서 영어연극을 하는 등, 수업 말고도 요즘 말로 빡세게 공부해야 하는 동아리 활동을 해야 했지요.

**박은경(68)** 저는 영문과 졸업 후 총장 비서를 했던 기억이 납니다. 영문과 졸업생들이 총장 비서를 많이 했는데, 이 경험을 통해 이대가 운영되는 스킬도 배울 수 있었고 사회 속에서 이대의 역할도 깨달을 수 있었기 때문에 중요했던 경험이란 생각이 듭니다.

**▶ 영문과를 선택하신 이유를 말씀해주실 수 있는지요?**

**최청규(65)** 저는 집안 분위기가 인문학 계통의 학풍이었기도 했고, 또 당시 대세에 따라 부모님과 주위 선생님들이 권하시는 바람에 당연하게 영문과로 진학했어요. 영문과에 와서 책을 많이 읽을 수 있었고 만족했습니다.

유중근(67) 저야말로 영문도 모르고 영문과에 왔는데, 같이 공부하던 (고등학교) 친구들과 함께 지원해서 다 같이 이대 영문과로 왔어요. 지금 생각하면 아쉬운 점이, 기존 친구들로 자체 충족이 되다 보니 타 학교에서 온 새로운 친구들을 많이 사귈 기회를 갖지 못한 거예요. 그래도 같이 공부하고 졸업한 영문과 친구들이 평생 서로 의지할 수 있고 마음을 나눌 수 있는 관계가 되었어요. 그래서 학교 다닐 때보다도 세월이 지날수록 '영문과가 나에게 주는 의미가 크구나' 하고 생각하게 되었습니다.

김혜정(72) 저는 고등학교 때 영어회화 가능자로 해외 청소년 국비 연수 프로그램에 선발된 적이 있어요. 당시 원래는 안과의사가 되고 싶었어요. 그런데 연수가 끝나고 왔더니 수학 진도를 못 따라가게 되었더라고요. 이렇게 난처한 처지가 되었는데 영문과 나온 언니가 대뜸 영문과 원서를 써주더군요. 그리고 교우관계에 대해 유중근 선생님께서 하신 말씀에 너무나 공감합니다. 제가 영학회 회장을 할 때 한 명도 빼놓지 않고 모든 동창에게 전화를 돌렸어요. 그랬더니 부산 친구들이 "우리가 니 동창이기나 하나?" 싸하게 이러더라고요. 너무 끼리끼리만 다닌 거예요. 이렇듯 좀 더 다양하게 다른 지방 출신, 다른 학교 출신 친구들을 아우르며 폭넓은 교우관계를 가지지 못한 점이 참 아쉽습니다.

**▶ 다시 입학하신다면 영문과를 또 택하실지, 그리고 이에 연계해서 영문과가 어떻게 변해야 할지 한말씀 해주십시오. 또한 인문학 및 영문학의 위기 시대에 예전의 문학작품 및 독서 위주 학풍과 비교하여 앞으로 학과가 어떻게 해야 정체성을 유지·확보해나갈 수 있을지에 대해서도 고견을 듣고 싶습니다.**

유중근(67) 사실 저희 때만 해도 여자아이는 집안이 나서서 이대를 보내는 분위기였고, 또 당연하게 이대에서 가장 좋다는 과를 찾아 보냈어요. 어쨌든 당시에는 여학생으로선 입학하기가 제일 어려운 곳이 이대 영문과였습니다. 일류병을 가지고 있어서도 아니고, 꼭 일등을 해야만 좋은 건지도 모르겠지만 하여튼 요즘에 '이대 영문과가 입시에서의 위상이 예전만 못하다면 그 이유가 어디에 있을까' 하는 고민도 들고, 그와 더불어 영문과가 변화를 모색해봐야 한다는 생각도 듭니다. 강명옥 부회장님이 이중 전공을 했다고 하셨는데, '소중한 문학을 배우면서 다른 분야와 접목할 때 영문학의 깊이와 독창성이 드러나지 않을까' 하는 생각이 듭니다. 이를테면 '인간을 다루는 문학의 핵심 주제나 사상을 행정학에 접목시키면 굉장히 좋은 공동체의 리더십이 나올 텐데' 하는 생각이 듭니다.

박은경(68) 제가 얼마 전에 AI에 대한 강의를 들었는데, 이것이 새 시대의 새로운 언어의 하나라는 점이 머리에 콱 박히게 되었어요. 일본어니 중국어니 하는 것처럼 챗지피티(ChatGPT) 같은 AI 언어가 하나의 언어(LLM: large language model)가 된 거예요. 앞으로 우리는 외국인 상대하는 것 이상으로 기계 AI하고 이야기하게 될 거예요. '팍스 아메리카나(Pax Americana)'를 관통하는 시대를 살면서 우리는 250년 이상 정치, 경제, 우주, 과학, 사회 모든 지식을 영어라는 도구를 갖고 쌓아왔어요. 이건 부인할 수 없는 방대한 영어 데이터 세계죠. 챗지피티의 등장으로 부상하고 있는, 영어 번역도 할 필요 없다는 식의 영어 무용론은 그야말로 단견적인 무지의 소치로 여겨져요. 이제부터는 영문과에서 순수학문은 순수학문대로 연구하고, 이 새로운 AI와 연계된 공부도 해야 할 것 같아요.

이건 정말 새 시대를 맞아 우리 영문과의 향방을 이끄는 화두로 던지고 싶어요.

유중근(67) 저도 영문학을 방대한 데이터베이스로 구축하는 AI 작업에 관한 것이 미래 영문과의 과제가 아닐까 말하고 싶네요.

강명옥(82) 일전에 AI 개발하는 회사의 대표를 만나서 질문을 했습니다. '그쪽에서는 전문적인 첨단 기술 인력들과만 일하고 있느냐' 했더니 아주 하이엔드 테크 부문이 아닌 이상 일정 수준까지 이르는 데이터 작업에는 인문학 공부한 사람들의 역할이 절대적이라고 합니다.

박은경(68) 그래서 사실 지금 영문과는 커다란 위기이자 커다란 기회를 동시에 맞고 있다고 보입니다.

정경숙(79) 잠깐 첨언하자면 저희 과 교수님들은 이미 발 빠르게 AI와 융합하는 어학 연구를 하신다고 합니다. 그리고 영문학 이외 다른 분야에서 활동하고 있는 동문들한테 들은 이야기인데, 영문학으로 치유(therapy) 프로그램도 만들어 활용하고 있다고 해요. 중앙일보 기자로 계셨던 이덕규 동문한테 들은 이야기인데요, 기자들이 관훈클럽에서 모여 스터디를 하다가 영시 담당 교수를 모셔왔대요. 기자들이 영시를 쓰면서 각자의 트라우마를 해소하고 치유하며 위로를 받았다고 하더라고요. 이건 영문학이 클리닉으로 들어오는 것이죠.

**유중근(67)** 전 우리 영학회가 앞으로 여러 분야에 계신 동창들을 연결해 사회에서도 시너지 넘치는 네트워크를 형성하고, 재학생들이 사회로 나갈 때 영문과 선배들이 다양한 인턴십의 기회도 제공하는 그런 브릿지 역할을 했으면 좋겠어요. 이번 간담회 초청할 때도 여러 동문이 기다렸다는 듯이 응하셨다고 했잖아요. 정말 그런 분들이 이런 멘토링에 적극적으로 참여하실 거라고 봅니다.

**정경숙(79)** 바쁘셔서 거절하실 거라고 마음속으로 단단히 준비하고 연락했는데 다들 초청에 흔쾌히 응해주셨어요. 제 마음이 짠할 정도로 이화가 그동안 이렇게 동문들의 삶 속에서 멀어져 있었나 싶었습니다. 진작 이화가 이화에게 다가가고 말 걸어줄 걸 하는 생각이 들었네요.

**▶ 이화 영문과가 사회에 끼친 공헌을 말씀해주실 수 있을까요?**

**고영자(63)** 우리 때는 무슨 공식처럼 남자들은 서울대 경제학과 보내고 여자들은 이대 영문과 보냈잖아요. 그래서 솔직히 말하면 우수한 인재들이 전부 영문과에 모였어요. 이번에 마련한 분야별 간담회도 교육계는 너무 많아서 빼고, 방송, 언론, 문화, 금융, 선교, 사법·행정부 등 여러 분야로 나누어 일정을 잡을 수 있었다고 하는데, 그런 우수한 인재들이 다 요소요소에 가서 활동하고 있는 거지요. 영문학, 인문학은 어느 부서, 어느 전공 분야에서든 기초가 되는 거라서 그런 겁니다. 영문과에 들어온 게 정말 고마운 것은 평생 우수한 친구들에게 배울 수 있다는 점이에요.

**안미순(71)** 옛날엔 여성교육을 챙기려고 만들었던 여자대학이란 존재가, 시대 상황이 바뀌니 요새는 여성 인재들이 모이지 않는 폭 좁은 우물이 되었습니다. 여성들이 다른 터전에서도 차별받지 않고 스펙을 쌓을 수 있다는 건 매우 고무적이고 반가운 현상인데, 동시에 여자대학으로서 이대의 존재를 고민해야 할 시대적 과제를 안게 되었습니다.

**강명옥(82)** 감사합니다. 우리 홍성미 회장님은 영문과를 졸업하고 유치원 사업을 하셨다고 하는데, 영문과가 교육 사업에 끼친 영향에 대해 말씀해주실 수 있을까요?

홍성미(78) 저는 늘 미래 가치에 집중해서인지 새 시대의 향방에 관심을 두고 있었습니다. 영문과 선배들이 사회 곳곳에서 중요한 자리에 다 포진하고 있는데, 저는 이렇게 소중한 영향력을 지금 재학생들, 또 막 졸업한 젊은 영문인들을 북돋울 수 있는 자원으로 썼으면 하는 생각입니다. 지금 '영문인의 밤'이라고 하는 재학생들의 행사가 매년 있습니다. 그 행사의 일부로 '선배들과의 만남'이라는 시간을 갖는데, 재학생들은 그런 선배들에게서 얻는 조언, 가이드, 멘토링이 절실한 거예요. 제가 거기에 참여했을 때 학생들이 사회의 기라성 같은 인물을 어떻게 접할 수 있겠느냐고 문의했어요. 그래서 저는 재학생이 되고 싶어 하는 '워너비(wannabe)' 선배를 섭외해서 만남의 장을 마련해주는 것이 중요한 사업이라는 생각이 듭니다.

김혜정(72) 제가 회장할 때 느낀 건데요, 자랑스러운 이화 영문인 동아일보 김순덕 기자가 수상을 하는데 선배들도 후배들도 아무도 그걸 모르고 있는 거예요. 그러니까 어떤 교수가 '너희들 빨리 꽃다발 만들어 가라'고 채근하시는 걸 봤어요. 한마디로 선후배 간 교류가 부족한 거죠. 그리고 한번은 교보문고 홍보사무관인 동문을 만났는데, 그분이 인턴십 담당이었어요. 그래서 제가 우리 학생들의 인턴십을 부탁했지요. 전 영학회의 한 부서가 그런 네트워킹 사업을 하면 좋겠다는 생각이 듭니다. 인턴십으로 연결해 2~3개월이라도 현장학습을 제공하는 거지요. 예전에 우리가 '장학금의 날'을 만들어서 수여자들에게 감사 편지를 받곤 했는데, 설문지에 '왜 영문과를 택했느냐'고 물어본 적이 있어요. 그때 '이대에서 영문과가 가장 장학금을 많이 주기 때문'이라는 답변이 있었어요. 역시나 장학금은 최고의 메리트인 거죠. 영문과가 학과 장학금이 제일 많다는 건 정말 자랑스러운 일입니다.

강명옥(82) 선후배 간 혹은 동창들끼리의 네트워킹 사업에 대한 의견에는 정말 공감하는 바가 큽니다. 그리고 그러한 사업을 하기 좋은 단체가 영학회인 것도 맞고요. 그런데 요즘 대두되고 있는 문제가 개인정보 보호 문제예요. 네트워킹 사업과 개인정보 보호 정책은 상반되는 국면을 가지고 있거든요. 이를테면 학교 본부 측에서 명단을 모두 갖고는 있지만, 규정상 단순히 요청한다고 해서 줄 수는 없다고 합니다. 또 요즘 젊은 친구들은 개인 신상정보에 예민해서 제가 간사 영입하려고 전화하면 제일 먼저 "어떻게 제 번호를 아셨어요?" 하는 반응을 보여서 제가 깜짝 놀랐습니다.

**▶ 전임 회장님들은 영문과를 졸업하시고 지금까지 각자 사회생활, 가정생활을 해오시면서 모두 인생에 성공하셨다는 생각이 듭니다. 그런데 혹시 힘든 시기가 있으셨다면 그걸 어떻게 극복하셨는지, 혹은 인문학을 공부하셨던 게 그 고비를 넘기는 데 어떤 힘으로 작용하셨는지 듣고 싶습니다.**

박은경(68) 저는 환경 외교 분야에서 일하며 종종 남자들과 대결해야 하는 구조에 있었어요. 서구에서 유학하고 남녀 성인지 감수성(性認知 感受性)에 대한 교육을 잘 받은 엘리트 남성일지라도, 시작은 나이스한데 어떤 결정적인 사안에 이르면 여성 동료나 파트너를 도외시하거나 석연치 않은 태도를 보입니다. 제일 안쓰러운 게 결혼한 여자들에 대한 마이너스 평가예요. 기득권을 놓치지 않으려는 그들끼리의 팽팽한 리그로 이루어진 사회에 여자가 들어가 치이지 않고 일하려면 자기가 하는 일을 정확하게 이해하고, 또 어떻게 일을 해낼 수 있는가를 철저히 알고 있어야 해요. 결국 그들을 능가하는 실력을 갖추어야 합니다.

유중근(67) 전 어떤 조직의 장(長)이 되고 리더가 되는 데에서 배운 것보다 아홉 남매 가정의 한 며느리로 일하며 배운 게 제일 많은 거 같아요. 그것이 평생 직업이었고 24시간이 근무 시간이었어요. 지금 생각하면 그 어려운 직업을 유지할 수 있었던 힘은 이화 스피릿(Ewha Spirit), 깊은 신앙의 샘물에서 나왔을 겁니다.

안미순(71) 저희 때는 정말 우수한 인재들이 80~90명씩 이대 영문과에 들어왔는데, 지금 돌아보면 사회적인 커리어를 계속 가지고 있는 친구들은 많지 않아요. 저희 친구들은 거의 다 전업주부지만, 가치관이 흔들리는 부박한 사회 속에서 인간적 존엄을 지킬 수 있게 아이들을 교육시키고 이화에서 길러진 근간을 지키려고 한 것에 굉장히 자부심을 갖고 있어요. 우리끼리 말하기를, 진실됨을 추구하는 이화 스피릿 덕분에 무너져가는 사회에서 우리야말로 우리를 지키는 울타리가 될 수 있었다고 합니다. 재학생들에게도 수능 성적에 따른 위치가 아니라, 진실됨과 사람을 소중히 여기는 그런 근본적인 것을 배운다는 데에서 자존감을 가지라고 이야기하고 싶네요.

유중근(67) 제가 성공도 하고 실패도 하며 살아오면서 얻게 된 시크릿이 하나 있는데, 단 한 사람의 지지 세력만 있으면 어떤 위기에서도 버틸 수 있다고 하는 거예요. 단 한 사람의 응원군만 있으면 살아남을 수 있다는 사실을 잊지 않으면 위기를 극복할 수 있습니다.

**▶ 앞으로 올 새로운 100년을 위해 영학회가 어떤 모습으로 성장해야 할지 말씀 부탁드립니다.**

박은경(68) 그건 오늘 이야기에서도 거의 다 나왔는데, 전 네트워킹을 강조하고 싶어요. 졸업생들이 '우린 이화스피릿을 가진 사람들이라는 자부심을 나누며 서로의 울타리가 되어주고, 또 재학생들이 인턴십을 통해 사회에 탄탄하게 안착하도록 이끌어준다면 이대 영문과에 적(籍)을 두었다는 사실이 얼마나 파워풀하게 느껴지겠어요.

안미순(71) 우리가 2년에 한 번씩 '영학회의 밤'을 했어요. 저는 그것이 동문들에게 굉장한 구심점이 된 것 같아요. 근래 코로나 때문에 못 했는데 그 행사를 다시 살려내야겠지요.

홍성미(78) 전 재학생들이 하는 '영문인의 밤' 행사를 적극 지원했으면 좋겠다는 생각이 듭니다. 우리의 미래니까요. 거기 가서 네트워킹도 제공하고 동아리나 개인에게 펀딩도 하고요.

**▶ 이제 마지막으로 백 주년을 맞는 이화 영문과 선후배에게 축하 말씀 부탁드립니다.**

고영자(63) 지금까지처럼 선한 영향력을 끼치는 가치 있는 학과가 되길 바랍니다.

최청규(65) 자아를 발전시키고 삶을 행복하게 엮을 수 있도록 이화 영문이라는 커뮤니티에 몸담을 수 있어서 인생이 기쁘고 행복할 뿐입니다.

유중근(67) 어른들이 제일 많이 하는 말씀인데… 여러분, 정말 공부 열심히 하세요. 너무나 소중한 시간입니다. 이 시간에 하는 영문학 공부는 여러분 삶의 영양제입니다. 이화의 정신을 부활시킬 수 있는 백 주년이 되었으면 좋겠습니다.

박은경(68) 저는 이번 백 주년을 준비하는 영학회 임원들에게 축하와 치사(致謝)의 말씀을 전하고 싶습니다. 책임감을 가지고 지나간 백 년을 기념하면서 새롭게 도약하는 백 년의 발판을 만드는 일을 하게 된 여러분들에게 응원과 축하를 드립니다.

안미순(71) 저는 이화대학에 와서 하나님을 만나게 된 것이 제일 감사하는 일입니다. 영문과 학생뿐 아니라 모든 이화인들이 채플을 통해 하나님을 만나게 되시길 바랍니다.

김혜정(72) 저는 채플에서 하나님을 만나진 못했지만 예전에는 '이대 영문과에 다닌다'고 하면 수재 소리를 들었듯이, 이대 영문과가 수월성 교육을 하는 고등 여성교육기관으로서 많은 인재를 배출해내어 사회에 기여하길 바랍니다.

이정숙(77) 백 주년 기념식뿐 아니라 그것을 계기로 영문과 동창회가 더 활성화되고 돈독해지기를 기원합니다. 앞으로도 영문과 졸업생이라는 자부심을 가지고, 또한 이화정신으로 하나님께 더 가까워지는 이화인이 되시길 당부드립니다.

홍성미(78) 저는 영문과 학생 시절이 제 인생 최고의 시절로 기억됩니다. 지금도 때때로 꺼내어 보는 젊고 좋았던 시절의 거울이지요. 아무리 힘들고 어려운 시절을 지낼 때라도 언제든지 꺼내어 볼 수 있는 화려한 시절을 가진 것은 축복입니다. 여러분의 청춘을 열렬히 지지하고 찬양합니다.

* 대담 정리: 홍의경(85, 영학회 서기)

# 4장 전현직 교수 간담회

## 이화 영문의 더 나은 미래를 위해

**인터뷰 일시**: 2024년 5~8월

**인터뷰 방식**: 대면 간담회 및 서면 인터뷰

**인터뷰 참여자**: 권경수, 박승혁, 오정화, 전수용, 정덕애, 최영 교수님 등 명예교수님 여섯 분, 강태경, 김부성, 신희섭, 오은진, 윤영은, 이형숙, 정영진, 최성희, 최주리, 최혜원, 캐런 먹켄헌(Karen Muckenhirn), 피터 킵(Peter Kipp), 황수경, 황준호 교수님 등 현직 교수님 열네 분(※ 성함 가나다순)

**전현직 교수 간담회 참가자 1**

* 왼쪽 아래부터 시계방향으로
Peter Kipp, 이승아, 강태경, 정덕애, 오정화,
최영, 박찬길, 최혜원, 오은진 교수

**전현직 교수 간담회 참가자 2**

* 왼쪽부터 오정화, 정덕애, 최영 교수

**▸ 지난 100년 동안의 "이화 영문"은 본교 및 학계, 더 나아가 우리 사회 전반에서 어떤 역할을 담당해왔고, 또 어떤 의의를 지니고 있다고 생각하시는지요.**

이형숙 1925년 이화여자전문학교 대학 과정이 생기면서 영어영문학과 100년의 역사가 시작되었지만, 사실 영문과의 전신은 1886년 대한민국 최초의 근대 여성 교육기관인 이화학당의 탄생과 그 역사를 같이합니다. 따라서 영문과의 지난 100여 년의 시간은 한국 여성교육의 역사 그 자체이자, 한국 사회가 평등, 다양성, 그리고 화합의 가치를 향해 나아가도록 선도적으로 이끌어온 영문인들의 발자취를 보여줍니다.

권경수 이화 영문은 지난 100년의 역사를 이어오면서 기독교 정신을 바탕으로 우리 사회와 국가를 위해, 21세기 글로벌 대학의 위상을 갖추기 위해 헌신해왔습니다.

최주리 Our history goes back even further than 100 years to the beginning of Ewha as a College in 1910. Learning another language opens up another world, and learning a new literature allows the imagination to not only think but also feel new possibilities. Some might say that learning a new language and religion was a turning away from traditional customs, but it is more complicated than that. Ideals of equality and freedom, however imperfect, were new ideas that came to cross-fertilize earlier ideals of the good life.

오정화 1925년에 이화학당 대학과가 이화여자전문학교로 인가를 받으며 첫 학과로 (영)문과와 음악과를 개설함으로써, 이화에서 우리나라 최초의 영문과가 시작되었습니다. 당시 일제 치하에서 일본어를 국어로 강요받던 시절, 선교사 선생님들과 유학하고 오신 선배 선생님들에게 배운 이대 영문과 학생들은 영어가 유창했으며, 수준 높은 인문학 교육을 받은 덕에 다양한 분야의 개척자가 될 수 있었습니다. 그 명성에 걸맞게 학생들은 선생님들의 비전과 기대에 부응하여 믿음과 꿈으로 일제의 억압에 맞서 학업에 매진하며 실력을 키웠고, 해방 후 첫 종합대학교가 된 이화여자대학교에서 선생님들과 선배들의 희망과 꿈을 실력으로 이어갔습니다. 우리나라에 아직 영어가 보편화되기 전, 영어를 통해 외국 문물과 학문을 들여오는 통로 역할을 함으로써 이대 영문과는 한국의 학계는 물론 사회 전반에 걸쳐 근대화와 국제화의 선두 역할을 담당했다고 생각합니다.

최성희 대한민국 최초의 여성 고등교육기관인 이화의 대학 과정이 영문학(English Literature) 전공으로 시작된 것은 이후 이화의 역사와 정체성에 중요한 단서를 제공합니다. 문학은 현실의 가장 첨예한 명제에 대한 반응으로 팩트와 논리만으로는 담을 수 없는 삶의 실상을 전방위적으로 드러냅니다. 대학 과정으로 영문학과가 시작된 일제강점기, 그리고 해방 이후와 분단 시대에 이르기까지 영미문학을 포함한 세계문학은 이 땅의 신여성들에게 새로운 시대, 새로운 자아에 대한 꿈의 동력이었습니다. 영미문학 교육과 번역은 식민주의와 가부장주의라는 이중의 억압에 놓여 있던 조선의 여성들에게 '세계'라는 새로운 창을 열어주고 그 너머에 존재하는 수많은 여성, 소수자와의 정서적·정치적 연대의식의 씨앗을 심어주었습니다. 최근 들어 인문학 교육의 궁극적 목표로 강조되고 있는 세계시민성(cosmopolitanism) 교육을 이화 영문이 시작했다고 해도 과언이 아닙니다. 지난 100년간 영미문학이라는 고용량·고효율의 글로벌 빅데이터에 입문한 이화 영문인들은 국내외의 다양한 영역에서 이를 응용하고 확장하며 인간과 사회의 개방, 확장, 진화에 기여해왔습니다. 헤아리기 어려울 정도로 수많은 영문인들이 각자의 위치에서 세계시민성 함양에 앞장서 왔으며, 여기에는 영문학 교육을 통해 훈련한 서사적 상상력의 힘이 근본적인 영감이자 동력으로 작용했다고 생각합니다.

정덕애 교내에의 기여도 크다고 생각하는데요. 1950~1960년대에는 영문과 졸업생이 유학을 가서 특정 전공을 공부하고 돌아와 교내에서 그 전공의 교수가 되는 경우가 많았습니다.

최 영 네, 이대 내에 새로운 전공을 설립하는 데 영문과 졸업생의 기여가 컸다고 생각합니다.

윤영은 지난 100년 동안 이화 영문은 사회 전반에서 크든 작든 훌륭한 역할을 하는 많은 우수한 인재를 배출해왔습니다.

캐런 먹켄헌 "Ewha English" has been pivotal in shaping generations of students with the highest levels of English proficiency along with critical thinking and analysis skills. With this training, our students have grown into true global leaders with significant international impact. They have also served as a bridge between Korean culture and the world, helping to catapult Korea to the world stage.

**박승혁** 1980년대까지 이화 바깥에서 갖고 있던 "이화 영문" 학생들에 대한 일반적 통념은 '대한민국 최고 수준의, 시대를 앞서가는 세련된 여대생'이었습니다. 1986년 3월 영어영문학과 교수로 임용되어 직접 학생들을 대하면서 저는 이대 영문 학생들이 모든 면에서 대한민국 최고 수준임을 확인했습니다. 특히 대학원에 진학한 학생들의 학문적 열의는 대단했어요. 비록 21세기에 들어와서 그 위상에 변화가 감지되고 있기는 하지만, 이화 영문은 지난 100년 동안 이화여자대학교의 '시그니처' 학과로서의 역할을 충실히 했다고 확신합니다.

**오은진** 제가 이화 영문에 입학했던 해가 이화 100주년이었는데, 올해로 영문 100주년을 맞게 되어 감회가 새롭습니다. 이화 영문에는 훌륭한 교수님들과 동료들, 그리고 선후배님들이 있어 모두가 각자의 위치에서 학문과 생활의 귀감이 되어주셨습니다. 그 덕에 우리 동문들은 국내외 유수의 대학과 연구소에서 교수와 연구원으로 뛰어난 활약을 펼치고 있습니다.

**황수경** 제가 "이화 영문"을 통해 만났던 선생님들, 친구들, 선배님들, 후배님들, 그리고 학생들은 어떠한 사회적 제약이나 변화에도 쉽게 포기하지 않고 사회 속에서 자신의 자리를 찾아가기까지 부단히 노력하는 사람들이었습니다.

**김부성** 연구를 하다 보면 국내외에서 학자로 활동하고 있는 이화 영문과 동문들을 자주 발견합니다. 신진학자나 중견학자뿐만 아니라 이제는 명예교수가 되신 분들이 한국인 여성 학자로서의 정체성을 지키며 개척해오신 길을 보노라면 '누가 해주기를 기다리느니 내가 하고 말지'가 이화 영문의 정신이 아닐까 하는 생각도 듭니다.

**최혜원** 이화 영어영문학부는 그 교육의 내용과 배출한 졸업생을 통해 대한민국에서 대학 교육을 받은 여성이 어떤 모습인지에 대한 최초의 기준을 제시하고, 그것을 끊임없이 업데이트해왔다고 생각합니다.

**▶ 이화 영어영문학부를 굳건히 지켜오신 교수님들의 강의와 연구에 대해 듣고 싶습니다. 어떤 비전과 목표를 가지고 교육에 임하시는지요.**

**최 영** 제가 대학을 다니던 때는 데모가 심했던 시절이라 수업이 온전하게 이루어진 적이 없었습니다. 학기의 반을 제대로 넘기기가 어려웠던 것 같아요. 그런데 미국에 유학을 가서 보니까 수업이 굉장히 빡빡하게 진행되더라고요. 우리 동기들이나 학생들을 보면 다들 우수한데 우리만 너무 느슨하게 공부했나 하는 아쉬움이 있었어요. 그래서 유학을 마치고 이대 영문과로 돌아와서 교수로 재직할 때 다른 무엇보다도 수업을 강도 높게 하려고 노력했어요. 학생들을 닥달해서라도 공부를 많이 시켜야겠다는 의도였는데, 그게 학생들에게는 좀 "무서운" 수업이라는 인상을 주었던 것 같습니다.

정덕애 저도 같은 생각이었던 것 같아요. 고전이라 어렵긴 하지만 학생들에게 많이 읽혀야겠다고 생각했습니다. 1970년대는 정치적으로 불안정한 시기여서 휴교를 많이 했거든요. 수업 시간에 소설 앞부분 좀 읽었다 싶으면 학교가 문을 닫아요. 그러면 나머지는 각자 집에서 알아서 읽고 학기말 시험을 봤어요. 그래도 그때 혼자 읽어내는 훈련을 하도록 한 게 도움이 된 것 같습니다. 사정이 이렇다 보니 수업 부족을 염려하셔서인지 당시 나영균, 김세영, 윤정옥 교수님 등께서 방학 때마다 선생님 댁으로 학생들을 불러 시, 소설, 희곡 등의 수업을 해주셨어요. 그리고 김영일, 이근섭 교수님께서는 *Time*지 읽기 특강도 해주셨지요. 학생들을 위해서 자발적으로 시간과 장소를 무료로 제공하며 개인 지도까지 해주신 건데, 지금 돌이켜보면 정말 너무나도 감사한 일입니다.

전수용 저희 때도 "이영회"라는 일종의 과내 학회 조직이 있어서 소설반, 희곡반, 시반 등등을 운영하며 주별로 교수님 댁을 방문하여 수업을 계속했어요. 저는 주로 소설반을 다녔는데, 일주일에 한 번씩 하는 수업에서 소설을 한 권씩 읽어나갔어요. 희곡반에도 가끔 갔는데, 희곡반에서도 역시 수업 한 번에 한 작품씩 읽어나갔습니다. 교수들이 수업 이외의 모든 시간을 연구 논문 생산에 바쳐야 하는 오늘날의 대학 환경에서는 상상하기 어려운 일이지요.

오정화 저희 때도 데모가 심해서 학부 때는 휴교를 많이 했어요. 그런데 졸업 2년 후 대학원에 진학해서는 참 많이 배웠어요. 저의 경우 석사과정에서 많은 작품을 읽고, 비평 방법을 배우고, 논문 쓰는 훈련을 받은 것이 미국 대학으로 유학 갔을 때 큰 도움이 되어 적응이 쉬웠던 것 같습니다. 지금 생각해도 좀 강압적이라 할 정도로 공부를 많이 시키고 종합 시험도 봐서 좋은 훈련이 된 것 같아요. 그래서 저는 지금도 학생들에게 석사를 마치고 유학을 가라고 권합니다.

정덕애 영문과 대학원은 아니더라도 학부 졸업 후 너무나도 다양한 분야에 진출하고 다양한 전공을 공부하는 것을 보면, 우리의 교육이 우수한 학생들로 하여금 자신의 특기와 장점을 살려 미래를 설계하게끔 하는 훌륭한 교육이라는 생각이 듭니다.

**최혜원** 과거 선배 교수님들의 헌신적인 교육 정신이 후배 선생님들에게도 이어져 내려오는 것 같습니다. 저 역시 학부 때 박승혁 교수님의 통사론 수업에서 받은 충격이 아직도 기억이 납니다. 컴퓨터도 없던 시절에 매번 수업 자료를 빽빽이 인쇄해서 나눠주시고, 매 시간 과제를 '빨갛게' 채점해 돌려주셨지요. 얼마 전 언론사에서 일하는 졸업생을 만났는데 제 수업에서 '빨갛게' 고쳐진 영어 에세이를 받은 충격으로 화장실에서 울었던 경험이 졸업 후 직장 생활하는 데 도움이 되었다는 말을 하더군요.

**박승혁** 교육 활동의 일차적 목표는 담당한 교과목의 교과 교육 목표를 달성하는 것이지요.

**권경수** 이화 영문이 추구하는 교육은 인간을 존중하고, 인간의 깊은 내면을 통찰하는 지도자 양성에 있다고 생각합니다. 저는 우리 학생들이 이상과 꿈을 품고 인간애를 실천하는 인재로 성장할 수 있도록 교육의 목표를 설정했습니다.

**윤영은** 저는 학생들이 "작은 것에 집중하면서 당장의 성과에 집중하기보다는, 큰 그림을 그리며 기본 틀이 되는 실력을 쌓게 하자"는 데에 목표를 두고 있습니다.

**오은진** 순수 학문으로서의 연구뿐 아니라 교육과 실생활에도 긍정적인 영향을 미칠 수 있는 주제에 대한 관심도 필요하다고 생각합니다. 강의를 준비할 때는 강의 자료의 구성이 논리적인지, 해당 학문의 개념을 깊고 넓게 다루면서도 이해하기 쉬운 방식으로 설명할 수 있는지 등을 중점으로 고려하고 있습니다.

**강태경** 저는 학생들이 연극을, 환상을, 이상을 사랑하게 하는 일, 그리하여 현실보다 더 바람직하고 더욱 진실한 허구적 놀이(play)의 세계를 꿈꾸게 하는 일을 소명으로 삼고 있습니다. 현실을 회피하자는 얘기가 아닙니다. 연극은 '삶을 위한 리허설'입니다. 무대를 바라보거나 무대 위에 섬으로써 보다 바람직한 삶의 가능성을 미리 체험하는 것이지요.

**전수용** 저희 때에도 김갑순 선생님께서 매년 영어연극반을 지도하시어 완성도 높은 연극 공연을 올렸습니다. 지금도 그 전통은 계속되고 있지만, 오늘날 교수들이 처한 환경에서는 한 교수가 지속적으로 이런 일에 헌신하기는 힘들지요. 대사를 줄줄 외워 명료한 발음으로 관중에게 전달해야 하는 연극 연습은 사실 뛰어난 영어 학습법 중 하나라고 생각합니다.

피터 킵 이대 영어영문학과 교수로서 제가 자랑스럽게 생각하는 일은 학생들에게 스스로 배울 수 있는 기회를 전달한다는 것, 그리고 글과 말을 통해 사람들의 다양한 꿈, 역사, 감정, 철학, 의사, 그리고 경험을 알 수 있게 하는 기회를 제공한다는 것입니다. 그 과정은 쉽지 않습니다. 창의적인 생각과 의사소통이 잘 흐를 수 있으려면 두 가지의 조건이 충족되어야 합니다. 먼저 마음이 편안해야 하고, 동시에 마음의 편안함이 깨져야 합니다. 수업은 안전지대(safe space)이면서도 위험한 지대(unsafe space)가 되어야 합니다.

캐런 먹켄헌 My aim is to continue empowering students with critical and analytical thinking skills along with creative thinking skills. Creativity and imagination can help enhance critical thinking capability and vice versa. It is indeed a combination of these skills within the humanities landscape that remains valuable and essential in the expanding AI landscape. Together we can uncover the power of storytelling and its ability to teach empathy in the classroom.

황준호 저도 학생들이 어려운 영어 텍스트를 이해하고 자신이 이해한 바를 분석적인 글로 표현할 수 있도록 도우려 합니다. 그래서 학생들이 졸업 후 소위 배운 사람답게 생활하도록 하는 데 필요한 비판적 시각과 글쓰기 역량을 갖추길 희망합니다. 이 목표를 위하여 공부하고 있습니다.

황수경 대학 교육은 전문적 지식을 전달하는 것을 넘어, 그 지식을 활용하고 스스로 생각할 수 있는 힘을 키워주는 데 초점이 맞춰져야 한다고 배웠고, 또 그렇게 가르치려고 노력하고 있습니다. 문학을 가르치면서 보람될 때는 학생들의 사고가 확장되는 것이 수업 중 토론을 통해, 혹은 시험지 답안을 통해 확인하게 되는 순간입니다. 이를 통해 저의 사고 역시 한층 더 넓어지는 걸 느낍니다.

정영진 제가 좋아하는 배우가 한 인터뷰에서 "매번 무대에 설 때마다 공연료가 아깝지 않은 무대를 선사하기 위해 최선을 다한다"고 답한 것을 기억합니다. 교육도 현실적으로 보면 어제와 오늘의 무대가 다른 공연의 현장일 수 있다고 생각합니다. 그래서 수업에 들어갈 때마다 학생들이 수업료가 아깝지 않은 시간을 경험하도록 최선을 다합니다. 그리고 나의 학생이 습득하는 지식과 학습 경험은 타 학교 영어영문학과에서 얻을 수 있는 것과 질적으로 다른, "이화 영문"만의 독창성을 지닌다는 자부심을 학생들이 가질 수 있도록 돕고 싶습니다.

최성희 최근 집중적으로 노력하고 있는 것은 참여자 중심, 과정 중심의 교육을 실험하는 일입니다. 주제에 대한 '지배적 이해'를 학습하되, 이를 개인적·일상적 경험과 겨루어보면서 재검증하는 과정에서 주체적인 자아인식, 세계인식에 이르기를 바랍니다. 배운 내용이 '정보'가 아닌 '지식'으로 우리 각자의 몸에 각인될 수 있기를 바라면서요. 가장 감사한 것은 이 일이 계속해도 계속 재미있다는 것입니다. 내가 무슨 복으로 이렇게 멋진 학생들과 이렇게 재밌는 공부를 하면서 돈까지 받는 직업을 얻게 되었을까. 과분한 삶에 늘 감사하는 마음입니다.

신희섭 이화여대 영문과는 내게 훌륭한 동료와 선배 교수님들, 그리고 학생들을 한꺼번에 선물해준 행복하고 아름다운 장소입니다. 이 모든 분들과의 교류는 부족한 나를 다시 보게 만들고, 스스로를 좀 더 성장할 수 있게 해주었습니다. 저의 교육과 연구 활동은 이 소중한 분들이 주신 가르침과 지혜를 통해 만들어졌으며, 앞으로도 그럴 것입니다.

박찬길 저는 국제적이고 융합적인 교육 및 연구 환경을 조성하는 데 관심을 두었습니다. 2006년에는 우리 학과가 제2차 BK사업의 대형사업단으로 선정되었고, 이를 바탕으로 한국 최초의 디지털인문학 포털을 만들어서 운영한 바 있습니다. 그리고 이를 토대로 여러 가지 국제화 사업을 수행했는데, 특히 국립대만대학과 미국 사우스캐롤라이나대학 등과 더불어 여러 차례의 국제학회를 공동으로 조직했던 것이 기억에 남습니다. 이러한 활동들이 현재 학과에서 진행 중인 BK 사업, 프론티어 사업 등으로 연결되고 있다는 점을 생각하면, 당시 선후배 및 동료 교수들과 정신없이 진행했던 일들이 조금이나마 학과에 보탬이 되었다는 생각이 들고, 큰 보람으로 느껴집니다.

정덕애 BK 사업 초기, 에든버러대학 등 영국 대학들과 국제교류를 맺었던 게 기억나네요. 영국의 ESU(English Speaking Union)를 모델 삼아 영문과 내에서 영어 토론

교육을 시작한 것도 의미 있는 일이었다고 생각합니다. 피터 킵 교수님이 오셔서 영어 토론 동아리도 만들고 열심히 지도해주셨기에 가능한 일이었죠. 이제는 네이티브 스피커(native speaker)가 아닌 학생들도 국제대회에서 좋은 성적을 거두고 있어 뿌듯합니다.



**피터 킵** 영국에서 두 명을 초청해 시범 디베이트(debate)도 했죠. 이승아 교수님과 함께 반을 나눠 디베이트 수업을 개설했어요. 그리고 학생들을 모집해 디베이트 동아리를 만들고 운영하게 됐습니다.

**최혜원** 2024년에 선정된 것을 비롯해 그간 영어영문학부가 BK사업에 꾸준히 선정될 수 있었던 것은, 그리고 프론티어10-10사업 등 교내 교육 연구 사업에도 빠지지 않고 선정될 수 있었던 것은 모두 교수님들의 헌신적인 노력의 결실이자 이화 영문의 저력이라고 생각합니다.

**박찬길** 학과 내에서 지속적으로 축적되어온, 그리고 현재에도 축적되고 있는 이러한 연구와 교육의 경험들은 우리 영문과가 앞으로도 한국 인문학 연구 및 교육 현장에서 선도적인 역할을 해나가는 데 상당한 도움이 될 것이라고 생각합니다. 영문과에 속한 모든 구성원은 앞으로 더욱더 큰 자신감과 자부심, 그리고 소명의식을 가지고 연구와 교육에 임해야 한다고 봅니다. 특히 우리 학과는 한국에서 100년의 역사를 가지고 있는 거의 유일한 학과임을 기억하고, 우리는 그만큼 더 큰 자부심, 그리고 그에 상응하는 더 큰 책임감을 가져야 한다고 생각합니다.

**▶ 앞으로 맞이하게 될 100년 동안 "이화 영문"은 어떤 역할을 하게 될 것이며, 어떤 미래 전망을 보여줘야 할지 말씀해주십시오.**

**정영진** 이화는 '처음'이라는 화려한 수식어를 많이 가지고 있는 여성의 지식 공동체로서, 한국 근대 사회의 긍정적 변화를 주도해왔습니다. 때로는 논란을 피해가기 어려운 결정과 실천도 이루어졌던 곳이고요. 세대가 바뀌고 시대의 가치가 바뀌면서 '여자대학교'와 '영어영문학과'에 대한 평가가 충격적으로 변한 것도 사실입니다. 그리고 그 변화를 가장 먼저 감수해야 하는 공동체가 "이화 영문"이기도 한 것이 현실입니다. 그러나 우리는 '선도'한다는 것이 곧 '최초' 혹은 '최고'라는 수식어를 얻는 일과 동일하지 않다는 것을 깨달아야 합니다. 이제는 '최초' 혹은 '최고'의 개인이 되기보다는 공동체로서의 자긍심과 책임감을 가지고, 급속한 사회 변화가 주는 압박감에 위축되지 않는, 또한 논란을 두려워하지 않는 태도를 함양하는 것이 다가오는 "이화 영문"의 100년을 견인할 것으로 생각합니다.

신희섭 이화여대 영문과의 시작과 발전 과정은 한국의 근대화 및 여성의 성장과 함께해 온 중요한 역사임을 모두가 인식하고 있습니다. 그러나 전통과 역사에 대한 자긍심이 미래에 대한 준비의 전부일 수는 없다고 생각해요. 과거의 이야기에서 배울 점이 있다면, 역사와 전통은 시련을 통해 이루어진 전환적 인식과 결심의 여정이라는 점입니다. 100년이라는 미래는 누구도 쉽게 예측하기 어려운 시간이지만, 현재 우리에게 닥친 도전을 극복하고 새로운 길을 개척해나간다면 우리는 그 미래를 주도적으로 맞이할 수 있을 것입니다.

박승혁 출산율이 급격히 떨어지고, 젠더에 따른 사회적 역할 구분이 사실상 사라지고 있으며, AI와 과학 기술 중심으로 펼쳐질 미래 세상에서 '외국어문'이 맞닥뜨려야 할 현실은 녹록지 않아 보입니다. 따라서 이화 영문은 이러한 상황에 선제적으로 대응하기 위한 교육과 체제의 혁신적 변화를 모색해야 할 필요가 있을 것 같습니다.

권경수 무한한 변화를 가져올 AI 시대에 우리 영문인도 AI와 협력하며, 인류애와 공동선을 지향하는 역할을 고민해야 한다고 생각합니다.

최 영 이대 영문과가 가진 학문적 확장성을 강조하고, 그 진취적인 전통을 기반으로 변모하는 미래에 적응하며 발전해야 합니다. 영문과가 인문학의 중심이 되어 타 학문과 통섭하고 융합하는 힘을 발휘하는 것이 중요합니다.

오정화 영문학은 영어로 된 문학 텍스트를 읽고, 이해하고, 분석하고, 직접 써보는 기본 작업을 통해, 사고를 확장하고, 표현을 발전시키고, 지적 능력과 창의력을 개발할 뿐 아니라, 인간에 대한 깊이 있는 이해를 통해 다양한 분야와 연계되고, 여기 지금 우리의 삶과 연결되는 확장성을 지닌 학문입니다. 오늘날 영어 학습의 기회가 널리 퍼진 이 시점에서, 영문과는 영어를 배우는 곳이라는 고정관념에 갇히지 않고, 영문학이 지닌 확장성을 통해 급박하게 변해가는 세상 속에서 학생들이 자신만의 영역을 개척해 갈 수 있도록 돕는 역할을 해야 합니다.

캐런 먹켄헌 With rapid advancements in AI and technology, we hope that "Ewha English" can transform into an innovative digital humanities hub which can incorporate AI tools and digital content to enhance learning outcomes. This could form a crucial bridge between the humanities and science and technology fields, ultimately infusing each area with the power of creative storytelling. We will also work to continue facilitating global connections, preparing students for international careers to ensure that humanities and literature can thrive within the digitally interconnected world.

최주리 We now have students from all over the world. Learning, thinking, and feeling together, we can open up terrains that allow us to translate new ways of living and sharing unavailable to mere data and algorithms.

최성희 문학처럼 문학교육 역시 현실의 가장 첨예한 명제에 반응해야 한다고 생각합니다. 영문학 전공이 유럽문학 전공에 비해 왕성한 생명력과 경쟁력을 확보할 수 있었던 데에는 인류 공통어로 부상한 영어의 위력이 중요한 요인으로 작용한 것도 있지만, 동시에 끊임없이 그 외연을 확장하면서 연구 대상과 방법론을 다각화해 왔기 때문이라고 생각합니다. 최근 이러한 변화의 한 축으로 디지털 인문학이 부상하고 있습니다. 디지털 인문학은 두 가지 방향성을 가지고 있습니다. 첫째, 인문학의 전통적 질문들을 연구하기 위해 디지털 기술을 사용한다. 둘째, 디지털 기술에 대한 인문학적 질문을 제기하고 성찰한다. 저는 두 번째 방향이 미래의 영문학, 아니 현재의 영문학이 수행해야 할 중대하고 시급한 과제라고 생각합니다. 동시에 포스트휴먼 시대가 품고 있는 새로운 가능성에 대한 인문학적 사유를 널리 공유하고 확산하는 일도 병행해야 합니다. 또한 디지털 기술을 연구 보조수단이 아닌 영문학 연구와 교육의 유기적 파트너로 결합하여 인간, 기술, 예술이 더불어 발전하는 모델/발판을 마련하는 일도 중요합니다.

최혜원 저도 언어학 부문에서 비슷한 생각을 하게 됩니다. 현재 엔지니어 중심으로 개발되는 "챗지피티(ChatGPT) 같은 초거대언어모델(LLM)들이 인간처럼 언어를 사용하며 '사고'한다"고 착각 혹은 주장하는 기저에는 인간의 언어와 사고에 대한 이해가 없어도 성능(performance)만 비슷하면 된다는 발상이 자리 잡고 있습니다. 따라서 지금이 그 어느 때보다 인간에 대한 연구가 절실한 시기라고 생각합니다.

또한 디지털 기술에 대한 인문학적 성찰이 기술 개발에 현실적으로 전달되고 반영되기 위해서는 인문학도들의 기술에 대한 이해 및 참여가 수반되어야 할 것입니다. 이런 의미에서 현재 영어영문학부가 문학, 어학 전공생들을 아우르며 훈련하고 연구하는 디지털인문학 랩을 운영하는 것은 의미가 크다고 생각합니다.

박찬길 AI가 번역, 통역을 실시간으로 해주는 이 시대에, 한국에서 한국 사람이 하는 영어영문학은 더 이상 의미 있는 학문이 아니며 곧 도태될 것이라고 주장하는 사람도 있습니다. 하지만 저는 오히려 이러한 기술의 발전과 그 방향성 때문에 우리가 하는 공부가 더 중요해질 것이라고 믿습니다. 최근 AI의 개발 방향을 보면, 인간에 대한 이해와 언어에 대한 분석 없이는 개발이 애당초 불가능하다는 것을 분명히 알 수 있습니다. 또 그러한 AI 기술의 발전이 무엇보다 영미권과 영어를 중심으로 이루어지고 있는 것이 현실임을 감안하면, 영어와 영미권의 삶에 대한 깊이 있는 이해가 더욱더 중요하다는 것을 누구나 인정할 수밖에 없습니다. 그런 의미에서 저는 영어로 된 문학과 언어를 연구하는 영어영문학의 중요성이 앞으로 그 어느 때보다 더 커질 것이라고 확신합니다.

피터 킵 영어가 세계 공통어가 되면서 영어권의 글과 말이 특히 중요하게 되었습니다. AI 시대 속에서도 인간은 인간답게 살 수 있는 법을 창조해야 할 것이며, 영어영문과의 일은 끝나지 않을 것입니다.

오은진 과학과 기술이 중심이 되는 시대에 연구와 교육 환경이 빠르게 변화하면서, 인문학 그리고 우리의 영어영문학도 위기를 맞고 있습니다. 오랜 시간 쌓아온 경험과 내공을 바탕으로 영어영문인으로서의 정체성을 유지하는 한편, 변화하는 환경을 반영하여 교육과 연구의 새로운 방향을 모색해야 할 시점입니다. 기술이 빠르게 발전할수록 인간의 고유한 가치에 대한 진지한 고찰이 더욱 중요해지고, 인문학의 새로운 관점을 통해 학문의 깊이와 범위를 확장할 수 있을 것이라고 믿습니다.

강태경 '오래된 미래'라는 말에 담긴 뜻을 되새기고 싶습니다. 인류의 역사는 정신문화와 기술문명의 양 날개로 날아왔지요. 후자의 날개가 활개 치며 '유토피아'를 향해 질주하는 오늘날, 영문학 나아가 인문학의 역할은 전자의 날개 근육을 키우는 일입니다. 정신문화를 배제한 기술문명의 독주가 가져올 미래는 디스토피아임이 분명하기 때문이지요. 인류에게 '오래된' 인간적 삶을 지속 가능하게 하는 일, 그것이 영문학도의 존재 이유라고 믿습니다.

**김부성** 돌이켜보면 선배 동문들이 걸어오신 과거도 지금 못지않게 큰 변화의 시대였습니다. 100년이라는 시간 동안 한국은 일제강점기, 한국전쟁, 분단, 민주화, 경제 성장 등 어느 나라보다도 많은 변화를 겪었으니까요. 오늘날의 빠른 변화가 두렵게 느껴질 수도 있지만, 지금의 학생들이 선배들의 모습을 본받아 용기를 내어 새로운 길을 개척하고 앞으로 나아가보면 좋겠습니다. 그리고 동문 선배님들이 사회에서 우리 학생들을 만나신다면 많은 격려와 응원을 해주시면 좋겠습니다.

**이형숙** 앞으로 다가올 이화 영문의 100년도 생명의 가치를 최우선으로 두며, 변화를 따라가기보다는 변화를 주도하는 역사를 쓰리라 기대합니다.

**▶ 재직하시면서 가장 의미 있거나 보람 있었던 일, 기억에 남는 학생들이 있으신지요.**

**정덕애** 영문과 교수로서 항상 행운이었다고 느낀 건 학생들이 너무 똑똑하고 모범생이라는 거예요. 가르칠 맛이 난다고 할까요, 가르치는 게 재미있었습니다. 그래서 그런지 자는 시간 빼고는 항상 학교에서 지냈던 것 같아요. 토요일이건 일요일이건.

**오정화** 저도 너무나 똑똑한 학생들이 많아 감사했습니다. 이렇게 반짝반짝하는 학생들을 가르칠 수 있었다는 것이 너무나 큰 영광이었고, 졸업한 후 여러 분야에 진출하여 활발한 활동을 하는 학생들을 보는 것은 선생으로서의 제 삶을 보람 있게 만들어주었습니다.

**권경수** 저도 가장 보람 있었던 일은 수업 시간에 제 강의를 열심히 경청하면서 학업에 몰입하는 학생들의 모습을 만날 때였습니다.

**황준호** 학생들과 강의실에서 만나는 일상 자체가 기억에 남을 일입니다.

**황수경** 그간 셰익스피어 수업을 하면서 보았던, 학생들의 새로운 해석이 가득한! 정말 기발했던! 신 프레젠테이션(scene presentation)들이 거의 모두 기억에 남습니다.

**피터 킵** 어느 날 '발표와 토론' 수업 때 찬성/반대 정책 토론을 했는데, 토론이 끝난 후 한 학생이 이렇게 말했던 것이 기억납니다. "반대편은 고사하고, 팀원들끼리도 이렇게 의견 일치가 어려울 줄 몰랐네요. 이제야 정치인이라는 직업이 얼마나 힘든 일인지 알게 되었어요." 스스로 인생에 대한 중요한 깨달음 한 가지를 얻었던 순간이었습니다.

**전수용** 학생 활동이 가장 기억에 남는 것 같습니다. 학생 시절 '이영회'에서 학술발표회도 가졌는데, 한 선배가 로렌스의 『연애하는 여자들』에서 '연못에 비친 달의 모습을 향해 남자 주인공 버킨이 돌을 던지는 장면의 상징적 의미'를 설명하던 모습이 아직도 또렷이 기억납니다. 그 선배는 후에 미국 대학 영문학 교수가 되었는데, 그분의 학생 시절 자발적인 학구열과 열정이 기억에 남습니다.

**윤영은** 많은 학생들이 기억나지만, 타인에 대한 배려 없이 자신의 우월함, 옳음, 이익 등에만 집중하지 않고, 부족하더라도 선하게 묵묵히 노력하는 모습을 보인 학생들이 특히 오랫동안 기억에 남습니다.

**이형숙** 졸업 후 '수업 시간에 배웠던 작품이 기억난다'며 소식을 보내오는 졸업생들을 볼 때 교수로서 보람을 느낍니다.

**강태경** 연극 현장과 드라마 연구 분야에서 활동하는 많은 제자들을 보며 전공 교수로서의 보람을 느끼지만, 개인적으로는 기자가 된 한 학생이 떠오릅니다. 재학 시절 성적에 대해 심각하게(장문의 편지로~) 이의를 제기한 학생이었는데, 기자 생활 첫해를 마치며 다시 장문의 편지를 보내왔었지요. 수업의 성적이 아니라 무대 작업을 통해 체득한 타인에 대한 공감, 다양성의 존중, 그리고 액션(Action)~! 곧 주체적 행동이 새내기 기자로서의 입지를 다져나가는 데 큰 힘이 되었다고, 성적에 대한 철없던 불평이 부끄럽다고, 결국 어떤 일을 하느냐가 아니라 어떤 사람이 되느냐가 삶의 의미와 가치를 결정하는 것 같다고 말이지요.

**오은진** 학업에서 뛰어난 성취를 보여준 학생들, 매사 예의 바르고 성실했던 학생들, 그리고 따뜻한 마음을 가진 학생들까지 모두 기억에 남아 있습니다. 특히 수업에 흥미를 느껴 대학원 진학을 결심했다고 이야기하던 학생들의 모습이 생생합니다. 매 수업 학문의 즐거움을 공유해준 학생들에게 늘 감사한데, 학자의 길을 걷겠다는 쉽지 않은 선택을 한 학생들에게는 특별한 보람과 감동을 느낍니다.

**최성희** 최근 가장 보람 있었던 일은 대학원에서 석박사 논문을 지도했던 제자들이 잇달아 국내외 대학의 전임 교원으로 임용된 것입니다.

**박승혁** 대학원에서 공부한 학생들 가운데 이화 영문을 비롯해 국내 여러 대학에서 유능한 교수로 재직하고 있는 이들이 많다는 데에 큰 보람과 긍지를 느끼고 있습니다. 기억에 남는 학생들이 너무 많아 특정할 수 없을 정도입니다.

**최혜원** 지금은 운영이 중단된 '전문영어(Professional Writing)' 석사과정에서 수학한 학생들 얼굴이 하나하나 떠오릅니다. 다양한 배경의 학생들이 낯선 환경과 전공에 적응하느라 고생했지만, 졸업 후 여러 다양한 분야에 자리를 잡아 제 몫을 당당히 해내고 있는 것을 보면 뿌듯하고 자랑스럽습니다.

**박찬길** 학교에 온 지 2~3년밖에 되지 않았을 때, 통번역대학원을 창설하는 실무를 맡았습니다. 그때 새롭게 개설된 이화여대 통번역대학원은 오늘날 한국에서 가장 훌륭한 통번역 교육기관으로 성장했습니다. 생각해보면 모든 면에서 미숙하고 서툴렀지만, 당시 30대 청년의 열정으로 열심히 학교 규정과 입학시험 문제를 만들어 지금의 한국 통번역 분야를 선도하는 대학원 프로그램을, 그 초석을 이루었다는 것에 큰 보람을 느낍니다.

**최주리** I have students in so many walks of life pursuing so many different careers. When I first came to Korea to teach 30 years ago, some warned that teaching at a women's university would not allow me to have "제자." How false a prognostication. It is my greatest joy to meet up with former students and follow all the new paths they are travelling.

**▸ 앞으로의 100년은 AI 발전과 환경 변화 등 과학·기술을 중심으로 한 빠른 변화의 시대가 될 텐데, 이러한 미래를 맞이할 "이화 영문" 학생들에게 당부하고 싶으신 말씀이 있으신지요.**

**황준호** 이화 영문은 지난 한 세기 동안 남다른 노력으로 독자 역량을 키워 한국 사회와 영문학계에서 독보적인 지위를 얻었습니다. 새로운 세기에는 개방되고 열린 사고를 통해 기존 틀에 얽매이지 않고 바깥 세상과 적극적으로 소통하는 유연한 연구/교육 커뮤니티가 되면 좋겠습니다. 이곳에서 공부한 학생들은 새로운 시대의 요구를 인지하되 유행에 흔들리지 말고, 자신의 인문학적 관점을 믿고, 사회적 압박 속에서도 삶의 의미를 찾아 선량하고 행복하게 살길 바랍니다.

윤영은 지금처럼 영어영문학의 가치와 지식을 바탕으로, 자신이 가진 능력을 꾸준한 노력을 통해 발휘함으로써 더 나은 사회와 세상을 만들고 발전시키는 데에 기여하는 훌륭한 이화 영문인이 되었으면 합니다.

박승혁 학생들이 각자의 개성을 발휘하여 사회(국가/세계)의 유능한 일원이 되기 위해 스스로 즐기면서 업(業)으로 삼을 수 있는 일이 무엇인지를 찾아 열심히 준비한다면, 앞으로의 100년도 "이화 영문"의 명성은 변함없이 유지될 것으로 믿습니다.

최성희 영문학 전공생들은 효율성과 확장성 면에서 어떤 학문에 비해도 결코 뒤지지 않는 문학이라는 데이터를 다루는 전문인입니다. 문학은 과거에 대한 고용량 데이터일 뿐 아니라, 이후에 올 현실 구성의 향방을 결정하는 네비게이션이기도 합니다. 해변에서 발만 살짝 담그기보다는 문학의 바다에 풍덩 뛰어들어 여러분의 젊은 팔과 다리로 그 가능성의 심연을 헤엄쳐보세요! 또 한 가지, 인터넷에 정보와 지식이 차고 넘치는 시대에도 여전히 대학이 필요한 이유는, 대학이 토론 공동체이기 때문입니다. 토론의 과정을 통해 구성원 모두가 지식의 생산 라인에서 협업하는 곳이 대학입니다. 우리 모두가 지식의 완제품을 구입하는 '소비자'가 아니라 공정 라인에서 함께 지식을 생산하는 '노동자'가 되기를 바랍니다.

캐런 먹켄헌 In a dynamic and polarizing digital world, I hope that students will first and foremost cultivate a mindset of continuous curiosity. Entering situations with curiosity rather than a conclusion can greatly increase opportunities for connection and understanding. We can use the creative force of literature as a tool to help open our minds to different points of view and perspectives. This can allow us to cultivate and build empathy within ourselves and with our communities.

이형숙 인문학은 우리가 더 넓은 세상과 인간을 만날 수 있게 해주는 통로가 될 뿐만 아니라, 수많은 이야기들을 통해 지친 마음을 치유해주는 창구가 되기도 합니다. 점점 경쟁이 가속화되는 사회에서 대학 공부조차 현실을 준비하는 장으로 여겨지는 시대에, 학생들이 영문과 수업에서만큼은 평생 기억될 좋은 이야기를 충분히 즐기며 삶의 자양분을 얻어갈 수 있기를 바라는 마음입니다. 이화 영문의 학생들은 강하고 담대한 마음으로 세상을 맞이하여 미래의 주인공들이 될 것을 믿습니다.

김부성 최근에 학생들과 상담하면서 미래에 대한 불안과 걱정이 너무나 크다는 생각이 들었습니다. 10년, 20년 전과 지금은 너무나 다르기에 제가 살아온 경험을 바탕으로 조언을 해주는 것도 맞지 않다고 느낄 때가 많습니다. 하지만 정신없이 빠르게 변하는 세상 속에서 마치 그 속도에 저항이라도 하듯이 느리게 읽고, 곱씹고, 분석하고, 향유하는 과정인 문학 공부가 우리를 구원할 수도 있다고 믿습니다. 그리고 그 믿음을 교육과 연구를 통해 전달하려고 애씁니다. 영문학 전공을 추구하며 학생들이 이런 해방의 기쁨을 맛보고 불안을 조금이라도 해소할 수 있으면 좋겠습니다. 또, 수업과 독서를 통해 형성되는 포용적인 연대감을 경험해보고, 일상과 사회생활에서도 이를 지향할 수 있는 사람이 되었으면 합니다.

황수경 더 이상 영문과는 인기학과가 아니며, 영문학은 사회로 진출하는 우등 티켓을 쥐여주지 못합니다. 그 어느 때보다도 지금, "이화 영문"은 사회 속 우리의 위치를 두고 치열하게 고민해야 합니다. 오늘날 "이화 영문"을 선택하는 학생들이 가지고 있을 진로에 대한 고민과 질문은 개개인의 것이 아니며, 우리 모두가 짊어져야 할 "이화 영문"의 미래이기도 합니다. 그러니까 우리, 혼자 고민하지 말고 함께 답을 찾아가도록 해요~

전수용 1972년에 영문과에 입학했는데, 그때를 생각하면 가장 먼저 떠오르는 장면은 학관 앞 비탈진 잔디밭에 학생들이 옹기종기 앉아 햇볕을 쬐고 있는 광경이에요. 학관 내부에 난방이 제대로 공급되지 않아 3월의 햇볕 쬐는 잔디밭이 더 따뜻했던 것이었죠. 그래도 잔디밭 위에서 펼쳐지던 우리들의 수다는 즐거웠고, 미래를 향한 우리의 포부는 거칠 것이 없었습니다. 빛의 속도로 발전하고 있는 사회 속에서 '라떼'는 타령이 되었지만, 당시 추운 교실에서 칠판 하나에 의지해 배우면서도 교수님들의 열의와 학생들의 배움에 대한 열정만으로 우리는 많은 것을 이루어낼 수 있었다고 생각합니다.

최혜원 열정, 요즘 말로 "중꺾마(중요한 것은 꺾이지 않는 마음)"만 있다면 어떤 난관도 헤쳐나가 무엇이든 이룰 수 있다고 믿습니다. 화이팅!

▶ **끝으로 "이화 영문은 나에게 ○○○이다"로 마감해주시면 감사하겠습니다.**

신희섭 "가슴 설레게 하는 연인"이다.

**오은진** 항상 잘할 수 있다고 격려해주는 "든든한 지원군"이다.

**황수경** 익숙하고 친하지만, 기대치에 닿기는 결코 쉽지 않은 "평생 친구"이다.

**정덕애** "일상"이자 "출가한 딸"이다. 늘 마음에 남고 든든하면서도 걱정이 되기 때문입니다.

**오정화** "elixir"(연금술액)이다. 중세 연금술사들이 하등 금속을 금으로 만들기 위해 찾으려고 노력했던 elixir처럼, 이화 영문은 무엇이 되어야 할지 알 수 없었던 젊음의 날, 저를 변화시켰기 때문입니다. 모든 학생에게도 이화 영문이 elixir가 되어 각자가 가진 잠재적인 재능들을 발전시켜 금처럼 빛나는 사람들이 되게 하기를 소망합니다.

**정영진** "꿈 창고"이다. 이화는 제게 어떤 사람으로 살고 또 기억되고 싶은지 끊임없이— 때로는 행복하게 때로는 번민하면서— 생각하고 또 실천하게 만드는 원동력이었기 때문입니다.

**이형숙** 집과 세계, 안과 밖, 사고와 행동 사이의 문을 열어준 "세상을 향한 창(window)"이다.

**최성희** "문(門/問)"이다. 경계선에서 안과 밖을 연결해주는 그 문(門)으로 들어가 이화 영문인의 정체성을 얻었고, 그 문은 다시 더 큰 세상으로 나가는 통로가 되어주었습니다. 또한 '질문'의 뜻을 가진 문(問)이기도 합니다. 학생들에게 '문학은 정답이 아닌 질문'이라는 말을 종종 하는데, 질문의 크기가 삶의 크기를 결정하고, 어떤 질문을 가지고 사느냐에 따라 정체성이 달라지기 때문입니다. 이화 영문이 가치 있는(worth asking) 질문의 공동체가 되기를 소망합니다.

**최혜원** "높이뛰기바(bar)"이다. 이화 영문은 높이 설정해놓은 바(bar)를 떨어뜨리지 않고 넘기 위해 노력해왔습니다. 저는 우리 학생들이 다음 5cm를 즐거운 마음으로 도전할 수 있도록 돕고 싶습니다.

**피터 킵** 세상이 필요로 하는 창의적인 "safe and unsafe 통합지대"이다.

**강태경** "Play-Ground"이다.

김부성 "함께 걷는 길"이다.

최 영 내 생애 "최고의 직장"이었다. 한국에서뿐만 아니라 전 세계에서 최고이다.

박찬길 "재미있는 일터"였고 "보람 있는 삶의 터전"이었다.

황준호 "삶의 터전"이다.

윤영은 "생활의 중심"이다. 이화 영문은 내 하루의 시작과 끝이었고 중심이었다.

박승혁 내 인생사(人生史)의 "몸통"이다.

권경수 꿈과 이상의 "빛"이다. 이화 영문의 빛은 내 삶을 밝고 풍요롭게 비춰주고 있기 때문입니다.

최주리 "축복"이다.

* 대담 정리: 최혜원(89, 영문과 교수)

# 부록

1. 이화여자대학교 영어영문학과 연혁
2. 역대 학과장, 연구소장, 교양영어실장, 글로벌소통교육실장
3. 영어영문학 석·박사 학위 논문 목록
4. 영미학융합연구소 특강 및 학술대회
5. 영어연극 공연 일람
6. 졸업생의 사회 진출 현황
7. 100주년 기금 후원자

Our First 100 Years

# | 부록 1 | 이화여자대학교 영어영문학과 연혁

| | |
|---|---|
| 1910년 | 4년 과정의 이화학당 대학과 설립, 문과 교육 실시 |
| 1912년 | 보통과 4년, 고등과 4년, 중학과 3년, 대학과 5년(대학예과 1년, 대학과 4년)의 이화학당 학제 성립 |
| 1925년 | 이화여자전문학교 발족, 문과(영어영문학과 전신) 설립 |
| 1927년 | 이화여자전문학교 첫 졸업생(별과 과정) 배출(문과 8명, 음악과 3명) |
| 1928년 | 제2회 문과 졸업생부터 사립여자고등보통학교 영어 교원자격증 취득 |
| 1929년 2월 | 교지 『이화』 창간 |
| 1929년 | 현존하는 국내 최초의 대학신문 *The Ewha Weekly News Sheet* 창간(1934년 *The Ewha College News Sheet*로 개칭 후 1937년까지 발행) |
| 1930년 | 전문학교 학제 개편에 따라 4년제(예과 1년, 본과 3년)로 개편 |
| 1930년 | 문과 졸업반 학생들의 첫 영어연극 '아이반호(Ivanhoe)' 공연 |
| 1930년 | 영자신문 실습지 *The Ewha College Girl* 발행 시작(1938년 *The Ewha College Senior Notebook*으로 개칭 후 1940년까지 보통 월간으로 발행) |
| 1932년 | 영어실습 생활관 영학관(英學館) 설립 |
| 1933년 | 이화여자전문학교 학생 자치 학술단체 학술연구반(Research Club) 조직 |
| 1935년 3월 | 이화여자전문학교 신촌으로 이전 |
| 1935년 | 학술연구반(Research Club)이 이전(梨專)문과학술연구회(Research Club of Ewha College Literary Department)로 개칭 |
| 1936년 | 신촌 캠퍼스 영학관 봉헌 |
| 1941년 | 조선총독부의 압력으로 영학관 폐관 |
| 1942년 | 조선총독부 영어연극 중단 조치 |
| 1943년 | 제4차 「조선교육령」 개정, 문과는 국문과(즉 일문과)로 변경 |
| 1945년 | 이화여자대학교 발족, 종합대학교로의 승격 추진. 이화여자대학교 한림원 문과로 개편 |
| 1947년 9월 | 이화여자대학교 한림원 인문학부 영어영문학과로 재창립 |
| 1947년 9월 | 영어영문학과에 비사범대학 교직과정 설립 |
| 1947년 | 김갑순 연출 '퀄리티 스트리트(Quality Street)'로 영어연극 재개 |
| 1951년 12월 | 이화여자대학교 문리대학 영어영문학과로 개편 |
| 1951년 12월 | 영어영문학과 석사학위 과정 설치 |
| 1954년 | 학생 자치 학술단체 '영문학연구회' 발기, 제1회 발표회 개최 |
| 1954년 6월 | 국내 최초의 대학 영자신문 *Ewha Voice* 발간 |
| 1954년 7월 | 나영균(1949), 김연옥[김옥자](1950) 영어영문학과 첫 석사학위 취득 |
| 1954년 8월 | 영어영문학과 동창회 영학회(英學會) 창립총회 개최 |

| | |
|---|---|
| 1955년 | 영학관 복원 및 첫 실습생 10여 명 입관 |
| 1957년 | ‘영문학연구회’를 ‘이대영문학회’로 개칭, 학회지 『영문학회지』 창간 |
| 1958년 | 이대영문학회를 이영회(梨英會)로 개칭, 학회지 『이영회지』로 개칭 |
| 1958년 | 이영회 영소설반에서 한국 최초의 『제인 에어(*Jane Eyre*)』 번역본 출간 |
| 1959년 | 『이영회지』를 *Minerva*로 개칭(2002년까지 발행) |
| 1962년 | 언어실험실 개원(1987년 언어교육원으로 개칭) |
| 1964년 | 영어영문학과 박사학위 과정 설치 |
| 1964년 | 이영회에서 ‘이영문고’ 제1집 『영미단막극선』 출간 |
| 1965년 | 영어실기실 설립(1990년 사무실기교육실로 개칭) |
| 1968년 2월 | 이혜숙(1943) 교수 영어영문학과 첫 박사학위 취득 |
| 1969년 | ‘Korean Folklore and Classics’(한국 전설, 한국 고전소설 영역본) 시리즈 출간 시작 |
| 1972년 | *Ewha Voice* 간행 주체가 영어영문학과에서 이대학보사로 이관 |
| 1973년 | 실험대학 제도 실시로 문리대학이 인문사회계열(11개 학과)과 자연계열(4개 학과)로 분리 |
| 1975년 | 영학관 폐관 |
| 1979년 | 동창회지 『영학회 소식』 창간 |
| 1982년 | 계열별 모집에서 과별 모집으로 환원. 문리대학 분리, 인문과학대학으로 개칭 |
| 1982년 | 이영회 부활, 영어연극 재개 |
| 1986년 | 교육부 우수학과 선정 |
| 1986년 | 이영회를 ‘이화여자대학교 영어영문학회’로 개칭 |
| 1988년 | 영어영문학회 희곡 및 연극 분과 소속 동아리를 ‘빙즈(Beings)’로 개칭 |
| 1992년 | ‘이영의 날’(‘이영회의 날’)을 ‘영문인의 밤’으로 개칭 |
| 1994년 | 이화영어학회 창립 |
| 1996년 | 학부제 실시, 인문과학대학 외국어계열 영어영문학전공으로 편제 변경 |
| 1996년 | 이화영어학회 학회지 『영어학 연구』 창간 |
| 1998년 | 인문과학대학 영어영문학부로 학제 개편 |
| 1999년 | ‘이화-서강 언어학 교육연구단’이 ‘언어의 보편성과 개별성’이라는 연구 주제로 한국연구재단 1단계 BK21 사업에 선정 |
| 1999년 | 대학원 석사학위 과정에 전문영어(Professional Writing Program) 전공 신설 |
| 1999년 11월 | 영미학연구소 설립(2013년 영미학융합연구소로 개칭) |
| 2000년 | 영학회 선교부 출범 |
| 2001년 | 영국 노팅엄대학교(University of Nottingham) 학부 교환학생 파견 시작 |
| 2001년 | 연세대학교, 이화여자대학교, 서강대학교 3개 대학 영어영문학과 대학원생 공동 학술발표회 ‘YES Colloquium’ 개최 시작 |
| 2001년 | 제1회 English-Speaking Union 선발 영국 대학생 초청 영어토론회 개최 |

| | |
|---|---|
| 2002년 | 영미학연구소 학술지 *Journal of English and American Studies* 창간 |
| 2004년 | 인문과학대학 인문과학부 영어영문학전공으로 편제 개편 |
| 2004년 | 한국학술진흥재단 기초학문육성지원사업에 '한국 근현대와 한국계 미국문학' 선정 |
| 2005년 | 한국학술진흥재단 인문사회분야심화연구에 '포스트모던 바이오픽션의 역사성 읽기' 선정 |
| 2005년 | 영어 토론 동아리 'DAE(Debate Association of Ewha)' 창단 |
| 2006년 | 한국연구재단 2단계 BK21 사업에 '영어영문학의 한국적 모델: 국제적 학문후속 세대, 문화인력, 영어전문인력 양성' 선정 |
| 2006년 | 미국 클라크대학교(Clark University)와 영어영문학과 공동석사학위 협정 체결 |
| 2007년 | 10개년 인문한국(HK) 지원사업 '탈경계인문학의 구축 및 확산' 연구단에 참여 |
| 2008년 | 현대영미시 동아리 'Weekly Poetry' 창단 |
| 2009년 | 영어창작 동아리 'Writing Club' 창단(2017년 'Luminis Literary Society'로 개칭) 및 2013년 동아리 창작집 *Luminis Literary Journal* 창간 |
| 2010년 | 중앙일보 대학평가 영어영문학과 전국 1위 선정 |
| 2010년 | 미국 하와이대학교(University of Hawaii)와 공동석사학위 협징 체결 |
| 2011년 | 교내 Global Top 5 사업에 '한국문화연구의 세계화' 선정 |
| 2011년 | 영화 토론 및 제작 동아리 '신바람/New Wave' 창단 |
| 2012년 | 한국연구재단 시민인문강좌지원사업에 '문학을 통한 자아의 확장' 선정 |
| 2012년 | 교육과학기술부의 대학교육 역량강화 지원사업 중 학습력 제고 프로그램으로 '외국어 Speech and Debate Competition' 수행 |
| 2012년 | QS세계대학랭킹에서 세계 100대 영어영문학과로 선정 |
| 2012~2013년 | 영국 맨체스터대학교(The University of Manchester), 버밍엄대학교(University of Birmingham), 에든버러대학교(The University of Edinburgh)와 7+1 교환 프로그램(2016학년도부터 ARS 해외학기 프로그램으로 개칭) 협약 체결 |
| 2015년 | 교내 유망전공 육성사업에 선정, 3개년(2015학년도~2017학년도) 동안 수행 |
| 2015년 | 학과 내 4개 트랙 설치: Culture & Technology(CT), Storytelling & Translation(ST), Global Literacy(GL), Advanced Studies(AS). 이 중 CT, ST, GL이 2016년 TELOS 우수트랙에 선정 |
| 2015년 | 일본 규슈대학과 공동 디베이트 워크숍 개최에 관한 MOU 체결 |
| 2016년 | 3개년 대학 인문역량 강화(CORE, Initiative for College of Humanities' Research and Education) 사업인 루체테(Lucete) 인문학 사업에 참여 |
| 2016년 | 한국연구재단 3단계 BK21 플러스 사업에 '글로벌 문화번역전문가 양성을 위한 융합·실행 영어영문학' 선정 |
| 2016년 | 전문영어 전공 석사학위 과정 폐지. 2017학년도부터 신입생 모집 중단 |
| 2017년 2월 | 국립대만대학 Department of Foreign Languages and Literatures와 학생 교환 등에 관 |

| | |
|---|---|
| | 한 MOU 체결 |
| 2017년 | 인문과학대학 영어영문학부로 편제 조정 |
| 2017년 | 중세 및 르네상스 영문학 학술동아리 '2%(E-PRO)' 창단 |
| 2017년 11월 | 국립대만대학, 미국 사우스캐롤라이나대학교(University of South Carolina)와 공동 국제학술대회 개최, '3자 공동 컨퍼런스' 정례화 |
| 2020년 | 교내 이화선도융합연구사업에 '위기와 공존의 영어영문학' 선정 |
| 2022년 | 영국 엑시터대학교(University of Exeter)와 공동 학술연구 수행, 이화-엑시터(Exeter) 심포지엄 공동 개최 |
| 2023년 | 교내 프론티어(Frontier) 10-10사업에 '포스트 휴먼시대의 영어영문학: 위기와 공존' 선정 |
| 2023년 | 영어영문학과 100주년 기념사업 준비위원회 구성 |
| 2024년 | 한국연구재단 4단계 BK21 사업에 '중첩과 교차를 통한 제너러티브 영어영문학' 선정 |
| 2024년 | 100주년 기념 국제학술대회 개최 |
| 2025년 | 『이화 영어영문학과 100년: 1925~2025』 출간, 100주년 기념식 및 미래비전포럼 개최 |

# | 부록 2 | 역대 학과장, 연구소장, 교양영어실장, 글로벌소통교육실장[1]

## 역대 문과 과장

1대 조정환 1925~1926

2대 김활란 1926~1928

3대 벨마 메이너(Velma H. Maynor) 1928.9~1933.8

4대 김상용 1933.9~1939.12

5대 박종홍 1940.1~1941

6대 이희승 1941~1942.9

7대 좌백일이(佐伯逸二) 1942

8대 향산등일(香山登一) 1943

9대 정지용 1945.10~1947.1

10대 박마리아 1947.2~1947.8

## 역대 영어영문학과 학과장[2]

박마리아 1947.9~1953

김갑순 1953.4~1955.10

이헌구 1955.10~1956.10

김갑순 1956.10~1959.3

홍복유 1959.4~1960.8

이석곤 1960.9~1965.2

김갑순 1965.3~1966.2

김연옥 1966.3~1971.2

나영균 1971.3~1975.2

윤정은 1975.3~1978.2

김선숙 1978.3~1982.2

김영일 1982.3~1984.2

윤정은 1984.3~1988.2

---

1 역대 문과 과장과 12대 김영일 영어영문학과장까지의 명단은 『이화100년사 자료집』 99-100쪽 참고. 13대부터 16대 김승숙 영어영문학과장까지의 명단은 이화역사관 제공. 그 외는 이화여대 교무처 제공.

2 편제에 따라 공식 보직명이 영어영문학과장, 영어영문학전공주임교수, 영어영문학부장으로 불림.

조정호 1988.3~1992.2

이근섭 1992.3~1994.2

김승숙 1994.3~1995.7

서숙 1995.8~1997.7

최영 1997.8~1999.7

오정화 1999.8~2001.7

전수용 2001.8~2003.7

오정화 2003.8~2004.7

김준환 2004.8~2006.7

강태경 2006.8~2008.7

윤영은 2008.8~2010.7

최주리 2010.8~2012.7

신희섭 2012.8~2014.7

최혜원 2014.8~2016.7

이승아 2016.8~2018.7

황준호 2018.8~2020.7

오은진 2020.8~2022.7

박찬길 2022.8~2023.7

이형숙 2023.8~2025.7

## 역대 영미학융합연구소장(구 영미학연구소장)

1대 최영 2000.3~2004.1

2대 서숙 2004.2~2006.7

3대 정덕애 2006.8~2010.7

4대 전수용 2010.8~2012.7

5대 신희섭 2012.8~2014.7

6대 최성희 2014.8~2016.1

7대 최주리 2016.2~2018.1

8대 박찬길 2018.2~2020.7

9대 김민정 2020.8~2022.7

10대 황준호 2022.8~2024.7

11대 오은진 2024.8~2026.7

## 역대 교양영어실장

정덕애 1996.12~1997.7

오정화 1997.8~1999.7

윤영은 1999.8~2001.7

김준환 2001.8~2003.7

박찬길 2003.8~2005.7

최혜원 2005.8~2007.7

최주리 2007.8~2009.7

김민정 2009.8~2015.7

백준걸 2015.8~2015.11

## 역대 글로벌소통교육실장[3]

백준걸 2015.12~2017.7

오은진 2017.8~2019.7

신희섭 2019.8~2021.7

최성희 2021.8~2023.7

이승아 2023.8~2025.7

3 정확한 보직명은 호크마교양대학글로벌소통교육실장임. 글로벌소통교육실의 전신이 교양영어실이며, 역대 교양영어실장과 글로벌소통교육실장이 모두 영문과 교수이므로 부록에 기재함.

| 부록 3 | 영어영문학 석·박사 학위 논문 목록



## 석사학위 논문[1]

| 졸업연월 | 이름 | 학위논문 제목 |
|---|---|---|
| 1954.7. | 김연옥 [김옥자] | Eugene O'Neill and His Works |
| 1954.7. | 나영균 | The Imageries in *Romeo and Juliet* |
| 1956.2. | 신소춘 | The Sense of Love and Beauty in Shakespeare's Sonnets |
| 1956.2. | 윤정은 | Study on *Paradise Lost* |
| 1957.2. | 남상순 | Shakespeare's Stage and His Technique |
| 1957.2. | 송정순 | *Jane Eyre*에 나타난 Charlotte Brontë의 문체 |
| 1957.2. | 신정옥 | Love's Philosophy in Shakespearean Tragedy |
| 1957.2. | 이순경 | *Macbeth* 부처의 성격 고찰 |
| 1957.2. | 조정호 | Virginia Woolf의 수법 |
| 1958.3. | 김영숙 | A Preliminary Study in E. M. Forster |
| 1958.3. | 정온모 | John Keats: A Study in His Great Odes |
| 1959.3. | 김태옥 | A Study of W. B. Yeats: A Comparison of His Early and Later Poetry |
| 1959.3. | 김한숙 | Willa Cather: An Analysis of Some Women Characters in Her Novels |
| 1959.3. | 임순영 | A Study of Some Aspects of British Pronunciation and American Pronunciation |
| 1960.2. | 민경희 | A Study of Alfred Tennyson's *In Memoriam* |
| 1960.2. | 이희숙 | Henry James Moral Beauty of the American Girl in *The Wings of the Dove* |
| 1961.2. | 강숙자 | A Study of William Blake |
| 1961.2. | 곽경수 | A Study in "The Fall" of Man in Milton's *Paradise Lost* |
| 1961.2. | 박용언 | A Study of John M. Synge |
| 1961.2. | 조성균 | Shelley's Love Poems Written in Italy |
| 1962.2. | 윤미덕 | A Study of Virginia Woolf |
| 1962.2. | 최은경 | A Study of James Joyce's *A Portrait of the Artist as a Young Man* |
| 1963.2. | 김성자 | Henry James' Pursuit of Moral Intelligence in *The Portrait of a Lady* |
| 1963.2. | 김인자 | Matthew Arnold as a Critic |
| 1963.12. | 고중영 | Samuel Taylor Coleridge's Poetic Theory of Organic Unity |
| 1963.12. | 오순정 | E. M. Forster's Universal Vision in *A Passage to India* |

1 2025년 2월까지 총 588명의 석사를 배출했음. 성내완(1958.3. 졸업), 한수미(1972.9. 졸업), 김한(1973.2. 졸업) 졸업생의 석사학위 논문은 본교 중앙도서관 미소장.

| 졸업연월 | 이름 | 학위논문 제목 |
|---|---|---|
| 1963.12. | 하경자 | Oliver Goldsmith and Richard Brinsley Sheridan's Comedies |
| 1965.2. | 유정은 | A Contrastive Study of Korean and American English: Teaching Pronunciation of English to Korean Students |
| 1965.2. | 임영애 | George Eliot's Sense of Moral Values in Her Early Novels |
| 1966.2. | 권경수 [권홍자] | The Characteristics of Lady Gregory's Comedies |
| 1966.2. | 권미영 | Walter Pater: His Criticism |
| 1966.2. | 김화자 | The Archaicness of the English in the King James Version of the Bible: An Analysis of the Gospel According to Matthew |
| 1966.2. | 남정자 | William Faulkner's Personal Vision on Negroes |
| 1966.2. | 한 훈 | Graham Greene: An Interpretation of Salvation |
| 1967.2. | 강순경 | Sound Changes at Morphemic Boundaries: A Pedagogical Analysis of Transfer Problems |
| 1967.2. | 방숙희 | Thomas Sutpen's Morality and the South in William Faulkner's *Absalom, Absalom!* |
| 1967.2. | 전계자 | Robert Frost: His People and World |
| 1967.2. | 전희우 | The Aside and the Soliloquy in Eugene O'Neill's *Strange Interlude* |
| 1967.2. | 조경구 | A Study of Aldous Huxley: His Early Works and Laurentian Trends |
| 1967.2. | 최청규 | Theodore Dreiser and His Characters in *Sister Carrie* |
| 1968.2. | 민신기 | Thomas Hardy's View of Life |
| 1968.2. | 조현례 | The Salvation of Three Heroes in T. S. Eliot's *The Family Reunion*, *The Confidential Clerk*, and *The Elder Statesman* |
| 1969.2. | 고영자 | The Criticism of T. S. Eliot |
| 1969.2. | 김봉희 | The Image of the Mother Earth in Eugene O'Neill's Plays (Mainly *The Great God Brown*) |
| 1969.2. | 김순희 | David Herbert Lawrence on the Conception of Dark God |
| 1969.2. | 유종인 | The Role of Nature in Wuthering Heights |
| 1969.2. | 장성혜 | A Study on Wilde's *Salome*: With Special Emphasis on His Treatment of the Moon |
| 1969.2. | 정순희 | A Sequencing of English Question Patterns: A Pedagogical Study |
| 1969.2. | 최 영 | The Problems of Ideal Relationship between Man and Woman in *The Rainbow* and *Women in Love* |
| 1970.2. | 김경옥 | Bernard Shaw's View of Women Shown in His Plays |
| 1971.2. | 오세아 | A Study of T. S. Eliot as a Critic |
| 1971.9. | 김수자 | A Study of George Eliot's Moral World |
| 1971.9. | 이성윤 | *Lord Jim*과 *Nostromo*를 통해 본 Conrad의 자기발견의 주제 |
| 1972.2. | 이후지 | *Antony and Cleopatra*와 *All For Love* 비교 |
| 1974.2. | 김혜경 | *The Leather-Stocking Tales*와 *The Bear*에 나타난 두 가지 주제의 비교 |

| 졸업연월 | 이름 | 학위논문 제목 |
|---|---|---|
| 1974.2. | 김혜연 | I. A. Richards as a Critic |
| 1974.2. | 심정순 | Dream and Reality in the World of Synge's Comedies |
| 1974.2. | 양혜순 | A Study of Pronominalization in English |
| 1974.2. | 장옥경 | *Yoknapatawpha Saga*를 통해서 나타난 William Faulkner의 시간성 |
| 1974.8. | 강숙희 | A Study of English Relativization |
| 1975.2. | 이정애 | Joseph Conrad의 서술방법 |
| 1975.2. | 정홍자 | John Dryden as a Practical Critic |
| 1975.8. | 박영아 | *David Copperfield*와 *Great Expectations*를 통해서 본 자아확립의 과정 |
| 1976.2. | 유의순 | *Paradise Lost*를 통해 본 Milton의 Eve관 |
| 1976.2. | 이양업 | Jane Austen의 *Northanger Abbey*, *Pride and Prejudice*, *Emma*를 통해서 본 배움의 드라마 |
| 1976.2. | 이영옥 | Semantics of Relativization |
| 1977.2. | 김숭희 | Irony에서 Humility로: T. S. Eliot의 *The Waste Land*와 *Ash-Wednesday*의 비교 연구 |
| 1977.2. | 박명순 | A Study of Tensing Phenomena |
| 1977.2. | 안승신 | Analysis of Causative Constructions |
| 1977.2. | 이영숙 | Dylan Thomas: 어둠에서 빛으로 |
| 1977.2. | 황점순 | James Joyce의 *Dubliners*에 나타난 죽음과 삶의 문제 |
| 1977.8. | 강선숙 | Robert Frost |
| 1977.8. | 오경심 | Samuel Beckett의 작품세계 |
| 1977.8. | 유 정 | Pinter극에 있어서의 언어의 극적 기능 |
| 1977.8. | 이은경 | William Faulkner의 비극성 작품에 나타난 인물을 중심으로 |
| 1977.8. | 정덕애 | Virginia Woolf의 작품에 나타난 예술가의 Vision |
| 1977.8. | 조재옥 | Phonological Interpretation of Language Variation |
| 1977.8. | 한은구 | Joseph Conrad의 작품에서 본 여성의 역할 |
| 1978.2. | 박복남 | On Gapping |
| 1979.2. | 김미량 | 방황 좌절 극복의 문제: Tennessee Williams 작품에 나타난 인물을 중심으로 |
| 1979.2. | 김영경 | A Study of Equi NP Deletion in English |
| 1979.2. | 여영주 | W. B. Yeats의 시에 나타난 갈등의 문제: *The Tower*, *The Winding Stair and the Other Poems*를 중심으로 |
| 1979.2. | 윤미경 | Mark Twain의 비관주의 연구: *The Adventures of Huckleberry Finn*을 중심으로 |
| 1979.2. | 최계윤 | William Blake의 시 연구: Harmonious Antithesis |
| 1979.2. | 홍애영 | 영어 술어의 통사적 자질과 그 특징에 관한 연구 |
| 1979.8. | 김은실 | Keats 시에 나타난 조화의 정신: *Endymion*을 중심으로 |
| 1979.8. | 김혜령 | George Eliot 연구: *The Mill on the Floss*와 *Middlemarch*에 나타난 여주인공을 중심으로 |

| 졸업연월 | 이름 | 학위논문 제목 |
|---|---|---|
| 1980.2. | 김화자 | 인물 중심으로 본 *The Plain Dealer*와 *The Double Dealer* |
| 1980.2. | 신문자 | 경계와 음운규칙 |
| 1980.2. | 안정희 | Virginia Woolf의 작품에 나타난 이면성: *Mrs. Dalloway*와 *To the Lighthouse*를 중심으로 |
| 1980.2. | 오정화 | *Shirley*에 나타난 Charlotte Brontë의 리얼리즘: 여성 문제를 중심으로 |
| 1980.2. | 이명실 | 언어기술에 있어서의 *Q*와 *WH*의 역할 |
| 1980.2. | 이영숙 | 구조보존제약의 재고 |
| 1980.2. | 전승혜 | Charles Dickens의 *Bleak House*: 구성을 통해서 본 주제연구 |
| 1980.9. | 석계옥 | *The Sound and the Fury*, *Sanctuary*, *Requiem for a Nun*을 통해 본 Faulkner의 여성 인물 |
| 1980.9. | 이금주 | 현대 피카레스크 소설 연구: *The Adventures of Huckleberry Finn*, *The Catcher in the Rye*, *The Adventures of Augie March* |
| 1980.9. | 정현전 | Robert Frost: 그의 자연과 인물들 |
| 1981.2. | 김명숙 | 명사형 동사의 의미 연구 |
| 1981.2. | 김수영 | A Study of Consonant Cluster Simplification |
| 1981.2. | 김춘희 | F. Scott Fitzgerald의 작품에서 본 기법의 비교 연구 |
| 1981.2. | 부지영 | *The Rainbow*와 *Women in Love*의 주제를 구현하는 Pattern과 Imagery |
| 1981.2. | 유 은 | James Joyce의 전기소설에 나타난 감금과 탈출의 상징 |
| 1981.2. | 유혜련 | The Victim of Idea: Brutus & Coriolanus |
| 1981.2. | 윤미정 | John Donne의 “Two Anniversaries” 연구 |
| 1981.2. | 정명희 | Oscar Wilde의 코메디 연구 |
| 1981.2. | 허현숙 | *The Sea and the Mirror*에 나타난 W. H. Auden의 예술관 |
| 1981.8. | 김경순 | G. B. Shaw의 여성관: *Mrs. Warren's Profession*, *Man and Superman*, *Pygmalion*, *Saint Joan*을 중심으로 |
| 1981.8. | 김신희 | D. H. Lawrence의 소설에 나타난 이상적인 인간관계: *Sons and Lovers*, *The Rainbow*, *Women in Love*를 통하여 |
| 1981.8. | 김인혜 | *Two Hyperions*의 연구: 고통과 재생의 문제를 중심으로 |
| 1981.8. | 유인선 | Marlowe의 *Edward II* 와 Shakespeare의 *Richard II* 의 비교 연구 |
| 1981.8. | 이희원 | A Study on Anti-Social Heroes in Shakespeare's *Antony and Cleopatra* and *Coriolanus*<br>(※ 이용 중 분실로 인해 본교 중앙도서관 미소장. 국립중앙도서관과 국회도서관은 소장 중) |
| 1981.8. | 최계자 | 실수발화의 음운론적 연구 |
| 1982.2. | 김선희 | *The Iceman Cometh*에 나타난 Pipe Dream의 의미 |
| 1982.2. | 김인성 | I. A. Richards의 비평론 연구 |
| 1982.2. | 박순분 | Virginia Woolf 소설에 나타난 Vision and Design 연구: *Mrs. Dalloway*와 *To the Lighthouse* 중심으로 |

| 졸업연월 | 이름 | 학위논문 제목 |
|---|---|---|
| 1982.2. | 박진주 | T. S. Eliot의 *Four Quartets*: 모순과 대립의 조화 |
| 1982.2. | 송미영 | 영어 명사의 가산성에 관한 연구 |
| 1982.2. | 신혜원 | The Female Roles in Blake's Myth |
| 1982.2. | 유수선 | 영어 조건문의 의미 분석 |
| 1982.2. | 유주현 | Graham Greene의 작품에 나타난 Moral Identity 추구의 문제 |
| 1982.2. | 윤금진 | 기저형의 추상성 연구 |
| 1982.2. | 이은성 | James Joyce의 Epiphany 연구 |
| 1982.2. | 차현주 | *Middlemarch* 연구: Dorothea와 Lydgate의 자아실현을 중심으로 |
| 1982.2. | 최경애 | 음운규칙의 범어적 적용순에 대한 고찰 |
| 1982.2. | 한은원 | T. S. Eliot의 "전통"관과 그 시적 형상화 |
| 1982.8. | 김재임 | 영어의 피동자 주어구문에 관한 연구 |
| 1982.8. | 김지연 | D. H. Lawrence 소고: *The Rainbow*와 *Women in Love*를 중심으로 |
| 1982.8. | 안수경 | Dublin Trilogy를 통해 본 O'Casey의 유형적 인물 고찰 |
| 1982.8. | 양은숙 | *Moby Dick*을 통해 본 초절주의자에 대한 Melville의 태도 |
| 1982.8. | 정경숙 | A Study of G. B. Shaw's Creative Evolution in *Back to Methuselah* and Don Juan in Hell Scene |
| 1982.8. | 정영희 | *The Catcher in the Rye*와 *Franny and Zooey*에 나타난 정신적 개안의 문제 |
| 1982.8. | 주경희 | *The Portrait of a Lady*와 *The Wings of the Dove*를 통해 본 Henry James의 도덕관 |
| 1983.2. | 강선혜 | Journey into Self-Identity in *After the Fall* |
| 1983.2. | 구인애 | 음운규칙의 적용양식 연구 |
| 1983.2. | 김명숙 | T. S. Eliot 비평의 연구: 그의 기본개념을 중심으로 |
| 1983.2. | 김정연 | Virginia Woolf의 작품 속에 나타난 여성의식 |
| 1983.2. | 심미현 | Shakespeare 후기작품 연구: *Cymbeline*, *The Winter's Tale*과 *The Tempest* 중심으로 |
| 1983.2. | 오미라 | 음운규칙과 음절구조의 관계연구 |
| 1983.2. | 이정혜 | Nathaniel Hawthorne론: 그의 작품을 통해서 본 청교주의 비판자로서의 Hawthorne |
| 1983.2. | 조혜성 | 생성운율론에 의한 Shakespeare 희곡의 운율분석 |
| 1983.2. | 한종임 | 구조적 조건으로서의 C-Command에 대한 연구 |
| 1983.2. | 홍영혜 | Faulkner 작품에 나타난 가정 안에서의 사랑의 문제 |
| 1983.8. | 김옥례 | Herman Melville의 *Billy Budd*의 연구 |
| 1983.8. | 동방숙 | *Macbeth*의 파멸에 관한 연구 |
| 1983.8. | 문윤선 | 추상화에 따른 인간성 상실: *Light in August*와 *Absalom, Absalom!*을 중심으로 |
| 1983.8. | 손영주 | Shakespeare의 이상적 군주상: *Henry IV*와 *Henry V*를 중심으로 |
| 1983.8. | 심금숙 | Arthur Miller의 비극관: *The Crucible*과 *After the Fall*을 중심으로 |

| 졸업연월 | 이름 | 학위논문 제목 |
|---|---|---|
| 1983.8. | 최문실 | *The American*과 *The Ambassadors*를 통해서 본 국제상황주제의 전개 |
| 1983.8. | 홍성숙 | Robert Herrick의 *Hesperides* 연구: 그의 전원생활에 관한 시를 중심으로 |
| 1984.2. | 김선미 | Charles Dickens의 사회와 여성: *David Copperfield*, *Bleak House*와 *Hard Times*를 중심으로 |
| 1984.2. | 김정실 | 이동규칙과 통사층위에 관한 연구 |
| 1984.2. | 차화은 | T. S. Eliot의 시론 연구 |
| 1984.2. | 탁수연 | Shakespeare의 *Antony and Cleopatra*에 나타난 양면성에 관한 연구 |
| 1984.2. | 한영림 | Eugene O'Neill의 *A Touch of the Poet* 연구 |
| 1984.2. | 허정자 | Matthew Arnold의 비평 연구 |
| 1984.2. | 홍영예 | 수정 확대표준이론에서의 격과 θ-역할에 관한 연구 |
| 1984.2. | 황순진 | GB이론으로 본 영어 부정사 구조의 분석 |
| 1984.9. | 권혁경 | W. B. Yeats의 *Last Poems* 연구 |
| 1984.9. | 김부지 | GB이론에서의 공범주원리에 대한 연구 |
| 1984.9. | 박보경 | GB이론의 결속이론이 적용되는 층위에 대한 연구 |
| 1984.9. | 박정오 | D. H. Lawrence 중편에 나타난 신화성 연구 |
| 1984.9. | 이명신 | Shakespeare의 *The Merchant of Venice*와 *Measure for Measure* 비교 연구 |
| 1984.9. | 이숙영 | Faulkner의 *Soldiers' Pay*와 *As I Lay Dying*에 나타난 죽음의 문제 |
| 1985.2. | 김선옥 | Saul Bellow의 소설에 나타난 도덕적 인간: *The Victim*과 *Mr. Sammler's Planet*를 중심으로 |
| 1985.2. | 박양애 | Keats의 시와 "Soul-Making": Great Odes를 중심으로 |
| 1985.2. | 송은정 | 영어의 상(aspect)에 관한 연구 |
| 1985.2. | 오재혜 | *(The) Mill on the Floss*와 *Middlemarch*에 나타난 개인과 사회 |
| 1985.2. | 이영주 | Emily Dickinson 연구: 자연, 사랑, 죽음과 영생에 관한 시를 중심으로 |
| 1985.8. | 김미경 | 단순부정사의 구조 분석 |
| 1985.8. | 김순원 | William Golding의 작품에 나타난 소외의 문제: *Pincher Martin*과 *The Pyramid*를 중심으로 |
| 1985.8. | 김 원 | Tragic Recognition in *The Iceman Cometh* |
| 1985.8. | 김은경 | Saul Bellow의 *Seize the Day* 연구 |
| 1985.8. | 심현주 | *Ulysses*에 나타난 추구의 주제에 관한 연구 |
| 1985.8. | 오선숙 | 국지성원리와 Move-α |
| 1985.8. | 이수경 | T. S. Eliot의 시극에 나타난 "Incarnation"의 세계: *Murder in the Cathedral*과 *The Cocktail Party*를 중심으로 |
| 1985.8. | 이유미 | 음절 구조의 CV-층 연구 |
| 1985.8. | 이현주 | Edward Albee 후기 작품 연구: *Tiny Alice*와 *The Lady from Dubuque*를 중심으로 |
| 1985.8. | 최경희 | *Saint Joan*에 나타난 개인과 사회의 갈등 |

| 졸업연월 | 이름 | 학위논문 제목 |
|---|---|---|
| 1986.2. | 김소량 | 예술을 통한 인간한계 상황의 초월: *The Well of the Saints*와 *Deirdre of the Sorrows*를 중심으로 |
| 1986.2. | 노지향 | Harold Pinter의 정적극(Static Drama): 고립의 내용과 고립의 형식 |
| 1986.2. | 류연희 | Henry James 중편에 나타난 예술가 문제 |
| 1986.2. | 백남희 | T. Williams의 작품을 통해 본 인류애적 구원의 의미: *The Night of the Iguana*와 *The Milk Train Doesn't Stop Here Anymore*를 중심으로 |
| 1986.2. | 서영윤 | Search for "The Earth Mother" in O'Neill's Works: *Long Day's Journey into Night*와 *A Moon for the Misbegotten*을 중심으로 |
| 1986.2. | 양성은 | Shakespeare의 "Problem Comedies"에 관한 연구: *All's Well That Ends Well*과 *Measure for Measure*를 중심으로 |
| 1986.2. | 임진희 | *Go Down, Moses*에 나타난 흑백인종 문제 |
| 1986.2. | 정루미 | 격여과와 θ-기준 |
| 1986.2. | 진수옥 | Edmund Wilson의 비평연구: 그의 주저를 중심으로 |
| 1986.2. | 최용미 | *The Waste Land*에 나타난 서술시각의 연구 |
| 1986.2. | 최혜숙 | Bernard Malamud의 *The Assistant*와 *The Fixer*에 나타난 인간 정신의 승리 |
| 1986.8. | 김난영 | 영어 *believe*류 동사의 보문구조에 관한 연구 |
| 1986.8. | 김성희 | Joseph Conrad의 *Nostromo* 연구 |
| 1986.8. | 김희선 | E. E. Cummings 시에 나타난 초절주의적 비전과 실험적 기법 연구 |
| 1986.8. | 서혜석 | *The Iceman Cometh*의 주제연구 |
| 1987.2. | 강재정 | 영어 진행형의 의미론적 분석 |
| 1987.2. | 김수정 | 영어 [ŋ]의 기저형에 관한 음절음운론적 연구 |
| 1987.2. | 송민종 | Arthur Miller의 작품에 나타난 환상과 현실 인식: *Death of a Salesman*과 *After the Fall*을 중심으로 |
| 1987.2. | 유경희 | William Blake의 시의 심상(Imagery)을 통해 본 Los의 시적 기능 연구 |
| 1987.2. | 이승재 | 결속이론과 접근 가능한 대주어 조건 |
| 1987.2. | 이연화 | John Donne의 종교시에 나타난 극적 요소 |
| 1987.8. | 공미리 | John Barth의 *Lost in the Funhouse*에 나타난 "고갈의 문학" |
| 1987.8. | 유은경 | Herzog의 희극적 요소와 의미 |
| 1987.8. | 유정화 | Shelly와 Keats 비교 연구: "아름다움"을 중심으로 |
| 1987.8. | 이승은 | Henry James의 *The Wings of the Dove* 연구: Milly의 성숙과정을 중심으로 |
| 1987.8. | 임정숙 | *The Winter's Tale*에 나타난 사랑의 문제 |
| 1987.8. | 정미남 | On The Empty Category Principle |
| 1988.2. | 강수미 | 장벽이론과 공범주 |
| 1988.2. | 김영미 | *The Jew of Malta*와 *The Merchant of Venice* 연구 |
| 1988.2. | 김진경 | GB의 격이론 |
| 1988.2. | 배순영 | *The Power and the Glory*와 *The Fixer*에 나타난 휴머니즘 연구 |

| 졸업연월 | 이름 | 학위논문 제목 |
|---|---|---|
| 1988.2. | 송미애 | 영어 복문의 전제에 대한 연구 |
| 1988.2. | 심유희 | 대화함축과 관련성 이론에 관한 연구 |
| 1988.2. | 장혜영 | CV이론에 의한 불규칙활용 연구 |
| 1988.2. | 정복희 | Tom Stoppard의 *Rosencrantz and Guildenstern Are Dead*에 나타난 연극적 Reality |
| 1988.2. | 한명은 | 19세기 심미주의 연구: Poe, Pater, Wilde를 중심으로 |
| 1988.8. | 고인경 | Arthur Miller의 극에 나타난 인간존재의 문제성 |
| 1988.8. | 권효숙 | Henry Vaughan의 종교시에 나타난 주제와 심상 연구 |
| 1988.8. | 김병희 | *Mourning Becomes Electra*에 나타난 O'Neill의 비극적 비젼 |
| 1988.8. | 김수정 | Doris Lessing의 *The Golden Notebook*에 나타난 통합에의 추구 |
| 1988.8. | 김영미 | Christopher Marlowe의 작품에 나타난 중세적 가치관과 르네상스적 가치관: *Tamburlaine the Great*와 *Doctor Faustus*를 중심으로 |
| 1988.8. | 김인숙 | Shaw의 역사의식에 나타난 창조적 진화사상: *Saint Joan*을 중심으로 |
| 1988.8. | 김정완 | *Lyrical Ballads* '서문'에 나타난 Wordsworth의 시 이해 |
| 1988.8. | 노영숙 | *Hamlet*의 희극적 요소와 비극성과의 관계 |
| 1988.8. | 민진영 | Iris Murdoch의 작품 연구: 사랑을 통한 도덕적 성숙—*Under the Net*와 *The Bell*을 중심으로— |
| 1988.8. | 민혜숙 | "What is Man?" in Mark Twain's Later Writing |
| 1988.8. | 송수호 | O'Casey 작품을 통해 본 긍정적인 삶의 전망: *Red Roses for Me*와 *Cock-a-Doodle Dandy*를 중심으로 |
| 1988.8. | 신소영 | William Blake의 시를 통해 본 속박의 양상과 삶의 비젼 |
| 1988.8. | 윤계정 | William Faulkner의 *Light in August* 연구: 인간성 회복을 통한 소외의 극복 |
| 1988.8. | 이경란 | *The Scarlet Letter*와 *The Blithedale Romance*에 나타난 구원의 공동체 |
| 1988.8. | 이선주 | *The Great Gatsby*와 *Tender Is the Night* 연구 |
| 1988.8. | 홍유미 | *Julius Caesar*: 이행기 로마의 정치비극 |
| 1988.8. | 홍의경 | Jerzy Kosinski 소설에 나타난 생존의 주제 연구: *The Painted Bird*와 *Steps*를 중심으로 |
| 1989.2. | 백미현 | 영어대명사 지시해석의 의미론적 분석 |
| 1989.2. | 서상현 | Emily Dickinson 초기시 연구 |
| 1989.2. | 성순경 | T. S. Eliot의 *Four Quartets* 연구: "시간의 구제(The Redemption of Time)" 문제에 대한 이해 |
| 1989.2. | 장정화 | A-조응어와 일반결속이론 |
| 1989.2. | 전미향 | T. S. Eliot의 시적 의식의 양극성 연구: *The Love Song of J. Alfred Prufrock*, *Gerontion*, *The Hollow Men*, *Journey of the Magi*를 중심으로 |
| 1989.2. | 전영옥 | W. B. Yeats의 시에 나타난 Antinomy 연구: *The Tower*와 *The Winding Stair and Other Poems*를 중심으로 |
| 1989.2. | 채서영 | 영어 불규칙동사의 어휘적 분석 |

| 졸업연월 | 이름 | 학위논문 제목 |
|---|---|---|
| 1989.8. | 김경희 | 기생 공백문에 관한 연구 |
| 1989.8. | 박소원 | Certain Feminist Problems and Its Formulation in the Works of Virginia Woolf: With Special Reference to Her Major Feminist Essays and *To the Lighthouse* |
| 1990.2. | 고재경 | Bond의 작품 연구: *Bingo*와 *The Fool*을 중심으로 |
| 1990.2. | 김수연 | On the Structure of IP in English: With Reference to the Syntax of Verb |
| 1990.2. | 김지연 | 영어 복수 명사구의 배분적 의미에 관한 연구 |
| 1990.2. | 문수성 | Theodore Dreiser의 *Sister Carrie*와 *An American Tragedy* 연구 |
| 1990.2. | 박영란 | 영어 부정극어의 의미, 화용론적 연구 |
| 1990.2. | 박호연 | George Herbert의 종교시 *The Temple* 연구 |
| 1990.2. | 신경희 | 합성성 이론(Compositional Approach)에 의한 영어 Donkey문의 분석 |
| 1990.2. | 이인용 | Tennessee Williams의 작품세계: *The Night of the Iguana*와 *The Two-Character Play*를 중심으로 |
| 1990.8. | 노경은 | A Study of Lessing's Feminism in *Martha Quest* |
| 1990.8. | 오경은 | *Coriolanus* 연구: A Dull Actor in the World Stage |
| 1990.8. | 정혜욱 | John Barth의 신화를 통한 문학적 재생에의 추구: *Chimera*를 중심으로 |
| 1990.8. | 최 숙 | *The Faerie Queene* 에서의 Heroism과 Grace: Book I과 II를 중심으로 |
| 1990.8. | 홍정규 | Bernard Malamud의 *The Assistant*와 *The Fixer*에 나타난 자아 인식의 과정 연구 |
| 1991.2. | 박미옥 | A Study on the Interpretation of Generic Expressions |
| 1991.2. | 신지영 | 마을과 숲의 대조구성을 통해서 본 *Go Down, Moses* |
| 1991.2. | 심금영 | Shakespeare의 *As You Like It*와 *Twelfth Night* 비교 연구 |
| 1991.8. | 류현주 | 소외를 주제로 본 *Light in August* |
| 1991.8. | 이미화 | *Mrs. Dalloway*에 나타난 Virginia Woolf의 소설 기법과 삶의 비젼 |
| 1991.8. | 이혜지 | 미국 Feminist Drama 연구: Megan Terry와 Marsha Norman의 작품을 중심으로 |
| 1991.8. | 인진화 | John Donne의 종교시에 나타난 죄와 구원의 과정: *Holy Sonnets*와 *Hymns*를 중심으로 |
| 1991.8. | 한정혜 | George Eliot의 *Felix Holt, the Radical*에 구현된 개인과 사회의 유기적 관계 |
| 1992.2. | 고연희 | A Nonlinear Analysis of Palatalization in English |
| 1992.2. | 김경하 | 셰익스피어의 *Troilus and Cressida* 연구: 동시대에 대한 비판의식의 형상화 |
| 1992.2. | 김세향 | Peter Shaffer의 *The Royal Hunt of the Sun* 연구: 갈등의 문제를 중심으로 |
| 1992.8. | 박성희 | Henry Vaughan의 *Silex Scintillans* 연구 |
| 1992.8. | 성향남 | Mark Twain의 흑인 인물 연구 |
| 1992.8. | 오은진 | 영어의 섬 현상과 국부성 이론 |
| 1992.8. | 이난아 | *Gulliver's Travels*에 나타난 Jonathan Swift의 인간관 |
| 1992.8. | 이혜성 | Sylvia Plath의 시에 나타난 Self-Identity 추구과정 |
| 1992.8. | 조미경 | 영어의 약교차 현상 |

| 졸업연월 | 이름 | 학위논문 제목 |
|---|---|---|
| 1993.2. | 김선영 | 삶과 무대의 연극성에 근거한 내용과 형식의 일치: *Six Characters in Search of an Author*와 *Endgame*을 중심으로 |
| 1993.2. | 김지숙 | 영어의 A-결속이론: 대용사와 대명사류를 중심으로 |
| 1993.2. | 백을순 | 영어의 기생 공백문 |
| 1993.2. | 신미애 | *(The) Blithedale Romance*와 *The Awakening* 연구: 여성론의 시각에서 |
| 1993.2. | 우은주 | John Webster의 *The Duchess of Malfi* 연구 |
| 1993.2. | 이승아 | 영어 *wh*-in-situ의 통사적 연구 |
| 1993.2. | 이아영 | 사회풍자 소설로서의 *Vanity Fair*: Becky Sharp를 중심으로 |
| 1993.2. | 전경희 | Matthew Arnold의 비평 연구 |
| 1993.2. | 정재선 | *Middlemarch*의 Dorothea Brooke의 결혼에 나타난 여성론적 의의 |
| 1993.2. | 표화영 | 식도발성 언어의 실험적 연구 |
| 1993.8. | 김연진 | Edmund Spenser 작품에 나타난 통합적 사랑관 |
| 1993.8. | 박미숙 | 영어 강세의 운율 구조와 리듬 |
| 1993.8. | 배경진 | *Sula* 와 *The Color Purple* 연구 |
| 1993.8. | 송선희 | *The Sound and the Fury* 연구: Compson의 비극에 대한 고찰 |
| 1993.8. | 이소영 | *Daniel Deronda*에 나타난 유태 사회의 상징적 의의 |
| 1993.8. | 전봉주 | Andrew Marvell의 Pastoral Poetry 연구: 인간과 자연의 관계 변화를 중심으로 |
| 1993.8. | 전지애 | *The Winter's Tale* 연구: 로만스 장르로 본 구조와 주제의 일치 |
| 1993.8. | 조성은 | 동사 이동의 제약에 관한 통사적 연구 |
| 1994.2. | 김태영 | Charlotte Brontë의 *Jane Eyre* 연구: Jane Eyre와 Bertha Mason의 관계를 중심으로 |
| 1994.2. | 서선미 | Henry Vaughan의 작품에 나타난 자연(Nature) 연구 |
| 1994.2. | 서영미 | 영어 중간동사 구문에 관한 연구 |
| 1994.2. | 윤수인 | John Fowles의 *The French Lieutenant's Woman* 연구: 19세기 리얼리즘 소설의 패러디 |
| 1994.2. | 임현수 | Robert Herrick의 *Hesperides* 연구: 그의 예술관을 중심으로 |
| 1994.2. | 현지연 | 비명세 이론에 관한 연구 |
| 1994.8. | 강희주 | *Samson Agonistes* 연구: 신앙의 영웅으로 본 Samson에 대하여 |
| 1994.8. | 김은령 | Ben Jonson의 "Non-Dramatic Poetry"에 나타난 이상주의 연구 |
| 1994.8. | 김혜경 | 최소주의 격 이론 |
| 1994.8. | 부경숙 | 삶에 대한 Henry James의 Vision 연구: *The Beast in the Jungle*과 *The Ambassadors*를 중심으로 |
| 1994.8. | 성은희 | On Inalterability |
| 1994.8. | 이상미 | *The Sheppeardes Calender*의 Colin Clout을 통해 본 Spenser의 시인관 |
| 1995.2. | 강효영 | *Wide Sargasso Sea*와 *The Grass Is Singing*에 나타난 여성과 사회 |
| 1995.2. | 문혜원 | Caryl Churchill 희곡 연구: *Vinegar Tom*, *Cloud Nine*, *Top Girls*를 중심으로 |

| 졸업연월 | 이름 | 학위논문 제목 |
|---|---|---|
| 1995.2. | 양순복 | 영어의 예외적 격표시구문에 대한 연구 |
| 1995.2. | 조은미 | 자질계층이론에 입각한 영어 자음의 동화현상 연구 |
| 1995.8. | 김희선 | Ambisyllabification in English Phonological Processes |
| 1995.8. | 이미경 | Visual Word Recognition of Morphologically Complex Words |
| 1995.8. | 이언주 | 영어의 소절구문 |
| 1995.8. | 진숙지 | William Faulkner의 *Absalom, Absalom!*에 나타난 서술기법 연구 |
| 1996.2. | 김희진 | W. C. Williams와 E. E. Cummings 시에서의 시각 형식 연구 |
| 1996.2. | 서미정 | William Blake의 통합의 비젼에 대한 연구 |
| 1996.2. | 손영기 | King Henry V 연구 |
| 1996.2. | 신경자 | *Billy Budd, Sailor*에 나타난 근대 합리주의의 비극 |
| 1996.2. | 이주은 | 자질유인 이론에 근거한 영어 '*that*-흔적 현상'의 연구 |
| 1996.2. | 조신연 | 영어 억양에 대한 자율 분절적 연구 |
| 1996.2. | 조윤경 | 영어의 선행사 내포 삭제 구문 연구 |
| 1996.2. | 차은정 | Robert Browning의 극적 독백 연구: 주체성의 구성 |
| 1996.2. | 최연숙 | C. Brontë의 *Villette*에 나타난 이중성 연구: 여성의 삶과 글쓰기 |
| 1996.2. | 현선희 | 영어의 재구성 현상 |
| 1996.8. | 고승희 | W. B. Yeats의 초기시 연구: '존재의 통합(Unity of Being)'을 중심으로 |
| 1996.8. | 권은희 | William Faulkner의 *As I Lay Dying*에 나타난 공간의 문제 |
| 1996.8. | 김기현 | Shakespeare의 *As You Like It*에 나타난 제의적 전통(Ritual Tradition)의 수용과 변용 |
| 1996.8. | 김문향 | 영어의 부정 요소 *not*에 관한 통사적 연구 |
| 1996.8. | 이영래 | 영어의 이중 목적어 구문 연구 |
| 1996.8. | 이형숙 | Edward Albee의 *Box and Quotations from Chairman Mao Tse-Tung* 연구 |
| 1997.2. | 류현정 | *Paradise Lost*에 나타난 Milton의 Eve 재고찰 |
| 1997.2. | 문은주 | The Semantics and Syntax of NPIs |
| 1997.2. | 백시운 | *Frankenstein*에 나타난 Mary Shelley의 여성 작가로서의 불안 |
| 1997.2. | 서은주 | 괄호매김모순 현상에 대한 운율음운론적 접근 |
| 1997.2. | 우지숙 | Robert Frost의 시 연구: 지상의 삶을 통한 불멸의 추구 |
| 1997.2. | 이재은 | Shirley에 나타난 여성 문제 |
| 1997.2. | 정희진 | 한정표현(Definite Description)의 의미론: [NP the...]의 구문을 중심으로 |
| 1997.2. | 황선양 | OCP Effects in English Phonology |
| 1997.8. | 김은령 | 삽화(Illustrations)를 통해 다시 읽는 Blake: *Songs of Innocence and of Experience*를 중심으로 |
| 1997.8. | 김혜진 | Shepard의 록 연극(Rock Plays)에 반영된 1960년대 미국 사회와 문화: *The Tooth of Crime*을 중심으로 |

| 졸업연월 | 이름 | 학위논문 제목 |
|---|---|---|
| 1997.8. | 남윤영 | Keats의 로맨스 구조 연구: *Isabella the Eve of St. Agnes*를 중심으로 |
| 1997.8. | 오은혜 | William Faulkner의 *Go Down, Moses*에 나타난 인종 문제 |
| 1997.8. | 이정희 | William Godwin과 Mary Wollstonecraft의 고딕소설로 본 현실 |
| 1997.8. | 좌주연 | 어휘의미론과 화용론에 근거한 강해석과 약해석 |
| 1997.8. | 최소현 | *Even*의 의미 분석 |
| 1997.8. | 최정연 | Edith Wharton의 작품에 나타난 뉴욕의 문화: *The House of Mirth*와 *The Custom of the Country*를 중심으로 |
| 1998.2. | 김희성 | 자질계층이론에 의한 음운현상 연구 |
| 1998.2. | 백미향 | David Henry Hwang의 *M. Butterfly* 연구 |
| 1998.2. | 허은애 | 자질계층이론에 의한 조음위치 자질동화현상 분석 |
| 1998.2. | 홍수정 | Blake의 Burke비판: 숭고성을 중심으로 |
| 1998.8. | 김수연 | 제인 오스틴 소설에 나타난 여성의 의식 성장: *Northanger Abbey*, *Pride and Prejudice*, *Persuasion*을 중심으로 |
| 1998.8. | 김이선 | Eugene O'Neill의 *The Iceman Cometh* 연구 |
| 1998.8. | 이인수 | 영어 부정문의 중의성에 관한 의미론적 고찰 |
| 1999.2. | 고효정 | Toni Morrison의 비상(Flight) 연구: *Song of Solomon*(1977)과 *Tar Baby*(1981)를 중심으로 |
| 1999.2. | 권소영 | Presuppositions and the Projection Problem |
| 1999.2. | 김서연 | 헤밍웨이의 초기 소설 연구: *In Our Time*과 *The Sun Also Rises*를 중심으로 |
| 1999.2. | 김희성 | "A Heap of Broken Images": T. S. 엘리엇의 초기시에 드러난 주체의 다원성 |
| 1999.2. | 송은주 | 인종 문제를 중심으로 한 Faulkner와 Morrison 비교 연구: *Light in August*와 *Beloved*를 중심으로 |
| 1999.2. | 안영란 | An Analysis of Focus Based on DRT |
| 1999.8. | 김경희 | 절논항의 분포와 주제화 분석 |
| 1999.8. | 백재명 | 에드먼드 스펜서의 「선녀여왕」 제3권 연구: 정숙의 개념을 통해 본 남성적 글쓰기 |
| 1999.8. | 이수민 | 영어 진행형의 의미 분석 |
| 1999.8. | 이주연 | *Any*의 의미적 자질과 그 분포 |
| 2000.2. | 김희용 | Mary Wollstonecraft의 소설에서 나타나는 모성성과 감수성의 양상 |
| 2000.2. | 방정운 | Ann Radcliffe의 *The Mysteries of Udolpho*에 나타난 인용문의 다양한 해석 가능성 |
| 2000.2. | 이수진 | Edith Wharton's Critical Analysis of the Role of Women in *The House of Mirth* and *The Age of Innocence* |
| 2000.2. | 전하영<br>[전양선] | 워즈워스의 이상적인 독자: *Lyrical Ballads*를 중심으로 |
| 2000.2. | 한주령 | *Walden*에 나타난 Thoreau의 이중성 |
| 2000.8. | 김혜수 | 앤 섹스턴의 '변형': 여성적 자아의 동화 다시 쓰기 |
| 2000.8. | 박현경 | P. B. 셸리의 "사랑"의 시학 연구: *Prometheus Unbound*를 중심으로 |

| 졸업연월 | 이름 | 학위논문 제목 |
|---|---|---|
| 2000.8. | 오정금 | William Wordsworth의 목가시 연구 |
| 2000.8. | 한경연 | '제인 에어'의 독자들 |
| 2001.8. | 강장숙 | *Pamela*: 파멜라의 글쓰기를 통해 본 개인의 형성과 가정의 여성 |
| 2001.8. | 김나영 | 카릴 처칠의 극에 나타난 공동 창작을 통한 역사의 재구성: *Light Shining in Buckinghamshire*, *Cloud Nine*, *Fen*을 중심으로 |
| 2001.8. | 민자영 | 『이탈리아인』을 통해 본 18세기 국가 담론과 가정 |
| 2001.8. | 서영주 | 에밀리 디킨슨의 시에 나타난 정체성의 시학 |
| 2001.8. | 홍은미 | 이중 목적어 구문에 대하여 |
| 2001.8. | 황수경 | 르네상스 '연극성'과 셰익스피어: 『리차드3세』와 『자에는 자로』에 나타난 '전복/봉쇄'의 양가성 |
| 2002.2. | 문지혜 | 성별화된 사회에서의 "성장": 『플로스 강의 물방앗간』을 중심으로 |
| 2002.2. | 하명희 | 드포의 이중적 서술 전략: 『록사나』를 중심으로 |
| 2002.8. | 류혜원 | 『걸리버 여행기』에 나타난 풍자가 걸리버의 사회 비판: 상업화와 여성 혐오를 중심으로 |
| 2002.8. | 박진희 | Verbal Irony and the Implicit Display Theory |
| 2002.8. | 서지은 | Namo WebCanvas 1.0 Online Help |
| 2002.8. | 오영주 | Living Guide to Ulsan |
| 2002.8. | 정영진 | 시드니의 "아스트로필과 스텔라"를 중심으로 살펴본 구애와 궁정인의 처신 |
| 2002.8. | 채지연 | David Mamet의 하이퍼리얼리즘(Hyperrealism) 언어 연구: *Glengarry Glen Ross*와 *Oleanna*의 경우 |
| 2003.2. | 성은희 | 재구성과 논항 이동 |
| 2003.2. | 이상미 | 호미 바바의 혼종성과 자아정체성의 문제: 『광활한 싸가쏘 바다』의 경우 |
| 2003.8. | 강나리 | 귀족 후원 제도와 벤 존슨: 경구와 헌정시를 중심으로 |
| 2003.8. | 김민주 | 아시아계 미국인의 미국인 되기의 의미: 『노-노 브이』와 『네이티브 스피커』에서 |
| 2003.8. | 유민혜 | 수잔 글라스펠의 극작법 연구: 『사소한 것들』, 『바깥』, 『가장자리』를 중심으로 |
| 2003.8. | 유소연 | 주변인의 시각으로 본 미국의 현실: 강용흘의 『동양이 서양으로 가다』를 중심으로 |
| 2003.8. | 이지원 | 서사를 넘어 타자와 소통하기: 『포』에 나타난 기호로서의 몸 |
| 2004.2. | 김소연 | 솔 벨로우의 『라벨스타인』에 나타난 인간성 회복의 문제: 유태인 정체성을 중심으로 |
| 2004.2. | 박미애 | 『로드 짐』에 나타난 언어적 고립과 소통의 문제 |
| 2004.2. | 성재영 | PRO의 분포와 해석에 관한 연구 |
| 2004.2. | 손신형 | "To Be *and* Not to Be": 이윤택 『햄릿』의 공연 미학 |
| 2004.2. | 송혜미 | 『성전』에 나타난 허버트의 영국국교주의 |
| 2004.2. | 오선영 | Toni Morrison의 초기작품에 나타난 좌절된 흑인 여성의 예술성 연구: *The Bluest Eye*와 *Sula*를 중심으로 |
| 2004.2. | 오희승 | 최적성 이론에 의한 보상 장음화의 분석 |
| 2004.2. | 지아란 | Nutrition Survey 2001 National Health and Nutrition Survey Republic of Korea |

| 졸업연월 | 이름 | 학위논문 제목 |
|---|---|---|
| 2004.8. | 김예경 | Zadie Smith's *White Teeth* and the Postmodern Historical Novel |
| 2004.8. | 김윤지 | 포크너의 『팔월의 빛』에서 드러나는 남부 사회의 한계: 크리스마스의 흑인성을 중심으로 |
| 2004.8. | 박진아 | *Doctor Faustus* in Print and on Stage: A Comparative Study of Christopher Marlowe's Two Faustus Plays |
| 2004.8. | 성정혜 | The Korean Foreign Workforce System and Its Shortcomings |
| 2004.8. | 이소영 | 교양 있는 중산층 여성의 도덕적 감성: 『이블리나』(*Evelina*)를 중심으로 |
| 2004.8. | 이수진 | 확대투사원리에 대하여 |
| 2004.8. | 최윤영 | 넬라 라슨의 *Passing*에 나타난 인종 문제 연구 |
| 2005.2. | 김지현 | 의무적 통제와 PRO |
| 2005.2. | 양윤미 | 『겨울 이야기』(*The Winter's Tale*)의 Paulina 연구: 다층적 정체성과 전복성(顚覆性)을 중심으로 |
| 2005.2. | 이은희 | 영어의 기본 색채 용어에 나타난 개념 은유 |
| 2005.8. | 고찬미 | 실비아 플라스 연구: 여성 시인으로서 자아 추구 |
| 2005.8. | 김수진 | An English Guidebook to the Half-Body Bath |
| 2005.8. | 김정숙 | 키이츠의 정치적 시학: 「이사벨라」와 「성녀 아그네스의 전야」를 중심으로 |
| 2005.8. | 박혜경 | Lives in Prostitution: The Women of *Gijichons*, U.S. Military Camp Towns |
| 2005.8. | 신희수 | 전통적 은유 이론과 새로운 의미론적 해석에 관한 비교 연구 |
| 2005.8. | 신희정 | T. S. 엘리엇의 여성 재현 |
| 2005.8. | 이상민 | Literary Translation Project: Sung Sukje's "Bathers" |
| 2005.8. | 이현주 | 수동 허사구문과 비대격동사 허사구문 분석 |
| 2005.8. | 한인혜 | 쿳시(Coetzee)의 『포(*Foe*)』와 '다시쓰기'의 문제 |
| 2006.2. | 김훈희 | 도시소설과 『시스터 캐리』 |
| 2006.2. | 류승효 | An English Travel Guide to Gyeonggi-do |
| 2006.2. | 박민지 | 레이첼 크로더즈의 여성 연극 연구: 『남자의 세상』과 『그와 그녀』를 중심으로 |
| 2006.2. | 이 연 | 『폭풍의 언덕』에 나타난 응시의 문제 |
| 2006.2. | 이연주 | A Cookbook for Traditional Korean Weddings |
| 2006.2. | 임소정 | 아이러니 현상에 관한 연구: 암시와 화용적 거짓을 중심으로 |
| 2006.2. | 최이령 | Literary Translation Project: *The Sea and the Butterfly* |
| 2006.2. | 최홍선 | 에즈라 파운드의 『중국』에 나타난 번역의 시학 |
| 2006.8. | 김수화 | 상위 언어적 부정과 상위 표상의 초점 |
| 2006.8. | 김진아 | "Our Purses Shall Be Proud, Our Garments Poor": 초기 근대 영국의 복장 담론과 셰익스피어의 『말괄량이 길들이기』 |
| 2006.8. | 박정미 | 『환락의 집』에 나타난 뉴욕 상류 여성 |
| 2006.8. | 이현경 | 흑인의 미국 사회에서 이상적인 문화적 적응 방식: 『솔로몬의 노래』를 중심으로 |
| 2006.8. | 정다운 | *Middlemarch*에 나타난 '근대적 개인'으로서의 여성 인물들 |

| 졸업연월 | 이름 | 학위논문 제목 |
|---|---|---|
| 2006.8. | 조은혜 | A Public Relations Campaign for the Anseong Namsadang Baudeogi Festival |
| 2006.8. | 최욱경 | The Effect of Speech Style and Rate on Coarticulation |
| 2007.2. | 고승연 | *Funnyhouse of a Negro*의 극적 이미지리 연구 |
| 2007.2. | 권영신 | Feature Stories Related to Korean Musicals: A Practical Approach to Feature Writing on the Arts |
| 2007.2. | 김유영 | 『설득』에 나타난 서술 기법 연구: 화자와 앤의 화법을 중심으로 |
| 2007.2. | 김은지 | A Special Report on English Study Abroad in East Asia |
| 2007.8. | 김승경 | Perceptual Similarity in Loanword Adaptation: On Vowel Epenthesis in English-to-Korean Loanwords |
| 2007.8. | 김재란 | 베스 헨리의 초기극에 나타난 미국 남부 여성 연구 |
| 2007.8. | 박지윤 | 『여인의 초상』에 나타난 이사벨의 독립성 연구 |
| 2007.8. | 성보영 | Korean-English Media Translation: TV Subtitles for the Sitcom *Do the Right Thing* |
| 2007.8. | 안수현 | 『톰 아저씨의 오두막』 연구: 여성, 기독교, 사회개혁론을 중심으로 |
| 2007.8. | 유 인 | A Culture-Oriented Approach to Translating Kim Young-ha's "Though Loving You" |
| 2007.8. | 정은혜 | 『로드 짐』에 나타난 말로우의 제국주의적 서사 |
| 2008.2. | 강신애 | Margaret Drabble's "Universal Narrative": Narrative as Palimpsest in *The Red Queen* |
| 2008.2. | 김명진 | 개념적 은유 이론과 영어 관용어 학습 |
| 2008.2. | 박환희 | Towards a Larger Community: Chivalric Deal in *Le Morte D'Arthur* |
| 2008.2. | 오순모 | 희곡의 영화화에 대한 연구: *Death of a Salesman*(1985)의 경우 |
| 2008.2. | 장윤정 | "이성적 양서류": 『애플턴 저택』(*Upon Appleton House*)에 나타난 마벨의 이중적 의식 |
| 2008.2. | 조혜경 | 윌리엄 포크너의 『음향과 분노』에 나타나는 여성에 대한 관점 |
| 2008.8. | 박성은 | 전제 투사, 전제 적합화와 맥락적 요소 |
| 2008.8. | 손가연 | Production and Perception of English Vowel Categories by Native Korean Speakers |
| 2008.8. | 유지선 | English Web Guide to Goyang City, Korea |
| 2008.8. | 이은지 | An Analysis of the CED Effects: From Government to Phase-Based Approaches |
| 2008.8. | 정희주 | On the Distribution of Anaphors and Pronouns |
| 2008.8. | 최지은 | 이반 볼랜드의 시에 나타난 잃어버린 땅 되찾기 |
| 2008.8. | Tsoy, Larissa | English City Guide to Astana, Kazakhstan |
| 2009.2. | 고서형 | 말로우의 『히어로와 리앤더』와 셰익스피어의 『비너스와 아도니스』에 나타난 반페트라키즘 |
| 2009.2. | 김선민 | An English Guidebook to the Korean Tea Ceremony |

| 졸업연월 | 이름 | 학위논문 제목 |
|---|---|---|
| 2009.2. | 윤희정 | 영어의 ATB 구문 연구 |
| 2009.2. | 이상미 | 불안의 글쓰기: 『전염병 연대기』의 사실성 연구 |
| 2009.2. | 정화영 | An English Web Guide for the Ewha Womans University Professional Writing Program |
| 2009.8. | 김태희 | 한국 고등학교 학생들의 영어 관계절 습득 |
| 2009.8. | 박경아 | Translating Context Together with Text in *TV Donghwa Haengbokhan Saesang* |
| 2010.2. | 박정현 | Production and Perception of English Voiceless Stops by Korean Speakers |
| 2010.2. | 안소미 | 『여성 학대』와 『프랑켄슈타인』에 나타난 모녀 관계 |
| 2010.2. | 이승은 | 영화 *The Lord of the Rings*에 재현된 숭고성 연구 |
| 2010.2. | 이유진 | 테네시 윌리엄즈의 헐리우드 멜로드라마: 『뜨거운 양철 지붕 위의 고양이』와 『지난 여름 갑자기』 |
| 2010.8. | Poudel, Gita | A Guidebook to Nepali Festivals |
| 2011.2. | 김정미 | 영어 차용어 모음 삽입 현상 분석 |
| 2011.2. | 박선양 | 『여성의 억울함』과 『설득』에 나타난 여성주체와 감수성 |
| 2011.2. | 송명선 | Seoul Style: A Cultural Reading on Fashion, Consumption and Popular Culture in Korea |
| 2011.8. | 권수미 | 계몽주의와 여성고딕소설: 『이태리인』을 중심으로 |
| 2011.8. | 전지인 | 어휘 지식의 양과 깊이가 한국 고등학생들의 영어 독해에 미치는 영향 |
| 2011.8. | 조성혜 | Dialectal Variations of English and Their Effects on the Production and Perception of Second Language Learners |
| 2012.2. | 박용희 | Acoustic Properties of Korean and English Sibilants Produced by Native and Non-native Speakers |
| 2012.2. | 이현지 | Music in Words: A Guide to Flute Literature |
| 2012.2. | 추지형 | Narrative as an Effective Organizing Principle for Culture-Oriented Travel Writing |
| 2012.8. | 박현주 | Reshaping the Mind: Vietnam War through Literature |
| 2012.8. | 박형주 | Travel Features about Korean Cultural Experience Classes |
| 2012.8. | 선유하 | Enjoy Seoul! Korean Folk Dance |
| 2012.8. | 정지영 | 조지 엘리엇의 『대니얼 드론다』에 나타난 유대인 문제 |
| 2013.2. | 이상은 | 영어 습득 시기가 영어 모음 발음에 미치는 영향: 한국인 영어 학습자의 경우 |
| 2013.8. | 김수민 | Between "Free Woman" and Mother: Finance and Domesticity in Defoe's *Roxana* |
| 2013.8. | 문샛별 | 토니 모리슨의 흑인 남성 다시 보기: 『술라』의 섀드락을 중심으로 |
| 2013.8. | 우보미 | 『엠마』에 표현된 어머니의 부재 |
| 2013.8. | 이소영 | A Contrastive Study of Present Perfect in English and Korean |

| 졸업연월 | 이름 | 학위논문 제목 |
|---|---|---|
| 2013.8. | 장유진 | The Theatre of Self-Fashioning in Dickens' Autobiographical Narratives: "Autobiographical Fragment" and *David Copperfield* |
| 2013.8. | 정운주 | 영어 기본문형 연구 |
| 2014.2. | 엄지원 | Totalitarianism and Its Defeat in J. R. R. Tolkien's *The Lord of the Rings* |
| 2014.2. | 유명혜 | 영어 원어민과 한국인 영어 학습자의 이중양화사 해석 양상: 영어의 이중목적어 구문과 여격 구문을 중심으로 |
| 2014.2. | 이한나 | 비유정성 주어 타동사 구문의 영한 번역 |
| 2014.2. | 조현경 | 『빌러비드』에 나타나는 재기억의 의미와 부름과 응답을 통한 흑인치유의 가능성 |
| 2014.2. | 조현지 | Fictional Narrative Storytelling to Introduce Korean Culture: A Korean Wedding Story |
| 2014.8. | 강민정 | 엘리자베스 비숍(Elizabeth Bishop)과 미국의 냉전 |
| 2014.8. | 고근영 | Who's Saved in *Saved?*: *Saved* 속 '구원'의 의미를 통해 살펴본 폭력의 전략적 재현 방식 |
| 2014.8. | 김보람 | An Acoustic Analysis of Discourse-Level Prosody Produced by Korean Learners of English |
| 2014.8. | 김의영 | 한국인 영어 학습자의 영어 유음 인지와 발화에 관한 연구 |
| 2014.8. | 양소정 | The Voice of the Self: Dreams in Radcliffe's *The Romance of the Forest* |
| 2014.8. | 정승연 | Reading *The Heidi Chronicles* as a Feminist Archive |
| 2014.8. | 홍승란 | An English Travel Guide to Old Town Seoul: Jongno |
| 2015.2. | 백은영 | 하웰즈의 리얼리스트 재현과 딜레마: 『사일러스 라팜의 성장』 |
| 2015.2. | 유태영 | Improvement and Record Keeping in *Robinson Crusoe* |
| 2015.2. | 정혜경 | 『가웨인 경과 녹색기사』에 나타난 기사도 이상의 모순 |
| 2015.2. | 최송하 | 언어유희 번역과 관련성 이론: '이상한 나라의 앨리스'에 나타난 언어유희의 영한 번역 |
| 2015.2. | 황효진 | 『M. Butterfly』 연구의 감정적 전환: 갈리마르의 '수치심'을 중심으로 |
| 2015.8. | 김나련 | 한국인 학습자의 영어 구동사 사용 |
| 2015.8. | 김유진 | 여성주의 연극에 나타난 흔들의자 오브제 연구: 『사소한 것들』, 『하이디 연대기』, 그리고 『옆방에서 혹은 바이브레이터 플레이』를 중심으로 |
| 2015.8. | 김정영 | 한국어 모국어 화자에 의한 영어 [폐쇄음+비자음] 연속의 조음: 청각 조음 훈련의 효과 |
| 2015.8. | 김하야나 | 서사성과 연극성의 변증법: 윌리엄즈와 밀러의 "기억극" 드라마터지 |
| 2015.8. | 남궁윤 | The Acquisition of English Articles by Korean EFL Learners: The Influence of Specificity on Article Choice |
| 2015.8. | 배유진 | 『빌러비드』에 나타난 기억의 양상과 흑인 공동체 재건의 가능성 |
| 2015.8. | 양혜란 | 수량사구의 영한 번역 연구: 한정성과 유생성을 중심으로 |
| 2015.8. | 오미란 | A Phonetic Study of Consonantal and Positional Effects on Syllable Weight |
| 2015.8. | 오원경 | The Effect of Word Stress on the Production of English Voiceless Plosives: The Case of Korean Learners of English |
| 2015.8. | 유선명 | Possibilities of the Transnational Spaces in Michael Ondaatje's *The English Patient* |

| 졸업연월 | 이름 | 학위논문 제목 |
|---|---|---|
| 2016.2. | 김진리 | K-Drama & History: Introducing Collective Memories of Korean Historical Drama |
| 2016.2. | 박지현 | Gender Effects on Voice Onset Time According to English Proficiency of Korean Learners of English |
| 2016.2. | 석은빈 | Ecocritical Reading of Toni Morrison's *Song of Solomon* |
| 2016.2. | 조한빛 | 프랭크 오하라의 시학과 죽은 예술가 |
| 2016.8. | 강소윤 | 한국인 EFL 학습자의 요청 화행 |
| 2016.8. | 김리현 | Female Property and Independence in *Cecilia, or Memoirs of an Heiress* |
| 2016.8. | 김수정 | Julian Barnes's *A History of the World in 10½ Chapters* and the Historical Sublime |
| 2016.8. | 김하진 | 비판 화행에서의 영어 모국어 화자와 한국인 영어 학습자의 수식어 사용 양상 |
| 2016.8. | 김혜성 [김현용] | 용과 여성: 르 귄의 『또 다른 바람』에 나타난 에코페미니즘 |
| 2016.8. | 이선민 | 『가장 푸른 눈』의 색채 분석을 통한 흑인 공동체의 현실과 이상향 그리고 일시적 위안에 대한 연구 |
| 2016.8. | 이수현 | Dramatic Function of Extra-Personal Dialogue in Edward Albee's Animal Plays |
| 2016.8. | 정범준 | 문화적 공론의 장(Cultural Forum)으로서 <뉴스룸>의 양가성 연구 |
| 2016.8. | 최다솔 | 토니 모리슨의 『홈』에 나타난 인종, 공간, 집 |
| 2017.2. | 김소연 | Films on the Talkies and the Crisis of Hollywood: A Study of *Sunset Boulevard* (1950), *Singin' in the Rain* (1952), and *The Artist* (2011) |
| 2017.2. | 박혜진 | An Authentic and Narrative Approach to Introduce Ulleung Island to International Audience |
| 2017.2. | 이문영 | 『성전』에서 정원 읽기 |
| 2017.2. | 이현지 | Glocalization of Korean Food: Introducing Jeonju Food on the Website |
| 2017.2. | 정연봄 | The Struggle of the Ethical Body in J. M. Coetzee's *Waiting for the Barbarians* |
| 2017.8. | 김수현 | Melancholia and Love in Toni Morrison's *God Help the Child* |
| 2017.8. | 김원지 | "Profoundly Ordinary": 글라스펠 극의 현대성 재고 |
| 2017.8. | 김지선 | 세라 룰의 <깨끗한 집>과 <죽은 남자의 휴대폰> 연구: 죽음에 대한 희극적 제의 |
| 2017.8. | 김지승 | 짐 자무쉬 영화에 나타난 장르와 도시의 전복성 연구: <미스터리 트레인>과 <오직 사랑하는 이들만이 살아남는다> |
| 2017.8. | 윤경혜 | Creative Storytelling to Protect Endangered Korean Animals |
| 2017.8. | 이주연 | 의지적 주체들: 『단순한 이야기』와 『맨스필드 파크』에서 적극적인 순종이 지켜내는 가치 |
| 2018.2. | 강명신 | 옥타비아 버틀러의 『킨드레드』에 나타나는 흑인 여성의 몸: 데이나와 앨리스를 중심으로 |
| 2018.2. | 김슬기예 | American Capitalism and the Politics of Sexuality in Hemingway's *The Sun Also Rises* |

| 졸업연월 | 이름 | 학위논문 제목 |
|---|---|---|
| 2018.2. | 박민형 | 영어와 한국어 기사 헤드라인 비교 분석: 뉴욕타임스와 매일경제, 뉴스페퍼민트를 중심으로 |
| 2018.2. | 최예슬 | Feminist Revision of Epic Tradition in J. K. Rowling's *Harry Potter* |
| 2018.2. | Ramard, Heloise | Language Pairs and Explicitation Universal: Corpus-Based Research on Translational English |
| 2018.2. | Sousa Coelho Costa, Stephanie | Alexander's Tale: An Epistolary Fiction on Dissociative Identity Disorder |
| 2018.8. | 김다운 | 영어와 한국어 단자음과 중첩자음의 길이 비교 연구 |
| 2018.8. | 김초연 | 여성 성장소설로서의 『각성』과 「19호실로」: 비극적 결말을 통해 보는 기혼 여성의 성장 |
| 2018.8. | 신혜림 | The Paju Bookcity Guide: Integrating Usability Best Practices in an Electronic Guidebook |
| 2018.8. | 윤지현 | The Effect of Language Experience on the Production and Perception of English Vowels by Native Korean Speakers |
| 2018.8. | 조소영 | 디킨스의 신체적 상상력: 자본주의 근대화와 도시 생활 |
| 2019.2. | 이은혜 | Re-Gendering Virtue: The Patriotic Domestic Sphere in *Persuasion* |
| 2019.8. | 이슬기 | Reconceptualizing "The Other" in Anchee Min's *Pearl of China* |
| 2019.8. | 이주영 | 영어와 한국어 동사의 의미성질 분석: 양태성과 결과성을 중심으로 |
| 2019.8. | 조 경 | 르네상스의 아포리안 호모섹슈얼리티(Aporian Homosexuality): 셰익스피어의 『베니스의 상인』과 『겨울 이야기』 연구 |
| 2019.8. | 조은지 | "Running across the Unobserved Borders of the City": Practicing Drifting against Displacement in Dionne Brand's *What We All Long For* |
| 2020.2. | 조해인 | An Investigation into Extraposition of Appositive Relative Clauses in English |
| 2020.2. | 진가형 | 뮤지컬 <프랑켄슈타인>: 멜로드라마적 상상력과 외로움의 기호 |
| 2020.2. | Liu, Ziwei | The Acquisition of English Dative Constructions by Chinese EFL Learners: The Effect of the Given-New Principle |
| 2020.8. | 김성연 | Effects of L2 Experience on the Acquisition of English Trisyllabic Noun Stress Patterns by Native Korean Speakers |
| 2020.8. | 배선영 | 웨스턴 영웅과 폭력 서사의 전복: 코엔 형제의 <더 브레이브>와 <노인을 위한 나라는 없다> |
| 2020.8. | 신유진 | Theater of Whorish Bodies in *Titus Andronicus* and *The Jew of Malta* |
| 2020.8. | 이신영 | Deterritorialization and Transposition in Dionne Brand's *Love Enough* |
| 2020.8. | 허민지 | 생리학적 관점에서 본 『프랑켄슈타인』: 고딕적 숭고함의 변주 |
| 2021.2. | 김아라 | Reconstructing the 'Domestic': The Rise of Evangelical Female Virtue in *Mansfield Park* |
| 2021.8. | 곽하은 | "She Will Know That I Am a Mother": Maternal Identity from/against the Disposability in Jesmyn Ward's *Salvage the Bones* |

| 졸업연월 | 이름 | 학위논문 제목 |
|---|---|---|
| 2021.8. | 이정행 | Stanley Kubrick's Cinema of Fantastic Spectacle: *2001: A Space Odyssey* (1968) and *The Shining* (1980) |
| 2021.8. | 이지영 | Rethinking the Homeland through Female Narratives in Hollywood Asian Family Films: *Flower Drum Song* (1961) and *The Joy Luck Club* (1993) |
| 2021.8. | 조주영 | "[T]he garden says it all": 『아카디아』 속 정원에 투영된 스토파드의 유토피아니즘 |
| 2021.8. | 주시수 | Queer Blackness in James Baldwin's *Another Country* |
| 2021.8. | 하유림 | The English Abbey and the Modern Gothic Nation in *Northanger Abbey* and *Emma* |
| 2022.8. | 김여경 | Christian Stewardship and the Question of Freedom in *The History of Sir George Ellison* |
| 2022.8. | 김혜준 | "Living on the Dark Side of the Moon": Solidarity of Traumatized Affect Aliens in Caryl Phillips's *A Distant Shore* |
| 2022.8. | Andrianaki, Evanthia | Non-native Phonetic Convergence in Korean L2 Learners of English |
| 2022.8. | Kim, Ayoung | Unraveling "Knotty Feelings" in Zadie Smith's *White Teeth* |
| 2023.2. | 금하영 | 문학작품에 나타난 섭식담론: 16-17세기 영시를 중심으로 |
| 2023.2. | 김리안 | 탬벌레인 만들기: 크리스토퍼 말로우의 『탬벌레인 대왕』을 통해 본 거울문학의 진화 |
| 2023.2. | 김수연 | 영어 동사의 다의성 연구: 개념적 은유 이론을 중심으로 |
| 2023.2. | 허세은 | The Returned Mothers: A Study on the Mothers Risen from the Dead in *The Comedy of Errors* and *The Winter's Tale* |
| 2023.8. | 김고은 | 17세기 여성 예언가의 독자 포섭적 서사 전략 연구: 안나 트랩넬과 앤 웬트워스의 산문을 중심으로 |
| 2023.8. | 김인후 | 17세기 여성의 자기변호를 통한 자아 구축: 앤 헤켓과 아그네스 보몬트를 중심으로 |
| 2023.8. | 민효민 | Syntactic Licensing of the Perfect in English: A Generalization and AGREE-Based Analysis |
| 2023.8. | 손민정 | "Something" as Legacy in Jacqueline Woodson's *Red at the Bone* |
| 2024.2. | 고건희 | A Learner Corpus Study of Preposition Stranding and Pied-Piping in *Wh*-Relative Clauses by Korean EFL Learners |
| 2024.2. | 박예슬 | Modeling Gender: *Mansfield Park* as Conduct Book? |
| 2024.2. | 엄세원 | Writing Cultural Anxieties onto Grotesque Bodies: Tim Burton's *Sleepy Hollow* (1999) and *Edward Scissorhands* (1990) |
| 2024.8. | 이사라 | Imagining a Crip Utopia in Octavia Butler's *Parable of the Sower* |
| 2025.2. | 남유정 | Reading as an Act of Making Connections in Ali Smith's *Seasonal Quartet* |
| 2025.2. | 오수민 | 오필리아의 영상적 재현 연구: 피사체에서 응시적 주체로 |

## 박사학위 논문[2]



| 졸업연월 | 이름 | 학위논문 제목 |
|---|---|---|
| 1968.2. | 이혜숙 | Generative Phonology of Korean: Lexical Feature Redundancy Rules |
| 1975.8. | 나영균 | Conrad의 작품에서 본 Aesthetic Distance |
| 1982.8. | 윤정은 | The Criticism of *King Lear*: A Historical Survey and Some Patterns |
| 1987.8. | 윤정길 | Techniques of Portraying the Absurd in Some American Novels of the Nineteen-Sixties: Ken Kesey, Joseph Heller, and Kurt Vonnegut, Jr |
| 1988.8. | 최경애 | The Syllable in English Phonology: A Lexical Approach |
| 1988.8. | 허현숙 | William Butler Yeats의 시를 통해 본 모순과 대립의 화합 |
| 1989.2. | 홍영예 | The Empty Category Principle: Antecedent-Government |
| 1990.2. | 권경수 | W. B. Yeats의 시극 연구 |
| 1990.2. | 김미량 | Edward Bond의 희곡 연구 |
| 1990.2. | 오경심 | Harold Pinter 연구: 1950년대 후반에서 1970년대 중반까지의 작품중심으로 |
| 1990.2. | 이후지 | John Dryden의 Heroic Plays에 관한 연구 |
| 1990.8. | 전승혜 | 서사형식과 역사의식: Eliot, Dickens, Thackeray를 중심으로 |
| 1991.2. | 김부자 | A Theory of Binding: Saturation and Government |
| 1991.2. | 오미라 | The Prosodic Structure of the Syllable |
| 1991.2. | 조혜성 | Stress as a Property of Phonological Government |
| 1991.2. | 한은원 | T. S. Eliot의 "전통"관과 그 시적 형상화 |
| 1991.8. | 김인성 | *Paradise Lost*에 나타난 고전정신의 기독교적 수용 |
| 1992.2. | 이승재 | Barriers: Subjacency and the ECP |
| 1992.2. | 이현주 | *Troilus and Criseyde*에 나타난 Chaucer의 사랑관 연구: 궁정식 사랑(Courtly Love)과 신성한 사랑(Divine Love) |
| 1992.2. | 황순진 | Noun Phrases: Structure and θ-marking |
| 1992.8. | 김옥례 | 소설의 거리를 통해 본 Herman Melville의 *Moby Dick* 연구 |
| 1992.8. | 서영윤 | 희극의 언어를 통해 본 왕정복고기의 가치관: Wycherley, Congreve, Farquhar를 중심으로 |
| 1992.8. | 임진희 | Mark Twain과 미국의 꿈 |
| 1993.2. | 정경숙 | Shaw의 여성관: 그 이중성 연구 |
| 1993.8. | 김희선 | William Blake의 예언시와 그의 예술적 추구과정 |
| 1993.8. | 이유미 | On the Autonomy of Morphology |
| 1993.8. | 한은구 | 실재와 허구의 탐색: Kurt Vonnegut 소설 연구 |
| 1994.2. | 김정실 | A Syntactic Analysis of Sentential Negation in English |
| 1994.8. | 김순원 | 전복의 미학: 영국 고딕소설 연구 |

2　2025년 2월까지 총 76명의 박사를 배출했음.

| 졸업연월 | 이름 | 학위논문 제목 |
|---|---|---|
| 1994.8. | 박영란 | A Semantic Analysis of the English Progressive |
| 1995.2. | 이승은 | Toni Morrison 연구: 흑인 공동체와 여성의 자아 인식 |
| 1995.2. | 홍유미 | 셰익스피어의 문제극과 여성 문제: 여성의 시험을 중심으로 |
| 1995.8. | 권혁경 | Doris Lessing의 인간관: 창조적 개인을 향한 과정 |
| 1995.8. | 김신희 | Henry James 소설에 나타난 개인의 의식에 대한 고찰 |
| 1995.8. | 이은경 | William Faulkner의 Trilogy 연구: 개인과 공동체 사회 |
| 1995.8. | 임정숙 | John Dryden의 전통관 연구 |
| 1996.2. | 최경희 | 연극의 정치학: 셰익스피어의 후기 사극 연구 |
| 1997.2. | 고연희 | Secondary Articulations in Feature Geometry |
| 1997.2. | 김경희 | Binding and Reconstruction in English |
| 1997.2. | 유정화 | Robert Lowell의 시 연구: 낯선 땅에서 살아남기 |
| 1997.8. | 민진영 | Nathaniel Hawthorne의 작품에 나타난 역사의식 연구 |
| 1997.8. | 이선주 | 디킨즈의 소설에 나타난 근대성 연구 |
| 1997.8. | 이승아 | The Structure of English Gerundive Constructions: A Minimalist Approach |
| 1999.2. | 이경란 | Sarah Orne Jewett와 Kate Chopin에 나타난 여성 정체성 연구 |
| 2000.8. | 민혜숙 | Thomas Pynchon's America |
| 2000.8. | 서영미 | Transitivity Alternation Constructions in English: With Special Reference to Middle Constructions |
| 2000.8. | 임은경 | Subject NP Case Checking in English *To*-Infinitive Construction: A Derivational Approach |
| 2001.2. | 김혜경 | English Expletive Constructions: A Minimalist Approach |
| 2001.2. | 장옥경 | 18세기 영소설에 나타난 작가의 독자의식 |
| 2001.8. | 이소영 | The Female Gaze and Multiple Selves in *Jane Eyre*, *Wuthering Heights* and Their Film Adaptations |
| 2002.2. | 김영미 | 윌리엄 포크너의 남부: 부성에 대한 비판적 탐구—『소리와 분노』와 『압살롬, 압살롬!』을 중심으로 |
| 2002.2. | 김지숙 | A Minimalist Approach to English Anaphora |
| 2002.2. | 박미숙 | An Optimality-Theoretic Analysis of Consonantal Alternations in English |
| 2002.8. | 손영기 | 카릴 처칠의 여성주의적 몸의 정치학: 『비네거 탐』, 『클라우드 나인』, 『한 입 가득 새들』을 중심으로 |
| 2003.8. | 김희성 | T. S. 엘리엇의 문화 공동체 시학 |
| 2003.8. | 주경희 | Thomas Hardy의 소설연구: 변화하는 영국농촌의 문제를 중심으로 |
| 2005.2. | 최용미 | 윌리엄 카를로스 윌리엄스의 불일치의 시학과 미국의 문화 정체성 |
| 2005.8. | 김은령 | 영국 낭만주의와 노예폐지운동: 블레이크, 싸우디, 코울리지, 워즈워스 |
| 2009.2. | 박현경 | 『서곡』, 『해방된 프로메테우스』, 『오로라 리』에 나타난 양성성 연구 |
| 2009.2. | 송은주 | 생태비평과 포크너의 자연관 |

| 졸업연월 | 이름 | 학위논문 제목 |
|---|---|---|
| 2009.8. | 김나영 | 셰익스피어의 연극성과 셰익스피어 다시 쓰기 |
| 2010.2. | 성정혜 | 탈식민 시대의 디아스포라와 혼종성: 살만 루시디의 『자정의 아이들』, 『수치』, 『악마의 시』 |
| 2010.2. | 유민혜 | 셰익스피어의 축제희극 연구: 『뜻대로 하세요』, 『윈저의 즐거운 아낙네들』, 『십이야』를 중심으로 |
| 2013.8. | 류혜원 | The Metropolitan Body in the Rise of the Early English Novel |
| 2013.8. | 하명희 | 18세기 영국 소설과 젠틸리티 담론 형성 |
| 2014.2. | 고찬미 | Constancy in Mary Wroth's *Urania* |
| 2014.2. | 홍은미 | Control in English: The Distribution and Interpretation of the Understood Subject in *To*-Infinitives |
| 2015.2. | 전하영 [전양선] | 에드먼드 스펜서의 1590년판 『페어리 여왕』에 인유된 오비디우스적 여담 읽기 |
| 2015.2. | 정선희 | 콘라드의 작품에 나타난 이데올로기 읽기: 지젝의 판타지와 스펙터 개념을 중심으로 |
| 2019.8. | 유소연 | 조지 엘리엇에 나타난 개인과 공동체: 타자와의 공감을 통한 자아주체성 실현 |
| 2021.8. | 이현경 | 기독교적 관점에서 본 토니 모리슨 소설의 희생양 메커니즘 연구: 르네 지라르의 이론을 중심으로 |
| 2022.2. | Fan, Xing | A Comparative Study of the Macro-Event in English and Chinese |
| 2022.8. | 김유진 | 프레카리아트 비극론: 21세기의 파르마코스와 타자의 윤리학 |
| 2023.8. | 김시현 | 윌리엄 워즈워스의 낭만적 공감과 시적 계몽 |
| 2024.8. | George, Patricia Lynn | "To Who or What Turns Up": Imagining Ethical Hospitality through Canadian Refugee Narratives |
| 2024.8. | Wang, Zhuqing | An Investigation into the *What about* X Construction: Its Meanings, Realization, and Syntactic Aspects |

# | 부록 4 | 영미학융합연구소 특강 및 학술대회

## 영미학융합연구소 주최 특강·콜로키움·세미나

| 개최일 | 강의 |
| --- | --- |
| 2000.6.23. | 제　목 I 미국연극의 최근 동향<br>강연자 I 최성희(University of Maryland) |
| 2000.10.19. | 제　목 I 시 특강<br>강연자 I Jerome Rosenberg(작가, 번역가) |
| 2000.10.30.-12.6. | 제　목 I Higher Education in the U.S.<br>강연자 I Karen Thimann Romer(Brown University) |
| | 제　목 I Britain: Now Is the Time<br>강연자 I Mark A. L. Baumfield(영국문화원) |
| 2001.1.30. | 제　목 I "Getting On": The Brontë Characters in Victorian Britain<br>강연자 I Rick Rylance(University of London) |
| 2001.3.14. | 제　목 I 제인 오스틴의 <지각과 감성><br>강연자 I 김순원(경원대학교) |
| 2001.3.28. | 제　목 I 찰스 딕킨스의 <막대한 유산><br>강연자 I 전승혜(공군사관학교) |
| 2001.4.11. | 제　목 I 토마스 하디의 <더버빌가의 테스><br>강연자 I 김설자(아주대학교) |
| 2001.4.25. | 제　목 I 플로베르의 <보바리부인><br>강연자 I 송지연(연세대학교) |
| 2001.5.9. | 제　목 I 핏 제랄드의 <위대한 갯츠비><br>강연자 I 이승은(가천길대학교) |
| 2001.5.23. | 제　목 I 아서 밀러의 <세일즈맨의 죽음><br>강연자 I 이희원(서울산업대학교) |
| 2001.6.22.-23. | 제　목 I "Jane Austen and the Enclosures": The Unseen Scene<br>"Mewling and Puking": First Steps Towards the Literary Internet<br>강연자 I Robert Clark(University of East Anglia) |
| 2001.9.19. | 제　목 I 영화 감상을 위한 영화 기법 설명 및 제작 필름 관람<br>강연자 I 이소영(이화여자대학교) |
| 2001.9.26. | 제　목 I 라캉의 응시에 대해서<br>강연자 I 이명호(이화여자대학교) |
| 2001.10.10. | 제　목 I 영화 속의 파우스트<br>강연자 I 남완석(경희대학교) |
| 2001.10.30. | 제　목 I Visuality and Culture: A Marxist Perspective<br>강연자 I 여홍상(고려대학교) |
| 2001.11.7. | 제　목 I Modes of Women's Expression in Koryu<br>강연자 I 김소영(한국예술종합학교) |

| 개최일 | 강의 |
|---|---|
| 2001.11.16. | 제　목 I 미적 가상의 허위와 진실: 아도르노를 중심으로<br>강연자 I 이병진(서울대학교) |
| 2002.1.29. | 제　목 I The Lyric in 2002: Writing as a Poet<br>강연자 I Nigel Wheale(Anglia Polytechnic University) |
| 2002.4.12.-11.27. | 제　목 I 초청강연 시리즈. 여성의 몸 경험에 대한 여성 신학적인 견해 등<br>강연자 I 백은미 등(이화여자대학교) |
| 2002.11.4. | 제　목 I In the Tradition of “Talk Story”: Writing the Stories of Contemporary Hawaii<br>강연자 I Gary Pak(University of Hawaii, Manoa) |
| 2003.5.6. | 제　목 I Mourning, Burial, Post-Colonial Unheimlich<br>강연자 I 조성란(이화여자대학교) |
| 2003.5.22. | 제　목 I 영화의 이해: 하나 그리고 둘<br>강연자 I 최영진(연세대학교) |
| 2003.9.22. | 제　목 I Is It Really a Small World? American Theme Parks in a Globalizing World<br>강연자 I Masako Notoji(University of Tokyo) |
| 2003.10.29. | 제　목 I Shattering the Silence: Blavastsky, Besant and Rukmini Devi<br>강연자 I Mary Kathleen Foley(University of California, Santa Cruz) |
| 2003.11.3. | 제　목 I 2003년 노벨 문학상 수상 작가 J. M. Coetzee의 작품세계<br>강연자 I 왕철(전북대학교) |
| 2004.3.31. | 제　목 I What My Heart Wants to Say: The Limits of Language in Early Modern Sonnets<br>강연자 I 배경진(이화여자대학교) |
| 2004.5.18. | 제　목 I 초현실주의 문학과 미술에 나타난 속임수의 유희<br>강연자 I 조윤경(이화여자대학교) |
| 2004.6.15. | 제　목 I Writing the Self: Autobiographical Oscillations in Chang-rae Lee’s *Native Speaker*<br>강연자 I Aparajita Nanda(Jadavpur University) |
| 2004.7.13. | 제　목 I 홍콩영화 신드롬, 한류, 그리고 영상문화에서의 지역주의<br>강연자 I 이형숙(University of Southern California) |
| 2004.10.4. | 제　목 I Creep Out of the Hole: The Figuration of Filth and the Urban Everyday in Chadwick’s Sanitary Report and Dickens’ Later Novels<br>강연자 I 신희섭(이화여자대학교) |
| 2004.10.27. | 제　목 I 스펜더와 김기림<br>강연자 I 김준환(이화여자대학교) |
| 2004.11.4. | 제　목 I 미국의 아동문학<br>강연자 I 최숙렬(재미아동문학작가) |
| 2004.11.24. | 제　목 I 1920년대 지식인의 근대 체험과 식민지 의식<br>강연자 I 권보드레(한국문화연구원) |
| 2004.11.30. | 제　목 I 서양의 근대 우리의 근대<br>강연자 I 박지향(서울대학교) |
| 2004.12.22. | 제　목 I 고종 시대를 어떻게 볼 것인가?<br>강연자 I 서영희(한국산업기술대학교) |

| 개최일 | 강의 |
|---|---|
| 2005.4.6. | 제 목 I Conviviality에 대하여<br>강연자 I 김종철(녹색평론) |
| 2005.4.27. | 제 목 I 우리는 왜 '위대한' 여성 예술가가 없는가?<br>강연자 I 신지영(아시아여성학센터) |
| 2005.5.19. | 제 목 I 소설과 소설의 영화화: 헨리 제임스의 <워싱턴 스퀘어>와 두 각색 영화를 중심으로<br>강연자 I 유희성(서울대학교) |
| 2005.6.27. | 제 목 I Using Indigenous Poetry to Explore Canadian History<br>강연자 I Donna-Lee Smith(McGill University) |
| 2005.8.8.-25. | 제 목 I 미셸 푸코, <광기의 역사><br>강연자 I 이정우(철학아카데미) |
| 2005.9.22. | 제 목 I 영국 낭만주의와 노예 폐지 운동<br>강연자 I 김은령(남서울대학교) |
| 2005.9.30. | 제 목 I Visibility and Erasure: Contradictions of the Korean War Orphan in U.S. Imagination<br>강연자 I Susie Woo(Yale University) |
| 2005.10.19. | 제 목 I 들릴로의 작품에 나타난 포스트모던 시대의 죽음들: 소설의 죽음과 개인의 죽음<br>강연자 I 유정완(경희대학교) |
| 2005.12.7. | 제 목 I Do White Men Dream of Other America?: Time, Space, Post-modernity, and Identity in Science Fiction, "Blade Runner" and "Minority Report"<br>강연자 I 우미성(연세대학교) |
| 2006.5.4. | 제 목 I Deconstructing Paradise: the Literature of Hawaii<br>강연자 I Brenda Kwon(풀브라이트/고려대학교) |
| 2006.5.11. | 제 목 I 바흐찐 특강 1: 바흐찐 소설론<br>강연자 I 최건영(연세대학교) |
| 2006.5.13. | 제 목 I 메트로폴리스와 소설의 발생<br>강연자 I 최주리(이화여자대학교) |
| 2006.5.17. | 제 목 I Writing Odyssey: 아동문학에 대해서<br>강연자 I 최숙렬(재미아동문학작가) |
| 2006.5.19. | 제 목 I 바흐찐 특강 2: 바흐찐 소설론 다시 보기<br>강연자 I 최건영(연세대학교) |
| 2006.9.14. | 제 목 I Lovers and Poets<br>강연자 I SunHee Kim Gertz(Clark University) |
| 2006.10.26. | 제 목 I The "Four Freedoms" and Transnational Modernisms<br>강연자 I Ramon Saldivar(Stanford University) |
| 2006.11.2. | 제 목 I The Progressive in Recent English<br>강연자 I 이승아(이화여자대학교) |
| 2006.11.8. | 제 목 I Poetics of Snapshots: Adrienne Rich's Representations of American Women in the 1960s<br>강연자 I 한지희(경상대학교) |

| 개최일 | 강의 |
|---|---|
| 2006.11.17. | 제 목 I A Reading of *Love in Excess*: Comedy, Women and Female Literary History<br>강연자 I 이혜수(이화여자대학교) |
| 2006.11.23. | 제 목 I Irish Nationalism and Gendered Spaces<br>강연자 I 문혜원(University of Warwick) |
| 2007.5.7. | 제 목 I Modernity and the Plays of David Henry Hwang<br>강연자 I Paul McGrath(Nagoya Gakuin University) |
| 2007.6.1. | 제 목 I Why Emergent Literatures Matter: Reading 20th-Century U.S. Writing<br>강연자 I Cyrus R. K. Patell(New York University) |
| 2007.9.14. | 제 목 I 국제기구 취업 전략 특강: Pathways to a Global Career<br>강연자 I 안순훈(Ahn Consulting) |
| 2007.11.23. | 제 목 I Model Minority: Myths or Realities?<br>강연자 I Edward Chang(University of California, Riverside) |
| 2008.2.22. | 제 목 I 글로벌 시대의 영어산업과 인력 양성<br>강연자 I 민선식(YBM 시사영어사) |
| 2008.2.26. | 제 목 I 한국 영어방송의 현재와 미래<br>강연자 I 장명호(아리랑TV) |
| 2008.3.10. | 제 목 I Storyscapes: South African Perspectives on Literature, Space and Identity<br>강연자 I Annette Combrink(North-West University) |
| 2008.4.7. | 제 목 I Jackendoff's Mental Architecture: A Case for a Lexical Approach to Language Teaching<br>강연자 I Melinda Whong(University of Leeds) |
| 2008.4.29. | 제 목 I 극단 초인의 <특급호텔> 시범 공연<br>강연자 I Lavonne Mueller(극작가) |
| 2009.4.16. | 제 목 I The Flash of Intersectionality: Visuality and Cultural Critique<br>강연자 I Laura Hyun Yi Kang(University of California, Irvine) |
| 2009.5.29. | 제 목 I Relocation: Queer Suburban Imaginaries<br>강연자 I Karen Tongson(University of Southern California) |
| 2009.6.11. | 제 목 I Personal Scholarship and Women in the Academe: Paradigms of Critical Practice<br>강연자 I Rocio G. Davis(Universidad de Navarra) |
| 2009.6.19. | 제 목 I 미국 현대 시의 동향과 한국계 미국 작가<br>강연자 I Myung Mi Kim(State University of New York, Buffalo) |
| 2009.9.1. | 제 목 I The Power of Ignorance<br>강연자 I Lorraine Code(York University) |
| 2009.9.15. | 제 목 I The Mythological Foundations of the Global War on Terror<br>강연자 I Donald E. Pease(Dartmouth University) |
| 2009.10.23. | 제 목 I Contagious Beats: When White Musicians Pass as Black<br>강연자 I Baz Dreisinger(City University of New York) |
| 2009.11.11. | 제 목 I A Desire for Death: The Grimm's Sleeping Beauty in *The Bloody Chamber*<br>강연자 I Kimberly J. Lau(University of California, Santa Cruz) |

| 개최일 | 강의 |
|---|---|
| 2009.11.17. | 제 목 I Do Model Minorities Drink Wine or Beer?: Race, Elitism and American-ness<br>강연자 I Konrad Ng(University of Hawaii, Manoa) |
| 2009.11.26. | 제 목 I 영화제에서 길 찾기: 직업으로서의 영화제<br>강연자 I 안수정(前 부산 국제영화제 국제 홍보 담당) |
| 2010.5.7. | 제 목 I Race for Empire: Muslims, Arabs, and African Americans in the American Popular Imagination<br>강연자 I Bayoumi Moustafa Mohamed(City University of New York) |
| 2010.5.19. | 제 목 I Dissociation and Decapitation: The Execution of Charles & Seventeenth-Century English Literature<br>강연자 I Peter L. Rudnytsky(University of Florida) |
| 2010.5.27. | 제 목 I How Calvinism Travelled to America: The Story of Susanna Bell<br>강연자 I Susan Mary Hardman Moore(The University of Edinburgh) |
| 2010.6.16. | 제 목 I President Barack Obama and African American Politics: Into the Mainstream and Oblivion?<br>강연자 I Kevin Gaines(University of Michigan) |
| 2010.10.20. | 제 목 I The United States and Philippines in the Late 1930s: Reconsidering America's 'Benevolent' Empire in the Era of Japanese Aggression<br>강연자 I Dean J. Kotlowski(Salisbury University) |
| 2010.10.29. | 제 목 I Practicing Ecocriticism in Literary and Cultural Studies<br>강연자 I Patrick D. Murphy(University of Central Florida) |
| 2010.11.30. | 제 목 I 시 쓰기와 언어의 문제, 디아스포라와 정체성<br>강연자 I Myung Mi Kim(State University of New York, Buffalo) |
| 2011.3.31. | 제 목 I Becoming-Prose of Our Love: Reading Joyce with Derrida<br>강연자 I 김석(경희대학교) |
| 2011.5.20. | 제 목 I 호주 문학 거장과의 만남<br>강연자 I Barry Hill(시인) · Ivy Alvarez(시인, 극작가) · Terry Jaensch(시인, 배우) |
| 2011.5.26. | 제 목 I Invitation to World Literature<br>강연자 I Ben Okri(소설가, 시인) |
| 2011.5.26. | 제 목 I Invitation to World Literature<br>강연자 I Amiya Dev(비교문학자, 평론가) |
| 2011.6.2. | 제 목 I Apocalypse by Subtraction: Late Capitalism and the Trauma of Scarcity<br>강연자 I Peter Y. Paik(University of Wisconsin, Milwaukee) |
| 2011.6.29. | 제 목 I 미국에서의 한국문학교육과 번역의 현황<br>강연자 I 김영희(University of Hawaii, Manoa) |
| 2011.9.26. | 제 목 I 일본영화에 나타난 재일 한국인상<br>강연자 I Yomota Inuhiko(Meiji Gakuin University) |
| 2011.10.27. | 제 목 I Horror Vacui: Renaissance Texts and Blank Space<br>강연자 I Jonathan Sawday(Saint Louis University) |
| 2011.11.22. | 제 목 I A Necessary Extravagance: Asian American Literary Studies and the Question of Form<br>강연자 I Daniel Y. Kim(Brown University) |

| 개최일 | 강의 |
|---|---|
| 2012.1.4. | 제　목 I Media Fantasies of the Open: From Alternative Video to Tactical Media<br>강연자 I Timothy Murray(Cornell University) |
| 2012.1.4. | 제　목 I Things Rule: An Artist Talk by Renate Ferro<br>강연자 I Renate Ferro(Cornell University) |
| 2012.3.29. | 제　목 I Prosody and Syntactic Alternations in English<br>강연자 I Arto Anttila(Stanford University) |
| 2012.5.3. | 제　목 I Playing with Shakespeare: the Language of Emotion<br>강연자 I Rosalind King(University of Southampton) |
| 2012.6.14. | 제　목 I The Outbreak Narrative: Disease Emergence and the Obscured Geography of Poverty<br>강연자 I Priscilla Wald(Duke University) |
| 2012.10.5. | 제　목 I The New Institutional Consensus: Relegitimating English Studies in the Market-Managerial University<br>강연자 I John Elliot(이화여자대학교) |
| 2012.12.6. | 제　목 I Academic Creative Writing Teaching at the University of Jyväskylä<br>강연자 I Tuomo Lahdelma(University of Jyväskylä) |
| 2013.1.2.-4. | 제　목 I Postcolonial Studies and the Literary<br>강연자 I Eli Park Sorensen(서울대학교) |
| 2013.12.20. | 제　목 I Virtual Hallyu: Korean Cinema's Realism, Modernism, Postmodernism<br>강연자 I 김경현(University of California, Irvine) |
| 2014.3.20. | 제　목 I How Inhuman is the Posthuman? Reflections on the Death of Authority<br>강연자 I Peter Yunsik Paik(University of Wisconsin, Milwaukee) |
| 2014.4.25. | 제　목 I 아감벤의 「필경사 바틀비」 읽기: 그는 왜 글쓰기를 멈추었을까?<br>강연자 I 양운덕(고려대학교) |
| 2014.11.20. | 제　목 I Sisters of Scheherazade: Religion, Diaspora, and Muslim Feminisms<br>강연자 I Susan Stanford Friedman(University of Wisconsin, Madison) |
| 2014.11.21. | 제　목 I How to Describe an Atrocity?<br>강연자 I Bruce Robbins(Columbia University) |
| 2015.4.1. | 제　목 I Imagining the English Baroque<br>강연자 I Roland Greene(Stanford University) |
| 2015.5.15. | 제　목 I Origins of *On Such a Full Sea*<br>강연자 I Chang-rae Lee(Princeton University) |
| 2015.6.3. | 제　목 I The State of Asian American Literary Studies-The Literature of the Korean and Vietnam War<br>강연자 I Daniel Y. Kim(Brown University) |
| 2015.9.10. | 제　목 I Her Woman 그 여자의 여자: Translingualizing Simone de Beauvoir's *The Second Sex*<br>강연자 I Kyoo Lee(City University of New York) |
| 2015.9.17. | 제　목 I Does Popular Culture Matter to the Asian Region?: Possible Implications and Methodological Challenges<br>강연자 I Nissim Otmazgin(The Hebrew University of Jerusalem) |

| 개최일 | 강의 |
|---|---|
| 2015.10.12. | 제 목 I 에밀리 디킨슨의 시와 번역의 과정<br>강연자 I Silvia Bre(시인) |
| 2015.11.11. | 제 목 I The American Dream Goes East: *Man of La Mancha* and *In the Heights* in South Korea and Japan<br>강연자 I Laura McDonald(University of Portsmouth) |
| 2015.12.15. | 제 목 I The Early Publishing History of *Paradise Lost*<br>강연자 I Thomas N. Corns(Bangor University) |
| 2016.4.15. | 제 목 I Ecotones: A Talk on Ecopoetics and Poetry<br>강연자 I Richard Greenfield(New Mexico State University) |
| 2016.4.27. | 제 목 I Meeting Challenges of the New Millenium<br>강연자 I Chi-she Li(National Taiwan University) |
| 2016.5.19 | 제 목 I 전후 미국 가족의 형태: 디즈니랜드, TV 드라마, 브로드웨이 뮤지컬<br>강연자 I 황승현(이화여자대학교) |
| 2016.6.21. | 제 목 I 한강의 <채식주의자>. On Translation<br>강연자 I Deborah Smith(Translator of *The Vegetarian*) |
| 2016.11.17. | 제 목 I Posthuman Microaggression: The Asian Female Bodied A.I. in *Ex Machina*<br>강연자 I Haerin Shin(Vanderbilt University) |
| 2016.11.24. | 제 목 I 오빠라는 왜상(Anamorphosis): 김소진, 김영하, 박민규 소설의 남성 주체성<br>강연자 I 정덕애(이화여자대학교) |
| 2016.12.12. | 제 목 I Acting and Apparition<br>강연자 I John Bender(Stanford University) |
| 2016.12.19. | 제 목 I Hanguk, Hip Hop: The Making of Hip Hop in South Korea<br>강연자 I 송명선(서강대학교) |
| 2017.3.9. | 제 목 I Theory Does Not Exist<br>강연자 I Paul Allen Miller(University of South Carolina) |
| 2017.4.7.-6.2. | 제 목 I IEAS Spring Colloquium. Location in the History of Globalization: Reading Peter Sloterdijk's *In the World Interior of Capital*<br>강연자 I 김태원, 전수용, 신혜린, 최성만, 김준환 |
| 2017.4.7. | 제 목 I Of Grand Narratives<br>강연자 I 김태원(서강대학교) |
| 2017.4.17. | 제 목 I The Invention of Subjectivity<br>강연자 I 전수용(이화여자대학교) |
| 2017.4.28. | 제 목 I The Pure Outside<br>강연자 I 신혜린(Vanderbilt University) |
| 2017.5.12. | 제 목 I The Crystal Palace<br>강연자 I 최성만(이화여자대학교) |
| 2017.6.2. | 제 목 I Revaluation of All Values<br>강연자 I 김준환(연세대학교) |
| 2017.4.20. | 제 목 I Theatrical Cinema? Intermedial Reflections on Alejandro G. Iñárritu's *Birdman* (2015)<br>강연자 I Jøgen Bruhn(Linneaus University) |

| 개최일 | 강의 |
|---|---|
| 2017.11.10. | 제　목 I 부정(Negativity)의 미학: 헨리 제임스의 (탈)결혼 서사<br>강연자 I 윤조원(고려대학교) |
| 2017.11.14. | 제　목 I The Negative Epistemology of the Archive<br>강연자 I Claire Chambers(서강대학교) |
| 2018.9.28. | 제　목 I 번역하는 동아시아, 상상되는 세계문학<br>강연자 I 박진영(성균관대학교) |
| 2018.10.12. | 제　목 I 한국 근대문학 개념은 어떻게 번역되었나?: 한 영문학자의 시각<br>강연자 I 김용규(부산대학교) |
| 2018.10.30. | 제　목 I *Coriolanus* in Africa: Reading Shakespeare in South Africa<br>강연자 I Daniel Roux(University of Stellenbosch) |
| 2018.11.2. | 제　목 I 셰익스피어 번역의 어려움: <햄릿>의 경우<br>강연자 I 설준규(한신대학교) |
| 2018.11.23. | 제　목 I 번역의 현장<br>강연자 I 정호영(이화여자대학교) |
| 2019.1.7.-8. | 제　목 I R을 이용한 언어학 자료의 통계 분석<br>강연자 I 조혜선(단국대학교) |
| 2019.5.8. | 제　목 I 'The Face Behind the Paper': Race, Casting, and Suspicion in Julia Cho's *The Piano Teacher*<br>강연자 I Kim Ju Yon(Harvard University) |
| 2019.5.17. | 제　목 I Right to the City: The Metropolis and *Gangnam Style*<br>강연자 I 최주리(이화여자대학교) |
| 2019.6.7. | 제　목 I 호모 아메리카노: 미국연극의 배우, 인간, 문화<br>강연자 I 강태경(이화여자대학교) |
| 2019.10.16.-17. | 제　목 I Circuit Training: The Novel in the Epoch of Social Systems I, II<br>강연자 I Mark Seltzer(University of California, Los Angeles) |
| 2020.12.12. | 제　목 I Climate Justice and Urban Narrative<br>강연자 I Ursula K. Heise(University of California, Los Angeles) |
| 2021.1.8.-30. | 제　목 I Five Lectures on Biopolitics<br>강연자 I Nicolae Morar(University of Oregon) |
| 2021.2.1. | 제　목 I The Transnational Affiliations:<br>The Emersionian Event and <The Vegetarian><br>강연자 I Min Young Godley(Dartmouth College) |
| 2021.2.2. | 제　목 I Working Women in the Middle Ages: The Maidservants and Anchoresses in *Ancrene Wisse*<br>강연자 I 박환희(경희대학교) |
| 2021.2.3. | 제　목 I Reading Transnational Trauma<br>강연자 I Jin Lee(University of New Hampshire) |
| 2021.2.4. | 제　목 I The New and the Old Woman in the Late Nineteenth Century<br>강연자 I 안소미(부산대학교) |
| 2021.2.5. | 제　목 I Cross-dressing Women in Seventeenth and Eighteenth-century Popular Literature<br>강연자 I 류혜원(고려대학교) |

| 개최일 | 강의 |
|---|---|
| 2021.9.24.-10.5. | 제　목 I Four Lectures on Film Censorship in Hollywood and Korea<br>강연자 I Hye Seung Chung(Colorado State University) |
| 2021.10.25. | 제　목 I Body Genre: Anatomy of the Horror Film<br>강연자 I David Scott Diffrient(Colorado State University) |
| 2021.11.4.-12. | 제　목 I Four Lectures on Race, Place, and Interdisciplinary Inquiry in American Cultural Studies<br>강연자 I Rebecca Jo Kinney(Bowling Green State University) |
| 2021.12.3. | 제　목 I Machine Translation, A Perennial Problem in AI<br>강연자 I Michael Wayne Goodman(University of Washington) |
| 2021.12.17. | 제　목 I How Machines Understand Text and Where They Fail<br>강연자 I Eunsol Choi(University of Texas, Austin) |
| 2022.5.18. | 제　목 I Reading *Kim Ji-young, Born 1982* in Korea and the U.K. in 2022<br>강연자 I 김부성(이화여자대학교) |
| 2022.5.19. | 제　목 I Naughty Women on the Cusp of the Twentieth Century and What they Tell us about Today<br>강연자 I Kate Hext(University of Exeter) |
| 2022.11.9. | 제　목 I Siri야, 실리콘밸리 가는 법 알려줘—동문이 전하는 인문대생의 미국 IT 기업 진출기<br>강연자 I 오미란(Apple) |
| 2022.11.11. | 제　목 I 미국의 가족 제도와 입양 서사<br>강연자 I 김소연(국민대학교) |
| 2023.3.28. | 제　목 I The State of Environmental Humanities<br>강연자 I Ursula K. Heise(University of California, Los Angeles) |
| 2023.5.3. | 제　목 I 디지털 인문학 활용을 위한 텍스트의 저자 판별 모델<br>강연자 I 최지명(이화여자대학교) |
| 2023.6.2. | 제　목 I Unleashing the Power of Data: An Introduction to Digital Humanities and Computational Social Science<br>강연자 I Chico Carmago(University of Exeter/이화여자대학교) |
| 2023.10.17. | 제　목 I Performing Collaborative Public Counter-memory: Activist Theatre and Performance in South Korea and the Diaspora<br>강연자 I 정아름(Arizona State University) |
| 2023.11.3. | 제　목 I Performing Insurgent Melancholia: The Gwangju Uprising, Mangwoldong Cemetery, and South Korea's Affective Space for Democracy<br>강연자 I 김하야나(Ohio State University) |
| 2023.11.9. | 제　목 I The Digital Dynamics of #MeToo<br>강연자 I Hubert Au(Oxford Internet Institute) |
| 2023.11.21. | 제　목 I Machine Learning and Humanities: Distant Reading and Close Reading<br>강연자 I 신희정(University of Illinois-Chicago) |
| 2024.1.8.-12. | 제　목 I Reason, Rhetoric, and Power: Why Only the Humanities Can Save Us<br>강연자 I Paul Allen Miller(University of South Carolina/이화여자대학교) |
| 2024.3.21. | 제　목 I Computational Analysis of Media Framing: Using Data Analysis to Push Theory Forward<br>강연자 I Chico Camargo(University of Exeter/이화여자대학교) |

| 개최일 | 강의 |
|---|---|
| 2024.7.4.-5. | 제 목 I 디지털 인문학 여름 특강<br>강연자 I 최지명(이화여자대학교) |
| 2024.10.28. | 제 목 I From Theory to Practice: An Introduction to Speech-Language Pathology for Linguistics Students<br>강연자 I 김보람(City University of New York) |
| 2024.11.29. | 제 목 I 2024년, 어느 영어권 모더니즘 시 연구자의 한국 근대/모더니즘 시 다시 읽기: 왜? 무엇을 어떻게?<br>강연자 I 김준환(연세대학교) |
| 2025.4.3. | 제 목 I Oscar Wilde Onstage: Tne Invention of Modern Wit<br>강연자 I Kate Hext(University of Exeter) |
| 2025.4.26.-29. | 제 목 I Sophocles' *Oedipus Tyrannus* and Its Legacy in the Modern World<br>강연자 I Paul Allen Miller(University of South Carolina) |

## 영미학융합연구소 (공동) 주최 학술대회 · 심포지엄

| 개최일 | 대회명 | 발표 주제 |
|---|---|---|
| 1999.11.3.-4. | 영미학연구소 학술대회 | Crossing Boundaries in English Studies |
| 2000.11.3. | 영미학연구소 학술대회 | 문화의 번역 |
| 2003.4.17. | 영미학연구소 학술대회 | Early Women Writers I (Margery Kempe, Aemilia Lanyer, Sarah Fielding, Elizabeth Inchbald) |
| 2003.11.26. | 영미학연구소 학술대회 | Early Women Writers II (Elizabeth Cary, Aphra Behn, Eliza Haywood, Ann Radcliffe) |
| 2005.10.31. | 영어영문학과-<br>영미학연구소 학술대회 | Reading the Hyphen in Asia(n)-America |
| 2006.10.28. | 영미문학연구회-<br>영미학연구소 학술대회 | 영문학의 발생과 전개: 영국, 미국, 한국 |
| 2007.1.8.-19. | Ewha BK Winter School | Feminism, Cultural Studies<br>초청학자 I Chris Weedon(Cardiff University)<br>Jonathan White(Essex University)<br>Digital Humanities<br>초청학자 I Ann Gow(University of Glasgow)<br>Stephen Woodruff(University of Glasgow) |
| 2007.5.17. | 영미학연구소 학술대회 | 포스트모더니즘 시대의 서사:<br>바이오픽션과 디지털 스토리텔링 |
| 2007.11.2.-3. | 제1회 이화 BK 아시아<br>영문학 국제학술대회 | Provincializing English: The English Department in the Asian Context<br>공동주최 I 영어영문학과 BK 사업단 · 영미학연구소 |
| 2008.1.7.-11. | Ewha BK Winter School | America's Imperial Century<br>초청학자 I Robert Perkinson(University of Hawaii, Manoa) |

| 개최일 | 대회명 | 발표 주제 |
|---|---|---|
| 2008.3.15. | 영미문학연구회-<br>영미학연구소 학술대회 | 영어 공교육, 어떻게 할 것인가? |
| 2008.5.31. | 근대영미소설학회-<br>영미학연구소 학술대회 | 영미 사실주의와 모더니즘 소설의 상상력과 서술 |
| 2008.11.19. | 제2회 이화 BK 아시아<br>영문학 국제학술대회 | Transcultural Studies in the Pacific Era<br>공동주최 I 영어영문학과 BK 사업단 · 영미학연구소 |
| 2009.1.5.-9. | Ewha BK Winter School | Literature, Literary Theory, and Academic Writing |
| 2009.5.23. | 한국비평이론학회-<br>영미학연구소 학술대회 | 비평이론 무엇을 어떻게 가르칠 것인가? |
| 2009.6.12.-13. | 국제학술대회 | Women, Displacement, and Cultural Identity<br>공동주최 I 영미학연구소 · 영어영문학과 BK21사업단<br>한국영미문학페미니즘학회 |
| 2009.12.5. | 제3회 이화 BK 아시아<br>영문학 국제학술대회 | Re-Orienting English: Paradigms in/of Crisis<br>공동주최 I 국립대만대학 · 영어영문학과 BK 사업단 · 영미학연구소 |
| 2010.1.4.-8. | Ewha BK Winter School | Romanticism and the Invention of English Literature<br>초청학자 I Richard Cronin(University of Glasgow) |
| 2010.4.24. | The Korea-Japan<br>Virginia Woolf<br>Conference in 2010 | A Journey to Combine and to Create<br>공동주최 I 한국버지니아울프학회 · 영미학연구소 |
| 2010.5.29. | 한국근대영미소설학회-<br>영미학연구소 학술대회 | 근대성과 경계 넘기 |
| 2010.11.6. | 영미문학연구회-<br>영미학연구소 학술대회 | 정의, 폭력, 공동체: 문학과 영상 이미지들 |
| 2010.11.27. | 제4회 이화 BK 아시아<br>영문학 국제학술대회 | Trading Places: The Changing Climate of English Studies<br>공동주최 I National Taiwan University · Tsukuba University<br>영어영문학과 BK21 사업단 · 영미학연구소 |
| 2011.1.3.-7. | Ewha BK Winter School | Romanticism and the Invention of English Literature<br>초청학자 I Gregg Lambert(Syracuse University) |
| 2011.4.30. | 현대영미소설학회-<br>영미학연구소 학술대회 | 21세기의 소설: 변화와 도전 |
| 2011.5.21. | 비평이론학회-<br>영미학연구소 학술대회 | 신자유주의와 비평이론 |
| 2011.11.5. | 고전르네상스학회-<br>영미학연구소 학술대회 | 르네상스 인간과 종교 |
| 2012.1.2.-6. | Ewha BK Winter School | Aesthetics of Excess: Theorizing the Interface of Art and Technology<br>초청학자 I Timothy Murray(Cornell University) |
| 2012.4.28. | 현대영미소설학회-<br>영미학연구소 학술대회 | 21세기 서사문학의 과제와 미래 |
| 2013.1.2.-4. | Ewha BK Winter School | Postcolonial Studies and the Literary<br>초청학자 I Eli Park Sorensen(서울대학교) |

| 개최일 | 대회명 | 발표 주제 |
|---|---|---|
| 2013.5.24.-25. | Global Top 5-한국문화 연구의 세계화 국제학술대회 | Crosscurrents of the Korean Wave |
| 2014.5.30.-31. | Global Top 5-한국문화 연구의 세계화 국제학술대회 | Crosscurrents of the Korean Wave II |
| 2017.1.10.-14. | Ewha BK Winter School | What Comes after Postmodernism<br>초청학자 I Peter Y. Paik(University of Wisconsin, Milwaukee) |
| 2017.5.27. | 근대영미소설학회-영미학융합연구소 학술대회 | 다시 인간을 말하다: 영국소설을 읽는 새로운 관점들 |
| 2017.7.4.-7. | Ewha BK Summer School | Literature and Social Justice<br>초청학자 I Kyoung H. Park(Pacific Beat Theater Company) |
| 2017.11.18. | 국세공동학술대회 | Re-locating the Local in the Age of Global Capital<br>공동주최 I 영어영문학과 · 영미학융합연구소<br>영어영문학부 BK21 사업단 |
| 2018.11.10. | 영미문학연구회-영미학융합연구소 학술대회 | 유토피아를 다시 생각한다: 혁명, 젠더, 문학 |
| 2019.1.7.-10. | Ewha BK Winter School | Race, Nation, and Visuality<br>초청학자 I Monica Chiu(University of New Hampshire) |
| 2019.3.29.-30. | 국제학술대회 | Borders and Borderlands in the Age of Globalization<br>공동주최 I 영어영문학과 · 영미학융합연구소<br>University of South Carolina<br>National Taiwan University |
| 2019.4.20. | 한국18세기영문학회-영미학융합연구소 학술대회 | Rewriting History: Commerce, Nature, Nation in the Long Eighteenth Century |
| 2020.1.6.-9. | Ewha BK Winter School | Intercultural Shakespeare and the Balance of Cultural Exchange<br>초청학자 I Yu Jin Ko(Wellesley College) |
| 2022.5.14. | 한국영미문학교육학회-영미학융합연구소 학술대회 | 한국영미문학교육학회 30년: 과거와 현재의 대화 |
| 2022.9.23. | Ewha-Exeter Symposium | Dialogues on Gender Inequality in South Korea and the UK<br>공동주최 I 인문과학대학 · 영어영문학부 · 영미학융합연구소<br>Arts and Humanities Research Council (AHRC, UK Research and Innovation) |
| 2023.6.3. | MEDAK International Conference | Drama in Media Transposition<br>공동주최 I 현대영미드라마학회 · 영미학융합연구소 |
| 2024.5.23.-24. | Ewha-Exeter Graduate Symposium | Rethinking Communities: Connections, Boundaries, and Perspectives<br>공동주최 I 영어영문학부 Frontier 10-10 사업단 · BK21 사업단<br>영미학융합연구소 |
| 2024.10.25.-26. | 국제학술대회 | 'The Creation of a Community of Reciprocating Desires' and the *A-venir*<br>공동주최 I 영어영문학부 Frontier 10-10 사업단 · BK21 사업단<br>영어영문학부 100주년 기념 위원회 · 영미학융합연구소 |

## | 부록 5 | 영어연극 공연 일람[1]

<table>
<tr><th>연도</th><th colspan="2">작품</th><th>원작자</th><th>연출</th></tr>
<tr><td>1930</td><td colspan="2">Ivanhoe(아이반호)</td><td>Sir Walter Scott</td><td>Maynor</td></tr>
<tr><td>1931</td><td colspan="2">Lancelot and Genevieve(랜슬롯과 제네비에브)</td><td>미상</td><td>Maynor</td></tr>
<tr><td>1932</td><td colspan="2">Charles Lamb(찰스 램)</td><td>미상</td><td>Maynor</td></tr>
<tr><td>1933</td><td colspan="2">Little Women(작은 아씨들)</td><td>Louisa M. Alcott 원작<br>Kristin Lawrence 각색</td><td>Maynor [2]</td></tr>
<tr><td>1934</td><td colspan="2">Once There Was a Princess(공작 부인)</td><td>미상</td><td>Conrow[3]</td></tr>
<tr><td rowspan="3">1935</td><td rowspan="3">Three One-Act Plays<br>(단막극 세 편)</td><td>A. My Lady's Roses(마님의 장미꽃)</td><td>Edward Knoblock</td><td>Maynor</td></tr>
<tr><td>B. The Twilight Saint(황혼에 나타난 성자)</td><td>Stark Young</td><td>Maynor</td></tr>
<tr><td>C. The Confessional(고백)</td><td>미상</td><td>Maynor</td></tr>
<tr><td>1936</td><td colspan="2">David Copperfield(데이비드 카퍼필드)</td><td>Charles Dickens</td><td>Maynor</td></tr>
<tr><td>1937</td><td colspan="2">The Quest(탐구)</td><td>Derek Gill</td><td>Maynor</td></tr>
<tr><td>1938</td><td colspan="2">Silas Marner(사일러스 마너)</td><td>George Eliot</td><td>Maynor</td></tr>
<tr><td>1939</td><td colspan="2">The Merchant of Venice(베니스의 상인)</td><td>William Shakespeare</td><td>Conrow</td></tr>
<tr><td>1940</td><td colspan="2">You Can't Take It With You(저승까지 갖고 갈 수는 없어)</td><td>Moss Hart &<br>George Kaufman</td><td>김갑순</td></tr>
<tr><td>1941</td><td colspan="2">Riders to the Sea(바다로 가는 기사들)</td><td>John M. Synge</td><td>김갑순</td></tr>
<tr><td>1947</td><td colspan="2">Quality Street(퀼리티 스트리트)</td><td>James M. Barrie</td><td>김갑순</td></tr>
<tr><td>1948</td><td colspan="2">Lady Windermere's Fan(레이디 윈더미어의 부채)</td><td>Oscar Wilde</td><td>김갑순</td></tr>
<tr><td>1949</td><td colspan="2">Our Town(우리 마을)</td><td>Thornton Wilder</td><td>김갑순</td></tr>
<tr><td>1950</td><td colspan="2">The Barretts of Wimpole Street(윔폴 스트리트의 배레츠 일가一家)</td><td>Rudolf Besier</td><td>김갑순</td></tr>
<tr><td>1952</td><td colspan="2">An Ideal Husband(이상적인 남편)</td><td>Oscar Wilde</td><td>김갑순</td></tr>
<tr><td>1953</td><td colspan="2">Milestones(이정표)</td><td>Arnold Bennett &<br>Richard Knoblock</td><td>김갑순</td></tr>
</table>

1 김갑순 엮음, 『영어연극 공연사: 이대영문과 연극 70년을 돌아보며』, 이화여자대학교출판문화원, 2000. 2001-2011년 공연 일람은 https://ewhabeings76wixsitecom/deadmanscellphone/about 참고(2024.6.4. 검색). 2012년 이후 공연 목록은 영문과 영어연극 동아리 빙즈(Beings) 제공.

2 김갑순(2000, 36쪽)은 '작은 아씨들'을 1933년에 공연했다고 기록했으나, *The Ewha College News Sheet*에는 1934년 2월 8-9일에 공연한 것으로 나온다(*The Ewha College News Sheet* 6.3, 'Little Women', 1934.4.28.). 1934년 2월 공연은 1933학년도 학사일정(이화100년사, 178쪽, 181쪽 참고)으로 진행되었기에 1933년도로 정리했다.

3 '공작 부인'의 공연 연월은 1935년 1월이다(김갑순 엮음, 2000, 38쪽). '작은 아씨들'과 마찬가지로 당시 학사일정에 따라 1934년도로 정리했다.

<table>
<tr><th>연도</th><th colspan="2">작품</th><th>원작자</th><th>연출</th></tr>
<tr><td>1954</td><td colspan="2">Lady Windermere's Fan(레이디 윈더미어의 부채)</td><td>Oscar Wilde</td><td>김갑순</td></tr>
<tr><td>1955</td><td colspan="2">Father of the Bride(신부新婦의 아버지)</td><td>Caroline Francke</td><td>김갑순</td></tr>
<tr><td>1956</td><td colspan="2">The Admirable Crichton(감탄스러운 크라이튼)</td><td>James M. Barrie</td><td>김갑순</td></tr>
<tr><td>1957</td><td colspan="2">Our town(우리 마을)</td><td>Thornton Wilder</td><td>김갑순</td></tr>
<tr><td>1958</td><td colspan="2">Pride and Prejudice(오만과 편견)</td><td>Jane Austen 원작<br>Jane Kendall 각색</td><td>김갑순</td></tr>
<tr><td>1959</td><td colspan="2">Little Women(작은 아씨들)</td><td>Louisa M. Alcott</td><td>김갑순</td></tr>
<tr><td>1960</td><td colspan="2">Quality Street(퀄리티 스트리트)</td><td>James M. Barrie</td><td>김갑순</td></tr>
<tr><td>1961</td><td colspan="2">The Importance of Being Earnest(진지함의 중요성)</td><td>Oscar Wilde</td><td>김갑순</td></tr>
<tr><td rowspan="4">1962</td><td rowspan="4">Four Famous Scenes from Shakespeare (셰익스피어 극 중 4장면)</td><td>A. Romeo and Juliet(로미오와 줄리엣) 발코니 신</td><td>William Shakespeare</td><td>김갑순</td></tr>
<tr><td>B. Hamlet(햄릿) 왕비의 침실 장면</td><td>William Shakespeare</td><td>김갑순</td></tr>
<tr><td>C. The Taming of the Shrew(말괄량이 길들이기) 결혼식 직후 페트루키오의 집으로 가는 길</td><td>William Shakespeare</td><td>김갑순</td></tr>
<tr><td>D. The Merchant of Venice(베니스의 상인) 재판 장면</td><td>William Shakespeare</td><td>김갑순</td></tr>
<tr><td>1963</td><td colspan="2">You Can't Take It With You(저승까지 갖고 갈 수는 없어)</td><td>Moss Hart &<br>George Kaufman</td><td>김갑순</td></tr>
<tr><td>1964</td><td colspan="2">Stage Door(스테이지 도어)</td><td>Edna Ferber &<br>George Kaufman</td><td>김갑순</td></tr>
<tr><td>1965</td><td colspan="2">Craig's Wife(크레이그의 아내)</td><td>George Kelly</td><td>김갑순</td></tr>
<tr><td>1966</td><td colspan="2">The House of Bernarda Alba(베르나르다 알바의 집)</td><td>Garcia Lorca</td><td>김갑순</td></tr>
<tr><td rowspan="3">1967</td><td rowspan="3">Three Irish One-Act Plays (아일랜드 단막극 세 편)</td><td>A. Spreading the News(뉴스 퍼뜨리기)</td><td>Lady Gregory</td><td>김갑순</td></tr>
<tr><td>B. Riders to the Sea(바다로 가는 기사들)</td><td>John M. Synge</td><td>김갑순</td></tr>
<tr><td>C. The Land of Heart's Desire(마음의 고향)</td><td>William Butler Yeats</td><td>김갑순</td></tr>
<tr><td>1968</td><td colspan="2">The Dark at the Top of the Stairs (계단 위의 어둠)</td><td>William Inge</td><td>김갑순</td></tr>
<tr><td>1969</td><td colspan="2">Twelve Angry Women(열두 명의 성난 여인들)</td><td>Regnald Rose 원작<br>Sherman Sergel 번안</td><td>이경애</td></tr>
<tr><td>1970</td><td colspan="2">The Cradle Song(요람의 노래)</td><td>Martinez Sierra</td><td>Crane</td></tr>
<tr><td>1971</td><td colspan="2">Murder in the Cathedral(대사원大寺院 안의 살인 사건)</td><td>T. S. Eliot</td><td>김정옥</td></tr>
<tr><td>1972</td><td colspan="2">The Living Room(거실)</td><td>Graham Green</td><td>한상철</td></tr>
<tr><td>1973</td><td colspan="2">Twelfth Night(십이야)</td><td>William Shakespeare</td><td>김갑순</td></tr>
<tr><td>1974</td><td colspan="2">Barefoot in the Park(맨발로 공원에)</td><td>Neil Simon</td><td>한상철,<br>오태석</td></tr>
</table>

<table>
<tr><th>연도</th><th colspan="2">작품</th><th>원작자</th><th>연출</th></tr>
<tr><td>1976</td><td colspan="2">The Member of the Wedding(결혼식 참가자)</td><td>Carson McCullers</td><td>오태석, 김영걸[4]</td></tr>
<tr><td>1977</td><td colspan="2">Blithe Spirit(즐거운 요정)</td><td>Noel Coward</td><td>권경선</td></tr>
<tr><td>1978</td><td colspan="2">The Matchmaker(중매쟁이)</td><td>Thornton Wilder</td><td>오태석</td></tr>
<tr><td>1979</td><td colspan="2">Royal Gambit(헨리 8세와 그의 여인들)</td><td>Hermann Gressieker 원작<br>George White 번역</td><td>김정옥</td></tr>
<tr><td>1982</td><td colspan="2">Toys in the Attic(다락 속의 장난감)</td><td>Lillian Hellman</td><td>황재복</td></tr>
<tr><td rowspan="2">1983</td><td rowspan="2">Four Scenes from Shakespeare (셰익스피어 극 중 4장면)[5]</td><td>A. Hamlet(햄릿) 제3막 4장</td><td>William Shakespeare</td><td>윤정은 지도</td></tr>
<tr><td>B. As You Like It(뜻대로 하세요) 제4막 1장</td><td>William Shakespeare</td><td>나영균, 최영 지도</td></tr>
<tr><td>1983</td><td colspan="2">Riders to the Sea(바다로 가는 기사들)</td><td>John M. Synge</td><td>황석연</td></tr>
<tr><td>1983</td><td colspan="2">The Pot Boiler(돈만 아는 글쟁이)</td><td>Alice Gerstenberg</td><td>이정래</td></tr>
<tr><td>1984</td><td colspan="2">The Crucible(시련)</td><td>Arthur Miller</td><td>이정래</td></tr>
<tr><td>1985</td><td colspan="2">The Little Foxes(작은 여우들)</td><td>Lillian Hellman</td><td>양원경, 정윤경</td></tr>
<tr><td>1986</td><td colspan="2">The Tempest(태풍)</td><td>William Shakespeare</td><td>이정래, 김원</td></tr>
<tr><td>1987</td><td colspan="2">The Odd Couple(별난 커플)</td><td>Neil Simon</td><td>오경은</td></tr>
<tr><td>1988</td><td colspan="2">You Can’t Take It With You(저승까지 갖고 갈 수는 없어)</td><td>Moss Hart & George Kaufman</td><td>이정래, 홍유미</td></tr>
<tr><td rowspan="2">1989</td><td colspan="2">Richard II(리차드 II)</td><td>William Shakespeare</td><td>미상[6]</td></tr>
<tr><td colspan="2">The Unappeased(달래어지지 않은 혼들)</td><td>Kai Hong</td><td>손상희</td></tr>
<tr><td>1990</td><td colspan="2">The Creation of the World and Other Business(세계 창조 및 기타 일들)</td><td>Arthur Miller</td><td>김태연 [김승은]</td></tr>
<tr><td>1991</td><td colspan="2">Chain of Events(사건의 연쇄 고리)<br>– 원제: An Inspector Calls(한 경찰관의 방문)</td><td>John B. Priestly</td><td>오경은</td></tr>
<tr><td rowspan="2">1992</td><td colspan="2">Macbeth(맥베스)</td><td>William Shakespeare</td><td>김춘희, 오경은 지도</td></tr>
<tr><td colspan="2">Crimes of the Heart(마음의 범죄)</td><td>Beth Henley</td><td>최은영</td></tr>
</table>

4 김갑순(2000, 230쪽)은 '결혼식 참가자'의 공연 연도를 1975년으로 표기했으나, 1976년 영문과 연차보고서에는 1976년 11월 26~27일에 공연한 것으로 기록되어 있다.

5 이대학보, 영문과 영어연극 공연 셰익스피어의 4개 작품, 1983.4.4. 1983년 봄 교내에서 4학년생들로 구성된 네 개 팀이 셰익스피어의 희곡 중 '뜻대로 하세요', '한여름 밤의 꿈', '말괄량이 길들이기', '햄릿'을 각각 한 장(scene) 씩 10~15분간 공연했고, 그중 우수한 두 팀('햄릿'과 '뜻대로 하세요')이 한국셰익스피어학회 창립 20주년 기념 축제에 참가했다(김갑순 엮음, 2000, 258쪽).

6 춘계 영어연극 공연 '리차드 II'는 1989년 영문과 연차보고서에 공연 일시와 장소만 기록되어 있어서 연출자 등 상세 정보를 알 수 없다.

| 연도 | 작품 | 원작자 | 연출 |
|---|---|---|---|
| 1993 | Othello(오셀로) | William Shakespeare | 정민경 |
| 1993 | My Sister in This House(내 자매가 이 집안에) | Wendy Kesselman | 진미옥 |
| 1994 | Twelfth Night(십이야) | William Shakespeare | 황인선 |
| | Glass Menagerie(유리 동물원) | Tennessee Williams | 김지명 |
| 1996 | Lord Byron's Love Letter(바이런 경의 연애 편지) | Tennessee Williams | 김춘희 |
| 1997 | The Second Shepherd's Play(제2 목자극),<br>Wakefield Cycle(웨이크필드 사이클) 중에서 | Wakefield Master | 김춘희 |
| 1998 | The Tempest(태풍) | William Shakespeare | 이지원 |
| 1999 | The Taming of the Shrew(말괄량이 길들이기) | William Shakespeare | 김진아 |
| 2000 | A Midsummer Night's Dream(한여름 밤의 꿈) | William Shakespeare | 강태경 |
| 2001 | Twelfth Night(십이야) | William Shakespeare | 신소진 |
| 2002 | Endgame(게임의 끝) | Samuel Beckett | 박진아,<br>오김수희 |
| 2003 | The Maids(하녀들) | Jean Genet | Mark Lee |
| 2004 | La Bête(짐승) | David Hirson | 이보미 |
| 2005 | Choephori(제주를 바치는 여인들) | Aeschylus | Mark Lee |
| 2006 | The Odd Couple(별난 커플) | Neil Simon | 한혜정 |
| 2007 | The Miss Firecracker Contest(미스 불꽃놀이 경연대회) | Beth Henley | 김민정 |
| 2008 | By the Bog of Cats(고양이 늪에서) | Marina Carr | 선다영 |
| 2009 | As You Like It(좋으실 대로) | William Shakespeare | 이소희 |
| 2010 | 'mong: A Midsummer Night's Dream(몽) | William Shakespeare | 오김수희 |
| 2011 | The Comedy of Errors(실수희극) | William Shakespeare | 이상은 |
| 2012 | Hamlet(햄릿) | William Shakespeare | 이가연,<br>이수현,<br>이승은 |
| 2013 | Reckless Desires(무모한 욕망) | Susan Glaspell,<br>Eugene O'Neill | 김하야나,<br>김한샘 |
| 2014 | Romeo and Juliet(로미오와 줄리엣) | William Shakespeare | 정다은 |
| 2016 | The Clean House(깨끗한 집) | Sarah Ruhl | 오김수희 |
| 2017 | Dead Man's Cell Phone(죽은 자의 핸드폰) | Sarah Ruhl | 김지선,<br>김유영 |
| 2018 | Middletown(미들타운) | Will Eno | 강일화,<br>고경진,<br>조주영 |
| 2019 | Indecent(외설적인 것) | Paula Vogel | 신아영 |
| 2020 | The Wolves(울브스)<br>* 영상제작, 온라인 스트리밍 | Sarah Delappe | 안채은 |

| 연도 | 작품 | 원작자 | 연출 |
|---|---|---|---|
| 2021 | Uncommon Women and Others(여우들의 파티)<br>* 오디오 드라마, 온라인 스트리밍 | Wendy Wasserstein | 임지예,<br>한연주 |
| 2022 | Women in Congress(의회의 여인들)<br>* 무대 공연 촬영, 온라인 스트리밍 | Jules Tasca | 권나영 |
| 2023 | A Daughter's a Daughter(딸은 딸이다) | Agatha Christie | 김나은,<br>김민주 |
| 2024 | Orlando(올란도) | Sarah Ruhl | 안다빈 |
| 2025 | A Midsummer Night's Dream(한여름 밤의 꿈) | William Shakespeare | 안다빈,<br>오김수희<br>총괄<br>코디네이터:<br>강태경 |

# | 부록 6 | 졸업생의 사회 진출 현황

이 명단은 이화여자전문학교 문과 졸업생을 포함하여 지난 100년간 이화여자대학교 영어영문학부의 학·석·박사 동문들의 사회 진출 현황을 보여주는 자료이다. 이 자료는 1995년 이화여대 한국여성연구원이 발간한 『한국근대사회의 발전과 이화인의 역할』과 2004년 이화여자대학교와 이대동창회가 공동 발행한 『이대인명록 2004』를 참고하고,[1] 2023년 8월부터 2025년 2월까지 실시한 졸업생 설문조사를 통해 수집한 정보를 취합한 결과이다. 가능한 경우 본인의 확인을 거쳤으나 확인이 불가능한 경우 이전 정보를 그대로 실었으며, 자료 취합의 한계로 상당수가 누락되었을 것으로 추정된다. 목록에서 이름은 졸업 당시를 기준으로 하되, 이후 개명한 경우 개명 후 이름을 먼저 적고 이전 이름을 괄호 안에 표기했고 필명이나 외국어명도 괄호 안에 표기했다. 졸업연도는 본 학과의 학사학위 취득 연도를 기준으로 했으며, 타교 및 타과 학사의 경우 본 학과 석사 및 박사 학위 취득 연도를 기재했다(1962년과 1964년 졸업생의 경우 실제 졸업식은 각각 1961년 12월, 1963년 12월에 실시되었음). 여러 분야에서 근무한 경우 가장 대표적인 경력 분야로 분류했으며, 지면의 제약으로 모든 경력을 포함하지 못했다. 특히 명예교수 경력은 대학마다 제도가 상이하고 정확히 파악하기 어려운 점을 고려하여 기재하지 않았음을 밝힌다.

## 목차



1 이화여자대학교, 이화여자대학교 동창회 공편, 『이대인명록 2004』, 이화여자대학교, 2004; 『한국근대사회의 발전과 이화인의 역할』, 이화여자대학교 한국여성연구원, 1995.

## 1. 교육

### • 대학교육 및 학술

| 이름 | 졸업연도 | 대표 경력 |
|---|---|---|
| 김분옥 | 1927 | 전 이화여자대학교 가사과 교수 |
| 김매리 [김메례] | 1928 | 전 이화여자대학교 음악과 교수, 음악가, 대표작 <학교종> |
| 박마리아 | 1928 | 전 이화여자대학교 가사과 교수, 전 한림원 초대 원장, 문리대학장, 부총장 |
| 조현경 | 1928 | 전 이화여자대학교 사학과 교수, 전 배화여자고등학교 교장 |
| 임정덕 | 1929 | 전 삼육신학대학교 교수 |
| 최선화 | 1931 | 전 이화여자대학교 영어영문학과 교수, 전 비서학과 교수 |
| 계준태 | 1934 | 전 이화여자대학교 영어영문학과 교수 |
| 김갑순 | 1935 | 전 이화여자대학교 영어영문학과 교수, 전 문리대학장, 전 대한YWCA연합회 회장 |
| 김정옥 | 1936 | 전 이화여자대학교 교육학과 교수, 전 동구학원 이사장 |
| 박노경 | 1936 | 전 이하여자대학교 영어영문학과 교수, 여인소극장 설립자 |
| 유건숙 | 1936 | 전 이화여자대학교 영어영문학과 교수 |
| 장영숙 | 1936 | 전 이화여자대학교 영어영문학과 교수, 전 (미) U of Hawaii Manoa, East Asian Languages & Literatures 교수 |
| 홍복유 | 1936 | 전 이화여자대학교 영어영문학과 교수, 전 대한여학사협회 회장 |
| 민덕순 | 1938 | 전 이화여자대학교 성악과 교수 |
| 백란영 | 1938 | 전 인제대학교 자문교수 |
| 정충량 | 1939 | 전 이화여자대학교 신문방송학과 교수, 전 숙명여자고등학교 교장 |
| 이봉순 | 1940 | 전 이화여자대학교 도서관학과 교수, 전 도서관장 |
| 고옥남 | 1941 | 전 숙명여자대학교 영어영문학과 교수, 전 문과대학장 |
| 손경춘 | 1941 | 전 이화여자대학교 간호학과 교수 |
| 차재순 | 1941 | 전 이화여자대학교 교육학과, 외국어교육과 교수 |
| 최신덕 | 1942 | 전 이화여자대학교 사회학과 교수 |
| 김옥길 | 1943 | 전 이화여자대학교 기독교학과 교수, 제8대 총장, 전 이화학당 이사장, 전 문교부 장관 |
| 배만실 | 1943 | 전 이화여자대학교 장식미술과 교수, 대한민국미술전람회 초대작가 |
| 이혜숙 | 1943 | 전 이화여자대학교 영어영문학과 교수, 전 대학원장 |
| 이남덕 | 1943 수료 | 전 이화여자대학교 국어국문학과 교수 |
| 김선숙 | 1944 | 전 이화여자대학교 영어영문학과 교수 |
| 이숙례 | 1947 | 전 이화여자대학교 교육학과 교수, 전 교육대학원장 |
| 이효재 | 1947 수료 | 전 이화여자대학교 사회학과 교수, 전 한국여성단체연합 대표, 한국정신대문제대책협의회 공동대표 |
| 주후 | 1948 | 전 (미) Defense Language Institute 영어강사 |

| 이름 | 졸업연도 | 대표 경력 |
|---|---|---|
| 김정한 | 1949 | 전 이화여자대학교 교육학과 교수, 전 교육대학원장 |
| 나영균 | 1949 | 전 이화여자대학교 영어영문학과 교수, 전 한국영어영문학회 회장 |
| 문인숙 | 1949 | 전 이화여자대학교 사회사업학과 교수, 전 태화기독교사회관 관장 |
| 윤정옥 | 1949 | 전 이화여자대학교 영어영문학과 교수, 전 한국정신대문제대책협의회 공동대표 |
| 이춘란 | 1949 | 전 이화여자대학교 사학과 교수 |
| 최용선 | 1949 | 전 건국대학교 영어영문학과 교수 |
| 최윤애 | 1949 | 전 이화여자대학교 사회과교육과 교수 |
| 김세영 | 1950 | 전 이화여자대학교 영어영문학과 교수, 전 인문대학장, 전 현대영미드라마학회 회장 |
| 김연옥<br>[김옥자] | 1950 | 전 이화여자대학교 영어영문학과 교수, 전 언어실험실장 |
| 김영정 | 1950 | 전 이화여자대학교 사학과 교수, 전 국회의원(제12대), 전 정무제2장관 |
| 백형숙 | 1950 | 전 이화여자대학교 정치외교학과 교수 |
| 윤정은 | 1950 | 전 이화여자대학교 영어영문학과 교수, 전 한국셰익스피어학회 회장 |
| 이명흥 | 1950 | 전 이화여자대학교 사회사업학과 교수, 전 한국사회사업교육협의회 회장 |
| 이은경 | 1950 | 전 (미) Defense Language Institute 영어강사 |
| 정확실 | 1950 | 전 이화여자대학교 초등교육과 교수 |
| 조정자 | 1950 | 전 이화여자대학교 정치외교학과 교수 |
| 주동혜 | 1950 | 전 이화여자대학교 심리학과 교수 |
| 하수진 | 1950 | 전 (미) City U of New York 교수 |
| 하일성 | 1950 | 전 (미) Medgar Evers College 교수 |
| 김연순 | 1951 | 전 동아대학교 독어독문학과 객원교수 |
| 진인숙 | 1951 | 전 건국대학교 영어영문학과 교수 |
| 추국희 | 1951 | 전 이화여자대학교 특수교육과 교수, 초대 특수교육학과장 |
| 신동춘 | 1953 | 전 한양대학교 영어영문학과 교수 |
| 정의숙 | 1953 | 전 이화여자대학교 기독교학과 교수, 제9대 총장, 전 이화학당 이사장 |
| 조정호 | 1953 | 전 이화여자대학교 영어영문학과 교수, 전 학생처장, 전 한국근대영미소설학회 회장 |
| 김순희 | 1954 | 전 명지전문대학교 영어교육학과 교수 |
| 유연숙 | 1954 | 전 이화여자대학교 비서학과 교수, 한국비서협회 초대 회장 |
| 김승숙 | 1955 | 전 이화여자대학교 영어영문학과 교수, 전 언어실험실장, 전 이대학보 주간 |
| 김태옥 | 1955 | 전 서강대학교 영문학부 교수, 전 한국언어학회 회장, 전 담화인지문법연구회 회장 |
| 정용선 | 1955 | 전 이화여자대학교 도서관학과 교수 |
| 김형식 | 1956 | 전 이화여자대학교 비서학과 교수 |
| 박순함 | 1956 | 전 한국외국어대학교 영어과 교수 |
| 함선영 | 1956 | 전 이화여자대학교 비서학과 교수 |
| 곽경수 | 1957 | 전 충남대학교 영어영문학과 교수 |

| 이름 | 졸업연도 | 대표 경력 |
|---|---|---|
| 최경숙 | 1957 | 전 (미) Defense Language Institute 영어강사 |
| 방민자 | 1958 | 전 (미) U of Nebraska Kearney, Library Sciences 교수 |
| 손승희 | 1958 | 전 이화여자대학교 기독교학과 교수 |
| 신옥희 | 1958 | 전 이화여자대학교 철학과 교수, 전 인문대학장 |
| 김은경 | 1959 | 전 한국과학기술원 디지털인문사회과학부 교수 |
| 윤미덕 | 1959 | 전 성신여자대학교 영어영문학과 교수 |
| 조병옥 | 1959 | 전 국립공주대학교 불어불문학과 교수 |
| 강순경 | 1960 | 전 홍익대학교 영어영문학과 교수 |
| 김연옥 | 1960 | 전 한남대학교 영어영문학과 교수 |
| 노옥순 | 1960 | 전 이화여자대학교 문헌정보학과 교수, 사회과학대학장(초대), 전 중앙도서관장 |
| 민병희 | 1960 | 전 인하대학교 영어교육과 교수 |
| 서초순 | 1960 | 전 한남대학교 영어교육과 교수 |
| 유양순 | 1960 | 전 인하대학교 영어영문학과 교수 |
| 전재옥 | 1960 | 전 이화여자대학교 기독교학과 교수, 전 선교사(파키스탄) |
| 최은경 | 1960 | 전 덕성여자대학교 영어영문학과 교수 |
| 구자영 | 1961 | 전 이화여자대학교 문헌정보학과 교수, 전 인문대학장 |
| 김병주 | 1961 | 전 상명대학교 문헌정보학과 교수 |
| 박수연 | 1961 | 전 이화여자대학교 교육학과 교수 |
| 이옥주 | 1961 | 전 서울여자대학교 교육심리학과 교수 |
| 김애령 | 1962 | 전 숭실대학교 영어영문학과 교수 |
| 김자현 | 1962 | 전 (미) Columbia U, East Asian Languages & Cultures 교수 |
| 김종순 | 1962 | 전 포항공과대학교 영문학 교수 |
| 박동순 | 1962 | 전 동서대학교 총장, 현 학교법인 동서학원 이사장 |
| 정소영 | 1962 | 전 서울신학대학교 기독교교육과 교수 |
| 고영자 | 1963 | 전 이화여자대학교 영어영문학과 강사 |
| 권경수 | 1963 | 전 이화여자대학교 영어영문학과 교수, 전 대외협력처장, 전 한국예이츠학회 회장 |
| 김영기 | 1963 | 전 (미) George Washington U, East Asian Languages & Literatures 교수 |
| 김정매 | 1963 | 전 동국대학교 영어영문학부 교수, 전 한국아메리카학회 회장, 전 한국영미문학페미니즘학회 회장 |
| 남정자 | 1963 | 전 (미) Long Island U 교수 |
| 서애스더 | 1963 | 전 (미) Harvard U 교수 |
| 송혜숙 | 1963 | 전 서울예술전문대학 연극영화과 교수 |
| 유정은 | 1963 | 전 아주대학교 영어영문학과 교수, 전 한국영미문학페미니즘학회 회장 |
| 이경준 | 1963 | 전 선문대학교 총장 |
| 한용순 | 1963 | 전 (미) Columbia U, East Asian Languages & Cultures 교수 |

| 이름 | 졸업연도 | 대표 경력 |
|---|---|---|
| 고정자 | 1964 | 전 한성대학교 영어영문학부 교수 |
| 김영희 | 1964 | 전 (미) U of Hawaii Manoa, East Asian Languages & Literatures 교수, 전 한국학연구소장 |
| 김혜숙 | 1964 | 전 인하공업전문대학 관광과 교수 |
| 김화자 | 1964 | 전 (미) De Anza College, Korean Languages & Cultures 강사 |
| 박영숙 | 1964 | 전 (영) SOAS U of London, History of Art and Archaeology 교수 |
| 신숙원 | 1964 | 전 서강대학교 영문학부 교수, 전 한국아메리카학회 회장, 전 건양대학교 부총장, 현 법인이사 |
| 유종인 | 1964 | 전 한양대학교 영어영문학과 교수 |
| 홍준현 | 1964 | 전 연세대학교 보건행정학과 객원교수 |
| 김신자 | 1965 | 전 이화여자대학교 교육공학과 교수 |
| 김정숙 | 1965 | 전 홍익대학교 영어영문학과 교수, 전 한국근대영미소설학회 회장, 전 한국영미문학페미니즘학회 회장 |
| 김춘미 | 1965 | 전 고려대학교 일어일문학과 교수 |
| 오세아 | 1965 | 전 청주대학교 영어영문학과 교수, 소설가, 대표작『아홉번째 나무』 |
| 김선향 | 1966 | 전 경남대학교 영어영문학과 교수, 현 북한대학원대학교 이사장 |
| 김설자 | 1966 | 전 아주대학교 영어영문학과 교수, 전 한국근대영미소설학회 회장, 전 한국영미문학페미니즘학회 회장 |
| 윤정길 | 1966 | 전 성신여자대학교 영어영문학과 교수 |
| 윤화지 | 1966 | 전 한신대학교 영미문화학과 교수, 전 한국근대영미소설학회 회장 |
| 강숙자 | 1967 | 전 한국외국어대학교 강사 |
| 김경옥 | 1967 | 전 백석대학교 영어학과 교수 |
| 김숙현 | 1967 | 전 (미) U of Maryland, Journalism 교수, 전 한세대학교 신방과 교수 |
| 문영자 | 1967 | 전 (중) 연변과학기술대학 교수 |
| 서효자 | 1967 | 전 (미) Florida State U, Instructional Systems 연구교수 |
| 정문자 | 1967 | 전 연세대학교 아동가족학과 교수 |
| 최영 | 1967 | 전 이화여자대학교 영어영문학과 교수, 전 학생처장, 통역번역대학원장, 전 한국아메리카학회 회장 |
| 홍성욱 | 1967 | 전 숭의여자대학교 강사 |
| 김종숙 | 1968 | 전 수원대학교 교양교직과 교수 |
| 서숙 | 1968 | 전 이화여자대학교 영어영문학과 교수, 전 인문대학장 |
| 이원희 | 1968 | 전 홍익대학교 무역학과 교수 |
| 이율의 [이영희] | 1968 | 전 서울교육대학교 영어교육과 교수, 전 학생생활연구소장, 전 동덕학원 이사 |
| 김영신 | 1969 | 전 한남대학교 문헌정보학과 교수 |
| 서지문 | 1969 | 전 고려대학교 영어영문학과 교수, 전 한국아메리카학회 회장, 한국영미문학페미니즘학회 회장 |

| 이름 | 졸업연도 | 대표 경력 |
|---|---|---|
| 이영옥 | 1969 | 전 성균관대학교 영어영문학과 교수, 전 한국영어영문학회 회장, 전 한국영미문학페미니즘학회 회장 |
| 이월지 | 1969 | 전 한양대학교 영어영문학과 교수 |
| 이해영 | 1969 | 전 상명대학교 영미어문학과 교수 |
| 정희선 | 1969 | 전 덕성여자대학교 경영학부 교수, 전 부총장, 사진작가 |
| 최은주 | 1969 | 전 경기대학교 문헌정보학과 교수, 전 인문대학장, 전 대통령 소속 도서관정보정책위원회 위원장 |
| 김경님 | 1970 | 전 목포대학교 영문과 교수 |
| 오경심 | 1970 | 전 강원대학교 영어영문학 교수, 전 한국고전르네상스영문학회 회장 |
| 이경숙 | 1970 | 전 이화여자대학교 기독교학과 교수, 전 학사부총장 |
| 이후지 | 1970 | 전 상명대학교 영어교육과 교수 |
| 최선열 | 1970 | 전 이화여자대학교 언론홍보영상학부 교수, 전 학생처장, 사회과학대학장 |
| 김한 | 1971 | 전 동국대학교 영어영문학부 교수 |
| 이상화 | 1971 | 전 이화여자대학교 철학과 교수, 전 학생처장 |
| 이희원 | 1971 | 전 마산대학교 국제통역학부 교수, 전 국제어학센터장 |
| 장휘숙 | 1971 | 전 충남대학교 심리학과 교수, 전 한국심리학회 이사 |
| 전승혜 | 1971 | 전 공군사관학교 영어과 교수 |
| 김경자 | 1972 | 전 이화여자대학교 초등교육과 교수 |
| 김경희B | 1972 | 전 전주대학교 국어교육과 교수, 전 경기개혁신학원 강사 |
| 방희정 | 1972 | 전 이화여자대학교 심리학과 교수 |
| 서옥규 | 1972 | 전 한양대학교 교수, 전 서울여자대학교 교수 |
| 심정순 | 1972 | 전 숭실대학교 영어영문학과 교수, 전 (독) 베를린자유대학교 초빙교수, 전 한국연극학회 회장 |
| 이종숙 | 1972 | 전 덕성여자대학교 심리학과 교수 |
| 장선 | 1972 | 전 숭실대학교 베어드교양대학 교수, 현 인춘재단 이사장 |
| 장옥경 | 1972 | 전 한성대학교 교수, 전 항공대학교 교수 |
| 한영희 | 1972 | 전 단국대학교 영어영문학과 교수, 전 (사)행가래 대표 |
| 배영애 | 1973 | 전 영어과 교수 |
| 서승진 | 1973 | 현 한림국제대학원 원장, 한림성심대학교 학장, 컨벤션전시산업연구원장, 전 통역사(대통령수행) |
| 엄정희 | 1973 | 전 서울사이버대학교 가족코칭상담학과 대우교수, 전 도서출판 북쌔즈 대표 |
| 허준옥 | 1973 | 전 (미) U of Northern Colorado Greeley, English 교수, 학과장 |
| 이도경 [이영숙] | 1974 | 전 울산대학교 영어영문학과 교수 |
| 이영옥 | 1974 | 전 경희대학교 문화관광콘텐츠학과 교수 |
| 장필화 | 1974 | 전 이화여자대학교 여성학과 교수, 전 대학원장, 전 아시아여성학회장, 현 한국여성재단 이사장 |

| 이름 | 졸업연도 | 대표 경력 |
|---|---|---|
| 정덕애 | 1974 | 전 이화여자대학교 영어영문학부 교수, 전 인문대학장, 대학원장, 전 한국중세르네상스영문학회 회장 |
| 정혜신 | 1974 | 전 서울대학교 서양고전학과 교수 |
| 한은구 | 1974 | 전 대림대학교 항공서비스과 교수 |
| 강권순 | 1975 | 전 인하공업전문대학 항공운항과 교수 |
| 권혁경 | 1975 | 전 안산대학교 관광영어과 교수 |
| 김미숙 | 1975 | 전 청주대학교 사회학과 교수 |
| 김영희 | 1975 | 전 대학 교수 |
| 문순표 | 1975 | 전 전주대학교 영어영문학과 교수 |
| 신영순 | 1975 | 전 고신대학교 기독교교육학과 교수 |
| 유정 | 1975 | 전 이화여자대학교 언어교육원 교수 |
| 강남기 | 1976 | 현 (미) U of Texas Austin, Social Work 교수 |
| 김명순 | 1976 | 전 동국대학교 언어교육원 한국어과장 |
| 김정희 | 1976 | 전 홍익대학교 교육대학원 교수 |
| 김혜숙 | 1976 | 전 이화여자대학교 철학과 교수, 스크랜튼대학장, 제16대 총장 |
| 김희자 | 1976 | 전 총신대학교 기독교교육과 교수, 전 부총장, 전 한국기독교교육정보학회 회장 |
| 서정애 | 1976 | 전 아주대학교 기초교육대학 강사 |
| 오정화 | 1976 | 전 이화여자대학교 영어영문학부 교수, 전 인문대학장, 대학원장, 현 이화학당 이사 |
| 이경후 | 1976 | 전 이화여자대학교 교육학과 강사 |
| 이두래 | 1976 | 전 경기대학교 사회교육원 강사, 전 자연치유대학 강사 |
| 전경희 | 1976 | 전 한국예술종합학교 미술사학 강사 |
| 전수용 | 1976 | 전 이화여자대학교 영어영문학부 교수, 전 한국영어영문학회 회장, 현 한국문학번역원장 |
| 정영희 | 1976 | 전 고려대학교 영어영문학과 강사 |
| 조문현 | 1976 | 전 공주교육대학교 교육학과 교수, 전 교육대학원장 |
| 홍영주 | 1976 | 전 이화여자대학교 교양영어 교수 |
| 강금진 | 1977 | 전 배재대학교 외국어교실 책임강사, 전 KAIST 어학센터 강사 |
| 김미량 | 1977 | 전 경인여자대학교 관광외국어학과 교수, 전 국제처장, 현 ISO 국제인증 심사위원 |
| 마송희 | 1977 | 전 한국침례신학대학교 유아교육과 교수 |
| 민경숙 | 1977 | 전 용인대학교 영어과 교수 |
| 오세란 | 1977 | 전 서울기독대학교 사회복지학과 교수 |
| 이경숙 | 1977 | 전 서울대학교 언어교육원 선임연구원 |
| 이인방 | 1977 | 전 대학 영어 강사 |
| 이인영 | 1977 | 전 서울대학교 노어노문학과 교수 |
| 이화연 | 1977 | 전 명지대학교 영어영문학과 교수, 전 언어교육원 원장 |

| 이름 | 졸업연도 | 대표 경력 |
|---|---|---|
| 임영희 | 1977 | 전 우송대학교 강사 |
| 장빈 | 1977 | 전 (미) U of Maryland Asia, Accounting 교수 |
| 정혜경 | 1977 | 전 이화여자대학교, 협성대학교 보건교육과 강사 |
| 최성은 | 1977 | 전 덕성여자대학교 미술사학과 교수, 현 서울특별시 문화재위원 |
| 강인선 | 1978 | 현 홍익대학교 경영학과 초빙교수 |
| 김옥례 | 1978 | 전 국립한국교통대학교 철도경영물류학과 교수 |
| 김춘희 | 1978 | 현 서울대학교 미국학연구소 연구원, 전 성균관대 초빙교수, 연극평론가, 한국헨리제임스학회장 |
| 송미영 | 1978 | 전 동덕여자대학교 독일어과 교수 |
| 양희경 | 1978 | 전 동덕여자대학교 강사 |
| 조기정 | 1978 | 전 경기대학교 언어교육원 부원장, 전 단국대학교 영문과 강사, 전 범은장학재단 이사 |
| 주경희 | 1978 | 전 신한대학교 교양교육원 영문학 교수 |
| 진미경 | 1978 | 전 아주대학교 정치외교학과 교수, 현 외국어대 초빙교수, 전 한국정치학회 부회장 |
| 한은원 | 1978 | 전 이화여자대학교 교양영어실 강사 |
| 허정자 | 1978 | 전 한국외국어대학교 영어과 강사, 전 상명대학교 영어교육과 강사 |
| 곽영옥 | 1979 | 전 (미) U of Washington, Education 연구전담교수, 전 행정안전부 연수원 주임교수 |
| 김혜례 | 1979 | 전 가톨릭꽃동네대학교 사회복지학과 교수 |
| 박은숙 | 1979 | 전 강서대학교 사회복지대학원 교수, 전 대학원장, 전 경제인문사회연구회 이사 |
| 송희심 | 1979 | 전 서경대학교 글로벌비즈니스어학부 영어전공 교수 |
| 신선희 | 1979 | 전 장안대학교 문예창작과 교수 |
| 여명자 | 1979 | 전 이화여자대학교 언어교육원 강사 |
| 우미화 | 1979 | 전 인제대학교 영어영문학과 강사 |
| 유은 | 1979 | 전 이화여자대학교 교양영어실 강사, 안산대학교 시간강사 |
| 유인선 | 1979 | 전 서울과학기술대학교 어학원 강사 |
| 이명신 | 1979 | 전 경상대학교 사회복지학부 교수, 전 한국가족사회복지학회 회장 |
| 이희원 | 1979 | 전 서울과학기술대학교 영어영문학과 교수, 전 인문사회대학장, 전 한국영미문학페미니즘학회 회장 |
| 정경숙 | 1979 | 전 인천가톨릭대학교 종교미술학부 교수, 핀터페스티벌 주관, 현 갤러리정 대표 |
| 조석희 | 1979 | 현 (미) St. John's U, Education 교수, 영재교육센터장 |
| 조연하 | 1979 | 전 이화여자대학교 언론홍보영상학부 교수 |
| 최석란 | 1979 | 전 서울여자대학교 아동학과 교수, 전 외국어교육원 원장, 미래교육단장 |
| 최영애 | 1979 | 전 한국예술종합학교 연극원 교수 |
| 최인순 | 1979 | 전 서경대학교 글로벌비즈니스어학부 영어전공 교수 |
| 최현미 | 1979 | 전 평택대학교 사회복지학부 교수, 전 한국가족사회복지학회 회장 |
| 태혜숙 | 1979 | 전 대구효성카톨릭대학교 영어영문학과 교수 |

| 이름 | 졸업연도 | 대표 경력 |
|---|---|---|
| 허현숙 | 1979 | 전 건국대학교 영어영문학과 교수, 전 한국예이츠학회 회장 |
| 홍성숙 | 1979 | 전 청주대학교 영어영문학과 교수 |
| 김명숙 | 1980 | 전 상지대학교 교양과 교수 |
| 김순식 | 1980 | 전 명지대학교 영어영문학과 교수 |
| 김은미 | 1980 | 전 호남대학교 교수 |
| 김은실 | 1980 | 전 이화여자대학교 여성학과 교수, 전 사회과학대학장, 전 아시아여성학회장 |
| 김인성 | 1980 | 현 (영) SOAS U of London, History of Art 연구교수 |
| 박동숙 | 1980 | 전 이화여자대학교 커뮤니케이션·미디어학부 교수, 전 사회대학장, 전 한국여성커뮤니케이션학회장 |
| 박미영 | 1980 | 전 천안대학교 국문과 교수 |
| 신혜님 | 1980 | 전 충남대학교 어학연구소 강사 |
| 안인해 | 1980 | 전 고려대학교 국제대학원 교수, 현 (중) 인민대학 특임교수 |
| 유주현 | 1980 | 전 고려대학교 강사 |
| 이귀옥 | 1980 | 전 대구미래대학교 호텔관광과 교수, 전 Seagate Tech. Inc. 영업부장 |
| 이다미 | 1980 | 전 한양대학교 영미언어문화학과 교수, 전 이중언어학회 회장 |
| 이영림 | 1980 | 전 수원대학교 사학과 교수 |
| 이은주 | 1980 | 전 꽃동네대학교 사회복지학 교수 |
| 이인숙 | 1980 | 전 한양여자대학교 영어과 교수 |
| 정은경 | 1980 | 전 경희대학교 국제캠퍼스 후마니타스칼리지 교수 |
| 최경애 | 1980 | 전 목원대학교 영어학과 교수 |
| 최윤미 | 1980 | 전 강원대학교 학생생활원 교수 |
| 한애경 | 1980 | 전 한국기술교육대학교 교양학부 교수, 현 에이케이 대표, 한낙원과학소설상 운영위원 |
| 한은원 | 1980 | 전 서울여자대학교 강사 |
| 황인교 | 1980 | 전 연세대학교 언어교육원 교수 |
| 강영옥 | 1981 | 전 가톨릭대학교 선임연구원 |
| 김경옥 | 1981 | 전 한국외국어대학교 체코슬로바키아학과 강사 |
| 김명숙 | 1981 | 전 숭실대학교 영어영문학과 교수, 인문대학장, 전 한국영어학학회 회장 |
| 김연희 | 1981 | 전 대구대학교 사회복지학과 교수 |
| 김정희 | 1981 | 전 백석예술대학교 관광학부 교수 |
| 김진옥 | 1981 | 전 국립한밭대학교 영어영문학과 교수, 전 도서관장 |
| 나임순 | 1981 | 전 가톨릭대학교 강사, 전 숭실대학교 강사 |
| 박은순 | 1981 | 전 덕성여자대학교 미술사학 교수, 현 국가유산청 유산위원회 동산분과 위원 |
| 박정오 | 1981 | 전 명지대학교 영어과 교수 |
| 서혜석 | 1981 | 전 전남대학교 강사 |
| 심미현 | 1981 | 전 경성대학교 영어영문학과 교수 |

| 이름 | 졸업연도 | 대표 경력 |
|---|---|---|
| 양영휴 | 1981 | 전 한양여자대학교 스마트IT과 교수 |
| 양현미 | 1981 | 전 중부대학교 항공서비스학과 교수, 전 교무처장, 전 충남여성포럼 대표 |
| 오미라 | 1981 | 전 전남대학교 영어영문학과 교수, 전 언어교육원장, 전 한국음운론학회 회장 |
| 윤태연 | 1981 | 전 아주대학교, 가천대학교 교양영어학부 강사, 현 도봉문화원 영어회화 강사 |
| 윤혜미 | 1981 | 전 충북대학교 아동복지학과 교수, 전 아동권리보장원 원장(초대), 전 한국아동복지학회 회장 |
| 이정원 | 1981 | 전 서울사이버대학교 군경상담학과 교수, 전 서울사이버대학교 부총장 |
| 이혜문 | 1981 | 전 성균관대학교 영어영문학과 교수, 전 한국응용언어학회 회장 |
| 이혜원 | 1981 | 전 성공회대학교 사회복지학과 교수 |
| 조윤경 | 1981 | 전 한국성서대학교 교수, 전 이화여자대학교 특수교육연구원 연구원 |
| 탁수연 | 1981 | 전 (미) U of Texas Austin 강사 |
| 한영림 | 1981 | 전 경북대학교 영어영문학과 교수 |
| 한혜경 | 1981 | 전 명지전문대학교 문예창작과 교수, 현 수필문우회, 한국산문 이사 |
| 강명옥 | 1982 | 전 서울시립대학교 국제개발협력학 겸임교수, 현 한국국제개발연구소 대표 |
| 강숙희 | 1982 | 전 가톨릭대학교 영문과 교수 |
| 김명소 | 1982 | 전 호서대학교 산업심리학과 교수 |
| 김미경 | 1982 | 전 대덕대학교 교양과 교수, 『대한민국대표브랜드 한글』 저자 |
| 김부자 | 1982 | 현 서울기독대학교 글로벌휴먼경영 영어학 교수 |
| 김윤희 | 1982 | 전 횃불트리니티신학대학원대학교 제6대 총장, 현 Faith & Work Institute Asia 대표 |
| 김은경 | 1982 | 전 청강문화산업대학교 미디어영어과 교수 |
| 박경빈 [박정옥] | 1982 | 전 가천대학교 유아교육학과 교수 |
| 박영란 | 1982 | 전 강서대학교 G2빅데이터경영학과 교수 |
| 변귀연 | 1982 | 전 호남대학교 사회복지학과 교수 |
| 송민종 | 1982 | 전 성결대학교 파이데이아 교양교육학부 교수 |
| 양옥경 | 1982 | 전 이화여자대학교 사회복지학과 교수, 전 사회복지대학원장, 전 한국사회복지학회 회장 |
| 오현아 | 1982 | 전 한양대학교 교육공학과 겸임교수 |
| 이경란 | 1982 | 전 이화여자대학교 이화인문과학원 연구교수, 현 의료인문학연구소 연구위원장 |
| 이보림 | 1982 | 전 원광대학교 영어영문학과 교수 |
| 이지현 | 1982 | 전 건국대학교 사범대학 교직과 교수 |
| 홍미영 | 1982 | 현 홍익대학교 교육학과 교수 |
| 홍순혜 | 1982 | 전 서울여자대학교 사회복지학과 교수, 전 학교사회복지학회 회장 |
| 홍영예 | 1982 | 현 이화여자대학교 호크마교양대학 글로벌소통교육실 교수 |
| 황순진 | 1982 | 전 목원대학교 영어학과 강사 |

| 이름 | 졸업연도 | 대표 경력 |
|---|---|---|
| 김경미 | 1983 | 전 이화여자대학교 강사 |
| 김순원 | 1983 | 현 가천대학교 영미어문학과 교수, 전 한국18세기영문학회 회장 |
| 김화경 | 1983 | 현 제주국제대학교 융합경영학부 교수 |
| 박선미 | 1983 | 전 서강대학교 한국어교육원 교수 |
| 서문숙 | 1983 | 현 서로사랑복지센터 대표, 전 경희대학교 공공대학원 사회복지과 강사 |
| 이명선 | 1983 | 전 인하대학교 영어영문학과 강사 |
| 이여봉 | 1983 | 현 강남대학교 교양학부 교수 |
| 이유미 | 1983 | 전 한양대학교 국제교육원 한국어과정 교수 |
| 이현주 | 1983 | 현 감리교신학대학교 교양영어 교수, 전 기획처장, 학생경건처장 |
| 전혜숙 | 1983 | 현 이화여자대학교 이화인문과학원, 포스트휴먼융합인문학협동과정 교수 |
| 최경희 | 1983 | 전 연세대학교 영어영문학과 강사 |
| 고광미 | 1984 | 현 (미) Towson U, Mass Communication 교수 |
| 김명희 | 1984 | 전 한양대학교 영미언어문화학과 교수, 전 담화인지언어학회 회장 |
| 김소임 | 1984 | 현 건국대학교 글로컬캠퍼스 영어문화학과 교수 |
| 김영숙 | 1984 | 현 총신대학교 영어교육과 교수, 전 교무처장, 입학인재개발처장 |
| 김희선 | 1984 | 현 성결대학교 영어영문학과 교수, 전 인문대학장 |
| 박은주 | 1984 | 현 경민대학교 유아교육과 교수, 현 경민대학교 부설유치원 원장 |
| 백은희 | 1984 | 현 국립공주대학교 특수교육학과 교수, 현 한국긍정적행동지원협회 협회장 |
| 서영윤 | 1984 | 현 한성대학교 인문학부 교수 |
| 송수호 | 1984 | 현 (미) U of Wisconsin Milwaukee, Korean Program 교수 |
| 심수옥 | 1984 | 현 성균관대학교 경영대학 교수, 전 삼성전자 글로벌 마케팅실 부사장 |
| 이소영 | 1984 | 현 호서대학교 정보경영학과 교수 |
| 이영음 | 1984 | 현 한국방송통신대학교 미디어영상학과 교수 |
| 이종연 | 1984 | 현 건국대학교 교육공학과 교수 |
| 이혜련 | 1984 | 현 (미) U of Hawaii, Communication & Information 교수, 전 Arts & Humanities 부학장 |
| 임진희 | 1984 | 현 남서울대학교 영어과 교수 |
| 정다미 | 1984 | 현 명지대학교 경영학부 교수, 현 경영대학장, 경영대학원장 |
| 최용미 | 1984 | 전 이화여자대학교 강사 |
| 강지연 | 1985 | 전 대학 영어 강사 |
| 김세향 | 1985 | 전 대학 영어 강사 |
| 김화인 | 1985 | 전 성균관대학교 강사, 현 종합예술고등학교 무용원 강사 |
| 박희원 | 1985 | 전 대학 영어 강사 |
| 배소영 | 1985 | 현 한림대학교 언어청각학부 교수 |
| 양정혜 | 1985 | 현 계명대학교 미디어영상학부 교수 |

| 이름 | 졸업연도 | 대표 경력 |
|---|---|---|
| 유정화 | 1985 | 현 목원대학교 금융경제학과 교수 |
| 윤영은 | 1985 | 현 이화여자대학교 영어영문학부 교수 |
| 이승은 | 1985 | 현 가천대학교 영미어문학과 교수 |
| 이승재 | 1985 | 현 경희대학교 호텔관광대학 Hospitality 경영학과 교수 |
| 장영숙 | 1985 | 현 경인교육대학교 유아교육과 교수 |
| 조정아 | 1985 | 전 이화여자대학교 교육학 강사 |
| 김영미 | 1986 | 현 경인여자대학교 간호학과 교수, 국제교류원 글로벌커리어센터 센터장 |
| 민봉순 | 1986 | 전 대학 강사 |
| 민진영 | 1986 | 현 안산대학교 항공관광학과 교수 |
| 민혜숙 | 1986 | 전 이화여자대학교 호크마교양대학 글로벌소통교육실 교수 |
| 손선영 | 1986 | 현 (중) 연변과학기술대학 교수 |
| 이선주 | 1986 | 현 이화여자대학교 이화인문과학원 HK연구교수 |
| 임은경 | 1986 | 현 대전대학교 경영대학 비즈니스영어과 교수 |
| 임혜정 | 1986 | 현 한국외국어대학교 영어교육과 교수, 현 BC Collegiate 이사 |
| 한경애 | 1986 | 현 극동정보대학교 겸임교수 |
| 홍유미 | 1986 | 현 명지대학교 방목기초교육대학 교수 |
| 김은경 | 1987 | 현 한국과학기술원 디지털인문사회과학부 교수 |
| 김지연 | 1987 | 전 대학 강사 |
| 박소원 | 1987 | 현 (미) U of California Santa Barbara, English 교수 |
| 박수영 | 1987 | 전 경기대학교 영어영문학부 강사 |
| 백미현 | 1987 | 현 충남대학교 영어영문학과 교수 |
| 신지영 | 1987 | 전 대학 강사 |
| 양원경 | 1987 | 전 서울여자대학교 교양학부 교수 |
| 이은경 | 1987 | 현 명지대학교 청소년지도학과 교수 |
| 정윤경 | 1987 | 현 순천향대학교 미디어커뮤니케이션학과 교수 |
| 채서영 | 1987 | 현 서강대학교 영문학부 교수 |
| 강민아 | 1988 | 현 이화여자대학교 행정학과 교수, 전 감사원장 대리, 전 국제개발협력학회장 |
| 곽진영 | 1988 | 현 건국대학교 정치외교학과 교수, 현 교학부총장, 전 국민권익위원회 부위원장 |
| 김수연 | 1988 | 현 세종대학교 영어데이터융합학과 교수 |
| 박현수 | 1988 | 현 서울외국어대학원대학교 교수 |
| 이신화 | 1988 | 현 고려대학교 정치외교학과 교수, 통일융합연구원장, 정부업무평가위원회 위원, 전 북한인권대사 |
| 이혜원 | 1988 | 현 숭실대학교 교양학부 겸임교수 |
| 최성희 | 1988 | 현 이화여자대학교 영어영문학부 교수, 전 학생처장, 전 한국영미문학교육학회 회장 |
| 황미정 | 1988 | 전 대학 강사 |

| 이름 | 졸업연도 | 대표 경력 |
|---|---|---|
| 박경난 | 1989 | 전 이화여자대학교 국제처 특임교수, 현 이화 모자이크 지도교수 |
| 박미옥 | 1989 | 현 (미) George Washington U, East Asian Languages & Literatures 교수 |
| 원귀정 | 1989 | 현 (베트남) Hutech 대학교 부원장, 전 이랜드그룹 사업본부장 |
| 이난아 | 1989 | 전 대학 강사 |
| 이무경 | 1989 | 현 건국대학교 문화콘텐츠학과 겸임교수, 전 경향신문 기자 |
| 이시은 | 1989 | 현 (미) Middlebury Institute of International Studies, 통번역학과 교수 |
| 이윤재 | 1989 | 현 상명대학교 공간환경학부 교수 |
| 이인경 | 1989 | 전 이화여자대학교 강사 |
| 이혜지 | 1989 | 현 수원과학대학교 항공관광과 교수 |
| 전제아 | 1989 | 현 이화여자대학교 교육학과 특임교수 |
| 최인영 | 1989 | 현 가톨릭대학교 의과대학 의료정보학교실 교수, 정보융합진흥원 부원장 |
| 최혜원 | 1989 | 현 이화여자대학교 영어영문학부 교수, 전 (미) SUNY Buffalo 교수 |
| 한정혜 | 1989 | 현 (캐) Simon Fraser U, Linguistics 교수 |
| 허정원 | 1989 | 현 영산대학교 항공관광학과 교수 |
| 김민정 | 1990 | 현 이화여자대학교 영어영문학부 교수 |
| 문혜원 | 1990 | 전 이화여자대학교 호크마교양대학 글로벌소통교육실 초빙교수 |
| 박성희 | 1990 | 현 한국공학대학교 생명화학공학과 교육전담교수 |
| 박인희 | 1990 | 현 이화여자대학교 기독교학과 강사, 현 이화여자대학교 대학교회 목사 |
| 박현순 | 1990 | 현 성균관대학교 미디어커뮤니케이션학과 교수 |
| 배경진 | 1990 | 현 호서대학교 영어영문학과 교수 |
| 오은진 | 1990 | 현 이화여자대학교 영어영문학부 교수 |
| 우은주 | 1990 | 전 세종대학교 영어영문학과 초빙교수, 전 (미) UC Berkeley English 방문연구원 |
| 이문정 | 1990 | 현 호서대학교 유아교육과 교수 |
| 이상민 | 1990 | 현 경희대학교 전자정보대학 메타버스학과 교수 |
| 김은령 | 1991 | 전 경동대학교 경호경찰학부 영어강사 |
| 부경숙 | 1991 | 현 서강대학교 영문학부 교수 |
| 서은경 | 1991 | 현 (미) U of Minnesota Twin Cities, Design 교수 |
| 이규은 | 1991 | 현 (미) City U of New York, Philosophy 교수 |
| 이상미 | 1991 | 전 서울여자대학교 교양영어실 겸임교수 |
| 이소영 | 1991 | 현 이화여자대학교 호크마교양대학 글로벌소통교육실 교수 |
| 이승아 | 1991 | 현 이화여자대학교 영어영문학부 교수 |
| 이영주 | 1991 | 현 서울과학기술대학교 IT정책전문대학원 융합미디어콘텐츠정책전공 교수 |
| 이현복 | 1991 | 전 이화여자대학교 호크마교양대학 글로벌소통교육실 강사 |
| 정은영 | 1991 | 현 한국교원대학교 미술교육과 교수 |

| 이름 | 졸업연도 | 대표 경력 |
|---|---|---|
| 조성은 | 1991 | 현 영남대학교 영어교육과 교수, 사범대 학장, 교육대학원장, 전 전국사립사범대학장 협의회 회장 |
| 현지연 | 1991 | 현 백석대학교 어문학부 교수 |
| 강효영 | 1992 | 현 수원과학대학교 항공관광과 교수 |
| 김혜경 | 1992 | 현 한국공학대학교 전자공학부 교수, 전 1단계 BK21 이화-서강 언어학 교육연구단 연구원 |
| 손은정 | 1992 | 현 계명대학교 사회과학대학 심리학과 교수 |
| 장나영 | 1992 | 전 이화여자대학교 영어영문학부 강사 |
| 황필아 | 1992 | 현 경인교육대학교 영어교육과 교수 |
| 김정수 | 1993 | 현 (미) New York U 교수 |
| 안영란 | 1993 | 현 강서대학교 G2빅데이터경영학과 교수, 교무처장 |
| 옥정 | 1993 | 현 서울사이버대학교 특수심리치료학과 교수 |
| 한진이 | 1993 | 현 제주대학교 국제교류처 초빙교수 |
| 김기현 | 1994 | 현 성균관대학교 사회복지학과 교수, 현 한국아동복지학회장 |
| 김은령 | 1994 | 전 이화여자대학교 이화인문과학원 HK연구교수, 현 (주)웨스트문, 비주얼인피니티 이사 |
| 김정기 | 1994 | 현 (미) U of Southern California, Gerontology 연구 부교수 |
| 김희진 | 1994 | 현 명지대학교 방목기초교육대학 교수 |
| 이재희 | 1994 | 현 (캐) U of Victoria, Social Work 교수 |
| 이주은 | 1994 | 현 숭실대학교 영어영문학과 교수 |
| 이형숙 | 1994 | 현 이화여자대학교 영어영문학부 교수 |
| 정혜승 | 1994 | 현 (미) Colorado State U, Communication Studies 교수 |
| 김희성 | 1995 | 현 서울여자대학교 교양대학 교수 |
| 송은주 | 1995 | 현 이화여자대학교 이화인문과학원 학술연구 교수 |
| 윤현선 | 1995 | 현 (영) City U of London, Media and Communications 교수 |
| 전하영 [전양선] | 1995 | 현 호서대학교 창의교양학부 교수 |
| 최윤정 | 1995 | 현 이화여자대학교 커뮤니케이션·미디어학부 교수 |
| 김서연 | 1996 | 현 이화여자대학교 국제교육원 연구원 |
| 김수연 | 1996 | 전 이화여자대학교 호크마교양대학 글로벌소통교육실 및 영어영문학과 강사 |
| 박정화 | 1996 | 전 국립한밭대학교 노마드칼리지 강사 |
| 박현경 | 1997 | 현 남서울대학교 교양대학 교수 |
| 홍은미 | 1997 | 현 이화여자대학교 영어교육과 강사 |
| 성정혜 | 1998 | 현 이화여자대학교 호크마교양대학 글로벌소통교육실 강사 |
| 유희진 | 1998 | 전 고려대학교 법무대학원 국제통상법 강사 |
| 정영진 | 1998 | 현 이화여자대학교 영어영문학부 교수 |

| 이름 | 졸업연도 | 대표 경력 |
|---|---|---|
| 조혜선 | 1998 | 현 단국대학교 교육대학원 교수 |
| 채희숙 | 1998 | 현 충남대학교 영어영문학과 강사 |
| 최문정 | 1998 | 현 고려대학교 국제대학원 강사 |
| 김수완 | 1999 | 현 (미) Brooklyn College, English 교수 |
| 류혜원 | 1999 | 현 고려대학교 교양교육원 공통교양교과 초빙교수 |
| 민자영 | 1999 | 현 이화여자대학교 호크마교양대학 글로벌소통교육실 강사 |
| 박수연 | 1999 | 현 세종사이버대학교 한국어학과 교수 |
| 최다혜 | 1999 | 현 (미) U of South Alabama, Speech Pathology and Audiology 교수 |
| 황수경 | 1999 | 현 이화여자대학교 영어영문학부 교수 |
| 강수진 | 2000 | 현 이화여자대학교 디자인학부 교수, 전 삼성전자 수석 디자이너 |
| 김아영 | 2000 | 현 (미) U of Wisconsin Madison, WIDA 연구원 |
| 김윤지 | 2000 | 현 이화여자대학교 호크마교양대학 글로벌소통교육실 교수 |
| 김훈희 | 2000 | 전 대림대학교 강사 |
| 오혜진 | 2000 | 현 이화여자대학교 호크마교양대학 글로벌소통교육실 강사 |
| 정다운 | 2000 | 현 이화여자대학교 호크마교양대학 글로벌소통교육실 강사 |
| 한유경 | 2000 | 현 이화여자대학교 호크마교양대학 글로벌소통교육실 교수 |
| 김소연 | 2001 | 전 국민대학교 영어영문학부 강사 |
| 이선정 | 2001 | 현 국립한밭대학교 인문교양학부 교수 |
| 이지원 | 2001 | 전 이화여자대학교 호크마교양대학 글로벌소통교육실 강사 |
| 홍정민 | 2001 | 현 동국대학교 영어영문학부 영어통번역학 교수, 전 블룸버그 뉴스 기자 |
| 고근영 | 2002 | 현 이화여자대학교 호크마교양대학 글로벌소통교육실 강사 |
| 이상은 | 2002 | 전 이화여자대학교 강사 |
| 이현경 | 2002 | 현 인천대학교영어영문학과 강사, 현 경희사이버대학교 영어영문학과 강사 |
| 정누리 | 2002 | 현 이화여자대학교 스크랜튼대학 국제학부 교수 |
| 최윤영 | 2002 | 현 동덕여자대학교 영어과 교수 |
| 길선희 | 2003 | 현 (미) SUNY Purchase, Theatre Design/Technology 교수 |
| 신소진 | 2003 | 현 (일) 도쿄국제대학 국제관계학과 교수 |
| 신희정 | 2003 | 현 (미) U of Illinois Chicago 임상 교수, 대학도서관 사서 |
| 고민희 | 2004 | 현 이화여자대학교 정치외교학과 교수 |
| 박성은 | 2005 | 현 충북대학교 영어영문학과 교수 |
| 손가연 | 2005 | 현 광운대학교 영어산업학과 교수 |
| 이은지 | 2005 | 현 (미) U of North Carolina Chapel Hill, Asian Studies 교수 |
| 박환희 | 2006 | 현 경희대학교 영어영문학과 교수 |
| 안소미 | 2006 | 현 부산대학교 영어영문학과 교수 |

| 이름 | 졸업연도 | 대표 경력 |
| --- | --- | --- |
| 정아름 | 2006 | 현 (미) Arizona State U, Korean Studies 교수 |
| 진승희 | 2006 | 현 강원대학교 영어교육과 교수 |
| 채민지 | 2006 | 현 이화여자대학교 호크마교양대학 글로벌소통교육실 교수 |
| 우보미 | 2007 | 전 (미) Texas A&M U, Health and Science Center, Associate Researcher |
| 이승연 | 2007 | 현 이화여자대학교 호크마교양대학 글로벌소통교육실 강사 |
| 김하람 | 2008 | 현 (미) UC Irvine, Global Languages & Cultures, Assistant Director |
| 송명선 | 2008 | 현 이화여자대학교 커뮤니케이션·미디어학부 교수, 전 UIUC 교수 |
| 정은지 | 2008 | 현 (미) Auburn U, Communication & Journalism 교수 |
| 조성혜 | 2008 | 현 (미) U of Pennsylvania, Linguistics 연구교수 |
| 박현주 | 2009 | 현 이화여자대학교 호크마교양대학 글로벌소통교육실 강사 |
| 유명혜 | 2010 | 현 충남대학교 영어영문학과 교수, 전 고려대학교 BK21 연구교수 |
| 정나영 | 2010 | 현 이화여자대학교 사학과 강사 |
| 김유진 | 2011 | 현 한남대학교 영어영문학과 교수 |
| 신지연 | 2011 | 현 (일) 오사노미즈어자대학 문교육학부 교수 |
| 이소영 | 2011 | 현 (미) Miami U, English 교수 |
| 김하야나 | 2012 | 현 (미) Ohio State U, East Asian Languages & Literatures 교수 |
| 신서윤 | 2013 | 현 이화여자대학교 교육학과 강사, 전 한양대학교 IC-PBL교수학습센터 책임연구원 |
| 안학영 | 2013 | 현 서강대학교 영문학부 교수 |
| 김여경 | 2019 | 현 (미) U of Illinois Urbana-Champaign, English 연구원, 강사 |
| 양혜순 | 석1974 | 전 이화여자대학교 영어교육과 교수, 외국어교육특수대학원장 |
| 안승신 | 석1977 | 전 한국방송통신대학교 영어영문학과 교수 |
| 한종임 | 석1983 | 전 이화여자대학교 영어교육과 교수, 전 교육대학원장, 전 이화금란중학교 교장 |
| 권효숙 | 석1988 | 전 국민대학교 강사 |
| 심유희 | 석1988 | 전 대학 강사 |
| 전미향 | 석1989 | 전 계명대학교 교양교육대 초빙 전임교수 |
| 최숙 [Suk Massey] | 석1990 | 현 (미) Smith College, East Asian Languages and Cultures 수석강사 |
| 김선영 | 석1993 | 현 실천신학대학원대학교 교회와교육학 교수 |
| 표화영 | 석1993 | 현 조선대학교 언어치료학과 교수 |
| 문은주 | 석1997 | 전 대학 강사 |
| 우지숙 | 석1997 | 현 한국공학대학교 외래교수, 전 인천대학교 강의전담교수 |
| 박진아 | 석2004 | 전 가천대학교 강사 |
| 김수진 | 석2005 | 현 (일) 나고야상과대학 영어과 교수 |
| 김수민 | 석2013 | 현 이화여자대학교 영어영문학부 박사후연구원, 글로벌소통교육실 강사 |

| 이름 | 졸업연도 | 대표 경력 |
|---|---|---|
| 정승연 | 석2014 | 현 (미) UC Irvine, Art History 교수 |
| 최다솔 | 석2016 | 현 (미) U of Alabama Birmingham, Women's and Gender Studies 강사 |
| 김소연 | 석2017 | 현 (미) U of Hawaii Manoa, English, WGSS(여성학과) 강사 |
| 조혜성 | 박1991 | 전 국립목포해양대학교 교양과정부 교수 |
| 김신희 | 박1995 | 전 고려대학교 서창캠퍼스 강사 |
| 김경희 | 박1997 | 현 인천기능대학교 영어영문학과 교수 |
| 서영미 | 박2000 | 현 차의과대학교 교수 |
| 김지숙 | 박2002 | 전 순천대학교 어학 강사 |
| 박미숙 | 박2002 | 현 목원대학교 영어교육과 교수 |
| 유민혜 | 박2010 | 전 이화여자대학교 영어영문학과 강사 |
| 정선희 | 박2015 | 현 한국방송통신대학교 영어영문학과 강사, 전 이화여대 글로벌소통교육실 강사 |
| Fan, Xing | 박2022 | 현 (중) 북경연합대학 영어학 강사 |
| 김시현 | 박2023 | 현 제주대학교 영어교육과 강사 |
| Wang, Zhuqing | 박2024 | 현 (중) 북경신식과기대학 영어학 강사 |

• 초·중등교육

| 이름 | 졸업연도 | 대표 경력 |
|---|---|---|
| 차사일 | 1927 | 전 창덕여자고등학교 교장 |
| 전수진 | 1929 | 전 배화여자중·고등학교 교장 |
| 박은혜 | 1930 | 전 경기여자고등학교 교장, 은석초등학교 이사장 |
| 주수원 | 1930 | 전 이화여자고등학교 영어교사 |
| 백국희 | 1936 | 전 이화여자고등학교 영어교사 |
| 원순희 | 1936 | 전 창덕여자고등학교 영어교사 |
| 최원복 | 1937 | 전 선화여자고등학교 교장 |
| 전숙희 | 1938 | 전 계원예술고등학교 이사장, 국제펜클럽본부 총신부회장 |
| 배인숙 | 1949 | 전 금란여자중·고등학교 교장 |
| 이을숙 | 1949 | 전 성동여자실업고등학교 영어교사 |
| 송정순 | 1957 | 전 동명여자고등학교 영어교사 |
| 유정덕 | 1957 | 전 신광여자중학교 영어교사 |
| 김수복 | 1958 | 전 장안중학교 영어교사 |
| 홍인순 | 1960 | 전 동명여자중학교 영어교사 |
| 이유현 | 1961 | 전 행당여자중학교 영어교사 |
| 이덕자 | 1962 | 전 서울예술고등학교 영어교사 |

| 이름 | 졸업연도 | 대표 경력 |
|---|---|---|
| 이옥선 | 1962 | 전 신목국민학교 영어교사 |
| 조정옥 | 1963 | 전 구정고등학교 영어교사 |
| 민절자 | 1964 | 전 성신여자중학교 영어교사 |
| 박혜규 | 1964 | 전 중앙대학교 사범대학 부속여자중학교 영어교사 |
| 김순자 | 1965 | 전 언북초등학교 영어교사 |
| 유혜자 | 1967 | 전 나주여자상업고등학교 영어교사 |
| 이승자 | 1967 | 전 역삼중학교 영어교사 |
| 김정옥 | 1971 | 전 홍익대학교 사범대학 부속중학교 영어교사 |
| 이정실 | 1971 | 전 (영) Felixstowe 국제학교 교장, 이사장 |
| 조정환 | 1972 | 전 광양고등학교 영어교사 |
| 한남수 | 1972 | 전 가림중학교 영어교사 |
| 김순자 | 1974 | 전 고등학교 영어교사 |
| 김옥희 | 1974 | 전 상암중학교 교장, 전 진로적성 전문강사 |
| 문순단 | 1974 | 전 월촌중학교 영어교사 |
| 박명신 | 1974 | 전 대전국제학교 불어교사 |
| 양명숙 | 1975 | 전 대명중학교 영어교사 |
| 유신자 | 1975 | 전 고척고등학교 영어교사 |
| 이동주 | 1975 | 전 진명여자고등학교 영어교사 |
| 조정숙 | 1975 | 전 이화여자대학교 사범대학 부속중학교 영어교사 |
| 최춘혜 [Ruth Hwang] | 1975 | 전 (미) 커네티컷(Connecticut) 주 공립학교 영어교사 |
| 김봉식 | 1977 | 전 건국대학교 사범대학 부속고등학교 영어교사 |
| 장혜옥 | 1977 | 전 고려중학교 영어교사, 서울YWCA 위원 |
| 김남희 | 1978 | 전 성덕여자중학교 영어교사 |
| 신혜경 | 1978 | 전 영락고등학교 영어교사 |
| 김영숙 | 1979 | 전 목일중학교 영어교사 |
| 도현숙 | 1979 | 전 신광여자고등학교 영어교사 |
| 박보옥 | 1979 | 전 이화여자고등학교 영어교사 |
| 배명숙 | 1979 | 전 영신여자고등학교 영어교사 |
| 연일련 | 1979 | 전 인덕공업고등학교 영어교사 |
| 이혜성 | 1979 | 전 관악고등학교 영어교사 |
| 임경자 | 1979 | 전 창덕여자고등학교 영어교사 |
| 정운계 | 1979 | 전 동구여자상업고등학교 교장 |
| 정윤용 | 1979 | 전 광남고등학교 영어교사 |

| 이름 | 졸업연도 | 대표 경력 |
|---|---|---|
| 허인순 | 1979 | 전 세륜중학교 영어교사 |
| 강해진 | 1980 | 전 세화여자고등학교 영어교사 |
| 공석란 | 1980 | 전 영동여자고등학교 영어교사 |
| 김인혜 | 1980 | 전 동명여자고등학교 영어교사 |
| 신애현 | 1980 | 전 성수고등학교 교장, 전 동작관악교육지원청 장학관 |
| 오희석 | 1980 | 전 무학여자고등학교 교감 |
| 최정균 | 1980 | 전 이화여자외국어고등학교 영어교사 |
| 김귀숙 | 1981 | 전 구산중학교 영어교사 |
| 김순희 | 1981 | 전 상계여자중학교 영어교사 |
| 김완수 | 1981 | 전 정신여자중학교 영어교사 |
| 남기인 | 1981 | 전 세종고등학교 영어교사 |
| 노향숙 | 1981 | 전 선린중학교 영어교사 |
| 박기순 | 1981 | 전 동서울상업고등학교 영어교사 |
| 선효옥 | 1981 | 전 송파중학교 영어교사 |
| 송선희 | 1981 | 전 퇴계원중학교 영어교사 |
| 유명자 | 1981 | 전 잠실중학교 영어교사 |
| 이강애 | 1981 | 전 정신여자중학교 영어교사 |
| 이영화 | 1981 | 전 개포고등학교 영어교사 |
| 이영희 | 1981 | 전 보성여자고등학교 영어교사 |
| 이은삼 | 1981 | 전 부평중학교 영어교사 |
| 이진숙 | 1981 | 전 대성고등학교 영어교사 |
| 이혜정 | 1981 | 전 동덕여자고등학교 영어교사 |
| 최정미 | 1981 | 전 휘경여자중학교 영어교사 |
| 강은주 | 1982 | 전 창문여자중학교 영어교사 |
| 김경화 | 1982 | 전 부경고등학교 영어교사, 전 총무처 영어통번역 |
| 김남영 | 1982 | 전 신일여자상업고등학교 영어교사 |
| 김명현 | 1982 | 전 동국대학교 사범대학 부속고등학교 영어교사 |
| 김영준 | 1982 | 전 문래중학교 영어교사 |
| 김은실 | 1982 | 전 장훈중학교 영어교사 |
| 김지은 | 1982 | 전 한강여자중학교, 이수중학교 영어교사 |
| 신경희 | 1982 | 전 부평서여자중학교 수석교사 |
| 안혜원 | 1982 | 전 현대고등학교 영어교사 |
| 엄은호 | 1982 | 전 동일여자고등학교 영어교사 |
| 유환주 | 1982 | 전 영란여자중학교 영어교사 |

| 이름 | 졸업연도 | 대표 경력 |
|---|---|---|
| 이경숙 | 1982 | 전 덕성여자고등학교 영어교사 |
| 이소양 | 1982 | 전 덕성여자중학교 영어교사 |
| 김성은 | 1983 | 전 경일여자고등학교 영어교사 |
| 김옥남 | 1983 | 전 청운중학교 교장 |
| 김유미 | 1983 | 전 장위중학교 영어교사 |
| 김은실 | 1983 | 전 남서울상업고등학교 영어교사 |
| 노정희 | 1983 | 전 신목고등학교 영어교사 |
| 박경애 | 1983 | 전 성사중학교 영어교사 |
| 박광옥 | 1983 | 전 민족사관고등학교 영어교사 |
| 박기숙 | 1983 | 전 영어교사 |
| 박승옥 | 1983 | 전 대청중학교 영어교사 |
| 박영란 | 1983 | 전 염창중학교 영어교사 |
| 배경희 | 1983 | 전 전동중학교 영어교사 |
| 선용옥 | 1983 | 전 오주중학교 영어교사 |
| 안애련 | 1983 | 전 성산중학교 영어교사 |
| 여인숙 | 1983 | 전 한영고등학교 영어교사 |
| 오선숙 | 1983 | 전 정명고등학교 영어교사 |
| 이정열 | 1983 | 전 명지여자고등학교 영어교사 |
| 장미엽 | 1983 | 전 염광여자중학교 영어교사 |
| 최영주 | 1983 | 전 구의중학교 영어교사 |
| 최윤이 | 1983 | 전 가락중학교 영어교사 |
| 한국희 | 1983 | 전 한성여자고등학교 영어교사 |
| 한이심 | 1983 | 전 인천여자고등학교 영어교사 |
| 김미영 | 1984 | 전 신광여자중학교 영어교사 |
| 김석영 | 1984 | 전 광진중학교 영어교사 |
| 김혜령 | 1984 | 전 혜화여자고등학교 영어교사 |
| 노정란 | 1984 | 전 목일중학교 영어교사 |
| 문원주 | 1984 | 전 미성중학교 영어교사 |
| 박성희 | 1984 | 전 상계여자중학교 영어교사 |
| 엄명희 | 1984 | 전 불광중학교 영어교사 |
| 유경혜 | 1984 | 전 종암중학교 영어교사 |
| 유연숙 | 1984 | 전 상원여자중학교 영어교사 |
| 이미미 | 1984 | 전 영어교사 |
| 이영숙 | 1984 | 전 동구여자상업고등학교 영어교사 |

| 이름 | 졸업연도 | 대표 경력 |
|---|---|---|
| 이원실 | 1984 | 전 온수고등학교 영어교사 |
| 정갑분 | 1984 | 전 서울봉원중학교 영어교사 |
| 정은주 | 1984 | 전 마포고등학교 영어교사 |
| 최장미 | 1984 | 전 월촌중학교 영어교사 |
| 허지연 | 1984 | 전 북서울중학교 영어교사 |
| 홍혜자 | 1984 | 전 홍익대학교 사범대학 부속고등학교 영어교사 |
| 김명주 | 1985 | 전 해성여자상업고등학교 영어교사 |
| 김영희 | 1985 | 전 목동중학교 영어교사 |
| 류계옥 | 1985 | 전 동구여자상업고등학교 영어교사 |
| 이인숙 | 1985 | 전 동구여자상업고등학교 영어교사 |
| 장현숙 | 1985 | 전 동구여자상업고등학교 영어교사 |
| 최숙향 | 1985 | 전 동구여자중학교 영어교사 |
| 황문덕 | 1985 | 전 휘경여자고등학교 영어교사 |
| 고미희 | 1986 | 전 명덕여자고등학교 영어교사 |
| 구선영 | 1986 | 전 보성여자중학교 영어교사 |
| 김신정 | 1986 | 전 동구여자상업고등학교 영어교사 |
| 마정숙 | 1986 | 전 동일여자상업고등학교 영어교사 |
| 최선임 | 1986 | 전 영어교사 |
| 김국정 | 1987 | 현 대송중학교 영어교사 |
| 김자혜 | 1987 | 현 금란여자중학교 영어교사 |
| 이해선 | 1987 | 현 동우여자고등학교 영어교사 |
| 조은경 | 1987 | 현 정신여자고등학교 교감 |
| 공미정 | 1988 | 현 동구여자상업고등학교 영어교사 |
| 금순영 | 1988 | 현 남강고등학교 영어교사 |
| 송기연 | 1988 | 현 예일여자고등학교 영어교사 |
| 신미애 | 1988 | 현 군포e비즈니스고등학교 영어교사 |
| 정란희 | 1988 | 현 염광여자상업고등학교 영어교사 |
| 조영주 | 1988 | 현 역곡중학교 영어교사 |
| 김소영 | 1989 | 현 문영여자고등학교 영어교사 |
| 김용란 | 1989 | 현 야탑초등학교 교사 |
| 김이선 | 1989 | 현 휘경여자고등학교 영어교사 |
| 신연구 | 1989 | 전 경기도 교육청 중등 영어교사 |
| 우상건 | 1989 | 현 청주신흥고등학교 영어교사 |
| 정승은 | 1989 | 현 배화여자고등학교 영어교사 |

| 이름 | 졸업연도 | 대표 경력 |
|---|---|---|
| 현정숙 | 1989 | 현 중동고등학교 영어교사 |
| 김난주 | 1990 | 현 영란여자중학교 영어교사 |
| 김문주 | 1990 | 현 광남중학교 영어교사 |
| 이상희 | 1990 | 전 자양고등학교 영어교사 |
| 최군자 | 1990 | 현 영파여자고등학교 영어교사 |
| 박성숙 | 1991 | 현 호수돈여자고등학교 영어교사 |
| 서정란 | 1991 | 현 영란여자중학교 영어교사 |
| 오순홍 | 1991 | 현 (미) 조지아(Georgia) 주 초등 영어교사 |
| 전성미 | 1991 | 현 숙명여자중학교 영어교사 |
| 차미영 | 1991 | 전 해성여자중학교 영어교사 |
| 김윤미 | 1992 | 전 진명여자고등학교 영어교사 |
| 김희선 | 1992 | 현 계원예술고등학교 시간강사 |
| 김미경 | 1993 | 전 영란여자상업고등학교 교사, 현 한국교육과정평가원 연구원 |
| 남경희 | 1993 | 현 경복여자고등학교 영어교사 |
| 박현신 | 1993 | 현 대현초등학교 영어교사 |
| 성연주 | 1993 | 현 영어교사 |
| 강혜란 | 1994 | 현 신구중학교 영어교사 |
| 김영진 | 1994 | 현 서정중학교 영어교사 |
| 신윤주 | 1994 | 현 경일초등학교 영어교사 |
| 윤성원 | 1994 | 현 전농중학교 영어교사 |
| 이현아 | 1994 | 현 근명여자중학교 영어교사 |
| 남윤영 | 1995 | 현 서울동구고등학교 영어교사 |
| 이은주 | 1995 | 현 석정여자고등학교 영어교사 |
| 최경화 | 1995 | 현 풍문고등학교 영어교사 |
| 유미란 | 1996 | 현 관저초등학교 영어교사 |
| 이진영 | 1996 | 현 서울여자고등학교 외국어교육원 전임강사 |
| 정성민 | 1996 | 현 연수중학교 영어교사 |
| 천명옥 | 1996 | 현 연무중학교 영어교사 |
| 최혜경 | 1996 | 현 샛별중학교 영어교사 |
| 국혜원 | 1997 | 현 숙명여자중·고등학교 영어교사 |
| 길광미 | 1997 | 현 석촌초등학교 영어교사 |
| 김희정 | 1997 | 현 백신고등학교 영어교사 |
| 이지연 | 1997 | 현 분당고등학교 영어교사 |
| 김명신 | 1998 | 현 산본고등학교 영어교사 |

| 이름 | 졸업연도 | 대표 경력 |
|---|---|---|
| 김세라 | 1998 | 현 영동고등학교 영어교사 |
| 김현정 | 1998 | 현 백신고등학교 영어교사 |
| 김희진 | 1998 | 현 영어교사 |
| 노연서 | 1998 | 현 숭의여자고등학교 영어교사 |
| 박미경 | 1998 | 현 선유고등학교 영어교사 |
| 김정현 | 1999 | 현 경기도 소속 중등 영어교사, 전 성남외국어고등학교 영어교사 |
| 김지은 | 1999 | 현 경기중산고등학교 영어교사 |
| 박은영 | 1999 | 현 영통중학교 영어교사 |
| 손경아 | 1999 | 현 인창고등학교 영어교사 |
| 심은희 | 1999 | 현 정명고등학교 영어교사 |
| 김유경 | 2000 | 현 영광중학교 영어교사 |
| 김지원 | 2000 | 현 오류중학교 영어교사 |
| 김지혜 | 2000 | 현 동구여자상업고등학교 영어교사 |
| 김현진 | 2000 | 현 진영여자고등학교 영어교사 |
| 나성민 | 2000 | 현 안양예술고등학교 영어교사 |
| 명선민 | 2000 | 현 서울여자상업고등학교 영어교사 |
| 이현주 | 2000 | 현 영락여자상업고등학교 영어교사 |
| 한혜령 | 2000 | 현 한가람고등학교 영어교사 |
| 곽희경 | 2001 | 현 동산고등학교 영어교사 |
| 노미영 | 2001 | 현 광동고등학교 영어교사 |
| 박상연 | 2001 | 현 인천생활과학고등학교 영어교사 |
| 정승진 | 2001 | 현 치동중학교 영어교사 |
| 조은영 | 2001 | 현 울산동중학교 영어교사 |
| 고윤희 | 2002 | 현 성남서중학교 영어교사 |
| 김세연 | 2002 | 현 의정부여자중학교 영어교사 |
| 김희경 | 2002 | 현 영신여자고등학교 영어교사 |
| 이윤경 | 2002 | 현 정발고등학교 영어교사 |
| 서현주 | 2003 | 현 한가람고등학교 영어교사 |
| 오향미 | 2003 | 현 김포고등학교 영어교사 |
| 원민선 | 2003 | 현 동화고등학교 영어교사 |
| 전윤희 | 2003 | 현 선일초등학교 영어교사 |
| 홍승현 | 2003 | 현 한서고등학교 영어교사 |
| 박지영 | 2004 | 현 경기도 소재 중학교 영어교사 |
| 권자영 | 2008 | 현 상산고등학교 영어교사 |

| 이름 | 졸업연도 | 대표 경력 |
|---|---|---|
| 한수희 | 2010 | 현 서울예술고등학교 영어교사 |
| 허지원 | 2015 | 현 서울미술고등학교 영어교사 |
| 장현정 | 2016 | 현 마곡하늬중학교 영어교사 |
| 강지윤 | 2017 | 현 서울시 소재 중학교 영어교사 |
| 정소현 | 2020 | 현 인천광역시교육청 영어교사 |
| 이채원 | 2022 | 현 개포고등학교 영어교사 |
| 임예진 | 2024 | 현 이충고등학교 영어교사 |
| 조미경 | 석1992 | 현 한박중학교 영어교사 |

• 연구소

| 이름 | 졸업연도 | 대표 경력 |
|---|---|---|
| 하경자 | 1962 | 전 (미) 뉴욕 폴리치닉 연구소 연구원 |
| 정순영 | 1968 | 전 한국여성정책연구원 수석연구위원 |
| 김혜옥 | 1972 | 전 COMPUTER SCIENTIST 연구원 |
| 박주희 | 1975 | 전 발달장애아동행동연구소 소장 |
| 이은경 | 1975 | 현 (사)여성문화이론연구소 이사장, 현 (재)일석학술재단 사무국장 |
| 방혜영 | 1979 | 전 한국여성정책연구원 연구위원, 전 YWCA 연구원 |
| 유희정 | 1979 | 전 한국여성정책연구원 기획조정 본부장, 전 한국보육진흥원 원장 |
| 채미옥 | 1979 | 전 부동산연구원 원장, 국토연구원실장, 전 대구대학교 지적학과 교수 |
| 민무숙 | 1981 | 전 제주여성가족연구원 원장, 전 한국양성평등교육진흥원 원장 |
| 박순경 | 1983 | 현 한국교육평가원 교육과정연구본부 연구위원 |
| 제인오 [Jane Oh] | 1983 | 현 NASA JPL(제트추진연구소) 수석책임연구원 |
| 지승희 | 1984 | 현 마음꽃밭연구소 소장, 전 고려사이버대학교 상담심리학 교수 |
| 김경아 | 1985 | 현 서울상담심리대학원대학교 마음건강연구소 연구교수 |
| 안태윤 | 1985 | 현 젠더와평화연구소 대표, 전 경기도여성가족재단 선임연구위원 |
| 김성희 | 1991 | 현 국제문제조사연구소 연구원 |
| 김기연 | 1993 | 현 (사)이준국제법연구원 부원장, 전 (네덜란드) U Leiden, Institute for Asian Studies 연구위원 |
| 김이선 | 1993 | 현 이화여자대학교 수리과학연구소 연구원 |
| 이승은 | 1994 | 현 SK경영경제연구소 수석연구원 |
| 고수진 | 1995 | 전 (주)NICE평가정보 연구원, 현 (주)아이시스 금융번역사 |
| 김혜수 | 1998 | 현 한국연구재단 구주아프리카협력팀 팀장 |
| 신수경 | 1998 | 현 정보통신정책연구원 연구원 |

| 이름 | 졸업연도 | 대표 경력 |
|---|---|---|
| 최진희 | 1998 | 현 동서리서치 정성조사팀 대리 |
| 김민정 | 2000 | 현 KDI 국제정책대학원부설 WTO통상전략센터 연구원 |
| 고찬미 | 2002 | 현 한국학중앙연구원 선임전문위원, 현 지식공유연대 공동 회장 |
| 권영신 | 2002 | 전 한국원자력원구원 RCA사무국 회사원 |
| 김주희 | 2003 | 현 한국정신문화연구원 부연구원, 현 국제한국문화홍보센터 부연구원 |
| 최송하 | 2013 | 현 한국노동연구원 국제협력실 책임연구원 |
| 한주령 | 석2000 | 전 이화여자대학교 국제통상협력연구소 연구원 |

- **기타 교육**

| 이름 | 졸업연도 | 대표 경력 |
|---|---|---|
| 최자선 | 1958 | 전 (미) 시카고 North Shore 한국학교 교장 |
| 최완영 | 1959 | 현 사회복지법인 우성재단 이사장, 전 문성유치원 원장 |
| 김숙자 | 1962 | 전 일산장항농협문화센터 영어강사 |
| 송혜영 | 1969 | 전 태화기독교사회복지관 영어교사 |
| 김명희 | 1971 | 전 주부영어강사 |
| 이정자 | 1971 | 전 청록보습학원 대표 |
| 오영란 | 1973 | 전 한국지역사회교육협의회 강사 |
| 김복련 | 1974 | 전 한라여성교실 일본어강사 |
| 김현숙 | 1974 | 전 한국일보 문화센터 영어강사, 전 경희대학교 호텔경영대학 영어강사 |
| 신혜연 | 1974 | 전 대구수성구여성문화센터 강사 |
| 김경죽 [Jamie Kim] | 1975 | 전 (미) LA Kumon 대표 및 영어교사 |
| 이옥배 | 1975 | 전 신양재보습학원 대표이사 |
| 김봉순 | 1976 | 진 영어학원 원장 |
| 방충선 | 1976 | 전 USA 어린이영어학원 원장 |
| 김영혜 | 1977 | 전 (미) Northern Lights 유치원 원장 |
| 홍성미 | 1978 | 전 다솜유치원 설립자원장, 전 CIS영어학원 설립자원장 |
| 박미경 | 1979 | 현 목동유학원 원장, 전 주한미국대사관 영사과, 정보과 FSN9 |
| 배순영 | 1979 | 전 고려대학교 국제어학원 영어 강사 |
| 윤여홍 | 1980 | 전 한국영재교육학술원 심리교육상담연구소장 |
| 김학진 | 1981 | 전 문화센터 영어강사 |
| 박윤경 | 1981 | 현 엘리트어학원 원장 |
| 곽경리 | 1982 | 현 은조유치원 원장 |

| 이름 | 졸업연도 | 대표 경력 |
|---|---|---|
| 노경란 | 1982 | 현 송파아이존 센터장 |
| 장유경 | 1982 | 전 한솔교육문화연구원 원장 |
| 정영숙 | 1982 | 현 청동어린이집 원장 |
| 하은성 | 1982 | 현 고양시여성복지회관 강사 |
| 이화영 | 1983 | 현 목동SLP 교수부장, 전 알리아마린 이사 |
| 장혜숙 | 1985 | 전 Jang-cool English 강사 |
| 하숙희 | 1985 | 현 영어강사 |
| 김은숙 | 1986 | 현 엔반우어 원장 |
| 이선화 | 1986 | 현 (사)한국선물포장협회 강사 |
| 최미정 | 1986 | 현 교육 프리랜서 |
| 고병순 | 1987 | 현 고양시청 강사 |
| 김일주 | 1987 | 현 중화중학교 방과후 영어강사, 현 퓨처에듀코딩 협동조합 코딩강사 |
| 윤은미 | 1987 | 현 강사 |
| 최향란 | 1987 | 현 라이즈어학원 원장 |
| 최희경 | 1987 | 현 Poly어학원 강사 |
| 최수경 | 1988 | 현 화상 튜터 |
| 김정은 | 1989 | 현 영어학원 원장, 전 APTV 서울지사 시니어 프로듀서 |
| 성지은 | 1989 | 현 시사영어사 강사 |
| 심윤정 | 1990 | 현 영어 강사 |
| 이경혜 | 1990 | 현 USIS Iinternational School 강사 |
| 황지영 | 1990 | 현 이앤H 교육미디어 대표 |
| 강희주 | 1991 | 현 강사 |
| 김소연 | 1991 | 전 김소연영어교실 원장 |
| 김정인 | 1991 | 현 파고다학원 영어강사 |
| 김현미 | 1991 | 현 ESL 교사 |
| 박선혜 | 1991 | 현 학원 강사 |
| 황영실 | 1991 | 현 멀티캠퍼스 글로벌 강사팀장 |
| 조신연 | 1992 | 현 YBM에듀케이션어학원 강사 |
| 주은아 | 1992 | 현 Siemens AG 강사 |
| 김진희 | 1993 | 현 몬테키즈어학원 원장 |
| 성모경 | 1993 | 현 프리랜서 일본어 강사 |
| 송소영 | 1993 | 현 서초구청 느티나무쉼터 영어강사 |
| 이은영 | 1993 | 현 삼성출판사 강사 |
| 김수현 | 1994 | 현 프리랜서 영어원서 교육 컨텐츠 개발자 |

| 이름 | 졸업연도 | 대표 경력 |
|---|---|---|
| 김희용 | 1995 | 현 학원 영어강사 |
| 박시영 | 1996 | 현 한카교육원 원장 |
| 장성희 | 1996 | 현 학원 강사 |
| 김진희 | 1997 | 현 김진희학원 원장 |
| 최하정 | 1997 | 현 영재교육원 영어교사 |
| 이지연 | 1998 | 현 영어강사 |
| 김한나 | 1999 | 현 영어강사 |
| 이지혜 | 1999 | 현 파고다외국어학원 토익 강사 |
| 남유경 | 2000 | 현 이화여자대학교 평생교육원 강사 |
| 김민영 | 2001 | 현 (주)능률교육 중고등 강사 |
| 남혜경 | 2001 | 현 한일교육 강사 |
| 노소연 | 2001 | 현 입시학원 강사 |
| 엄은혜 | 2001 | 현 해커스어학연구소 연구팀 주임연구원 |
| 이성현 | 2001 | 현 김재호어학원 영어강사 |
| 이수현 | 2002 | 현 김재호어학원 토익 강사 |
| 송수현 | 2003 | 현 영어강사 |
| 이지혜 | 2003 | 현 들맥학원 민사팀 강사 |
| 이혜원 | 2003 | 현 학원 강사 |
| 김세옥 | 2004 | 현 어학원 영어강사 |
| 염혜원 | 2004 | 현 고단고드 교사 |
| 김지혜 | 2008 | 현 원세컨드 대표 |
| 신한나 | 2009 | 현 영어강사 |
| 김유경 | 2014 | 현 올패스 영어학원 원장 |
| 김정완 | 석1988 | 현 프린스턴리뷰코리아 주니어토플 강사 |
| 오희승 | 석2004 | 현 미세스장 어학원 강사 |
| 이은희 | 석2005 | 현 사람과교육 CIE 외국어학원 강사 |

- **교육재단**

| 이름 | 졸업연도 | 대표 경력 |
|---|---|---|
| 김영래 | 1938 | 전 학교법인 새빛학원 이사장(안산대학교), 전 여선교회전국연합회 회장 |
| 이경숙 | 1950 | 전 동원학원(한영외국어고등학교, 한영중·고등학교, 동원대학교 재단) 이사장 |
| 김영자 | 1961 | 현 승산나눔재단 이사장, 한국여학사협회 고문, 한국여자테니스연맹 회장, 전 대한적십자사 부총재 |
| 이혜숙 | 1961 | 강원 고성 선혜학원 설립자 |

| 이름 | 졸업연도 | 대표 경력 |
|---|---|---|
| 최청규 | 1965 | 전 현우문화재단 이사, 전 이화여자대학교 영어영문학과 강사 |
| 유중근 | 1967 | 현 경원문화재단 이사장, 현 UNAI Korea 이사장, 전 대한적십자사 총재 |
| 이영숙 | 1968 | 전 대성장학재단 부회장, 전 이화여대 글로벌미래평생교육원 발전후원회 이사 |
| 정홍주 | 1971 | 전 학교법인 동정성모학원 이사장 |
| 이주영 | 1975 | 현 남촌재단 고문 |
| 한인종 | 1978 | 전 우석장학재단 이사장 |
| 방혜성 | 1982 | 현 (학)태평양학원(성덕여자중·고등학교 재단) 상임이사 |

## • 도서관

| 이름 | 졸업연도 | 대표 경력 |
|---|---|---|
| 신재숙 | 1941 | 전 서울대학교 도서관 도서관장 |
| 홍태옥 | 1961 | 전 미국공보원 도서관 근무 |
| 정순영 | 1962 | 전 (미) Tenafly 공립도서관 Board of Trustees |
| 이민자 | 1964 | 전 도서관 근무 |
| 유현진 | 1984 | 현 도서관 주임사서 |
| 한옥영 | 1984 | 현 일본문화원 사서 |
| 박신영 | 1985 | 현 별똥별과학도서관 부관장, 전 우송대학교 교양영어과 초빙교수 |
| 조진영 | 2002 | 현 서울대학교 중앙도서관 사서 |

## • 상담

| 이름 | 졸업연도 | 대표 경력 |
|---|---|---|
| 오희숙 | 1961 | 전 기독교여성상담소 상담위원 |
| 유정순 | 1967 | 전 (미) 병원 환자 상담 |
| 김영옥 | 1970 | 전 가정법률사무소 이사 |
| 허영자 | 1975 | 전 샤인상담실 & 용서연구소 소장 |
| 박희순 | 1976 | 전 대전심리교육상담센터 대표 |
| 윤귀남 | 1979 | 전 기독교여성상담소 부소장 |
| 홍영혜 | 1981 | 현 가정상담가 |
| 이보섭 | 1984 | 현 한국융연구원 상임교수, 국제공인 융학파 정신분석가 |
| 홍수현 | 1986 | 현 티움심리상담연구소 소장 |
| 성시은 | 1990 | 현 심리상담사 |
| 김은경 | 1992 | 현 인천지방합동청사 공무원마음건강센터 센터장 |
| 장문영 | 1992 | 현 굿이너프심리상담센터 대표, 현 한국상담대학원대학교 상담심리전공 겸임교수 |

| 이름 | 졸업연도 | 대표 경력 |
|---|---|---|
| 안상희 | 1994 | 전 광명장애인종합복지관 음악치료사 |
| 이경희 | 1994 | 현 마인드빅상담센터 소장 |

• 학교행정

| 이름 | 졸업연도 | 대표 경력 |
|---|---|---|
| 문영혜 | 1963 | 전 이화여자대학교 제8대 김옥길 총장실 비서, 전 경기여자고등학교 동창회 회장 |
| 원영자 | 1967 | 전 (미) 뉴욕 Fashion Institute of Technology(FIT) 교직원 |
| 한숙현 | 1969 | 전 이화여자대학교 학생복지센터 행정직원 |
| 백승옥 | 1970 | 전 이화여자대학교 사범대학 행정실 과장 |
| 오혜경 | 1970 | 전 (미) Montgomery County Public Shool IT매니저 |
| 최영희 | 1970 | 전 이화여자대학교 제8대 김옥길 총장실 비서 |
| 전수현 | 1975 | 전 UC Berkeley Hass 경영대학원 Financial Consultant |
| 이덕규 | 1979 | 전 이화여자대학교 홍보부처장, 전 이화학당 사무국장, 전 중앙일보 기자 |
| 박정옥 | 1982 | 현 경원대학교 교직원 |
| 김정준 | 1985 | 현 이화여자대학교 교육과학연구소 교직원 |
| 박미정 | 1988 | 전 서울대학교 경영전문대학원 MBA과정 기획팀장 |
| 이금숙 | 1989 | 현 이화여자대학교 인문과학대학 행정실 부장 |
| 최연숙 | 1993 | 현 이화여자대학교 국제학생팀장 |
| 이정희 | 1995 | 현 이화여자대학교 인사팀장, 현 라이프&커리어코치(한국코치협회) |
| 서영주 | 1997 | 전 이화여자대학교 조형예술대학 행정실 팀장, 현 NCMN 부설 기독학교 교사 |
| 김기숙 | 1998 | 현 이화여자대학교 임상치의학대학원 교학부 교직원 |
| 윤조희 | 1999 | 현 이화여자대학교 기획과 행정직원 |
| 채지연 | 1999 | 현 이화여자대학교 글로벌소통교육실 행정조교 |
| 유소연 | 2000 | 현 이화여자대학교 글로벌소통교육실 행정조교 |
| 임지나 | 2000 | 현 세명대학교 교직원 |
| 송혜미 | 2001 | 현 이화여자대학교 교양영어실 행정조교 |
| 이정민 | 2002 | 현 한국교원단체총연합회 조직관리부 |
| 김주현 | 2003 | 현 연세대학교 재무과 교직원 |
| 서은정 | 2004 | 현 인천광역시교육청 선원초등학교 행정실장 |
| 배은영 | 2011 | 현 한국학중앙연구원 선임행정원 |
| 심수민 | 2020 | 현 원미중학교 주무관 |

## 2. 통번역

### • 통역

| 이름 | 졸업연도 | 대표 경력 |
|---|---|---|
| 김자성 | 1971 | 전 통번역가 |
| 이은경 | 1978 | 전 통역사 |
| 신미라 | 1980 | 현 통역사, 전 IBM 컴퓨터 엔지니어, 전 한국외국어대학교 통번역대학원 겸임교수 |
| 임난영 | 1980 | 전 동시통역사 |
| 임종령 | 1989 | 현 국제회의 통역사, 현 서울외국어대학원대학교 통번역대학원 한영과 교수 |
| 박성원 | 1991 | 현 회의통역사, 현 대한럭비협회 부회장 |
| 권도희 | 1992 | 현 인천글로벌캠퍼스운영재단 경영기획팀 부장, 국제회의통역사 |
| 박유현 | 1992 | 현 국제회의통역사, 현 국제언어대학원대학교 한영통번역전공 겸임교수 |
| 박기현 | 1995 | 현 통역사 |
| 윤수현 | 1995 | 현 동시통역사, 현 한국외국어대학교 통번역센터 연구원 |
| 박은영 | 1997 | 현 통번역가(프리랜서) |
| 배은구 | 1997 | 현 한국은행 통번역가 |
| 김소원 | 1998 | 현 통역사(프리랜서) |
| 유인선 | 1998 | 현 (유)한국엔씨알 통역사 |
| 이하연 | 1998 | 현 통번역사 |
| 한신애 | 1998 | 현 동시통역사 |
| 김지수 | 1999 | 현 과학기술정보통신부 통역사 |
| 정정화 | 1999 | 현 통번역가 |
| 문상미 | 2000 | 현 UN군 사령부 통역사 |
| 현지선 | 2000 | 현 외국계 보험사 사내통역사 |
| 박혜연 | 2001 | 현 통역사 |

### • 번역

| 이름 | 졸업연도 | 대표 경력 |
|---|---|---|
| 고윤화 | 1969 | 전 외화번역작가 |
| 최선경 | 1971 | 전 출판번역가 |
| 김홍숙 | 1977 | 전 출판번역가 |
| 유영란 | 1977 | 전 출판번역가 |
| 노영숙 | 1979 | 전 번역가 |
| 정지영 | 1979 | 전 김·장 법률사무소 일본어 번역가 |

| 이름 | 졸업연도 | 대표 경력 |
|---|---|---|
| 민연홍 | 1981 | 현 번역가 |
| 지혜연 | 1982 | 현 번역가 |
| 이창실 | 1983 | 현 출판 번역가 |
| 정광원 | 1983 | 현 번역가 |
| 김경숙 | 1984 | 전 번역가, 대표작『화성에서 온 남자 금성에서 온 여자』, 현 숲해설가 |
| 심윤정 | 1984 | 현 번역가 |
| 이진희 | 1984 | 현 번역가 |
| 박진주 | 1985 | 현 번역가 |
| 김희주<br>[김은숙] | 1988 | 전 동화번역가, 대표작『내 모자 보았니』 |
| 윤지원 | 1988 | 현 S-OIL 인사팀 번역가 |
| 이경옥 | 1988 | 현 번역가 |
| 김현경 | 1989 | 현 가교번역 번역가 |
| 박주영 | 1989 | 전 번역가, 현 줄리쌤의영어교실 대표 |
| 이문영 | 1989 | 현 번역가, 전 IBM Korea 과장 |
| 백시운 | 1994 | 전 능률영어사 Teenstreet 주간지 번역가 |
| 서정아 | 1994 | 현 번역가(금융경제 전문) |
| 차은정 | 1994 | 현 프리랜서 번역가 |
| 황숙경 | 1994 | 현 출판번역가 |
| 여리나 | 1996 | 현 번역가 |
| 이지원 | 1996 | 현 번역가 |
| 서은경 | 1997 | 현 출판번역가 |
| 한경운 | 1997 | 현 번역가 |
| 이창손 | 1998 | 현 번역가 |
| 박미영 | 1999 | 현 번역가 |
| 성희영 | 1999 | 현 김·장 법률사무소 번역실 번역가 |
| 서경아 | 2001 | 현 김·장 법률사무소 번역실 번역가 |
| 임상희 | 2001 | 전 김·장 법률사무소 번역실 번역가 |
| 강지연 | 2003 | 현 테크앤아트 번역가 |
| 김동희 | 2009 | 현 (주)카카오엔터테인먼트 번역사 |
| 곽하은 | 2018 | 현 번역가 |
| 두애린 | 2018 | 현 번역가 |
| 정리아 | 2024 | 현 번역가 |

## 3. 문화·예술·출판

### • 문학

| 이름 | 졸업연도 | 대표 경력 |
|---|---|---|
| 변동림 [필 김향안] | 1930년대 입학 | 수필가, 환기재단 설립자, 대표작『월하의 마음』 |
| 이선희 | 1930 | 소설가, 대표작『오후 11시』,『계산서』,『탕자』 |
| 장덕조 | 1932 수료 | 소설가, 대표작『벽오동 심은 뜻은』,『장미는 슬프다』 |
| 노천명 | 1934 | 시인, 대표작『사슴』 |
| 강성희 | 1947 | 희곡 작가, 대표작『철쇄』,『뭔가 단단히 잘못 됐거든』, 전 현대희곡작가협회장 |
| 최귀동 | 1948 | 시인, 대표작『장미의 숲 1』 |
| 허근욱 | 1948 | 소설가, 대표작『오후 11시』,『계산서』,『탕자』 등 |
| 윤남경 | 1953 | 소설가, 대표작『5급공무원』,『효자』 |
| 이영희 [이명자] | 1954 | 아동문학가, 수필가, 대표작『조각배의 꿈』, 전 한국일보 문화부 부장, 논설위원 |
| 유선진 | 1959 | 수필가, 대표작『그와 내가 있는 삽화』,『딸』,『내 사랑 엄지』 |
| 신희수 | 1960 | 소설가, 대표작『아름다운 수의』 |
| 이명환 | 1964 | 수필가, 대표작『지상의 나그네』 |
| 이현명 | 1964 | 시인, 대표작『혼불』,『커튼사이로』. 다큐멘터리『갈증』,『40년 그리고 30년』, *Daffodils* |
| 김광자 [필 김소엽] | 1965 | 시인, 전 호서대학교 교수, 현 대전대학교 석좌교수, 대표작『그대는 별로 뜨고』 등 |
| 김남순 | 1965 | 수필가, 대표작『100번의 효력』, 현 서초여성가족플라자 문화센터 수필 강사 |
| 김아란 [필 김지원] | 1965 | 소설가, 대표작『알마덴』,『먼 집 먼 바다』,『모래시계』 |
| 안혜초 | 1965 | 시인, 현 국제PEN한국본부 자문위원, 윤동주문학상 외 수상 |
| 오세아 | 1965 | 소설가, 대표작『아홉번째 나무』, 전 청주대학교 영어영문학과 교수 |
| 김선화 | 1967 | 수필가 |
| 김현기 | 1968 | 작가, 대표작 *Folk Tales From Korea* |
| 김현숙 | 1969 | 현 이화여자대학교동창문인회 회장, 시인, 대표작『풀꽃으로 우리 흔들릴지라도』 |
| 이주남 | 1969 | 시인, 대표작『오하이오에서 며칠을』 등, 전 강남대학교 영어영문학과 교수 |
| 정봉숙 [필 정채원] | 1973 | 한국시인협회, 가톨릭문인회 시인, 대표작『슬픈 갈릴레이의 마을』 |
| 정영선 | 1973 | 시인, 대표작『장미라는 이름의 돌멩이를 가지고 있다』 |
| 우선애 | 1979 | 수필가 |
| 이미연 | 1980 | 수필가, 이화여자대학교동창문인회 회원 |
| 정미경 | 1982 | 소설가,『장밋빛 인생』,『밤이야, 나뉘어라』, 오늘의 작가상, 이상문학상, 이화백주년 기념문학상 수상 |

| 이름 | 졸업연도 | 대표 경력 |
|---|---|---|
| 권순예<br>[필 권지예] | 1983 | 소설가, 대표작『뱀장어 스튜』,『꿈꾸는 마리오네트』, 이상문학상, 동인문학상 수상 |
| 윤영자 | 1990 | 시인, 수필가, 대표작『아름다운 삶의 하모니』 |
| 김재희 | 1991 | 현 아동문학작가, 전 한겨레신문사 씨네21 한국영화담당취재기자 |
| 김언희 | 1997 | 웹소설 작가, 대표작『매직 스피어』,『이섭의 연애』 |
| 송섬별 | 2009 | 작가, 번역가, 대표 번역작 - 오드리 로드『자미』 |
| 한승혜 | 2009 | 작가, 대표작『제가 한번 읽어보겠습니다』,『다정한 무관심』 |
| 김고은 | 2020 | 소설가 |

## • 문화·예술

| 이름 | 졸업연도 | 대표 경력 |
|---|---|---|
| 임정 | 1930 | 전 의생활개선 고창 디자이너 |
| 이병복 | 1948 | 여인소극장 설립자, 극단 자유 설립자 |
| 이승복 | 1948 | 전 극단 자유 대표 |
| 김양식 | 1954 | 전 인도박물관 관장, 전 한인문화연구원 회장 |
| 이윤선 | 1958 | 전 윤선꽃예술중앙회 회장 |
| 유인형 | 1959 | 전 극단 자유 대표, 전 서울예술대학교 교수 |
| 조봉옥 | 1962 | 전 뉴욕현대미술관(MoMA) 행정담당관 |
| 박영희 | 1963 | 연극인, 대표 번역극 <햇빛 밝은 아침>, <피의 결혼> |
| 이영숙 | 1965 | 전 한국미술협회 회장, 전 창매회 회장 |
| 김혜자 | 1967 | 전 창신갤러리 대표 |
| 신선희 | 1968 | 전 국립중앙극장장, 전 서울예술대학교 석좌교수, 무대디자이너 |
| 장혜자 | 1970 | 전 대전대학교 서예디자인학과 외래교수, 전 한국미술협회 한글서예분과 통합부이사장 |
| 박영신 | 1971 | 도예가, 현 (미) Muckenthaler Cultural Center 도예강사 |
| 우남득 | 1975 | 전 대전 대학로 21C 소극장, 갤러리, 문화싸롱 대표 |
| 김은경 | 1977 | 현 온양민속박물관 박물관장 |
| 이효숙 | 1977 | 현 (영) AXISWEB Member, 전 N-Tech 연구원 |
| 배혜경 | 1979 | 전 크리스티 코리아 대표 |
| 오인실 | 1979 | 현 시몬느 핸드백 박물관장 |
| 김금미 | 1980 | 현 백남준문화재단 이사 |
| 박경미 | 1980 | 현 PKM갤러리 대표 |
| 이화익 | 1980 | 현 이화익갤러리 대표, 전 한국화랑협회 회장 |
| 송기매 | 1981 | 전 문갤러리 큐레이터, 전 계원조형예술대학 강사 |

| 이름 | 졸업연도 | 대표 경력 |
|---|---|---|
| 원혜경 | 1981 | 현 선화랑 경영대표, 전 선갤러리 이사, 전 한신대학교 사회복지학과 외래교수 |
| 문진효 | 1982 | 현 화가 |
| 황재복 | 1983 | 현 황재복웨딩클래식 대표, 전 이화여자대학교 디자인학과 겸임교수 |
| 노지향 | 1984 | 현 연극공간 해 대표 |
| 김유현 [김미경] | 1985 | 화가, 포름기획가 |
| 윤여선 | 1985 | 전 한국화랑협회 이사, 현 갤러리 가이아 대표 |
| 이송란 | 1985 | 현 문화재감정관 |
| 최은령 | 1985 | 현 사단법인 한국퀼트공예협회 회장 |
| 노정하 | 1988 | 사진영상작가, 현 집아트 대표 |
| 박윤정 | 1988 | 전 소마미술관 관장(수석 큐레이터), 국민체육진흥공단 전문위원 |
| 기혜경 | 1989 | 현 홍익대학교 미술사학과 교수, 전 부산시립미술관장 |
| 신지희 | 1989 | 현 강원문화재단 시각예술 전문위원 |
| 우혜수 | 1990 | 전 아모레퍼시픽미술관 부관장, 전 리움미술관 학예실장 |
| 이혜남 | 1990 | 현 서천갤러리 대표 |
| 김연진 | 1991 | 현 KMCA 현대미술관 관장 |
| 민윤정 | 1991 | 현 (미) 텍사스 댈러스미술관 근무 |
| 김희진 | 1993 | 현 큐레이터 |
| 김지명 | 1995 | 현 SMG테크 극단 표현과상상 제작무대감독 |
| 황윤 | 1995 | 다큐멘터리 영화감독, 대표작 <수라>, <작별>, <어느 날 그 길에서> |
| 임지윤 | 1997 | 전 그래미월드와일드 대리 |
| 김성은 | 1998 | 영화 프로듀서 |
| 이소희 | 1998 | 현 극단 드라마라운지 대표, 현 이화여자대학교 인문예술미디어전공 겸임교수 |
| 손신형 | 1999 | 현 충북도립극단 운영실장, 현 글로벌 K콘텐츠 플랫폼 케이스토리업 대표 |
| 백지수 | 2000 | 전 보그 뷰티 디렉터 |
| 한지연 | 2000 | 현 서울문화재단 프리랜서 |
| 김수희 | 2002 | 현 극단 보내(Theatre Bonæ) 대표 |
| 최은선 | 2002 | 전 (주)외일픽 애니메이터 |
| 신윤주 | 2004 | 연극인 |
| 이미령 [이수련] | 2004 | 현 배우, 전 대통령경호실 청와대경호처 경호관 |
| 황주민 | 2008 | 전 네이버 브랜딩 디자이너 |
| 신해림 | 2010 | 현 BCC 일러스트레이터 |
| 남선우 | 2012 | 전 예술의전당 공연부 예술가 |
| 고나영 | 2016 | 현 배우, 대표작 <hope island>, <행복총량의 법칙> |

| 이름 | 졸업연도 | 대표 경력 |
|---|---|---|
| 노희준 | 2021 | 현 PLAN A 콘서트 연출팀 PD |
| 안지원 | 2022 | 현 위매드 드라마 PD |
| 이해리 | 2022 | 현 (주)리디 만화 MD |
| 배규진 | 2023 | 현 조연출, 대표작 낭독공연 <그 여름> |

- **출판**

| 이름 | 졸업연도 | 대표 경력 |
|---|---|---|
| 서제숙 | 1950 | 전 도서출판 정우사 대표 |
| 채진욱 | 1961 | 전 크리스천 문학나무 편집위원 |
| 이보란 | 1963 | 전 도서출판 원 사원 |
| 이정희 | 1970 | 현 도서출판 백향목 대표, 전 서울YWCA 부회장 |
| 최태희 | 1975 | 현 로뎀북스 대표 |
| 이계호 | 1976 | 전 경운박물관 출판위원 |
| 김정숙 | 1979 | 전 맥출판사 편집부 부장 |
| 박유정 | 1979 | 전 이지북스 대표, 전 수원대학교 ESL학과 겸임교수 |
| 이혜경 | 1979 | 현 니케북스 대표 |
| 김미원 | 1982 | 현 월간 한국산문 고문, 전 경제정의실천시민연합 부장 |
| 부수영 | 1982 | 현 출판업계 회사원 |
| 김현주 | 1987 | 현 민족문화사 대표 |
| 강미라 | 1989 | 전 SayBooks 편집장 |
| 박은주 | 1990 | 현 럭셔리 편집부 회사원 |
| 박윤정 | 1991 | 현 월간 한국산문 편집부 부장 |
| 박정애 | 1992 | 현 BCM미디어출판사 편집장 |
| 김은령 | 1994 | 현 디자인하우스 부사장, 번역가 |
| 양희정 | 1996 | 현 민음사 출판그룹 편집부 부장 |
| 김지은 | 2004 | 현 능률영어사 |
| 장영엽 | 2008 | 현 씨네21 대표이사 |
| 김유영 | 2020 | 현 주니어김영사 대리 |
| 류효정 | 2021 | 현 (주)김영사 사원 |
| 이연주 | 석2006 | 현 Noblesse 회사원 |

## 4. 언론

### • 신문 및 잡지

| 이름 | 졸업연도 | 대표 경력 |
|---|---|---|
| 김자혜 | 1930 | 전 신가정의 기자 |
| 김일엽<br>[김일순] | 1939 | 전 경향신문 기자, 문인 |
| 김혜영 | 1949 | 전 코리아헤럴드 기자, 전 세계여기자작가협회 단체장 |
| 박금옥 | 1950 | 전 중앙일보 문화부 차장 |
| 임충실 | 1950 | 전 기자 |
| 이정희 | 1962 | 전 연합통신 외신이사, 전 국정홍보처 전문위원, 전 문화관광부 외신홍보국장 |
| 박해경 | 1963 | 전 동아일보 기자 |
| 김순희 | 1966 | 전 코리아헤럴드 문화특집부 기자, 전 성신여자대학교 영어영문학과 강사 |
| 곽순진 | 1977 | 전 코리아헤럴드 기자 |
| 김흥숙 | 1977 | 전 코리아타임즈 기자 |
| 구인숙 | 1978 | 전 코리아헤럴드 기자 |
| 이성남 | 1978 | 전 월간객석 편집장, 전 국립극장 편집위원 |
| 김경자 | 1980 | 현 매일경제신문사 유통부, 문화부 차장, 교열부장, 이화언론인클럽 회장 |
| 김은미 | 1980 | 현 US웨이브, U.S. News 발행인, 편집인 대표 |
| 이미란 | 1980 | 전 잡지사 여학생 편집부 기자 |
| 주일령 | 1981 | 전 코리아헤럴드 해외부 기자 |
| 김현정 | 1982 | 전 국민교육신문 기획위원 및 기자, 전 월간 한국산문 발행인 |
| 김혜림 | 1982 | 전 국민일보 기자, 현 약업신문, 뷰티누리 통합미디어본부장, 상무이사 |
| 서수경 | 1982 | 전 중앙일보사 출판부 기자, 전 고려대학교 강사 |
| 한금순 | 1982 | 전 두산그룹 연강학술재단 리더스 다이제스트 한국어판 편집부 기자 |
| 문현숙 | 1983 | 전 한겨레신문 편집국장석 미디어팀 선임기자 |
| 김순덕 | 1984 | 현 동아일보 고문, 전 논설주간 |
| 박선이 | 1984 | 현 여성신문사 이사, 여성문화네트워크 대표, 전 조선일보사 논설위원 |
| 김영숙 | 1985 | 전 대한의사협회 의협신문 편집국장 및 논설위원 |
| 김균미 | 1988 | 전 서울신문 편집인, 편집국장, 한국여성기자협회 회장(제28대) |
| 김숙현 | 1990 | 전 코리아헤럴드 해외부 부장 |
| 김윤정 | 1991 | 현 한국일보 칼럼니스트 |
| 이지현 | 1993 | 현 매일경제신문사 지식부 세계지식포럼 코디네이터 |
| 정경희 | 1993 | 현 스포츠조선 기자 |
| 김민하 | 1994 | 현 헤럴드경제신문 산업2부 기자 |

| 이름 | 졸업연도 | 대표 경력 |
|---|---|---|
| 김세윤 | 1995 | 현 블룸버그뉴스 에디터 |
| 김혜수 | 1996 | 현 한국경제신문사 산업부생활경제팀 기자 |
| 최윤정 | 1998 | 현 연합뉴스 경제부장 |
| 최지호 | 1999 | 현 중앙데일리 기자 |
| 김미진 | 2000 | 현 한국경제신문 편집부 기자 |
| 서지은 | 2000 | 전 중앙데일리 경제산업부 차장, 현 JESPR 대표, 아트PR 컨설턴트 |
| 이지영 | 2000 | 현 서울경제신문 편집부 기자 |
| 노지현 | 2001 | 현 동아일보 기자 |
| 설은혜 | 2001 | 현 매일경제신문 편집국 유통부 기자 |
| 이연선 | 2001 | 전 서울경제신문 디지털편집부장 |
| 김소현 | 2002 | 현 코리아헤럴드 논설위원 |
| 김수연 | 2002 | 현 연합뉴스 영문뉴스부 기자 |
| 권수현 | 2003 | 현 연합뉴스 국제뉴스2부 차장 |
| 최연걸 | 2003 | 현 서울문화사 기자 |
| 신수정 | 2004 | 현 동아일보 산업부 차장 |
| 허란 | 2005 | 현 한국경제신문 사회부 차장, 법조팀장, 전 UN FAO 한국협회 대리 |
| 염지현 | 2007 | 현 이데일리 취재기자 |
| 이은주 | 2007 | 전 중앙데일리 경제산업부 기자 |
| 안혜신 | 2008 | 현 이데일리 마켓in 센터 기자 |
| 김효인 | 2012 | 현 조선일보 테크부 기자 |
| 전서문 | 2012 | 현 국민일보 기자 |
| 최지연 | 2012 | 현 동아일보 기자 |
| 김연주 | 2015 | 현 중앙일보 경제부 기자 |
| 이민아 | 2015 | 현 동아일보 산업2부 기자 |
| 손채민 | 2016 | 현 KBS미디어 세일즈 매니저 |
| 심윤지 | 2017 | 현 경향신문 경제부 기자 |
| 전희윤 | 2018 | 현 서울경제 정치부 기자 |
| 윤솔 | 2022 | 현 세계일보 경제부 기자 |

- **방송**

| 이름 | 졸업연도 | 대표 경력 |
|---|---|---|
| 고동혜 | 1950 | 전 PD |
| 박수진 | 1962 | 전 KNN 아나운서 |
| 최연지 | 1976 | 전 한국방송작가협회 이사 |

| 이름 | 졸업연도 | 대표 경력 |
|---|---|---|
| 김순자 | 1977 | 전 대전 MBC 아나운서 |
| 조명희 | 1977 | 전 KBS 교양국 아침마당 PD |
| 지연홍 | 1978 | 전 MBC 방송PD 영화부 |
| 서동숙 | 1979 | 전 KBS 아나운서 |
| 이숙영 | 1980 | 현 방송 DJ, SBS <이숙영의 러브FM> 진행자, 전 KBS 아나운서 |
| 이승희 | 1980 | 현 SBS 파워FM 근무 |
| 이근주 | 1981 | 전 위미디어 부사장 |
| 이미혜 | 1981 | 전 방송작가, 현 강사 |
| 정혜실 | 1981 | 전 KBS 제1라디오 기자 |
| 최경희 | 1981 | 전 KBS 국제방송국 PD 겸 아나운서, 전 한양여자대학교 항공과 교수 |
| 김혜란 | 1982 | 전 KBS 국제협력실 PD, 팀장 |
| 홍광은 | 1982 | 현 MBC 주부 뉴스 아나운서 |
| 이재숙 | 1984 | 전 KBS 시청자국 국장 |
| 이현진 | 1986 | 현 방송작가, (사)한국방송작가협회 정회원 |
| 김연수 | 1987 | 전 MBC 국제협력부 코디네이터, (주)인타크 대표이사 |
| 김수경 | 1988 | 전 MBC 영화부 기자 |
| 이명화 | 1988 | 전 Raido Free Asia 국제방송국 기자 |
| 김태연<br>[김승은] | 1991 | 전 EBS FM Easy English 방송 진행자, 현 영어교육 전문가 |
| 박선자 | 1991 | 전 동아TV 제작부 PD |
| 고희경 | 1992 | 현 SBS TV뉴스편집부 부국장, <오뉴스> 앵커 |
| 임영아 | 1992 | 전 BBS불교방송 편성제작국 아나운서 |
| 김지영 | 1993 | 현 YTN 디지털국장 |
| 황정민 | 1993 | 전 KBS 아나운서, <VJ특공대>,<황정민의 FM대행진> 진행자 |
| 손백희 | 1995 | 현 EBS TV제작1국 방송작가 |
| 최윤정 | 1996 | 현 MBC 예능3팀장 CP |
| 김종경 | 1997 | 현 MBC 스포츠국장 |
| 최수진 | 1998 | 현 드라마 작가 |
| 곽상은 | 1999 | 현 SBS 보도국 국제부 파리특파원, 전 SBS <8뉴스> 앵커 |
| 이병희 | 1999 | 현 SBS 방송국 아나운서팀 부장 |
| 장현선 | 1999 | 현 MBC 방송작가 |
| 이승언 | 2000 | 전 매일경제TV 보도제작국 PD |
| 박지영 | 2002 | 현 KBS 부장CP |
| 송지혜 | 2002 | 현 Arirang TV 방송작가 |
| 이정원 | 2002 | 현 MBC 충주방송 라디오제작국 아나운서 |

| 이름 | 졸업연도 | 대표 경력 |
|---|---|---|
| 장미일 | 2002 | 현 MBC 통일방송연구소부 소속 기자 |
| 권애리 | 2003 | 현 SBS 보도본부 경제부 차장 |
| 윤고운 | 2003 | 현 KBS 예능국 PD |
| 임효주 | 2003 | 현 KBS 기획제작국 PD |
| 차민아 | 2003 | 현 MBN 보도국 산업부장 |
| 최해원 | 2003 | 현 EBS 방송작가 |
| 이경미 | 2004 | 현 MBC 뉴스룸 취재센터 네트워크팀 기자 |
| 송민교 | 2006 | 전 JTBC 편성실 아나운서팀 팀장 |
| 최정은 | 2007 | 현 KBS 드라마PD |
| 김효정 | 2008 | 현 BBC World Service Korean Service 기자 |
| 박명숙 | 2008 | 현 KBS 라디오 편성부 |
| 한수연 | 2009 | 현 MBC ESG심의팀 기자, 전 조선일보 기자 |
| 현솔잎 | 2009 | 현 MBC 드라마스튜디오 3EP PD |
| 이지현 | 2010 | 현 KBS 부산방송총국 편성제작국 기자 |
| 한비인 | 2010 | 현 SBS 예능 제작1팀 CP |
| 김수강 | 2013 | 현 연합뉴스TV 정치부 기자 |
| 송무빈 | 2015 | 현 TV조선 경제부 취재기자 |
| 구유나 | 2016 | 현 BBC World Service Senior Journalist Reporter |
| 고준희 | 2021 | 현 (싱가포르) BBC Studios 마케팅부 대리 |
| 김수빈 | 2021 | 현 연합뉴스TV 취재기자 |
| 안혜진 | 2021 | 현 글라인 기획팀 드라마 보조작가 |
| 정아영 | 2021 | 현 CJ ENM Mnet 예능제작부 PD |
| 최지수 | 2022 | 현 SBS Biz 방송기자(산업분야) |

## 5. 법조

### • 법률

| 이름 | 졸업연도 | 대표 경력 |
|---|---|---|
| 서혜석 | 1976 | 전 (미) Baker McKenzie 변호사, 전 국회의원(제17대) |
| 이민아 | 1981 | 전 (미) LA 부장검사, 목사 |
| 김원 | 1983 | 현 (미) 연방정보통신위원회 무선통신부 정책담당 변호사 |
| 김성희 | 1984 | 현 제일국제법률사무소 변호사 |

| 이름 | 졸업연도 | 대표 경력 |
|---|---|---|
| 안수산 | 1984 | 현 (호주) A & Y Legal 대표변호사, 호주 대법원 소속 변호사, 국제공증변호사(Notary Public) |
| 이은아 | 1987 | 현 법무법인(유)태평양 국제변호사, 전 (미) White & Case NY Office 변호사 |
| 임선지 | 1991 | 현 서울남부지방법원 부장판사, 전 서울회생법원 수석부장판사 |
| 최정경 | 1991 | 현 최정경 법률사무소, 전 김·장 법률사무소 변호사 |
| 원지영 | 1992 | 현 GM Korea 법무부문, 대외정책부분 부사장, 국제변호사 |
| 김득수 | 1994 | 현 (주)존스랑라살 법무부 상무, 미국 변호사 |
| 서연희 | 1994 | 현 법무법인 율성 변호사, 전 국회공직자윤리위원회 위원 |
| 강자영 | 1995 | 현 법무법인 청우 변호사 |
| 임지아 | 1995 | 현 법무법인 지평지성 변호사, 전 서울중앙지방법원 판사 |
| 이지은 | 1996 | 현 법률사무소 리버티 대표 변호사, 전 대한변호사협회 금융변호사 회장 |
| 소라미 | 1997 | 현 공익변호사, 전 공익인권법재단 공감 상임이사 |
| 박진희 | 1998 | 현 (미) Best Best & Krieger LLP 변호사 |
| 박평화 | 2000 | 현 법무법인 태평양 연구원 |
| 탁지현 | 2000 | 현 Kyndryl 변호사 |
| 고서형 | 2005 | 현 법무부 주무관, 변호사 |
| 이보미 | 2005 | 현 (미) Cravath, Swaine & Moore LLP 변호사 |
| 오현경 | 2008 | 현 KB국민은행 법률지원부 변호사 |
| 정민희 | 2010 | 현 법무법인(유)태평양 파트너 변호사 |
| 박다미 | 2011 | 현 헌법재판소 헌법재판연구원, 전 PwC Associate |
| 소진영 | 2015 | 현 (주)KT 사내 변호사 |
| 두가현 | 2016 | 현 변호사 |
| 윤순향 | 2016 | 현 (주)올림푸스한국 변호사 |
| 정화영 | 석2009 | 현 변호사, 전 Smilegate Senior Manager |
| 김진리 | 석2016 | 현 동아ST 법무팀 변호사, 전 Cho & Partners 변호사 |

• **법률사무**

| 이름 | 졸업연도 | 대표 경력 |
|---|---|---|
| 이현옥 | 1978 | 전 김·장 법률사무소 수석비서 |
| 김현신 | 1987 | 현 유미특허 과장 |
| 신인혜 | 1987 | 전 Kim & Kim 법률사무소 Staff |
| 전희경 | 1988 | 전 김·장 법률사무소 사원 |
| 윤혜정 | 1992 | 현 법무법인 세종 대리 |
| 김수선 | 1993 | 현 서울중앙지방검찰청 기록관리과 검찰 서기 |

| 이름 | 졸업연도 | 대표 경력 |
|---|---|---|
| 진현정 | 1993 | 현 김·장 법률사무소 과장 |
| 정소영 | 1996 | 전 법무법인 세종 대리 |
| 최민정 | 1997 | 현 김·장 법률사무소 과장 |
| 고은하 | 1998 | 전 Hemenway & Barnes Associate 사원 |
| 변지현 | 1999 | 전 김·장 법률사무소 상표부 사원 |
| 이문정 | 1999 | 전 법무법인 태평양 대리 |
| 정자연 | 1999 | 현 김·장 법률사무소 대리 |
| 김연주 | 2000 | 전 김·장 법률사무소 HR팀 대리 |
| 이수현 | 2000 | 전 법무법인 세종 대리 |
| 이승미 | 2002 | 현 김·장 법률사무소 근무 |
| 박선미 | 2003 | 현 차윤근특허법률사무소 국제부 근무 |
| 이진화 | 2003 | 현 법무법인 세종 비서 |
| 문민정 | 2004 | 현 김·장 법률사무소 근무 |
| 류승효 | 석2006 | 전 김·장 법률사무소 사원 |

## 6. 외교 및 국제

### • 외교 및 산하기관

| 이름 | 졸업연도 | 대표 경력 |
|---|---|---|
| 박은경 | 1968 | 전 외교부 수자원 대사, 현 UN대학교 고등교육원 아시아태평양지역 고문 |
| 신혜수 | 1972 | 현 UN 인권정책센터 이사장, 전 UN 경제사회문화적권리위원회 부위원장 |
| 이신화 | 1988 | 전 북한인권국제협력대사, 전 코피아난 UN사무총장 특별자문관 |
| 박세아 | 2001 | 전 외교부 에너지과학외교과장, 현 국가인공지능위원회지원단 과장, 전 월스트리트 저널 기자 |
| 박유진 | 2003 | 현 UN 세계식량계획 사무관 |
| 이형원 | 2008 | 현 KOICA 과장 |
| 김희진 | 2009 | 현 한중일 3국 협력 사무국 사회문화부 부부장, 선임담당관 |
| 소효진 | 2018 | 현 외무부 공무원 |
| 김가영 | 2020 | 현 KOICA 코트디부아르 사무소 코디네이터 |
| 김하영 | 2022 | 현 KOICA 전임 |

- 국제기구

| 이름 | 졸업연도 | 대표 경력 |
|---|---|---|
| 신선자 | 1963 | 전 IMF 사무원 |
| 이순훈 | 1964 | 전 (미) United National Association(UNA-NCA) Mentor, 경력개발 디렉터 |
| 한훈 | 1964 | 전 IMF 사무원 |
| 김행자 | 1966 | 전 US-Asia Institute 대표 |
| 장정희 | 1967 | 전 World Bank 근무 |
| 이영숙 | 1971 | 전 ECLOF International 이사, 전 한림대학교 사회학과 교수 |
| 유은옥 | 1975 | 전 국제 존타 한국총재, 전 주한영국대사관 국제문화교류 담당, 전 진매트릭스 기획이사 |
| 정혜숙 | 1976 | 전 World Bank 사무관, 미국 공인회계사 |
| 주시수 | 2018 | 현 (사)아시아정당국제회의사무국(ICAPP) 프로그램 담당관 |

- 주한외국공관

| 이름 | 졸업연도 | 대표 경력 |
|---|---|---|
| 김정자 | 1964 | 전 주한 미국 대사관 미국시민과 행정직원 |
| 이성란 | 1964 | 전 주한 스웨덴 대사관 비서, 전 LM Ericsson 한국지사 사원 |
| 김선미 | 1966 | 전 주한 미국 대사관 미문화전산실장 |
| 김선옥 | 1967 | 전 주한 영국 대사관 상무보좌관/부공보관, 전 한림성심대학교 초빙교수 |
| 박신혜 | 1967 | 전 주한 캐나다 대사관 근무 |
| 오경님 | 1967 | 전 주한 미국 대사관 조사관 |
| 이용복 | 1967 | 전 주한 미국 대사관 근무 |
| 유재옥 | 1971 | 전 주한 캐나다 대사관 대사 보좌관 |
| 박현숙 | 1972 | 전 주한 도미니카공화국 대사관 행정직원 |
| 문숙자 | 1975 | 전 주한 캐나다 대사관 사무관 |
| 정순영 | 1978 | 전 주한 미국 대사관 행정직원 |
| 송미령 | 1978 | 전 주한 미국 대사관 영사과 행정직원 |
| 김정은 | 1991 | 현 주한 미국 대사관 국토안보부 이민국 행정직원 |
| 조문선 | 1994 | 현 호주대사관 선임연구관 |
| 이은경 | 2000 | 현 주한 미국 대사관 동식물검역소 사무직 |

## 7. 입법

### • 국회 및 산하기관

| 이름 | 졸업연도 | 대표 경력 |
|---|---|---|
| 모윤숙 | 1931 | 전 국회의원(제8대), 시인 |
| 김현자 | 1949 | 전 국회의원(제11, 12대), 전 한국여성정치연맹 총재 |
| 김영정 | 1950 | 전 국회의원(제12대), 전 정무제2장관, 전 이화여자대학교 사학과 교수 |
| 이영희 [이명자] | 1954 | 전 국회의원(제11대), 전 한국일보 문화부, 정치부 부장, 논설위원 |
| 박영숙 | 1956 | 전 국회의원(제13대), 전 평화민주당 부총재, 전 한국환경사회정책연구소장 |
| 이성남 | 1970 | 전 국회의원(제18대), 전 금융통화위원회 위원, 전 금융감독원 부원장보 |
| 이미경 | 1973 | 전 국회의원(제15, 16, 17, 18, 19대) |
| 서혜석 | 1976 | 전 국회의원(제17대), 전 (미) Baker McKenzie 변호사 |
| 고경화 | 1984 | 전 국회의원(제17대), 전 한국보건산업진흥원장 |
| 조은희 | 1984 | 현 국회의원(제21, 22대), 전 서초구청장(제8, 9대) |
| 김선화 | 1992 | 현 국회입법조사처 정치행정조사실 법제사법팀장, 현 한양대학교 정책학과 겸임교수 |
| 김연수 | 1994 | 전 국회의장실 연설비서관, 전 JTBC 방송작가 |
| 송주아 | 1995 | 전 국회입법조사처 정치행정조사실 실장 |
| 황보승희 | 2001 | 전 국회의원(제21대), 전 부산광역시의원(제6, 7대) |

### • 지방의회

| 이름 | 졸업연도 | 대표 경력 |
|---|---|---|
| 박소정 | 1988 | 현 경기도 고양시 의원(제8대) |
| 김혜지 | 2016 | 현 서울특별시의회 의원(제11대) |

## 8. 행정

### • 중앙행정 및 산하기관, 공사

| 이름 | 졸업연도 | 대표 경력 |
|---|---|---|
| 조경희 | 1939 | 전 정무제2장관, 전 예술문화단체총연합회 회장 |
| 김옥길 | 1943 | 전 문교부 장관, 전 이화여자대학교 기독교학과 교수, 제8대 총장, 전 이화학당 이사장 |
| 김영정 | 1950 | 전 정무제2장관, 전 이화여자대학교 사학과 교수, 전 국회의원(제12대) |
| 김동연 | 1963 | 전 청와대 비서관 |

| 이름 | 졸업연도 | 대표 경력 |
|---|---|---|
| 신신자 | 1965 | 전 (미) 보건사회복지부 특별보좌관, 전 공화당의원 부인회 총무 |
| 장성자 | 1966 | 전 여성부 초대 여성정책실장, 전 한국양성평등교육진흥원 초대원장 |
| 이성남 | 1970 | 전 금융통화위원회 위원, 전 금융감독원 부원장보, 전 씨티은행 임원 |
| 이숙형 | 1980 | 전 정무제2장관실 사무관 |
| 김혜영 | 1981 | 전 서울올림픽조직위, 한국월드컵조직위 담당관 |
| 송혜주 | 1987 | 현 GBCA(글로벌비즈니스컨설팅협회) 사무국장, 전 KOTRA 처장 |
| 강민아 | 1988 | 전 감사원장(대행), 현 W20(G20자문기구) 한국대표, 현 국제개발협력연구원장 |
| 곽진영 | 1988 | 전 국민권익위원회 부위원장, 전 한국정당학회 회장, 현 건국대학교 교학부총장 |
| 강미영 | 1989 | 현 한국전자거래진흥원 팀장 |
| 최유은 | 1989 | 전 고용노동부 에디터 |
| 박성림 | 1992 | 현 통일부 사무관 |
| 박미영 | 1994 | 현 특허청 행정사무관 |
| 추정화 | 1994 | 전 대한상공회의소 대리 |
| 윤영선 | 1995 | 현 보건복지부 부이사관 |
| 신선영 | 1996 | 현 한국무역협회 글로벌 연수실장, 전 숭실대학교 대학원 겸임교수 |
| 유수미 | 1996 | 전 한국수출보험공사 중소기업영업본부 대리 |
| 이주영 | 1996 | 전 (주)한국수력원자력 자재처 대리 |
| 김진영 | 1997 | 현 국민연금관리공단 성남지사 공무원 |
| 이주연 | 1998 | 전 중소기업진흥공단 대리 |
| 최지은 | 1998 | 현 국가공무원인재개발원 공무원 |
| 남정령 | 1999 | 현 중소벤처기업부 과장 |
| 박현희 | 1999 | 현 특허청 기획재정담당관(부이사관) |
| 유지미 | 1999 | 전 전국경제인연합회 선입조사역 사원 |
| 이진영 | 1999 | 전 행정안전부 대통령 비서관(제17대), 공무원(2급) |
| 김정인 | 2000 | 전 한국가스공사 비서실 대리 |
| 이주연 | 2000 | 전 서울산업진흥재단 해외협력 사원 |
| 최주옥 | 2000 | 현 보건복지부 행정관 |
| 김미영 | 2001 | 현 동아감정평가원 감정평가부 평가사 |
| 노현정 | 2001 | 현 한국마사회 서비스팀 근무 |
| 박애서 | 2001 | 현 방위사업청 과장 |
| 최은아 | 2001 | 현 국제이주개발공사 과장 |
| 서은영 | 2002 | 현 대한광업진흥공사 근무 |
| 이서진 | 2002 | 현 한국관광공사 E마케팅 |
| 이지민 | 2002 | 현 농수산물유통공사 근무 |

| 이름 | 졸업연도 | 대표 경력 |
| --- | --- | --- |
| 최사미 | 2002 | 전 한국수출보험공사 중장기영업본부 사원 |
| 김선희 | 2003 | 현 대한무역투자공사 차장, 전 헌법재판연구원 책임연구관 |
| 김현희 | 2003 | 현 한국마사회 서비스팀 근무 |
| 윤영은 | 2003 | 현 한국수출보험공사 중소기업영업본부 근무 |
| 황귀운 | 2003 | 현 한국전력공사 근무 |
| 박민정 | 2004 | 현 정보통신정책연구원 부연구위원 |
| 이미령 [이수련] | 2004 | 전 대통령경호실 청와대경호처 경호관 |
| 나민희 | 2008 | 현 국토교통부 과장 |
| 박지혜 | 2008 | 현 공무원 |
| 윤승미 | 2011 | 전 국세청 조사국 담당 |
| 김도희 | 2013 | 현 한국정보통신진흥협회 과장, 전 대통령비서실 행정요원 |
| 최민지 | 2016 | 현 공무원 |
| 박선 | 2020 | 현 한국전력공사 대리 |

• **지방 및 해외 행정**

| 이름 | 졸업연도 | 대표 경력 |
| --- | --- | --- |
| 전신애 | 1965 | 전 (미) 일리노이 주정부 노동부장관, 전 미연방정부 노동부 여성국장 |
| 이명지 | 1967 | 전 (미) 위스콘신 주정부 교통부 근무 |
| 정금선 | 1970 | 전 경기도 성남시 육아종합지원센터 소장 |
| 홍익희 [Christine Chung] | 1971 | 현 (미) 로스앤젤레스 한인상공회의소 이사 |
| 유미숙 | 1975 | 전 (미) 캘리포니아 Water District Finance Director |
| 김혜순 | 1981 | 전 (캐) ICA of Greater Victoria 다문화연합 정착 코디네이터 |
| 조영미 | 1982 | 전 서울시 여성능력개발원장, 현 서초여성가족플라자 잠원/서초센터장 |
| 최은경 | 1992 | 현 강원특별자치도청 국제협력관실 담당 |
| 김우정 | 1993 | 현 서울특별시교육청 행정관리담당관 |
| 한수지 | 2022 | 현 경기도 고양시청 공무원 |

## 9. 경제·경영

### • 세무·회계

| 이름 | 졸업연도 | 대표 경력 |
|---|---|---|
| 신종식 | 1974 | 전 미국공인회계사 |
| 홍혜진 | 1987 | 현 홍혜진세무회계사무소 세무사 |
| 김진영 | 1990 | 전 회계사 |
| 안성은 | 1990 | 현 (주)비댁스 감사 |
| 이상은 | 1992 | 현 삼일회계법인 파트너 |
| 김병석 | 1993 | 현 회계법인 회계사 |
| 정주은 | 1996 | 현 삼일회계법인 회계사 |
| 김규희 | 1997 | 전 삼일회계법인 사원 |
| 고은나 | 1998 | 현 삼일회계법인 회계사 |
| 강수희 | 1999 | 전 삼일회계법인 대리 |
| 홍지은 | 2000 | 현 삼덕회계법인 회계사 |
| 손지선 | 2002 | 현 삼덕회계법인 회계사 |
| 박지은 | 2007 | 전 이촌세무법인 과장, 전 신동아건설 회장비서 |
| 박진현 | 2020 | 현 한일회계법인 감사 대리 |
| 남유진 | 2022 | 현 삼일회계법인 회계사 |
| 권하연 | 2023 | 현 삼정KPMG 회계사 IM1 Senior |
| 홍나령 | 2024 | 현 삼정KPMG 회계사 Tax3 Senior |

### • 금융

| 이름 | 졸업연도 | 대표 경력 |
|---|---|---|
| 이덕자 | 1968 | 전 유리온금융투자 이사 |
| 강성희 | 1969 | 전 동원증권 영업부 사원 |
| 계춘화 [Laura Park] | 1969 | 전 ABN-AMRO Bank 인사교육 매니저, 현 (뉴) 의료/법률 통역사 |
| 이경임 | 1970 | 전 컴퍼니은행 서울지점 인사부 부장 |
| 윤인순 | 1972 | 전 (주)SK생명 보험설계사 |
| 윤양옥 [황양옥] | 1973 | 전 (미) Credit Suisse 투자은행 선임디렉터 |
| 고열 | 1974 | 전 Chase Manhatttan Bank 서울 지점 Vice President |
| 김성화 | 1974 | 전 한국씨티은행 전략영업부 매니저 |
| 김창영 | 1974 | 전 American Express Bank 자금부장 |

| 이름 | 졸업연도 | 대표 경력 |
|---|---|---|
| 손병옥 | 1974 | 전 푸르덴셜생명보험 사장, 회장, 전 SC제일은행 사외이사 |
| 장정자 [이정자] | 1974 | 전 금융감독원 국제협력국장, 전 김·장 법무법인 고문 |
| 김미화 | 1976 | 전 SC제일은행 부행장, 전 Triad Global Partners 대표 |
| 진미령 | 1977 | 전 외환은행 토론토 사원 |
| 김혜정 | 1978 | 전 Bank of America 서울지점 재무회계 본부장 |
| 박미순 | 1978 | 전 Banque de l'Indochine Seoul 과장대리 |
| 김경은 | 1979 | 전 Bank of America 기업금융부 지배인, 전 우리은행 기업금융부 부장 |
| 이애선 | 1979 | 전 (캐) National Bank of Canada 수석매니저, 서양화가 |
| 정순영 | 1979 | 전 ING생명보험 상무, 전 한국씨티은행 수석부장 |
| 서영주 | 1981 | 전 PCA생명 상무 |
| 이현주 | 1981 | 전 한국씨티은행 소비자금융그룹 지점장, 전 인텔맥스 마케팅컨설팅부 실장 |
| 최무경 | 1981 | 현 Bank of America Seoul 부지점장 |
| 구혜원 | 1982 | 현 푸른그룹, 푸른저축은행 회장 |
| 김성미 | 1982 | 전 IBK저축은행 대표 |
| 이정인 | 1982 | 전 한국씨티은행 리스크심사부 부장 |
| 이진주 | 1982 | 전 한국씨티은행 Auditor 감사부장 |
| 김정순 | 1983 | 전 SC제일은행 부행장, 전 하나로텔레콤, 볼보건설기계코리아 부사장 |
| 윤순옥 | 1983 | 현 한국코치협회 전문코치, 전 신한은행 한양여자대학교 부지점장 |
| 김남진 | 1984 | 현 Credit Agricole Indosuez 부지점장 |
| 조유정 | 1986 | 현 (주)씨티그룹 글로벌마켓증권 이사 |
| 김영은 | 1987 | 현 Provident Bank 지점장 |
| 허금주 | 1987 | 현 G20 Empower Alliance 한국대표, 전 교보생명 전무 |
| 박지영 | 1989 | 전 JP Morgan Fleming Asset Management 기관영업 이사 |
| 신혜정 | 1989 | 전 뱅커스 트러스트 컴퍼니 (도이치뱅크) 차장 |
| 오은영 | 1989 | 현 한국씨티은행 디렉터 |
| 이민선 | 1989 | 현 금융교육 전문 강사(프리랜서) 전 외환은행 서소문지점 차장 |
| 이지영 | 1989 | 현 AIA 생명 대표비서, 현 사단법인 한국비서사무협회 부회장 |
| 김미경 | 1990 | 전 J.P. Morgan 업무팀 이사 |
| 박경희 | 1990 | 현 삼성증권 부사장 |
| 신수미 | 1990 | 현 호주뉴질랜드 은행 서울지점 Chief Operating Officer |
| 차명남 | 1990 | 현 Bank of America Seoul 국제업무부 부장 |
| 김경미 | 1991 | 현 한국씨티은행 리스크관리본부 부행장 |
| 김정원 | 1991 | 현 김·장 법률사무소 고문, 전 (미) Citibank Consumer Bank CFO, 한국씨티은행 부행장, CFO |

| 이름 | 졸업연도 | 대표 경력 |
|---|---|---|
| 김진숙 | 1991 | 현 한국씨티은행 CFO 전무 |
| 오순아 | 1991 | 현 서울소재대학 취업 컨설턴트, 전 HSBC 인사부 |
| 조진 | 1991 | 현 Bank of America 근무 |
| 한유경 | 1991 | 전 신한은행 이화여자대학교지점 지점장, 전 신한종합연구소 금융실 연구원 |
| 허선주 | 1991 | 현 ARC Group Partner, 컨설턴트 |
| 홍정희 | 1991 | 전 (주)한국종합금융 국제금융부, 총무부 주무 |
| 민은자 | 1992 | 전 ING증권 서울 Chief Administrative Officer |
| 임재영 | 1992 | 현 호주뉴질랜드은행 본부장 |
| 김민희 | 1993 | 현 처브라이프생명보험 이사 |
| 신지나 | 1993 | 전 HSBC 마케팅부 이사, 전 유엔난민기구한국대표부 담당관 |
| 염정주 | 1993 | 현 신한투자증권 청담금융센터 상무 |
| 하미영 | 1993 | 현 동원증권 ECN부 과장 |
| 변혜선 | 1994 | 현 한국씨티은행 법무지원부 부장 |
| 송애리 | 1994 | 현 한국씨디은행 증권관리본부 부부장 |
| 오은혜 | 1994 | 현 메릴린치증권 과장 |
| 신종은 | 1995 | 현 뱅크원 서울지점 자금업무부 과장 |
| 윤민영 | 1996 | 현 (주)현대해상화재보험 상무 |
| 이선영 | 1996 | 현 BNP 파리바 증권 부문장, 전 모건스탠리 증권 이사 |
| 최지연 | 1996 | 현 J.P. Morgan Korea 은행원 |
| 홍혜림 | 1996 | 현 뉴욕은행 회사원 |
| 김자윤 | 1997 | 현 우리금융 조사분석실 과장 |
| 전주희 | 1997 | 전 삼성생명 수익증권파트 대리, 현 공간대여 브랜드 리즈스튜디오 대표 |
| 정혜수 | 1997 | 전 (미) New York Life Investments, Equity Analyst, 부장 |
| 홍민혜 | 1997 | 현 HSBC 부본부장, 전 삼성투자신탁 크래딧리서치 전임 |
| 홍성희 | 1997 | 전 뉴욕생명 계약심사부 부장 |
| 강선희 | 1998 | 전 신한은행 수지신봉지점 대리 |
| 이승아 | 1998 | 현 농협은행 디지털플랫폼팀장 |
| 이지은 | 1998 | 현 (미) Citi 북미라틴아메리카시장 수석 투자 전문가 |
| 정수영 | 1998 | 현 J.P. Morgan Chase 본부장, 전 삼일회계법인 매니저 |
| 김영경 | 1999 | 전 국민은행 사원 |
| 문지혜 | 1999 | 전 신한은행 사원 |
| 방지은 | 1999 | 전 한국씨티은행 자금업무부 대리 |
| 안유화 | 1999 | 전 국민은행 대리 |
| 이혜인 | 1999 | 현 메릴린치증권 과장 |

| 이름 | 졸업연도 | 대표 경력 |
|---|---|---|
| 임지희 | 1999 | 현 국민은행 외환오피센터 대리 |
| 정진희 | 1999 | 전 삼성증권 연구원, 전 포스코 IR팀 리더 |
| 최나영 | 1999 | 현 (홍콩) Munich Re Group 선임 펀드 매니저 |
| 최은선 | 1999 | 현 알보젠코리아 홀딩스 부사장, 전 (아이슬란드) Aztiq Fund, Managing Director |
| 최지연 | 1999 | 전 Lehman Brothers 대리 |
| 한정은 | 1999 | 전 Credit Suisse First Boston 대리 |
| 김명희 | 2000 | 전 J.P. Morgan Chase 대리 |
| 김정아 | 2000 | 전 씨티뱅크 시니어클럽 PB, 전 HSBC Regulation 차장 |
| 김준희 | 2000 | 전 Bank of America Finance 사원 |
| 김지영 | 2000 | 전 Credit Suisse First Boston 기업금융부 대리 |
| 김혜진 | 2000 | 현 SC제일은행 글로벌기업금융부문 이사, 국제회의 통역사 |
| 김효영 | 2000 | 현 농협은행 영업채널전략부 팀장 |
| 남지윤 | 2000 | 전 신한은행 무역센터지점 사원 |
| 송진희 | 2000 | 현 국민은행 외환상품팀 계장 |
| 심나리 | 2000 | 현 대한투자신탁증권 평촌지점 계장 |
| 오승필 | 2000 | 전 신한은행 분당지점 사원 |
| 왕애랑 | 2000 | 현 국민은행 서여의도 법인영업부 계장 |
| 이지영 | 2000 | 전 싱가포르은행 사원 |
| 정자영 | 2000 | 전 푸르덴셜생명보험 영업기획팀 대리 |
| 황나영 | 2000 | 현 리앤코인베스트먼트 심사역 |
| 권미령 | 2001 | 현 한국씨티은행 투자상품사업부 |
| 나은채 | 2001 | 현 현대증권 산업분석팀 근무 |
| 박민선 | 2001 | 전 Bank of America 심사역, 전 한국씨티은행 대기업/금융기관 심사역 |
| 박선영 | 2001 | 현 푸르덴셜생명 보존팀 근무 |
| 이정민 | 2001 | 현 제일투자증권 리서치팀 근무 |
| 이정현 | 2001 | 현 HSBC 근무 |
| 이주희 | 2001 | 전 국민은행 PD센터 대리 |
| 이지민 | 2001 | 현 푸르덴셜생명 신화지점 근무 |
| 장정문 | 2001 | 전 한국씨티은행 GC&T팀 시니어클럭 대리 |
| 박지윤 | 2002 | 전 AIG손해보험 상해부 사원 |
| 송완주 | 2002 | 전 조흥은행 무역센터 계장 |
| 승호숙 | 2002 | 현 우리은행 연수팀 계장 |
| 신태은 | 2002 | 현 우리은행 증권수탁팀 계장 |
| 오지은 | 2002 | 현 앵도수에즈은행 오퍼레이션 |

| 이름 | 졸업연도 | 대표 경력 |
|---|---|---|
| 윤정아 | 2002 | 전 조흥은행 대출부 계장 |
| 이유선 | 2002 | 현 (주)코리안리재보험 보험금융연구소 파트장 |
| 조성정 | 2002 | 현 LG선물 해외선물팀 딜러 |
| 최자영 | 2002 | 전 프랭클린템플턴투신운용 사원 |
| 홍민지 | 2002 | 전 HSBC 인사부 사원 |
| 강지은 | 2003 | 현 ING Bank Seoul 기업금융부 부문장 |
| 김민정 | 2003 | 현 삼성증권 리서치 주임 |
| 김수희 | 2003 | 현 삼성카드 소비자보호팀 주임 |
| 김지영 | 2003 | 현 외한은행 홍보팀 계장 |
| 김혜경 | 2003 | 현 우리은행 은행원 |
| 유시화 | 2003 | 전 조흥은행 관악지점 근무 |
| 이경아 | 2003 | 현 푸르덴셜 생명보험 근무 |
| 이윤미 | 2003 | 현 삼성증권 리서치센터 주임 |
| 이주연 | 2003 | 현 SC제일은행 증권부 근무 |
| 정윤미 | 2003 | 현 (싱가포르) OCBC Bank Managing Director |
| 황슬기 | 2003 | 현 한국씨티은행 근무 |
| 박윤선 | 2004 | 현 HSBC 지배인 |
| 손서현 | 2004 | 현 푸르덴셜 생명보험 근무 |
| 안주현 | 2004 | 현 신한은행 근무 |
| 하영진 | 2006 | 현 부산은행 차장 |
| 이정서 | 2007 | 현 모건스탠리증권 준법감시부 실장 |
| 서승희 | 2008 | 현 국민은행 인프라영업부 차장 |
| 박주희 | 2011 | 현 메리츠증권 해외대체투자팀 차장 |
| 최현주 | 2015 | 현 (캐) Tokio Marine Canada 전문 금융 솔루션 수석 심사역 |
| 김수한 | 2017 | 현 KB증권 투자자산관리부 대리 |
| 김다예 | 2020 | 현 소시에테제네랄은행 서울지점 인사부 대리 |
| 전민경 | 2020 | 현 다올투자증권 온라인사업팀 주임 |
| 김지현 | 2021 | 현 한국산업은행 글로벌사업부 대리 |
| 김혜진 | 2021 | 현 AIP자산운용 펀드매니저 |

• 경제·경영

| 이름 | 졸업연도 | 대표 경력 |
|---|---|---|
| 곽길자 | 1951 | 전 숭인동 빌딩 대표 |
| 전종선 | 1953 | 전 한일유리섬유공업 이사 |

| 이름 | 졸업연도 | 대표 경력 |
|---|---|---|
| 이혜숙 | 1957 | 전 BSK인터내셔널 부장 |
| 유옥현 | 1959 | 전 (주)금토상사 대표이사 |
| 김영순 | 1961 | 전 지오싸이엔세르 이사 |
| 정복영 | 1961 | 전 한독피아노 부사장 |
| 함영희 | 1962 | 전 (미) Gloria Vanderbilt Weekender, Design Director |
| 김미경 | 1963 | 전 (주)한영역 감사 |
| 조옥순 | 1963 | 전 고려병원 사무실장 |
| 최낸시 [최춘자] | 1964 | 전 CJ's 월드 사장, 전 국제관광홍보인 |
| 최현주 | 1964 | 전 라마다서울 웨딩숍 사원 |
| 임정자 | 1965 | 전 한국 셀로비 대표 |
| 김길자 | 1967 | 전 Gemoa CEO |
| 손경님 | 1967 | 전 루치아노최 사원 |
| 황경숙 | 1967 | 전 싱가포르항공 예약발권마케팅팀 팀장, 전 경희대학교 강사 |
| 김혜숙 | 1968 | 자영업 |
| 임정자 | 1968 | 전 삼파전기 대표 |
| 이경옥 | 1969 | 전 바로정보통신 경영관리 이사 |
| 박연희 | 1971 | 전 고려당제과 대표 |
| 최영화 | 1971 | 전 (주)하남통산 이사 |
| 고영란 | 1972 | 전 May 대표 |
| 김정주 | 1972 | 현 대성홀딩스 공동대표이사, 전 연세대학교 용제특임교수 |
| 이승신 | 1972 | 전 아름다운공간 대표 |
| 공진선 | 1973 | 전 (주)대한선재 사내이사 |
| 김영수 | 1973 | 전 (미) JC Information Systems 공동대표, 전 미 국세청(IRS) 감사 |
| 김혜영 | 1973 | 전 페르시아클레오 근무 |
| 유경애 | 1973 | 전 마르퀴스 대표 |
| 조인숙 | 1973 | 전 (주)두얼상사 이사 |
| 태영남 | 1973 | 전 라폰테 레스토랑 대표 |
| 공번아 | 1974 | 전 자영업 대표 |
| 박순연 | 1974 | 전 (주)우성해운 공동대표 |
| 송경희 | 1974 | 전 부동산임대업 대표 |
| 유명숙 | 1974 | 전 JGC, IBM 근무 |
| 정인홍 | 1974 | 전 IBM 사원 |
| 권경희 | 1975 | 전 (호주) 서울여행사 사장 |
| 김원정 | 1975 | 전 (주)심로악기 대표이사 |

| 이름 | 졸업연도 | 대표 경력 |
|---|---|---|
| 김은숙 | 1975 | 전 (캐) Bell Canada 회사원 |
| 이선애 | 1975 | 전 현대건설 해외업무부 차장 |
| 전수현 | 1975 | 전 전인터내셔날 사장 보좌 |
| 정복주 | 1975 | 전 영엔터프라이즈 이사, 전 태영트레이딩 사장 |
| 김미금 | 1976 | 전 Sears Roebuck Overseas Seoul 품질관리 담당 |
| 윤유정 [윤미경] | 1976 | 현 (주)피에이티 대표이사, WKIC 회계이사, 전 광운대학교 겸임교수 |
| 정혜경 | 1976 | 전 Cool Factory 상무 |
| 김영경 | 1977 | 전 민욱산업 사원 |
| 고정원 | 1978 | 전 효성그룹 비서실 비서, 전 삼성서울병원 외국인 안내 자원봉사팀장 |
| 김진선 | 1978 | 현 동화약품 고문, 국제소롭티미스트 한국협회 28대 총재 |
| 정혜숙 | 1978 | 전 (주)링크인터내셔널 대표이사 |
| 박영희 | 1979 | 현 (주)세쿼이아그룹 CEO, 한국인 최초 미국공인 교육플래너(AICEP) |
| 윤영상 | 1979 | 현 (주)이글프로세스콘트롤스코리아 대표이사 |
| 이용미 | 1979 | 전 캐세이퍼시픽항공 마케팅부 이사 |
| 조승연 [조형옥] | 1979 | 전 (주)시니어즈 대표 |
| 허인애 | 1979 | 전 캐세이퍼시픽항공 비서 |
| 박윤정 | 1980 | 전 대지컨설팅 대표 |
| 우경미 | 1980 | 전 (주)디자인알레 대표 |
| 윤주현 | 1980 | 현 (주)리솔 부회장 |
| 이정희 | 1980 | 전 Delta Airlines 이사 |
| 김영은 | 1981 | 전 오리콤 PR차장 |
| 장춘애 | 1981 | 현 (주)두왕상사 대표이사 |
| 최문실 | 1981 | 전 네모컨설팅 수석 컨설턴트 |
| 김소자 | 1982 | 전 (주)폴라리스 T&L 회사원 |
| 김이숙 | 1982 | 현 (주)이코퍼레이션 대표이사 |
| 김정애 | 1982 | 전 인테리어 디자이너 |
| 박은경 | 1982 | 현 프리돔넷 대표 |
| 박현동 | 1982 | 전 메켄에릭슨 회사원 |
| 이현애 | 1982 | 현 (주)아주인센티브 대표 |
| 장홍임 | 1982 | 현 인터커리어 대표이사 |
| 조무경 | 1982 | 현 아모텍 고문 |
| 강형자 | 1983 | 현 (주)인터넷시큐리티 대표이사 |
| 김영원 | 1983 | 전 Elizabeth Arden Korea 차장 |

| 이름 | 졸업연도 | 대표 경력 |
|---|---|---|
| 박혜경 | 1983 | 전 (주)웅진닷컴 사원 |
| 신윤경 | 1983 | 현 UC통상 대표, 전 (주)이안디엔씨 재무이사 |
| 유승희 | 1983 | 전 대한항공 과장 |
| 이숙진 | 1983 | 전 김·장 법률사무소 인사부 이사, 전 모토로라 부장 |
| 전송미 | 1983 | 현 (주)딜라이트디엔씨 대표 |
| 심수옥 | 1984 | 전 삼성전자 글로벌 마케팅실 부사장, 현 성균관대학교 경영대학 교수 |
| 안현정 | 1984 | 전 쉐라톤서울 디큐브시티 총지배인 |
| 엄윤정 | 1984 | 현 ILC 대표 |
| 임계정 | 1984 | 현 Interdecom 대표 |
| 정미란 | 1984 | 현 러스베리 부장 |
| 김경숙 | 1985 | 현 PKA빌딩 대표, 전 건국대학교, 동아대학교 영문과 강사 |
| 김금희 | 1985 | 현 (주)칼텍바이오 대표이사 |
| 성순경 | 1985 | 현 (주)영테크필름 |
| 우경자 | 1985 | 전 IBM 사원 |
| 홍의경 | 1985 | 현 동일프로퍼티 대표 |
| 김해영 | 1986 | 현 (주)심우건축 이사 |
| 남연숙 | 1986 | 현 사업가 |
| 배영애 | 1986 | 현 무역직 |
| 백영미 | 1986 | 전 엘지애드 대리 |
| 신은희 | 1986 | 현 닐슨 코리아 대표이사, 전 동북아시아 총괄사장 |
| 이명신 | 1986 | 현 새박 대표 |
| 장용은 | 1986 | 현 JC Penney 전무 |
| 강태은 | 1987 | 전 British Caladonia Airways Hallmark Card 사원 |
| 박성실 | 1987 | 현 펜션 운영 |
| 박소연 | 1987 | 현 (주)소리동산 기획이사 |
| 장영희 | 1987 | 현 Synergy Hill & Knolton 부장 |
| 최다흰 | 1987 | 전 Google CFO, 현 LPGA Class A 골프 티칭프로, 현 Trinity-ed 대표 |
| 구선희 | 1988 | 현 WRG 팀장 |
| 길현정 | 1988 | 현 (주)유켄영국유학 대표 |
| 김성희 | 1988 | 전 Target 슈퍼바이저 |
| 이국 | 1988 | 현 미스터피자 상록수점 점주 |
| 이상은 | 1988 | 전 오리콤기획 사원 |
| 이선희 | 1988 | 현 텔레슨 관리국장 |
| 좌승희 | 1988 | 전 Hapag Lloyd 사원 |

| 이름 | 졸업연도 | 대표 경력 |
|---|---|---|
| 고윤희 | 1989 | 현 (주)솔트웍스 SI사업본부 이사 |
| 김길자 | 1989 | 현 CJ ENM 근무 |
| 김수연 | 1989 | 전 대한항공 본사 예약과 담당 |
| 박영아 | 1989 | 전 (미) International Computing Systems Management Analyst, 전 Medtronic Korea 차장 |
| 백운주 | 1989 | 전 (주)다링앤컴퍼니 이사 |
| 이덕순 | 1989 | 전 KTF 홍보실 차장, 전 KT 참모 |
| 조혜숙 | 1989 | 전 P&G Korea 부장 |
| 차유정 | 1989 | 현 (주)CPR 이사 |
| 권애자 | 1990 | 현 현대그룹 이사 |
| 박정환 | 1990 | 현 Total Lubri Fiants 선박윤활유 상무 |
| 우현주 | 1990 | 전 Hermes Korea 마케팅부 이사, 전 TODS Korea 부사장 |
| 윤미정 | 1990 | 전 세계혼재항공화물 대표이사 |
| 윤재연 | 1990 | 전 블루원 대표이사 |
| 이정민 | 1990 | 전 SLT 사업본부 연구팀장 |
| 전경희 | 1990 | 현 (주)삼성전자 생산기술연구소 |
| 나효길 | 1991 | 전 Nestle Korea 차장 |
| 박미령 | 1991 | 전 Fiserv Korea 대표이사, 전 (미) UnionPay 미주지역 대표이사, 전 UnionPay 한국 대표이사 |
| 박은경 | 1991 | 전 리치몬트코리아 까르띠에 근무 |
| 신소희 | 1991 | 전 KT 글로벌영업본부 해외사업분야 상무이사 |
| 엄소연 | 1991 | 전 피어리스 기획실 근무 |
| 유영수 | 1991 | 전 대한항공 여객전략개발팀 차장 |
| 전유선 | 1991 | 전 에스티씨크리에이션 무역부 차장 |
| 정민교 | 1991 | 전 (미) Sybase 전무 |
| 최승은 | 1991 | 현 삼성전자 MX사업본부 부사장, 전 존슨앤드존슨 글로벌케어 본사 사장 |
| 김복현 | 1992 | 현 글로벌리폰드코리아 부장 |
| 김희선 | 1992 | 전 삼성전자 상무 |
| 남경아 | 1992 | 현 크리버 코리아 대표이사 |
| 민소준 | 1992 | 현 Point 406 Ventures CFO |
| 박소영 | 1992 | 현 더브랜드 이사 |
| 송미경 | 1992 | 현 (주)이포넷 한글화사업부 차장 |
| 원경혜 | 1992 | 현 HSP Korea 근무 |
| 이은영 | 1992 | 전 GAP Korea 업무부 부장, 전 리앤풍코리아 전무 |
| 최숙양 | 1992 | 현 Media Brands Korea 미디어 플래닝 디렉터 |

| 이름 | 졸업연도 | 대표 경력 |
|---|---|---|
| 최유경 | 1992 | 현 금강기획 근무 |
| 허주희 | 1992 | 현 한국공항공사 글로컬사업 본부장 |
| 김이선 | 1993 | 현 McKinsey & Company Korea 오피스 어드민 매니저 |
| 노성희 | 1993 | 현 에이븐 C&C 전략기획실 과장 |
| 신경자 | 1993 | 현 Google APAC Senior Director, Google Korea CMO, 전 Bain & Company Principal |
| 유미정 | 1993 | 현 (미) Robert & William, LLC 대표 |
| 이애숙 | 1993 | 전 현대엔지니어링 화공사업본부 과장 |
| 이윤아 | 1993 | 현 한국다우캐미칼 커스터머서비스 과장 |
| 홍전기 | 1993 | 전 (주)영원무역 비서실장 |
| 강소영 | 1994 | 현 인터컨티넨탈호텔그룹 상무 |
| 권은희 | 1994 | 현 (주)대림바스 전문위원 |
| 김은아 | 1994 | 현 TNS 리서치 과장 |
| 방선애 | 1994 | 현 (미) Eneridge Inc. 대표 |
| 양은희 | 1994 | 현 (주)캠핑톡 감사 |
| 이경아 | 1994 | 현 LVMH Beauty NEA Regional Brand General Manager |
| 이진희 | 1994 | 현 Ogilvy Korea 부장 |
| 이혜원 | 1994 | 현 싱가포르항공 마케팅 홍보부 상무 |
| 장정윤 | 1994 | 현 Elite Prep Administrator, 전 HSBC 대리 |
| 최정혜 | 1994 | 전 디지털대성 과장 |
| 한지연 | 1994 | 현 히바츠LG데이타스포리지 경영전략팀 과장 |
| 송지연 | 1995 | 현 SK플래닛 AI솔루션사업그룹 부장, 전 SK에너지 과장 |
| 안혜선 | 1995 | 전 CJ제일제당 식품마케팅부문 수석부장 |
| 김래희 | 1996 | 현 클래시스 마케팅본부 본부장, 전 Candela Medical 아태지역 운영총괄 대표 |
| 양여주 | 1996 | 전 LG 전산 홍보팀 대리 |
| 오영주 [오영자] | 1996 | 현 세중나모인터랙티브 회사원 |
| 윤혜영 | 1996 | 현 (주)쿠팡 부사장 |
| 이경희 | 1996 | 현 존슨앤드존슨 코리아 구매팀 과장 |
| 정유희 | 1996 | 현 법인대표 |
| 조미영 | 1996 | 현 (미) Wish Chief Operating Officer |
| 조혜라 | 1996 | 현 (주)한국바프스 과장 |
| 홍주연 | 1996 | 현 한진해운 핸디막스팀 부장 |
| 황지현 | 1996 | 현 한국 NCR 회사원 |
| 강현승 | 1997 | 현 맥퀸즈플라워 이사 |

| 이름 | 졸업연도 | 대표 경력 |
|---|---|---|
| 김선미 | 1997 | 현 부산 Otto 마케팅부 과장 |
| 김혜라 | 1997 | 현 존슨앤드존슨 메드테크 과장 |
| 류수나 | 1997 | 현 한국IBM 커뮤니케이션 리더, 전 AMD Korea 채널마케팅 영업이사 |
| 신재은 | 1997 | 현 (주)한신ITT 대표이사 |
| 윤지윤 | 1997 | 전 (주)모토로라코리아 GPRO 대리 |
| 이가연 | 1997 | 현 티맥스소프트 TD팀 팀장 |
| 임효정 | 1997 | 현 삼성전자 IR팀 및 지속가능경영추진센터 부장, 전 조흥은행 국제부 근무 |
| 최민선 | 1997 | 현 한국지엠 커뮤니케이션 상무 |
| 홍경아 | 1997 | 현 크리에이티브커리어인스티튜트 대표, 전 인터브랜드 인사총괄 상무 |
| 김수정 | 1998 | 현 (주)SK 재무팀 부장 |
| 김정선 | 1998 | 전 (주)J&J 교육미디어 컨텐츠기획팀 사원 |
| 김형선 | 1998 | 전 (주)아그파코리아 대리 |
| 박영남 | 1998 | 전 LG CNS IS팀 대리 |
| 박은영 | 1998 | 현 세모랭 대표 겸 토익스피킹 강사, 전 회계사 |
| 서상은 | 1998 | 전 SKM 대리 |
| 염세경 | 1998 | 현 (호주) Orion World Pty Ltd 디렉터 |
| 이동길 | 1998 | 현 Bain & Company 컨설턴트 |
| 정하영 | 1998 | 현 하영컴퍼니 마케팅 컨설팅 대표, 전 삼성전자 글로벌 마케팅 전략팀 차장 |
| 조부연 | 1998 | 전 (주)성주 사원 |
| 최소영 | 1998 | 전 McKinsey 사원 |
| 허수진 | 1998 | 전 Microsoft 대리 |
| 강세향 | 1999 | 전 TS글로벌 회사원, 현 수원경희한의원 실장 |
| 권은정 | 1999 | 현 썬플라워인테리어퍼니처 대표 |
| 김은영 | 1999 | 전 쌍용머티리얼 사원 |
| 김해순 | 1999 | 전 C&H 주임 |
| 김효정 | 1999 | 전 신라호텔 고객관리팀 주임 |
| 박민정 | 1999 | 전 GE감성조명 대리 |
| 박선주 | 1999 | 전 아시아나에바카스 영업팀 사원 |
| 박현아 | 1999 | 전 진산무역 주임 |
| 박희정 | 1999 | 전 모건스탠리 대리 |
| 변진화 | 1999 | 전 Qualcomm 세일즈 총괄사장 비서, 부장 |
| 심이정 | 1999 | 전 한국GE초음파 대리 |
| 윤이은 | 1999 | 전 (미) Yahoo Sr Manager, 전 (미) SCAD 교수 |
| 이선정 | 1999 | 현 Google YouTube Music Partnerships 총괄 전무 |

| 이름 | 졸업연도 | 대표 경력 |
| --- | --- | --- |
| 이윤정 | 1999 | 전 코카콜라 근무 |
| 이희수 | 1999 | 현 한국P&G 과장 |
| 정이정 | 1999 | 현 (주)몬산토코리아 과장 |
| 정하영 | 1999 | 전 Yahoo Korea 대리 |
| 권채란 | 2000 | 현 스와로브스키 차장 |
| 김양희 | 2000 | 전 (주)세원텔레콤 홍보IR팀 사원 |
| 김은정 | 2000 | 현 대한항공 비서실 비서 |
| 박은영 | 2000 | 현 S-Oil 비서실 비서 |
| 손주희 | 2000 | 전 LG CNS 기술연구부문 아키픽처센터 어플리케이션 아키픽처팀 사원 |
| 신정은 | 2000 | 현 대한항공 부장 |
| 엄인경 | 2000 | 현 N2Growth 이사, 전 CLSA Research Assistant |
| 이수진 | 2000 | 현 CGI Federal Inc.한국총괄담당, 전 주한미국대사관 영사과 행정직원 |
| 이유리 | 2000 | 전 (유)듀폰 안전컨설팅사업부 사원 |
| 이윤진 | 2000 | 전 (주)리앤풍한국 GE팀 사원 |
| 이지현 | 2000 | 전 삼성엔지니어링 화공사업팀 근무 |
| 임성희 | 2000 | 전 사우디 석유화학공사 대리 |
| 임지연 | 2000 | 전 (주)태평양 AP글로벌팀 대리 |
| 정효진 | 2000 | 전 LG전자 TV마케팅 대리 |
| 채혜원 | 2000 | 전 제일기획 PR팀 대리 |
| 최은진 | 2000 | 전 McKinsey Consulting 근무 |
| 홍영주 | 2000 | 현 (주)남문 이사 |
| 황인선 | 2000 | 전 LG CNS 공공사업자원부문 대리 |
| 권재영 | 2001 | 현 이집트 그랜드뮤지엄 매니저, 전 IBM Consultung Korea 컨설턴트 |
| 김민주 | 2001 | 현 클래시클로젯 대표, 영어 교재 편집자 |
| 김수영 | 2001 | 전 인터비스 마케팅부 사원 |
| 문현선 | 2001 | 현 공연기획 해외업무팀 팀장 |
| 문혜주 | 2001 | 전 대한항공 종합통제실 근무 |
| 박민정 | 2001 | 현 아크브레임 마케팅부 팀장 |
| 박이정 | 2001 | 현 포스코 수출팀 근무 |
| 박지향 | 2001 | 현 대한항공 서울여객지점 근무 |
| 박현 | 2001 | 현 (주)동서발전 경영기획 근무 |
| 백은영 | 2001 | 현 한국릴리 마케팅 근무 |
| 송미령 | 2001 | 현 소니코리아 홍보실 근무 |
| 윤혜경 | 2001 | 현 (주)리앤풍한국 GO부 근무 |

| 이름 | 졸업연도 | 대표 경력 |
| --- | --- | --- |
| 이은아 | 2001 | 현 FM커뮤니케이션 커뮤니케이션사업부 근무 |
| 이지인 | 2001 | 현 LG애드 비서실 근무 |
| 임윤진 | 2001 | 현 Henkel Korea 소비자실 근무 |
| 임정현 | 2001 | 현 IBM Korea 근무 |
| 장윤정 | 2001 | 현 한섬 회사원 |
| 정수연 | 2001 | 현 테크앤로벤처스 대표 |
| 조유경 | 2001 | 현 MAY 머천다이징부 대리 |
| 조정화 | 2001 | 전 FS코리아 해외영업부 근무 |
| 진수현 | 2001 | 현 LG유플러스 정책회계팀 책임 |
| 천은하 | 2001 | 전 IBM Korea 업무관리부 사원 |
| 홍승희 | 2001 | 현 한국HP 근무 |
| 강윤희 | 2002 | 현 Clarivate Korea, Strategic Customer Success Consultant |
| 고경화 | 2002 | 현 삼성중공업 해외영업2팀 근무 |
| 김미루 | 2002 | 현 Apple Korea 마케팅 근무 |
| 김종은 | 2002 | 현 Universal Music 팝마케팅부 근무 |
| 김지현 | 2002 | 현 링구아포럼 사원, 전 중소기업은행 계장 |
| 노마진 | 2002 | 전 Ogilby DM 사원 |
| 노연주 | 2002 | 현 한진해운 근무 |
| 문총명 | 2002 | 현 (주)비엔지스틸 총무부 비서 |
| 박혜진 | 2002 | 현 GET코리아 겟키즈보이즈 근무 |
| 서혜윤 | 2002 | 전 Altwell 건강식품팀 사원 |
| 성고운 | 2002 | 현 (주)코리안클릭 리서치팀 근무 |
| 송혜승 | 2002 | 현 AMC 근무 |
| 신정원 | 2002 | 현 (주)브랜드쿡 카피라이터 |
| 염미정 | 2002 | 전 아그파코리아 인사부 사원 |
| 염지연 | 2002 | 전 P&P코퍼레이션 해외사업부 사원 |
| 유재은 | 2002 | 현 한국썬마이크로시스템즈 서비스사업 |
| 윤숙종 | 2002 | 현 태평양 디자인팀 스태프 |
| 이정인 | 2002 | 현 대한항공 법무실 근무 |
| 이지은 | 2002 | 현 (주)이마트 개발혁신본부 리징담당(임원), 전 (주)신세계프라퍼티 리징기획팀 팀장 |
| 임영실 | 2002 | 현 아스트라제네카 영업부 근무 |
| 임지은 | 2002 | 현 DHC Korea 업무기획팀 근무 |
| 조우형 | 2002 | 현 쉐라톤 워커힐 호텔 인사총무팀 근무 |
| 채연숙 | 2002 | 현 인너넥스 MD |

| 이름 | 졸업연도 | 대표 경력 |
|---|---|---|
| 최정은 | 2002 | 현 IBM Korea HR 인사부 부장 |
| 허미승 | 2002 | 현 해태제과 마케팅 BM |
| 황지현 | 2002 | 현 (주)프리미어 오토모티브 그룹 코리아 비즈니스 컨트롤 |
| 강주현 | 2003 | 현 (주)시공사 Seed 사업본부 근무 |
| 김남영 | 2003 | 현 (유)듀폰 부직포사업부 근무 |
| 김윤정 | 2003 | 현 센트디자인랩 대표 |
| 김하령 | 2003 | 현 CJ 근무 |
| 박성하 | 2003 | 현 S&P 글로벌마켓인텔리전스 상무, 전 WSJ 기자 |
| 서유정 | 2003 | 현 JUST-R 매체사업팀 근무 |
| 신지혜 | 2003 | 현 컬러스테이지 Account Executive |
| 유승연 | 2003 | 현 BMW Korea GIS팀 근무 |
| 유진아 | 2003 | 현 허니웰 인사부 근무 |
| 이정민 | 2003 | 현 한성자동차 인사부 근무 |
| 이현주 | 2003 | 현 (주)디자인피버 이사 |
| 임소연 | 2003 | 현 제일기획 PR팀 근무 |
| 임수정 | 2003 | 현 CJ 회장실 근무 |
| 임지영 | 2003 | 현 (주)화이트스파 해외영업부 과장 |
| 정진경 | 2003 | 현 (주)한국파렛트풀 마케팅실 해외마케팅팀 근무 |
| 주영은 | 2003 | 현 삼성엔지니어링 근무 |
| 최인진 | 2003 | 현 신세계 영업팀 근무 |
| 홍문영 | 2003 | 현 삼성중공업 근무 |
| 강효경 | 2004 | 현 ANC Korea 근무 |
| 김수민 | 2004 | 현 농심 광고마케팅팀 근무 |
| 오유진 | 2004 | 현 CJ홈쇼핑 근무 |
| 이승현 | 2004 | 현 Glow Recipe 공동대표 |
| 전지인 | 2004 | 현 레지스가드 근무 |
| 백연주 | 2005 | 현 스와치그룹 코리아 매니저 |
| 이지은 | 2005 | 현 LG전자 MS고객가치혁신팀 팀장 |
| 박지은 | 2007 | 현 (주)제이마커스 크리에이티브 디렉터 |
| 최소영 | 2007 | 현 현대자동차 홍보마케팅 책임 |
| 윤수현 | 2008 | 현 한화첨단소재 구매팀 과장 |
| 윤정은 | 2008 | 현 경남에너지 과장 |
| 이호선 | 2008 | 현 SLL중앙 커뮤니케이션팀장, 전 크래프톤 기업홍보팀장 |
| 김민정 | 2009 | 현 CJ ENM 커머스 부문 팀장 |

| 이름 | 졸업연도 | 대표 경력 |
|---|---|---|
| 김은정 | 2009 | 현 크래프톤 퍼블리싱본부 프로젝트 매니저 |
| 장유진 | 2009 | 현 한국아이큐비아 IMC팀 팀장 |
| 이다정 | 2010 | 현 LG Display SC 영업2팀 책임 |
| 이지혜 | 2010 | 현 KT Skylife 광고사업팀 근무 |
| 황선향 | 2012 | 현 현대백화점 아울렛사업부 책임 |
| 박은경 | 2015 | 현 Deloitte Digital 이커머스 컨설턴트 |
| 윤보영 | 2015 | 현 아시아나항공 전략기획본부 대리 |
| 이우정 | 2015 | 현 삼성전자 무선사업부 상품전략팀 근무 |
| 금하영 | 2016 | 현 한국항공우주산업 컴플라이언스팀 과장 |
| 김다미 | 2016 | 현 현대자동차 ICT본부 책임매니저 |
| 이윤아 | 2016 | 현 이노션 글로벌전략팀 매니저 |
| 이정은 | 2016 | 현 (일) SM Entertainment Japan 근무 |
| 한호정 | 2016 | 현 바이오니아 대리 |
| 김지선 | 2017 | 현 이대목동병원 운영지원팀 사무원 |
| 류휘경 | 2017 | 현 레피니티브 코리아(런던증권거래소그룹) 인사부 과장 |
| 서이안 | 2017 | 현 CJ 과장 |
| 안혜성 | 2017 | 현 Amazon Senior Account Executive |
| 정민경 | 2017 | 현 테슬라 Trade 매니저, 관세사 |
| 박유진 | 2018 | 현 (주)Pafin 인사담당 |
| 신명화 | 2018 | 현 시스코 시스템즈 코리아 B2B 기술영업 프로 |
| 이하선 | 2018 | 현 컨텐츠랩 비보 상품기획팀 팀장 |
| 한수영 | 2018 | 현 서치펌 대리, 전 BBTV 매니저 |
| 나기은 | 2019 | 현 Google Korea 과장 |
| 이수민 | 2019 | 현 SK온 구매관리팀 프로젝트매니저(PM) |
| 이지수 | 2019 | 현 Tiktok Korea 매니저 |
| 홍정효 | 2019 | 현 ASML Korea 인사팀 프로 |
| 이예림 | 2020 | 현 WeWork Korea 근무 |
| 이정현 | 2020 | 현 삼성전자 해외영업 사원 |
| 정지연 | 2020 | 현 EVR스튜디오 그로스마케팅 |
| 조현영 | 2020 | 현 (주)쿠팡 Tax Specialist |
| 허새연 | 2020 | 현 Google Korea 어카운트 매니저, 전 P&G 브랜드 매니저 |
| 김수연 | 2021 | 현 LX세미콘 영업기획팀 선임 |
| 김인의 | 2021 | 현 (독) Apertura Sports 스포츠 에이전트 |
| 김효진 | 2021 | 현 CJ ENM 음악사업부 사원 |

| 이름 | 졸업연도 | 대표 경력 |
|---|---|---|
| 문희수 | 2021 | 현 삼성전자 MX사업부 사원 |
| 박지영 | 2021 | 현 비바 리퍼블리카(토스) 조직문화 담당자 |
| 박찬주 | 2021 | 현 숨빗AI 사원, 전 세종학당재단 주임 |
| 박효빈 | 2021 | 현 SK브로드밴드 매니저 |
| 신재희 | 2021 | 현 (주)SPC 사원 |
| 안소연 | 2021 | 현 Microsoft Asia 마케터, 전 밀워키 코리아 사원 |
| 양효진 | 2021 | 현 에델만코리아 헬스케어팀 대리 |
| 윤한비 | 2021 | 현 홍콩익스프레스 승무원 |
| 이희구 | 2021 | 현 Sony Korea Product Manager |
| 표정현 | 2021 | 현 영원무역 사원 |
| 김동화 | 2022 | 현 PwC컨설팅 Customer 본부 Senior Associate |
| 김서윤 | 2022 | 현 롯데칠성음료 마케팅전략 사원 |
| 김지현 | 2022 | 현 대우건설 인재육성팀 선임 |
| 유주연 | 2022 | 현 Tiktok Korea Industry Client Solution 매니저 |
| 전지현 | 2022 | 현 얀센코리아 제조공정 전문가 |
| 허예진 | 2022 | 현 Stryker Korea 사원 |
| 신혜원 | 2023 | 현 Logitech 한국 지사 온라인 마케팅팀 사원 |
| 황혜령 | 2023 | 현 EY컨설팅 주니어 컨설턴트 |
| 박세은 | 2024 | 현 PwC컨설팅 경영 컨설턴트 |
| 이선재 | 2024 | 현 (유)샤넬코리아 홍보부 사원 |
| 이미경 | 석1995 | 현 세바스틴 이사 |
| 강장숙 | 석2001 | 현 Vertex Digit 사원 |
| 김수화 | 석2006 | 현 Educa Korea |

## 10. IT 기술

| 이름 | 졸업연도 | 대표 경력 |
|---|---|---|
| 정지향 | 1979 | 전 IBM System Engineer |
| 곽상희 | 1992 | 현 (주)가산 대표이사, 전 한국 IBM Systems Engineer |
| 장영은 | 2002 | 현 쌍용정보통신 IT솔루션 담당 |
| 박보영 | 2010 | 현 Google Hardware 오퍼레이션팀 근무 |
| 오미란 | 2013 | 현 (미) Apple Inc. AI/Machine Learning Siri 음성합성팀 AI/머신러닝 개발자 |
| 감정수 | 2017 | 현 Salesforce 테크니컬 서포트 엔지니어 |
| 민효민 | 2021 | 현 마인드에이아이 Data Linguist |

## 11. 의료

| 이름 | 졸업연도 | 대표 경력 |
|---|---|---|
| 이금전 | 1927 | 전 이대부속병원 간호원장, 전 대한간호협회 협회장 |
| 임길재 | 1933 | 전 동대문부인병원 산부인과 과장 |
| 김다영 [김순자] | 1963 | 전 봉정요양원 이사장 |
| 김상민 | 1977 | 현 의료법인 운양의료재단 이사장 |
| 백복현 | 1982 | 현 (캐) 토론토 험버병원 투석실 간호사, 전 석관중학교 영어교사 |
| 곽남주 | 1983 | 현 곽내과 원장 |
| 이현령 | 1983 | 현 언어치료사(프리랜서), 전 이현서울갤러리 대표 |
| 최인영 | 1989 | 현 가톨릭대학교 의과대학 의료정보학교실 교수, 정보융합진흥원 부원장 |
| 하재연 | 1992 | 현 새세대육영회치료교육연구소 언어치료사 |
| 서희선 | 1994 | 현 기독교대한성결교회 나플러스교회, 전 사회복지법인 밀알복지재단 언어치료사 |
| 임윤주 | 1994 | 현 치과의사 |
| 강윤정 | 1997 | 현 (미) Cooper U. Hospital 임상종양학 약사 |
| 김진영 | 1998 | 현 윤언어청각연구소 치료사 |
| 이예준 | 1998 | 현 약사 |
| 황연지 | 1998 | 현 런던동물병원 원장 |
| 정유진 | 1999 | 현 서울아산병원 재활의학과 언어치료사 |
| 김윤주 | 2000 | 현 상계백병원 재활의학과 언어치료실 언어치료사 |
| 이현아 | 2001 | 현 피엘의원(피부과) 대표원장 |
| 현진의 | 2015 | 현 치과의사 |
| 최이령 | 석2006 | 현 분당아프리카동물병원 수의사 |

## 12. 사회운동 및 NGO

| 이름 | 졸업연도 | 대표 경력 |
|---|---|---|
| 신의경 | 1927 | 전 대한민국애국부인회 독립운동가 |
| 차복실 | 1928 | 전 종교사업 및 여성운동가 |
| 강유두 | 1930 | 전 부산YWCA 관장 |
| 최이권 | 1930 | 전 대한부인회 부회장, 전 서울YWCA 회장 |
| 이소란 | 1931 | 전 한국여성단체협의회 부회장 |
| 최신덕 | 1931 | 전 서울YWCA 회장 및 여성운동가 |
| 임금복 | 1935 | 전 영생보육학교, YWCA 여성운동가 |

| 이름 | 졸업연도 | 대표 경력 |
|---|---|---|
| 노옥인 | 1938 | 전 YWCA 이사 |
| 손인실 | 1939 | 전 여성단체협회 회장, 전 대한적십자사 부총재 |
| 이정숙 | 1939 | 전 한국여성예림회 회장, 전 한국여성단체협의회 총무 |
| 이봉선 | 1940 | 전 YWCA 사회운동가 |
| 이희호 | 1942 입학 | 전 한국YWCA연합회, 민주화운동, 김대중평화센터 이사장 |
| 김문희 | 1949 | 전 한국여성유권자연맹 회장, 전 한국걸스카우트연맹 총재, 전 용문중·고등학교 교장 |
| 김선심 | 1950 | 전 태화기독교사회복지관 관장 |
| 김진영 | 1954 | 전 부산YWCA 총무 |
| 이정선 | 1954 | 전 서울YWCA 재정부 위원 |
| 김난자 | 1955 | 전 한국부인회 대구시지부 지부장 |
| 박용언 | 1956 | 전 한국여학사협회 회장 |
| 안종숙 | 1956 | 전 서울YWCA 국제친선부 위원 |
| 장진순 | 1956 | 전 한국여학사협회 총무 |
| 김춘삼 | 1957 | 전 대한사회복지회 부장 |
| 윤용자 | 1957 | 전 YWCA 위원 |
| 김창실 | 1959 | 전 서울YWCA 이사 |
| 구훈모 | 1961 | 현 원불교둥근마음상담소 고문, 전 서울여성의전화 부대표, 서울가정법원 가사조정 위원 |
| 이행자 | 1961 | 전 한국YWCA연합회 소비자단체연합회 회장 |
| 최정자 | 1961 | 전 부산YWCA 위원 |
| 곽승혜 | 1963 | 전 부산YWCA |
| 이종경 | 1963 | 전 한국YWCA연합회 사무총장, 전 관악여성인력개발센터 관장 |
| 김혜엽 | 1964 | 전 서울 YWCA 교육부 위원 |
| 정해원 | 1965 | 굿네이버스 창립회장, 현 굿네이버스GIF 이사장, 전 성균관대 사회복지대학원 초빙 교수 |
| 임명자 | 1966 | 전 YWCA, YMCA 교육부 영어강사 |
| 김기혜 | 1967 | 전 여성 홈리스 시설 수선화의집 원장 |
| 배영자 | 1967 | 전 봉사클럽 사원 |
| 유중근 | 1967 | 현 경원문화재단 이사장, 현 UNAI Korea 이사장, 전 대한적십자사 총재 |
| 김교숙 | 1968 | 전 대한적십자사 활동가, 전 조이렌트 부회장 |
| 백봉현 | 1969 | 전 (미) 여성운동단체 동북부 시노드 대표, 전 사서 |
| 고윤숙 | 1970 | 전 마산YWCA 회원 |
| 유윤화 | 1971 | 전 (사)한국문화복지협의회 문화봉사자회 자원봉사자 |
| 이진숙 | 1971 | 전 가톨릭스카웃 부연맹장 |
| 정경숙 | 1971 | 전 마산YWCA 이사, 마산YWCA 건축발기인 및 건축위원장 |

| 이름 | 졸업연도 | 대표 경력 |
|---|---|---|
| 남덕자 | 1973 | 전 사회복지법인 제성 이사, 전 열린이웃 회장, 현 대한기독교여자절제회 이사 |
| 권혜옥 | 1975 | 전 재단법인 사랑샘 활동가 |
| 오경진 | 1978 | 현 전북여성단체협의회 특별사업위원회 명예회장, 대한적십자사 여성봉사자문위원회 명예위원장 |
| 이원희 | 1978 | 전 서울YWCA 국제친선부 위원 |
| 강선미 | 1979 | 전 아시아위민브릿지 두런두런 이사, 전 한국국제협력단 전문위원 |
| 강선혜 | 1980 | 현 한국YWCA연합회 |
| 김미란 | 1980 | 현 성남YWCA 위원 |
| 김인희 | 1980 | 전 굿네이버스 부회장, 현 굿네이버스 미래재단 이사장 |
| 박연성 | 1981 | 전 교육부 국가교육위원회 위원장, 현 광주YWCA 위원 |
| 이순주 | 1982 | 현 서울국제친선협회 회장, 영일 동시통역사 |
| 김수현 | 1983 | 현 국제사랑의봉사단 대표, 현 에세이 작가 |
| 김은경 | 1983 | 전 한국걸스카우트연맹 사무총장 |
| 이현주 | 1983 | 현 Youth Arise International Director |
| 장연화 | 1983 | 전 Youth Arise International Director |
| 김경은 | 1984 | 현 기독교환경교육센터 살림 공동대표, 전 번역가 |
| 신정선 | 1984 | 현 웰컴클럽 유엔협의회 국장, 현 아태여성협의회 부회장, 전 통역사 |
| 임애덕 | 1986 | 현 사회복지법인 청수 이사장, 현 애서원장, 현 제주대학교 행정대학원 겸임교수 |
| 정재희 | 1987 | 현 종로인명장애인자립생활센터 활동가 |
| 이아영 | 1992 | 현 (미) Retirement Housing Foundation, Social Worker |
| 김진 | 1996 | 현 한국복지재단 대리 |
| 윤매영 | 1999 | 현 사회복지법인 월드비전 해외사업팀 간사 |
| 곽견정 | 2001 | 현 한국환경 자원봉사 자원봉사자 |

## 13. 종교

| 이름 | 졸업연도 | 대표 경력 |
|---|---|---|
| 김은자 | 1960 | 전 선교사(파키스탄) |
| 김혜자 | 1961 | 전 영동제일교회 목사 |
| 최경자 | 1963 | 전 목사 |
| 민경선 | 1964 | 전 개인 기도원 목사, 전 수도국제대학원 겸임교수 |
| 전계자 | 1964 | 현 밀타토라 연구소 연구원 |
| 신성자 | 1965 | 전 선교사(남아프리카공화국) |
| 김영자 | 1966 | 현 선교사(우간다) |

| 이름 | 졸업연도 | 대표 경력 |
|---|---|---|
| 송헌복 | 1969 | 전 한국해외선교회(GMF) 선교사, 한국선교훈련원 명예교수 |
| 성혜옥 | 1970 | 전 이화여자대학교 총동창회 선교부장 |
| 오은주 | 1974 | 현 (필리핀) Rejoice In The Lord 대표, 현 선교사(불어권) |
| 조선영 | 1974 | 현 이화여자대학교 총동창회 선교부장 |
| 천정희 | 1977 | 전 선교사(인도, 네팔) |
| 김남민 | 1978 | 전 선교사(캄보디아) |
| 이재진 | 1978 | 전 위클리프 성경번역선교회 성경번역선교사(인도네시아) |
| 박혜원 | 1979 | 전 선교사(인도네시아), 전 AGST-Pacific선교대학원 교수, 이화여자대학교 기독교학과 강사 |
| 양은숙 | 1980 | 현 선교사(알바니아) |
| 곽두경 | 1981 | 전 선교사(일본) |
| 김경수 | 1981 | 현 선교사(몽골) |
| 강민형 | 1982 | 현 진리울교회 담임목사, 홍콩라이프로드신학대학원 겸임교수 |
| 서은혜 | 1982 | 현 예수교 장로회 목사 |
| 장동숙 | 1982 | 현 중앙가정목회 상담원장 |
| 윤치연 | 1983 | 현 온누리교회 목사 |
| 이은혜 | 1983 | 현 영남신학대학교 특임교수, 목사, 전 영남신학대학교 교수 |
| 최문영 | 1983 | 전 이화여자대학교 의료원 원목(초대) |
| 여춘자 | 1985 | 현 살트르성바오로수녀회 서울관구 수도자, 전 시립아동상담소 사회봉사자 |
| 엄옥희 | 1986 | 현 선교사(우간다) |
| 김선정 | 1988 | 현 선교사(케냐) |
| 김정미 | 1989 | 현 더하트센터 선교회 목사 |
| 김지은 | 1990 | 현 한국중앙교회 영어예배 담당 목사, Nepal New Covenant College 교수 |
| 이난희 | 1991 | 전 한국여신학자협의회 공동대표, 전 한신대학교 신학과 강사 |
| 최영오 | 1991 | 현 선교단체 한국어와나 대표선교사, 전 나침반&규장 출판사 저작권팀 팀장 |
| 박정은 | 1997 | 현 사랑의교회 비서 |
| 은소피아 | 2001 | 현 선교사(오만) |
| 최하나 | 2001 | 전 선교사(I국) |
| 이은혜 | 2005 | 전 예수전도단(YWAM) 선교사(호주) |
| 좌주연 | 석1997 | 현 성경읽기선교회 선교사 |

# | 부록 7 | 100주년 기금 후원자

이 명단은 이화여자대학교 영어영문학과 100주년을 기념하여 영어영문학부 100주년 발전기금과 영문과 100주년 기념 장학금, 100주년 영어연극 후원금, 영학회 100주년 기금에 2025년 5월 초까지 후원한 후원자들의 통합 명단이다. 동문의 경우 괄호 안에 졸업연도를 표기했다(1962년과 1964년 졸업생의 경우 실제 졸업식은 각각 1961년 12월, 1963년 12월에 실시되었음).

## 1억원 이상

| | | | | |
|---|---|---|---|---|
| 나영균(49) | 유중근(67) | 이주영(75) | | |

## 5천만원 이상

| | | | | |
|---|---|---|---|---|
| 권경수(63) | 김영자(61) | 박인자(63) | 이승아(91) | 한영숙(77) |

## 1천만원 이상

| | | | | |
|---|---|---|---|---|
| 강선숙(75) | 김동연(63) | 김순희(70) | 김영(59) | 김진선(78) |
| 김혜숙(76) | 김혜정(72) | 남덕자(73) | 박봉숙(63) | 박옥희(66) |
| 송연호(69) | 안미순(71) | 양옥경(82) | 영학회 | 위진영(76) |
| 윤혜영(96) | 이월지(69) | 이정숙(77) | 정경숙(79) | 정다미(84) |
| 정문자(67) | 최성희(88) | 최청규(65) | 최혜원(89) | 한진희(76) |
| 홍성미(78) | | | | |

## 5백만원 이상

| | | | | |
|---|---|---|---|---|
| 고영자(63) | 김교숙(68) | 김성희(84) | 김영채(59) | 김은령A(94) |
| 김찬숙(69) | 김춘미(65) | 박은경(68) | 변순자(68) | 신숙원(64) |
| 오순자(69) | 오정화(76) | 이영숙(68) | 이윤희(89) | 장선(72) |
| 정경순(77) | 한신애(98) | 허현숙(79) | | |

## 3백만원 이상

| | | | | |
|---|---|---|---|---|
| 강민아(88) | 김기현(94) | 김상민(77) | 김영희(64) | 문영혜(63) |
| 박영주(78) | 배상희(65) | 손병옥(74) | 우경미(80) | 이성윤(69) |
| 이신화(88) | 전수용(76) | 정성희(69) | 정희선(69) | 조경아(82) |
| 최연숙(93) | 최주리 | | | |

## 1백만원 이상

| 72학번동기회 | 94졸업동기회 | 강명옥(82) | 강소영(94) | 강숙자(67) |
|---|---|---|---|---|
| 강태경 | 강혜란(94) | 고승희(94) | 고정원(78) | 고정자(64) |
| 고혜숙(78) | 곽상희(92) | 곽진영(88) | 구혜원(82) | 권은희(94) |
| 권혜옥(75) | 김경미(91) | 김경숙(84) | 김경숙(85) | 김경은(79) |
| 김경화(82) | 김균미(88) | 김기연(93) | 김길자(67) | 김동연(93) |
| 김래희(96) | 김명숙(81) | 김미원(82) | 김보경(86) | 김봉희(63) |
| 김부성 | 김선향(66) | 김선화(92) | 김설자(66) | 김성화(74) |
| 김수연(88) | 김순덕(84) | 김순원(83) | 김신자(65) | 김아영(00) |
| 김언희(97) | 김연신(88) | 김영미(88) | 김영숙(73) | 김영옥(70) |
| 김영원(83) | 김영주(70) | 김영혜(77) | 김옥례(78) | 김옥희(74) |
| 김용복(74) | 김용재(67) | 김원(83) | 김원정(75) | 김유현(85) |
| 김윤희(82) | 김은경(77) | 김은경(87) | 김이선A(93) | 김이선B(93) |
| 김인성(80) | 김정미(89) | 김정주(72) | 김종순(62) | 김종유(80) |
| 김주희(92) | 김지은(82) | 김진희(93) | 김창영(74) | 김춘희(78) |
| 김현미(91) | 김현숙(69) | 김혜경(71) | 김혜경(92) | 김혜숙(71) |
| 김혜엽(64) | 김혜영(81) | 김혜정(78) | 김희선(84) | 김희자(76) |
| 김희진(94) | 노경란(82) | 노정하(88) | 류수진(89) | 명선영(94) |
| 문진효(82) | 민혜숙(86) | 박경희(90) | 박동숙(80) | 박미정(88) |
| 박민선(01) | 박선민(97) | 박선주(82) | 박소영(89) | 박애서(01) |
| 박영규(68) | 박영란(82) | 박영신(71) | 박영아(89) | 박유정(79) |
| 박은숙(79) | 박정순(70) | 박찬길 | 박현경(97) | 박혜숙(69) |
| 박혜영(90) | 밝은청소년 | 방혜성(82) | 방희정(72) | 배경진(90) |
| 배영옥(71) | 배혜경(79) | 백미현(87) | 변혜선(94) | 서문숙(83) |
| 서숙(68) | 서영윤(84) | 서영주(81) | 서옥규(72) | 서을재(68) |
| 서정아(94) | 서정훈(70) | 서지문(69) | 신효옥(81) | 싱옥경(69) |
| 성주혜(23) | 성혜옥(70) | 송명선(08) | 송영인(81) | 송혜영(69) |
| 신선희(68) | 신수미(90) | 신윤경(83) | 신인혜(87) | 신정선(84) |
| 신종식(74) | 신희섭 | 심미현(81) | 심수옥(84) | 안미숙(84) |
| 안인해(80) | 안혜초(65) | 양수영(98) | 양원경(87) | 양현미(81) |
| 양희경(78) | 엄현진(93) | 염정주(93) | 오경심(70) | 오경임(67) |
| 오경진(78) | 오세란(77) | 오세아(65) | 오숙혜(71) | 오은진(90) |
| 우선애(79) | 우혜수(90) | 원귀정(89) | 유신자(75) | 윤승미(11) |
| 윤양옥(73) | 윤여선(85) | 윤영은(85) | 윤유정(76) | 윤은용(96) |
| 윤정길(66) | 윤정혜(65) | 윤혜미(81) | 이경미(04) | 이경숙(70) |

| | | | | |
|---|---|---|---|---|
| 이경숙(82) | 이경희(77) | 이계영(71) | 이금명(82) | 이덕규(79) |
| 이명신(86) | 이무경(89) | 이문승(59) | 이보원(62) | 이선림 |
| 이선애(71) | 이선화(79) | 이선희(70) | 이소영(91) | 이순주(82) |
| 이승은(94) | 이승재(85) | 이양섭(81) | 이연승(82) | 이영숙(88) |
| 이영옥(69) | 이영희(67) | 이용복(67) | 이유경(88) | 이유미(83) |
| 이윤우(77) | 이율의(68) | 이은아(87) | 이정애(73) | 이정자(74) |
| 이정희(70) | 이종경(63) | 이지은(96) | 이지현(82) | 이진숙(71) |
| 이진영(99) | 이창실(83) | 이현아(01) | 이현주(83) | 이형숙(94) |
| 이혜경(79) | 이혜지(89) | 이화연(77) | 이화익(80) | 임혜숙(69) |
| 장나영(92) | 장동숙(82) | 장성자(66) | 장필화(74) | 장혜자(70) |
| 장혜정(71) | 전계자(64) | 전승혜(71) | 전정렬(68) | 전혜숙(83) |
| 정기호(62) | 정덕애(74) | 정민경(94) | 정민희(10) | 정수연(01) |
| 정영진(98) | 정운계(79) | 정유희(96) | 정정인(76) | 정춘원(74) |
| 정혜경(77) | 정홍자(67) | 정효정(68) | 조기정(78) | 조영미(82) |
| 조은희(84) | 조정호(53) | 조혜숙(89) | 주혜근(74) | 지은희(67) |
| 진미경(78) | 차미영(91) | 채미옥(79) | 최경희(81) | 최계선(69) |
| 최다흰(87) | 최무경(81) | 최문실(81) | 최문영(83) | 최선경(71) |
| 최선열(70) | 최성희(71) | 최승은(91) | 최연옥(64) | 최영(67) |
| 최영희(70) | 최윤정(95) | 최정숙(89) | 최지은(98) | 최태희(75) |
| 한선규(69) | 한수미(67) | 한애경(80) | 한유경(91) | 한은구(74) |
| 한은주(86) | 한인종(78) | 한혜주(71) | 홍미영(82) | 홍순혜(82) |
| 홍영예(82) | 홍의경(85) | 홍익희(71) | 홍전기(93) | 황경숙(67) |
| 황수경(99) | 황정민(93) | 황준호 | 황지영(90) | 황필아(92) |
| 황현미(82) | Young I Ch | | | |

## 1백만원 미만

| | | | | |
|---|---|---|---|---|
| 강민형(82) | 강보현(23입) | 강수진(00) | 강인선(78) | 강정혜(65) |
| 강현숙(85) | 고경원(71) | 고선미(91) | 고수진(95) | 고승혜(88) |
| 고영란(72) | 고윤숙(71) | 고윤화(69) | 고희경(92) | 공현정(91) |
| 곽윤희(92) | 구유나(16) | 권정애(87) | 권청(80) | 권현순(84) |
| 금순영(88) | 금하영(16) | 길현정(88) | 김경숙(71) | 김경숙(79) |
| 김경아(85) | 김경자(65) | 김경희B(72) | 김남영(82) | 김란(71) |
| 김문경(65) | 김미량(77) | 김미영(85) | 김미현(88) | 김미혜(65) |
| 김민정(09) | 김민희(85) | 김민희(93) | 김봉자(65) | 김봉희(65) |
| 김사옥(75) | 김선인(68) | 김선희(03) | 김성부(71) | 김소연(91) |

| | | | | |
|---|---|---|---|---|
| 김소연(석17) | 김소엽(65) | 김소임(84) | 김수연(89) | 김애란(63) |
| 김연주(15) | 김영기(63) | 김영미(86) | 김영숙(85) | 김영실(80) |
| 김영희(75) | 김용란(89) | 김원미(82) | 김원심(71) | 김유경(15) |
| 김유숙(77) | 김윤정(89) | 김윤정(91) | 김윤희(91) | 김은경(90) |
| 김은령(91) | 김은령B(94) | 김은희(74) | 김인희(80) | 김일주(87) |
| 김자경(82) | 김자성(71) | 김재희(91) | 김정숙(65) | 김정애(82) |
| 김정옥(71) | 김정원(91) | 김정은A(91) | 김정은B(91) | 김정현(99) |
| 김정희(65) | 김정희(76) | 김지선(17) | 김지영(91) | 김지용(88) |
| 김진숙(71) | 김진숙(91) | 김태연(91) | 김태영(91) | 김하람(08) |
| 김향아(91) | 김현숙(74) | 김현정(82) | 김혜림(85) | 김혜영(91) |
| 김혜진(00) | 김화인(85) | 김화자(68) | 김효인(12) | 김희경(71) |
| 김희섭(85) | 나유경(82) | 나효길(91) | 남유정(22) | 남진화(83) |
| 문현희(90) | 민기남(70) | 민현경(87) | 민혜성(65) | 박경난(89) |
| 박교숙(71) | 박명자(67) | 박미경(79) | 박미령(91) | 박민서(92) |
| 박민정(04) | 박선(20) | 박선자(91) | 박성원(91) | 박성희(72) |
| 박소영(91) | 박신영(85) | 박영(71) | 박윤선(04) | 박윤정A(88) |
| 박윤정B(88) | 박윤정(91) | 박은경(91) | 박인희(90) | 박장희(91) |
| 박정오(81) | 박주희(75) | 박현숙(72) | 박현숙(85) | 박현아(91) |
| 박현주(91) | 배경희(68) | 배규진(23) | 배현숙(65) | 배혜영(85) |
| 백봉욱(74) | 백혜련(75) | 부경숙(91) | 서명자(65) | 서영주(97) |
| 서예은(91) | 서은경(91) | 서은정(04) | 서이안(17) | 서혜원(72) |
| 설승은 | 성지은(89) | 손상희(90) | 송경미(85) | 송종숙(72) |
| 신도형(65) | 신미라(80) | 신미애(88) | 신서윤(13) | 신소진(03) |
| 신소희(91) | 신연구(89) | 신영은(71) | 신원숙(83) | 안기순(85) |
| 안성은(90) | 안태윤(85) | 안현화(89) | 안혜선(95) | 안혜숙(65) |
| 안혜원(82) | 양경미(88) | 양경이(85) | 양미혜(65) | 양은주(85) |
| 양정혜(85) | 엄미숙(82) | 엄소연(91) | 엄인경(00) | 오미진(88) |
| 오선영(97) | 오순아(91) | 오순홍(91) | 오은주(74) | 우경자(85) |
| 원민선(03) | 원지영(92) | 유재옥(71) | 유정화(85) | 유지연(05) |
| 유환주(82) | 윤미정(90) | 윤수현(95) | 윤이은(99) | 윤인영(91) |
| 윤혜린(82) | 윤혜림(06) | 윤화자(65) | 윤희자(65) | 이경옥(69) |
| 이귀옥(80) | 이난희(91) | 이다정(10) | 이명숙(65) | 이명숙(72) |
| 이명실(78) | 이문영(89) | 이미경(82) | 이미경(85) | 이미영(91) |
| 이방원 | 이병희(99) | 이선재(24) | 이성남(70) | 이소영(90) |
| 이소정(16) | 이소희(98) | 이수연(91) | 이승은(85) | 이시은(89) |

| | | | | |
|---|---|---|---|---|
| 이애숙(93) | 이여정(85) | 이연(81) | 이영숙(65) | 이영숙(71) |
| 이예준(20) | 이욱자(65) | 이원영(91) | 이윤미(83) | 이윤열(88) |
| 이윤희A(88) | 이윤희B(88) | 이은경(87) | 이은영(96) | 이은혜(72) |
| 이인경(89) | 이인복(68) | 이인숙(85) | 이정민(90) | 이정혜(71) |
| 이정희(62) | 이종숙(71) | 이주남(69) | 이주원(88) | 이지은(03) |
| 이지은(05) | 이하연(98) | 이현선(87) | 이현주(82) | 이현주(85) |
| 이현지(10) | 이호선(08) | 이희경(88) | 이희경(89) | 이희원(71) |
| 임선지(91) | 임애덕(86) | 임연빈(65) | 임정자(65) | 임현수(91) |
| 임효정(97) | 임희혁(71) | 장영숙(85) | 장지영(85) | 장지영(99) |
| 장현숙(85) | 장혜숙(83) | 장혜옥(77) | 전수민(13) | 전유선(81) |
| 전제아(89) | 전지현(22) | 전희우(65) | 정경숙(71) | 정광자(65) |
| 정근옥(65) | 정복영(65) | 정수연(90) | 정수원(91) | 정승혜(78) |
| 정연경(88) | 정은영(91) | 정지영(88) | 정해원(65) | 정화숙(65) |
| 정희성(91) | 제정숙(91) | 조무경(82) | 조선영(74) | 조아란(89) |
| 조영란(91) | 조영자(63) | 조진숙(84) | 조태신(71) | 소현영(20) |
| 주미영(91) | 진승희(06) | 최경희(77) | 최계자(65) | 최기주(65) |
| 최선희(87) | 최송하(13) | 최영순(65) | 최영오(91) | 최유은(89) |
| 최은경(92) | 최은주(65) | 최은주(69) | 최인영(89) | 최재희(91) |
| 최지연(96) | 추영숙(82) | 추재희(90) | 표정현(21) | 하정자(65) |
| 한금순(82) | 한은주(82) | 한정혜(89) | 한태임(68) | 한행자(63) |
| 한희경(88) | 허새연(20) | 허선주(91) | 허정원(89) | 현정아(95) |
| 현지연(91) | 홍경자(65) | 홍성숙(79) | 홍순정(71) | 홍유미(86) |
| 홍은미(97) | 홍정희(91) | 홍혜승(88) | 황연지(99) | 황영실(91) |
| 황현아(89) | Xing Fan (박22) | Peter Kipp | Zhuqing Wang (박24) | 익명1 |
| 익명2 | | | | |